Gunnar Hinck
Wir waren wie Maschinen

Gunnar Hinck

Wir waren wie Maschinen
Die bundesdeutsche Linke
der siebziger Jahre

Rotbuch Verlag

ISBN 978-3-86789-150-9

1. Auflage
© 2012 by Rotbuch Verlag, Berlin
Umschlaggestaltung: Katharina Fuchs, Rotbuch Verlag
Umschlagabbildung: picture-alliance / dpa
Druck und Bindung: CPI Moravia Books GmbH

Ein Verlagsverzeichnis schicken wir Ihnen gern:
Rotbuch Verlag GmbH
Alexanderstraße 1
10178 Berlin
Tel. 01805/30 99 99
(0,14 Euro/Min., Mobil max. 0,42 Euro/Min.)

www.rotbuch.de

Inhalt

Vorwort 7

I. **Rätsel 70er Jahre**
Kontinuität im Schlechten, Riss im Guten 11

II. **Der Bruch**
Unbehaust in der Nachkriegszeit 50

III. **Autoritäre Wende**
Die Wiederkehr der Halbstarken 104

IV. **Einstieg**
Neue Heimat Kommunismus 150

V. **Früher Ausstieg**
Zurück zur Familie 172

VI. **Macht und Machtmissbrauch**
Unterdrückung, selbst geschaffen 179

VII. **Gewalt**
Spiel mit dem Feuer 204

VIII. **Die Schmidt-Jahre**
Eskalation in der lieblosen Republik 265

IX. **Sympathy for the Devils**
Verbrüderung mit Diktaturen 289

X. **Sprache**
Der Terror der Worte 321

XI. **30 Jahre danach**
Untergetaucht, gescheitert, angepasst 344

Nachbemerkung 428
Dank 429
Anmerkungen 430
Verzeichnis der Parteien und Organisationen 457
Namensregister 459

Vorwort

Nein, ich habe keine Rechnung offen mit den 70er Jahren. Ich bin kein Kind linksorientierter Eltern, die den Nachwuchs in paramilitärische Sommerlager schickten. Ich musste nicht in Daniel Cohn-Bendits Kinderladen gehen. Nutella gab es in meinem Elternhaus in ausreichender Menge; es wurde mir aus politisch-ideologischen Gründen nicht verboten. Ich mochte meine von '68 geprägten Lehrer, weil sie mir Zugänge ermöglichten und Meinungen anboten, die mir unbekannt waren. Ich schätzte ihre Art, die Dinge zu hinterfragen. Außerdem brüllten sie nie. Ich hatte Ende der 70er, Anfang der 80er Jahre noch alte Grundschullehrerinnen erlebt, die wie selbstverständlich die Schüler an den Haaren zogen.

In der Gegend, in der ich aufwuchs, standen fünf Atomkraftwerke – Krümmel, Brokdorf, Brunsbüttel, Unterweser, Stade. Letzteres konnte ich direkt von meinem Zimmer aus sehen. Ich kannte nur wenige in meinem Umfeld, die diese Ansammlung von Atomkraftwerken auf engem Raum merkwürdig fanden, gar hinterfragten. Die Kraftwerke schufen ja Arbeitsplätze. Außerdem konnte ich nachts, direkt neben dem Meiler, den weißen Lichtschein einer Fabrikanlage jenes amerikanischen Chemiekonzerns betrachten, der einst das Giftgas Napalm herstellte, das die US-Armee im Vietnamkrieg versprühte. Ich kannte keinen, der diese Hintergründe des Unternehmens einmal erwähnte. Ich hätte es vermutlich dankbar registriert, wenn es jemand getan hätte.

Kurz: Ich bin in einem Umfeld groß geworden, das nicht links und schon gar nicht linksradikal war. Vom bundesdeutschen »roten Jahrzehnt« wurde ich so gut wie nicht berührt.

Dieses Jahrzehnt begann mit den Studentenunruhen von 1967/68 und war 1977 mit dem Terror der RAF noch lange nicht zu Ende, reichten doch dessen Spätausläufer noch weit in die 80er Jahre hinein. Es war eine Zeit, die bei vielen meiner Altersgenossen, die in den einschlägigen linken Milieus aufgewachsen sind, offensichtlich zu traumatischen Erfahrungen geführt hat.[1] Ich habe die Spätausläufer des roten Jahrzehnts aus der Distanz erlebt: nahm das wackere Grüppchen von Marxisten-Leninisten wahr, das jeden Sonnabend auf dem Marktplatz stand und die rote Fahne in den Wind hielt; die Parkas und Palästinensertücher (»Palis«), die die älteren Jugendlichen trugen, die Aufregung um die Volkszählung 1987, bei der die linke Öffentlichkeit so tat, als ob die Bundesrepublik damit eine weitere Stufe auf dem unaufhaltsamen Weg zum Faschismus erklommen hätte; ich blätterte in den Büchern aus der DDR, die DKP-nahe Lehrer der Schulbibliothek großzügig überließen, und hörte staunend den Erzählungen von Mitschülern zu, die zu FDJ-Pfingsttreffen in die DDR reisten. Ich nahm das alles mit interessierter Neugierde wahr. Aber in Beschlag genommen hat es mich nicht.

Ich habe das Buch geschrieben, weil ich verstehen wollte, warum eine bedeutende Anzahl junger und jüngerer Leute in den 70er Jahren an die kommunistische Weltrevolution glaubte; warum sie von den Vorteilen eines radikalen Umsturzes statt von der Idee einer ständigen Verbesserung, die Utopismus ja nicht ausschließt, überzeugt waren. Weil ich verstehen wollte, warum sie in Teilen Gewalt als Mittel der politischen Auseinandersetzung befürworteten, sich über Morde der RAF nicht nur klammheimlich freuten, die Bundesrepublik als imperialistischen Unterdrückungsapparat betrachteten, im Gegenzug die DDR oder China als Arbeiter-und-Bauern-Paradiese priesen, zu Lenin und Mao Tse-tung als ihren Lehrmeistern aufschauten und einige gar zu Saloth Sar in Kambodscha, besser bekannt als Pol Pot, der sein Land im Namen der Revolution in ein blutgetränktes Trümmerfeld verwandelte.

Sie gingen 1967 und 1968 auf die Straße im Namen von Emanzipation und Befreiung und fanden sich wenige Jahre später in Organisationen wieder, die nicht befreiten, sondern unterdrückten. Sie wollten es besser machen als ihre Elterngeneration, aber am Ende schien es, als ob sie sie in den Disziplinen Härte und Durchhalten bis zuletzt übertrumpfen wollten.

I. Rätsel 70er Jahre
Kontinuität im Schlechten, Riss im Guten

> Warum rebellierten wir nicht, wenn der lange Marsch
> ins Irreale ging, warum stand niemand auf und sagte:
> »Ihr spinnt, Genossen?«
> **Klaus Hartung, 2008[2]**

Im Frühjahr 1956 fühlt sich im niedersächsischen Wendland ein Gutsbesitzer durch seinen 14-jährigen Sohn vor den Kopf gestoßen. Feierlich hat der Landadelige ihm einen Siegelring mit dem Familienwappen schenken wollen, was seit Generationen so üblich ist. Sein eigener Sohn aber verweigert den Ring. Er wünscht sich stattdessen ein Fernglas, was er auch bekommt. Das Verhältnis zwischen den beiden ist jedoch seitdem extrem gestört. Der Sohn zieht Anfang der 60er Jahre nach Westberlin und taucht in die Studentenbewegung ein. Er heiratet eine Psychologiestudentin. Seine studentische Lektüre ist vielfältig und keineswegs auf kommunistische Literatur beschränkt: Er liest Marx, Freud, Darwin, Trotzki, Ernst Nolte und Alexander Mitscherlich. In den 70er Jahren wird der libertäre Student von einst dem Führungskern der maoistischen Partei KPD/AO (AO für »Aufbauorganisation«[3]) angehören. Ziel der Partei ist es, durch offizielle und konspirative Mittel auf die proletarische Revolution in der Bundesrepublik und den gewaltsamen Umsturz der Gesellschaftsordnung hinzuarbeiten. Mao Tse-tung, der mit seinem »Großen Sprung nach vorn« und seiner Kulturrevolution viele Millionen Menschen seines Volkes ums Leben gebracht hat, Lenin, Ernst Thälmann und zeitweise Stalin sind die Leitfiguren der Partei, die sich als straff geführte Kaderpartei organisiert. Als Teil einer KPD-Delegation wird der Adelsspross in den späten 70er Jahren in der Volksrepublik China von hochrangigen Vertretern der Kommunistischen Partei Chinas empfangen, darunter von Parteichef Hua Guofeng, dem Nachfolger Mao Tse-tungs. Bis zur Auflösung 1980 bleibt er leitender Kader der Partei.

Im Jahr 1968 schließt sich der 15-jährige Sohn eines Lastwagenfahrers der Jugendszene im norddeutschen Bad Salzdetfurth an. Seine Kindheit war schwer. Er wuchs mit sechs Geschwistern auf; der Vater trank, die Mutter arbeitete in der Fabrik. Zu Hause passte die Großmutter auf, die den größten Kochlöffel der Küche einzusetzen pflegte, um ihr Enkelkind zu schlagen. In der Schule wurde er ebenso misshandelt: Ein Lehrer verprügelte ihn regelmäßig.

Als Jugendlicher nimmt er dann an der entstehenden Jugend- und Rockmusikszene teil. Er trägt eine Fliegerjacke, auf deren Rückseite er die Losung »Fuck for Peace« malt. Nach dem Schulabschluss bricht er seine Lehre ab und zieht 1971 nach Westberlin, auch, um der Bundeswehr zu entgehen. Er wohnt in verschiedenen WGs und kommt mit politisierten Jugendlichen in Kontakt. Er nimmt an Hausbesetzungen und Demonstrationen teil. Wenige Jahre später schließt er sich der gewalttätigen, anarchistischen »Bewegung 2. Juni« an. Im Februar 1975 entführt er zusammen mit anderen Mitgliedern der Gruppe den Berliner CDU-Vorsitzenden Peter Lorenz, um fünf inhaftierte RAF-Terroristen freizupressen, worauf die Bundesregierung unter Helmut Schmidt auch eingeht. Kurz darauf wird er verhaftet und später zu elf Jahren Haft verurteilt, von denen er fast sieben in Berlin-Moabit absitzt.

Die kurz angerissenen Lebensläufe dieser beiden Männer stehen nicht grundlos am Anfang dieses Buches. Beide, von denen später noch näher die Rede sein wird, stammen aus denkbar unterschiedlichen Milieus. Auch ist ihr Altersunterschied erheblich: der eine ist Jahrgang 1942, der andere 1953 geboren. Und doch eint sie, dass sie sich von der 68er-Bewegung angezogen fühlten. Beide rebellierten gegen die Verhältnisse, aus denen sie kamen, weil sie sich in ihnen unwohl fühlten, und dafür nutzten sie die neuen Lebensformen, die sich boten. Der Adelssohn las sich querbeet durch die Literatur der 68er. Der Arbeitersohn entfloh der Enge und Bedrücktheit seiner Herkunft und erschloss sich in Berlin eine für ihn neue Welt.

Die Parallelen gehen weiter. Beide ändern zur selben Zeit, Anfang der 70er Jahre, ein weiteres Mal radikal ihr Leben. Sie beenden ihre bohemehafte, nach Freiheit und größtmöglicher individueller Entfaltung strebende Existenz. Der eine wandelt sich zum disziplinierten Berufsrevolutionär und wird Teil eines autoritären Parteiapparats, der mit den eigenen Genossen wenig zimperlich umgeht. Der andere geht den Schritt in die bewaffnete Illegalität und wendet Gewalt gegen Menschen an; aber nicht gegen diejenigen, die ihn in seiner Kindheit demütigten, sondern gegen einen abstrakten Feind, den kapitalistischen Staat, mehr zufällig projiziert auf den Berliner CDU-Vorsitzenden.

Beide Männer stehen beispielhaft für eine Entwicklung, die eines der großen und bis heute nicht geklärten Rätsel in der Geschichte der Bundesrepublik markiert. In den 70er Jahren haben nicht nur die ausreichend beschriebenen wenigen Dutzend Mitglieder der RAF, sondern ein bedeutender Teil der Jahrgänge von 1940 bis 1960 das System der Bundesrepublik radikal abgelehnt und eine kommunistische, zumindest sozialistische Gesellschaftsordnung angestrebt, die mittels eines Umsturzes oder einer langfristigen revolutionären Umwälzung erreicht werden sollte. Sie organisierten sich in diversen maoistisch-leninistischen Gruppen (»K-Gruppen«), in marxistischen Zirkeln, in trotzkistischen Gruppen, als Spontaneisten (Spontis), in der Deutschen Kommunistischen Partei (DKP) und ihren Unterorganisationen, in linken Kleinstverlagen, in den diversen Ein-Themen-Organisationen (»Komitees«). Manche gingen in den sogenannten bewaffneten Kampf der »Revolutionären Zellen« oder der Bewegung 2. Juni.

Viele ehemalige Aktivisten der Zeit dürften die Reihung aller Organisationen und Gruppen der 70er Jahre in einem Absatz entrüstet ablehnen, weil sie sich untereinander als Gegner betrachteten. Die Abgrenzungen sind bis heute spürbar. Die Maoisten lehnten die DDR-treuen Parteigänger der DKP als Anhänger eines sowjetischen Sozialimperialismus ab, der aus ihrer Sicht genauso scharf zu bekämpfen war wie der Imperialismus der USA. Die mildere Form der Abgrenzung war der Vorwurf des Revisionismus: Die DKP bedrohte in ihren Augen das Endziel der Revolution, weil sie Bündnisse mit den Trägern des »Systems«, sprich mit Teilen der SPD und der Gewerkschaften, einzugehen suchte. Die Maoisten wiederum waren dem Vorwurf ausgesetzt, Konterrevolutionäre zu sein, weil sie die Sowjetunion mit den USA auf eine Stufe stellten. Die Spontis lehnten die Neigung der anderen zu starren, autoritären Parteiapparaten und zu einer orthodoxen Auslegung des Marxismus ab, und der Terrorismus wurde von den anderen abgelehnt, weil »individueller Terror« kein Ausweg sei, obwohl man zugleich die Bereitschaft zur gewaltsamen Tat bewunderte, und das oft nicht nur klammheimlich.

Wichtiger als die Unterschiede der diversen Strömungen sind ihre Gemeinsamkeiten. Allen Gruppen, Komitees, Parteien und Organisationen ist eigen, dass ihre Mitglieder und Sympathisanten für sich keine Zukunft im »System« Bundesrepublik sahen und ebenso keine Zukunft für dieses System selbst. Der Staat war für sie ein Unterdrückungsapparat, der dazu diente, die Herrschaft der Kapitalisten zu sichern. Drittens sollte am Ende eines revolutionären Prozesses eine klassenlose Gesellschaft stehen, so wie es Karl Marx postulierte. Über den Weg dorthin bestanden die unterschiedlichsten Ansichten, aber die Vorstellungen über das Endziel lagen gar nicht so weit auseinander.

Die Merkwürdigkeiten der 70er Jahre liegen auf mehreren Ebenen. Die Studentenbewegung von 1967 und 1968 war, wie der Name schon sagt, auf einen eher kleinen Teil der Bevölkerung beschränkt. Zu dem Zeitpunkt waren in der Bundesrepublik und in Westberlin nicht mehr als 350 000 Studenten eingeschrieben.[4] Der Sozialistische Studentenbund (SDS) selbst vereinigte maximal 2 500 Mitglieder auf sich. Der Kern der Studentenrevolte umfasste wohl nie mehr als 20 000 Studenten.[5] Jugendliche in der Provinz waren damals vom rebellischen Zeitgeist erfasst, der aus den Universitätsstädten herüberwehte, ohne jedoch klare politische Ziele formulieren zu können oder zu wollen. Erst *nach* '68 breitete sich die Revolte auch außerhalb der Campus aus und schuf sich ihr institutionelles Fundament mitsamt Mitglieder- und Sympathisantenzahlen, die weit über denen der Studentenbewegung lagen. Heute fast vergessen ist, dass es in den 70er Jahren eben nicht nur Studenten, sondern auch Lehrlinge, Jungarbeiter und soziale Aufsteiger mittels des zweiten Bildungsweges waren, die sich den diversen Organisationen anschlossen.

Ginge es logisch zu, müsste es demnach breite öffentliche Beschäftigung mit den 70er Jahren und weitaus weniger Interesse für '68 geben. Das Gegenteil ist der Fall. Über die Studentenrevolte ist inzwischen wohl (fast) alles gesagt, gedacht und erforscht worden. Die Argumente sind ausgetauscht. Verteidiger, Kritiker und Abrechner haben bei den wiederkehrenden 68er-Debatten und -Jubiläen ausreichend Gelegenheit, ihre Betrachtungen zu verbreiten. Den Gruppierungen der 70er Jahre wird gemessen an deren Bedeutung hingegen nur wenig Beachtung geschenkt. Das ist menschlich durchaus verständlich: Noch prägen die Zeitgenossen die Auseinandersetzung mit der Epoche. Vor die Wahl gestellt, ist es natürlich attraktiver, sich seiner Zeit als 68er-Rebell in Westberlin oder Adorno-Schüler in Frankfurt am Main zu erinnern (oder sich dazu zu stilisieren), als über die anschließende Funktionärsarbeit in kargen Hinterzimmern, die Verantwortung für schmallippig verfasste Kampfschriften gegen den Klassenfeind oder das Liebäugeln mit der Gewalt Auskunft zu geben. '68 ist bis heute, trotz aller Kritik, insgesamt positiv besetzt, die 70er Jahre sind es nicht.

Das Geheimnis der fortwährenden Faszination für das Jahr 1968 ist seine Ambivalenz. Jeder kann darin finden, was er finden möchte, was natürlich damit zu tun hat, dass es nicht *die* Bewegung gab, sondern mehrere neben- und gar gegeneinander arbeitende Gruppen. Wer will, wird mit Leichtigkeit auf die totalitären Ansätze der Bewegung stoßen, den größenwahnsinnigen Machtanspruch einer kleinen Minderheit. Schon damals waren die Fahnen rot und wurden Porträts von Mao Tsetung, Lenin und Ho Chi Minh auf Demonstrationen getragen. »Klassenkampf statt Sozialpartnerschaft« war, unter vielen, die Parole schon im April 1968.[6] Wer diese nicht gut fand, musste nicht zwangsläufig ein verstockter Nationalkonservativer oder ein rechter Sozialdemokrat sein. Auch mit der Studentenbewegung Sympathisierende konnten das Frösteln bekommen angesichts dieser Losung, nimmt man sie beim Wort.

Daneben steht '68 auch für eine befreiende, humorvolle, eben antiautoritäre Seite. Fritz Teufels Ausspruch »Wenn's der Wahrheitsfindung dient«, nachdem der Richter ihn mehrmals aufforderte, aufzustehen, ist zu einem geflügelten Wort geworden. Als ebenjener Fritz Teufel nach monatelanger Untersuchungshaft im August 1967 entlassen wurde – gegen ihn war wegen Landfriedensbruchs bei der Demonstration gegen den Schah-Besuch ermittelt worden –, versammelten sich die Mitglieder der Berliner »Kommune 1« und Gefährten auf dem Kurfürstendamm, verteilten Essen, Wein und Blumen an die Umstehenden und sangen »Eins, zwei, drei / wir lieben die Polizei! / Eins, zwei, drei / Fritz Teufel ist jetzt frei«. Die Polizei war, so notierte ein englischer Reporter, angesichts der unverhofften Liebeserklärungen derart verblüfft, dass sie nicht wusste, was sie tun sollte.[7] War es ernst gemeint? War es Ironie? Zumindest die frühen Handlungen der Kommunarden passten nicht in konventionelle Deutungsraster. Nach seiner Entlassung hielt Fritz Teufel die polizeilichen Meldeauflagen absichtlich nicht ein und wollte schon wenig später freiwillig erneut in die Haftanstalt Moabit einrücken, symbolisch angekettet und bekleidet mit einem Büßergewand. Das Gefängnis ließ seine Tore allerdings verschlossen.[8] Aktionen wie diese, die mit Erwartungshaltungen und Rollenklischees spielen, produzierte die Kommune 1 am laufenden Band. Autoritäten zum Narren zu halten ist in Deutschland keine Erfindung der 68er. Sie haben diese Tradition aber wieder populär gemacht.

Von Anfang an haben die Massenmedien mit ihrem Bedürfnis nach Vereinfachung, Helden und Symbolen zu dem positiven Bild der 68er beigetragen. Sie haben ikonengleiche Bilder populär gemacht, die zum kollektiven Bildgedächtnis der Bundesrepublik gehören und routinemäßig immer wieder abgerufen werden: Uschi Obermaier und Rainer Langhans im Doppelporträt; die Nackten aus der Kommune 1 an der Wand, den Rücken zum Fotografen gekehrt[9]; Rudi Dutschke, wild skandierend, in einer Demonstrationskette in Berlin; Thorwald Proll mit Zigarre und dicken Brillengläsern im Gerichtssaal sitzend, daneben Andreas Baader und eine scheu lächelnde Gudrun Ensslin. Terroristen waren da beide noch nicht; es ging *nur* um Brandstiftung in einem leeren Kaufhaus. '68 ist offensichtlich sexy, irgendwie, auch durch diese Bilder. Die 70er Jahre hingegen sind seltsam bilderlos geblieben und überhaupt nicht sexy. Überliefert sind bezeichnenderweise nur schreckliche Fotos, nämlich die von entführten oder ermordeten Terroristenopfern. In den 70er Jahren wurde es ernst, der Spaß war vorbei. Mit den Massenmedien wurde außerdem nicht mehr geflirtet oder paktiert, denn die galten als bürgerlich. Stattdessen produzierte man fortan ausschließlich seine eigenen Schriften.

Dabei waren die 68er noch nicht einmal *die* heroischen Modernisierer, die die Bundesrepublik durchlüftet haben. Das Land steckte bereits mitten in der Veränderung, ein Befund, der bemerkenswerterweise inzwischen auch von einstmals besonders forschen Studentenführern geteilt wird.[10] Dennoch halten sich Mythen, Selbststilisierungen und Beschönigungen. Hartnäckig hält sich in Kreisen der Veteranen der Studentenbewegung die kühne Behauptung, dass die 68er Willy Brandts

Kanzlerschaft ermöglicht hätten. Allerdings war Willy Brandt zu seiner Amtszeit als Regierender Bürgermeister Berlins, die bis 1966 andauerte, innerhalb der SPD ein »Rechter«, der fest an der Seite der US-Alliierten stand und nie ein kritisches Wort über den Vietnamkrieg verlor. Eine Kanzlerschaft Brandts haben die Westberliner Studenten damals gewiss nicht gewollt, im Gegenteil, sie positionierten sich gegen seine Politik in Berlin. Später, als Kanzler, wurde er von den Studenten als zu kompromissbereit kritisiert; außerdem trug man ihm den sogenannten Extremistenbeschluss nach, der in seiner Regierungszeit verabschiedet wurde.

Brandt trat das erste Mal bereits 1961 als Kanzlerkandidat der SPD an, zu einem Zeitpunkt, als die 68er noch Oberschüler waren. 1969 wurde er nach einem weiteren vergeblichen Versuch im Jahr 1965 schließlich doch vom Bundestag gewählt, aber nicht, weil der Sozialistische Studentenbund es so wollte, sondern weil die neue FDP-Spitze unter Walter Scheel von der CDU zur SPD als neuen Bündnispartner schwenkte. Die Ironie ist, dass Scheel nicht einmal ein Links- oder Sozialliberaler, sondern ein flexibler, neue Optionen erkennender Politiker war, der vorwiegend aus machtpolitischem Kalkül den Schwenk vollzog. Historische Zäsuren können manchmal ziemlich unpathetische Ursachen haben.

Bis heute ist die Deutung populär, wonach der Protest der Studenten eine Art nachholender Gründungsakt einer bis dahin unfertigen bundesdeutschen Demokratie war[11] – »die 68er haben die Bundesrepublik modernisiert« ist die gängige Formel –, ohne zu benennen, worin diese Liberalisierung durch die 68er eigentlich *genau* bestanden hat. Andere deuten die 68er-Bewegung gar als Ursprung einer emanzipierten Gesellschaft. Vorher sei sie erstarrt, letztlich ein hoffnungsloser Fall gewesen: »1968 hat sich die bundesrepublikanische Gesellschaft nicht einfach nur verändert. Sie hat zum ersten Mal begriffen, dass sie überhaupt veränderbar ist. Dass sie an und mit ihren Menschen wachsen kann.«[12] Das ist schön formuliertes Geraune. In besagtem Text findet sich allerdings kein einziges Beispiel dafür, worin jenes ominöse »Wachstum« eigentlich genau bestanden hat. Der Text findet sich in einer Ausgabe einer vielgelesenen Lehrbroschüre für Lokaljournalisten, die von der Bundeszentrale für politische Bildung herausgegeben wird. Durch Texte wie diese werden Mythen reproduziert, bis sie sich verselbständigen.

'68 war nicht die Wetterscheide, die die Bundesrepublik in ein böses Vorher und eine gutes Nachher unterteilte. Gesellschaftliche Prozesse verlaufen nicht so geordnet und wohlportioniert, wie es im Geschichtsunterricht, in Enzyklopädien oder in Fernsehdokumentationen dargestellt wird. Alte Mentalitäten und Generationenprägungen können lange überdauern, während neue zunächst unauffällig reifen. Lange Zeit überlagern sie sich, verschränken sich miteinander. Ende der 50er Jahre gab es bereits libertäre, hedonistische Milieus, Autoritäten herausfordernde Kabarett-Programme, an Tabus rüttelnde, frivole Literatur *(Die Blechtrommel)* und liberale, aufgeklärte Ansätze in der Politik. Dagegen existierten in den 80er Jahren noch autoritäre Inseln in der Gesellschaft, unter denen unter anderem ausgerechnet Kinder zu leiden hatten: hermetische Strukturen und Missbrauch in Internaten etwa, gewalttätige Lehrer, furchteinflößende Hausmeister. Wenn heute ein Lehrer tätlich wird, ist das binnen weniger Wochen ein Thema in der Lokalzeitung oder im lokalen Internet-Blog, weil Zehnjährige heute das Selbstbewusstsein haben, sich an die Schulleitung oder an die eigenen Eltern zu wenden. Das war vor 30 Jahren noch keineswegs so.

Es ist nötig, die Themen, die die 68er bewegten, einmal genauer zu betrachten. Die Situation an den Universitäten, die demokratische Verfassheit des Staates, die »sexuelle Befreiung«, die Struktur der Kleinfamilie und das Erbe des Nationalsozialismus beschäftigten die Studenten. Richtig ist, dass der Zusammenprall des alten Typus Ordinarienuniversität mit den auf die Hochschulen strömenden geburtenstarken Jahrgängen – rund 350 000 Studenten wurden damals als viel empfunden –

zwangsläufig zu einem Konflikt führen musste. Auf der einen Seite Strukturen, die in Teilen aus kaiserlichen Zeiten herrührten, auf der anderen Seite die erste, geburtenstarke Generation, die durch die Wohlstandsgesellschaft der Nachkriegszeit und *re-education*, das Demokratieversprechen der Alliierten, geprägt wurde – das konnte nicht geräuschlos bewältigt werden. Der Staat hatte den Veränderungsbedarf allerdings durchaus frühzeitig erkannt. Reformuniversitäten wie in Bochum, Bremen und Konstanz wurden *vor* 1968 geplant oder eröffnet. (Es gehört zu den vielen Ironien und Grautönen der Zeit, dass die damals hochgelobte Reformuniversität Konstanz von einem gewissen Ministerpräsidenten Kurt Georg Kiesinger auf den Weg gebracht wurde. Kiesinger war als späterer Bundeskanzler wegen seiner NSDAP-Mitgliedschaft das Feindbild der Studentenbewegung schlechthin. Grautöne hatten es schwer in dieser Zeit.) »Bildung ist Bürgerrecht« war Mitte der 60er Jahre eine bekannte und oft zitierte Parole. Eingeführt wurde sie aber nicht von der Studentenbewegung, sondern vom liberalen Soziologen Ralf Dahrendorf, der 1965 ein gleichnamiges und stark beachtetes Buch schrieb. Über Chancengleichheit und Aufstiegschancen von Kindern von Arbeitern und einfachen Angestellten wurde in der Politik damals viel diskutiert. Den Beginn des Bewusstseinswandels markierte die Abschaffung des Schulgelds für Gymnasien Ende der 50er Jahre, der mit einer alten wilhelminischen Tradition brach.

An den Universitäten der 60er Jahre besetzte eine Generation junger, Reformen gegenüber aufgeschlossener Akademiker früh Professorenstellen. Sie profitierte vom Ausbau der Hochschulen, aber auch von der Lücke, die der Zweite Weltkrieg bei der vorausgegangenen Generation riss. Ebenjener Dahrendorf, Jahrgang 1929 und der sogenannten Flakhelfergeneration zugehörend, aber auch Jürgen Habermas, dem gleichen Jahrgang entstammend, sind prominente Beispiele. Es gibt in der Geschichte der Bundesrepublik neben den 70er Jahren keine Phase, in der es normal war, dass Mittdreißiger Lehrstuhlinhaber wurden und Vierzigjährige den akademischen Diskurs kräftig mitbestimmten. Diese Schicht junger Professoren bevorzugte den Dialog mit den Studenten und eben nicht die Konfrontation.

Die Studenten haben ausgerechnet an dem Ort am vehementesten für mehr Rechte und Umbrüche protestiert, der zu den fortschrittlichsten gehörte: an der Freien Universität Berlin. Die Universität wurde, protegiert von den amerikanischen Alliierten, als staatsferne Einrichtung gegründet, in deren Gremien die Studenten von Beginn an Sitz und Stimme hatten. Was auf den ersten Blick paradox anmutet, ist letztlich logisch. Gerade weil die Studenten Einfluss besaßen und sich leichter als woanders organisieren konnten, war ihr Protest an der Freien Universität am lautesten. Auch eine Rebellion hat die Eigenschaft, sich den Weg des geringsten Widerstands zu suchen und dort am stärksten aufzutrumpfen, wo sich die besten Gelegenheiten bieten.

1969 verabschiedete die von der Studentenbewegung abgelehnte, ja verachtete Große Koalition ein Gesetzespaket, das zu den größten und bis heute wohl unterschätztesten Reformen in der Bundesrepublik gehört: die sogenannte Große Strafrechtsreform. Der gründliche Umbau des Strafgesetzbuchs markiert eine Zäsur, weil sie mit obrigkeitsstaatlichen Traditionen brach, die noch aus dem Kaiserreich herrührten. Die Reform schaffte die Zuchthäuser ab; sie führte den Resozialisierungsgedanken im Strafvollzug ein; sie entschärfte den berüchtigten Homosexuellenparagrafen 175; sie schaffte den Kuppeleiparagrafen 180 ab, der es Unverheirateten unmöglich machte, zusammenzuziehen oder gar nur zusammen in Urlaub zu fahren. Die Reform war eine wirkliche Revolution, weil Strafgefangene nicht mehr als gefährliche Subjekte angesehen wurden, die durch die Haft büßen und weggesperrt werden mussten, sondern als Menschen mit Rechten. Und der Staat verzichtete fortan darauf, sich als Moral- und Sittenwächter aufzuspielen, was er in Deutschland lange getan hatte.

Man könnte angesichts der Jahreszahl 1969 auf den Gedanken kommen, dass die Strafrechtsreform wegen der Studentenbewegung verabschiedet wurde. Tatsächlich wird in der wohlmeinenden 68er-Publizistik gern aus einer Koinzidenz eine Kausalität konstruiert: Der Druck der Studentenbewegung habe zum Abschneiden alter Zöpfe geführt, »im Zuge der antiautoritären Bewegung«[13] sei es zur Reform gekommen. Das war nicht der Fall. Die Strafrechtsreform wurde mit Beginn der Großen Koalition 1966 in die Wege geleitet und vom SPD-Justizminister Gustav Heinemann vorbereitet. Ein anderes Gesetz aus dieser Zeit hat die Rechte unverheirateter Mütter enorm verbessert, die in der sozialen Hierarchie der 50er Jahre ziemlich weit unten standen. Vor der Reform des »Unehelichenrechts«, man mag es heute kaum glauben, war der Vater rechtlich nicht existent; die Mutter musste ihr Kind der »Amtsvormundschaft« überlassen. Unverheiratete Mütter galten bis dahin als »gefallene Mädchen«, als Ausweis sittlich unstatthafter, ungezügelter Sexualität. Dieser Rechtszustand, der im Bürgerlichen Gesetzbuch von 1900 festgeschrieben war, wurde von ebenjenem Justizminister Heinemann 1969 beendet; vorgelegt wurde der Gesetzentwurf bereits 1967. Auch hier ging ein wichtiger Liberalisierungsschritt von den Institutionen aus, die den Studenten verhasst waren.

Bis heute hält sich die Vorstellung, dass die 68er mit sexuellen Verklemmungen und repressiven Familienverhältnissen, die spezifisch deutsch gewesen seien, aufgeräumt hätten. Vereinfacht ausgedrückt: Uschi Obermaier und Rainer Langhans haben den Deutschen den Weg in die sexuelle Befreiung gewiesen. Allerdings muss man, was die 50er und frühen 60er Jahre angeht, zwischen Norm und Praxis unterscheiden. Die Autoritäten haben tatsächlich enge, bevormundende Regeln gesetzt. Zu dem Zeitpunkt hatte sich bereits in der deutschen Gesellschaft eine sexuelle Revolution der besonderen Art ereignet. Diese trat weniger spektakulär auf als die sexuelle Revolution der späten 60er Jahre, hatte aber schon althergebrachte Normen und moralische Standards unterspült. In der Kriegs- und unmittelbaren Nachkriegszeit nahmen es die Frauen, verheiratet mit an der Front befindlichen, vermissten oder später kriegsgefangenen Soldaten, mit Sittsamkeit und Treue nicht so genau und begannen Affären mit daheimgebliebenen Deutschen, Zwangsarbeitern oder alliierten Soldaten. Die Männer gingen an der Front Beziehungen ein, die keineswegs nur die Machtverhältnisse zwischen Besatzern und Besetzten widerspiegelten. Die Wehrmacht unterhielt Bordelle und verteilte regelmäßige Rationen an Kondomen. Eheliche Untreue und Wehrmachtsbordelle muss man nicht gut finden, aber prüde waren die Zeiten sicher nicht. Zeugnisse dieser Zeit sind kaum dokumentiert; sie sind umso mehr im individuellen Familiengedächtnis gespeichert. Die Generation, die heute am Ende ihres Lebens steht oder bereits gestorben ist, hat es bevorzugt, über ihre privaten Erfahrungen nicht öffentlich Auskunft zu geben, anders als Uschi Obermaier und Rainer Langhans. Die Politik von CDU und CSU, Kirchen und anderen Institutionen der 50er Jahre muss man so gesehen als letztlich vergeblichen Versuch deuten, die moralischen Standards der Vorkriegsverhältnisse – präziser: des Wilheminischen Zeitalters – zu restaurieren. Es war aber bereits zu viel passiert. Die kollektive Erfahrung der Jahre 1940 bis 1948 ließ sich nicht einfach tilgen.

Ab Mitte der 50er Jahre schwappte dann auch noch der Rock 'n' Roll von Elvis Presley, Little Richard, Chuck Berry und Jerry Lee Lewis aus den USA in die Bundesrepublik. Schon 1957 sang der 22-jährige Lewis zum Beispiel Folgendes, während er in die Klaviertasten haute: »Easy Now / Shake it ahhh / Shake it babe Yeah / You can shake one time for me / Well I said come over baby / Whole lot of shakin' goin' on«.

Weiter handelt das Lied davon, dass man den Bullen bei den Hörnern nehmen sollte, dringend eine Scheune aufsuchen und dort ernst machen sollte. Diese Zeilen können problemlos mit Mick Jaggers gesungenem Vorschlag von 1967, die Nacht mit ihm zu verbringen[14], als auch mit Jim Morrisons vorgebrachtem

Wunsch vom selben Jahr, eine Frau möge sein Feuer zum Erleuchten zu bringen[15], mithalten. Der Sex wurde nicht erst von den musikalischen Helden der 68er besungen, das passierte alles viel früher. Vor dem Hintergrund der hedonistischen amerikanischen Pop-Kultur erschien der westdeutsche Nierentisch-Biedermeier überhaupt erst als muffig und gestrig.

Und dann war da noch Käte Strobel. Wenn überhaupt, müsste die sozialdemokratische Gesundheitsministerin von 1966 bis 1972 Symbol der »sexuellen Befreiung« sein und nicht Obermaier und Langhans. Die resolute, über 60 Jahre alte Ministerin, die in der Weimarer Republik in der sozialistischen Jugendbewegung der SPD aktiv gewesen war, tat viel für die sexuelle Aufklärung und bediente sich auch unkonventioneller Methoden. Ihr Ministerium brachte 1967 den Aufklärungsfilm *Helga – Vom Werden des menschlichen Lebens* auf den Weg, den in der Bundesrepublik bereits im ersten Jahr drei Millionen und weltweit insgesamt rund 40 Millionen Zuschauer sahen.[16] Käte Strobel erhielt dafür den Preis »Die Goldene Leinwand«; eine Ehrung, die Regierungsmitgliedern eher selten zuteil wird. Wenig später brachte sie den *Sexualkunde-Atlas* auf den Schulbuchmarkt und sorgte damit in der Öffentlichkeit für ein geteiltes Echo; der Freiburger Erzbischof protestierte »auf das schärfste«.[17] Der rheinland-pfälzische Kultusminister Bernhard Vogel von der CDU äußerte »Abscheu«, und der Präsident der Katholischen Elternschaft Deutschlands befürchtete: »Wenn die Techniken so ›einfach‹ dargestellt werden, hat das fast Aufforderungscharakter: Man kann ›es ja mal probieren‹.« Ja, das war damals (und im Grunde ist es bis heute) eine große Sorge der katholischen Kirche: Dass man »es« einfach mal so, und nicht zum Zwecke der ehelichen Reproduktion probieren könnte. Käte Strobel ließ sich nicht von ihrer Mission abbringen. Kurz vor Ende ihrer Ministerzeit initiierte sie eine Anzeigenkampagne zu Verhütungsfragen namens »Aktion Wunschkind«. Die Verleger der Zeitschriften *Bild der Frau* und *Gong* lehnten die regierungsamtlichen und überdies finanziell lukrativen Anzeigen ab, weil sie sich an prosaischen Sätzen wie diesem störten: »Ein Präservativ ist ein sehr fortschrittliches Verhütungsmittel. Neue Materialien und Herstellungsverfahren haben den Präservativ so verändert, daß er nicht mehr stört.«[18]

Wesentliche Impulse der »sexuellen Befreiung« gingen auch hier vom Staat, vom »Establishment« aus. Käte Strobels Ideen zeigen eindrücklich, dass die Große Koalition und später die sozialliberale Koalition gesellschaftlichen Entwicklungen gegenüber nicht nur aufgeschlossen waren, sondern sich auf manchen Gebieten gar an die Spitze der Bewegung setzten und gesellschaftlichen Widerstand riskierten.

Warum bis heute Uschi Obermaier Symbol der »sexuellen Revolution« ist und nicht Käte Strobel? Strobel hat sich als Person nie in den Vordergrund gedrängt; sie konnte auch nicht mit Affären mit Rockstars aufwarten. Und um die voyeuristischen Bedürfnisse der Massenmedien zu befriedigen, hatte Strobel, ein großmütterlicher Typ, gegenüber der 35 Jahre jüngeren Obermaier natürlich die schlechteren Karten – ebenso mit ihrem Namen, der weniger geeignet war, die Fantasien des – männlichen – Publikums zu entfachen als der Name Uschi Obermaier.

Der letzte Punkt ist die Auseinandersetzung mit dem Nationalsozialismus und das Erbe des Dritten Reichs. Auch hier war bereits vor '68 einiges in Bewegung geraten. Nachdem der alliierte Denazifizierungsdruck Anfang der 50er Jahre abnahm, setzte eine Phase des Schweigens und Verdrängens ein. Ende der 50er Jahre aber änderte sich das. Der Ulmer Einsatzgruppenprozess fand 1958 statt, der Frankfurter Auschwitzprozess folgte 1963. 1958 wurde die Ludwigsburger Zentralstelle zur Aufklärung von NS-Verbrechen eingerichtet. Die Prozesse wurden von der Öffentlichkeit mit großem Interesse verfolgt. Peter Schneider, Schriftsteller und Alt-68er, beschreibt das paradoxe Verhältnis zwischen der Nazivergangenheit, den staatlichen Autoritäten und der Jugend: »Der Wahrheit am nächsten kommt wohl der Befund, daß wir ... über die ›dunklen Jahre‹ wenig wußten und auch nicht viel darüber wissen wollten. Wir vermißten dieses Wissen nicht. Erst der Eichmannprozeß in Jerusalem und der nachfolgende Auschwitzprozeß in Frankfurt öffneten mir die Augen.«[19] Gerade weil bundesdeutsche Gerichtsprozesse stattfanden und Magazine wie *Der Spiegel* und der *Stern* ab 1960 detailliert über die Ungeheuerlichkeiten der Judenvernichtung berichteten, wurden der Jugend die Abgründe der jüngsten Vergangenheit und die moralische Angreifbarkeit der »Älteren« bewusst.

Die Kontinuität von Karrieren ehemaliger Funktionäre von NSDAP, SS, SD und SA in der Bundesrepublik spielte in der Studentenbewegung keine dominierende Rolle, obwohl der Staat paradoxerweise an dieser Stelle am angreifbarsten war. Bis in die frühen 70er Jahre hinein amtierten Nationalsozialisten bis in die höchsten Etagen von Wirtschaft, Justiz, Verwaltung, Medien und Politik. NS-belasteten Beamten wurde explizit eine Wiedereinstiegsmöglichkeit in den Öffentlichen Dienst geschaffen (»131er«).[20] Amnestiegesetze wurden verabschiedet. Es ist allerdings übertrieben und stark vereinfachend, zu schreiben, dass die ehemaligen NS-Eliten die Institutionen der Bundesrepublik »beherrscht« hätten.[21] In den ersten Bundeskabinetten Konrad Adenauers, also an der Spitze der Bundesregierung, überwogen ältere Männer, die noch vor 1933 politisch sozialisiert worden waren, während der Nazi-Zeit unauffälligen Berufen nachgingen und sich häufig aus religiöser – hier überdurchschnittlich stark vertreten: katholischer – Überzeugung nicht mit dem System einließen. Die Biografien von Theodor Oberländer (Beteiligung an Kriegsverbrechen) und Hans Globke (Kommentator der Nürnberger Gesetze) waren die Ausnahme und nicht die Regel.

Der eigentliche Skandal war vielmehr, dass es in den unteren und mittleren Etagen Elitenkontinuitäten gab; dass der regionale Polizeipräsident vorher bei der Gestapo arbeitete; dass der Richter am örtlichen Amtsgericht vor 1945 bei einem NS-Sondergericht waltete; dass ein Beamter des Generalgouvernements Polen wenige Jahre später eine herausgehobene Position in einer bundesdeutschen Behörde einnahm; dass manche FDP-Landesverbände zeitweise wie informelle Nachfolgeorganisationen der NSDAP erschienen. Das ganze Ausmaß kannte man damals noch nicht. Es waren Einzelpersonen wie die *Konkret*-Chefredakteurin Ulrike Meinhof oder das Berliner SDS-Mitglied Reinhard Strecker, die beharrlich auf personelle Verstrickungen aufmerksam machten. Aber auch das geschah *vor* 1968.

Bei allen Themen, die die 68er bewegten, ist also ein ähnliches Muster zu erkennen. Sie engagierten sich dort, wo ein gesellschaftliches Bewusstsein im Entstehen war. Die 68er waren keine heldenhaften Pioniere, die unter großen Anstrengungen eine behelfsmäßige Brücke über den reißenden, feindlichen Strom der Reaktion bauten. Vielmehr fanden sie und betraten eine Brücke, die bereits leidlich ausgebaut war. Manchmal fehlte ein Teil vom Geländer, manchmal schwankte die Brücke, aber sie war begehbar. Ans andere Ufer konnte man ohne übermäßige Gefahr gelangen, wenn man wollte.

Trotz der Mythenbildungen und nachträglichen Stilisierungen waren die 68er ja von realen Motiven angetrieben. Sie wuchsen in einer widerspruchsvollen Gesellschaft auf. Der Vietnamkrieg empörte, und er war nah, wurden doch dessen Schrecken regelmäßig im Fernsehen ausgestrahlt. Die Bundesregierung stand treu an der Seite des kriegführenden Bündnispartners USA. In Berlin bekamen zwei SPD-Funktionäre ernsthafte Probleme mit ihrer Partei, als sie 1968 nichts weiter taten, als an einer Anti-Vietnamkriegs-Demonstration teilzunehmen.[22] Vor diesem Hintergrund wirkte die Rede vom »freien Westen«, die etablierte Politiker im Munde führten, scheinheilig. Der gleichzeitige Aufruhr in den USA, in der Tschechoslowakei, in Frankreich, Italien, der anhaltende, am Ende erfolgreiche Widerstand des Vietcong gegen die Amerikaner und die diversen Befreiungsbewegungen in der Dritten Welt produzierten die Überzeugung, dass man Teil einer globalen, antiimperialistischen Bewegung sei. Den 68ern kommt nebenbei bemerkt das Verdienst zu, dass sie die erste Generation waren, die sich nicht aus der Kolonialherren- oder der Naturforscherperspektive heraus für die Dritte Welt interessierte, sondern sie als normalen, ebenbürtigen Teil der Welt verstand.

Der 2. Juni 1967 schließlich trieb die Radikalisierung entscheidend voran. An diesem Tag demonstrierten die Studenten in Berlin gegen den Besuch des persischen Schahs. Gewalt ging nicht von den Studenten aus, sondern von der Polizei und den persischen Schlägertrupps. Protest wurde mit brutaler Gewalt beantwortet. Polizisten knüppelten unbarmherzig. Der sich abseits des Geschehens haltende, gewaltlose Student Benno Ohnesorg starb durch die Schüsse des Polizisten Karl-Heinz Kurras. Das Protokoll der Befragung des damaligen Polizeipräsidenten Erich Duensing und anderer Beamter durch den Parlamentarischen Untersuchungsausschuss des Berliner Landesparlaments liest sich heute als erschreckendes Dokument darüber, was die Polizei (und der hinter ihr stehende SPD-Senat) alles falsch machte. Es ist auch ein Dokument darüber, wie groß die kulturelle und politische Kluft zwischen den staatlichen Autoritäten und den Studenten zu jener Zeit in Westberlin war.

Erich Duensing, Jahrgang 1905, war bereits in der Weimarer Republik zum Polizeioffizier ausgebildet worden. In der NS-Zeit wurde seine Einheit in die Wehrmacht überführt. Ab 1941 nahm er am Überfall auf die Sowjetunion teil. Er wurde zum Generalstabsoffizier und Truppenführer ausgebildet. Was sein Regiment genau tat, ist unbekannt, aber bekannt ist, dass der Krieg im Osten kein »normaler« Krieg, sondern ein Vernichtungsfeldzug war. Duensings Aussagen vor den Parlamentariern zum 2. Juni 1967 erwecken den Eindruck, dass er nie als Polizeipräsident in einer Demokratie angekommen war, sondern sich im Geiste immer noch im »Ostfeldzug« befand. Das beklemmende Protokoll seiner Aussage darüber, was er unmittelbar nach den Schüssen auf Ohnesorg tat, liest sich jedenfalls wie ein Lagebericht eines an der Ostfront stehenden Wehrmachtsoffiziers an den Generalstab:

»Ich bin etwa zwischen ¾ 9 und 9 zurückgegangen zur Befehlsstelle, die von der Oper links war an der Ecke Richard-Wagner-Straße. Habe dort gefragt: Was liegen für Meldungen von Verletzten vor, eigene, fremde, und sah, als ich Richtung Wilmerdorfer Straße raufsah, dort also einen Pulk, der mußte ja sein, es war ja ein Teil nach rechts abgedrängt worden. Ich frug nach dem Kräfteeinsatz. Da sagte man mir, da stehen also 1 ½ Züge. Ich bin dann da rauf gegangen, und da war folgende Situation: Im Blick in die Wilmersdorfer Richtung Kantstraße brannte ein Feuer, das also ständig genährt wurde von Zeitungen. Feuer Durchmesser 1 ½ Meter, Flammenhöhe auch 1 bis 1 ½ Meter. Der Fahrbahnverkehr in Richtung nach oben zur Bismarckstraße war blockiert, eine schreiende, unfriedliche Menschenmenge, auch mit Transparenten. Es war dort sogar so, daß die eigenen polizeilichen Kräfte etwas in Unordnung geraten waren. ... Man sah eigentlich nicht mehr, wo war noch eine Sperrkette von der Polizei, wo war keine, es war so richtig die Polizei von allen Seiten unterlaufen worden. Da sagte ein Wachtmeister zu mir – oder ein Gruppenführer, ich weiß es nicht: Um Gottes willen, hier muß ja nun endlich was geschehen, wir werden ja völlig eingeklemmt. Da habe ich gesagt: Holen Sie den Kommissar. Der kam dann. Dann habe ich ihm einen Befehl gegeben, nunmehr rittlings die Wilmersdorfer Straße zu räumen für den Passantenverkehr, denn dort sind ja sehr viele Geschäfte, der Freitagabend ist ein Bummelabend, wo man Geschäfte betrachtet. Erst mal Inbesitznahme des Feuers, und von dort aus weiteres Vorgehen, bei Widerstand Polizeiknüppel frei.«[23]

Auf die Frage, warum er die gewaltsame Räumung der Straße sofort nach Beginn der Opernaufführung befahl und die Proteste nicht einfach auslaufen ließ, antwortete er: »Ja – man soll ein Unheil nicht anstehen lassen. Hier war ein polizeiwidriger Zustand eingetreten, der mußte beseitigt werden.«[24]

Duensing war nicht der eigentliche Urheber der Eskalationsstrategie der Polizei[25], aber seine Biografie, seine Rolle am 2. Juni und seine Rechtfertigungen danach geben das perfekte Feindbild für die 68er: die Verstrickung in einen verbrecherischen Krieg; der SPD-Eintritt gleich nach Kriegsende, der offensichtlich aus reinem Opportunismus geschah, denn mit den jeweiligen Herren im Staat muss man sich ja gutstellen, um die eigene Karriere voranzutreiben; die tatsächlich erfolgte nahtlose Karriere in der Bundesrepublik, seine prägende Rolle im Aufbau der als paramilitärisch verschrienen Westberliner Polizei; das militärische Denken, das ein totales Missverstehen des studentischen Aufruhrs offenbart; schließlich der hohe Ordnungsbegriff – Ordnung muss wieder auf den Bürgersteigen herrschen, damit die Bürger ihrer Rolle in der Konsumgesellschaft nachkommen können (»der Freitagabend ist ein Bummelabend«).

Das Aussageprotokoll Duensings verstaubte schnell im Archiv. Bekannt wurde damals nur Duensings »Leberwurst-Taktik«, die Duensing nach dem 2. Juni auf einer Pressekonferenz entfaltete: »Nehmen wir die Demonstranten als Leberwurst, nicht wahr, dann müssen wir in die Mitte hineinstechen, damit sie an den Enden auseinanderplatzt.« Schon dieser Satz sagt genug aus über Duensings polizeiliches Denken. Nach diesem Prinzip hatte die Polizei vor der Deutschen Oper verfahren.

Später trat Berlins Regierender Bürgermeister Heinrich Albertz wegen des verunglückten Polizeieinsatzes zurück. Nachfolger wurde der erst 41-jährige Sozialdemokrat Klaus Schütz. Es lässt sich nicht behaupten, dass sich Schütz trotz seines relativ jungen Alters gegenüber den Studenten klüger verhalten hätte. Auf dem SPD-Landesparteitag am 11. Februar 1968, kurz vor dem Vietnam-Kongress des SDS und der anschließenden Demonstration, an der einige prominente SPD-Mitglieder teilnehmen wollten, sagte Schütz: »Ihr müßt diese Typen sehen, ihr müßt ihnen genau ins Gesicht sehen. Dann wißt ihr, denen geht es nur darum, unsere freiheitliche Grundordnung zu zerstören.«[26] Dieser Satz ist immer wieder zitiert worden. Weniger bekannt ist, was Schütz auf dem Parteitag noch sagte:

> »Das heißt, es wird von uns nie eine Demonstration oder Demonstrationen pauschal verboten werden, sondern es werden genau die verboten werden, von denen wir nach allen äußeren Anzeichen und nach allen Erfahrungen annehmen müssen, daß sie Ausgangspunkt von kriminellen und terroristischen Aktionen sein werden – und das werden wir tun! ... Das werden wir auch tun, wenn wir Mitglieder der Partei – darin sind wir jetzt schon erfahren, was einige betrifft –, aber auch wenn wir Mitglieder dieses Landesparteitages dabei aus dem Weg räumen müssen.«[27]

Über diese feinfühligen Äußerungen des sozialdemokratischen Stadtoberhaupts, zu denen die Mehrheit der Parteitagsdelegierten applaudierte²⁸, berichteten die Medien damals nicht. Hätten sie es getan, hätte es die Meinung der Studenten bestärkt, dass der SPD, der Berliner SPD allemal, im Staat allein die Funktion zukomme, die Herrschaft der Unterdrücker nach unten abzusichern.

Die Wut, die sich in den Wochen und Monaten nach dem 2. Juni Bahn brach, ist also erklärbar, weil sie auf wahrgenommenen Ungerechtigkeiten und Tatsachen gründete. Hinzu kam das eigentümliche Klima der Zeit, nicht nur in Westberlin, sondern auch in der Bundesrepublik. Thomas Schmid, in den 70er Jahren eine Art Chef-Ideologe der Spontigruppe »Revolutionärer Kampf« (RK) in Frankfurt am Main, hat in einem 1988 erschienenen Aufsatz das Klima der frühen Bundesrepublik auf den Punkt gebracht, wenn er die damals drei etablierten Parteien SPD, FDP und CDU so charakterisiert:

> »... von links her die Sehnsucht nach Reputierlichkeit und der Wunsch, das Odium des Spinnertums abzulegen; auf liberaler Seite das krampfhafte, von Spießigkeit nicht freie Bemühen, den neuen Freunden jenseits des großen Teichs nachzueifern und das Plansoll an angelsächsischem Pragmatismus unsentimentaler Hingabe an die *facts* überzuerfüllen; und rechts der eiserne, extrem autoritäre Wille, der Gesellschaft ein für allemal nicht revidierbare und vom gemeinen Mann schon gar nicht beeinflußbare geistige Fundamente zu verpassen: Arbitrarität, der Streit der Meinungen und letztlich auch Politik und Geschichte sollten aus der Gesellschaft verbannt werden – die düstere Vision des in die Apologie der technischen Rationalität geflüchteten Konservatismus von der Gesellschaft als einer störungsfrei funktionierenden Maschine. ... Da war der Marxismus die einzige, dank seiner – wie es schien – kompromißlosen Schärfe zumindest jedoch die nützlichste Theorie, um der Dimension des *Handelns* näherzukommen.«²⁹

Die Studenten wuchsen in einem technokratischen, effizient organisierten Land auf, in dem ein Denken in grundsätzlichen Alternativen nicht vorgesehen war. Die Dinge waren eben so, wie sie waren. Wenn es zu Reformen kam, gingen diese Reformen vom Staat, von der professionellen Regierungsmaschine, aus. Die 68er haben die Widersprüche der jungen Bundesrepublik und ihrer Parteien durchaus hellsichtig erkannt. Die SPD wollte nach Jahrzehnten des Außenseitertums endlich außerhalb des Arbeitermilieus akzeptiert sein und stellte die Restbestände ihrer sozialistischen Vergangenheit in den Giftschrank. Dafür besaß sie mit Herbert Wehner eine Führungsfigur, die dies mit einer Rigidität durchsetzte, zu der wohl nur Konvertiten fähig sind – Wehner war einst hoher Funktionär der von der Sowjetunion abhängigen KPD gewesen und hatte in Moskau selbst Schuld auf sich geladen. Die Liberalen, bei denen viele ehemalige NSDAP-Mitglieder landeten, die einst Beifall klatschten, als Joseph Goebbels die USA als »kulturlose Plutokratie« denunzierte, ließen nun keine Gelegenheit aus, die treue Freundschaft mit ebenjenen USA zu bekunden. Das konservative Milieu einschließlich der Kirchen schließlich tat so, als ob nichts gewesen sei, und glaubte, 1949 dort weitermachen zu können, wo man 1933 aufgehört hatte.

Schließlich diente der Antikommunismus als eine Art Staatsreligion. Das Böse kam aus dem Osten. Und wenn in den Zeitungen des Axel Springer Verlags vom »Ulbricht-KZ« gesprochen wurde, dann bedeutete dies nicht nur eine extrem vereinfachende Anwendung der Totalitarismustheorie auf die DDR, sondern auch ein kaum verhülltes Ablenkungsmanöver. Es wurde das Unrecht in den sowjetisch kontrollierten Ländern beklagt, damit man über die Verbrechen der eigenen Geschichte schweigen konnte. Die realen deutschen KZs wurden auf ein abstraktes »Ulbricht-KZ« projiziert. Wer jung war, politisch dachte und einen kritischen Geist besaß, musste auf diese Widersprüche Nachkriegsdeutschlands zwangsläufig stoßen.

Gerd Held, Jahrgang 1951, Gründungsmitglied des maoistischen Kommunistischen Bundes Westdeutschland und zeitweise Mitglied einer »Bezirksleitung« des KBW, benennt einen wichtigen Punkt, was die Verfasstheit der frühen Bundesrepublik angeht:

> Es klaffte eine Lücke in Bezug auf die Grundlagen der bürgerlichen Gesellschaft. Die Bürger konnten nicht erklären, was sie sind. Es gab keinen Common Sense, der den Wert von Verfassung, Pluralismus und Markt erklären konnte. Es fehlte der klas-

sische Kanon einer bürgerlichen Gesellschaft. Wir haben die Lücke mit dem Marxismus gefüllt, der uns konkurrenzlos erschien.[30]

Verglichen mit den 60er Jahren, bot sich in den frühen 70ern ein erheblich gewandeltes Bild. Der Staat und die Parteien veränderten sich. Ein Denken in Alternativen und ein Nachdenken über die Grundlagen der Gesellschaft war nunmehr sogar in den staatstragenden Institutionen möglich. Plötzlich konnte man in der SPD und sogar in der FDP die fantastischsten marxistischen oder visionären Debatten führen, ohne einen Parteiausschluss zu riskieren. Auch das politische Personal fächerte sich auf. Es dominierten nicht mehr alte, zum politischen Autismus neigende Männer wie Wehner oder Konrad Adenauer. Junge, nachdenkliche Intellektuelle wie Peter Glotz, Peter von Oertzen in der SPD oder Heiner Geißler und Kurt Biedenkopf in der CDU tauchten auf und bereicherten die Parteien mit über den Tag hinausreichender Programmatik.

Die politische Lage gestaltete sich zunehmend unübersichtlich. Der Vietnamkrieg neigte sich dem Ende entgegen, und plötzlich schossen in Indochina Kommunisten auf Kommunisten: Die Sozialistische Republik Vietnam kämpfte gegen die Volksrepublik China. Die USA näherten sich China an. Die Notstandsgesetze, einmal verabschiedet, spielten überhaupt keine Rolle mehr. Die letzten Polizeipräsidenten mit Ostfrontsozialisation gingen in Pension, ebenso ehemalige Nazis mit Führungspositionen in Politik und Wirtschaft. Ausgerechnet in einer Phase, in der alte Feindbilder erodierten und der Staat seine – auch personelle – Wandlungsfähigkeit zeigte, verbreitete sich antagonistisches und radikales Denken bei den jüngeren Generationen. Und die Radikalität nahm an Schärfe zu. Das ist das zentrale Paradox.

Marxisten gab es damals viele in Europa und in der westlichen Welt insgesamt. Was die Bundesrepublik allerdings zu einem besonderen Fall macht, war das besondere Gewicht von orthodoxen und marxistisch-leninistischen (Kader-)Ansätzen.

Der Verleger Ulf Wolter äußerte im Jahr 1980 mit Bezug auf die KPD:

> »Es wurde ja immer gesagt, der Parteiaufbau wäre der Bruch mit der ›kleinbürgerlichen Phase‹, die Negation usw. Ich sehe aber eigentlich sowohl einen Bruch als auch eine ganz starke Kontinuität. Kontinuität in schlechten Dingen und Bruch in guten Dingen. Positiv war an der APO in meinen Augen der Gedanke der Emanzipation der Selbsttätigkeit; negativ waren Elitarismus und Avantgardismus, die Vorstellung, selbst das Subjekt revolutionärer Veränderung zu sein.«[31]

So war es: Der Gedanke der Emanzipation wurde getilgt, fortgesetzt wurden die Avantgarde-Fantasien.

Eine weitere Tradition wurde von den 68er-Zeit übernommen. Man blickte sich im Ausland um, um Vorbilder für die eigene Arbeit zu finden. Auch hierin ist ein merkwürdiger Zug, sich die extremsten oder organisatorisch schmalsten Gruppen zu suchen. Das Beispiel Italien zeigt dies eindrücklich. Italien war für die bundesdeutschen Linksradikalen ein wichtiges Polit-Reiseland, was sowohl mit der alten deutschen Italien-Sehnsucht als auch mit den dortigen starken linken Gewerkschaften, der Vielzahl an agilen linken Gruppen und der Streikbereitschaft der Arbeiter zu tun hatte. Und es gab die Kommunistische Partei PCI, die in Spitzenzeiten zwei Millionen Mitglieder hatte und zeitweise über 30 (!) Prozent an Stimmen bei nationalen Wahlen auf sich vereinigte. Die PCI war eigentlich das perfekte *role model*. In ihr fand sich eine starke antifaschistische Wurzel aus der Zeit Mussolinis und der deutschen Besatzung – die Kommunisten waren die einzige relevante gesellschaftliche Gruppe, die sich weder mit Mussolini noch mit den Nazis eingelassen hatte. Sie bewies, dass links von der Sozialdemokratie eine starke Alternative existieren kann, und sie hatte den Mut, sich ideologisch von der Sowjetunion abzugrenzen und die Niederschlagung des Prager Frühlings zu verurteilen. Sie war eine im eigentlichen Sinne des Wortes populäre, eben volkstümliche Partei, die jene Massen gewann, die die deutschen Linksradikalen angeblich immer zu erreichen hofften. Von der Macht im Nato- und EWG-Land Italien war die PCI, wohl auch auf Druck der USA, ausgeschlossen, was sie nur umso heroischer machte. Gerade wegen ihres Oppositionsstatus schaffte sie es aber, eine reiche, die Vielzahl der Regionen widerspiegelnde Gegenkultur zur katholischen Kirche und zum christdemokratischen Staatsapparat zu bilden. Die überall im Land stattfindenden Sommerfeste der Parteizeitung *L'Unità* – tägliche Auflage 1974: knapp 240 000 Exemplare – müssen wahre Volksfeste gewesen sein, auf denen nächtelang getanzt und gefeiert wurde und Schauspieler, Künstler und Schriftsteller auftraten. Der italienische Neorealismus in Film und Literatur ist nur vor dem Hintergrund des italienischen Kommunismus zu verstehen.[32] Es ist kein Zufall, dass eine heutige italienische Kultur-Ikone, der Komiker, Oscar-Preisträger und Filmregisseur Roberto Benigni *(La vita è bella)*, aus dem Biotop der PCI stammt. Kurz: Die PCI war die Widerlegung von Bertolt Brechts düsteren Versen »An die Nachgeborenen«, dass man selbst zwangsläufig böse sein muss, um das Gute zu erreichen: »Dabei wissen wir doch: / Auch der Haß gegen die Niedrigkeit / Verzerrt die Züge. / Auch der Zorn über das Unrecht / Macht die Stimme heiser. Ach, wir / Die wir den Boden bereiten wollten für Freundlichkeit / Konnten selber nicht freundlich sein.« Diese Verse haben Generationen von Kommunisten vor sich hergetragen, um ihre »verzerrten Züge« zu rechtfertigen. Die PCI war innerhalb der kommunistischen Bewegung hingegen eine ziemlich freundliche Veranstaltung.

Aber die *Partito Comunista Italiano* wurde schnell als »revisionistisch« abgeurteilt, weil diese sich vom Konzept des Klassenkampfes verabschiedet hatte und über den parlamentarischen Weg und die Mitarbeit in den Institutionen den Kapitalismus überwinden wollte. Die Wahrheit hinter der schnellen Floskel vom Revisionismus ist wohl, dass die PCI den deutschen Polit-Touristen zu beliebt, zu volkstümlich und damit zu langweilig und zu angepasst war. Sie hätte den eigenen elitären Anspruch gestört. Und so wurde man woanders fündig: Die Maoisten hängten sich an die Minipartei PCI/ML und deren diverse

Spaltprodukte, die Frankfurter Spontis an die extremistische, außerparlamentarische *Lotta continua* (Ständiger Kampf), andere nahmen sich Betriebsgruppen in Norditalien zum Vorbild.

Radikale Gesellschafts- und Systemkritik mit dem postulierten Widerspruch zwischen Kapital und Arbeit, der These vom unaufhaltsamen Niedergang des Kapitalismus und der Interpretation der Geschichte als Geschichte der Klassenkämpfe war in den Jahren 1969 bis 1973 für die Abkömmlinge der Studentenbewegung das Maß aller Dinge. Paradoxerweise lag in diesen Jahren lag die Arbeitslosenquote unter heute unglaublichen zwei Prozent. Nahezu jeder, der wollte, konnte beruflich aufsteigen; und der Öffentliche Dienst, der in dieser Zeitspanne gewaltig expandierte, hielt genügend Arbeitsplätze bereit für jene, die einfach nur ein sicheres Auskommen anstrebten. Man mag diesen Wunsch belächeln, aber man kann nicht leugnen, dass es ihn gibt – und dass er damals erfüllt wurde. Als Auffangbecken für die nicht so Motivierten und nicht so gut Ausgebildeten dienten, natürlich nicht offiziell, die unteren und mittleren Laufbahngruppen des öffentlich-rechtlichen und staatlichen Sektors. Große Teile der Arbeitswelt unterlagen eben nicht den Zwängen von Profitorientierung und Produktivität. Nahezu jeder konnte seinen Platz finden. Jährliche Nettolohnzuwächse von fünf Prozent waren, anders als heute, normal. Kapitalismus und Staat meinten es ziemlich gut mit den Lohnabhängigen.

Natürlich trieben die Linksradikalen keine ökonomischen Gründe an. Ihnen selbst ging es nicht um ein Stück vom ökonomischen Kuchen. Der Philosoph Ernst Bloch beschrieb 1968 den vermeintlichen Widerspruch:

> »Mitten in den Konsumgesellschaften, mitten in den Wohlstandsgesellschaften brechen Revolutionen aus, weil die Langeweile, genau wie die Not, in sich einen Anstoß enthält, mit ihr zu brechen. Ein sinkendes Leben tritt ein, ein verfettetes Leben: Routine, Establishment, Verfestigung, die auch noch Stabilität ist – all das kann einen Anstoß geben. Dieses langweilige, inhaltslose Leben, das bloß aus Reproduktion der Arbeitskraft besteht ohne ein Ziel, diese fehlende Zielhaftigkeit, die

Mangelkrankheit an Sinn führen dazu, daß ein Zustand erreicht wird, der unmenschlich ist. Die Menschen halten es schließlich in ihm nicht mehr aus und wollen deshalb eine Veränderung, auch wenn sie ihr täglich Brot haben.«

Dieser etwas elitäre Befund traf auf die Studenten zu, die Arbeiter und Angestellten empfanden ihre Lage in jenen Jahren hingegen offensichtlich als nicht schlecht. Dass bei der Bundestagswahl 1972 die Wahlbeteiligung bei stolzen 91,1 Prozent lag und SPD, CDU/CSU und FDP tatsächlich 99,1 Prozent (!) der gültigen Stimmen erhielten, konnte man mit Hilfe theoretischer Konstruktionen natürlich als Ausdruck eines »Manipulationszusammenhangs« interpretieren. Realistischer war allerdings, dass die Bundestagswahlen 1972 ein ziemlich beeindruckendes Votum für die etablierten Parteien der Bundesrepublik bedeuteten. Zusammen mit dem Aufbruchsgeist, den die Kanzlerschaft Willy Brandts verkörperte, waren die Jahre 1969 bis 1973 womöglich die wenigen wirklich guten Jahre der alten Bundesrepublik, und das nicht nur unter materiellen Gesichtspunkten. Ende 1973 war es damit schon wieder vorbei, als die Ölkrise nicht nur die Energiepreise, sondern auch Gewissheiten und Sicherheiten durcheinanderbrachte.

Vergleicht man die damalige Zeit mit der heutigen und setzt die kritischen Maßstäbe von damals an, gäbe es heute eigentlich viel mehr Gründe, »das System« infrage zu stellen. Sämtliche alarmistischen Schlagworte und Theorien von damals klingen heute gar nicht mehr so absurd, wenn man sie über die Realität von heute legt: autoritärer Staat, Krise des Parlamentarismus, Entfremdung, Ökonomisierung des Menschen, Krisenhaftigkeit des Kapitalismus, Staatsmonopolistischer Kapitalismus – Schlagworte, die 20 Jahre lang wohl nur in der Rosa-Luxemburg-Stiftung und linken Mini-Zirkeln zu hören waren, werden heute wieder munter in Medien, Internetforen, öffentlichen und privaten Diskussionen benutzt.

Rechnet man die Europäische Union mit ihren informellen, undurchsichtigen Entscheidungszirkeln und ihrem intransparenten bürokratischen Apparat hinzu, ist die Demokratie in der Summe eher weniger geworden. Der Staat – also der Steuerzahler – zahlt großzügige Subventionen, damit sich große Unternehmen ansiedeln, was diese gern annehmen, nur um nach einer Schamfrist dorthin weiterzuziehen, wo die Arbeit noch billiger ist. Der Staat sorgt dafür, dass Banken mit Hilfe des Steuerzahlers gerettet werden. Weite Teile des menschlichen Lebens unterliegen der Logik der Effizienz und Gewinnorientierung. Unternehmerische Konzentrationsprozesse schreiten voran. Die ominösen »Märkte« werden als abstrakte, über allem stehende, unfehlbare Instanzen dargestellt, und nicht als das, was sie sind, nämlich als menschengemachte Systeme.

Für eine nicht zu beziffernde, aber nennenswerte Anzahl von Menschen ist ihre Arbeit ein bloßer »Job«, den man eben macht, um Geld zu verdienen und nach Feierabend das eigentliche Leben zu führen. Unternehmen nutzen eiskalt die quasi-feudalen Produktionsbedingungen in unterentwickelten Ländern aus; die Privatisierungswellen haben demokratische Kontrolle zurückgedrängt und vor allem dazu geführt, dass Shareholder und Großaktionäre schöne Gewinne erzielen, während unzählige »McJobs« entstanden sind, die zum Leben nicht reichen, so dass – auch hier – der Steuerzahler »aufstocken« muss.

Dass der Kapitalismus auf dem freien Spiel der Kräfte basiere, ein Selbstläufer sei, den Staat nicht brauche und für weniger Steuern und mehr Wohlstand für alle sorge, hat er in den letzten 15 Jahren eindrucksvoll selbst widerlegt. Vor dem Hintergrund der heutigen, teils trostlosen Lage erscheint die Radikalität und Unbedingtheit, mit der die *damaligen* Verhältnisse angegangen wurden, umso verrückter.

Ein weiteres Rätsel des bundesdeutschen »roten Jahrzehnts« ist, dass die diversen Gruppen unverdrossen weitermachten, als der Marxismus ab Mitte der 70er Jahre zunehmend in die Defensive geriet. Alexander Solschenizyns *Der Archipel Gulag* erschien in der Bundesrepublik im Jahr 1974. Kurz darauf veröffentlichte der französische Marxist André Glucksmann sein

Abrechnungsbuch *Köchin und Menschenfresser – Über die Beziehung zwischen Staat, Marxismus und Konzentrationslager.* 1976 müsste den westdeutschen DDR-Anhängern durch die Ausbürgerung Wolf Biermanns und andere innenpolitische Verhärtungen eigentlich endgültig klar geworden sein, dass der Machtwechsel von Walter Ulbricht auf Erich Honecker den DDR-Sozialismus kein bisschen liberaler und humaner gemacht hat. Als Mao Tse-tung ebenfalls 1976 starb, ließ sich für die Maoisten eigentlich nicht länger das Bild des heldenhaften chinesischen Nationalgründers und weisen Revolutionärs halten. Seine Verbrechen waren für jedermann zu sehen, auch für diejenigen, die, eingenommen durch den Mao-Kult, die Augen bislang verschlossen gehalten hatten. Als die RAF im Jahr 1977 letzte Sympathien in der linken Szene jenseits des harten Kerns verspielte, galt in Spontikreisen direkte Kritik als Sakrileg.

Die Geschichte der westdeutschen radikalen Linken war jedenfalls noch lange nicht zu Ende. In Frankreich und Italien haben die Abrechnungs- und Enthüllungsbücher über die Verbrechen im Namen des Marxismus-Leninismus und die Tatsachenberichte aus dem Sowjetreich und der Volksrepublik China den Erosionsprozess der diversen linksradikalen und kommunistischen Gruppen beschleunigt, in der Bundesrepublik hingegen nicht. Die größte maoistische Organisation, der KBW, existierte bis weit in die 80er Jahre hinein. Die Spontiszene blieb mindestens ebenso lange erhalten. Die DKP wurde schließlich erst dann entscheidend geschwächt, als die Zahlungen aus der DDR ausblieben. Das war im Dezember 1989, in jenem Monat also, als die Mutterpartei SED schon längst die Macht verloren hatte.

Für viele damalige Aktivisten ist bis heute von Bedeutung, welche Nebenströmung sich wann und wo bildete und welche Fraktion sich von wem und warum abspaltete. Doch die Details damaliger Fraktions- und Strömungsbildungen sind nicht relevant für die bis heute offenen und interessanten Fragen, zumal die Entscheidung für eine bestimmte Gruppe oder Partei eher mit den Zufällen des Lebens als mit sorgfältig ausgeklügelten ideologischen und politischen Überlegungen zu tun hatte: Ort und Zeit und das soziale Umfeld, in dem man sich bewegte, waren die maßgeblichen Faktoren. Joschka Fischer zum Beispiel schloss sich nicht deswegen dem »Revolutionären Kampf« in Frankfurt am Main an, weil er sich nach sorgfältiger Exegese der Programmschriften des RK dazu entschloss, sondern weil er sich von dessen Führungsfigur Daniel Cohn-Bendit angezogen fühlte.[33] Und der damals noch sehr junge Fischer sah vermutlich auf den praktischen Aktionsfeldern des RK – Straßenkampf und Agitation in den Betrieben – mehr Chancen, sein Bedürfnis nach Anerkennung gleich zu befriedigen, als es bei den elitären Schreibtisch-Leninisten der K-Gruppen der Fall gewesen wäre. Häufig hat auch etwas anderes entschieden, ob man Maos Drei-Welten-Theorie anhing, Che Guevaras Fokus-Theorie verfolgte oder Trotzkis Entrismus für den bevorzugten Weg zur Revolution auswählte: die Liebe. Wer sich heftig in jemanden verliebte, der älter war und politisch-ideologisch auf festem Grund stand, hat sehr häufig dessen Standpunkte übernommen – und wenn die Liebe dann doch nicht von Dauer war, war die ideologische Position von einst oft auch perdu.

Die Linksradikalen der 70er Jahre waren immer in der Minderheit. In absoluten Zahlen gemessen aber war ihre Größe beträchtlich. Bei einer Umfrage gaben 1974 18 Prozent aller Studenten an, außerparlamentarischen Gruppen und Parteien nahezustehen, womit nahezu ausschließlich die linksradikale Seite gemeint gewesen sein dürfte. Weitere fünf Prozent nannten die DKP.[34] 1977 schätzte der damalige Berliner SPD-Wissenschaftssenator Peter Glotz, dass »15 bis 20 Prozent der Studenten etwa so fühlen wie ›Mescalero‹«[35], der Verfasser des Göttinger »Buback-Nachrufs«. Der konservative Politikwissenschaftler Rudolf Wildenmann bezifferte im selben Jahr den Anteil derjenigen Studenten, die sich auf irgendeine Weise mit linksradikalen Gedanken oder Organisationen identifizierten, auf »20 bis 30 Prozent«[36]. Legt man die moderate Prozentzahl 20 zugrunde, wären dies bei damals 850 000 Studenten immerhin 170 000 Personen. Und das sind nur die Zahlen aus der Studentenschaft und nur bezogen auf das Jahr 1977.

Der Historiker Gerd Koenen, selbst einst leitender Kader des KBW, der den bündigen Begriff vom »roten Jahrzehnt« geprägt hat, hat eine schlüssige Rechnung für seine ehemalige Organisation aufgemacht. Der KBW zählte 1977 2 600 Mitglieder. 6 000 fest Organisierte waren es inklusive der Mitglieder der diversen Nebengruppen. Zählt man die aktiven, vom KBW »erfassten« Sympathisanten zusammen, waren es in jenem Jahr insgesamt 7 000 Aktive.[37] Koenen kommt anhand interner Statistiken auf 20 000 Mitglieder und aktive Sympathisanten, die den KBW insgesamt durchlaufen haben. 20 000 und 7 000 – das sind keine marginalen Zahlen für *eine* Gruppe, die sich als revolutionäre Kaderorganisation im Leninschen Sinne verstand. Zum Vergleich: Die Grünen vereinigen heute gerade einmal knapp über 55 000 Mitglieder auf sich. Die Partei kann aufgrund ihrer staatstragenden Bedeutung allerlei Posten verteilen und ist in manchen Regionen inzwischen gar Volkspartei; das Bekenntnis zu ihr gilt in manchen deutschen Gegenden als eine Art Lifestyle-Ingredienz – relativ gesehen dazu sind die KBW-Zahlen in der Tat bemerkenswert zu nennen, denn Macht und Einfluss konnte der KBW ja erst für die Zeit nach einer – fernliegenden – Revolution versprechen. Bis dahin standen Verzicht und ein Leben am Rand der Illegalität auf dem Programm. Wer in den KBW ging, meinte es ernst. Rechnet man die Zahlen von 1977 aus der Studentenschaft auf das ganze Jahrzehnt und alle sozialen Schichten hoch, lässt sich die Gesamtzahl derjenigen, die zu irgendeinem Zeitpunkt irgendwo, auch in den diversen Satellitenorganisationen wie den Studentenverbänden, Mitglied waren oder zum Umfeld gehörten, vorsichtig geschätzt auf rund 200 000 bis 250 000 beziffern. Wenn eine solche Anzahl jüngerer Bundesdeutscher für sich keine Zukunft im »System« sah und dieses System beseitigen wollte, muss das Gründe haben, so schwer nachvollziehbar diese heute auch sein mögen.

Die Bedeutung zeigt sich nicht nur zahlenmäßig, sondern auch daran, dass sie einen Großteil des intellektuellen Nachwuchses der Bundesrepublik absorbierten. Es sind weit mehr »dabei« gewesen, als diejenigen, die daraus keinen Hehl machen. Blättert man in den alten Parteizeitungen, spricht man mit ehemaligen leitenden Kadern, zieht man die zugänglichen, oftmals noch unerschlossenen Archivbestände heran und dechiffriert, falls möglich, die Namenskürzel im internen Schriftverkehr, stößt man auf allerlei Personen, die heute bundesweit oder lokal bekannt sind.

Es finden sich, um einen ersten Eindruck zu vermitteln, der langjährige ehemalige Gesamtbetriebsratschef eines hessisch-amerikanischen Automobilkonzerns (Betriebskader der KPD, nicht der Spontis), ein ehemaliger Berliner Lobbyist des Energieunternehmens EnBW (KPD-Umfeld), der ehemalige Chefredakteur der Wirtschaftszeitung *Handelsblatt* (letzter Vorsitzender des KPD-Jugendverbands KJVD), der Präsident von Warner Brothers Deutschland (Ständiger Ausschuss des KBW und KBW-Kandidat für die Bundestagswahlen 1976), der Geschäftsführer einer Hamburger TV-Produktionsfirma (ZK der KPD), die Geschäftsführerin der Filmförderung Hamburg/Schleswig-Holstein (Mitglied im »Leitungsgremium« des Kommunistischen Bundes/KB), der ehemalige Chefredakteur eines 90er-Jahre-Lifestyle-Magazins (Sympathisanten-Status im KB), der ehemalige Vorstandsvorsitzende des Logistikkonzerns Schenker AG (Zentrales Komitee des KBW), der grüne Sozialdezernent der »Städteregion« Aachen (KBW-Funktionär und letzter kommissarischer Vorsitzender des KBW), der Generalsekretär der Deutsch-Französischen Hochschule im Saarland (führender Kader im Schülerbund des KB[38]), der Gründer einer bekannten Hamburger Werbeagentur (KPD/ML), ein Sachbuchautor über amerikanische Luftfahrtpioniere und bayerische Adelige (führender »Kader« im KPD-Studentenverband). Es ist kein Zufall, dass überproportional viele ehemalige Linksradikale in der Medienbranche ein Auskommen gefunden haben. Dort sind die Karrierewege relativ offen und die Zugangsbedingungen wenig formalisiert. Viele haben ihr Studium wegen ihrer aufreibenden Funktionärstätigkeit nicht beendet.

Zwei der wichtigsten heutigen Gewerkschaftsfunktionäre der Bundesrepublik, der Vorsitzende des DGB Michael Sommer und IG-Metall-Chef Berthold Huber, waren in den 70er Jahren nicht Mitglied der SPD, sondern standen links von ihr. Sommer war Mitglied der Hochschulgruppe der SEW, des Westberliner Ablegers der DKP, Huber Mitglied des marxistisch-leninistischen und streng maoistischen »Kommunistischen Arbeiterbundes Deutschlands« (KABD), wo er mitverantwortlich war für die Betriebsarbeit.[39] Bislang galten die 70er als die Jahre, in denen die Gewerkschaften und die SPD de facto über ein Monopol in der Betriebsarbeit verfügten. Dass die wichtigsten heutigen Gewerkschafter nicht in diesem Milieu, sondern außerhalb davon geprägt wurden, ist bemerkenswert. Offensichtlich besitzen ehemalige Marxisten-Leninisten besondere strategisch-taktische Fähigkeiten, die man in den etablierten Gewerkschaften nicht lernen konnte.

Außerdem stößt man auf die Namen von Schauspielern, Journalisten, Zeitungskolumnisten, Schriftstellern, Philosophen, Politikerinnen und Politikern von SPD, Grünen und Linken, leitenden Ärzten, Psychotherapeuten, Pfarrern, Volkshochschulleitern, Schulleitern, Diplomaten und natürlich vielen Professoren vor allem der Geistes- und Sozialwissenschaften. Wenn in der offiziellen Vita einer Person des öffentlichen Lebens dessen Universitätsstudium ungewöhnlich lange dauerte (und unklar bleibt, ob das Studium auch abgeschlossen wurde) und in den 80er Jahren eine lange Phase der Projektbeschäftigungen, Stipendien oder eine Tätigkeit als »freier Publizist« folgte, bevor erst ab den frühen 90ern konkrete Karrierestationen genannt werden, ist dies häufig ein Zeichen für eine linksradikale Vita. Man braucht Zeit, um sich von den ideologischen und psychischen Folgen zu erholen. Der Extremistenbeschluss verhinderte überdies noch in den 80er Jahren den Eintritt in den Öffentlichen Dienst, zumindest in einigen Bundesländern.

Es ist merkwürdig, dass dieser Teil der eigenen Biografie noch heute verschämt ausgelassen, verwässert oder in offiziellen Lebensläufen in positiv besetztere Jahre verschoben wird (»engagierte mich in der Studentenbewegung«). Eine schöne Pointe ist es allemal. Diese Leute haben einst ihren konkreten oder abstrakten Vätern das Auslassen und Verwässern biografischer Stationen vorgeworfen. Niemand hat mehr den Bannstrahl zu befürchten. Die Zeiten sind toleranter als noch in den 80er Jahren. Außerdem sind die Älteren unter ihnen längst in Rente, während sich die Jüngeren bereits auf dem Zenit ihres beruflichen Schaffens befinden.

Bis heute existieren sehr konträre Interpretationen der 70er Jahre. Zwei Deutungen markieren die Pole der Meinungsbandbreite. Nach der einen war die Bundesrepublik der 70er Jahre bereits die gefestigte Demokratie gewesen, wie wir sie heute kennen.[40] In den 60er Jahren mag das Land noch unter Kinderkrankheiten gelitten haben, die aus der autoritär-totalitären Vergangenheit Deutschlands herrührten. Der Staat habe aber dann unter dem Eindruck der Studentenproteste dazugelernt und sei zuhörender, diskursiver geworden. Fanatisierte Linksradikale hätten den Wert der freiheitlichen demokratischen Grundordnung (fdGO) nicht erkannt und seien stattdessen wahnsinnigen Ideologen hinterhergelaufen. Es handelte sich um meist fehlgeleitete, größenwahnsinnige Bürgerkinder auf einem Egotrip. Diese Variante knüpft an die früher populäre Meinung des damaligen Bundeskanzlers Helmut Schmidt an, der dem Linksradikalismus mit völligem Unverständnis begegnete.

Nach der anderen Deutung war die Bundesrepublik in den 70er Jahren ein autoritärer Staat. Parteien, Unternehmen und Gewerkschaften bildeten ein gemeinsames Machtkartell. Auf den berechtigten Widerstand der jüngeren Generationen wurde mit harter staatlicher Repression (Extremistenbeschluss, verschärfte Haftbedingungen von Terroristen, mehr Polizei) reagiert, was logischerweise zu einer Eskalation vonseiten der Linksradikalen führte. Erst durch die gemeinsame harte, gleichsam notwendige Erfahrung mit Opfern auf beiden Seiten zivilisierte sich die Bundesrepublik.

Beide Positionen haben ihre Berechtigung. Das Jahrzehnt war in sich widersprüchlich. Es findet sich in ihm beides: eine Fülle an artikulierten gesellschaftspolitischen Theorien und Utopien und notorisch geäußerte Kritik an »den Verhältnissen« auf der einen Seite, Ausgrenzung von abweichenden Meinungen und Haltungen auf der anderen Seite. Die 70er Jahre waren eine Zeit, in der die Jugendorganisation der Regierungspartei SPD mit großer Ernsthaftigkeit und Selbstverständlichkeit die eher abstrakte Frage diskutierte, ob der Staat nun nach Friedrich Engels der »ideelle Gesamtkapitalist« sei oder nicht, und in linken Kreisen generell die Überzeugung verbreitet war, dass jede Form der Hierarchie bereits »strukturelle Gewalt« bedeutete. Heute würde ein SPD-Juso ob solcher Überlegungen überhaupt nicht verstanden werden, damals gewann derjenige bei den Jusos am meisten Prestige, der am virtuosesten mit neomarxistischen Theorien jonglieren konnte.

Gleichzeitig gab es in der zweiten Hälfte des Jahrzehnts einen schneidenden sozialdemokratischen Bundeskanzler Helmut Schmidt, der unter Verweis auf die angeblichen Sachzwänge jeden Zweifel an seiner Anti-Terrorismus-Politik, seiner Atomenergie-Politik und seiner Industriepolitik niederbügelte. Der heutige Heldenstatus des Altkanzlers erscheint vor diesem Hintergrund manchmal etwas rätselhaft. Der Verdacht, man sei ein Verfassungsfeind und stünde nicht auf dem Boden der vielzitierten freiheitlichen demokratischen Grundordnung, war damals schnell erhoben. Die Verfassungsschutzämter legten Hunderttausende Akten über Bundesbürger an – ein Kapitel bundesdeutscher Geschichte, das bis heute nicht aufgearbeitet ist.

Die 70er Jahre hatten »lieblose«[41] Züge. Unter tatkräftigem Einsatz gerade sozialdemokratischer Landes- und Kommunalpolitiker wurden die trostlosen Großsiedlungen in Berlin, Hamburg, Frankfurt und München gebaut, angeblich, damit es die Arbeiter und einfachen Angestellten einmal besser haben. Unter diesen Siedlungen haben die Städte bis heute zu leiden. Schnellstraßen und Autobahnen wurden ohne Rücksicht auf die Anwohner gebaut. Wachstum war Staatsideologie. Umweltschutz wurde nicht ernst genommen. Kurzum: Es gab in den 70er Jahren viele von der Politik selbst verursachten Probleme und Widersprüche und reichlich Gründe, die etablierten Parteien SPD, FDP und CDU/CSU abzulehnen.

Alle diese offensichtlichen Probleme der bundesdeutschen Gesellschaft spielten für die linksradikalen Gruppen jedoch keine primäre Rolle. Wenn sie wichtig waren, wurden sie taktisch eingesetzt, um den Staat möglichst wirkungsvoll zu treffen, etwa die Bauspekulation, die die Frankfurter Spontis um Joschka Fischer 1973 für sich entdeckten, um dann den »Häuserkampf« auszurufen, oder die Proteste gegen die Atomkraftwerke von Brokdorf bis Grohnde, bei denen die Maoisten nach langem Zögern schließlich in vorderer Reihe mitmachten. Atomkraftwerke per se lehnten sie nicht ab, nur die kapitalistischen, weil die profitorientiert waren. Kommunistische und vor allem natürlich chinesische Atomkraftwerke gingen für KPD und KBW hingegen in Ordnung.

Themen wurden erst dann interessant, wenn sie in das eigene ideologische, neomarxistische Raster passten. Die K-Gruppen und die DKP fanden Streiks gut, weil sie die Hoffnung zu bestätigen schienen, dass das Proletariat kurz vor der revolutionären Erhebung steht, und die Spontis lebten auf, wenn es zur direkten Konfrontation mit der Polizei kam, weil dann der »Schweinestaat« sein wahres Gesicht zeigte.

Wenn gesellschaftliche Probleme ideologisch nicht verwertbar waren, war das Interesse klein. »Lieblos« war die Bundesrepublik der 70er Jahre auch in der Frage, wie sie mit Minderheiten oder schwach organisierten Gruppen umging. Frauen, Behinderte, Homosexuelle und Ausländer wurden beispielsweise in der Arbeitswelt eklatant diskriminiert. Ausländer mussten in teils elenden Behausungen leben. Diese Ungerechtigkeiten waren, wenn überhaupt, »Nebenwidersprüche«, die im Kampf gegen das kapitalistische System eigentlich nur störten. Es ist bezeichnend, dass es der freischwebende, eben keiner Partei oder Organisation angehörende linke Journalist Günter Wallraff war, der auf sie aufmerksam machte.

Obwohl Marxismus-Leninismus, Maoismus und Trotzkismus offensichtlich untauglich waren, um die realen Probleme eines westeuropäischen Industrielandes der 70er Jahre zu erfassen und zu analysieren, klammerten sich die Linksradikalen an ihre Ideologie. Der orthodoxe Teil ordnete sich zudem bedingungslos einer Reihe illustrer kommunistischer Führer unter, denen durchweg Blut an den Händen klebte: Ernst Thälmann (von DKP und KPD verehrt), Mao Tse-tung (von KPD, KBW, KABD und anfangs der KPD/ML zum größten Marxisten und Denker der Gegenwart auserkoren), Josef Stalin (Mitte der 70er Jahre von der KPD wiederentdeckt und in ihre kommunistische Walhalla gestellt), Leonid Breschnew und Erich Honecker (von der DKP gehuldigt), Enver Hoxha aus Albanien (zu dem die KPD/ML aufblickte), Nordkoreas Führer Kim Il-sung (dessen gesammelte Werke Karl Dietrich Wolff in seinem Verlag Roter Stern herausgab) und, ja, Pol Pot, kommunistischer Führer des »Demokratischen Kampuchea« (von KPD und KBW zum Befreier des kambodschanischen Volkes erhoben).

Es gab rationale und politische Gründe, sich in der Bundesrepublik gerade der späten 70er Jahre politisch unwohl zu fühlen. Aber warum die genannten Figuren zu Übervätern, zu Gegen-Autoritäten zu Helmut Schmidt und anderen stilisiert wurden, ist ein weiteres ungelöstes Rätsel. Ausgerechnet diejenigen, die als Antiautoritäre die Gesellschaft verändern wollten, suchten sich kommunistische Führer als Vorbilder, für die das Attribut autoritär eine höfliche Untertreibung wäre.

Die zentrale These dieses Buchs ist, dass der Marsch ins Irreale weniger objektive, rational-politische Gründe hatte – wenn es so wäre, müsste es unter jüngeren Leuten heute viel mehr politische Radikalität geben –, sondern vielmehr persönliche, biografische Ursachen hatte, die in den kollektiven Erfahrungen der beteiligten Generationen zu finden sind. Die Teilnehmer des »roten Jahrzehnts« sind von dem gewaltigen Bruch durch Nationalsozialismus, Krieg und Nachkrieg geformt. Wer noch Mitte der 50er Jahre geboren wurde, konnte, wie zu zeigen sein wird, diese Erfahrungen im Gepäck haben. Die Prägung durch die Vergangenheit sah aber anders aus, als es gängige Interpretationsmuster nahelegen. Weder haben die Linksradikalen der 70er Jahre den ausgebliebenen Widerstand der Eltern im Dritten Reich nachgeholt und stellvertretend für sie vollzogen, noch waren sie »Hitlers Kinder«[42], die die autoritären Methoden der Eltern unbewusst kopiert haben.

Es geht auch um die menschlichen Folgen der Zeit. Die erbittert ausgetragenen Kämpfe, die in fast allen Gruppen stattfanden, der Innenterror, die Unterordnung, die von den leitenden Kadern abverlangt wurde, haben beschädigte Seelen hinterlassen. Aber selbst die Worte und Taten, die nach außen, gegen den reaktionären Feind gerichtet waren, haben offensichtlich unbeabsichtigte Wirkungen erzielt: »Das Gift, das ich versprüht hatte, wirkte nach so langer Zeit gegen mich selbst«, urteilte Klaus Hülbrock, besser bekannt als »Göttinger Mescalero«, der 1977 den »Buback-Nachruf« verfasste und die so wahre wie schreckliche Formel von der »klammheimlichen Freude« schuf, mit der sich damals Zehntausende identifizierten. Er kommt in diesem Buch zu Wort.

Das Leben in den Organisationen hat Folgen für das spätere Leben gehabt. Frauen und Männer blieben kinderlos, weil Kinder bei der revolutionären Arbeit nur gestört hätten; Beziehungen und Bindungen gingen in die Brüche, weil die Leitung Mitglieder zwang, in entlegene Regionen zu ziehen und eine neue »Zelle« aufzubauen. Akademische Vordenker verführten proletarische Jungkader dazu, zur Waffe zu greifen, was das Hinabgleiten in den Terrorismus zur Folge hatte. Anderen wurden Lebenspläne, die als bürgerlich galten, madig gemacht: Betriebskader wurden gedrängt, weiter Fabrikarbeit zu leisten, Doktoranden wurde die wissenschaftliche Karriere ausgeredet. Als es mit dem »roten Jahrzehnt« zu Ende ging, standen sie vor dem existenziellen Nichts.

Gerd Held, das KBW-Gründungsmitglied, sieht die praktischen Folgen der linksradikalen Jahre illusionslos: »Wer in eine Kaderorganisation als Schüler kam, der verarmte. Der wurde ein geistig armer Mensch.«[43] Er selbst habe erst nach dem Ende des KBW in den 80er Jahren seinen geistigen Horizont nochmals erweitern können. Er habe wieder angefangen, Romane zu lesen, das Subjektive schätzen gelernt. »Wir waren in gewisser Weise wie Maschinen, die sehr stramm in einem ideologischen Mechanismus gedacht haben. Da waren alle Fäden zur Realität und zu dieser Welt abgerissen.« Gerd Held war an der Auflösung des KBW beteiligt und ging dann für fast zehn Jahre nach Frankreich und Spanien. Heute, in Deutschland, arbeitet er als Essayist und als Privatdozent in der Stadtforschung.

Schließlich ist zu fragen, was eigentlich geblieben ist. Das ist angesichts des Einflusses, den viele Linksradikale von einst in Politik, Gesellschaft und Medien gehabt haben und immer noch haben, eine wesentliche Frage, die über das Persönliche hinausgeht. Der Journalist und ehemalige Maoist Arno Widmann schreibt vor dem Erfahrungshintergrund des gebrannten Kindes: »Es gibt keine Generallösung, keine sozialistische Gesellschaft, keine reale Utopie. Es gibt nur das Durchwursteln«[44] – sollte das die zentrale Erkenntnis aus den 70er Jahren sein, wäre dies ziemlich trostlos. Die Erkenntnis hätte man einfacher haben können, ohne die aufreibenden, zermürbenden Erfahrungen eines ganzen Jahrzehnts. Aber der Satz weist eine wichtige Spur. Die gebrannten Kinder der 70er Jahre haben zur Diskreditierung des Denkens in Alternativen in der Bundesrepublik entscheidend beigetragen. Diese Diskreditierung hat bis heute gesellschaftliche Auswirkungen, wäre doch ein Denken in Alternativen in Zeiten wie diesen nötiger denn je.

II. Der Bruch
Unbehaust in der Nachkriegszeit

> Da saßen wir nun, im schwachen Schein von zwei Kerzen,
> und jeder war jedem fremd.
> **Ursula Herking, Mutter des KPD-Gründers Christian Semler**[45]

Die Linksradikalen der 70er Jahre bilden keine gemeinsame Generation. Die älteren Aktivisten, die fast allesamt aus der Studentenbewegung stammen, sind kurz vor oder während des Zweiten Weltkriegs geboren und in den späten 50ern und frühen 60ern erwachsen geworden. Die jüngsten Aktivisten sind in dieser Zeit erst zur Welt gekommen. Sven Regener, Mitglied des Kommunistischen Bundes Westdeutschland und heute ein bekannter Musiker und Schriftsteller in Berlin, ist 1961 geboren. Er könnte der Sohn des obersten Kaders seiner ehemaligen Organisation sein, Hans-Gerhart »Joscha« Schmierer, der 1942 zur Welt gekommen ist. Nichts, was kollektive Erfahrungen und Prägungen angeht, verbindet den Kriegshalbwaisen aus Schwaben mit dem fast 20 Jahre jüngeren KBW-Nachwuchskader aus Bremen. Joscha Schmierers erstes politisches Erlebnis war die Teilnahme an einer Demonstration zur Ermordung John F. Kennedys in seiner Heimatstadt Kirchheim im Jahr 1961.[46] Schmierer ist zwar nicht in Ruinen aufgewachsen, hat aber die materiellen Entbehrungen der unmittelbaren Nachkriegszeit erlebt. Regener hingegen ist hineingeboren in die bundesdeutsche Wohlstandsgesellschaft.

Als Joscha Schmierer auf die Welt kam, befand sich Hitler auf dem Höhepunkt seiner Macht. Im Geburtsjahr von Sven Regener ging Willy Brandt zum ersten Mal als Kanzlerkandidat der SPD ins Rennen. In Schmierers Schulzeit haben die Lehrer zumindest in den unteren Klassen noch mit körperlicher Gewalt gestraft. Die Gymnasiallehrer ließen sich mit »Professor« anreden, und die Klassenstufen wurden auf Latein durchnummeriert. Sven Regener erlebte 20 Jahre später als Schüler den Reformeifer einer SPD-Bildungspolitik, der sich besonders in Bremen austoben konnte. Bremer Oberschullehrer der 70er Jahre ließen sich gewiss nicht mehr mit »Professor« anreden, sondern bevorzugten gleich das vertrauliche Du. Auch sonst ging es auf einer Bremer Oberschule der 70er Jahre fundamental anders zu als in einem schwäbischen Gymnasium der 50er Jahre.

Kurzum: Die ältesten und die jüngsten Aktiven der linksradikalen 70er Jahre sind in sehr verschiedenen Zeiten aufgewachsen. Es gibt nichts, was sie an prägenden Erfahrungen teilen. Und doch findet sich ein Muster in den so verschiedenen Biografien, das sie verbindet: der Bruch. Der Eintritt in eine linke Organisation, egal ob es sich um die DKP, eine Spontigruppe, einen linksradikalen Kleinstverlag oder eine maoistische Partei handelte, bedeutete eine Abwendung entweder von der Herkunftsfamilie oder vom Leben in der bürgerlichen Gesellschaft oder von beidem. Ein Teil hatte durchaus weiter guten Kontakt zu den eigenen Eltern, aber mit dem Eintritt in die Organisation ließ er konventionelle, bürgerliche Karrierevorstellungen hinter sich.

Selbst DKP-Mitglieder, die in »bürgerlichen Institutionen« wie dem AStA oder den Parlamenten konstruktiv, wenn auch aus taktischen Gründen, mitarbeiteten, rühmten sich ihres revolutionären Gestus im Unterschied etwa zu den Jusos, der Jugendorganisation der SPD. Ideologisch waren die Differenzen zwischen der DKP und linken »Stamokap«-Jusos oft gar nicht so leicht zu finden; der Hauptunterschied lag vielmehr in der Rolle, die man für sich in der Gesellschaft definierte. Der Juso-Vorsitzende Klaus Uwe Benneter (»Benni Bürgerschreck«), der seinen Posten schnell wieder abgeben musste und 1977 aus der SPD ausgeschlossen wurde, weil er mit Kooperationen mit der

DKP liebäugelte, führte im Hauptberuf durchgehend eine offensichtlich gut gehende Anwaltskanzlei in Berlin-Schöneberg. Stolz ließ sich er sich einmal, gerade 29-jährig, inmitten der teuren Teakholz- und Ledermöbel seiner Kanzlei für den *Spiegel* fotografieren.[47] Ein derartig fröhlich zur Schau getragene Flexibilität im Umgang mit der eigenen Ideologie – privat die Statussymbole der bürgerlichen Gesellschaft genießend, politisch über das Ende des Kapitalismus räsonierend – wäre für einen hauptamtlichen DKP-Jugendfunktionär undenkbar gewesen. Man war Kader, was bedeutete, dass man sich komplett in den Dienst der Organisation stellte und gegen die bürgerliche Gesellschaft arbeitete. Ein üppiger Lebensstil wäre schon allein wegen des relativ geringen Funktionärsgehalts unmöglich gewesen.

Die politischen Großkonflikte der 50er Jahre spielten nur für die Ältesten eine Rolle, für diejenigen also, denen bereits in der Phase der Außerparlamentarischen Opposition aufgrund ihres Alters und ihrer Erfahrung eine natürliche Autorität zufiel. Ulrike Meinhof, geboren 1934, Horst Mahler, 1936 zur Welt gekommen, und die Berliner SDS-Leitfigur Christian Semler, geboren 1938, sind die bekanntesten Beispiele dieser Kohorte. Die innenpolitischen Großkonflikte der zweiten Hälfte der 50er Jahre waren das Verbot der KPD und insgesamt das antikommunistische Klima, die Gründung der Bundeswehr, deren mögliche atomare Bewaffnung und die Ablösung der SPD von marxistischen Traditionen, in deren Folge sich die Partei von ihrer Studentenorganisation, dem SDS, trennte.

Alle drei wurden durch diese Konflikte geprägt. Ulrike Meinhof engagierte sich in der Anti-Atomtod-Bewegung und im SDS. Sie gehörte zur radikalen Minderheitsfraktion, die schließlich im Machtkampf mit der Mutterpartei unterlag. Sie war außerdem Mitglied der illegalen KPD. Christian Semler verließ den SDS, weil er Probleme mit der Mutterpartei SPD bekam wegen seines Engagements im »Münchner Komitee gegen Atomrüstung«.[48] Der illegalen KPD stand er zumindest nahe.

Horst Mahler war nicht nur Mitglied des SDS, sondern auch der SPD. Anfang der 60er Jahre war seine Zeit in der SPD zwangsweise beendet:

> »Ich war Jungsozialist, lud einen Sozialdemokraten ein, der über die Nato referierte und die Auflösung des Bündnisses wie des Warschauer Paktes und die Neutralisierung Deutschlands forderte. Nicht ich habe das gefordert. Trotzdem leitete die Partei ein Ausschlußverfahren gegen mich ein. Das Verfahren wurde schließlich gegenstandslos, weil inzwischen der SPD-Vorstand die Unvereinbarkeit zwischen SPD- und SDS-Mitgliedschaft beschlossen hatte. Da ich im SDS blieb, war ich raus aus der Partei. Mein Versuch, in einer noch relativ positiven Beziehung zum Staate in die Politik zu gehen, wurde zunichte gemacht.«[49]

Der letzte Satz ist Mahler-typisch apodiktisch formuliert, seine Erinnerung, die aus einem denkwürdigen Spiegel-Gespräch zwischen dem damaligen Freigänger Mahler und dem damaligen Innenminister Gerhart Baum aus dem Jahr 1979 stammt, weist aber auf einen wichtigen Punkt des politischen Klimas der späten 50er und frühen 60er hin. Wer sich nicht innerhalb des Drei-Parteien-Korsetts aus Union, SPD und FDP bewegte und seine Hoffnungen stattdessen links von der SPD setzte, lief tatsächlich Gefahr, schnell »raus« zu sein.

Für diejenigen Aktiven der Außerparlamentarischen Opposition, die nur wenige Jahre jünger sind, spielten die politischen Konflikte dieser Phase schon keine Rolle mehr. Der Schriftsteller Peter Schneider, Jahrgang 1940, der in den Jahren 1969 und 1970 als radikaler, durch Erfahrungen an der proletarischen Front Norditaliens angereicherter Marxist-Leninist auftreten sollte, beschreibt seine Jugend als unpolitische, gediegen-bürgerliche Zeit in der Beamten- und Akademikerstadt Freiburg. Er erinnert sich als behütet aufgewachsenes Bürgerkind, das erstaunt feststellte, wie seine Schwester unter den Moralvorstellungen des Vaters zu leiden hatte[50], während er selbst ohne große Beschränkungen aufwuchs. Die Abgrenzung zum Adenauer-Nachkriegsklima entstand bei ihm nicht aus realen Konflikten, sondern aus einem diffusen Unbehagen gegenüber der Umwelt.[51]

Ähnlich verlief das politische Erwachen bei Alexander von Plato, dem eingangs vorgestellten Gutsbesitzersohn aus dem Wendland. Alexander von Plato ist 1942 geboren und war ab 1966 im Berliner SDS aktiv. Er war mit dem Gründungszirkel der KPD/AO bekannt und schloss sich dieser 1970 an. 1973 wurde er ins Zentralkomitee (ZK) gewählt. Später gehörte er dem Politbüro und zum Schluss dem Ständigen Ausschuss an, der, wenn man so will, Kommandozentrale der maoistisch-leninistischen Kaderpartei.

> Ich war als Jugendlicher eher unpolitisch. Ich war interessiert, hatte aber eine Arroganz gegenüber allen politischen Werten. Ich interessierte mich als Junge mehr für griechische Heerführer. 1963, als Student in Berlin, lernte ich meine spätere Frau und ihren Bruder kennen. Sie waren politisch viel weiter als ich. Ich hatte keine Ahnung, wovon die redeten. Ich konnte mich nicht gegen sie behaupten. Durch sie fing ich erst an, über Kolonialfragen, über die sozialen Fragen der Bundesrepublik, über den Internationalismus zu lesen.

Alexander von Plato stammt aus dem protestantischen norddeutschen Gutsherrenmilieu, in dem sich die Traditionen des 19. Jahrhunderts nach 1945 zunächst hielten. Sein Onkel ist der ehemalige Wehrmachtsoffizier und spätere hochrangige Bundeswehr- und Nato-General Anton Detlev von Plato. Alexander von Platos Vater war in der Wehrmacht Hauptmann.

> Meine Mutter stammte auch aus dem Adel; sie war eine geborene von Hardenberg. Auf der Dorfschule war ich der Einzige, der Hochdeutsch sprach, alle anderen redeten Platt. Bei uns gab es ganz andere Codes. Ich lernte früh, wie man die Hand einer Frau zu küssen hat – der Kuss wurde nur angedeutet. Dass ich privilegiert war, war mir peinlich. Als Nachbarn galten bei uns nicht die unmittelbaren Nachbarn, sondern die nächste Gutsfamilie. Die Dorfjungen haben die Jungs vom Gut regelmäßig verprügelt, und umgekehrt. Wir waren für sie die »von-schen«. Der Gutsbesitzer war der Patron der Kirche. Mein Vater hatte im Krieg, wie er sagte, seinen Gott verloren und erschien nie zum Gottesdienst. Statt-

dessen mussten wir da hin, um die Familie zu repräsentieren. Wir saßen quer zu den Bänken der »einfachen Mitglieder« der Gemeinde. Da musste man aufpassen, dass man nicht einschlief, weil man ja gesehen wurde. Es war alles mehr als peinlich für mich. Es war ein Graus. ... Nach dem Krieg waren an die hundert Flüchtlinge bei uns auf dem Hof. Es herrschte auf dem Hof ein munteres Leben. Es wurde musiziert, getanzt und Theater gespielt.

Bereits Anfang der 50er Jahre allerdings war das teils anachronistische, aber behütete und keineswegs unerträgliche Leben für Sohn Alexander vorbei. Der Vater ließ sich scheiden. Die Mutter musste mit dem Sohn das Gut verlassen. Es folgte eine Odyssee quer durch die Bundesrepublik. Insgesamt besuchte der Sohn sieben Schulen, darunter ein Internat.

Meine Mutter war ziemlich unglücklich. Sie war gern Gutsfrau gewesen. Sie hatte keinen Beruf gelernt. Ich hatte zu meinem Vater ein schlechtes Verhältnis, weil er in meinen Augen die Scheidung zulasten meiner Mutter durchgesetzt hatte. Später habe ich erfahren, dass sie während des Krieges kein Kind von Traurigkeit war.

1937 wurde der Vater in die Wehrmacht eingezogen. 1945 kam er schwer verwundet aus dem Krieg zurück: Holzsplitter waren in seinen Rücken eingedrungen.

Mein Vater muss wegen seiner Verwundung enorme Schmerzen gehabt haben. Das habe ich erst viel später verstanden, als ich selbst schweres Rheuma hatte.

Mit der Scheidung war der heranwachsende Sohn nur noch Gast auf dem Gut des Vaters. Gerade diese Distanz ließ ihn kritischer werden. Reibungspunkte gab es genug. Sie stritten sich über den Versailler Vertrag, den der Vater als Schandvertrag bezeichnete. Er war kein NSDAP-Mitglied gewesen, verteidigte aber die Landwirtschaftspolitik der Nazis. Im Dritten Reich hatte sich die schwierige wirtschaftliche Situation der oft hochverschuldeten Bauern verbessert. In der Verwandtschaft betrachtete man den Zweiten Weltkrieg als Fortsetzung des

Ersten, der aus ihrer Sicht nur wegen des »Dolchstoßes« an der Heimatfront verloren worden war.

> Als mein Onkel einmal mit seinem Ritterkreuz auftauchte, fragte ich: »Wo ist denn das Hakenkreuz geblieben?« Das gab ein Geschrei, obwohl es eher frech und nicht politisch gemeint war. Die Offiziere des 20. Juli waren Verräter in diesem Milieu. Als mir mein Vater zur Konfirmation wie üblich einen Siegelring schenken wollte, lehnte ich ab. Mir wäre das peinlich gewesen vor meinen Freunden. Das war für ihn ein Affront. Ich wollte ein Fernglas, das bekam ich auch. Seinen eigenen Siegelring hat er viel später meinem Sohn vermacht. Als ich 21 wurde, habe ich freiwillig auf mein Erbteil verzichtet, damit der Hof von meinem älteren Bruder gehalten werden konnte. Später hat mich mein Vater noch einmal aus politischen Gründen enterbt. Als er hörte, dass ich für eine kommunistische Partei kandidierte, war Schluss. Wir hatten 13 Jahre lang keinen Kontakt miteinander. Eigentlich war er ein kluger und netter Mann.

Das Unbehagen an der Familie mischte sich beim jungen von Plato mit einem generellen Unbehagen an der bundesdeutschen Nachkriegsgesellschaft.

> Es war keine fragende Gesellschaft – weder zum Nationalsozialismus oder zur Religion noch zur Erziehung. Ein Pfarrer nannte die Vernichtung der Juden einmal eine Strafe Gottes gegen die Deutschen. Von Auschwitz hörte ich hier zum ersten Mal. Ich wurde dem Christentum gegenüber zunehmend kritisch eingestellt. Ich las Lorenz und Darwin und beschäftigte mich mit Fragen, die im Christentum unerhört waren: Was ist zweckmäßig in der Evolution? Kann sich Materie entwickeln? Ein täglich eingreifender Gott war mir fragwürdig geworden angesichts der Erkenntnisse der Naturwissenschaften. Meine gläubige Großmutter merkte meine Probleme mit der Religion und ließ mich das spüren. Sie hielt mich für einen Blasphemiker, für einen Verrückten. »Wann genau ist dein Vater noch mal am Rückenmark verwundet worden?«, fragte sie einmal. Sie konnte ziemlich bösartig sein, denn ich bin vor der Verwundung meines Vaters gezeugt

worden, was sie wusste. Ich stand mit diesen kritischen Fragen zusammen mit wenigen Mitschülern allein. Die christlichen Antworten haben mir nichts erklären können.

Anfang der 60er Jahre zog Alexander von Plato nach Berlin. Er lernte eine Frau kennen, die er früh heiratet.

> In Berlin waren meine Frau und ich auf der Suche. Wir lasen Adorno, Horkheimer, Freud, Marx und Trotzki. Wir wollten Marx und Freud miteinander verbinden. Einschneidend für mich war ein Faschismus-Seminar von Margherita von Brentano. Sie wurde krank, und ich musste es mit zwei anderen als Tutor leiten. Wir lasen unter anderem die Mitscherlichs und Ernst Nolte. Die Attraktion des Faschismus war eine Frage, die uns bewegte.

Von Platos Frau trennte sich in den 70ern von ihm. Sie hatten am Ende eine offene Ehe geführt und zeitweise eine Dreierbeziehung. Das funktionierte aber nicht auf Dauer. Auch seine zweite Lebensgefährtin, mit der er bis 1979 zusammen sein sollte, stammte aus der Studentenbewegung.

Natürlich speiste sich das Unbehagen an der bundesdeutschen Nachkriegsgesellschaft nur zu einem geringen Teil aus den eher exotischen Konflikten von Adelssprösslingen. Alexander von Platos Geschichte zeigt aber eine typische Konstellation der Nachkriegszeit auf: Gerade weil die alte Welt nach dem Zweiten Weltkrieg nur noch scheinbar intakt, in Wirklichkeit aber längst brüchig war, konnte sie herausgefordert werden. So hat die Trennung der Eltern die alte Lebenswelt destabilisiert. Die Scheidung hatte wiederum nicht nur private Gründe, sondern war eine indirekte Kriegsfolge. Krieg und Nachkrieg haben auch auf diese Weise alte Lebensmuster gehörig durcheinandergeschüttelt. Erst durch den scheidungsbedingten Blick von außen konnte Alexander von Plato das Landadelsmilieu überhaupt als »peinlich« bewerten.

Die Beklommenheit äußert sich auch bei Jüngeren. Christiane »Tissy« Bruns ist 1951 geboren. Sie saß in den 70er Jahren im Bundesvorstand des DKP-nahen Studentenverbandes MSB Spartakus. Danach arbeitete sie als Referentin für den DKP-

Vorstand und in den 80er Jahren für die DKP-nahe *Deutsche Volkszeitung*. Heute ist sie eine bekannte politische Journalistin in Berlin. Auch bei ihr mischten sich private Erfahrungen mit politischen Aufladungen:

> Es war 1968 ein dumpfes Gefühl, dass man im Mehltau saß und dass auf einmal die Türen aufgingen. Es war eine Mischung aus dem Wunsch, anders leben zu wollen als die eigenen Eltern, der Musik der Stones, der sexuellen Befreiung und der deutschen Vergangenheit. Ich war damals 17 Jahre alt, als ein Schülerstreik gegen die Notstandsgesetze bei uns an der Schule großen Anklang fand. Wir gingen zu den Teach-ins im Audimax der Universität. Das war für uns Schüler das Schärfste, obwohl oder gerade weil wir nur die Hälfte verstanden haben. Die Widerständigkeit gegen Autoritäten hatte sehr zum Selbstwertgefühl beigetragen.

Tissy Bruns entstammt einem kleinbürgerlichen Milieu. Sie ist in Hamburg-Horn aufgewachsen, im Osten der Stadt, dort wo die einfacheren Wohnquartiere der klassenmäßig stark unterteilten Stadt liegen. Das Leben ihrer Eltern wollte sie nicht kopieren, was auch mit offenbar traumatischen Erfahrungen zu tun hatte.

> Meine Mutter war eine unglückliche Frau und unglücklich in der Ehe mit einem alkoholabhängigen Mann. Ich wollte nie so wie meine Mutter leben mit diesen Rollenfestschreibungen; dazu verdammt, vier Kinder in dieser Ehe zu versorgen. Das war ein starker Antrieb für mich. Ich habe ihre Lebensweise abgelehnt, und bestimmte Sachen habe ich einfach gehasst. Ihre große Lebensenttäuschung war zum Beispiel, dass sie kein Haus gebaut hat. Als Mädchen sah ich den Widerspruch, dass sie sich darüber grämte, aber nicht über Millionen Tote in der Nazi-Zeit redete. »Ist doch alles so lange her«, hieß es immer.

Tissy Bruns' Vater wurde im Krieg schwer verwundet und kam erst 1948 aus der Kriegsgefangenschaft zurück.

> Wir Kinder wussten: Die Eltern haben einen Knacks. Mein Vater hatte eine große Verwundung am Oberschenkel. Komischerweise hat er »den Iwan« in Schutz genommen. Die hatten auch nichts

zu essen, sagte er immer. Er machte düstere Bemerkungen darüber, was er alles erlebt hatte im Russlandfeldzug. Aber richtig konnte man nicht darüber reden. Meine Mutter schwärmte von ihrer Jugendzeit vor dem Krieg, wie schön es beim BDM gewesen sei und so weiter. Ich mochte diese Schwärmereien nicht, aber heute habe ich dafür Verständnis. Sie war eine sehr talentierte Leichtathletin, und wenn der Krieg nicht ausgebrochen wäre, hätte sie mit Sicherheit an internationalen Meisterschaften teilgenommen. Das glückliche Leben war im Prinzip mit dem Krieg für sie vorbei. Was sie im Krieg und kurz danach erlebt hat, weiß ich bis heute nicht, aber es waren sicherlich nicht nur schöne Sachen. ... Der Kommunismus war ein geeignetes Ventil für die Fragen, die man als junger Mensch hatte. Fragen nach der Schuld wurden an abstrakte Adressen, den Faschismus und Imperialismus, gerichtet, ohne sie an konkrete Menschen, vor allem an seine eigenen Eltern richten zu müssen.

Obwohl Tissy Bruns immerhin sechs Jahre nach 1945 geboren ist, spielten die Folgen des Krieges in ihrer eigenen Familie und der Umgang mit der NS-Zeit eine unmittelbare Rolle für sie. Eine weitere indirekte Kriegsfolge hat das frühere Leben von Tissy Bruns entscheidend bestimmt: Sie ist in Zeitz, Sachsen-Anhalt, geboren, ihre Eltern stammten aus Sachsen. Als sie fünf Jahre alt war, ging ihr Vater mit ihr allein in den Westen in die Nähe von Kiel. Die Mutter blieb mit den Geschwistern in der DDR.

Ich stand kurz vor der Einschulung, das war der Grund laut Familienerklärung. Ich wurde bei den Großeltern untergebracht. Mein Vater hat dort nicht gearbeitet, sondern kam nur am Wochenende. Ein Jahr später ist meine Mutter nachgekommen. Das war eine sehr schwierige Familienkonstellation, und meine Eltern haben sich auch unter unerfreulichsten Bedingungen getrennt, als ich ungefähr 15 Jahre alt war. Das ist das ungeeignetste Alter, aber es war sowieso schon vorher alles kaputt. Ich habe erst, als mein Sohn in dem gleichen Alter war, verstanden, wie einsam und verlassen ich mich gefühlt haben muss, wenn man als Fünf-

> jährige völlig getrennt wird von der Mutter und den Geschwistern und in einen ganz fremden Zusammenhang kommt. Ich hatte das immer für normal gehalten. Dann habe ich mir das für meinen Sohn vorgestellt, und mir wurde klar, dass das wirklich schrecklich sein gewesen muss.

Die 68er haben nicht nur aus einem Gefühl der Unbehaglichkeit gegenüber der Gesellschaft heraus oder aufgrund privater emotionaler Dramen mit ihrer Herkunft gebrochen. Unter ihnen sind auch solche, bei denen der Bruch eine Flucht vor unerträglichen Lebensbedingungen bedeutete. Gerald Klöpper, das eingangs vorgestellte Arbeiterkind, gehörte in der ersten Hälfte der 70er Jahre der Bewegung 2. Juni in Westberlin an. Jahrgang 1953 geboren, empfand er die eigene Familie und das Herkunftsmilieu als bedrückend, vielleicht auch als feindselig. Er wuchs mit sechs Geschwistern in der niedersächsischen Kleinstadt Bad Salzdetfurth auf. Das »Bad« ist allerdings ein schmeichelhafter Zusatz: Der Ort war früher weniger ein Kurort als eine Bergarbeiter- und Industriestadt. Der Vater brachte viel Zeit in Kneipen zu, die Mutter war in der großen örtlichen Antennenfabrik als Schichtarbeiterin beschäftigt. Um die Kinder kümmerte sich meistens die Großmutter, die das Enkelkind regelmäßig schlug. Gewalt und wenig Achtung erfuhr Gerald Klöpper auch in der Schule. Ein Lehrer prügelte ihn regelmäßig. Seine Legasthenie war Anlass für Spott und nicht für besondere Hilfe.

> Als ich 15 Jahre alt war, geriet ich in Kontakt mit der örtlichen Rockmusikszene. Ich brach dann meine Lehre ab, die ich nach dem erweiterten Hauptschulabschluss angefangen hatte. Leute, die in der Szene waren, erzählten ständig von Berlin. Die Stadt bot die Möglichkeit, sich repressiven Prozessen zu entziehen. Man musste zum Beispiel nicht zur Bundeswehr.

Mit 18 Jahren schließlich vollzog er den Schritt und ging nach Westberlin. Er musste für sich selbst sorgen.

> Geld war kein Thema in Berlin. Man brauchte keine eigene Wohnung. Ich habe in Wohngemeinschaften gelebt. Man konnte, wenn es sein musste, schnell die WG wechseln. Es gab viel Solidarität.

> Außerdem war die Arbeitsmarktsituation in Berlin sehr günstig. Arbeit war immer da.

Er verdiente sein Geld zunächst als Hilfsarbeiter. Ein Bekannter empfahl ihm dann die Schweißtechnische Lehr- und Versuchsanstalt in Berlin-Wedding. Gerald Klöpper fing dort eine Lehre als Rohrschweißer an.

> Ich habe dort Leute kennengelernt, die nichts mit der eigenen Klasse zu tun hatten. Bei der Lehre freundete ich mich mit einem jungen Intellektuellen an, der bewusst in die Arbeiterklasse hineingehen wollte. Den fand ich gut und spannend, weil der den Vorgesetzten Paroli bieten konnte. Ich habe Erfahrungen gemacht, die ich in Bad Salzdetfurth nie hätte machen können. Meine Schulkumpels sind in den dortigen Strukturen hängengeblieben.

Für Gerald Klöpper war Berlin ein Eldorado. Das Leben war billig und unkonventionell und bot viele Freiheiten. Man brauchte kein Auto und keine eigene Wohnung, um anerkannt zu sein. Das Arbeiterkind aus Niedersachsen musste nicht, wie seine Eltern, von morgens bis abends schuften, um ein wenig am bundesdeutschen Nachkriegswohlstand teilhaben zu können. Und er profitierte von einer typischen Berliner Bildungseinrichtung. Er erhielt Zugang zu einer modernen, staatlichen Lehranstalt, wo er auf einen linken Intellektuellen traf. Der bot dem Chef »Paroli«, was als normaler Lehrling in einem privaten, autoritär geführten Metallbetrieb undenkbar gewesen wäre. Mit Blue-Collar-Lehrlingen hat man Anfang der 70er Jahre normalerweise nicht diskutiert und Konflikte notfalls handfest gelöst.

Der Bruch mit der bürgerlichen Gesellschaft ist nicht immer das Ergebnis von Auseinandersetzungen mit dem Herkunftsmilieu oder den eigenen Eltern gewesen. Klaus Hülbrock hat sich mit seinen Eltern immer gut verstanden. Er ist bekannter unter dem Pseudonym »Göttinger Mescalero«, das wohl bei jedem Westdeutschen über 50 Erinnerungen auslöst. Der Germanistikstudent, Mitglied der Spontigruppe »Bewegung Undogmatischer Frühling« (BUF)[52], hat im April 1977 den »Buback-

Nachruf« verfasst, dessen Formel von der »klammheimlichen Freude« Eingang in den allgemeinen Sprachschatz fand. Klaus Hülbrock ist 1947 in Lüdenscheid geboren.

> Ich komme aus bäuerlichen Arbeiterkreisen. Ich hatte ein gutes Verhältnis zu meinen Eltern. Ich hatte Auflehnung gar nicht nötig. Meine Eltern hatten sich gefreut, dass es gegen die Muffigkeit im Staat ging.

Hülbrock begründet seinen Ausstieg aus der bürgerlichen Gesellschaft mit dem Klima der 50er Jahre:

> Die Wochenschauen im Kino zum Beispiel. Die hatten die gleiche Intonation wie früher [zur NS-Zeit, d.A.]. Die Berichterstattung über die Befreiungsbewegungen in den Kolonien war rassistisch. Die Algerier zum Beispiel wurden als Terroristen und Untermenschen dargestellt. Für mich als Junge waren das natürlich auch erst einmal die bösen Buben. Später hat man gespürt, dass an diesen Darstellungen etwas faul ist. In meinem Ort war das Klima ähnlich. Ich spielte Handball im »Vaterländischen Turnverein Jahn«. Da sangen wir noch »Schwarzbraun ist die Haselnuss, schwarzbraun bin auch ich« und solche Lieder. Dann gab es die Heuchelei der Kirche, die man als Konfirmand erlebte. In diesem Klima wuchs ein antiautoritäres Bewusstsein heran.

Zunächst aber schien es, als ob sich Klaus Hülbrock zu einem vorbildlichen Bundesbürger zwischen *re-education*, materiellen Verlockungen und staatstreuer SPD entwickeln würde. Er ging als Zeitsoldat zur Bundeswehr. Die Desillusionierung folgte allerdings bald.

> Ich habe mit Überzeugung als freiwilliger Soldat gedient. Das mit der bolschewistischen Bedrohung habe ich damals vermutlich geglaubt. Es waren verschiedene Gründe, warum ich freiwillig zur Bundeswehr ging. Wer nur sechs Monate länger machte als die Wehrpflichtigen, bekam gutes Geld. Und es war das neue Demokratiegefühl, wovon auch die Bundeswehr berührt war. »Innere Führung« war damals das Schlagwort. Die Bundeswehr sollte demokratischer werden. Es war auch der Glaube an die Sozialdemokratie, als sie in die Große Koalition einstieg. Ich war

sogar kurzzeitig SPD-Mitglied. Nachdem ich zu ein paar Versammlungen gegangen war, gab ich aber mein Parteibuch sofort wieder zurück. Diese Redeweisen dort, die Abläufe – die Abhandlung der Tagesordnungspunkte, dann kommt »Verschiedenes« – ich fragte mich, was mache ich hier. Dieser Mist hatte mich nicht interessiert.

Paradoxerweise – oder logischerweise – führte der Ehrgeiz Hülbrocks dazu, dass ihn die Desillusionierung umso stärker traf. Hülbrock bekam als Zeitsoldat mehr Einblicke als normale Wehrpflichtige.

Weil ich sprachbegabt war, kam ich ins Nato-Hauptquartier, was sich damals noch in Paris befand. Das war eine schöne Zeit. Als die Nato aber 1967 zum Putsch der Obristen in Griechenland beitrug, streckte ich die Waffen.[53] Das Kapitel war für mich vorbei. Das wirkte wie eine Initialzündung, die Erfahrungen aus den 50er Jahren reaktivierte. Der angeblich freie Westen unterstützt in Wahrheit Diktaturen, um den Kommunismus einzudämmen – diese Erfahrung setzte sich fort. Parallel eskalierte der Vietnamkrieg. Ich las damals David Halberstams *Vietnam oder Wird der Dschungel entlaubt*. Man nahm mir praktisch meine Abenteuerfantasien, die ich als Kind über Vietnam hatte.

Hülbrock stieg aus dem geordneten Leben aus – jedoch nicht komplett: Er ging zurück ins Sauerland, wo er Gleichgesinnte fand und seine Eltern ihn unterstützten.

Ich gründete mit anderen eine Jugend- und Aussteigergruppe. Wir schnorrten Rotwein und Essen, manchmal gab auch die eigene Mutter etwas. Wir nahmen nur Hilfsjobs an, um uns über Wasser zu halten. In dieser Zeit kam das antibürgerliche Moment hinzu. Das vorgegebene, geschniegelte Leben mit Lehre, Beruf und Kindern lehnten wir ab. Wir setzten auf Freiheit und wollten nicht Verantwortung für diese vermuffte Gesellschaft annehmen. Es bedurfte nicht autoritärer Eltern, um antiautoritär zu sein. Rudi Dutschke wirkte auf uns wie eine Befreiung. Den ahmten wir alle nach. Zum ersten Mal artikulierte jemand etwas, was ich selbst erfuhr, was virulent war für jemanden, der in den

> 50er Jahren mit den damaligen Parolen aufwuchs: »Ärmel aufkrempeln«, »Wohlstand für alle«, »Maßhalten!« Das waren Lust vernichtende und auf Arbeit und Konformität ausgerichtete Parolen. Und sie waren auch falsch: An meinen Eltern jedenfalls ist der Wohlstand vorbeigegangen.

Seine persönliche APO-Zeit empfand er als Bildungserlebnis.

> Es kursierten unzählige Schriften und alternative Informationen. Neue Verlage gründeten sich. Marx, Freud, Herbert Marcuse, Oskar Negt, diese Autoren lasen wir; auch Texte von den Black Panthers aus den USA und solche über den Kolonialismus.

Nach seiner Aussteiger-Phase schloss Klaus Hülbrock sich zeitweise einer trotzkistischen Gruppe an. 1973 begann er sein Studium in Göttingen und verband sich mit Spontikreisen.

Auch Peter Berndts Bruch mit der bürgerlichen Gesellschaft geschah nicht, weil er sich mit seinen Eltern nicht verstand. Peter Berndt[54] war Mitglied im KBW und Funktionär des Kommunistischen Studentenbundes in Göttingen. Er zählte zu den wenigen Mitgliedern einer maoistischen Organisation der 70er Jahre, die nicht nur Probleme mit der Justiz bekamen, sondern auch zu einer Haftstrafe verurteilt wurden. Berndt musste vier von sechs Monaten im Gefängnis absitzen, weil er presserechtlich verantwortlich war für ein 1977 erschienenes Flugblatt mit dem Titel »Buback erschossen, Gründe gibts genug, aber was nützt es schon«, das eine Erklärung der KBW-Führung im Zentralorgan *Kommunistische Volkszeitung* (KVZ) kopierte. Heute arbeitet er in einem Privatschulunternehmen, das mehrere Schulen betreibt. Peter Berndt wurde Anfang der 50er Jahre geboren. Sein Vater war Arzt mit eigenen Belegbetten in einer Privatklinik im norddeutschen Stade. Nicht nur der Wettstreit um den radikalsten »Nachruf« verbindet ihn mit dem »Mescalero«, sondern interessanterweise auch die Bundeswehr als Radikalisierungsort.

> Ich war als Schüler völlig unpolitisch und hatte keine Beziehung zu den 68ern. In Stade gab es keine Schülerbewegung. Weil ich mit der Schule nichts am Hut hatte, erreichte ich nur ein schwa-

ches Abitur. Ich wollte Medizin studieren, aber meine Noten waren zu schlecht. Ich ging 1970 erst einmal als Zeitsoldat zur Bundeswehr, um eine Sanitätsausbildung zu machen. Das war in der Nähe von Würzburg. Die Bundeswehrzeit war die Wende in meiner politischen Entwicklung. Neben der Kaserne befand sich eine Kaserne der Amerikaner. Dort hielten sich Soldaten auf, die aus Vietnam zurückkamen, bevor sie zurück in die USA sollten. Ich stellte mir erste kritische Fragen: Warum sind die dort? Warum werden sie nicht sofort in die USA gebracht? Es war ziemlich entmenschlicht, was ich bei denen erlebte. Die waren vom Krieg gezeichnet. Ich habe unter den US-Soldaten zum ersten Mal Leute kennengelernt, die Rauschgift konsumierten. Ich hatte zu dem Zeitpunkt noch keine Drogen genommen, dazu war ich viel zu bürgerlich erzogen. Ich empfand meine Entscheidung, mich freiwillig zur Bundeswehr zu melden, zunehmend als daneben; noch nicht politisch, aber moralisch. Ich provozierte also meine Entlassung. Ich machte verspätete Schülerstreiche, ließ zum Beispiel den Stahlhelm im Unterricht auf den Boden fallen, was einen Mordskrach machte. Ich habe in dieser Phase etliche Wochenenden im Bau verbringen müssen. Schließlich wurde ich nach sechs Monaten aus der Bundeswehr entlassen. Danach wollte ich nicht nach Hause zurück, sondern möglichst weg von meinem bürgerlichen Umkreis. ... Ich konnte dann leider nicht Medizin studieren; die Wartezeit durch die Bundeswehr reichte nicht aus. Ich habe mich dann für Verschiedenes interessiert und studierte schließlich Germanistik und Soziologie in Freiburg, danach in Göttingen. Mein erstes Referat, ich erinnere mich noch genau, war eine Gruppenarbeit über *Die deutsche Ideologie* von Karl Marx. Ich wollte damals die Hintergründe von politischen Prozessen und Ereignissen wie den Vietnamkrieg verstehen. Ich wollte es nicht bei der Empörung belassen.

Anders als Klaus Hülbrock brach Peter Berndt nicht nur mit der Gesellschaft, sondern auch mit seinen Eltern, obwohl er nicht unter ihnen zu leiden hatte. Er begründet die Abwendung abstrakt und politisch.

> Im Nachhinein betrachtet hatte ich überhaupt keinen Grund, mich von meiner Familie zu trennen. Jeder Jugendliche, der heute Streit mit seinen Eltern hat, hätte mehr Grund dazu. Es gab einen Punkt, an dem ich sagte, dass die bürgerliche Herkunft den revolutionären Prozess behindert und man sich deswegen abkapseln muss. Wir sagten, dass die Revolution nur über die Arbeiter funktioniert. Wir wollten als Bürgerkinder zeigen, dass der Kapitalismus der Arbeiterklasse nur Zugeständnisse macht, um an der Macht zu bleiben. Meine Eltern hatte nichts mit Faschismus und Nationalsozialismus zu tun. Sie waren vor 1945 normale Bürger.

Vielleicht hat sich der junge Wehrpflichtige Peter Berndt an die Vietnam-Demonstrationen erinnert, von denen er als Schüler gehört hatte. 1968 war der Protest gegen Vietnam und die Unterstützung des kommunistisch geprägten Vietcong ein zentrales Element der Studentenproteste. Der Vietnamkrieg und die direkte Konfrontation mit seinem Schrecken waren Anfang der 70er Jahre zweifellos immer noch Grund genug, sich zu empören und aufzulehnen, auch, um sich an antiimperialistischen und kommunistischen Ideen zu orientieren. Aber reichte das aus, um sich innerhalb weniger Jahre vom unpolitischen Bürgersohn zum Mitglied des Kommunistischen Bundes Westdeutschland zu wandeln, das konsequent alle Brücken zur Vergangenheit abbrach?

Peter Berndt hat schon früher in seinem Leben einen Bruch erlebt. Er ist in der DDR zur Welt gekommen und verbrachte dort die ersten zehn Lebensjahre. Kurz vor dem Mauerbau verließ die Familie die DDR – der Staat erlebte damals einen massenhaften Exodus von Ärzten – und ging in den Westen. In der Bundesrepublik wechselten die Wohnorte mehrmals. Unter anderem lebte die Familie vier Jahre in Freiburg im Breisgau. Im niedersächsischen Stade schließlich, 900 Kilometer von Freiburg entfernt, verbrachte Peter Berndt seine letzten Schuljahre, ohne eine besondere Verbindung zur Stadt herstellen zu können.

Bei vier der fünf beschriebenen Biografien hat ein früher Bruch stattgefunden – noch vor dem später bewusst vollzogenen politischen Bruch. Drei der vier Brüche wiederum sind das direkte oder indirekte Resultat von Nationalsozialismus und Krieg. Alexander von Platos Lebenswelt brach auseinander, weil sich die Eltern nach der langen Trennung nicht mehr verstanden. Bei Tissy Bruns ist es ähnlich, wobei hinzukommt, dass die Familie durch die deutsche Teilung auseinandergerissen wurde. Peter Berndt kam mit zehn Jahren in ein für ihn fremdes Land und war gezwungen, ein wurzelloses Leben zu führen, weil der Vater an wechselnden Orten arbeitete.

Die Lebensläufe sind von Nationalsozialismus und Krieg auf eine andere Weise beschädigt worden, als landläufig für die Nachkriegsgeneration interpretiert wird. In keiner der Biografien gab es den notorischen »Nazi-Vater«, der ein fester Bestandteil der gängigen Erklärungen der Studentenbewegung ist.[55] Auch fehlt die unmittelbare moralische Empörung aufgrund direkter familiärer Verstrickungen. Ebenso wenig waren es »behütete Bürgerkinder«, ein weiterer, populärer Topos. Kritiker benutzen die Formel gern, um den vermeintlich sinnlosen Charakter der 68er-Zeit aufzuzeigen: Wohlstandskinder, die alle Möglichkeiten hatten, brachen ohne Not eine Revolte vom Zaun. Der Topos tauchte allerdings bereits 1968 selbst von wohlmeinender Seite auf und wird bis heute auch von der verständnisvollen Publizistik reproduziert.[56] Die Kombination von Bürger und Revolte scheint wegen ihrer scheinbaren Widersprüchlichkeit eine große Faszination auszuüben. Der einzige behütet Aufgewachsene ist Klaus Hülbrock, der allerdings aus proletarisch-kleinbürgerlichem Milieu stammt. Die anderen sind, wenn man so will, enthütet aufgewachsen.

Die Erfahrung der Enthütung, des Abhandenkommens von verlässlichen Strukturen ist exakt das Muster, das sich auch in den Biografien der einflussreichen und wichtigen Aktiven von '68 und der folgenden Jahre wiederfindet. Selten stammten sie aus unterdrückenden, »repressiven« Familienverhältnissen.

Sehr selten hatten sie einen »Nazi-Vater«, gegen den sie sich auflehnen mussten. Überdurchschnittlich häufig stammten sie aus dem Bürgertum, jedoch aus beschädigten, gebrochenen bürgerlichen Familien. Um die Dimensionen dieses kollektiven Bruchs zu verstehen, ist es nötig, sämtliche prominente Lebensläufe einmal durchzugehen. Zunächst aber die untypischen.

Einer der wenigen, der aus einem behüteten und überdies privilegierten Milieu stammt, ist Knut Nevermann, AStA-Vorsitzender an der Freien Universität Berlin und Sohn des ehemaligen Hamburger Bürgermeisters. Dem Vater, Paul Nevermann, war aber der Privilegiertenstatus nicht in die Wiege gelegt worden, sondern er war ein Sozialdemokrat aus altem Schrot und Korn, der der Arbeiterjugend der Weimarer Republik entstammte. In der NS-Zeit wurde er politisch verfolgt. Ein natürliches Feindbild für einen 68er-Sohn war er nicht.

Von Dieter Kunzelmann, Mitbegründer der Berliner Kommune 1 und der gewalttätigen Tupamaros Westberlin, später Mitglied der KPD, erwartet man wohl am wenigsten, dass er aus einer behüteten, bürgerlichen Familie stammt. 1939 geboren, ist er im vom Krieg kaum beschädigten Bamberg aufgewachsen. Sein Vater gehörte als Sparkassendirektor zu den lokalen Honoratioren und war ein liberaler Katholik, der sich einem progressiven Filmclub anschloss. Dort grenzte man sich bewusst von der herrschenden katholischen Moral ab.[57] Der Vater förderte wohlwollend die Interessen seines Sohnes.[58] Der einzige größere Bruch in der Familie ereignete sich 1955, als der Vater wegen »Fehldispositionen« von seinem Führungsposten bei der Sparkasse abgelöst wurde.[59] Kunzelmann hat sich später seine eigene Deutung des Ausbruchs aus der bürgerlichen Welt gebildet: »Der Grundstein für dieses Leben war in meiner Familie gelegt worden, in der ich Liebe, Solidarität und Toleranz erfuhr. Die Rebellion, die mein Leben prägte, richtete sich gegen eine Gesellschaft, die dieser Werte verlustig gegangen ist.«[60]

Fritz Teufel, Jahrgang 1943, kam aus intakten kleinbürgerlichen Verhältnissen. Teufels Vater arbeitete als Steuerberater.

Teufel schrieb seinen Eltern 1966 einen einfühlsamen, um Verständnis werbenden Brief: »Ich bin nun sicher, daß für mich ein ordnungsgemäßer Abschluß der Universität nicht mehr in Frage kommt. Ihr werdet die Hände über dem Kopf zusammenschlagen und Euch fragen, was Ihr alles falsch gemacht habt. Ihr habt nichts falsch gemacht, sondern immer das, was Ihr für richtig hieltet. Genau das versuche ich auf meine Weise jetzt auch.«[61]

Christian Klar, Jahrgang 1952, führendes RAF-Mitglied, stammt aus einer bürgerlichen badischen Familie. Der Vater war am Ende seiner Beamtenlaufbahn Vizepräsident des Oberschulamtes in Karlsruhe, die Mutter arbeitete als Lehrerin. Klar erinnerte sich 2001 gegenüber Günter Gaus an seine Herkunft: »... von den Eltern aus in der Bildung aufgewachsen, was bedeutete, dass mir alle Möglichkeiten gegeben worden sind. Eigentlich eine Familie, wo Status keine Rolle gespielt hat. ... Meine Mutter [war] eine sehr frei eingestellte Frau. Ich erinnere mich an Kämpfe mit Nachbarn, weil sie ihre Kinder nicht prügelt[e]. Sie [hat] die Kinder frei aufwachsen lassen ...«[62] Der Vater war ambitioniert, was die Laufbahn der Kinder anging, allerdings stieß die Durchsetzung, so Klar, bei fünf Kindern an Grenzen. Er beschreibt das Verhältnis zum Vater mit »Kumpelhaftigkeit, ganz liebenswert«. Ein Bruch mit der bürgerlichen Welt muss sich allerdings irgendwann in der Jugendzeit angebahnt haben. Angeregt durch einen Freund, beschäftigt er sich mit Arbeiterfragen, speziell mit der Idee der Arbeiterselbstverwaltung. Was ihn an der Arbeiterklasse interessiert hat, begründet Christian Klar so:

> »Es ist diese emotionale Ehrlichkeit gewesen, die mich angesprochen und sofort interessiert hat. Einfach die direkte Art, miteinander umzugehen, auch die Sexualität, sehr viel offener, freizügiger, selbstverständlicher. In dem Alter spielt das ja auch eine Rolle, die ersten Erfahrungen machen mit Mädchen und in den Cliquen. Aber insgesamt war es die Art des Umgangs, die Ehrlichkeit, wenn du jemanden nicht magst, wird's ihm gezeigt, wenn du jemanden magst, wird, wird's ihm gezeigt. Keine Höflichkeit, Regeln oder sonst irgendetwas. Das ist eigentlich der Ursprung gewesen.«[63]

Der Sohn bricht mit den Distinktionsmerkmalen des Bürgertums, ohne allerdings mit den bürgerlichen Eltern zu brechen.

Drei weitere bekannte Terroristen der 80er Jahre hatten ebenfalls ein gutes Verhältnis zu ihren Eltern und speziell zu ihren Vätern. Zwischen ihnen bestanden verschlüsselte oder gar offene Allianzen. Man war, das lässt sich zumindest bei zwei von ihnen festhalten, ähnlicher Meinung in der politischen Beurteilung der Bundesrepublik und nationalsozialistischer Kontinuitäten. Die empfundene politische Bruchlinie, die für ihr Leben prägend sein sollte, verlief nicht durch die Familie, sondern zwischen der Familie und dem »System« Bundesrepublik.

Der Vater des späteren, verurteilten RAF-Mitglieds Birgit Hogefeld war kein expliziter NS-Täter, sondern einer von Millionen einfacher Soldaten an der Ostfront. Die Mutter wurde im Krieg Zeugin eines Transports von todgeweihten Behinderten (»Aktion T4«).[64] Die 1956 geborene Tochter warf den Eltern später moralisches Versagen vor. Ihre eigene Existenz interpretierte sie als Konsequenz des elterlichen Unvermögens, denn wenn die Eltern Widerstand geleistet hätten, wären diese bestraft, vielleicht hingerichtet und sie selbst nicht gezeugt worden.[65] Der Vater setzte sich intensiv mit seiner Tochter über seine Kriegszeit auseinander. Während seine Ehe krankte, war das Verhältnis zwischen Vater und Tochter eng und vertrauensvoll. Er sympathisierte gar mit der RAF, kritisierte die Kontinuitäten von NS-Eliten in der Bundesrepublik. Der antirussischen Propaganda im Krieg habe er nie geglaubt. Als sich die Tochter der RAF anschloss und ihr Konterfei auf den Fahndungsplakaten auftauchte, soll er sich gern zu den lesenden Passanten gesellt und stolz kommentiert haben: »Das ist meine Tochter!«[66] So der Psychoanalytiker Horst-Eberhard Richter, der Hogefeld jahrelang in der Haft besuchte und betreute. Die Tochter vollstreckte so gesehen den ausgebliebenen Widerstand des Vaters, und ihr Tun wird durch diesen gedeckt.

Die spätere RAF-Terroristin Brigitte Mohnhaupt, geboren 1949, war die Tochter des selbständigen Verlagskaufmanns Curt

Mohnhaupt. Vater Mohnhaupt übernahm für Verlage die Herstellung von Büchern. Bemerkenswert sind die von ihm produzierten Buchtitel: Sachbücher mit progressiver Ausrichtung, wie etwa *Junges deutsches Theater von heute* oder *Französisches Theater der Avantgarde*. In den 60er Jahren stellte er das Erinnerungsbuch *Die Stunde der Amerikaner* des Dachauer KZ-Überlebenden Nerin Gun her. 1966/67 nahm er einen ganz besonderen Auftrag an. Für einen Würzburger Kleinverlag besorgte er die Gesamtherstellung der deutschen Ausgabe der *Worte des Vorsitzenden Mao Tse-tung*, genannt *Mao-Bibel*, die auf der englischen Übersetzung basierte.[67] Zeitgleich erschien die bekannte Direktübersetzung von Tilemann Grimm beim Fischer Verlag, die sich über hunderttausend Mal verkaufen sollte und 1967 sogar in die Sachbuchbestsellerliste vorstieß. Der Vater der kaltblütigsten deutschen Terroristin der zweiten Hälfte der 70er Jahre, der half, die Worte des Vorsitzenden Mao in Deutschland einzuführen – nur die Wirklichkeit kann solche Pointen schreiben. Zur Biografie von Brigitte Mohnhaupt liegen wenige Quellen vor, aber anhand der vorliegenden Fakten lässt sich der Schluss ziehen, dass sie nicht in repressiven Familienverhältnissen aufwuchs. Ihr Vater war für seine Generation beruflich eher unorthodox, zudem war er meist abwesend. 1960 hatten sich die Eltern scheiden lassen, das einzige Kind blieb bei der Mutter.[68] Die Würzburger Ausgabe der *Mao-Bibel* war als kritische Auseinandersetzung gedacht; der Herausgeber war ein Bonner Ministerialbeamter. Das Vorwort ist allerdings moderat gehalten und verströmt Neugierde auf den alten Diktator in China. Selbst wenn Curt Mohnhaupt die kritische Intention des Verlags teilte oder für ihn rein geschäftliche Interessen im Vordergrund standen, ließ er sich immerhin auf Mao ein, was für seine Generation sehr ungewöhnlich war. Zu vermuten ist, dass in der Tasche seiner 18-jährigen Tochter nicht die Fischer-Ausgabe steckte, sondern das vom eigenen Vater produzierte Buch. Vielleicht trug das Würzburger *Mao Tse-tung Brevier* ungewollt zur Radikalisierung der Tochter bei. Zieht man die anderen vom Vater hergestellten Bücher heran, lässt sich auf jeden Fall schlussfolgern, dass der Vater kein Feindbild darstellte, sondern die Tochter direkt oder indirekt in ihren politischen Aktivitäten bestärkte. Angesichts der Scheidung der Eltern lässt sich sogar ein Schritt weitergehen: Die Bücher des (abwesenden) Vaters und die Radikalisierung der Tochter stellten eine besondere Form der Kommunikation zwischen ihnen dar. Dass der Vaters von Brigitte Mohnhaupt bis heute nicht stärker thematisiert wurde, ist bezeichnend, würde er doch die 68er-Geschichte von den Nazi-Familienverhältnissen zu sehr irritieren.

Zwischen Johannes Weinrich und seinen Eltern herrschte Einverständnis, was die politische Beurteilung der Bundesrepublik anging. Johannes (»Hannes«) Weinrich hat die »Revolutionären Zellen« in Frankfurt am Main mitbegründet und stieg in den späten 70er Jahren an der Seite von Ilich Ramírez Sánchez (»Carlos« oder »der Schakal«) in den internationalen Söldner-Terrorismus ein. Er wurde 1947 als Sohn eines Oberstudienrats geboren. Der Vater, Rainer Weinrich, stammte aus einer proletarischen Familie mit neun Kindern und konnte als Einziger studieren.[69] Kurz vor dem Zweiten Weltkrieg schloss er eine literaturwissenschaftliche Promotion zum Thema »Vom Wort und Gedanken der Arbeit bei Goethe« ab. An der Schule, an der er nach dem Krieg unterrichtete, eckte er wegen seiner kompromisslosen, linken Positionen an. Im Elternhaus wurde ein hoher moralischer Anspruch, eine »rigide Moral«[70] vermittelt. Der Vater »verurteilte die bürgerliche Verlogenheit. Und immer wieder hat er Leuten, die dem Dritten Reich nachtrauerten und gleichzeitig noch Vorteile aufgrund ihrer alten Parteiverbindungen hatten, auf den Kopf zugesagt, daß sie Nazis seien«, erinnert sich die Ehefrau.[71]

Der moralische Anspruch des Vaters wurzelte in seinen Erfahrungen im Zweiten Weltkrieg. Er sprach gegenüber den Kindern offen über die schrecklichen Ereignisse, die er im Krieg an der Ostfront erlebt hatte, und berichtete über seine Empfindungen, als er zum ersten Mal einen Menschen erschoss und eine

Handgranate in einen Panzer warf.[72] Johannes Weinrich selbst erinnert sich:

> »Meine Eltern haben ihr Entsetzen über die ungebrochene Fortwirkung des Dritten Reiches vor allem an einzelnen Personen festgemacht. Mein Vater hat immer auf Globke und Kiesinger geschimpft. Aber wenn man Vergangenheit an Personen festmacht, bedeutet dies ja gleichzeitig, daß eben nur die einzelnen Personen das Böse verkörpern oder den zu bekämpfenden Gegner. Das war mir zu wenig. Für mich haben sich die Fragen gestellt, wieso kann es gelingen, dass diese Leute immer noch an der Macht sind. ... Das konnte man ja nicht damit beantworten, daß es nur einzelne Personen gab, die daran Interesse hatten. Der Grund lag im System selbst.«[73]

Der Sohn zieht andere Schlüsse als sein Vater, die Ursprünge der Empörung sind aber die gleichen. Eltern und Sohn ziehen ähnliche Parallelen zwischen den Notstandsgesetzen und der NS-Zeit[74], sie empfinden gleichermaßen den Vietnamkrieg als Ungerechtigkeit, gegen die man etwas tun müsse[75], sie diskutieren gar zusammen auf marxistischer Grundlage.[76] Das Engagement des Sohnes in der Studentenbewegung akzeptieren die Eltern.[77]

Jürgen Trittin, Jahrgang 1954, führendes Mitglied des maoistischen Kommunistischen Bundes (KB) in Göttingen, hatte ebenfalls einen Vater, der sich mit der eigenen düsteren, schuldhaften Vergangenheit auseinandersetzte. Vater Klaus hatte sich als 17-Jähriger freiwillig zur Waffen-SS gemeldet und war zuletzt SS-Obersturmführer in einer SS-Panzergrenadier-Division gewesen.[78] Teile der Division waren an sogenannten Partisanenbekämpfungen in Jugoslawien und damit an Kriegsverbrechen beteiligt. Der Vater geriet bei Danzig in sowjetische Kriegsgefangenschaft und wurde erst 1950 freigelassen. In Bremen baute er sich mühsam eine Existenz auf und wurde schließlich leitender Angestellter. Die eigene Vergangenheit ließ ihn nicht los. Sohn Jürgen erinnerte sich in einem Interview selten persönlich: »Als ich 15 war, schleppte mein Vater uns nach Bergen-Belsen und sagte: ›Das haben wir gemacht. Und wenn ihr etwas lernen wollt von uns: Macht so was nie wieder.‹ Das war sehr wichtig.«[79] Ahnungen von einer Schuld des Vaters dürften dazu beigetragen haben, dass sich Jürgen Trittin dem KB anschloss. Es war diejenige maoistische Organisation, die am antinationalsten eingestellt war und ständig die Gefahr eines neuen Faschismus in der Bundesrepublik heraufbeschwor. Im KB-Organ *Arbeiterkampf* wurden regelmäßig bundesdeutsche Politiker mit Heinrich Himmler und ähnlichen NS-Größen verglichen. Noch als Grünen-Politiker zeigte Trittin die etwas zwanghafte Neigung, Nazi-Vergleiche anzustellen, etwa wenn er öffentliche Bundeswehrgelöbnisse mit Wehrmachtstraditionen verglich oder dem CDU-Politiker Laurenz Meyer die Mentalität eines Skinheads unterstellte – offenbar auch eine verschlüsselte Auseinandersetzung mit der eigenen Familiengeschichte mittels Projektion.

Bernd Ziesemer, KPD-Jugendfunktionär, hatte einen »aus einfachsten Verhältnissen« stammenden Vater, wie er in seinem Buch *Ein Gefreiter gegen Hitler. Auf der Suche nach meinem Vater* schreibt. Der wurde als Wehrmachtssoldat wegen Kurierdiensten für die Widerstandsgruppe des 20. Juli zum Tode verurteilt und begnadigt; er desertierte nach einer Haftzeit im Militärzuchthaus Torgau schließlich aus einer Zwangsarbeitseinheit. »In der Rückschau scheint es mir völlig unerklärlich, warum wir – seine beiden Söhne – so wenig nach seiner Geschichte gefragt haben, als er noch lebte«, schreibt Ziesemer über 30 Jahre nach dem Tod des Vaters. Es habe nur kurze Gespräche über den Krieg gegeben. Kommuniziert wurde aber, wenngleich auf indirekte Art. Die Aktivitäten des Sohnes in einer Partei, die sich KPD (!) nannte, lassen sich als Kontaktaufnahme zum Vater lesen: Ich bin genauso widerständig wie du, ich traue mich das auch. Ich folge deinem Beispiel. Die Erziehung durch den Vater beschreibt Sohn Bernd als »äußerst liberal«.

Peter Neitzke, Jahrgang 1938, einer der Mitbegründer der KPD, ist der Sohn eines Berliner Sozialdemokraten und einer Jüdin. Der Vater war Mitglied im Reichsbanner Schwarz-Rot-Gold, einer militanten sozialdemokratischen Schutzorganisation, die Mutter Kommunistin. Als er sich im Zuge der Nürnberger Gesetze von 1935 weigerte, sich von seiner Frau zu trennen, wurde er unehrenhaft aus der Wehrmacht entlassen. Wegen kritischer Äußerungen über das NS-System verbrachte er sechs Monate im Arbeitslager. Der Vater rettete möglicherweise durch seine Standfestigkeit das Leben seiner Frau und seines Sohnes. Durch die Ehe stand die Familie unter gewissem Schutz. Die Familiengeschichte der Neitzkes und die spätere kommunistische Vita des Sohns weisen ebenfalls auf ein Bündnis der Generationen hin, und nicht auf innerfamiliäre Repression. Der Sohn knüpfte an das politische Erbe der Eltern an, wenn diese ihn auch, so der Sohn, vor negativen »Folgen seines Engagements warnen. Immerhin diskutiert der Vater immer wieder am Rande der großen Berliner Demonstrationen heftig mit denen, die die Demonstranten als DDR-Propagandisten beschimpfen.«[80]

Silke Maier-Witt, RAF-Mitglied, hatte einen Vater, der bei der Waffen-SS gewesen war. Ihre Mutter starb, als sie sechs Jahre alt war, so dass die Beziehung zum Vater zwangsläufig wichtig war. Die Tochter trieb um, dass der Vater nie eine »kritische Auseinandersetzung« mit der eigenen Vergangenheit betrieben habe. Er habe, so das Urteil der Tochter, die besten Jahre seines Lebens in »einem verbrecherischen Krieg vergeudet«.[81] Sie hatte wenig Achtung für ihn, und doch sieht sie Ähnlichkeiten zwischen sich und dem Vater, weil sie Dinge getan habe, die sie bereue: »Ich habe im Grunde die Geschichte meines Vaters wiederholt.«[82] Und: »Ich wollte auch dazugehören – auch wenn man dafür das Gehirn ausschalten musste. Auch die SS hat Terror verbreitet. Und da sehe ich eine Parallele.«[83]

Das Segment der Linksradikalen, die tatsächlich aus bedrückenden Verhältnissen stammen, ist eher klein. Inge Viett, Mitglied der Bewegung 2. Juni und der RAF, erlebte eine schreckliche Kindheit in einem Kinderheim und bei Pflegeeltern[84]; Stefan Wisniewski und Peter-Jürgen Boock, beide RAF, mussten als Jugendliche ebenfalls in Heimen aufwachsen. Margrit

Schiller, RAF, ist in Bonn aufgewachsen; ihr Vater war Major beim Militärischen Abschirmdienst, die Mutter Lehrerin und CDU-Stadträtin. Hinter der bürgerlichen Fassade existierte ganz real jene Repression, auf die sich die 68er bezogen. Laut ihrer Autobiografie erlebte sie Drohungen, Druck und Gewalt. Ihre Mutter verprügelte sie; einmal schlug sie die Tochter mit Stricknadeln, bis diese blaue Striemen auf dem Körper hatte.[85] Ihr Vater war eifersüchtig auf die Jungen, die die Tochter besuchten. Einmal schlug er ihr vor den Augen ihres Freundes ins Gesicht. Er hegte, so Magrit Schiller, »starke sexuelle Gefühle mir gegenüber«[86].

Hans-Joachim Klein, der zunächst dem »Revolutionären Kampf« in Frankfurt nahestand und sich dann den »Revolutionären Zellen« anschloss, erlebte seine Kindheit als endlose Kette von Gewalt, Demütigungen und herzloser, strenger Erziehung. Seine Mutter war wenige Monate nach seiner Geburt im Jahr 1947 gestorben. Der Vater gab das Kind kurz danach in ein Kinderheim. Hans-Joachim Klein besuchte daneben einen autoritären katholischen Kindergarten. Zur Grundschulzeit kam er in eine Pflegefamilie, in der er sich durchaus wohl fühlte. Als er elf Jahre alt war, musste er zurück zu seinem Vater, und ein mehrjähriges Martyrium begann. Der Vater sperrte ihn regelmäßig ein, schlug ihn mit großer Härte, misshandelte ihn mit Elektrokabeln.[87] Mit 17 Jahren musste Klein zunächst in die Psychiatrie, wo er mit Psychopharmaka ruhiggestellt wurde[88], und anschließend in ein Erziehungsheim, wo er wieder körperlich traktiert wurde.[89] Danach ging er abermals zurück zum Vater, der ihn nun nicht mehr schlug, jedoch alle Register der verbalen Verletzung zog: Er hätte ihn lieber an einen schwarzen GI verkaufen sollen, und er bereue es, es nicht getan zu haben.[90]

Hannes Heer, Jahrgang 1941, prominentes Bonner SDS-Mitglied und später Mitglied in verschiedenen linksradikalen Gruppen, hatte einen Wehrmachtsoldaten und NSDAP-Parteigänger zum Vater. Zielgenau erkannte der Sohn, wie man den Vater provozieren konnte: »Das war für ihn eine ständige

Schmach, dass sein Sohn bei diesem ›roten Abschaum‹ mitmachte.«[91] Hannes Heer wurde in der Folge vom Vater enterbt. Er versuchte später das Gespräch wiederaufzunehmen, scheiterte aber. Ein Versuch war sein Fernsehfilm *Mein 68 – ein verspäteter Brief an meinen Vater*. Er lud den Vater zu einer Filmvorführung ein. Der verließ allerdings mitten im Film die Vorführung. Am Ende gelang für Hannes Heer die Versöhnung. Als Demenzerkrankter konnte der Vater nur noch drei Sätze sagen: »Du hast ein schönes Auto«, »Du hast eine schöne Frau« – und: »Hast du eine feste Stelle?« Der Sohn deutete diesen Satz nun aber nicht mehr als Ausdruck kleinbürgerlichen Denkens, sondern als Ausdruck väterlicher Sorge. Die lebenslange Beschäftigung Hannes Heers mit dem Dritten Reich – er ist Kurator der ersten Wehrmachtsausstellung gewesen – lässt sich vor dem Hintergrund seiner Biografie nicht nur als Abrechnung mit der Vatergeneration lesen, sondern als fast manischen Versuch der Dialogaufnahme mit dem eigenen Vater.

Eike Hemmer, SDS-Vorstandsmitglied, Mitbewohner der Berliner Kommune K2, später Mitglied der KPD/ML sowie Betriebsrat in Bremen, ist der Sohn eines ehemaligen Hauptsturmführers der Waffen-SS, der ihn streng erzog.[92] Der Vater bedachte ihn einst mit einem speziellen Geschenk, wie er sich im Jahr 2011 erinnerte: »Einmal – ich muss elf oder zwölf Jahre alt gewesen sein – schenkte mir mein Vater einen Ledergürtel. Der Gürtel wies dunkle Verfärbungen auf. Mein Vater erwähnte, dass der Gürtel einem getöteten russischen Soldaten gehört habe. Die dunkle Farbe war getrocknetes Blut. Der Soldat muss blutjung gewesen sein, denn der Gürtel passte nur einem Jugendlichen.«[93] Interessanterweise äußert Hemmer nicht Abscheu über diese Schenkung und deren barbarischen Hintergrund, sondern versuchte noch darin seinen Vater zu verstehen: »Was empfand mein Vater dabei? Was war die verborgene Absicht hinter diesem ›Geschenk‹? Ich habe es nicht erfahren. Das wirkliche Grauen wurde nie angesprochen, höchstens mal mit der Bemerkung gestreift: ›Das mit den Juden, das war ein Fehler von Hitler.‹«

Es gibt wohl wenige Erfahrungen eines politisch bewussten Nachkriegskindes, die geeigneter sind, mit dem eigenen Vater zu brechen und ihn in die Nazi-Schublade zu stecken, als die Schenkung eines blutdurchtränkten Gürtels eines sowjetischen Soldaten. Fiel der Soldat in einem »normalen« Kampf? Wurde er von Eike Hemmers Vater getötet? Soldaten der Waffen-SS haben sich bekanntlich nicht an die Haager Landkriegsordnung gehalten. Abgesehen davon ist der Gürtel ein treffendes Symbol des entmenschlichten Vernichtungskrieges im Osten: Dem toten Soldaten wurde noch dadurch die letzte Würde genommen, dass sein Besitz gestohlen und als Trophäe mitgenommen wurde. Das Beispiel Eike Hemmers zeigt, dass selbst bei trostloser Faktenlage das Verstehen-Wollen des eigenen Vaters in dieser Generation stärker sein konnte als der Abrechnungsgedanke.

Gemessen daran, dass die Abgrenzung von den abstrakten oder konkreten »Nazi-Vätern« angeblich ein wichtiger Antreiber der Studentenbewegung war, finden sich unter den Aktivisten auffallend, ja grotesk wenige Nachkommen von Mitgliedern der eigentlichen NS-Funktionselite. Die Zehntausenden Kinder der Gestapo-Beamten, Militärrichter, Generalgouvernements-Dienststellenleiter, NSDAP-Kreisleiter, Gauleiter, SS- und Polizeiführer, SD-Einsatzgruppenmitglieder, Waffen-SS-Führer, NS-Ministerialbeamten, Arisierungsgewinnler, Rüstungsmanager und Zwangsarbeiter beschäftigende Industriellen sind zum größten Teil eben *nicht* in die Außerparlamentarische Opposition gegangen. Auf einige Kinder von besonders prominenten NS-Profiteuren und Tätern bezogen: Albert Speer jr. ist Architekt wie sein Vater; Wolf Rüdiger Heß versuchte zeitlebens seinen Vater zu rehabilitieren; Barthold von Ribbentrop war Bankier; Ricardo Eichmann ist Archäologe; Marte Beyer, Tochter von Reinhard Heydrich, betreibt oder betrieb lange Zeit einen Modeladen auf Fehmarn, der Heimat ihrer Mutter; Susanne Klatten, Großaktionärin von BMW und Altana, profitiert von einem Vermögen, das ihr Vater Herbert Quandt mit Hilfe von unter elenden Bedingungen lebenden Zwangsarbeitern aufgebaut hat; Niklas Frank, Sohn von »Generalgouverneur« Hans Frank, hat mit seinem Vater scharf abgerechnet, allerdings über einen individuellen Weg in Buchform[94]. Bezeichnenderweise ist das Buch erst 20 Jahre nach der Studentenbewegung erschienen.

Die Gleichung Kind von Nazieltern gleich Hass auf die Eltern gleich Aktivist der Studentenbewegung trifft nicht zu. Verdrängung, Identifikation mit den Eltern oder andere, verborgene Formen der Auseinandersetzung haben bei diesen Kindern eine weitaus größere Rolle gespielt. Womöglich wurde die Karriere durch die prominente Biografie Bernward Vespers befördert. Vesper, Lebensgefährte von Gudrun Ensslin, war der Sohn des nationalsozialistischen Schriftstellers Will Vesper. Sein Buch *Die Reise* ist ein wertvolles autobiografisches Zeitdokument einer Kindheit in den 40er und 50er Jahren und einer linken Politisierung in den 60er Jahren. Bernward Vesper beschreibt eindrücklich die Konflikte mit seinem Vater und die gewaltige lebensweltliche und geistige Kluft zwischen ihnen. Allerdings ist Will Vesper eben nicht der typische Nachkriegsvater, der die »Nazi«-Generation repräsentiert. Er war Jahrgang 1882, für einen Nationalsozialisten bereits ungewöhnlich alt. Als sein Sohn zur Welt kam, hatte er mit 56 Jahren bereits eher das Alter eines Großvaters als das eines Vaters erreicht.

Nein, typisch für die 68er und die nachfolgenden Linksradikalen der 70er Jahre ist gerade die Abwesenheit von versteinerten, »repressiven« Familienverhältnissen. Der frühe biografische Bruch ist die kollektive Erfahrung, die auf verschiedene Weise auftrat: durch den frühen Tod eines Elternteils, meistens des Vaters, durch die längere oder dauerhafte Abwesenheit eines Elternteils (auch hier: meistens des Vaters), durch die moralische Schwäche der eigenen Eltern aufgrund deren Mitmachens in der Nazi-Zeit, durch Flucht oder Vertreibung oder die Übersiedlung aus der DDR. Fast immer war der Bruch aber eine direkte oder indirekte Folge von Krieg und Nationalsozialismus:

— Andreas Baader, Jahrgang 1943, Kriegshalbwaise. Der Vater, ein promovierter Archivreferendar und Soldat, bleibt 1945 verschollen. Während des Krieges ziehen Mutter und Sohn vom bombenbedrohten München zur Großmutter ins thüringische Saalfeld.[95] 1945 kehren sie zurück nach München. Die Wohnung samt Bibliothek ist zerstört. Weil die Mutter mit Kind und Existenzsicherung überfordert ist – ein Versorgungsanspruch als Witwe wird von den Behörden abgelehnt, weil der Ehemann noch nicht verbeamtet war –, schickt sie den Sohn wieder zur Großmutter nach Thüringen, während sie in München bleibt.[96] Bis 1949 lebt Andreas Baader dort ohne Mutter und natürlich auch ohne Vater. Danach wächst er mit Mutter, Großmutter und einer Tante in München auf. Eine Odyssee durch mehrere Schulen (darunter ein Internat) folgte. Die letzte Oberschule bricht er ab.
— Ulrike Meinhof, 1934 geboren, verbringt Jugend und Kindheit in Oldenburg, Jena, Franken, wieder Oldenburg, Wuppertal, Weilburg in Hessen und Marburg. Als sie sechs Jahre alt ist, stirbt ihr Vater. Mit 14 Jahren wird sie zur Vollwaise.
— Horst Mahler wird 1936 in Niederschlesien geboren. Der Vater, ein Zahnarzt, ist ein angesehener Mann in der Stadt und als NSDAP-Mitglied auf der Gewinner-Seite im Dritten Reich. Die Eltern sind überzeugte Nationalsozialisten.[97] 1945 flüchtet die Mutter mit den Kindern nach Naumburg an der Saale. Nachdem der Vater aus der Kriegsgefangenschaft entlassen wird, zieht die Familie weiter nach Dessau. 1949 beendet der Vater freiwillig sein Leben. Nach Angaben des Sohnes kam er mit dem Zusammenbruch des NS-Staates und dessen Weltbild nicht zurecht: »Er hat Hitler geliebt bis an sein Lebensende.«[98] Das klingt stark nach einer nachträglichen, heldenhaften Konstruktion, in der vermutlich Horst Mahlers heutige rechtsextreme Gesinnung einfließt. Der Vater starb, als der Sohn 13 Jahre alt war, in dem Alter durchschaut man in der Regel nicht so genau, wen die Eltern politisch »lieben«. Die weniger pathetische und bodennähere

Interpretation ist, dass der Vater den Statusverlust aufgrund der Flucht und die schwierige Zeit in einem völlig anderen System, der Sowjetischen Besatzungszone (SBZ), nicht verkraften konnte. Die Mutter siedelte nach dem Tod des Mannes mit den Kindern nach Westberlin über.

— Peter Schneider, SDS Berlin, heute Schriftsteller: 1940 in Lübeck geboren, bis 1945 Kindheit in Ostpreußen und Sachsen, nach Kriegsende fünf Jahre in Oberbayern.[99] Früher Tod der Mutter. Ab 1950 Aufwachsen mit dem Vater, dessen neuer Frau und insgesamt fünf (Halb-)Geschwistern in Freiburg im Breisgau.

— Rainer Langhans, Mitbegründer der Kommune 1 in Berlin: 1940 in Oschersleben in der Magdeburger Börde geboren, 1943 Umzug nach Stolpmünde in Pommern, 1945 Flucht nach Jena, DDR-Kindheit, 1953 Übersiedlung in die Bundesrepublik, Jugend in Köln, Ingolstadt und Villingen, verschiedene Schulen und Internate.[100]

— Daniel Cohn-Bendit: Kind eines deutschen Juden und einer französischen Jüdin. Der Vater war Rechtsanwalt in Berlin und aktiver Trotzkist. 1945 Geburt Cohn-Bendits im französischen Exil, Trennung der Eltern Ende der 40er Jahre. Er wächst bei der Mutter auf und erlebt eine »freizügige, antiautoritäre Erziehung.«[101] Ende der 50er Jahre Umzug nach Deutschland. Der Vater stirbt, als der Sohn 13 Jahre alt ist, die Mutter stirbt, als er 17 Jahre alt ist.[102] Nach dem Abitur Rückkehr als Vollwaise nach Frankreich.

— Tilman Fichter, Berliner SDS-Stratege: 1937 in Berlin geboren. »Meine Kindheit bzw. Kriegskindheit erlebte ich bis zum Frühjahr 1943 am ›Friedrich-Karl-Platz‹ in Berlin-Charlottenburg, danach in Glogau in Niederschlesien bis Frühjahr 1944 sowie in Stuttgart-Vaihingen. Für mich und meine Schwestern Maria und Claudia waren das Zeiten auf Abruf. Kaum hatten wir uns an unsere neue Umgebung gewöhnt, fuhr der Möbelwagen wieder vor, unsere Spielsachen wurden von neuem verladen, und unsere Freunde verschwan-

den im Nichts.«[103] Fichter lebt heute wieder am Friedrich-Karl-Platz, der jetzt Klausenerplatz heißt.
— Thomas Schmid, Frankfurter Sponti: 1945 Geburt in Sachsen, mit sechs Jahren Umzug nach Mannheim: »Ich sächselte leicht. ... Als Außenseiter schlug mir unter den Kindern der Nachbarschaft eine ziemliche Aggressivität entgegen, ich musste mich durchbeißen. Eine Folge war, dass ich mir sehr schnell den Akzent abtrainierte.«[104]
— Sibylle Plogstedt, SDS Berlin, später Trotzkistin: »uneheliche« Geburt in Berlin 1945; ihren leiblichen Vater, der 1969 stirbt, hat sie nie getroffen. Ihren Stiefvater beschreibt sie als kalt und autoritär. Plogstedt ist eine der wenigen Aktiven aus der Außerparlamentarischen Opposition, die sich mit ihrer Vater- und Wurzellosigkeit publizistisch auseinandergesetzt hat.[105]
— Dorothea Ridder, Mitglied der Berliner Kommune 1 und Co-Model des notorisch-berühmten Nackt-»Razzia«-Fotos in der Polit-WG: 1942 in Berlin geboren, Kindheit und Jugend in Ostberlin, 1959 Umzug nach Westberlin wegen der Enteignung des Vaters; der Vater zieht weiter nach Hamburg und heiratet erneut, Dorothea Ridder bleibt mit Mutter und Bruder in Berlin.
— Bernd Rabehl, SDS-Führungsfigur in Berlin: geboren 1938 im märkischen Rathenow, Scheidung der Eltern 1944, der Vater geht in den Westen. Der Sohn bleibt mit der Mutter in Rathenow. FDJ, DDR-Oberschule, zwei Semester an der Humboldt-Universität Berlin, dann, kurz vor dem Mauerbau, Wechsel nach Westberlin.[106]
— Rudi Dutschke, SDS-Anführer, Antreiber und Symbolfigur der Studentenbewegung: 1940 in der Mark Brandenburg geboren. Jüngstes Kind unter drei Geschwistern, Kindheit und Jugend in der DDR. Der Vater kommt erst 1947 aus der Kriegsgefangenschaft zurück. Enges Verhältnis zur Mutter, distanziertes zum Vater. S-Bahn-Pendler nach Westberlin, um das bundesdeutsche Abitur zu erlangen. Kurz vor dem

Mauerbau Umzug nach Westberlin. Nur noch seltene Besuche bei den Eltern, enger Briefkontakt zur Mutter.
— Jan-Carl Raspe, RAF: geboren 1944 in Tirol, der Vater, ein Fabrikant, stirbt noch vor seiner Geburt.[107] Ob er als Soldat »fiel«, ist nicht bekannt. Kindheit und Jugend in Ostberlin mit der Mutter, zwei Schwestern und zwei Tanten. Weil er auf keine DDR-Oberschule aufgenommen wird, pendelt er mit der S-Bahn nach Westberlin. Gelegentlich kommt er dort bei einem Onkel und einer Verwandten unter. Nach dem Bau der Mauer lebt er in Westberlin, während seine Mutter auf der anderen Seite der Mauer bleibt.
— Till Meyer, Co-Gründer der Bewegung 2. Juni: geboren 1944 in Luckenwalde als Kind von aus Berlin Evakuierten. Der Vater stirbt noch im gleichen Jahr als Soldat an der Westfront. Ärmliche Kindheit in Berlin mit der Mutter und fünf Geschwistern.[108]
— Michael »Bommi« Baumann, Bewegung 2. Juni: Geboren 1947 und aufgewachsen in Berlin-Kaulsdorf[109] im Ostteil der Stadt. Der Vater war »Grenzgänger«, arbeitete im Westteil und sorgte dadurch für ein gutes Einkommen der Familie. Von »zich Frauen erzogen«, musste er aus eigener Sicht frühzeitig eine »Antiposition« beziehen, »um nicht unterzugehen«[110]. 1960 Umsiedlung nach Westberlin. Aufenthalt im Notaufnahmelager Marienfelde, Anfeindungen in der neuen Umgebung in Reinickendorf.[111] Materieller Statusverlust der Familie, Verlust der alten Freunde, Verlust eines Schuljahrs durch den Umzug[112], dreimaliger Schulwechsel[113].
— Hans-Christian Ströbele, Gründer des Sozialistischen Anwaltskollektivs in Berlin: Seine Familie stammt aus Baden und zog aus beruflichen Gründen zu den Buna-Werken bei Halle, wo der Vater eine Stelle als Chemiker antrat. Geburt 1939 in Halle; die kurzzeitigen amerikanischen Besatzer, an Spezialisten interessiert, nehmen den Vater und die Familie 1945 in den Westen mit.[114] Kindheit und Jugend in Marl in Westfalen.

— Hans-Jürgen Krahl, Frankfurter SDS-Vordenker: Geburt 1943 in Sarstedt bei Hannover. Mit einem Jahr schwere Verletzung und Verlust eines Auges durch Kriegseinwirkung. 1965 schreibt er in einem Lebenslauf: »Gegen Ende des Krieges flohen meine Eltern mit mir vom damaligen Stettin in meine Geburtsstadt[115] (seine Eltern hatten vor der Geburt des Sohns und danach in Stettin gelebt und zogen dann wieder in die – vermeintlich – sicherere Heimatstadt der Mutter bei Hannover)[116].
— Karl Dietrich (»KD«) Wolff, Frankfurter SDS-Aktivist und Gründer des linksextremen Verlags Roter Stern: 1943 in Marburg geboren. Der Vater, ein Amtsrichter, wird 1960 von einem Auto überfahren.[117] Halbwaise wird damit auch sein Bruder Frank, ebenfalls später in der Studentenbewegung aktiv. 1966 stirbt die Mutter.[118]
— Matthias Beltz, Frankfurter Sponti, später Kabarettist: Geburt 1945 in Hessen; seinen Vater, Soldat an der Ostfront und seit 1945 vermisst, lernt er nie kennen.[119]
— Tom Koenigs, Frankfurter Sponti, später Grünen-Politiker: Enkel eines Kölner Bankiers; 1944 auf dem Gutshof Damm bei Pasewalk in Vorpommern geboren.[120] Der Vater stirbt im Krieg. 1945 Flucht nach Oberbreisig am Mittelrhein.[121] Internatszeit im Schwarzwald; Banklehre im Rheinland.
— Günter Amendt, SDS, Autor von *Sexfront*, später DKP-Mitglied: Geburt 1939. Der Vater stirbt 1942 als Soldat in Jugoslawien, die Mutter muss drei Kinder allein großziehen.[122] Als Sohn Günter zur Erholung in die Schweiz geschickt wird, notieren die dortigen Behörden: »Netter Junge, liest und bastelt gerne. Zartes Kind, war viel krank. Vater ist gefallen, Mutter erhält Rente, mit der sie sich ziemlich durchschlagen muß.«[123]
— Rolf Pohle, 1967 AStA-Vorsitzender in München, Jurastudent, in den 70er Jahren wegen Unterstützung der RAF verurteilt: 1942 in Berlin geboren, der Vater ist der Münchner Jura-Professor Rudolf Pohle, der 1967 stirbt.[124]

— Holger Meins, RAF-Mitglied und 1974 nach einem Hungerstreik in Haft gestorben: 1941 geboren, in behüteten Verhältnissen einer Hamburger Angestelltenfamilie aufgewachsen. Als Holger Meins 24 Jahre alt ist, stirbt seine Mutter Paula.[125] Er bricht sein Kunststudium ab, verlässt Hamburg und zieht nach Berlin, wo er ein Studium an der Film- und Fernsehakademie anfängt. Der Dokumentarfilm *Starbucks Holger Meins* zeigt ein nach dem Hungertod aufgenommenes Interview mit einem empathischen, warmherzigen Vater, den breiten Hamburger Dialekt der »kleinen Leute« der Stadt sprechend, der sich bedingungslos hinter seinen Sohn stellt und die Haftumstände anprangert.[126]
— Peter Gäng, führendes SDS-Mitglied und Vietnam-Experte des SDS: 1942 in Stettin geboren, Jugend in Westberlin.
— Jenny Schon, SDS Berlin, Maoistin, heute Autorin; 1942 in Trautenau im Sudetenland geboren, 1945 Vertreibung ins Rheinland, 1961 Umzug nach Westberlin. Heute ständige Auseinandersetzung mit der Herkunft und der nach eigenen Worten »Traumatisierung« durch die ersten Lebensjahre.
— Rupert von Plottnitz, SDS-Mitglied in Frankfurt und Mitbegründer des Frankfurter Anwaltskollektivs: Geburt 1940 und erste Lebensjahre in Danzig.
— Ulrich Preuß, SDS und Republikanischer Club Berlin, Mitglied im Anwaltskollektiv von Hans-Christian Ströbele und Horst Mahler, Professor in Bremen: 1939 in Marienburg bei Danzig geboren, nach 1945 in Salzgitter gestrandet, ab 1953 Jugend in Hannover.[127]
— Udo Knapp, letzter SDS-Bundesvorsitzender und 1970 Vertreter der Linie des »proletarischen Klassenkampfs«[128]: 1945 in Altenburg bei Leipzig geboren, 1961 Übersiedlung mit der Mutter[129] nach Hannover[130].
— Götz Aly, Maoist, Mitglied »Rote Hilfe« Berlin, Sozialwissenschaftler und Buchautor: 1947 geboren, mehrere Ortswechsel in Kindheit und Jugend. Sein Vater war zu NS-Zeiten in leitender Position in der HJ-Verwaltung tätig mit eigener

Sekretärin und einem »Daimler mit Fahrer, das Auto am Wochenende zur freien Verfügung«[131]. Statusverlust der Familie durch das Ende des Zweiten Weltkriegs.
— Gabriele Kröcher-Tiedemann, Bewegung 2. Juni: 1951 in Mecklenburg-Vorpommern geboren. Anfang der 60er Jahre Übersiedlung in die Bundesrepublik per Häftlingsfreikauf; der Vater war politischer Gefangener in der DDR. Jugend in Bielefeld.
— Ulrich Lenze, Mitglied des ZK der KPD und Vorsitzender des Regionalkomitees »Wasserkante«[132] der KPD, heute Geschäftsführer einer Hamburger Filmproduktionsfirma: 1947 Geburt in Magdeburg, mit sechs Jahren Übersiedlung nach Hamburg.[133]
— Peter Rambausek, SDS Berlin: Im Schüleralter aus der DDR in die Bundesrepublik gezogen.
— Hans-Peter Ernst, Führungsfigur der Frankfurter »Provos«, einer von Wissenschaft und Publizistik bislang wenig beachteten 68er-Unterströmung: geboren 1942, mit 16 Jahren Übersiedlung von Leipzig nach Nürnberg. 1965 Umzug nach Frankfurt.[134]
— Klaus Hartung, SDS, 1969 Mitverfasser des Thesenpapiers »Die erste Etappe des Aufbaus der Kommunistischen Partei des Proletariats«[135], aus dem die Gründung der KPD hervorgehen sollte: 1940 in Olbernhau im Erzgebirge in Sachsen geboren. Kindheit und Jugend ebendort. 1955 Ausreise nach Westdeutschland: »Die Bundesrepublik, ein fremdes Land mit einer gleichen, aber unverständlichen Sprache.«[136]
— Rainer Nitsche, in den 70er Jahren unter den Extremistenbeschluss fallender Studentenzeitungsredakteur:[137] 1945 im polnischen Swinemünde geboren, Kindheit und Jugend in Schleswig, Vater Lehrer.[138] Heute ist Nitsche Eigentümer des Transit Verlags in Berlin.
— Eike Schweichel, SDS Berlin: 1941 in Breslau geboren, 1945 vermutlich Flucht der Familie in den Westen.
— Sigrid Fronius, 1968 AStA-Vorsitzende der FU Berlin: 1942

in Kronstadt in Rumänien geboren als Kind von Siebenbürger Sachsen. Schulzeit in Rumänien, Mitglied der Pioniere. Mit 13 Jahren Ausreise in den Westen. Die Eltern gehen nach Österreich, die Tochter zieht zur ältesten Schwester nach Stuttgart. Anfang der 60er Jahre Umzug nach Westberlin.[139]
— Jürgen Treulieb, Fronius' Nachfolger an der AStA-Spitze der FU: 1943 in Ostpreußen geboren.
— Götz Schmidt, SDS Berlin, 1941 in Litzmannstadt (Lodz, Polen; damals deutsches »Generalgouvernement«) geboren. Die Eltern stammen aus Bessarabien in Rumänien und wurden nach dem Hitler-Stalin-Pakt umgesiedelt. Der Vater stirbt im Krieg.
— Viktoria Waltz, SDS Berlin, 1944 in Küstrin, heute Polen, geboren.
— Rolf Clemens Wagner, RAF: geboren 1944 in Hohenelbe, Böhmen, der Vater war Zahnarzt.
— Katharina Hammerschmidt, RAF: geboren 1943 in Danzig.
— Gerhard Müller, RAF: 1948 »in einem kleinen Dorf«[140] in Sachsen geboren. 1955 Übersiedlung in die Bundesrepublik.
— Ingrid Siepmann, Bewegung 2. Juni: 1944 in Marienberg im Erzgebirge geboren, Zeitpunkt der Übersiedlung in die Bundesrepublik unbekannt.
— Winfried Kretschmann, als Student Mitglied im KBW und AStA-Vorsitzender an der Universität Hohenheim bei Stuttgart, heute Ministerpräsident in Baden-Württemberg: Die Eltern stammen aus dem Ermland, einer katholischen Insel im sonst protestantischen Ostpreußen. Der Sohn kommt 1948 in Oberschwaben zur Welt und wächst dort auf. Mehrere Ortwechsel wegen des Berufs des Vaters, der als Dorfschullehrer arbeitet.
— Joschka Fischer, Frankfurter Spontis: 1948 geboren in Gerabronn, Baden-Württemberg, aufgewachsen in Langenburg und Oeffingen bei Stuttgart: Kind von Vertriebenen aus Donauschwaben, Ungarn, die dort in gutbürgerlichem Wohlstand mit Kindermädchen und Waschfrau lebten. Parallele

Außenseitererfahrungen in der Kindheit: Die katholische Familie lebte in protestantischer Umgebung, bis auf Oeffingen, das eine katholische Enklave war. Aufwachsen in einer reduzierten Familie:

> »Ich bin ohne Großeltern aufgewachsen ... Es gab zwar Verwandtschaft, aber wenig. Und das war damals in Oeffingen eine andere Realität: Das Dorf nahm Anteil, sowohl an Geburten als auch an Taufen, an Hochzeiten wie an Beerdigungen. Und es war auch üblich, dass man zu bestimmten kirchlichen Trauer- und Feiertagen auf den Friedhof gegangen ist; und bei uns war da nichts. Oder die Kinder sind zu Großeltern gegangen; bei mir war da nichts!«[141]

In der Familie sprach man anders als in der Umgebung, nämlich einen österreichischen Dialekt, wie es die Donauschwaben taten. Und:

> »Bei uns zu Hause wurde anders gekocht als im umgebenden Schwabenland. Natürlich hat man sich immer gefragt, warum gibt es das jetzt bei uns, während es das bei den Nachbarn nebenan nicht gibt? Die Schwaben guckten dann auch komisch auf Knoblauch, Paprika und Ähnliches, was sie nicht gewöhnt waren ...«[142]

1955 erlebt die Familie nach der Vertreibung eine zweite Deklassierung: Der Vater muss die eigene Metzgerei aufgeben. Er findet Arbeit in einem Schlachthof, später in einem Metzgereigeschäft. 1966, Joschka Fischer ist 18 Jahre alt, sterben binnen einer Woche seine Schwester und sein Vater.

— Wolfgang Grams, RAF: 1953 in Wiesbaden zur Welt gekommen. Ehrgeizige Eltern, der Vater technischer Angestellter bei einer Versicherung. Sie setzen viele Hoffnungen in den Sohn. Ist er nicht »folgsam«, setzt es Ohrfeigen.[143] Die Eltern haben mühsam ihren Platz in der bundesdeutschen Wohlstandsgesellschaft errungen: »Uns ging's ja wirklich nicht so gut. Wir waren froh, dass der Mann Geld verdiente, und wir konnten uns was anschaffen. Es ging uns immer ein bisschen besser und besser ... In den ersten Ehejahren hätte man sich das gar nicht erträumt: ein eigenes Auto.«[144] Die Eltern sind Vertriebene. Vater Werner Grams stammt aus Pommern, die Mutter Ruth aus Ostpreußen. Die Mutter trauert dem verlorenen Land nach: »Irgendwann wird die Heimat wieder deutsch werden.«¹⁴⁵ Damit drückt sie offenbar keine deutschnationalen Revanchegelüste aus, sondern die Überzeugung, dass ihrem Leben tiefe Ungerechtigkeit widerfahren ist, die getilgt werden muss.¹⁴⁶ Die Vertreibungserfahrung ist die Bruchstelle der Familie Grams in der nach außen hin funktionierenden bundesdeutschen Nachkriegsfamilie. Die Deutung des Biografen Grams', Andres Veiel, ist plausibel. Demnach ist die Vertriebenen-Biografie der Eltern die Quelle von Grams' »unbedingtem Gerechtigkeitswillen«. Eine gerechte Welt soll wiederhergestellt werden.

Das ist ein wichtiger Punkt, der Bedeutung für die Linksradikalen der 70er Jahre insgesamt hat. Denn ein Muster fällt in ihren Biografien auf. Ihren Familien ist häufig durch den Kriegstod des Vaters oder den vertreibungsbedingten Verlust von Besitz und Heimat Ungerechtigkeit widerfahren – politische, kollektive Kategorien wie die der Kriegsschuld sind auf dieser privaten Ebene bedeutungslos. (Jemand, der in Ostpreußen oder in Schlesien aufgewachsen ist, mag die Vertreibung mit einiger Wahrscheinlichkeit als Verlust und als Ungerechtigkeit empfinden, auch wenn er rational verstanden hat, dass der Krieg von der Wehrmacht angezettelt wurde und Polen vom eigenen Land überfallen wurde.) Es sind genau jene Kinder, die sich später im Namen der Gerechtigkeit für die unterdrückten Völker und Klassen politisieren sollten. Gerechtigkeit an sich war ein wichtiges, zentrales Motiv für sie: weniger als Teil ihrer Ideologie – Marx konnte mit der Kategorie Gerechtigkeit wenig anfangen, er verstand sie als bürgerliches Konstrukt, und für die Studentenbewegung war die Kategorie Gerechtigkeit kleinbürgerliche Flickschusterei –, sondern als Wunschvorstellung einer besseren Welt.

Manchmal waren sich Eltern und Kinder sogar recht ähnlich, was das Feindbild anging: Die erklärten Gegner der Maoisten waren die USA *und* die Sowjetunion, also genau jene zwei Besatzungsmächte, die nach dem Zweiten Weltkrieg die Oder-Neiße-Linie durchsetzten und ihre jeweiligen Einfluss-Sphären in Deutschland markierten. Für die Maoisten war die Sowjetunion ein sozialimperialistischer Staat, der sich nach Maos Drei-Welten-Theorie mit den USA die Weltherrschaft aufteilte. Für die KPD existierte eine »nationale Frage«: Sie forderte den Abzug »fremder Truppen«, eine unabhängige, neutrale deutsche Armee und langfristig ein vereintes Deutschland. Für ein »unabhängiges, vereintes und sozialistisches Deutschland« war ihre Losung. Nach der Annäherung der USA an China stieg die Sowjetunion für die KPD gar zur »gefährlichsten Supermacht« auf, noch vor den USA – eine bemerkenswerte Parallele zur Vatergeneration, für die die Hauptbedrohung aus dem Osten, und nicht aus dem Westen kam.

Vor diesem Hintergrund und aus heutiger Distanz betrachtet erscheinen Horst Mahlers spätere Stationen RAF und KPD in der Kombination gar nicht mal so abstrus. Die RAF wollte aus ihrer Sicht eine bessere Welt schaffen und Ungerechtigkeiten beseitigen. Die KPD wiederum war die am nationalsten orientierte linksradikale Organisation. Mahler äußerte im Film *Die Anwälte*, dass seine völkische Wendung in den 70er Jahren, also in seiner KPD-Zeit, einsetzte. Er habe dieses Denken vorher verdrängt. Sowohl von seiner RAF- als auch von seiner KPD-Zeit lässt sich eine Verbindungslinie zur Biografie seiner Familie herstellen: Die Eltern erfuhren Ungerechtigkeit, und der Sohn rächt diese Erfahrung stellvertretend für sie.

Die aufgestellte Liste kann nicht vollständig sein, sie deckt aber einen wichtigen Teil des Personals der linksradikalen Jahre ab 1968 ab. Zudem gewinnt sie durch ihre Bandbreite vom unauffälligen SDS-Mitglied bis zum späteren Terroristen Andreas Baader an Aussagekraft. Zusammengefasst gehörte eine große Mehrheit der Genannten denen an, für die der frühe biografische Bruch die zentrale Erfahrung war. Geschätzt zählten mindestens drei Viertel der in den vorderen Reihen stehenden Aktiven zu dieser Gruppe. Sicherlich kein Zufall ist, dass in Heinz Budes 68er-Buch *Das Altern einer Generation* fünf der sechs Porträtierten aus einer Flüchtlingsfamilie stammten, der sechste in der DDR die ersten Jahre verbrachte, zwei der Väter sogenannte Spätheimkehrer waren und zwei weitere im Krieg umkamen.[147]

Bruch-Erfahrungen waren in der unmittelbaren bundesdeutschen Nachkriegszeit keine Seltenheit. Rund 25 Prozent der Kinder wuchsen nach dem Zweiten Weltkrieg dauerhaft mit nur einem Elternteil, meistens der Mutter, auf.[148] Rund 20 Prozent der westdeutschen Bevölkerung wiederum waren Vertriebene oder DDR-Übersiedler.[149] Berücksichtigt man, dass es zwischen beiden Gruppen natürlich Überschneidungen gab, lässt sich hochrechnen, dass zwischen 33 und 40 Prozent der westdeutschen Nachkriegskinder entweder von einer der zwei Kriegsfolgen oder von beiden betroffen waren.[150] Der Anteil der im weiteren Sinne »Kriegsbeschädigten« unter der Durchschnitts-Nachkriegsjugend ist damit signifikant niedriger als in der Gruppe des aktiven Kerns von 1968 und dem nachfolgenden Jahrzehnt. Tissy Bruns erinnert sich:

> Ich war sicherlich ein unbehütetes Kind und in der Pubertät ohne Orientierung. Das Problem dabei ist, dass man sich in eine WG-Disziplin stürzt, wenn man in Wahrheit so etwas wie Schutz, Gemeinschaft und Familienersatz sucht. Das ist ein wesentlicher Teil der Erklärung. Man darf es nur nicht als leichtfertige Entschuldigung für den radikalen Weg sehen. ... Mein Vater war ein belesener Autodidakt. Er hatte eine Bibliothek; er brachte sich Klavierspielen selbst bei. Aber er war ganz schwach und unzuverlässig. Ich habe mich für meinen Vater geschämt, wenn er uns Kinder sturzbetrunken irgendwo abholte. Er arbeitete als Vertreter für Versicherungen und klapperte die Haustüren ab. Meine Mutter sagte uns Kindern einmal: »Der Mann, den ich geheiratet habe, war ein anderer, als der, den ihr kennt.« Der Krieg muss gewaltige Seelenverletzungen hinterlassen haben. Er kam erst 1948 aus der Gefangenschaft zurück. ... Es waren beides Eltern, an die man sich nicht anlehnen und auf die man sich nicht stützen konnte. Meine Schwester und ich standen ziemlich im Wind.

Eindrücklich, was Brüche angeht, ist die Biografie von Wolfgang Schwiedrzik. Er ist einer der Mitbegründer der legendären Berliner Schaubühne, die sich in den 60er Jahren entsprechend der Studentenbewegung entwickelte. Auch im Berliner SDS gehörte Schwiedrzik zum erweiterten Führungskreis. Ende 1969 war er in Berlin an der Transformation der Studentenbewegung in marxistisch-leninistische Kaderstrukturen maßgeblich beteiligt. 1970 wurde er Mitglied im Zentralkomitee der KPD.

Wolfgang Schwiedrzik ist 1940 in Freystadt in Niederschlesien zur Welt gekommen. Sein Vater war selbständiger Textilkaufmann. Zu Kriegsbeginn wurde er zur Schutzpolizei eingezogen. Viele Polizeieinheiten wurden damals als »Ordnungspolizei« in den besetzten Gebieten eingesetzt.[151] Im März 1945 wurde er in Breslau bei schweren Kämpfen verwundet. Der NS-Gauleiter hatte die Stadt zur Festung erklärt und ließ sie in einem sinnlosen Unterfangen gegen die Rote Armee verteidigen. Ende April 1945 starb der Vater im Lazarett. Nach dem Krieg strandete die Mutter mit drei Söhnen in einem Dorf in Holstein. Die Mutter versuchte die Deklassierung durch Vertreibung und den Tod des Ernährers durch eine möglichst gute Schulbildung der Kinder zu kompensieren: Alle drei Söhne machten ihr Abitur. Trotzdem bleibt eine Leerstelle in Kindheit und Jugend von Wolfgang Schwiedrzik.

> Ich war nicht geschützt durch Autoritäten in meiner engeren Umgebung oder Wegweiser. Ich hätte mich gern an jemanden angelehnt. Ich habe mich so unberaten gefühlt. Ich habe das immer als Defizit und als große Sehnsucht empfunden. Wir haben erst 1953 erfahren, dass mein Vater gefallen ist. Wir hatten immer am Radio gehangen, um um 14 Uhr die Mitteilungen über die Kriegsheimkehrer zu hören. ... Ich habe später immer wieder versucht, mich an ältere Männer anzulehnen. Der Schulleiter auf meinem Gymnasium war distanziert, verhielt sich aber in kritischen Situationen sehr väterlich, das habe ich sehr positiv aufgenommen. Später im Studium habe ich versucht, mich an Professoren

> menschlich anzunähern. Die Anlehnungsversuche funktionierten aber nicht. Ein Professor, ein Kunsthistoriker in Kiel, war schwul und sagte mir das auch vorsichtshalber, aber das wollte ich nun genau nicht. Das ist eine lange Geschichte enttäuschter Hoffnungen. Als vaterloses Kind aufzuwachsen, das ist nicht so einfach.

Wolfgang Schwiedrzik war alt genug, um Erinnerungen an seinen Vater zu haben. Sie gehen aber nicht über bloße Fragmente hinaus.

> Ich habe ihn das letzte Mal Weihnachten 1944 gesehen, da war ich vier. Mein älterer Bruder und ich haben ihn an einen Stuhl gebunden und sagten zu ihm, er dürfe nicht mehr weg. Ich weiß noch genau, wo der Tannenbaum stand, wie der geschmückt war, wo der Stuhl stand. Ich weiß noch, wie wir ums Rathaus gelaufen sind.

Mögliche Ersatzväter in der Familie schieden für Wolfgang Schwiedrzik aus. Ein Onkel kam aus dem Krieg als menschliches und psychisches Wrack zurück.

> Ein anderer Onkel war eine übermächtige Figur und bot sich als Autorität an. Er war beruflich sehr erfolgreich, hatte ein Auto, besorgte meiner Mutter ein Fahrrad und später eine Wohnung. Er war von der Sorte Mitläufer, die nach 1945 wieder oben schwammen. Er war NSDAP-Mitglied gewesen. Er hätte mir mein Studium bezahlt, stellte aber eine Bedingung: Ich sollte in seine schlagende Verbindung eintreten. Das wollte ich auf keinen Fall.

Später lehnte Schwiedrzik sich an die Führungsfiguren in der Schaubühne und dem Berliner SDS an.

> Die haben mir Orientierung gegeben in Fragen, in denen ich wenig Bescheid wusste. Ich habe denen mehr politisches Urteil zugetraut als mir selber. ... In meinem Leben haben Tilman Fichter, Christian Semler und Jürgen Horlemann eine große Rolle gespielt; ich habe mich an denen orientiert.

Semler und Horlemann sollten 1970 die KPD gründen. An der Schaubühne übten der Regisseur Peter Stein, der Theater-Mitbegründer Dieter Sturm und der Dramaturg Hartmut Lange Einfluss auf Schwiedrzik aus. Das Trio betrieb politisches, linkes Theater. Hartmut Lange war 1965 aus der DDR nach Westberlin gekommen, verstand sich aber weiter als Kommunist. Die genannten Leitfiguren im SDS und an der Schaubühne waren, bis auf Horlemann, allesamt wenige Jahre älter als Schwiedrzik, was in den 20er Jahren des Lebens von Bedeutung sein kann. Sie waren wahrscheinlich theoretisch-politisch weiter und hatten für sich bereits ein geschlossenes kommunistisches, zumindest sozialistisches Weltbild aufgebaut. Dies muss für einen jungen Mann, der jahrelang nach Orientierung suchte, zweifellos einen großen Reiz ausgeübt haben.

Mit der Suche nach Anlehnung, Schutz und Orientierung ist ein anderes Motiv der Linksradikalen der 70er Jahre verbunden: das Bedürfnis nach Kontrolle über das eigene Leben. In einer vom Bundeskriminalamt herausgegebenen, bemerkenswert unaufgeregten Studie über heutige Extremisten und Terroristen mit rechts- und linksextremem sowie islamistischem Hintergrund finden sich erstaunliche Parallelen zu den Linksradikalen der 70er Jahre.[152] Alle Befragten – Linksextreme, Rechtsextreme und militante Islamisten – entstammten einem instabilen familiären Milieu. Entweder erfuhren sie zu Hause Gewalt, oder die Eltern trennten sich früh, oder eine Bezugsperson starb.[153] Sie suchten durch den Einstieg in die Szene oder die Organisation Kontrolle über ihr Leben zurückzugewinnen und sich einer Fremdbestimmung zu entziehen, der sie in ihrer Herkunftsfamilie ausgesetzt waren. Der jeweilige Kreis, dem sie sich anschlossen, sollte die Sicherheit geben, die sie in der Familie nicht hatten. Die Politisierung fand erst später, in der Szene, statt.[154] Die Erfahrung, »von den Eltern dem eigenen Schicksal überlassen« und »durch Ereignisse oder durch das Umfeld fremdbestimmt«[155] worden zu sein, konnte die Studie als Gemeinsamkeit der Befragten destillieren. Vielen sind »unvorhersehbare und unkontrollierbare kritische Lebensereignisse«[156] widerfahren. Weiter heißt es: »Als charakteristisch für unsere Befragungsteilnehmer erwiesen sich stark auf Kontrolle ausgerichtete Bewältigungsmuster.«[157]

So wie bei Gerald Klöpper fast 40 Jahre zuvor. Gerald Klöpper hat mit seiner Entscheidung, sich der Bewegung 2. Juni anzuschließen, aus rechtsstaatlicher Sicht natürlich einen Fehler begangen. Auch ein wohlmeinender sozialdemokratischer Betriebsrat hätte zu dem politisierten Lehrling möglicherweise gesagt: »Du verbaust dir deine Zukunft, in drei Jahren bist du Facharbeiter, und dann kannst du deinen Meister machen. Wenn du dich anstrengst, wirst du die Abendschule besuchen und am Ende Ingenieur werden können. Und dann kannst du deiner Familie ein Haus im Grünen bieten!« Aus damaliger, biografischer Perspektive jedoch ist Klöppers Entscheidung nachvollziehbar und schlüssig. Gerald Klöpper hat mit seinem Einstieg in die Szene die Kontrolle über sein Leben erlangt. Bis zu seinem 18. Lebensjahr war er das Kind eines meistens abwesenden Vaters und einer Schichtarbeiterin und erfuhr wenig Unterstützung und Achtung. Instinktiv mag der begabte Junge gespürt haben, das er zu einem Opfer der Verhältnisse werden würde, wenn er im trostlosen Milieu aus perspektivloser, harter Arbeit, familiärer Gewalt, Alkohol und wenig Bildung verharren würde. Mit dem Einstieg in die linksextreme Szene und erst recht später in den »2. Juni« wandelte er sich binnen kurzer Zeit, und eben nicht durch die Mühsal eines langen sozialdemokratischen Aufstiegsweges, zu einer geachteten Persönlichkeit in der linksextremen Szene Westberlins, die keineswegs klein war.

Klöpper war am Ende des Prozesses Teil einer bewaffneten proletarisch-revolutionären Elite in Berlin, zu der die Akademiker aus der Studentenbewegung bewundernd aufschauten, weil sie zwar ähnliche revolutionäre Vorstellungen hegten, sich die praktische Umsetzung aber meistens nicht zutrauten.

> Man hatte recht wenig zu verlieren. Es ist schmeichelhaft, wenn man als Deklassierter plötzlich die Avantgarde der Arbeiterklasse darstellt. Ich war als Prolet plötzlich wer.

Das Streben nach Kontrolle erklärt ebenso ein vermeintliches Paradox in der frühen Biografie Winfried Kretschmanns, des Ministerpräsidenten von Baden-Württemberg. Die in den Medien gängige und immer wieder reproduzierte Deutung geht so: Weil er aus einem engen Milieu stammt und in einem katholischen Internat die Abgründe einer hermetischen, autoritären Organisation kennenlernte, in der Schüler Opfer von brutaler, willkürlicher Gewalt waren, entwickelte er sich zu einem glühenden Verfechter des Antiautoritären und zu einem Parteigänger der Grünen.[158] Die Erzählung klingt plausibel, ist allerdings zu glatt, um wahr zu sein. Zwar hat Kretschmann die Internatszeit als »Alptraum«[159] erlebt. Allerdings ist er Anfang der 70er Jahre von einer hermetischen Organisation, der katholischen Kirche, in eine andere übergewechselt, nämlich den KBW. Die Grünen folgten erst ein Jahrzehnt später.

Ein katholisches Internat der 50er Jahre ist ein Ort extremen Kontrollverlustes und der Ohnmacht gewesen. Man war anderen Menschen komplett ausgeliefert. Nach einer derartigen Erfahrung konnte eine Organisation wie der KBW, so paradox es klingen mag, als Befreiung erfahren werden. Der KBW war zwar autoritär organisiert, das Autoritäre fußte aber zumindest in der Frühphase nicht auf Willkür. Es galten feste, berechenbare Regeln in einer Gemeinschaft von Gleichgesinnten. Zudem waren die einzelnen regionalen Zellen des KBW in der ersten Hälfte der 70er Jahre – und in dieser Phase war Kretschmann aktiv – noch relativ autonom, was mit der dezentralen Gründungsgeschichte des KBW zu tun hat. Auch ein einzelnes KBW-Mitglied muss in einer kleinen KBW-Zelle wie der an der Universität Hohenheim relative Autonomie genossen haben; jedes Mitglied brachte naturgemäß ein gewisses Gewicht ein. Im KBW Hohenheim verfügte Winfried Kretschmann mit großer Wahrscheinlichkeit über mehr Kontrolle über sein Leben als im katholischen Internat.

Noch ein anderes Ergebnis der BKA-Studie ist wichtig. Demnach wollten die Täter durch den Einstieg in die Szene letztlich einen Dialog mit den eigenen Eltern herbeiführen, ihre Aufmerksamkeit erregen, um auf die eigene Situation und das Gefühl des Nichtverstandenseins hinzuweisen.[160] Hervorzuheben ist das Ergebnis der biografischen Befragungen, dass es »ausgesprochen vielen« der durchgängig männlichen Täter darum ging, die Anerkennung des Vaters zu gewinnen.[161] Auch bei den 68ern ist der mangelnde oder nicht vorhandene Dialog mit den Eltern oder dem Vater im Besonderen, wie gezeigt wurde, ein häufiges Phänomen.

Die Linksradikalen von einst, besonders die männlichen, weisen psychologische Erklärungsmuster in der Regel von sich. Früher waren diese Deutungsmuster für sie subjektivistisch und unmarxistisch, heute existiert ein generelles Unbehagen gegenüber diesen Ansätzen. Allerdings wäre es erstaunlich und weltfremd, wenn ausgerechnet in einer Generation, in der seelische Beschädigungen und familiäre Desintegration ein so offensichtliches und massenhaftes Phänomen waren, psychologische Ursachen überhaupt keine Rolle spielen sollen.

Es geht nicht darum, einen monokausalen Schluss zu ziehen. Biografische Prägungen sind vielmehr als ein antreibendes Element zu verstehen. Eine allgemeine Empörung über politische Zustände oder die intellektuell gereifte Erkenntnis, dass die politischen Zustände unerträglich seien und nur durch den großen revolutionären Wurf geändert werden könnten, reichen meistens nicht aus, um sich zu radikalisieren. Wer in einem völlig intakten, Halt und Unterstützung gebenden Milieu aufwächst, dem fehlt der biografische Treibsatz, um auszubrechen und in eine abgezirkelte Organisation überzuwechseln. Er muss viel mehr natürliche Beharrungskräfte überwinden, um den Schritt tatsächlich zu vollziehen. Er hätte mehr zu verlieren.

Wie in der Liste aufgezeigt wurde, war überdurchschnittlich häufig der Vater gestorben, mental oder physisch abwesend, kriegsbedingt krank oder schwach oder moralisch diskreditiert. Das Verhältnis des Vaters besonders zum Sohn ist bekanntlich ein kompliziertes. Der Vater kann einengen, idealerweise aber kann er beschützen, Orientierung geben, Vorbild sein und bei der Loslösung von der Mutter helfen. Er kann auf die Idealisierung des Sohns durch die Mutter mäßigend einwirken. Nach dem Zweiten Weltkrieg geriet in Deutschland dieses diffizile, aber stabilisierende Muster aus den Fugen. Aus innerfamiliären Dreiecksbeziehungen nach dem Typus Mutter–Vater–Kind wurden millionenfach enge, schicksalshafte Zweierbeziehungen zwischen Mutter und Kind mit der Neigung zu neurotischen Übersteigerungen.[162] So lässt sich bei wichtigen männlichen linksextremen Aktivisten der 70er Jahre das Muster vom Muttersöhnchen erkennen:

Andreas Baader wuchs mit der Mutter, einer Tante und der Großmutter in einem reinen Frauenhaushalt auf. Im Juni 1977 – Andreas Baader ist zu dem Zeitpunkt seit Jahren in Stammheim inhaftiert – hielt seine Mutter Anneliese Baader in einem Interview mit einem schwedischen Fernsehjournalisten eine wahre Eloge auf ihren Sohn. Dass (fast) jede Mutter den eigenen Sohn selbstverständlich für den besten Jungen der Welt hält, ist nicht unüblich, interessant ist an dem Interview, mit welcher Überzeugung sie die Talente ihres Sohnes aufzählt, der in seinem Leben keine einzige nennenswerte kreative oder praktische Leistung erbracht hat, außer denjenigen, virtuos Autos zu knacken und mit Sprengstoff und Handfeuerwaffen umgehen zu können:

> »Wir haben immer miteinander geredet über alle Dinge. Und er hat sehr früh angefangen zu lesen. Er ist mit Leuten aufgewachsen, die sehr außergewöhnlich waren, sehr viel mit Kunst. Und Andreas ist auch sehr künstlerisch, er hat zum Beispiel wunderbares Stilgefühl; er könnte auch Innenarchitekt sein. Er ist auch sehr praktisch begabt, er könnte auch irgendeinen praktischen Beruf haben. ... Andreas ist ein Mensch mit sehr ausgeprägten politischen Ideen, und er ist bereit, für diese Ideen mit höchstem Einsatz, sein eigenes Leben, zu arbeiten. Und er ist sehr überzeugt. Er ist überzeugt, dass man in Zukunft nicht mehr so leben kann ... Auf jeden Fall war er ein Junge, der sich nie angepasst hat, der immer gefragt hat, der immer nachdenklich war.«[163]

Es lässt sich ahnen, dass die alleinerziehende Mutter ihren Sohn bedingungs- und schrankenlos erzogen hat, nach der Devise: »Egal, was mein Junge tut, er hat recht!« Der heranwachsende Andreas Baader hatte Probleme mit Autoritäten jedweder Art, aber auch mit seinen Mitschülern. Er provozierte auf dem Internat Streit mit Gleichaltrigen und Prügeleien. Mehrfach versuchte er laut der Mutter vom Internat fortzulaufen.[164] Der Klassenlehrer urteilte im Jahr 1956 im Zeugnis über den 13-Jährigen: »Sein Arbeitseifer und seine Mitarbeit im Unterricht sind äußerst gering; hier fällt er höchstens durch sein vorlautes Benehmen auf. Er macht den Eindruck eines hoffnungslos verwöhnten Kindes, das jeder Schwierigkeit aus dem Weg geht. Die Aussichten für das weitere Studium sind demnach sehr gering.«[165] Vielleicht wollte er auch nur erreichen, aus dem Internat herauszukommen und zurück zur Mutter zu können, was schließlich auch geschah. Zu Hause hingegen war, so die Mutter, alles bestens, auch wenn er immer »seinen eigenen Willen« durchsetzen wollte.[166]

Der schwedische Interviewer stellte noch eine weitere Frage, die damals, im politisch extrem polarisierten Jahr 1977, in ihrer Direktheit wohl nur ein ausländischer Journalist stellen konnte. Er wollte wissen, ob Anneliese Baader angesichts der mörderischen Taten ihres Sohnes Schuld fühle. Entrüstet antwortete sie: »Nein, ich habe kein Schuldgefühl. Ist mir fremd. Wie meinen Sie das? Was sollte ich für ein Schuldgefühl haben?« Der Journalist, von der Gegenreaktion der Gesprächspartnerin überrascht, setzte vorsichtig nach, ob sie schon mal gedacht hätte, dass sie eventuell zu wenig Zeit für ihn gehabt hatte. Anneliese Baader:

> »Das habe ich sicher auch gehabt, ich habe mal ein Gespräch mit meinem Sohn gehabt, da habe ich das gesagt, vor vielen Jahren, als ich ihn noch nicht so begriffen hatte wie heute, da habe ich gesagt, ob ich nicht manches besser, anders ... hätte [machen können], und da hat er mich in den Arm genommen und gesagt: ›Du hast das genau richtig gemacht, und du kommst dahin, dass du siehst, dass das gar nicht anders möglich war.‹ Und da bin ich hingekommen. Mehr kann ich dazu nicht sagen.«

In einer derart engen Mutter-Sohn-Beziehung sind Kritik, Distanz und Infragestellungen nicht oder nur schwer möglich. Oder um es mit Norman Bates, dem berühmtesten Muttersohn der Filmgeschichte *(Psycho)*, zu sagen: Der beste Freund eines Mannes ist seine Mutter.

Auch als betagte Frau hat sich Anneliese Baaders Meinung über ihren Sohn, wenig überraschend, nicht geändert. Gegenüber dem Baader-Biografen Klaus Stern äußerte sie noch vor wenigen Jahren: »Andreas wird immer als Untermensch [sic!] dargestellt.« Dabei sei er ganz anders gewesen, liebevoll und fleißig. »Einmal hat er mir, während ich in der Arbeit war, einfach so die ganze Wohnung gestrichen.«[167]

Joschka Fischer hat immer wieder auf seine enge Beziehung zu seiner Mutter hingewiesen. »Sie war die immer präsente Hausfrau, der Fürsorgebezugspunkt, zum dem man flüchten konnte, wenn man Angst hatte oder Geborgenheit wollte. ... Sie war eine sehr starke, durchsetzungsfähige Frau, die mich in hohem Maß geprägt hat.«[168] Joschka Fischer wurde von den Eltern als Stammhalter und Nesthäkchen behandelt und verwöhnt. »Ich bin als Erbprinz erzogen worden, war der heiß ersehnte Sohn nach zwei Töchtern. Großgezogen von einer Mutter, deren Weltbild darin bestand, daß ein ordentlicher Mann von der Mutter und später von der Ehefrau betreut wird. Mir wurde beigebracht, ein Junge wäscht nicht ab. Schließlich hat er zwei Schwestern«, äußerte Fischer rückblickend.[169] Später aber, in den Wohngemeinschaften, beteuert er, habe er sich nicht mehr bekochen und versorgen lassen. Bezeichnenderweise deutet er sein »Rebellentum« (Selbstdiagnose Joschka Fischer) als Resultat mütterlichen Einflusses:

> »Wahrscheinlich hat sie mich unbewußt auch in meinem Rebellentum geprägt, denn sie erzählte schon sehr früh Geschichten über meine kindlichen Ausbruchsversuche, daß ich mich etwa, kaum war ich geboren, vom Wickeltisch stürzen wollte. Anekdoten, die es in jeder Kindheitsbiographie gibt, aber in dieser Reihung mußte mich das schon nachdenklich machen: Warum erzählt meine brave, biedere, ordnungsliebende, christdemokratisch wählende Mutter dauernd solche Geschichten über mich?«[170]

Ja, warum nur? Entweder, weil sie ihrem Sohn nahebringen wollte, was für ein unerzogenes Kind er früher gewesen ist, was er nun keinesfalls mehr sein soll, oder weil sie auf das »frühe« Rebellentum des Sohns insgeheim stolz ist und von dessen frühen Heldentaten erzählt. Joschka Fischer neigt zweifellos der zweiten Variante zu. Das eigene Rebellentum wird durch die Mutter legitimiert: Mutter wollte es ja so! Der Vater spielte nur eine geringe Rolle in der Familie. »Er war präsent als Institution und doch nie präsent. Morgens ging er um halb sechs aus dem Haus, wenn wir noch schliefen, und kam abends um zehn zurück. Und auch wenn er da war, hielt er sich meist abseits. ... Ich habe ihn eigentlich nie gekannt.«[171] Als der Sohn 18 Jahre alt ist, stirbt der Vater mit 57 Jahren.

Alexander von Plato hat ein enges Verhältnis zu seiner Mutter gehabt. Nach der Scheidung und dem Auszug aus dem Gut vagabundierten sie gemeinsam quer durch die Bundesrepublik und wurden bis in sein Jugendalter hinein nie richtig sesshaft. Die Mutter beobachtete die spätere politische Entwicklung des Sohns distanziert-wohlwollend.

> Meine Mutter sympathisierte mit der Studentenbewegung. Sie warf mir sogar vor, dass ich mich nicht politisch aktiver verhielt. Sie sah sich als Sozialistin.

Das ist außergewöhnlich. Eine Adelige, die in eine andere Adelsfamilie einheiratete und überdies politisch wenig gebildet war, sympathisierte mit den politischen Ansichten des Sohnes. Der Grund lag wohl weniger darin, dass sich die Mutter nach intensiver Gesellschaftsanalyse oder eingehender Lektüre theoretischer Schriften von Marx, Kautsky und Luxemburg zur Sozialistin wandelte. Wahrscheinlicher ist, dass sie die Ansichten unterstützte, weil es die Ansichten ihres Sohnes waren. Man kann die gleiche politische Haltung zusätzlich als ideelle Klammer zweier vom »System« Ausgestoßener deuten: Beide mussten zusammen den Gutshof, das vertraute Milieu, verlassen. Was kann geeigneter sein, der Vertreibung nachträglich einen Sinn zu verleihen, als durch den Sozialismus, der Antiideologie der bürgerlichen und erst recht der spätfeudalen Gesellschaft? Aber auch das Zusammenleben mit der Mutter blieb nicht lange konfliktfrei. Als Ausweg ging er am Ende seiner Schulzeit auf ein Internat.

> In der Pubertät hielt ich meine Mutter nicht mehr aus. ... Nach dem Abitur wollte ich nicht zur Bundeswehr, ich wollte keine Zeit verlieren, und meldete mich deshalb in Westberlin an. Meine Mutter meinte später, ich hätte ihre Unterschrift [zur Erlaubnis zum Umzug von Minderjährigen, d. A.] gefälscht, das muss wohl auch so gewesen sein.

Es ist anzunehmen, dass er die Unterschrift seines Vaters, dem Gutsbesitzer und Wehrmachtshauptmann a. D., nicht gefälscht hätte.

Karl Dietrich Wolffs Vater starb, als der Sohn Jugendlicher war, was die Verbindung zwischen Mutter und Sohn offenbar noch enger werden ließ. Als Wolff in die Studentenbewegung einstieg, unterstützte sie ihn: »Meine Mutter ... fand das toll. Dass wir Studenten linke Revolutionäre waren, war ihr egal. Hauptsache, ich wurde Vorsitzender.«[172] Eine bezeichnende Aussage, die sich als ein »egal, was ich tue, meine Mama findet das gut« übersetzen lässt. Der Sohn muss bei diesem Tun aber immer vorn stehen, der Beste sein. Es ist der unausgesprochene, in der Nachkriegszeit nicht unübliche Pakt zwischen alleinstehender Mutter und Sohn. Die Mutter, immer in der Angst, nach ihrem Mann auch das Kind zu verlieren, ist bedingungslos tolerant, formuliert aber einen klaren Leistungsanspruch, weil der Ehemann als Ernährer und Statusbewahrer nicht mehr da ist. Die Tragik an diesem Fall liegt darin, dass Wolffs Mutter nicht mehr erlebte, dass der Sohn tatsächlich SDS-Vorsitzender und Frankfurter Studentenführer wurde. Sie starb im Jahr 1966.

Als der Vater noch lebte, opponierte Karl Dietrich Wolff gegen diesen. Mit dem Tod des Vaters 1960 ging auch das Feindbild verloren. »Bis zum Abitur fehlte mir der Gegner. Ich hatte ihm angedroht, den Kriegsdienst zu verweigern, und, wenn überhaupt, eine Schwarze zu heiraten«, schrieb Wolff 1985.[173] Der Vater galt in seinen Augen als der Nazi der Familie. Erst später fand er durch Briefe, die sich die Eltern während der Kriegszeit schrieben, heraus, dass es die Mutter war, die die eigentliche Nationalsozialistin war.[174] Eine lange gehegte Konstruktion muss damit für ihn zusammengebrochen sein: der Vater, der Nazi, die Mutter, die Gute. Aber schon beim frühen Tod des Vaters überkam ihn das schlechte Gewissen. Er meldete sich gleich freiwillig für zwei Jahre zur Bundeswehr[175], statt zu verweigern, studierte danach Jura und erfüllte damit posthum die offensichtlichen Wünsche des Vaters. Selbst für den ehemaligen radikalen SDS-Vorsitzenden, der, wie noch zu zeigen sein wird, bei der politisch-ideologischen Eskalation der frühen 70er Jahre ein wichtige Rolle spielen sollte, war die Abnabelung von den eigenen Wurzeln nicht so einfach, wie er sich womöglich erhofft hatte.

III. Autoritäre Wende
Die Wiederkehr der Halbstarken

Es ging oft ums Übertrumpfen.
Hans-Gerhart Schmierer, Mitbegründer des KBW [176]

Ich bekunde nicht nur meine eigenen Ansichten und Hoffnungen. Ich bekunde die Meinung der Mehrheit der Menschheit.
Karl Dietrich Wolff, 1969, in einer Befragung vor dem US-Senat [177]

Bereits im Sommer 1968 machten sich die ersten Krisenerscheinungen in der Studentenbewegung bemerkbar. Die Notstandsgesetze waren Ende Mai vom Bundestag verabschiedet worden, so dass der APO ein wichtiges, identitätsstiftendes Thema abhandenkam. Einmal in Kraft getreten, spielten die Gesetze paradoxerweise keine Rolle mehr. Rudi Dutschke, die zentrale Führungs- und Integrationsfigur, fiel nach dem Attentat am 11. April schwer verletzt aus und hinterließ ein Vakuum, woraus sich Richtungsdiskussionen, aber auch Profilierungschancen der SDS-Funktionäre aus der zweiten Reihe ergaben.

Die Krise verschärfte sich im folgenden Jahr, als mit dem Ende der Großen Koalition ein weiteres Feindbild verloren ging. Willy Brandt wurde Bundeskanzler. Die NPD – ein anderer Mobilisierungsfaktor der APO – blieb unter dem befürchteten Stimmenanteil und verpasste den Einzug in den Bundestag deutlich. Die Gefahr einer »zweiten Machtergreifung« konnte nicht mehr glaubhaft beschworen werden. Jetzt wurde das Argument konstruiert, dass die Gefahr einer reaktionären Entwicklung nun umso größer sei, weil doch die Geschichte schon einmal gezeigt habe, dass die Sozialdemokraten in Wirklichkeit nur die Herrschaft der Unterdrücker sichern.[178] Aber insgesamt ahnten wohl die 68er, dass die Lage nun komplizierter geworden war. Ein ehemaliger Emigrant als – noch dazu populärer – Bundeskanzler zeigte, dass die Bundesrepublik aus sich heraus in der Lage sein konnte, sich zu ändern. Das einzige große mobilisierende Thema, das blieb, war der Vietnamkrieg.

Jedenfalls setzte nach 1968 eine Entwicklung ein, die nach gängiger Lesart so geht: Die Mitläufer der Studentenbewegung gaben ihr Engagement auf, setzten ihr Studium fort, gingen zurück ins Privatleben und schlossen sich später, wenn überhaupt, der SPD an. Der aktive, politische Kern aber machte weiter. Die Aktivisten kamen zu dem Schluss, dass das Scheitern der Studentenbewegung an der Begrenztheit auf die Studentenschaft gelegen hat. Sie wollten sich deshalb mit dem Proletariat verbünden und gingen in die Betriebe. Die spontanen, von den Gewerkschaftsführungen nicht gewollten Streiks in der Bundesrepublik im September 1969 hatten gezeigt, dass sich die Arbeiterklasse in Wahrheit nicht einbinden lässt in das kapitalistische System. Um dem revolutionären Potenzial in der Arbeiterklasse zu einem revolutionären Bewusstsein zu verhelfen, gründeten sich K-Gruppen und maoistisch inspirierte Spontigruppen. Ein weiterer Teil der Studenten schloss sich den eher traditionalistischen Kommunisten an, die sich in der neu gegründeten DKP sammeln sollten; andere wiederum hingen gewalttätigen, terroristischen Gruppen an, deren prominentestes Beispiel sich nicht ohne Grund Rote Armee *Fraktion* nennen sollte.

Die radikalen und extremen Organisationen, die nach 1968 entstanden sind, werden nach dieser Lesart als »Spaltprodukte« oder »Zerfallsprodukte« interpretiert.[179] Die nicht zufällig aus den Naturwissenschaften entliehenen Begriffe sollen suggerieren, dass sie sich gleichsam zwangsläufig aus dem Ende des SDS herleiteten, ganz so, wie in der Physik determinierte Prozesse ablaufen, etwa wenn aus der Kernspaltung bestimmte, berechenbare Isotope resultieren. Die Metaphern aus der Physik sind irreführend. Wenn man die Entwicklung vom Ende her betrachtet, erscheint sie tatsächlich logisch, zumindest plausibel. Aber ist es wirklich so? Geht man vom Ausgangspunkt 1968/69 aus, stellt sich die Frage, warum sich die Vertreter der radikalsten Ansätze, der marxistisch-leninistisch-maoistischen (Kader)-Ansätze, durchsetzten und bedeutende Teile der Studentenbewegung absorbierten, obwohl sie zu SDS-Zeiten immer in der Minderheit waren.[180] Zwingend war das nicht. Vom historischen Ausgangspunkt aus gesehen, sind mehrere Zukunftsszenarien denkbar gewesen. Sie mögen aus heutiger Perspektive utopisch wirken, aber sie veranschaulichen: Geschichtliche Prozesse laufen nicht determiniert ab, vielmehr sind sie vom Verhalten *aller* Akteure abhängig. Drei Beispiele möglicher Alternativszenarien ab 1969:

Die Struktur der dezentralen, agilen neomarxistischen Zirkel, Betriebs- und Basisgruppen bleibt bestehen. Manche versanden, andere bleiben in ihrer lokalen Verankerung erhalten. Sie bilden insgesamt einen stetigen Unterstrom einer politisch-kulturellen Gegenkultur zum etablierten Drei-Parteien-System und erlangen in der zweiten Hälfte der 70er Jahre durch die Verknüpfung mit den entstehenden Bürger- und Anti-AKW-Initiativen beträchtlichen Einfluss. Die Ölkrise von 1973 interpretieren sie als Wendepunkt in der westlichen Industriegesellschaft. Das Buch *Grenzen des Wachstums* aus demselben Jahr wird ihr programmatischer Bezugspunkt. Der Marxismus spielt nur noch eine untergeordnete Rolle. Befeuert durch die Atomkraftpläne der Bundesregierung, entsteht aus dieser Gegenkultur heraus bereits Mitte der 70er Jahre die Partei der Grünen – so wie tatsächlich geschehen, jedoch früher und ohne den Umweg über die dogmatischen Parteien und gewaltbereiten Gruppen.

Oder: Der Kern der Außerparlamentarischen Opposition schließt sich der SPD und der FDP an. Zusammen mit den Hunderttausenden anpolitisierten jungen Leuten, die – das ist die historische Tatsache – ebenfalls in die beiden Parteien strömen, bilden sie im Laufe der 70er Jahre einen wichtigen Machtfaktor in den beiden Regierungsparteien. Taktisch erprobt und an Erfahrung gereift, erzwingen sie zusammen mit dem altsozialistischen Parteiflügel und den Jusos im Jahr 1974 den Rücktritt Herbert Wehners als Fraktionschef. Erleichtert wird sein Sturz durch Enthüllungen junger maoistischer Historiker, dass Wehner in Moskau im Jahr 1937 weitaus stärker in Denunziationen von KPD-Genossen verstrickt war, als bis dahin bekannt war. Der Parteilinke Erhard Eppler wird Wehners Nachfolger. Bundeskanzler Helmut Schmidt muss den linken Parteiflügel ernst nehmen und innerparteiliche Rücksichten nehmen. Er schließt einen Pakt mit dem Flügel um Eppler und dem wieder erstarkten Parteivorsitzenden Willy Brandt: Wirtschaftspolitisch ändert sich nichts, jedoch wird der innenpolitische Kurs deutlich gelockert. Die Anti-Terror-Gesetze von 1976, die die Grundrechte einschränken, werden nicht verabschiedet. Willy Brandt äußert, dass die Antwort des Staates auf den Terrorismus nur »mehr Offenheit, mehr Demokratie und mehr Menschlichkeit« sein könne. In linken Kreisen erzielt der Kurs der Bundesregierung Wirkung. Der Zustrom an RAF-Sympathisanten nimmt auch wegen dieser versöhnlichen Töne ab. Brigitte Mohnhaupt und Christian Klar haben Probleme, neue Kader zu rekrutieren. Der »Deutsche Herbst« findet nicht statt.

Oder: Die Struktur der dezentralen Zirkel, Betriebs- und Basisgruppen bleibt erhalten. Im Laufe der frühen 70er Jahre tauchen charismatische, organisationserprobte Aktivisten der Studentenbewegung auf, die die Gruppen zu einer Sammlungsbewegung verbinden. Die neuen postmaterialistischen und feministischen Strömungen, die inzwischen am Entstehen sind, schließen sich dieser an. 1975 schließlich gründet sich die »Linkspartei«, eine marxistische, antitotalitäre, radikaldemokratische Partei. 1976 zieht sie mit 5,2 Prozent erstmals in den Bundestag ein. Anders als die kleine Partei Die Grünen begrüßt die Linkspartei den Mauerfall 1989 und tritt offen für eine Wiedervereinigung nach Artikel 146 des Grundgesetzes ein. Sie erzielt bei den Bundestagswahlen ein knapp zweistelliges Rekordergebnis. 1992 stürzt die SPD mit Hilfe eines Tolerierungsbündnisses mit der Linkspartei und den Grünen die geschwächte Regierung Kohl.

Die Leitfiguren der 68er waren keine hilflosen Objekte im Meer der Repression, die immer nur reagieren mussten, sondern sie waren handelnde Subjekte. Hätten sich die künftigen, politisch offensichtlich talentierten Anführer der K-Gruppen, Spontigruppen und terroristischen Vereinigungen kollektiv den etablierten Parteien und Institutionen angeschlossen, wäre die bundesdeutsche Nachkriegsgeschichte womöglich anders verlaufen. Die Regierungsparteien SPD und FDP hätten sich verändert, was zu einer anderen Politik in den innenpolitischen Krisenjahren der mittleren 70er Jahre geführt hätte. Diese Politik wiederum hätte auf weitere Radikalisierungen dämpfend wirken können. Dem »Doppelbinderprozess«[181], von dem der Soziologe Norbert Elias spricht, wäre die Dynamik entzogen worden. Damit meint Elias, dass eine Eskalation der einen Seite stets mit einer Eskalation der anderen Seite beantwortet wird, wobei letztlich die Sandkasten-Frage egal sei, wer angefangen hat – der Staat oder die radikale Linke. Aber das wollten die Aktivisten der Studentenbewegung genau nicht. Sie wollten nicht Teil des Systems werden und dieses von innen heraus ändern. Die Trotzkisten unter ihnen verstanden sich zwar als »Entristen«, die in staatstragende Institutionen wie die Gewerkschaften oder die SPD gingen, jedoch gehörte dies zu einer subversiven, verdeckten Strategie der Unterwanderung, die aufgrund der Mehrheitsverhältnisse von Beginn an zum Scheitern verurteilt war.

Bei einer realitätsnäheren Analyse hätten die Neokommunisten und -sozialisten erkennen können, dass die Septemberstreiks von 1969, die als proletarische Aufstandsbewegung gedeutet wurden, eine ziemlich prosaische Angelegenheit waren. Es ging den Arbeitern, die damals spontan und ohne Abstimmung mit den Gewerkschaften die Arbeit niederlegten, angesichts der wieder anziehenden Konjunktur um mehr Lohn, bessere Arbeitsbedingungen und nicht um die Systemfrage. Die Annahme, dass das Proletariat nur wachgeküsst werden müsse, um revolutionäres Bewusstsein zu entwickeln, beruhte von Anbeginn auf einer Selbsttäuschung. »Allerdings musste man aller großen Konflikte schon entwöhnt sein, um diesen Verteilungskampf zur proletarischen Unabhängigkeitserklärung zu stilisieren. Doch genau das geschah jetzt. Die ›Septemberstreiks‹ wurden, kaum dass sie beendet wurden, zu einem der Gründungsmythen der neokommunistischen Gruppen und Parteien«, schreibt Gerd Koenen.[182]

Wie immer in der Politik, auch in der außerparlamentarischen, geht es nicht allein um den Wettstreit um hehre Ideen und den besten Weg dorthin. Es geht auch um die daran beteiligten Personen, um Zufälle, um Durchsetzungsfähigkeit und natürlich um allzu Menschliches wie das Streben nach Macht und Dominanz, um Eitelkeiten und um die Wahrung des Selbstbildes. Wer 1968 im Alter von Mitte, Ende 20 vor Tausenden von Studenten Reden hält und durch wohlmeinende (*Stern*, *Der Spiegel*, selbst *Quick*) wie ablehnende Dauerberichterstattung (Axel Springer Verlag) ständig den Anschein großer Wichtigkeit erfährt, wird zwangsläufig Schwierigkeiten haben, das Gefühl großer Bedeutung mir nichts, dir nichts hinzuwerfen und sich der Mühsal normaler parlamentarischer, kompromissorientierter Arbeit hinzugeben.

Die Situation, in der sich die Studentenführer im Jahr 1969 befanden, lässt sich womöglich am plakativsten mit einer typischen Party-Erfahrung von Jugendlichen vergleichen: Es ist ein Uhr, die Stimmung befindet sich auf dem Höhepunkt. Es wird ausgelassen getanzt, getrunken, gelacht, geknutscht. Die Scheiben sind von innen beschlagen. Euphorie liegt in der Luft. Plötzlich flackert kaltes Neonlicht auf, die Musik wird gestoppt, eine ältere Stimme will die Szenerie mit einem knappen »So, Feierabend!« beenden. Die Braven, diejenigen, die nicht geknutscht, getanzt, gelacht und getrunken haben, beginnen tatsächlich folgsam, die Flaschen vom Boden einzusammeln. Der kleine, aber selbstbewusste harte Kern protestiert lautstark und setzt sich gegen die Spielverderber durch. Sie löschen wieder das Licht, einem gelingt es, die Musik wieder anzustellen, jetzt besonders laut, was mit Gejohle quittiert wird. Die Party ist zwar nicht mehr so schön wie vorher, sie hat etwas Trotziges, Künstliches, aber sie geht weiter, allein schon deshalb, um ein Zeichen gegen die elterliche Autorität zu setzen.

Dass die APO fast komplett von Männern dominiert wurde, ist ein wichtiger Punkt. Männlichen Alphatieren fällt es bekanntlich schwer, von einem einmal erlangten – tatsächlichen oder eingebildeten – Bedeutungsniveau herunterzukommen. Zwei wichtige Repräsentanten des SDS, Christian Semler aus Berlin und Hans-Gerhart »Joscha« Schmierer aus Heidelberg, lassen das politische Motiv, aber eben auch die menschlichen Gründe des Weitermachens nach 1968 anklingen. Christian Semler:

> »Das war so, als ob es einem zwischen den Händen zerrinnen würde. ... Wenn man gesagt hätte, ok, prima, alles verteilt sich, alles wächst, lasst hundert Blumen blühen, ja, dann hätten wir uns keine grauen Haare wachsen lassen brauchen. Aber wir waren eben unter Druck, wir glaubten, das wird eine große revolutionäre Bewegung und jetzt frisst uns die kapitalistische Subkultur auf.«[183]

Ähnlich äußert sich Schmierer: »Es war Gespür bei uns da gewesen, dass das alles versickert und auseinanderläuft. Entweder man sagt: Das versickert, oder man sagt, das kann es nicht gewesen sein.«[184] Und über die unendliche Reihe an ideologischen Windungen und Radikalisierungen nach 1968 sagt derselbe: »Es ging darum, den richtigen Weg zu weisen. Es ging sicherlich auch um Macht: Wer gewinnt zum Beispiel in den Teach-ins. Manche Verrücktheiten kann man nicht verstehen, wenn man den Hintergrund nicht kennt.«[185] Die zwei Männer sollten in der Transformation der Studentenbewegung in autoritär-totalitäre Kaderstrukturen eine entscheidende Rolle spielen. Semler war 1968 Mitglied im politischen Beirat, dem engeren Führungsgremium des SDS, und bildete mit Rudi Dutschke und Bernd Rabehl das informelle Führungstrio. Der vier Jahre jüngere Schmierer saß im Bundesvorstand, war überregional aber noch einflusslos. Rudi Dutschke erwähnt ihn in seinen Tagebüchern kein einziges Mal. Schmierers Bedeutung lag allein in seinem Gewicht als lokale SDS-Persönlichkeit in der Universitätsstadt Heidelberg.

Semler gründete 1970 zusammen mit Jürgen Horlemann die maoistisch-leninistische KPD/AO. Der Zusatz AO (für Aufbauorganisation) wurde bereits ein Jahr später weggelassen, um den bescheidenen Anspruch als *die* legitime Nachfolgepartei der alten KPD Rosa Luxemburgs und Karl Liebknechts zu unterstreichen. Joscha Schmierer wurde nach 1968 über Heidelberg hinaus bekannt durch theoretische Aufsätzen und ideologische Positionsbestimmungen. Er gehörte zum kleinen Führungszirkel des Heidelberger SDS, der das Schlagwort von der »Liquidation der antiautoritären Phase« prägte.[186] 1970 verfasste er den Aufsatz »Die theoretische Auseinandersetzung vorantreiben und die Reste bürgerlicher Ideologie entschieden bekämpfen – die Studentenbewegung und die kritische Theorie«[187]. Der Text rechnet mit dem antiautoritären Impetus der 68er ab und liefert die theoretische Begründung für eine marxistisch-leninistische Kaderorganisation. Nach einem längeren Formierungsprozess gründete sich 1973 der Kommunistische Bund Westdeutschland. Schmierer wurde nach kommunistischer Tradition zum »Sekretär«, also zum Vorsitzenden gewählt, und blieb dies fast zehn Jahre lang. KPD und KBW waren nicht die ersten Kaderorganisationen. Bereits 1968 hatte sich die KPD/ML gegründet, die allerdings keine reine APO-Spätfolge war, sondern von einem älteren Kommunisten, Ernst Aust, gegründet und geführt wurde. Semler und Schmierer sind für die Entwicklung nach 1968 wichtig, weil ihre Organisationen paradoxerweise große Teile des ehemals antiautoritären Flügels der Studentenbewegung für sich gewinnen konnten.

Die Antiautoritären lehnten ursprünglich jede Form von fester Organisation ab. Zum einen weil jeder Organisation Hierarchien und bürokratische Tendenzen zu eigen seien; zum anderen argumentierte man »antirevisionistisch«: Jede Form der Institutionalisierung bedeute bereits Verrat am Endziel der Revolution, weil Institutionen gefährliche und für die revolutionäre Situation schädliche Kompromisse mit dem System eingingen. Das unterschied sie vom sogenannten traditionalistischen Flügel, von dem ein Großteil zur DKP und ihren Satellitenorganisationen übergehen sollte. Nach 1968 spielte dieser Unterschied in der Organisationspraxis keine Rolle mehr. KPD und KBW waren nach wenigen Jahren genauso bürokratisch beschaffen wie die DKP. Nur in der Ideologie blieb die alte Trennlinie erkennbar: Die K-Gruppen stützten sich auf den Maoismus und dessen angeblich antibürokratischen, spontanen Charakter. Maos Konzept der »permanenten Revolution«, durch das die »Massen« mobilisiert und bürokratische Erstarrungen aufgelöst werden sollten, war für sie ein Beleg, dass starre bürokratische Apparate im Maoismus, anders als im sowjetischen Reich, nicht entstehen könnten. (Dass Mao die regelmäßig angezettelten »Massenmobilisierungen« dazu nutzte, die Verwaltungsapparate in Schach zu halten und aufkeimende Konkurrenz auszuschalten, wurde dabei geflissentlich übersehen. Die Kulturrevolution mit ihren Millionen Toten und Versehrten ist das prominenteste und schrecklichste Beispiel für diese Mobilisierungen.)

Am Beispiel von Christian Semler und Joscha Schmierer zeigt sich, wie sehr die Entwicklung nach '68 von den tonangebenden Personen abhing und von diesen geformt wurde. Es lohnt sich eine genauere Auseinandersetzung mit den zwei Männern, ihrer Herkunft und ihren Biografien, weil sich die autoritäre Wende so besser verstehen lässt.

Joscha Schmierer und Christian Semler stammen aus bürgerlichem Milieu. So weit passt auf sie der Topos von den rebellischen Bürgerkindern. Allerdings ist, wie bei fast allen wichtigen Aktiven der APO, ihr bürgerliches Herkunftsmilieu ein gebrochenes. Schmierer kommt als Hans-Gerhart Schmierer am 1. April 1942 zur Welt und wächst in der schwäbischen Kleinstadt Kirchheim unter Teck auf. Eine Jugendfreundin wird ihn später Joscha nennen, inspiriert durch Dostojewskis Erzählung *Ein kleiner Held*.[188] Der Vater, ein höherer Beamter[189], kommt im Zweiten Weltkrieg ums Leben. Schmierer wächst als Kriegshalbwaise auf. Der bürgerlichen Herkunft und dem Talent entsprechend geht er auf das Gymnasium. Dennoch wirkt sich der Tod des Vaters deklassierend für Mutter und Sohn aus. Das Familieneinkommen fehlt, und die Witwenpension ist in der Nachkriegszeit noch bescheiden. »Wir hatten wenig Geld«, erinnert sich Schmierer.[190] Er grenzt sich von den bürgerlichen Konventionen einer konservativen Kleinstadt der späten 50er und frühen 60er Jahre ab. Er trägt demonstrativ Jeans, raucht Kette, liest Sartre und Camus.[191] Sein Blick auf die Welt ist Anfang der 60er Jahre ein existenzialistischer: Die Welt ist unerträglich, aber etwas dagegen zu unternehmen ist sinnlos. Nur eine Arbeiterbewegung, die es aber nicht gebe, könne die Verhältnisse ändern, wird er später räsonieren.[192] Die klassischen, pazifistischen Protestformen dieser Zeit sind seine Sache nicht. Die »Zupfgeigenhanslatmosphäre«[193] der Ostermarschbewegung geht ihm auf die Nerven.

Zur bevorzugten Literatur passt seine französische Freundin in Paris. Er fühlt sich geschmeichelt, wenn ihn die französischen Flics wegen seiner dunklen Locken für verdächtig halten und ständig kontrollieren; es ist die Zeit des Algerienkriegs. »Deutsche wollten wir sowieso nicht sein.«[194] Nach dem Abitur jobbt er zu Hause auf dem Bau, um Geld zu verdienen. Schmierers Jugendzeit ist der biografische Stoff, aus dem sich nahezu prototypisch der spätere studentische Rebell und Führer einer radikalen Organisation entpuppt: bürgerlicher Herkunft und mit nötiger Bildung und Eloquenz ausgestattet, aber eben nicht dazugehörend und sich nicht dazugehörig fühlend. Der jugendliche Joscha Schmierer ist ein Außenseiter in der bürgerlichen schwäbischen Kleinstadtgesellschaft. In einem Essay erwähnt Schmierer zwei prägende Elemente seiner Biografie, versteckt in einer Fußnote: »Kleinstadtmief und Vaterlosigkeit, das bedeutete Notwendigkeit und Leichtigkeit des Ausbruchs für viele der Geburtsjahrgänge 1940 bis 1945.«[195]

Schmierer spricht in dieser Fußnote mehrere Faktoren an, die auf komplizierte Weise miteinander verwoben sind: der fehlende mäßigende oder relativierende Einfluss des Vaters (oder schlicht der Druck, den Väter ausüben können); zum anderen die nötige Distanzierung von der engen, schicksalhaften Beziehung zur Mutter. Hinzu kommt das Leben in einer Kleinstadt der 50er Jahre, in der der Aufbau einer unabhängigen, nicht konformen Existenz unmöglich war.

Von Bedeutung ist die Region, aus der Schmierer stammt. Kirchheim ist pietistisch-schwäbisches Herzland. Der Pietismus ist eine besonders fromme Variante des Protestantismus, worin der Bibel eine zentrale Rolle zukommt. Die Bibel wird als irrtumslos gelehrt. Den wahren Glauben findet der Pietist weniger in der Amtskirche, sondern in frommen Laienkreisen, die sich vom weltlichen, sündigen Dasein fernhalten. Außerdem spielt der Missionsgedanke eine große Rolle. Über den religiösen Hintergrund Schmierers ist bis auf die Tatsache, dass er an einer Stelle einmal von seiner »christlichen Erziehung«[196] schrieb, nichts bekannt, aber sicher ist, dass eine Region, die derart stark von einer im Wortsinne radikalen evangelischen Strömung geprägt ist, wiederum die Menschen prägt, die dort aufwachsen. Interessanterweise finden sich sämtliche Merkmale des Pietismus im KBW wieder: Der KBW war die asketischste, textorientierteste, ernsthafteste, strengste, »frommste« und gleichzeitig größte Organisation nach '68. Im Bekehren anderer war der KBW offensichtlich am erfolgreichsten. Bezeichnend ist, dass mehrere ehemalige Mitglieder und Kader den KBW heute als »calvinistisch« bezeichnen.[197] Der Calvinismus ist eine noch radikalere, kompromisslose Variante des Protestantismus, in der Askese, Disziplin und Fleiß als Zeichen des Auserwähltseins gelten. Die Herkunft Schmierers ist zweifellos eine Quelle, aus der sich die Ressourcen speisten, um jahrelang eine Kaderorganisation führen zu können, die sich im Besitz der absoluten Wahrheit wähnte.

Christian Semler, der andere Anführer in der Zeit nach '68, ist Spross einer Familie mit beeindruckender Ahnenreihe. Seine Mutter war die Schauspielerin Ursula Herking, die nach dem Krieg im Münchner Kabarett »Die Schaubude« auftrat. Kein Geringerer als Erich Kästner zählte zu den Hauptautoren. Später gehörte sie zum Gründungsensemble der »Lach- und Schießgesellschaft«. Sein Vater war der nicht weniger bekannte CSU-Politiker, Rechtsanwalt und Syndikus Johannes Semler. Dessen gleichnamiger Vater saß einst als nationalliberaler Abgeordneter im Reichstag. Christian Semlers Urgroßvater väterlicherseits wiederum war der legendäre Hamburger Bürgermeister Johann Mönckeberg, nach dem die – nach der Reeperbahn – wohl zweitbekannteste Hamburger Straße benannt ist, die Einkaufsmeile Mönckebergstraße. Semlers Vater ist im bundesdeutschen Nachkriegsgedächtnis vor allem durch zwei Episoden verankert. Johannes Semler verantwortete als Vorgänger Ludwig Erhards in der amerikanisch-britischen Bizone das wichtige Wirtschaftsressort. 1948 musste er auf Druck der Amerikaner gehen, weil er sich in einer Rede vor CDU-Politikern sehr kritisch über die alliierte Wirtschaftspolitik äußerte: »Man hat den Mais geschickt und das Hühnerfutter. Geschenkt wird es nicht. Wir haben es zu zahlen in Dollar aus deutscher Arbeit und deutschen Exporten, und sollen uns noch dafür bedanken. Es wird Zeit, daß deutsche Politiker darauf verzichten, sich zu bedanken.«[198] Semler war seinen Posten los, dafür aber unter dem Spitznamen »Hühnerfutter-Semler« in der Bevölkerung populär geworden, was auch an den ausgesprochen nationalen Tönen Semlers gelegen haben dürfte, die seit 1945 tabu gewesen waren. Deutschland hatte 1947/48 gerade einen katastrophalen Hungerwinter hinter sich, so dass die Tirade Semlers gegen die Alliierten wie Balsam auf die Seelen der Deutschen gewirkt haben muss. Allerdings hat Semler mit seiner Politik der Lenkungswirtschaft, der Preisbindung und der staatlichen Kontrolle selbst wenig zur Besserung der Lage beigetragen. Erst unter Ludwig Erhard, der bekanntlich eine marktliberale Strategie verfolgte, wendete sich das Blatt.

1961 wurde Johannes Semler vom Bremer Senat zum Sanierer der notleidenden, traditionsreichen Autofabrik Borgward-Werke bestellt. Kritiker äußerten damals, dass Semler als gleichzeitiges Aufsichtsratsmitglied von BMW kaum ernsthaftes Interesse an der Erneuerung des norddeutschen Konkurrenten gehabt haben dürfte. Am Ende stand ein Verlust an Steuergeld in zweistelliger Millionenhöhe und das rapide Ende des Unternehmens, das in Spitzenzeiten 20 000 Menschen Arbeit gab. Der Konkurs wirkte sich damals auf die Region nahezu traumatisch aus, hatte doch der Name Borgward in Norddeutschland den Klang, den die Initialen BMW heute für Bayern haben.

Johannes Semler und Ursula Herking müssen nach den Überlieferungen – ihren eigenen, schriftlichen Zeugnissen sowie den Erinnerungen von Zeitzeugen – humorvolle, leutselige, geistig liberale Eltern gewesen sein. Beide spielten in der NS-Zeit keine hervorgehobene Rolle. Ursula Herking profitierte zwar als Schauspielerin von der heißlaufenden Filmproduktion zu Kriegszeiten. In ihren Memoiren schildert sie, wie Joseph Goebbels auf ihrer Teilnahme an einem Empfang bestand und sie mit seinem berühmt-berüchtigten Charme bedachte.[199] Ein Ufa-Nazi-Star war sie aber nicht. Auch waren beide keinesfalls »repressive« Eltern. Im Gegenteil, Christian Semler ist unter chaotischen, extrem unsteten Verhältnissen aufgewachsen, die heutzutage vermutlich jedes Jugendamt auf den Plan rufen würden.

Geboren wurde Christian Semler im Dezember 1938 in Berlin als zweites Kind des Paars. Zu Beginn des Kriegs verbrachte der Vater Sohn Christian und Tochter Susanne aufs Land nach Tirol.[200] Dann beginnt etwas, was sich wie der Inhalt eines leicht überfrachteten TV-Dramas liest: Als der Krieg in Berlin noch nicht zu spüren war, holte die Mutter die Kinder zurück. Wegen einer Affäre seiner Frau ließ sich Johannes Semler scheiden und schickte die Kinder samt Kindermädchen ausgerechnet zu seiner ersten Frau nach Wien, die sich um Susanne und Christian kümmern sollte. Inzwischen war er mit seiner dritten Frau verheiratet, die die Stiefkinder nicht bei sich haben wollte. Kurz darauf bekam die Mutter wieder die Verantwortung übertragen, übergab die Kinder aber sogleich einer neuen Pflegefamilie in Wien, was allerdings nicht klappte. Die Sorgen der Mutter galten offenbar weniger den Kindern als dem Zusammenspiel ihres Kindermädchens Annie mit der Haushälterin der Wiener Pflegefamilie, Emma: »Ich sah, so ging es einfach nicht. Das konnte ich der Annie nicht antun; die Rivalität zwischen ihr und der Emma ... hatte sich so zugespitzt, daß der ganze Haushalt darunter litt.«[201]

Daraufhin schickte sie die Kinder mitsamt Kindermädchen zu einer anderen Familie nach Niederbayern, wo sie das Kriegsende erleben sollten. Im Frühjahr 1945 schlägt sich die Mutter aus Böhmen, wo sie kriegsverpflichtet war, zu den Kindern durch. Eine Vergewaltigung durch zwei alliierte Soldaten auf ihrem Marsch erwähnt sie in ihren Memoiren seltsam – oder zeittypisch – relativierend. Sie habe sich nicht gewehrt, also sei es keine Vergewaltigung gewesen.[202]

Nach 1945 ging sie zusammen mit den Kindern nach München. Um Sohn und Tochter kümmerte sich das Kindermädchen, dem die Kinder allerdings zunehmend »entglitten«.[203] Später schickte die Mutter die beiden auf ein Internat. Sie heiratete wieder und zog mit neuem Mann und den Kindern nach Westberlin. Auch diese Ehe scheiterte, und sie brachte ihre Sprösslinge bei der Leiterin einer Schauspielschule »in Pension« unter; sie selbst ging zurück nach München. Sohn Christian machte in Berlin Abitur und fing in Freiburg mit dem Jurastudium an. Als die Mutter in München eine große Wohnung im Boheme-Viertel Schwabing fand, kehrte er zu ihr zurück. Hier, im Künstler- und Kabarettisten-Milieu der Mutter, kam Semler in Kontakt mit kritischen, linken Persönlichkeiten. Anfang der 60er Jahre zog er abermals nach Berlin. Eine 25 Jahre andauernde Reise mit insgesamt elf (!) Umzügen fand ihr vorläufiges Ende.

In Christian Semlers Kindheit und Jugend spielte der Vater nur eine randständige Rolle. Der wie die Mutter rastlose und impulsive Johannes Semler lebte und arbeitete an verschiedenen Orten, unter anderem in Berlin, München, Frankfurt am Main, Bonn und Kassel. Dem *Spiegel* gewährte der Vater 1948 nach seiner »Hühnerfutter-Rede« Einblick in sein Gefühlsleben: »Gott, ich wäre sowieso gern unten in meinem schönen München bei meiner Familie.«[204]

Kindheit und Jugend Christian Semlers waren auf vielschichtige Weise frei – frei von elterlicher Kontrolle, aber über weite Strecken auch frei von Verlässlichkeit und Verbindlichkeit. Im Emotionalen und Alltäglichen war Chaos offenbar ein häufiger Zustand, der das Resultat besonderer privater Umstände, aber auch, wenn man so will, die Extremversion eines Familienlebens der deutschen Kriegs- und Nachkriegszeit war, als familiäre Strukturen millionenfach ge- und zerstört wurden.

So unterschiedlich die Biografien von Joscha Schmierer und Christian Semler auch sind, zeigen sie doch Gemeinsamkeiten auf. Beide entstammen beschädigten Familien. Bei beiden war der Vater nicht anwesend. Bei Christian Semler kommt noch die zumindest am Anfang meist abwesende Mutter hinzu. Und eine weitere Gemeinsamkeit fällt auf. Als sich ihre politische Radikalität entfaltete, zeigten ihre Mütter Verständnis, stützten sie zumindest indirekt. Semlers Mutter war Ende der 50er Jahre in der Anti-Atomwaffen-Bewegung aktiv, was ihr Sohn ihr gleichtun sollte.[205] Außerdem engagierte sie sich später in der Sozialdemokratischen Wählerinitiative der SPD, einem Zirkel von Künstlern und Schriftstellern, der Willy Brandt in den Wahlkämpfen unterstützte. Als Kabarettistin hatte sie naturgemäß einen kritischen Blick auf Nachkriegsdeutschland. Ablehnend stand sie dem späteren radikalen Tun des Sohns nicht gegenüber.

Als Joscha Schmierer im Gefängnis saß, hielt auch dessen Mutter zu ihm. »Mich hat meine Mutter ... freundschaftlich im

Gefängnis besucht, als ich 1975 für Monate einsaß wegen eines 1971 [1970, d. A.] begangenen schweren Landfriedensbruchs«, schrieb Schmierer Jahrzehnte später.[206] Der Satz klingt wie »Mama hat mich trotzdem lieb« und ist nicht ohne Komik, wenn er aus der Feder eines ehemaligen, sich hartgesotten gebenden leninistischen Berufsrevolutionärs stammt.

Aufschlussreich ist ein transkribiertes Fernsehdokument vom Februar 1968. In einer Reportage über den SDS in Heidelberg interviewte der Reporter des Süddeutschen Rundfunks zufällig unter anderem Joscha Schmierer, der damals außerhalb Heidelbergs noch völlig unbekannt war. Auf die in die Runde geworfene Frage, was denn die Eltern zu der politischen Radikalität sagen, antwortete Schmierer: »Meine Mutter hat sich damit abgefunden, sie akzeptiert das heute weitgehend. Hat lediglich Angst um meine Zukunft. Sie fürchtet, daß ich Schwierigkeiten auf der Universität kriege, zweitens im Beruf später, und die Befürchtung wird nicht ganz unberechtigt sein.«[207] Schmierer spricht damit indirekt wohl auch die bürgerlichen Abstiegsängste seiner verwitweten Mutter an. Er soll den sozialen Status halten, den der Vater aufgebaut hat. Im Grunde hat ein Sohn in dieser Situation nur zwei Möglichkeiten: Entweder er wählt den Weg der Überanpassung und versucht die Lücke des fehlenden Vaters zu füllen, oder er entzieht sich und steigt aus bürgerlichen Karrierewegen aus. Aber auch das akzeptiert letztlich die Mutter, um den Sohn nicht zu verlieren. Schmierer scheint bereits zu diesem Zeitpunkt, im Februar 1968, entschlossen zu sein, diesen Weg zu gehen. Die scharfen Auseinandersetzungen mit der Polizei und anderen Autoritäten fanden in Heidelberg erst Monate nach diesem Interview statt.

Es hat gut zehn Jahre vor den 68ern eine Jugendrevolte gegeben, die fast in Vergessenheit geraten ist und das erste Signal dafür war, dass die deutsche Nachkriegsgesellschaft nicht so intakt war, wie Politik, Kirche und viele Eltern sich einbildeten: die Rebellion der sogenannten Halbstarken. Halbstarke waren junge Männer meist aus der Arbeiterklasse und dem Kleinbürgertum, die, angelehnt an die amerikanische Jugendkultur, Motorrad oder -roller fuhren, Jeans und Lederjacke trugen, ihre überschüssige Jungmännerkraft in unregelmäßigen Prügeleien abließen und ihre Umgebung allein schon dadurch verstörten, dass sie anders waren. In erster Linie entstand diese Jugendrevolte aus dem Widerspruch zwischen den hedonistischen Werten der westlichen Jugendkultur, die die Alliierten nach Westdeutschland hineintrugen, und den restaurativen Werten der nach dem Krieg verunsicherten Elterngeneration. Die Rebellion hat aber auch mit den massenhaft beschädigten Familien zu tun. Gerade weil die – väterlichen – Vorbilder ihrer Autorität entleert, schwach oder nicht vorhanden waren, die Mütter oftmals überfordert waren, konnte sich die Rebellion leicht Bahn brechen. Bemerkenswert ist, dass die 68er, die zehn Jahre später an den Universitäten rebellieren sollten, derselben Generation angehörten. Halbstarke wie 68er waren Nachkriegskinder. Merkwürdigerweise haben Wissenschaft und Publizistik so gut wie nie einen Zusammenhang zwischen beiden Gruppen hergestellt[208]; im Gegenteil wurden die beiden Bewegungen sehr unterschiedlich gedeutet: Hier die Proletenkinder, die ohne Sinn und Verstand Kneipen und Konzerthallen zerlegten (*Rebel Without a Cause* heißt passenderweise ein Film über Halbstarke mit James Dean in der Hauptrolle; der deutsche Titel *Denn sie wissen nicht, was sie tun* ist in seiner Mischung aus Ratlosigkeit und Herablassung noch bezeichnender); dort der Akademikernachwuchs, der seine kritische Haltung theoretisch fundierte und seinen Protest selbstverständlich gegen die ganz großen Themen wie den Vietnamkrieg, die Notstandsgesetze oder die alten Nazis richtete. Oder anders gesetzt: hier sinnlose Rebellion, dort bedeutsame, politische Rebellion. Die Unterscheidung entpuppt sich bei näherer Betrachtung als Konstruktion, die nicht frei von dünkelhaften Zügen ist. Erkennbar ist diese Konstruktion an den bis heute gängigen Begriffen, mit denen die zwei Gruppen bedacht werden. Die 68er »rebellierten«, begannen eine »Revolte«, oder, besser noch, eine »Revolution« – ihre Generationsgenossen aus den unteren Klassen tobten sich hingegen in »Krawallen« aus. Auch der Begriff »Halbstarke« selbst ist diskriminierend, von oben herab formuliert; keiner möchte schließlich als halbstark im Sinne des Worts gelten.

Ironischerweise waren die 68er, denen es angeblich um die Aufhebung der Klassenschranken ging, an dieser Unterscheidung nicht ganz unbeteiligt, indem sie ihren Protest mit politischer Bedeutung aufluden und die beeindruckenden Begriffe Revolte, Rebellion, Revolution und Widerstand wie selbstverständlich auf sich bezogen. Ehemaligen 68ern ist es wichtig, sich von den Halbstarken abzugrenzen, wenn sie in einer Mischung aus Gönnerhaftigkeit und Herablassung von »unpolitisch-hedonistischen Subkulturen«[209] der späten 50er Jahre, einer »Rock-'n'-Roll-Halbgeneration«[210] sprechen. Es dürfte, nebenbei bemerkt, außer den 68ern keine andere Kohorte in der deutschen Geschichte des 20. Jahrhunderts geben, der es gelungen ist, ihre eigene historische Deutung gleich selbst mit zu übernehmen.

Um die allzu menschlichen Bedürfnisse junger Leute, wie etwa die nach Anerkennung und Aufmerksamkeit, ging es bei den 68ern angeblich nie. Dabei speiste sich der Protest aus den gleichen biografischen Quellen wie bei den Halbstarken. Auch die Motive des Protests sind ähnlich. In beiden Fällen ging es darum, die Unzufriedenheit mit den eigenen Lebensumständen zu artikulieren. Halbstarke wie 68er fühlten sich unwohl in der Gesellschaft, in der sie aufwuchsen. Halbstarke sind so gesehen als frühe 68er zu deuten und 68er als verspätete Halbstarke. Christian Semler und Joscha Schmierer waren gleichsam prototypische Halbstarke im Kleid der 68er-Bewegung. Sie betraten die Arena 1968 als gut aussehende, charismatische junge Männer mit verwegener Aura. Der Schriftsteller Michael Buselmeier, der damals Teil der linken Heidelberger Szene war, erinnert sich an die ersten Auftritte Joscha Schmierers in Heidelberg:

> »Im Jahr 1968 war Schmierer plötzlich da, aufgetaucht aus Bücherbergen, und übernahm nach kurzer Zeit die Führung im Heidelberger SDS. Kenner behaupten, er habe als Lukács-Leser bereits damals eine leninistische Organisation im Sinn gehabt. Er war blendend ausgebildet, ein heller, ironischer Kopf, durchsetzungsfähig und trotz des schwäbischen Idioms ein mitreißender Redner. Wenn er bleich und vor Überanstrengung zitternd ans Mikrophon trat, mit Hut, im Poncho, die Zigarette im Mundwinkel, sah er fast so aus wie Clint Eastwood, und er wußte das natürlich und genoß dieses Image des Freibeuters und Kopfgeldjägers, das unmittelbar zur Studentenrevolte gehört, wenn man sich nicht zum biederen Demokraten-Kränzchen uminterpretieren will.«[211]

Auch Christian Semler war belesen. Er kannte sich besonders gut mit der alten KPD aus. Sein Spezialgebiet war das politische Leben Willi Münzenbergs, des 1938 bei Stalin in Ungnade gefallenen und zwei Jahre später auf rätselhafte Weise gestorbenen Verlegers der KPD. Auf zeitgenössischen Fotos von 1968 ist ein häufig lachender und freundlich aussehender Mann zu sehen. Zu Beginn trägt dieser Mann noch Krawatte und Anzug. Allmählich wird die Kleidung legerer, die Krawatte lockerer; ein Fünftagebart kommt hinzu. Am Ende dieser Verwandlung sieht Semler aus wie ein russischer Anarchist des 19. Jahrhunderts, und das war sicherlich Absicht. Beide, Schmierer und Semler, zeigten ein ausgesprochenes Stil- und Kleidungsbewusstsein, so wie einst die Halbstarken mit ihren Lederjacken, den Jeans und den Elvis-Tollen.

Die Kette der Gemeinsamkeiten zwischen Halbstarken und 68ern reicht weiter. Beide Gruppen teilten eine unbefangene Einstellung zur körperlichen Gewalt, wobei auch hier die 68er, anders als die Halbstarken, in der Lage waren, ihre Gewalt sprachlich zu veredeln. Sie nannten es Militanz und nicht Prügelei. »Gemeinsam verband uns ein lustvolles Verhältnis zur Straßenmilitanz«, schreibt Daniel Cohn-Bendit über sich und Christian Semler.[212] Das klingt besser als »wir haben uns gern gehauen« – so wie man es in der von den Studenten angeblich verehrten Arbeiterklasse ausgedrückt hätte. Der Politologe Wolfgang Kraushaar gibt diese Definition der Militanz:

»Eine militante Aktion ist zwischen einem Gewalt- und einem Terrorakt angesiedelt, ihr ist eine aggressive, körperlich gewalttätige Dimension zu eigen. Sie zielt auf die physische Integrität des Gegners ab und nimmt insofern Verletzungen am fremden wie am eigenen Körper in Kauf. Im Unterschied zur Terroraktion begeht der Militante seine Gewaltaktion jedoch nicht aus dem Hinterhalt; sie richtet sich zudem nicht absichtlich gegen Unbeteiligte. Im Begriff der Militanz kommt einerseits eine Zuspitzung des Gewaltbegriffs und andererseits eine ins Habituelle übergehende Ablösung von der konkreten Form einer Gewalttätigkeit zum Ausdruck. Ein Militanter drückt bereits in seiner Haltung Gewaltbereitschaft aus. In ihr vereinigen sich Stolz, Selbstbewusstsein und Entschlossenheit. Seine vorrangige Artikulationsform ist die Körpersprache. Deshalb tritt auch seine Art, sich zu kleiden, in den Vordergrund. Militanz – selbst ohne dass sie in actu tritt – beinhaltet nicht zuletzt eine ästhetische Dimension.«[213]

So schön hätten die Halbstarken ihre Prügeleien natürlich auch definieren können, wenn sie über die Wortmächtigkeit der akademisch geprägten 68er verfügt hätten und mit einem ähnlichen akademischen Interesse bedacht worden wären wie die 68er – Körpersprache war ebenfalls ihre »vorrangige Artikulationsform«. »Ästhetische Dimensionen« waren ihnen auch wichtig, selbst wenn ihre Prügeleien nicht »in actu« traten.

Christian Semler wie Joscha Schmierer waren bei der Kraushaarschen Inkaufnahme von Verletzungen am fremden wie am eigenen Körper, vulgo Gewalt, von Anfang an dabei. Die erste Tat, die Joscha Schmierers Ruf als »Freibeuter« von Heidelberg (Buselmeier) begründen sollte, war die Verteidigung des AStA-Gebäudes im Januar 1969 gegen die Polizei. Ein Jahr zuvor hatten Studenten eine Kulturveranstaltung namens »Studenten aus aller Welt singen und tanzen für Heidelberg« gesprengt und verlangt, über den Sinn dieser Veranstaltung grundsätzlich zu diskutieren; vermutlich ging es ihnen um die Dritte Welt und die Kolonialkriege. Es kam zu einem Verfahren wegen Haus- und Landfriedensbruchs. Die Angeklagten erschienen nicht zum Prozess, sondern reisten ins nahe Frankreich. Von dort aus sandten sie dem Gericht eine Urlaubspostkarte.[214] Ein Haftbefehl wurde ausgestellt. Als die fünf Angeklagten nach einigen Wochen zurückkehrten, verschanzten sie sich mit Schmierer und 40 Genossen im AStA-Gebäude, nicht ohne eigens die Presse ins Gebäude einzuladen.

Es kam zum Showdown, als die Polizei auftauchte, um den Haftbefehl zu vollstrecken. Auch außerhalb des SDS wurde kontrovers diskutiert, ob der Aufmarsch einer Hundertschaft und der Einsatz von Knüppeln verhältnismäßig gewesen sei. Sogar Studenten, die längst genervt waren von der permanenten Revolutionsrhetorik des Studentenbundes, solidarisierten sich wieder.[215] Allerdings hatten die SDS-Studenten selbst die Situation inszeniert, indem sie die fünf Angeklagten in ihrer Mitte theatralisch quer durch die Stadt ins AStA-Haus geleiteten und sich mit ihnen dort verbarrikadierten, ganz so, als ob Partisanen vor den faschistischen Häschern versteckt werden müssten. Hätte der SDS nichts dergleichen unternommen, wäre der Prozess mit den eher harmlosen Anklagepunkten ohne großes Interesse der Öffentlichkeit und unspektakulär verlaufen – genau das galt es für den SDS zu verhindern. Das Bild von der Unterdrücker- und Klassenjustiz wäre nicht zu halten gewesen. Der Prozess, gegen den so heftig opponiert wurde, als ob dem Gericht Roland Freisler persönlich vorgestanden hätte, endete schließlich mit unbedeutenden Bewährungsstrafen von jeweils sechs Wochen.[216] Die klammheimlichen Sorgen des SDS waren also völlig berechtigt. Schmierer selbst saß wegen der Auseinandersetzungen im AStA-Gebäude 14 Tage in Untersuchungshaft.

Die nächste Machtprobe war die »Rote-Punkt-Aktion«. Im Juni 1969 beschlossen die Heidelberger Verkehrsbetriebe eine Fahrpreiserhöhung. Der SDS antwortete mit Demonstrationen und tagelangen Straßenbahnblockaden. Zwei Tage lang war der Betrieb komplett eingestellt. Danach geschah das Unverhoffte: Das öffentliche Unternehmen nahm die Verteuerung zurück. Das Gewitzte an der Aktion war, dass der SDS eine Art Ersatzverkehr organisierte. Autos mit einem roten Punkt hinter der Windschutzscheibe konnten von den Passanten herangewinkt werden.

In einer Berliner APO-Zeitschrift wurde ein »Beitrag von Heidelberger Genossen« abgedruckt, der begründet, warum ausgerechnet der öffentliche Nahverkehr zum Objekt studentischen Protestes auserkoren wurde. Der Text ist sehr wahrscheinlich von Joscha Schmierer verfasst worden, weil er in dessen typischem Duktus geschrieben ist. Außerdem sind in dem Artikel längere Zitate von Georg Lukács untergebracht, Schmierers Lieblingsphilosophen. Es ginge darum, so der Autor, den Staat – also die Straßenbahn – als »Dienstleistungsbetrieb für das Kapital« zu entlarven. Blockaden seien besser geeignet als »Aktionen in der Konsumsphäre«, weil die Straßenbahn genutzt wird, um zur Arbeit zu fahren. Fahrpreiserhöhungen träfen alle, und so sei der »Widerstand« besser zu organisieren. Erwünschter Nebeneffekt: Die Auseinandersetzungen mit der Polizei seien geeignet, um die Rolle des Staates im Kapitalismus zu entlarven.[217]

Joscha Schmierer erinnert sich heute noch mit Genugtuung an die Blockaden:

> Der Erfolg prägte uns. Die Blockaden konnten nicht gebrochen werden, die Rote-Punkt-Aktion funktionierte. Wir zogen daraus ein überkandideltes Machtbewusstsein. Bei den Demonstrationen sangen wir immer »Rote Festung Heidelgrad«. Der SDS hatte wirklich was zu sagen in der Stadt.

Ein Jahr später ging es um mehr. 1970 fand in Heidelberg eine Tagung der Weltbank statt, dessen Präsident der ehemalige US-Verteidigungsminister Robert McNamara war. Die studentischen Demonstranten verließen die vorgegebene Demonstrationsroute und versuchten eine Polizeikette zu durchbrechen, um in das Tagungshotel zu gelangen. Die Polizei setzte Knüppel ein. Die Studenten warfen mit Steinen, Knüppeln, Farbbeuteln und Moniereisen. Angeblich wurden aus einem nahe gelegenen Universitätsgebäude auch größere Steine auf die Polizisten geworfen. Es kann und soll an dieser Stelle nicht die Sandkasten-Frage geklärt werden, wer angefangen hat. Bemerkenswert ist, *dass* Schmierer und seine Genossen ernsthaft glaubten, dass einige Hundert Studenten – ein Massenprotest unter Beteiligung der normalen Bevölkerung war es eben nicht – eine Tagung einer Weltorganisation sprengen könnten, unabhängig davon, ob man diese Organisation für verwerflich hält oder nicht. Dazu braucht es ein großes Maß an Selbstbewusstsein, wohl auch Größenwahn. Tatsache ist, dass Schmierer und die Seinen nicht zimperlich vorgegangen sein müssen. Der damalige anklageführende Staatsanwalt Udo Schaefer erinnerte sich 2001 so an Schmierer: »Von allen Revoluzzern, mit denen ich damals dienstlich zu tun hatte, war er bei weitem der fanatischste, erfüllt von einem unbändigen Haß auf die Vertreter der Staatsgewalt. Richtern und Staatsanwälten drohte er, daß sie sich dereinst vor den Revolutionsgerichten für ihre Tätigkeit zu verantworten hätten.«[218]

Demonstrationen, die vom polizeilich genehmigten Weg abwichen, gab es damals viele in der Bundesrepublik. Sie waren eine typische Protestform der 68er. Es hat aber nur sehr wenige gegeben, bei denen die Anführer angeklagt und tatsächlich zu Haftstrafen ohne Bewährung verurteilt wurden. Einer der Verurteilten, Uwe Kräuter, floh gar nach China, um sich dem Strafantritt zu entziehen. Kräuter lebt bis heute als erfolgreicher Geschäftsmann in Peking. Nach langwierigen Revisionsverhandlungen bis zum Bundesgerichtshof mussten Schmierer und drei weitere, als Rädelsführer Verurteilte 1975 ihre Haftstrafe schließlich antreten. Die Auseinandersetzung hatte noch eine weitere Konsequenz. Der Heidelberger SDS – die Bundesorganisation war bereits am Ende – wurde vom sozialdemokratischen Landesinnenminister verboten und aufgelöst.

Auch Christian Semler in Berlin wollte sich nicht mit reiner Theoriearbeit begnügen. Eine aus heutiger Sicht etwas albern anmutende, aber vielsagende Episode trug sich im Januar 1969 in Berlin zu. Semler, die linke Buchhändlerin Karin Röhrbein, der SDS-Funktionär Tilman Fichter und der Musikhochschulstudent und spätere Filmschauspieler Heinrich Giskes reisten nach Ostberlin ein, um an der Gedenkdemonstration für Karl

Liebknecht und Rosa Luxemburg teilzunehmen. Kurzerhand reihten sie sich in den Marschblock auf der Frankfurter Allee in Lichtenberg ein und fügten der offiziellen Parade eine überraschende Note an: Sie entrollten die Fahne des Vietcong, der südvietnamesischen, kommunistisch geprägten Rebellenorganisation. Nach wenigen Minuten werden sie von Volkspolizisten aus dem Zug geholt und auf das nächste Revier gebracht. Im Stasi-Bericht heißt es: »Gegen elf Uhr wurden die Bürger ... aus dem Demonstrationszug herausgelöst und der VPI [Volkspolizeiinspektion, d. A.] Lichtenberg zugeführt, da ihre Kleidung und die Haare verwahrlost waren (Gammler).« Die Gruppe tat einiges, um aufzufallen: Die Lederjacken der Männer waren zerrissen und verschmutzt, und Semler hatte laut Bericht »zerrissene Gummistiefel an. Ein Stück der Sohle war direkt abgeschnitten.« Mit merklicher Fassungslosigkeit resümiert der Stasi-Offizier: »Es hatte den Anschein, daß sie sich selbst zum Zwecke ihres Auftretens in der Hauptstadt in einen derartigen Zustand versetzt hatten.«[219]

»Wir fühlten uns wie die Götter«, erinnerte sich Tilman Fichter heute an den Ausflug. Man habe die DDR-Offiziellen nicht ernst genommen. Auf dem Revier veralberten sie die Offiziere, beschimpften sie gar, obwohl oder gerade weil die um Jovialität bemüht waren und die Westberliner vertraulich mit »Genossen« anredeten, nachdem sie in Erfahrung gebracht hatten, dass das Quartett in Westberlin nicht unbekannt war. Nach kurzer Zeit standen sie wieder auf der Straße.

Man kann die Episode als Happening gegen den autoritären, spießigen DDR-Sozialismus lesen, auch als Statement dagegen, dass die DDR den Vietcong nur halbherzig im Kampf gegen die amerikanischen Besatzer unterstützte. Man kann sie aber auch als wenig originellen Versuch deuten, mit geringem Einsatz maximale Aufmerksamkeit zu erlangen. Wer im Jahr 1969 mit kaputten Gummistiefeln und zerrissener Lederjacke auf einer DDR-Staatsdemonstration erscheint, kann sich die Reaktionen recht genau ausrechnen, so wie jemand, der zu einem Opernball mit Jeansjacke geht, oder ein Fußballfan, der auf der Tribüne im Smoking erscheint.

Wie die Götter fühlten sich Semlers Genossen auch bei einem anderen DDR-Erlebnis. Sie machten sich einen Spaß daraus, die Bände der Marx-Engels-Werke, die in keiner linken Wohngemeinschaft fehlen durften, in den Ostberliner Buchhandlungen »vor den Augen der ungläubig staunenden Buchhändlerinnen einfach zu entwenden«.[220] Christian Semler schreibt darüber Jahrzehnte später neutral von den »revolutionär gesinnten Studenten«, die die Bücher stahlen, aber es ist wohl realistisch anzunehmen, dass Semler diese verhältnismäßig nichtige Geschichte nicht über fünf Ecken hörte, sondern selbst dabei war. Der Diebstahl hatte nichts mit Geldmangel zu tun; die Bücher waren für devisenstarke Bundesbürger eigentlich spottbillig.

Für einen flächendeckenderen Diebstahl, diesmal in Westberlin, plädierte Semler im Herbst 1968. Er regte an, Berliner Kaufhäuser auszuräumen und die Waren unter der Bevölkerung zu verteilen. Es ist fast überflüssig anzumerken, dass der Plan von Semler nicht ohne einen gewichtigen historischen Anlass – den 50. Jahrestag der Novemberrevolution – und nicht ohne hochtrabenden theoretischen Überbau geschmiedet wurde: »Die ökonomische Entwicklung ist heute an einem Punkt angelangt, wo die Waren umsonst verteilt werden können. Das werden wir demonstrieren. Das ist die Propaganda der Tat«[221], äußerte Semler im November 1968.

Es blieb beim Plan. Zum damaligen Zeitpunkt geriet die Gewaltfrage zunehmend in den Vordergrund. Im selben Monat hatte Semler sowohl bei der Eskalation der »Schlacht am Tegeler Weg« als auch bei deren Interpretation (»neue Ebene eine Militanz«) eine entscheidende Rolle gespielt. Semler gehörte auch zum Kreis um den italienischen Verleger Giangiacomo Feltrinelli, der im Februar 1968 zum Vietnam-Kongress angereist war – mit einem Koffer Dynamit im Gepäck. Die Gruppe, darunter auch Rudi Dutschke, diskutierte über mögliche Sabotageakte an alliierten Militäreinrichtungen. Der Plan wurde schließlich verworfen; das Dynamit entsorgt.[222] Im Herbst 1967 hatte Semler zusammen mit Bernd Rabehl und Wolfgang Lefèvre die Entführung eines Staatsanwalts geplant, der die Ermittlungen wegen der diversen Aktionen der SDS-Führer leitete. Rabehl ließ den Plan schließlich platzen.[223]

Bei den Osterkrawallen 1968 nach dem Attentat auf Dutschke, die sich gegen das Verlagsgebäude des Axel Springer Verlags richteten, war Semler, wenig überraschend, auch dabei. Es kam sogar zu einer Anklage gegen Semler wegen schweren Landfriedensbruchs, weil er einen vor dem Verlagsgebäude herumstehenden Bauwagen ergriff und damit zusammen mit anderen die Eingangstür durchbrechen wollte. Er wurde dabei gefilmt.[224] Selbst Genossen waren vor Semlers Spiel mit der Gewalt nicht sicher. Während der Frankfurter SDS-Konferenz im September 1967 warf er einen explodierenden Kanonenschlag unter den Sitz des Bonner SDS-Delegierten Hannes Heer. Heer, der nach einer politischen Auseinandersetzung mit Rudi Dutschke diesen scharf kritisierte und Semler dadurch reizte, setzte unter Tränen seine Wortmeldung fort.[225]

So verschieden die Aktionen und Pläne Semlers in den späten 60er Jahren auch waren, haben sie doch eine Gemeinsamkeit. In der Gesamtheit zeigt sich ein unernster, erratischer, eben halbstarker Charakter. Am Anfang war »individueller Terror« konterrevolutionär, dann ein gutes Mittel (Tegeler Weg), später wieder nicht. Wurde eine Aktion durchgeführt, musste schnell eine neue folgen. Um Routine und Langeweile zu vermeiden, wurde ständig an der Eskalationsschraube gedreht. Irgendwann reichten die kleinen Regelverstöße nicht mehr. Entkleidet man die Taten Semlers ihrer ideologischen Hülle, fallen erneut Parallelen zum Verhalten der weniger gebildeten Generationsgenossen zehn Jahre zuvor auf. Auch die Halbstarken zeigten eine Lust an der Tat, am Austesten von Grenzen und am ständigen Erfinden neuer Provokationen. Eine Studie von 1959 beschreibt die Halbstarken anschaulich:

»Die ›Halbstarken‹ treten überwiegend in Kleingruppen – Rudeln, Horden, Blasen, Platten und Cliquen – auf und ziehen durch ihr randalierendes Verhalten die Aufmerksamkeit der Öffentlichkeit auf sich. ... Gröhlend, pfeifend und zum Teil mit Lattenstücken bewaffnet ziehen sie durch die Straßen oder stehen an Ecken und behindern den Fußgängerverkehr. Sie überschreiten im Gänsemarsch bei großer Zahl die Fahrbahn und blockieren so zeitweilig den Fahrzeugverkehr. Besonders gern versperren sie verkehrsreiche Kreuzungen. ... Bei alledem schießen sie gern mit Schreckschußpistolen und lieben es, Knallkörper abzubrennen oder Stinkbomben zu werfen. ... Auch reißen sie zum Trocknen aufgehängte Wäsche herunter, klingeln an Wohnungstüren in der Art, wie man Klavier spielt, und bedrohen die darüber entrüsteten Mieter. ... In dicht aufgeschlossener Kolonne und laut knatternd fahren sie mit ihren Mopeds oder Motorrädern durch die Hauptstraßen. ... Gelegentlich befahren sie jeweils zu zweit auf ihren Mopeds die Fußwege. Mit Vollgas starten sie und rasen infolge willkürlich verursachter Fehlzündungen mit Getöse durch die Straßen. Sie drehen 4 oder 5, doch nicht selten auch 20mal ihre Runden. ... Auch in den Gaststätten benehmen sie sich auffällig, indem sie (weiblichen) Gästen gegen deren Willen die Gläser austrinken oder deren Getränke vom Tisch nehmen und in die Wandlampe gießen. Sie verlangen lärmend nach Bier, prosten sich laut zu, werfen Stühle um, reißen die Blüten der Blumenstauden ab oder zerschlagen gar die Einrichtungsgegenstände. ... ›Gekonnte‹ Rock-'n'-Roll-Szenen auf Bühne und Leinwand lösen bei ihnen ein tumultuarisches Getöse aus. Einige pfeifen auf den Fingern, bedienen Trillerpfeifen, Autohupen, Almenhörner, Wecker, Fahrradklingeln und andere Lärminstrumente. Andere wieder springen von ihren Sitzen, gestikulieren mit erhobenen und ekstatisch zuckenden Armen, entledigen sich ihrer Oberbekleidung und schreien wirr durcheinander. ... Wie trunken tanzen einige auf der Straße, von einer sich rhythmisch bewegenden Menge umgeben. Schließlich rotten sie sich zusammen und beantworten Räumungsaufforderungen der Polizei mit lautem Johlen und Pfeifen, so daß es regelmäßig zu den erwünschten Auseinandersetzungen mit der Polizei kommt. ... Die ›Halbstarken‹ können aber die öffentliche Sicherheit und Ordnung auch intensiver und nachhaltiger stören. Mit besonderer Vorliebe bereiten sie auf den Hauptverkehrsstraßen Hindernisse und gefährden dadurch Kraftfahrzeuge. ... Mit großer Freude und dem hartnäckigen Drang zur Wiederholung beschädigen sie Fahrräder und Mopeds, reißen Antennen, Rückspiegel, Scheibenwischer und Kühlerfiguren von parkenden Kraftfahrzeugen ab und durchstechen die Reifen mit Schusterahlen und Messern. ... Gemeinschaftlich greifen sie Polizisten, Soldaten, Bahnbeamte, Busschaffner, Erzieher, Bademeister, Gastwirte und jene ›schulmeisterlichen‹ Erwachsenen an, die sich Anpöbeleien und Anrempeln energisch verbitten.«[226]

Tauscht man die Requisiten aus und verlegt die Szenen in die späten 60er Jahre, kommen sie einer Beschreibung der Aktionen Christian Semlers und der Berliner APO-Führer insgesamt verblüffend nahe. Auch sie traten bevorzugt in Gruppen auf. Sie ließen sich gern auf Straßen nieder (»Sit-ins«); sie nutzten die Straßen als Demonstrationsstrecke (allerdings zu Fuß und nicht per Moped); sie versperrten ebenfalls verkehrsreiche Kreuzungen. Manche entledigten sich demonstrativ ihrer Oberbekleidung; die Machos unter ihnen nahmen die Sache mit dem weiblichen Willen ebenfalls nicht recht ernst; sie machten gern akustisch auf sich aufmerksam; »tumultuarisches Getöse« wurde regelmäßig auch bei ihnen ausgelöst, wenn auch nicht durch Rock 'n' Roll, sondern durch das Erscheinen unliebsamer Professoren auf Vollversammlungen. Sie hatten ein Faible für alles, was knallt und leuchtet (Feuerwerkskörper und Rauchkerzen); und Auseinandersetzungen mit der Polizei und anderen uniformierten Autoritäten ging man nicht aus dem Weg; allerdings nicht der bloßen Gaudi wegen, sondern um die wahre Fratze des Systems zu entblößen.

Sowohl bei Semler als auch bei den Halbstarken ist die Tat der bloßen Tat willen nur schwer von der Tat des höheren Zwecks der Rebellion willen zu trennen. Quatsch und Ernst wechseln sich ab. Mit einem Koffer voller Dynamit zu hantieren und über mögliche Anschläge nachzudenken, wie es Semler tat, kann man als großen revolutionären Plan interpretieren. Man kann es aber auch als Ausdruck einer Lust am Gefährlichen interpretieren, als Mutprobe und Reviermarkierung eines jungen männlichen Alphatiers.

Zwei wesentliche Unterschiede sind indes zwischen den Halbstarken der 50er Jahre und den Halbstarken der 68er-Zeit auszumachen. Letztere bedrohten keine normalen Bürger, sie übten auch keinen blinden Vandalismus aus. Besitztümer von Privatpersonen interessierten sie nicht. Zum anderen wussten sie meist, was sie tun. Ihre Aktionen entstanden nicht spontan, sondern waren geplant. Es ging ihnen nicht um akuten Frustabbau. Alkohol spielte bei den eher asketisch lebenden SDS-Vorderen ebenfalls keine Rolle.

In einem Papier, das Christian Semler und sein enger Freund Peter Neitzke dem Berliner SDS im Juli 1968 vorlegten, empfahlen sie, staatliche Spielräume gezielt auszunutzen. Ein anwesender Inoffzieller Mitarbeiter der DDR-Staatssicherheit hat das Papier in einem Bericht festgehalten:

>»Nach ihrer [Semlers und Neitzkes, d. A.] Meinung kommt es darauf an, den vorhandenen Toleranzspielraum auszunutzen, um den Gewaltapparat zu stoppen. Wobei der Toleranzspielraum um so größer wird, je mehr Menschen mit dem SDS und anderen sozialistischen Organisationen sympathisieren. Die Praxis habe das bewiesen. So habe der Justizapparat in München wesentlich härtere Urteile gegen Demonstranten ausgesprochen als der Westberliner Justizapparat.«[227]

Über den Justizapparat und unterschiedliche Toleranzspielräume haben die Halbstarken der 50er Jahre sicherlich nicht nachgedacht. Abgesehen von diesem Unterschied überwiegen jedoch die Ähnlichkeiten, was die Haltung zur gewalttätigen Aktion angeht. Sie sind nicht überraschend, betrachtet man auch hier den gleichen Generationenhintergrund. Christian Semler verbindet mit den Halbstarken ähnliche Prägungen durch Krieg und Nachkrieg: Er war frühreif, was Gesetzesübertritte anbelangte. Als Neun-, Zehnjähriger hielt er sich gern auf den Münchner Schwarzmärkten auf, wo, wie überall in Deutschland, ein bedeutender Teil des Warenumschlags stattfand. Er stahl Zigaretten, um sie gegen Waren zu handeln.[228] Einmal nahm er oder die Schwester zum Entsetzen des Kindermädchens silberne Löffel aus der Wohnung mit, um sie gewinnbringend einzutauschen. Auch machten sie bei Betrugsspielen mit – »mit Hingabe«, wie sich die Mutter nicht ohne Stolz erinnert. Später sollte er ihr gestehen, dass er mit einem Freund ein Waffenarsenal aus Blindgängern und anderen Weltkriegswaffen angelegt hatte, obwohl oder gerade weil das lebensgefährlich war.

Hier tritt wieder das bereits erwähnte Muttersohn-Element hervor – »egal, was mein Sohn tut, ich halte zu ihm« –, aber darüber hinaus ist diese Episode nicht untypisch für die unmittelbare Nachkriegszeit in der Großstadt. Nach dem Krieg lagen massenhaft Gewehrmunition, Sprengstoff, nicht gezündete Spreng- und Brandbomben der Alliierten, Panzerfäuste, Flakmunition und Handgranaten achtlos herum. Noch in den 60er Jahren konnte man in Städten wie Berlin oder München auf Ruinengrundstücken leichthin Weltkriegsmunition und -bomben finden, wenn man nur ein paar Steine anhob. Es ist sicher nicht übertrieben zu sagen, dass die alltägliche Konfrontation der Großstadtkinder der Nachkriegszeit mit scharfer Munition einen bedeutenden Einfluss auf die ambivalente, unerschrockene – kritischer formuliert: leichtfertige – Haltung der 68er zur Gewaltfrage 20 Jahre später hatte. Auf Christian Semler bezogen heißt das, dass seine Neigung, als Kind ein »Waffenarsenal« anzulegen und mit Munition zu hantieren, einen mindestens ebenso großen, unbewussten Einfluss auf sein späteres Denken und Handeln in der Gewaltfrage gehabt haben dürfte wie die Lektüre der einschlägigen Schriften von Lenin, Bakunin, Trotzki, Herbert Marcuse oder Frantz Fanon. Oder anders herum: Wegen eines Streits mal eben einen Kanonenschlag unter den Sitz eines Gefährten zu werfen und zur Explosion zu bringen, dürfte mindestens ebenso stark, wenn nicht gar mehr in frühen Erfahrungen mit Munition und Sprengstoff wurzeln als in der intellektuellen Auseinandersetzung mit der Gewaltfrage.

Wichtig ist in dem Zusammenhang die egalisierende Wirkung der Nachkriegszeit. Vordem war es nicht üblich, dass Bürgerkinder in der Großstadt länger auf der Straße spielten und in den Häuserschluchten verschwanden, und das womöglich zusammen mit den Kindern der »einfachen« Leute. Als die bürgerliche Welt noch intakt war, hielten sich Kinder viel zu Hause in den großen Wohnungen auf. Man spielte zusammen Gesellschaftsspiele, las oder musizierte. Am Wochenende unternahmen die Familien Ausflüge. Nach dem Krieg war das anders. Man lebte beengt, und die übrig gebliebenen Elternteile hatten wenig Zeit für die Kinder. Die Straße und die Ruinen waren der Lebensraum einer ganzen Generation. Wäre das behütete bürgerliche Milieu, aus dem Semler stammt, durch Scheidung und Krieg nicht auseinandergebrochen, hätten ihm die praktischen Ressourcen und Erfahrungen gefehlt, die nötig sind, um als notorischer Regelverletzer und Rebellenführer aufzutreten.

Ungefähr zur selben Zeit, als Christian Semler seine Kräfte austestete, entschloss sich Joscha Schmierer in Heidelberg zu einer folgenreichen Tat. Er organisierte nicht nur Straßenbahnblockaden und Demonstrationen. Er war ein begabter Student, der beim Historiker Werner Conze an seiner Doktorarbeit schrieb. Schmierer galt sogar als Conzes Lieblingsschüler.[229] Zweifellos standen ihm die akademischen Hallen offen. Dann aber nahm die Beziehung ein tragisches Ende. Auf einer studentischen Veranstaltung wird Werner Conze beschimpft, ausgepfiffen und mit Eiern und Tomaten beworfen. Michael Buselmeier hat die Szene einige Jahre später in einer linken Zeitschrift festgehalten:

> »Es sei 1969 gewesen, sagt Klara, in kleinen Zügen rauchend; ein Adhoc-Komitee mit dem Namen ›Ehret Eier und Tomaten, wenn es Abend wird‹ habe zu der Aktion aufgerufen. Es sei darum gegangen, den Rektor und Geschichtsprofessor C. in der Aula der Universität am Reden zu hindern. Die Genossen hätten vereinbart gehabt, sich dicht um das Rednerpult zu versammeln und ›Mao Tse Tung‹ zu skandieren. Bei ›Tung‹ sollte jeweils ein Teil der mitgebrachten Eier und Tomaten auf den Rektor fliegen. Sie selbst sei, nicht ohne Absicht, zu spät zu der Aktion erschienen. Halle und Treppenhaus der Universität seien ganz leer gewesen. Aus der Aula, die sich im zweiten Obergeschoß befindet, habe sie ›Mao Tse Tung‹-Sprechchöre gehört. Während sie langsam die Marmorstufen hinaufgestiegen sei – schon habe sie die rotbraune Holztür der Aula im Blick gehabt –, seien die Sprechchöre immer schneller und schriller geworden; das Treppenhaus habe gehallt. Plötzlich sei die Tür aufgestoßen worden und Professor C. sei in den leeren Vorraum herausgetreten, im Türrahmen erhobene Fäuste, Geschrei. Er habe ausgesehen wie jemand, der die Orientierung verloren hat. In Ermangelung irgendeines anderen Lebewesens sei er spontan, den Vorraum diagonal durchquerend, auf sie, die sich auf der vorletzten Treppenstufe befunden habe, zugeeilt, obwohl er sie gar nicht gekannt habe. Wie abwesend habe er sie angesprochen: ›Haben Sie das erlebt?

Das wird Folgen haben.‹ Sein Anzug sei mit Tomatensaft bespritzt gewesen, an seinem Brillengestell hätten Reste von Eierschalen geklebt. Sie habe verwirrt beiseite gesehen, worauf der bekleckerte Rektor von ihr abgelassen habe und langsam die Treppe hinuntergegangen sei.«[230]

Schmierer gehörte zu den Eier- und Tomatenwerfern und den Organisatoren der Übergriffe. Seine akademische Laufbahn war damit beendet. Der Vaterlose zerstört eine hoffnungsvolle Beziehung zu einer anerkannten Vaterfigur – warum? Vordergründig ging es, in Buselmeiers Text wird es angedeutet, um Conzes Rolle im Dritten Reich. Conze hatte in den 30er Jahren deutsch-völkische Schriften zur Bevölkerungspolitik in Osteuropa verfasst. Schmierer schreibt selbst, dass die – damals ohnehin erst in Umrissen bekannte – Rolle Conzes während der NS-Zeit vom SDS instrumentalisiert wurde, um Conze zu treffen.[231] Der Werner Conze der 60er Jahre hingegen passte nicht in das Feindbild des verstockten Ex-Nazis, der die Jugend nicht versteht. Im Gegenteil genoss er gerade unter jüngeren Historikern als moderner, sozialwissenschaftlich orientierter Lehrer und Forscher einen hervorragenden Ruf. Schmierer plagte noch 30 Jahre später das schlechte Gewissen (»das schlechte Gefühl bleibt bis heute«); auch er betont das persönlich gute Verhältnis zu Conze.

Der Psychologie ist das Phänomen des mutwilligen Zerstörens von eigentlich fruchtbaren Beziehungen nicht unbekannt. Die Vaterlosigkeit kommt dabei erneut ins Spiel. Jemand, der ausschließlich mit einem Elternteil aufgewachsen ist, weil der andere Elternteil tot oder gänzlich abwesend ist, kann diese Abwesenheit als narzisstische Kränkung empfinden. Er empfindet Wut auf den Abwesenden, weil dieser ihn im Stich gelassen hat.[232] Da dieser aber nun einmal nicht da ist, kann er diese Wut nicht auf ihn richten. Die Wut wird stattdessen auf Ersatz-Autoritäten gelenkt. Die Kränkung wird stellvertretend gerächt. Es kommt zu einer »symbolischen Vernichtung des Vaters«[233].

Ein weiterer Aspekt ist die Beziehung zum verbliebenen Elternteil, meistens der Mutter. Wenn der Vater in den Erzählungen der Mutter nicht stattfindet oder marginalisiert wird oder die Mutter dem Sohn vermittelt, dass er bereits ein »ganzer Mann« sei, fehlt dem Kind die Phase der Idealisierung und Identifikation mit dem Vater, aus der normalerweise in einem zweiten Entwicklungsschritt die Phase der Emanzipation folgt. Um diesen Mangel und damit verbundene Kränkungen zu kompensieren, werden alle Bindungen zu diesem – abstrakten – Vater gekappt.[234] Daraus lässt sich eine generelle Unfähigkeit schließen, Vater-Sohn-artige Beziehungen führen. Außerdem entwickelt das Kind »eine Verleugnung der Generationsgrenzen, … Ungeduld und eine ausgeprägte Intoleranz gegenüber allen Grenzen, die ihm durch die Realität gesetzt werden«[235]. Problematisch ist zudem, wenn in vaterlosen Konstellationen die Mutter das Kind für ihre Bedürfnisse benutzt und die Beziehung emotional und funktional überfrachtet, was beim Kind zu narzisstischen Omnipotenzgefühlen führen kann und gleichzeitig zur Unfähigkeit, Abhängigkeiten zu anderen zuzulassen.[236]

Joscha Schmierer und Christian Semler fanden später die Autoritäten, die sie nicht angriffen, sondern verehrten: Marx, Lenin und Mao Tse-tung. In der KPD gab es sogar eine Stalin-Phase. Deren Schriften behandelten sie so, wie gläubige Lutheraner mit Bibeltexten oder gläubige Katholiken mit päpstlichen Enzykliken umgehen. Äußerungen von Mao wurden genauestens studiert. Die diversen Wendungen der KP Chinas hatten unbedingten Einfluss auf die eigene Parteistrategie. Mao war besonders für Semlers KPD ein »großer Lehrer und größter Marxist unserer Zeit«. Als Mao starb, sah die Parteizeitung *Rote Fahne* so aus wie das *Neue Deutschland* nach dem Tod Stalins im Jahr 1953. Elogen, Huldigungen und Porträts reihten sich seitenlang aneinander.

Als Mao noch lebte, waren dessen innerparteiliche Kontrahenten für die KPD Vertreter der »Deng-Hua-Clique«, und der radikale Flügel um die spätere »Viererbande« und Maos Frau Jiang Qing galten als die wahren Revolutionäre. Als sich ebenjene »Clique« nach Maos Tod überraschend durchsetzte und

Hua Guofeng Parteichef wurde, beeilte sich Semlers Partei, ihre Positionen genau umzudrehen. Jetzt waren Deng und Hua die Guten und die Mitglieder der »Viererbande« die Bösen, die Konterrevolutionäre. Oder wie es Semler 1977 per Ferndiagnose ausdrückte: »Die Viererbande verstand weder etwas von marxistischer Theorie, noch von Produktion oder sonst irgendetwas.«[237] Zur jeweiligen Parteiführung in Peking baute die KPD ein nahezu neurotisches Abhängigkeits- und Ergebenheitsverhältnis aus.

Auf der einen Seite Demütigung und Verächtlichmachung von realen Autoritäten, auf der anderen Seite bedingungslose Bewunderung von kommunistischen Führern: Was auf den ersten Blick paradox aussieht, ist kein Widerspruch. Marx, Lenin, Mao und die anderen chinesischen Parteiführer waren abstrakte Autoritäten. Marx und Lenin waren lange tot und Mao eine Großvaterfigur im fernen China. Vermutlich konnten beide, Schmierer wie Semler, nur derart abstrakte Autoritäten akzeptieren, die mit ihrem konkreten Leben nichts zu tun hatten. Sie waren nicht Teil ihrer Erfahrungswelt.

Christian Semler war in den Jahren von 1968 bis 1970 nicht nur mit immer neuen Provokationsstufen auf der Straße beschäftigt, sondern auch mit der sogenannten Organisationsfrage. Mit der Erosion des SDS und dem attentatsbedingten Ausfall von Rudi Dutschke stellte sich für Semler als prominenten Studentenführer in Westberlin die Frage, wie es weitergehen soll. Versucht man den Prozess nachzuzeichnen, ergibt sich eine endlose Kette von widersprüchlichen – und auch hier wieder: erratischen – ideologischen Windungen und Entscheidungen.

Am Anfang seines politischen Lebens, in den späten 50er Jahren, war Semler schon einmal Mitglied des SDS, der damals noch der Studentenverband der SPD war. Wegen seiner Mitarbeit im »Münchner Komitee gegen Atomrüstung« bekam er Schwierigkeiten mit der Mutterpartei SPD, die im Zuge ihres staatsstragend-pragmatischen Kurses nach Verabschiedung des

Godesberger Programms außerparlamentarische Proteste vermied. Nach seinem Austritt aus dem SDS sympathisierte er mit der alten, 1956 verbotenen KPD. In diesen Jahren erfuhr er seine politische Sozialisation. »Ich bin eigentlich ein 58er und bin sehr stark geprägt worden durch die Adenauer-Zeit, durch die Restaurationszeit der 50er Jahre und den aussichtslosen Kampf dagegen«, äußerte Semler später.[238] Geformt worden ist Semler ebenfalls durch die Erfahrung mit festen Organisationsformen und klaren Hierarchien, wie sie beim alten SDS und natürlich auch bei der alten KPD gängig waren. Zu Beginn der 68er-Zeit hatte er folglich nach eigenem Bekunden »sehr große Schwierigkeiten mit den antiautoritären Haltungen, weil sie mir zu unpolitisch erschienen«.[239] Erst allmählich gewöhnte er sich an den zwanglosen Charakter der Studentenbewegung: »Das war tatsächlich etwas Neues für mich, denn ich war eigentlich der Meinung, daß wir und auch die nächste Generation erst einmal den Faschismus und die Niederlage der Arbeiterbewegung zu ›verarbeiten‹ hätten.«[240] Dann, in der Hochzeit des SDS, also bis zum Frühjahr 1968, repräsentierte Semler zusammen mit Rudi Dutschke den anarchistischen, antiautoritären Flügel. Ab Mitte 1968 setzte sich Semler allmählich von dieser Position ab. Auf einer Versammlung des Berliner SDS im Juli meinte er laut dem Bericht eines anwesenden Informanten der Stasi, dass der SDS »auf eine sozialistische Kaderorganisation hinauslaufe«.[241] Aufgabe des Verbandes sei es, aus den Studenten künftige Kommunisten zu machen. Zugleich beteuern Semler und der ebenfalls redende Bernd Rabehl aber, das »nicht die Absicht bestünde, eine ›leninistische Kaderpartei‹ zu etablieren«. Die Stärke der Organisationsstruktur solle vielmehr in der Koordinierung von dezentralen Einheiten bestehen. In besagtem Papier von Semler und Peter Neitzke, dass in der Versammlung diskutiert wurde, wurde auch die revolutionäre Perspektive außerhalb der Universitäten umrissen. So müsse man sich hauptsächlich auf die stützen, »die durch die Stellung im Produktionsprozeß prädestiniert sind, längere Zeit durchzuhalten. Bei den Studenten besteht die Gefahr, daß das revolutionäre Feuer kurz aufflackert und leicht wieder erlischt.« Das Proletariat als revolutionäres Subjekt wird hier angedeutet.

In der Versammlung kam es noch zu einer aufschlussreichen Auseinandersetzung. Jüngere SDS-Mitglieder plädierten als strategisches Ziel für die Idee der Kommune. In der Pariser Kommune von 1871 herrschte 71 Tage lang eine Räterepublik. Die Revolution war auf einen Ort beschränkt, aber sie war – für eine Weile jedenfalls – erfolgreich. Marx pries die Pariser Kommune in seiner Schrift *Der Bürgerkrieg in Frankreich* als Vorbote einer neuen Gesellschaft, was natürlich den Marx lesenden Studenten von 1968 nicht entgangen war. Semler aber bügelte den Gedanken ab. Laut Stasi-Notiz antwortete Semler, »daß es nicht die Aufgabe des SDS sein kann, eine Insel inmitten rauher autoritativer Repression zu sein. Der SDS habe vielmehr objektive politische Aufgaben zu lösen und praktisch den Anfang eines antiimperialistischen Kampfes zu setzen.« Es ist eine klare Absage an den studentischen, antiautoritären Idealismus und spontane, lokal begrenzte Rebellionen und ein Votum für den Aufbau einer Kaderorganisation auf dem steinigen Weg zum Kommunismus.

Ein Dreivierteljahr zuvor hatte Semler noch exakt das gefordert, was er auf der Versammlung verurteilen sollte. In einem »Gespräch über die Zukunft«, das Hans Magnus Enzensberger mit Semler, Dutschke und Bernd Rabehl im Oktober 1967 für das *Kursbuch* führte, fantasierte das SDS-Trio über den Aufbau einer Kommune, eines Rätesystems in Westberlin. Auch abgehoben vom Berliner Fall hielt Semler im *Kursbuch*-Gespräch viel vom Kommune-Modell.[242] Semler begründete die schrittweise Abkehr vom Antiautoritären später mit der wahrgenommenen Bedrohung durch den Staat. »Viele von uns lebten in der Vorstellung, gegen einen globalen Manipulations- und Unterdrückungszusammenhang ankämpfen zu müssen. Entweder sie zerschlagen uns oder wir zerschlagen sie«, äußerte Semler 1987.[243] Man merkt an der vorsichtigen Einleitung, dass Semler nicht mehr richtig überzeugt war von dem Argument. Es ist tatsächlich wenig schlüssig. Der entscheidende »Unterdrückungszusammenhang« war für die Berliner Studentenbewegung die Erschießung Benno Ohnesorgs im Juni 1967. Die Abkehr vom rätedemokratischen Kommune-Gedanken vollzog sich bei Semler aber erst über ein Jahr später.

Die irrlichternde Suche Christian Semlers nach dem richtigen Konzept ging 1969 weiter. Anfang Dezember fand in Berlin eine zweitägige Konferenz statt, die schließlich über die Zukunft der Reste der Studentenbewegung entscheiden sollte – die »Arbeitskonferenz der *Roten Presse Korrespondenz*«. Die *Rote Presse Korrespondenz* (RPK) war die Zeitschrift des antirevisionistischen Flügels und mit einer Auflage von über zehntausend Exemplaren das wichtigste Organ der Neuen Linken in Westberlin und auch in der Bundesrepublik. Was in der RPK abgedruckt war, wurde unter den Neuen Linken im ganzen Land gelesen und debattiert. Die Zeitschrift weckte Begehrlichkeiten. Jede Strömung wollte in der Redaktion und im kontrollierenden »Beirat« vertreten sein.

Was auf dieser Konferenz geschah und welche Fraktionen genau aufeinandertrafen, erscheint aus heutiger Sicht wie eine Kopie wahnwitziger, kaum durchschaubarer kommunistischer Flügelkämpfe der 20er und 30er Jahre des 20. Jahrhunderts. Die Konferenz war Abschied und Start zugleich. Das letzte Mal kamen alle Gruppen, Zellen und Komitees zusammen. Und es begann eine Zeit, in der das Wort Pluralismus zu einem Schimpfwort wurde und stattdessen der Kampf um die richtige »Linie« bestimmend sein sollte. Da auf der Konferenz entscheidende Weichenstellungen vorgenommen wurden, bei denen Christian Semler eine wesentliche Rolle spielte, müssen die zwei Konferenztage in der Architektur-Fakultät der Technischen Universität Berlin näher beleuchtet werden.

Die Konferenz wurde einberufen, weil es Streit um einen geplanten Grundsatzartikel der marxistisch-leninistischen Fraktion (»MLer«) gab und man sich nicht mehr über den Kurs der

Zeitschrift einigen konnte. Interessant ist, dass ideologische Differenzen beim Konflikt praktisch keine Rolle spielten. Beide Lager, die sich gegenüberstanden, wollten die Zersplitterung der Studentenbewegung durch die Bildung neuer Organisationsformen beenden. Die MLer nannten es »die Marxistisch-Leninistische Organisation in Angriff nehmen«[244] – so lautete der umstrittene Artikel –, die Konkurrenzgruppe um den Beirat der *Roten Presse Korrespondenz* und die »Rote Zellen« hielt – was für ein Unterschied – »die Gründung einer marxistisch-leninistischen Übergangsorganisation für notwendig.«[245]

Es trat eine weitere Fraktion hinzu (»Harzer Gruppen«), die zentralisierte Organisationsformen ablehnte und sich stattdessen auf die Großbetriebe als Ort künftiger revolutionärer Erhebungen konzentrieren wollte. Aber auf der Konferenz ging es in Wahrheit nicht primär um inhaltliche Auseinandersetzungen, sondern um Einflussnahme. Auch der spätere Schriftsteller Peter Schneider machte damals beim Wettrennen um den radikalsten Ansatz mit. Schneiders etwas paradoxe These war, dass die »Spontaneität der Massen« durch eine zentralisierte marxistisch-leninistische Kaderorganisation geführt werden müsse. Diese Organisation solle »eine revolutionäre Strategie der Massenkämpfe« entwickeln, wie er wenig später in einem Papier zusammen mit Wolfgang Bubenzer schrieb.[246] Schneider, der gerade aus Italien zurückgekehrt war, versuchte den Spontaneismus italienischer Arbeitskräfte auf die deutschen Verhältnisse anzuwenden. Auf der Konferenz äußerte Peter Schneider in einem »Diskussionsbeitrag« zur Organisationsfrage:

> »In der ersten Phase ist das ganz klar, daß die Organisation von oben nach unten aufgebaut wird und nicht von unten nach oben, nicht als unionistischer Zusammenschluß der verschiedenen Betriebsgruppen. … Ich sage also, daß in der ersten Phase des Aufbaus einer Organisation, die Organisation von oben nach unten aufgebaut wird und daß das Prinzip des Zentralismus in dieser Phase überwiegt. Und ich stelle mir vor, daß diese Phase in Deutschland sehr lang sein wird. Diese Phase dient dazu, die Verankerung der zentralisierten marxistisch-leninistischen Organisation in den Massen vorzubereiten und die Spontaneität der Massen überhaupt erst freizusetzen.«[247]

Erst dann könne mit dem Aufbau einer demokratischen Partei nach dem Prinzip »von unten nach oben« begonnen werden. Schneiders Beitrag war noch relativ moderat und realitätsnah. Er mahnte an, dass man im Klassenkampf-Denkschema nicht vergessen dürfe, dass nicht Facharbeiter, sondern ungelernte Frauen die »unterdrücktesten Gruppen« in den Fabriken seien – was auf der Konferenz sofort mit Zwischenrufen quittiert wurde. Semler gab sich nicht mit lästigen Details aus der Praxis wie diesen ab und trat schon ganz mit dem grenzenlosen Selbstbewusstsein eines Polit-Kommissars auf. An einer Stelle posaunte er:

> »Diejenigen Genossen, die jetzt gegen das bolschewistische Parteiprinzip argumentieren, müssen nachweisen, daß der monopolistische Staatsapparat zurückgegangen ist, an Gefährlichkeit eingebüßt hat, daß es möglich sein soll, auf einem anderen Wege als der Organisation in einer bolschewistischen Partei, diesen Staatsapparat konzentriert anzugreifen, ihn zu zerstören und auf den Trümmern des Staatsapparates die proletarische Diktatur zu errichten. Genossen, das bolschewistische Parteikonzept ist untrennbar verbunden mit der Theorie der Zerschlagung der bürgerlichen Staatsapparate.«[248]

Der erste Satz bedeutet mit anderen Worten: Wenn ich eine verrückte Idee habe, müssen die anderen belegen, dass die ebenso verrückte Grundannahme dieser Idee nicht stimmt. Nebenbei ist in Semlers Rede schon der typisch metallisch-kalte Funktionärston herauszuhören, der die KPD-Spitze zehn Jahre lang prägen sollte.

Keiner auf der Konferenz wollte, was die Zeit nach dem SDS anging, ins Hintertreffen geraten. Meister in diesen Disziplinen waren ebenjener Semler und sein Gefährte Jürgen Horlemann. Wie es ihnen gelang, aus dem Konflikt als Sieger hervorzugehen, könnte einem Lehrbuch über politische Tricks, Macht-Taktik und handfeste Maßnahmen entstammen. Der erste Coup bestand darin, dass die MLer ausgebootet wurden. Die Konkurrenten besetzten kurzerhand die Redaktionsräume, tauschten die Schlösser aus und schlossen die MLer von weiteren Versammlungen aus.[249] Semlers Truppen mischten dabei bereits kräftig mit. Absurderweise standen sie den Ausgeschlossenen ideologisch eigentlich näher. Aber es ging eben darum, die ähnlich Denkenden auszuschalten, um später selbst zu den Siegern zu gehören. Im nächsten Schritt wurde eine sogenannte Übergangsredaktion bestimmt, die bis zur Konferenz die Geschäfte der Zeitschrift leiten sollte. Bereits in diesem Gremium hielten künftige KPD-Kader, darunter Wolfgang Schwiedrzik, die Mehrheit. Fünf der neun Redakteure sollten wenig später in die Partei gehen.

Diese Redaktion brachte schließlich ein Antragspapier (»Die erste Etappe des Aufbaus der Kommunistischen Partei des Proletariats – Thesen«[250]) in die Arbeitskonferenz ein, das bis auf den Erstgenannten ausschließlich von Genossen geschrieben wurde, die später wichtige Funktionen in der KPD bekleiden sollten: Klaus Hartung, Willi Jasper, Peter Neitzke, Jürgen Horlemann, Christian Heinrich und, natürlich, Christian Semler[251] (Hartung ist heute ironischerweise ein scharfer Kritiker der K-Gruppen, ohne auf seine eigene damalige Rolle einzugehen). Mit der Legitimität eines quasi-offiziellen Antrags der Übergangsredaktion ausgestattet, stimmten die meist arglosen Delegierten dafür, dass zuerst über dieses Papier debattiert werden sollte.[252] Damit gelang es der Gruppe, in der Konferenz den Takt vorzugeben. Das Papier ging noch über die Vorstellungen der MLer hinaus, weil es die sofortige Gründung einer richtigen Kaderpartei forderte. Zwei Tabus, die bis dahin galten, werden in diesem Papier gebrochen. Stalin wird wie selbstverständlich herangezogen *(Über die Grundlagen des Leninismus)*, und die Idee einer bolschewistischen Partei wird eingeführt. Selbstverwaltungs- und Rätegedanken werden als »Ideologie des Ultrademokratismus«[253] bezeichnet, ein Schlagwort der chinesischen Kommunisten. Die Auseinandersetzung verlief auf der Konferenz nun ausschließlich zwischen Semlers Gruppe und den konkurrierenden MLern; die moderaten »Harzer Gruppen« waren an den Rand gedrängt. Als Semlers Gruppe merkte, dass kein Lager eine Mehrheit bekommen würde, zog sie ihren Antrag zurück.[254] Am Ende einigte sich die Konferenz auf den Beschluss, formal die paritätische Besetzung der Redaktion der *Roten Presse Korrespondenz* einzurichten[255] und im Frühjahr eine Lösung zu versuchen[256].

Dazu sollte es nicht mehr kommen. Im Februar 1970 bildete die Gruppe um Semler die »Vorläufige Plattform der Aufbauorganisation für die Kommunistische Partei Deutschlands«, aus der die KPD hervorgehen sollte. Die anderen Fraktionen, durch diesen Schritt überrascht, mussten mit der Gründung eigener Organisationen nachziehen. Semler und seine Getreuen betrieben klassische, putschartige Machtpolitik: Sie erkannten frühzeitig einen Konflikt und gingen ein taktisches Bündnis mit einer Fraktion ein, um die als stärker empfundene Konkurrenz zu isolieren. Sie selbst hielten sich aber noch im Hintergrund. Als es um Personalfragen ging, platzierten sie rechtzeitig ihre Leute. Als Fraktion waren sie zu diesem Zeitpunkt immer noch nicht sichtbar. Auf der entscheidenden Konferenz brachten sie einen Antrag ein, der die erwarteten Konfliktlinien verwirrte. Der Antrag übertrumpfte die Position derjenigen Gruppe, die vorher bitter bekämpft wurde. Die Aufmerksamkeit konzentrierte sich nun auf sie. Keiner Gruppe war eine Mehrheit sicher. Schließlich wurde ein scheinbar harmloser Antrag durchgebracht, der ihnen in Wirklichkeit entscheidenden Handlungsspielraum gab. Kurz darauf preschten sie mit einer Parteigründung vor, was die anderen Gruppen überraschte. Sie hatten sich einen Zeitgewinn verschafft.

Semler äußerte 1987, dass er letztlich froh war über das Ende des SDS:

> »Tatsächlich hatte die Aufsplitterung des SDS in den späten 60er Jahren sehr viel mit diesen informellen Machtstrukturen zu tun. Es gab eine Strömung, die sich gegen diese allgemein als sehr unbefriedigend empfundenen, nicht erklärten Machtstrukturen im SDS richtete. Es mag ... heute als total absurd erscheinen, im gewissen Sinne haben wir diese Parteigründung als befreiend empfunden, weil es endlich wieder klare Verhältnisse gab.«[257]

Mit der Gründung der KPD/AO betrieb Semler nun »den Parteiaufbau von oben«. Die Arbeiterklasse war demnach noch nicht reif für die Revolution; sie bedurfte einer Führung durch diejenigen, die bereits im Besitz des richtigen revolutionären Bewusstseins waren.

Knapp zusammengefasst verliefen Semlers ideologische Windungen bis 1970 so: Zunächst sollte die Revolution von den Studenten ausgehen, dann vom Proletariat selbst, später »von oben«, also von der Partei als Avantgarde. Erst war der kommunistische Kadergedanke gut, dann wurde das Rätemodell auserkoren, dann wieder der kommunistische Kadergedanke. Am Ende stand Semler dort, wo er sich zu Beginn seines politischen Denkens schon einmal befunden hatte: am Kaderparteigedanken der Arbeiterbewegung.

Anfang 1970 konkretisierten zwei Parteimitgründer das, was in den Parteithesen schon angedeutet wurde. In ein von ihnen verfasstes Diskussionspapier webten sie die zwölf sogenannten Bolschewisierungsthesen Stalins aus dem Jahr 1925 ein,[258] die der Diktator als »Ratschlag« für die deutsche KPD formuliert hatte.[259] Unter These 10 dekretierte Stalin: »Es ist notwendig, dass die Partei die soziale Zusammensetzung ihrer Organisationen systematisch verbessert und sich von zersetzenden opportunistischen Elementen reinigt, wobei sie die Erreichung einer maximalen Einheitlichkeit als Ziel vor Augen haben muss.« Unter These 11 verkündete der Mann, der nach Meinung der KPD/AO-Führung »die Arbeiterklasse der Sowjetunion zu gewaltigen Siegen«[260] geführt hatte: »Es ist notwendig, dass die Partei eine eiserne proletarische Disziplin entwickelt, die auf der Grundlage der ideologischen Einheit, der Klarheit der Ziele der Bewegung, der Einheit des praktischen Handelns und des bewussten Verhaltens der breiten Parteimassen zu den Aufgaben der Partei erwächst.« Einwände innerhalb des Gründungszirkels, ausgerechnet Stalin heranzuziehen, wurden von der Mehrheit oder den Anführern abgebügelt mit der Behauptung, das die KPD der Weimarer Republik die Bolschewisierung falsch angewandt habe.[261]

Die Parteigründung, die Semler als Befreiung deutet, hat in Wahrheit mehr zerstört als geschaffen. Das spätere Scheitern der Partei war bereits in ihrer Gründung genuin angelegt. Der straffe Kader- und Avantgardegedanke hat der Vielzahl von maoistischen Betriebs-, Basis-, und Lehrlingsgruppen, die damals aus dem Boden sprossen, das Wasser abgegraben. Ab 1970 wurde von oben regiert, die Basisgruppen lediglich als Machtinstrument instrumentalisiert. Außerdem brach die horizontale Kooperation, also der Dialog zwischen den diversen Gruppen, ab. Jede parteiliche Neugründung, allen voran die KPD/AO, verfolgte fortan eigene Ziele; man arbeitete nunmehr gegeneinander. Rudi Dutschke notierte im April 1970 entsetzt in sein Tagebuch: »Die KPD (AO) hat gerade begonnen, ihr Mai-Aufruf ist ein höchstes Maß an Niveaulosigkeit.«[262]

Der »Sache« hat die Parteigründung geschadet, den persönlichen Bedürfnissen Christian Semlers hat sie offenbar genützt. Er hatte wieder die Kontrolle erlangt. Denn so chaotisch und erratisch seine ideologische Entwicklung auch war, zeigte sich doch eine Konstante: Er strebte beständig nach Kontrolle. Egal welche Auseinandersetzungen im SDS gerade geführt wurden, er war immer in vorderer Linie dabei. Wenn irgendeine ideologische oder taktische Position revidiert wurde, musste Semler mit einer eigenen Positionsmarkierung antworten; am liebsten hatte er es jedoch, wenn die Positionsänderung von ihm selbst ausging.

Hier findet sich das Muster, das die bereits erwähnte Studie des BKA bei heutigen Extremisten ausgemacht hat. Demnach versuchten sie durch den Einstieg in die Organisation Kontrolle über ihr Leben zurückzugewinnen. Vielen sind besagte »unvorhersehbare und unkontrollierbare kritische Lebensereignisse« widerfahren. So wie Christian Semler. Wer so aufwuchs wie er, erlebte jenes Ausgeliefertsein und den Verlust der Kontrolle über das eigene Leben, von dem in der Studie die Rede ist. Als junger Mann arbeitete Semler permanent dagegen an. So gesehen, erscheint die Gründung einer eigenen leninistisch-stalinistischen Kaderpartei und die langjährige Vorsitzendenposition als logische, radikale Konsequenz.

Auch was die Aufmerksamkeits-Theorie der Studie angeht, nach der es den Aktivisten um die Dialogaufnahme mit den eigenen Eltern geht, zeigen sich Parallelen, die Semlers politische Hyperaktivität und die notorische Suche nach immer höheren Eskalations- und Provokationsstufen erklären helfen. Wer in Anarchistenpose in die DDR einreist, Entführungspläne ausheckt, mit Knallkörpern hantiert, sich auf Demonstrationen prügelt, Steine wirft, mit dem Ausrauben von Kaufhäusern liebäugelt und später mit einer Handvoll Gleichgesinnter unter Berufung auf Lenin und Stalin allen Ernstes eine neue KPD gründet, wird bei einem konservativ-bürgerlichen Vater garantiert jenes Maß an Aufmerksamkeit bekommen, das ihm möglicherweise vorher versagt blieb.

Es kommt noch eine zweite Ebene hinzu. So unähnlich waren sich Vater und Sohn in Stil und Politik gar nicht, wie es auf den ersten Blick erscheinen mag. Auch Johannes Semler polarisierte gern, wie seine »Hühnerfutter«-Rede zeigte. Vater wie Sohn hatten ein schwieriges Verhältnis zur elitären Welt, in die sie hineingeboren wurden. Christian Semler erlebte früh eine gesellschaftliche Ausstoßung, als er den alten, SPD-treuen SDS verlassen musste. Johannes Semler hatte beruflich zwei schwere Schläge erlebt. 1948 wurde er als Chef der Bizonen-Wirtschaftsverwaltung entlassen, 1960 scheiterte er mit der Rettung der Borgward-Werke. Danach fasste er nie mehr Fuß auf der beruflichen Ebene, die seinen Maßstäben entsprach.

Es ließe sich die interessante These aufstellen, dass der Sohn stellvertretend für den Vater Rache am »System«, dem kapitalistischen, übte, indem er den Kapitalismus zu »zerschlagen« versuchte. Selbst ideologisch-politisch gibt es Gemeinsamkeiten zwischen ihnen. Johannes Semler war ein Verfechter des Staatsinterventionismus und eben nicht der entfesselten Kräfte des Marktes, was er sowohl in seiner Bizonen-Amtszeit als auch bei der gescheiterten Borgward-Rettung demonstrierte. Der Sohn verfolgte als KPD-Funktionär natürlich auch eine staatslenkende Ideologie. Johannes Semler und Ursula Herking haben die ersten Jahre der Funktionärskarriere ihres Sohnes noch erlebt. Johannes Semler starb Anfang 1973, Ursula Herking Ende 1974.

Der führende Kopf der Studentenbewegung in Süddeutschland, Joscha Schmierer, konzentrierte sich nach den für ihn bewegten Jahren 1969 und 1970 ebenfalls auf den Aufbau einer eigenen Organisation. Anders als Semler, der mit wenigen engen Gefährten die zunächst rein auf Westberlin beschränkte Kopfgeburt KPD schuf, agierte Schmierer erst einmal eher als Antreiber und ideologischer Schrittmacher eines komplizierten Organisationsbildungsprozesses. Es ging ihm darum, die Vielzahl lokal verankerter, ideologisch nicht festgelegter Zirkel zusammenzufassen.

Zunächst aber wurde über die von ihm kontrollierte Heidelberger Zeitschrift *Neues Rotes Forum*, die über die Stadt hinaus beträchtlichen Einfluss hatte, eine fast zwei Jahre andauernde Programm- und Ideologiedebatte geführt. Relativ spät, im Juni 1973, wurde in Bremen nach ausgiebigen Diskussionen schließlich der Kommunistische Bund Westdeutschland (KBW) gegründet. Hinter dem Kürzel verbargen sich treffendere und realistischere Begriffe, als es beim Akronym KPD der Fall war. Man sah sich nicht als Partei, sondern eben als »Bund« – auch wenn man aus strategischen und juristischen Gründen als Partei eingetragen war. Nach Lesart des KBW war die gesellschaftliche Situation noch nicht reif für eine Kommunistische Partei. Außerdem schwingt im Wort die Herkunft aus unterschiedlichen Gruppen und Regionen mit.

Aufgrund des eher sorgfältigen und dezentralen Gründungsprozesses war die Programmatik des KBW differenzierter als die der KPD. Die antiautoritären Wurzeln blieben durchaus sichtbar. So verlangte das Programm des KBW unter anderem eine »Rechenschaftspflicht und jederzeitige Abwählbarkeit aller Volksvertreter«, die »Wahl der Richter und aller höheren Beamten durch das Volk« und eine »Übergabe des Volksbildungswesens in die Hände demokratischer Organe der örtlichen Selbstverwaltung«.²⁶³ Die Forderungen mögen auch taktisch motiviert gewesen sein, aber immerhin, sie standen im Programm. In der »Programmatischen Erklärung« der KPD hingegen dominierten der schrille Ton einer selbsternannten Avantgarde-Partei sowie lange Ausführungen über den Parteiaufbau als solchen, über dessen Basis kein Zweifel zu bestehen hatte: »Geleitet vom Marxismus-Leninismus und den Prinzipien der Bolschewisierung der Kommunistischen Partei, wie sie von Ernst Thälmann verfochten wurden, bekennt sich die KPD zum Organisationsprinzip des Demokratischen Zentralismus.«²⁶⁴

IV. Einstieg
Neue Heimat Kommunismus

Trotzdem, wer meint, sich den Film unbedingt ansehen zu müssen, sollte bedenken: der Hai ist weg, unsere Feinde sehen anders aus!
Aus einer Filmkritik zum Hollywood-Streifen *Der Weiße Hai* in einer maoistischen Zeitschrift[265]

Die Gründung von neuen Organisationen allein reichte nicht aus, um die politische Richtung nach 1968 zu prägen. Es brauchte Personal, das dieser folgte und die neuen Organisationsstrukturen füllte. Daran herrschte kein Mangel. Die KPD musste nicht um Mitglieder werben, sondern anfangs im Gegenteil den Zustrom filtern.[266] Besonders auf Intellektuelle und die Berliner Kulturszene übte sie einen starken Reiz aus. »Lehrer, Musiker und Künstler strömten zu uns, um ihre Dienste anzubieten«[267], erinnert sich Wolfgang Schwiedrzik. Für Intellektuelle wurde als »Massenorganisation« die KPD-nahe »Vereinigung sozialistischer Kulturschaffender« (VSK) mit einem eigenen Verlag und eigener Zeitschrift gegründet. Vermutlich machte die Mischung aus historischem Größenwahn, der hinter dem Namen KPD stand, einem expliziten 20er-Jahre-Proletkult, einem starken theatralischen Einschlag (der Ton der Demonstrationslosungen und Zeitungsschlagzeilen im parteieigenen Organ mit dem historisch bedeutungsschwangeren Namen *Rote Fahne* war immer ein wenig schriller als bei der Konkurrenz) und dem Leninschen Avantgarde- und Machtanspruch den Reiz für Intellektuelle aus.

Wolfgang Schwiedrzik wurde 1970 ins Zentralkomitee gewählt und amtierte als hauptamtlicher »Verbindungskader« zu den Künstlern und Intellektuellen. Die Parteibiografie Schwiedrziks zeigt, wie selbst bei einem leitenden Kader der Einstieg in die Organisation keineswegs zwingend das Ergebnis eines hochpolitischen Erkenntnisprozesses war, sondern aus einem komplexen Geflecht aus Zufällen, subtilen Zwängen und persönlichen Motiven resultierte.

> Ich kam 1962 allein nach Berlin. Der Zufall spielte bei mir eine große Rolle. Im Schlafsaal der Jugendherberge, in der ich zunächst Unterkunft fand, schlief auch Tilman Fichter. Wir freundeten uns an, und er zog mich ran an seine Ideen. Er hatte Verbindungen zur alten KPD. Sein Anliegen war es, wie man die sozialistischen Kräfte neu bündeln und eine sozialistische Alternative zur SPD aufbauen kann. Die Fragen, die im SDS wichtig waren – warum ist die Arbeiterbewegung 1933 gescheitert, Klassenkampf-Fragen – spielten bei mir vorher keine Rolle.

Auf striktem marxistisch-leninistischen Kurs war Schwiedrzik noch nicht. Erst später, mit der beginnenden Parteidiskussion im Kreis um Christian Semler, freundete er sich mit dem Kaderparteigedanken an.

> In den 60er Jahren fand ich den Gedanken Dutschkes, dass es zu einer permanenten Radikalisierung und zu einer Steigerung der Kampfformen kommen müsse, so dass uns irgendwann die Macht zufällt, noch einleuchtend. Später setzte ich auf die Partei: Da ist eine geistige, intellektuelle, analytische Instanz. Das erschien mir als rettender Gedanke. Man schafft eine rationale Instanz, die die Volksmassen, die Kampfformen einteilt, einen strategischen Überblick verschafft und auf diese Weise den Intellektuellen eine Rolle zuweist.

Ein Leben als Kader gehörte für Wolfgang Schwiedrzik auch Anfang der 70er Jahre nicht zur Lebensplanung. Eigentlich war er ein aufstrebender linker Theaterregisseur an der Berliner Schaubühne am Halleschen Ufer. In den späten 60er Jahren führte er unter anderem Co-Regie bei *Jagdszenen aus Niederbayern* von Martin Sperr und an den Münchner Kammerspielen beim *Viet Nam Diskurs* von Peter Weiss. 1970 führte er mit großem Erfolg Co-Regie bei Brechts *Die Mutter*. Zwei Jahre später schrieb und inszenierte er das Politstück *Die Märzstürme 1921 (LEUNA)*. An der Schaubühne begannen damals Schauspieler von Rang und Namen wie Otto Sander, Bruno Ganz, Burghart Klaußner, Claus Theo Gärtner, Monika Bleibtreu und Jutta Lampe ihre Karriere. Von der schauspielerischen Leistung Claus Theo Gärtners ist Schwiedrzik noch heute angetan: »Er war mein Lieblingsprolet.«

Schwiedrzik leitete die betriebsinterne marxistisch-leninistische Schulung, die zum politischen Anspruch des Theaters gehörte. Richtig begeistert von seiner Aufgabe war Schwiedrzik aber nicht: Er hatte immer nur wenige Tage Vorsprung im Stoff. 1973 kam es zum Konflikt mit Schaubühnen-Chef Peter Stein.

> Stein wollte den Kurs der Schaubühne ändern – mehr Kunst, weniger Politik. Ich war die Verkörperung der alten Politik. Ich galt als Politkommissar, das war ich zum Teil auch, aber nicht nur. Ich sollte mich umorientieren, dann hätte ich bleiben können. Ich rang darum, das Lehrlingstheater für die Gewerkschaftsjugend weiterzuführen. Dazu war Peter Stein aber nicht bereit. Mein Vertrag wurde beendet. Plötzlich war ich arbeitslos. Ich hatte mir als Mitbegründer der Schaubühne nie meine rechtliche Position gesichert. Eigentlich war ich unkündbar. Ich wollte dann zur Film- und Fernsehakademie, was aber nicht klappte. Zu einem anderen, bürgerlichen Theater zu gehen war so schnell nicht möglich. Dann, 1973, lief die Kampagne zur Befreiung von Semler und Horlemann.

Beide Parteioberen saßen in Untersuchungshaft wegen der gewaltsamen Besetzung des Bonner Rathauses 1973 aus Anlass des Besuchs des südvietnamesischen Präsidenten Nguyen Van Thieu.

> Ich bin dann von der Zentrale in Dortmund angefordert worden, die Kampagne zu leiten. Da ich das wohl gut machte, haben die mich nicht mehr weggelassen. Ich hatte ein ganz ungutes Gefühl dabei. Ich wollte von Berlin nicht weg. Zur Schaubühnen-Zeit war

> ich geschützt, denn ich konnte es politisch gegenüber der Partei begründen, in Berlin zu bleiben. Nach der Kündigung an der Schaubühne war ich nicht mehr geschützt.

Es hat offensichtlich einen Bruch gegeben. Eben war Wolfgang Schwiedrzik noch ein beachteter Nachwuchsregisseur, der an einem angesagten Berliner Haus mit jungen Ausnahmeschauspielern Theater machte. Wenig später fand er sich als maoistischer Parteikader in einem Hinterhofgebäude in Dortmund wieder, wo die Partei seit kurzem ihren Sitz hatte – die KPD zog bewusst ins Ruhrgebiet, um näher am Proletariat zu sein. Der Verlust der Arbeit an der Schaubühne und die »Anforderung« der Partei stürzten Schwiedrzik in eine schwere Krise.

> Ich war, was die künstlerische Seite angeht, sehr verzweifelt. Dass mich Stein und die anderen vor die Tür setzten, war existenzgefährdend. Ich stand kurz vorm Selbstmord. Ich wusste nicht, was ich machen sollte. Ich dachte, das Leben geht nicht weiter. Ich war nicht darauf vorbereitet, etwas anderes machen zu können. Ich war nicht auf dem Sprung an ein anderes, bürgerliches Theater. Ich war Ende der 60er Jahre weiter gewesen. An der Schaubühne aber hatte ich nur die schmalen, zugespitzten Politgeschichten gemacht. Ich galt als Polittheater-Experte. Der Kreis meiner künstlerischen Betätigung wurde immer enger. ... Ich wollte damals das parteiische Theater machen. Ich war schon ziemlich verbohrt und eingeengt. Ich bin nicht durch die Erziehung anderer Regisseure gegangen, Stein hatte eine viel breitere Ausbildung erlangt, der war viel besser vorbereitet. Ich nahm mir ein enges, politisches Spektrum der Dramatik. Ich war nicht wirklich vorbereitet auf eine umfassende Tätigkeit an einem bürgerlichen Theater.

Angesichts dieser kritischen Lebenssituation im Jahr 1973 ist es nachvollziehbar, dass Schwiedrzik dem Ruf der Partei folgte und nach Dortmund ging. Noch ein anderer, persönlicher Aspekt mag den Weg zum Politkader befördert haben.

> Ich war von 1963 bis 1977 mit einer Frau liiert, die auch ein führendes Mitglied der KPD/AO war. Sie hat vergeblich versucht,

> mich zu einem proletarischen Revolutionär umzuerziehen. Ich stand ewig unter Druck: einerseits eine bohememäßige Künstlerexistenz, andererseits Kader. Ich war da hin- und hergerissen. Das kann man nicht vereinbaren.

Später wurde Schwiedrziks langjährige Freundin die Lebensgefährtin von Christian Semler. Sie sind bis heute ein Paar. Das Private war damals sehr politisch, und umgekehrt.

Alexander von Plato gehörte nicht zu den Gründungsmitgliedern der Partei. Durch Freundschaften mit Gründungsmitgliedern des SDS war er allerdings nahe am Parteibildungsprozess, und es war klar, dass er einsteigen würde, was er 1970 auch tat.

Von Platos wichtigere politische Basis indes war Ende der 60er, Anfang der 70er Jahre die Gewerkschaftsarbeit. Seit 1967 arbeitete er als Jugendbildungsreferent bei der IG Chemie. Unter anderem half er, dort einen linken Jugendausschuss und eine unabhängige Betriebsgruppe beim Schering-Werk aufzubauen. Von Plato war frühzeitig in die Gewerkschaft eingetreten, weil er überzeugt war, dass die Studentenbewegung auf eine breitere soziale Basis gestellt werden müsste. Die Gewerkschaft empfand er aber zunehmend als angepasst. Die IG Chemie war traditionell eher konservativ und konsensorientiert, hinzu kamen die Frontstadtbedingungen in Westberlin, unter denen grundsätzliche Systemkritiker automatisch unter dem Verdacht standen, den »freien Westen« an Ostberlin verkaufen zu wollen. Als einmal spontan gestreikt wurde, sorgte die IG-Chemie-Führung für das Ende des Streiks. Von Plato empfand die Einflussnahme der offiziellen Gewerkschaft als Streikbruch. 1972 endete für Alexander von Plato die Zeit bei der Gewerkschaft – unfreiwillig.

> Die IG Chemie wollte die Linke raushaben. Der Jugendausschuss wurde aufgelöst, weil ihnen der zu links war, und mich feuerten sie.

Ein wichtiger Punkt: Auch ein späterer Funktionär wie Alexander von Plato hat keineswegs von Beginn an den Weg in die

Abschottung einer K-Gruppe gesucht, sondern versuchte eine Doppelstrategie. Einerseits schloss er sich einer extremen Partei an, andererseits suchte er über die Arbeit in einer offiziellen Gewerkschaft den Anschluss an die reale Basisarbeit. Die Verbindungen zu dieser Basis wurden nicht von ihm gekappt, sondern vonseiten der Institution. Selbst wenn man in Rechnung stellt, dass von Plato durch zunehmende dogmatische Agitation an der Gewerkschaftsbasis seinen Teil zum Bruch beigetragen hat, ging der entscheidende Schritt von der Institution, vom »System« aus. Der Einstieg in eine K-Gruppe war nicht nur das Ergebnis einer freiwilligen Selbstradikalisierung, sondern das Produkt von Erfahrungen mit der anderen Seite.

Jochen Staadt, heute ein bekannter Kommunismus- und DDR-Kritiker am Forschungsverbund SED-Staat der Freien Universität Berlin, kam im Sommer 1968 als 18-jähriger Abiturient nach Berlin. Der Sohn eines Unternehmers für Büroeinrichtungen aus Bad Kreuznach wurde als Oberschüler durch den Zeitgeist, der aus dem nahen Frankfurt herüberwehte, politisiert. Als prägend bezeichnet Jochen Staadt das Fernseh-Interview, das Günter Gaus mit Rudi Dutschke im Dezember 1967 führte. Der distinguierte Journalist, der durch Gespräche mit Herbert Wehner und Konrad Adenauer bekannt wurde (»Zur Person«), lud Dutschke in seine populäre Sendung ein, was einem Ritterschlag gleichkam: Jetzt musste sich auch das bürgerliche Publikum mit dem Studentenführer ernsthaft auseinandersetzen.

> »Der Rudi« – der war doch klasse, sagten danach alle. Im Nachhinein, muss ich sagen, hatte das nichts mit den Inhalten zu tun, sondern er passte ins Bild. Dutschke im Ringelpullover, das passte habituell, ohne dass man genau wusste, warum.

Nach Berlin ging Jochen Staadt, weil er nicht zur Bundeswehr wollte. Erleichtert wurde der Wegzug nach Berlin womöglich dadurch, dass Jochen Staadt vorher nirgendwo richtig heimisch war. Mit elf Jahren verließ er Bad Kreuznach und wurde auf ein Internat geschickt. Nach einem weiteren Wechsel machte er auf einem anderen Internat Abitur. Es gibt aber noch einen anderen Grund.

> Ich konnte mir schlecht vorstellen, mit meinem Vater gemeinsam das Unternehmen zu führen. Das war der entscheidende Grund dafür, dass ich was anderes gemacht habe.

Zu einem radikalen Bruch kam es jedoch nicht. Jochen Staadt hielt mit der Wahl seines Studienfachs die Verbindung zu den Eltern befriedet.

> Ich fing an mit BWL und Soziologie an der Freien Universität, weil immer noch im Hintergrund war, dass ich das Unternehmen meines Vaters übernehmen sollte. Eigentlich wollte ich nicht in den Betrieb. Aber ich hatte es mir noch offengelassen und gesagt, mal sehen. ... Ich war anfangs ein bisschen distanziert gegenüber der Studentenbewegung, fand das aber spannend: die Kneipen, die Annäherung der Geschlechter. Zunehmend wurden die linken Organisationen wichtig für mich. Man fand darin auch eine Heimat als Fremder in einer großen Stadt. Ich war zunächst aktiv in der Ad-hoc-Gruppe Wiso [Wirtschafts- und Sozialwissenschaften].

Nach einem Jahr hat sich Jochen Staadt offenbar entschieden (oder durchgesetzt), was seinen beruflichen Weg anging. Er brach sein BWL-Studium ab und wechselte über zu Germanistik und Politikwissenschaft. Dort war der Ton noch linksradikaler als bei den Wirtschaftswissenschaften. Das Sommersemester 1969 fiel durch lange Streiks und Dauerblockaden von Hörsälen praktisch aus. Als Germanistikstudent schloss er sich der Roten Zelle Germanistik (»Rotzeg«) an, einer der wichtigsten und größten Studentenzirkel in Berlin nach '68.

> Ich las Lenin von vorne bis hinten. Ständig erschienen neue Grundsatzschriften, die nie wirklich rezipiert wurden. Die konnten in zwei bis drei Wochen schon wieder veraltet sein. Es ging dann los mit der Organisationsfrage: Wir brauchen eine bessere Organisation, es geht so nicht weiter, wir müssen raus aus der Beschränkung auf die Universität. Es ging um verbindlichere Organisationsformen. Das leuchtete mir ein. Wenn wir die Verhält-

nisse verändern wollen, dann müssen wir vorher die Struktur ändern, was das Ende des antiautoritären Aufbruchs bedeutete.
Zur Phase nach '68 gehörte der Gang in und vor die Betriebe. Auch Jochen Staadt machte dabei mit. Er war bei einer Agitationszelle bei Telefunken; vor anderen Betrieben verteilte er Flugblätter. In der Roten Zelle Germanistik zählte er zu dem Flügel, aus dem später die KPD ihre ersten Kader rekrutieren sollte.

> Ich habe in der Roten Zelle die Linie der KPD vertreten. Ich wurde dann von Älteren für die Studentenkommission der Aufbauorganisation der KPD rekrutiert. Ich sollte den Studentenverband der KPD vorbereiten und saß später dann auch 1970 in dessen Leitung.

Wenig später wurde Staadt für eine neue Aufgabe eingesetzt: Er soll die »Liga gegen den Imperialismus« aufbauen. Die »Liga« gehörte zu den sogenannten Massenorganisationen der KPD. Lenins Parteitheorie folgend, gründete die Partei eine Reihe von Satelliten-Organisationen für politisch Nahestehende, die die Mühen und Risiken des Parteikaderlebens nicht auf sich nehmen wollten, sich aber politisch mit der Partei identifizierten. Die Liga gegen den Imperialismus konzentrierte sich, der Name deutet es an, auf den »antiimperialistischen Befreiungskampf« in der Dritten Welt und die Agitation gegen die nach Mao Tse-tung zwei imperialistischen Weltmächte USA und Sowjetunion. Jochen Staadt wurde zu einem typischen Produkt dieser Leninschen Parteikonstruktion. Staadt blieb »Kandidat« der KPD und wurde nie Vollmitglied, stieg aber innerhalb der »Liga« bis an die Spitze auf.

> Ich wurde dann der erste Vorsitzende des Präsidiums der »Liga«. Als die »Liga« nach Köln zog, musste ich auch nach Köln. Der Umzug gefiel mir nicht. Ich schrieb mich an der Universität ein, studierte aber nicht. Ich saß im Kontor der »Liga« mit Zigarre und Lederjacke. Es war eine hohle und blödsinnige Tätigkeit.

Jochen Staadt spricht heute recht locker über seinen Einstieg in die Welt einer K-Gruppe. So selbstverständlich, wie aus seiner Sicht seine damalige Radikalisierung erscheint, so selbstverständlich klingt auch sein heutiges Urteil, dass die Tätigkeit »blödsinnig« gewesen sei. Das mag mit nachträglichen Distanzierungen aufgrund seiner heutigen, beruflich sehr kritischen Beurteilung des Marxismus und kommunistischer Systeme zu tun haben, kann aber auch mit einem biografischen Punkt zusammenhängen, der für die Zeit nach 1968 insgesamt wichtig ist: Jochen Staadt gehörte als 1950 Geborener zu den Jüngsten, die Ende der 60er Jahre linksradikal wurden. Die SDS-Veteranen und späteren Parteigründer waren im Schnitt zehn Jahre älter. Er hingegen zählte zum Nachwuchs, der die Organisationsstrukturen und die politische Richtung nach 1968 nicht prägte, sondern sie vorfand und annahm. Die Alterskohorte von Jochen Staadt bildete die Fußtruppe der künftigen linksradikalen Organisationen. Sein Einstieg zeigt, dass man recht leicht in den Sog der Gruppen geraten konnte, wenn die Faktoren Alter, Ort und Zeit passten. Wer 1968 als 18-Jähriger allein nach Berlin zog und ab 1969 an der Freien Universität das Fach Germanistik studierte, musste vermutlich einigen Widerstand aufbringen, um sich einem radikalen Nachfolgezirkel des SDS *nicht* anzuschließen. Das Fach war durch die Rote Zelle Germanistik eine linksradikale Hochburg. Jochen Staadt deutet es selbst an, indem er den atmosphärischen und den sozialen Aspekt des Einstiegs in die Szene nennt.

> Die Anfänge waren einfach spannend, da passierte was. Man diskutierte kühne Thesen über die Welt und über die Veränderung der Welt. Das war keine logische, rationale Entscheidung. Das waren das Umfeld und die Situation, in die man hineingeraten war. Das [die politischen Ansichten, d. A.] erschien mir logisch, habe ich mir gesagt. ... In jedem Universitäts-Seminar gab es Leute, die einen in eine Schulungsgruppe zerren wollten. Neben den Seminaren wurden dauernd Schulungsgruppen angeboten.

Gerald Klöpper, das Arbeiterkind aus Bad Salzdetfurth, ist noch drei Jahre jünger als Jochen Staadt. Auch waren seine Motive des Wegzugs nach Berlin weniger bürgerlich-bohemehaft – mal gucken, was in Berlin so los ist –, sondern existenziell. Es war eine Flucht. Sein erster Kontakt mit radikalsozialistischen Ideen wurde durch den Intellektuellen im Lehrlingsbetrieb hergestellt. Die nächsten Schritte folgten recht schnell.

> Ich nahm 1971 an Besetzungen teil. Im Wedding wurde ein bedrohtes Jugendzentrum, die »Putte«, besetzt und in Kreuzberg das Georg-von-Rauch-Haus[268]. In Schöneberg demonstrierten wir für den Erhalt des Jungarbeiter- und Schülerzentrums. Das war der Einstieg in die Anarcho-Szene.

In der Szene tummelten sich viele. Der Schritt zur Bewegung 2. Juni und zur offensiven Gewaltanwendung bedeutete noch einmal eine andere Stufe, die die meisten scheuten.

> Es gab verschiedene Versuche, sich zu organisieren. Einige wollten in Richtung Anarchismus gehen, andere wollten theoretisch arbeiten. Als Arbeiterkind war ich praktischer veranlagt. An den Besetzungen und Demonstrationen nahmen auch Mitglieder des »2. Juni« teil. Man lernte Menschen kennen und erwarb mit der Zeit einen Verlässlichkeitsstempel. So nahm man an härteren Aktionen teil. Erst wurden Schaufensterscheiben von Banken eingeschmissen, später wurde versucht, in einer Nacht mehrere Amtsgerichte anzuzünden. ... In den Wohngemeinschaften hatten viele eingewandt, dass das der falsche Weg sei. Intellektuelle hatten die Texte Rosa Luxemburgs und Che Guevaras herangezogen. »Ihr kämpft im Herzen der Bestie«, so hatte Che Guevara den Kampf in der westlichen Welt begründet. Avantgarde – ich gehe vorweg, es ist nicht verwerflich, dass Gewalt angewandt wird. Die Rechtfertigung war, dass die andere Seite auch Opfer produziert. Viele Lehrlinge und Arbeiter kamen in den Fabriken und auf Baustellen zu Schaden. Die Argumentation war, wir zahlen es zurück. Das waren Hilflosigkeiten, aber man wollte sich wehren.

Innerhalb von weniger als zwei Jahren wandelte sich ein Aussteiger, der vor der Enge und Bedrücktheit des Herkunftsmilieus nach Berlin geflohen war, zum gewaltbereiten Anarchisten. Heute, fast 40 Jahre später, begründet Gerald Klöpper den Schritt zur Gewalt nicht politisch, sondern biografisch.

> Das hängt mit der Frage zusammen, wie man selbst Gewalt kennenlernte. Als ich Kind war, setzte es Ohrfeigen bei Falschhandlungen. Gewalt war nichts Fremdes für mich. Man hatte ja nicht die Mittel der anderen Seite, die Mittel des Parlamentarismus: wie streite ich langfristig für eine Sache. Das hatte man als Arbeiter nicht gelernt. Man hatte nur den Druck von oben nach unten kennengelernt. Entweder man hielt es aus oder man trat zurück, um sich so Respekt zu verschaffen. Demokratie hatte ich nicht gelernt als Kind. Die Demokratisierung der Schulen mit Klassensprechern und Vertrauenspersonen ist auch erst später erfolgt.

Anders als ein Bürgerkind wie Ulrike Meinhof musste Gerald Klöpper die Fähigkeit zur Gewaltanwendung nicht mühselig lernen und klassenspezifische Hemmungen überwinden. Das Handwerkszeug brachte er bereits im Gepäck mit. Kommt der ideologische Überbau in Form von Che Guevaras Guerilla-Theorien hinzu, ist Gewalt nicht mehr eine trostlose Form der privaten Auseinandersetzung, sondern wird zu einem politischen Akt – was auf einen Unterprivilegierten zweifellos einen großen Reiz ausübt.

Krista Sager ist ebenfalls 1953 geboren. In Bremen aufgewachsen, schloss sie sich als Studentin in Hamburg der Sozialistischen Studentengruppe (SSG) an, die später zur Studentenorganisation des KBW in Hamburg wurde. Auch dem KBW selbst trat sie als Studentin bei. Wie Ralf Fücks, Reinhard Bütikofer, Winfried Kretschmann, Winfried Nachtwei, Antje Vollmer und Jürgen Trittin gehörte Krista Sager zu der Reihe grüner Spitzenpolitiker, die in den 70er Jahren in maoistischen K-Gruppen politisch sozialisiert wurden. Sie amtierte in den 90er Jahren als Sprecherin der Grünen und später, zu rot-grünen Regierungszeiten, als Co-Fraktionschefin der Bundestagsfraktion. Zwischendurch war sie Zweite Bürgermeisterin von Hamburg.

Krista Sager stammt aus einer bunten Familie. Ihr Vater kam aus Stralsund, der wiederum der Sohn eines aus Rumänien eingewanderten Siebenbürger Sachsen war. Als Marinesoldat in Dänemark stationiert, lernte ihr Vater eine Dänin kennen, Krista Sagers Mutter. Wegen einer Krankheit der Mutter brachten die Tochter und ihr Zwillingsbruder einige Zeit bei den Großeltern in Nordjütland zu. Krista Sager ist zweisprachig aufgewachsen.

Politisiert und radikalisiert wurde Krista Sager Ende der 60er Jahre durch die rebellische Zeitströmung, die auch Bremen erfasste. Schüler und Studenten demonstrierten gegen lokale Probleme (Fahrpreiserhöhung bei den Verkehrsbetrieben) und große Themen (Vietnam). Die Erfahrung, dass man trotz harter Gegenwehr des Staates in Form von Wasserwerfern und Polizeiknüppeln Erfolge erringen konnte, prägte Bremer Jugendliche. Die Fahrpreiserhöhung wurde 1968 zurückgenommen. Krista Sager, die damals noch Schuller hieß, trieb das Bedürfnis nach Welterklärung an.

> Es gab diese unerklärten Katastrophen: den Ersten und den Zweiten Weltkrieg, den Holocaust. Ich hatte früh Kriegsangst. Als Halbdänin hatte ich eine kindliche Angst, dass es wieder zum Krieg zwischen Dänemark und Deutschland kommen könnte. Die Kuba-Krise habe ich bewusst mitbekommen. Ich wurde dadurch geprägt, dass Politik wichtig ist, dass sie die Menschen beherrscht, dass die Menschen hineingesogen werden. Aber warum es zu diesen Katastrophen kam, dafür gab es keine Erklärung. Ich suchte danach. Ich las zunächst psychologische Schriften: Freud, Alfred Adler, Wilhelm Reich. Durch ältere Schüler bekam man dann den Existenzialismus mit. Später lasen wir die marxistischen Frühschriften, die wir billig aus der DDR bekamen. Die haben wir in Schüler-Schulungen durchgearbeitet. Schließlich befasste man sich mit der Faschismus-Theorie, mit Lenin und seiner Imperialismus-Theorie und der Diktatur des Proletariats; mit Frantz Fanons Schriften und der Dritten Welt. Im Marxismus-Leninismus fanden wir eine logische, nachvollziehbare Entschlüsselung und Erklärung der Welt, aber auch eine Handhabung dafür, wie man Katastrophen künftig verhindern kann. ...

> Es gab ja nicht viele kritische Intellektuelle in Deutschland, was mit der Ermordung der Juden zu tun hatte. Es gab für erklärungssüchtige junge Leute keine Erklärungsangebote. Wir waren praktisch gezwungen, dieses Zeug aus der DDR zu lesen, die boten ja was an.

Dass der Krieg Krista Sager stark beschäftigte, hat auch mit ihrer persönlichen Familiengeschichte zu tun. Ihr Vater war bei Kriegsende als Soldat im lettischen Riga. Nach der Kapitulation konnte er sich zusammen mit anderen deutschen und baltischen Soldaten ins neutrale Schweden retten, wurde aber kurz danach zusammen mit rund 2500 anderen Soldaten von der schwedischen Regierung an die Sowjetunion ausgeliefert, was völkerrechtlich und moralisch äußerst fragwürdig war und bis heute in Schweden kontrovers diskutiert wird.[269] Der Vater verbrachte daraufhin vier Jahre in sowjetischer Kriegsgefangenschaft. Vergeblich hatte seine dänische Ehefrau versucht, ihn aus dem Lager in Schweden herauszuholen. Am Familienküchentisch spielte die Kriegszeit des Vaters eine große Rolle. Allerdings stand für die Kinder mehr die mögliche persönliche Schuld des Vaters und weniger dessen Tragik im Vordergrund.

> Mein Vater hat viel über den Krieg geredet. Mein Vater hat unablässig monologisiert, wir waren seine Therapiegruppe. Da wurde viel ausgeblendet und verdrängt. Was die Judenvernichtung anging, sagte er, das war zwar falsch, versuchte es aber noch zu erklären, wie etwa mit dem Neid auf die Juden. Das stand in keinem Verhältnis zur Judenvernichtung. Oder etwa die Frage, was er eigentlich in der Sowjetunion verloren hatte – das wurde als Heimatverteidigung interpretiert. Man merkte, dass da verdrängt wurde. Wenn man Erklärungen finden wollte, musste man sich allein auf den Weg machen, da war von der Elterngeneration nichts zu erwarten.

Die Tochter schloss sich einer Schülerbasisgruppe an und dann einem Sozialistischen Schülerbund, der bereits die Spaltung zwischen einem DDR-freundlichen und einem maoistischen Flügel hinter sich hatte. Sie wählte die maoistische Variante.

> Es war für mich klar, dass die DDR für mich kein Modell sein konnte. Ich war mit 14 Jahren zu meinen Verwandten nach Stralsund gereist. Ich empfand das dort als sehr miefig. Ich lernte außerdem junge Leute kennen, die aus der DDR rauswollten. China war eine Flucht in die Exotik. Da konnte man nicht so genau hingucken, das war weit weg. Man hatte ein Bild von Mao als dem großen Freiheitskämpfer. Man hat sich eingeredet, dass es den Chinesen besser ging als den Menschen in Indien. China war zwar ein Entwicklungsland, galt aber als im Aufbruch begriffen in Richtung Sozialismus.

Als Krista Sager 1972 nach Hamburg ging, schloss sie sich nicht nur einer maoistischen Studentenorganisation, der SSG an, sondern einem Milieu von Gleichgesinnten. In der WG, in die sie zog, lebten Genossen, die allesamt auf maoistischer Linie waren. Ihren ersten Mann, den sie früh heiratete, lernte sie in diesem Milieu kennen. Er war ein »Betriebsgenosse«, der in einer Hamburger Aluminiumhütte arbeitete. In Hamburg wurde Krista Sager auch Mitglied im KBW.

> Man wurde nicht gefragt, ob man wollte, sondern man wurde für geeignet gehalten. Ich wurde von einem Führungsgenossen für würdig befunden, in diese Gruppe zu kommen. Ich gehörte zu denen, die sehr bereitwillig Zusatzeinsätze gemacht haben. Ich war sehr aktiv beim Verkauf der *Kommunistischen Volkszeitung*. ... Ich habe den Druck von Flugblättern übernommen. Ich habe die Flugblätter nachts gedruckt und morgens vor den Betrieben verteilt.

Krista Sager war von der marxistischen Argumentation, dass die Revolution über die Arbeiterklasse kommen wird, überzeugt.

> Man sagte sich, dass die Arbeiterklasse die gesellschaftliche Kraft ist, die die Revolution machen kann, weil sie die Produktivkräfte in der Hand hatte. Sie galt als die einzige Klasse, die die Macht hat, die gesellschaftlichen Verhältnisse zu revolutionieren und damit auch alle anderen Klassen mitzubefreien.

Ein Grund für die Fixierung auf die Arbeiterschaft findet sich in einer Tatsache, die die Gesellschaft der frühen 70er Jahre von der heutigen unterscheidet.

> Die Arbeiterschaft war nicht so klein wie heute. Die Technologisierung, die Globalisierung und die Konzentrationsprozesse in der Industrie fanden erst später statt. Es wurde noch nicht alles in China produziert. Die Arbeiter waren nicht alle doof. Bei den Aluwerken etwa, wo mein Mann arbeitete, waren Arbeiter mit einer normalen Berufsausbildung beschäftigt.

Verhältnismäßig viele KBW-Anhänger arbeiteten in der Druckindustrie, was historische Gründe hatte. In der Druckindustrie waren traditionell überdurchschnittlich viele linke, politisch bewusste Arbeiter beschäftigt. Das wiederum half dem KBW, weil sie vor diesen Betrieben Flugblätter mit sachkundigem Inhalt verteilen konnten. Krista Sager war dabei.

> Die Flugblätter basierten auf den Informationen der Leute im Betrieb. Darin standen Dinge, die die Leute im Betrieb berührten. Die waren erstaunt, wie gut wir informiert waren. Informationen über Arbeitsbedingungen, Arbeitsschutz und andere Interna.

Eine Kadergruppe konnte für Studenten der 70er Jahre noch aus einem ganz anderen, praktischen Grund attraktiv sein. Im Lehrbetrieb der Universitäten herrschte nach den diversen Studienreformen viel Freiheit, was für manche Studenten eine Bürde darstellte. Der KBW und seine Organisationen wirkten dagegen als Stabilitätsanker.

> Es herrschten chaotische Verhältnisse an der Uni. Die Bedingungen waren sehr unstrukturiert. Da sind manche untergegangen. Wir waren in jeder Hinsicht eine Kampftruppe: Wir haben zusammen studiert, wir hatten untereinander unsere Liebschaften, wir sind zusammen Seminare sprengen gegangen.

Tissy Bruns erlebte als Hamburgerin bereits als Schülerin die Politisierung an der örtlichen Universität.

> Es fanden ständig Treffen und Teach-ins statt. Das führte dazu, dass ich irgendwann in einen marxistischen Schulungskurs in einer WG geriet. Es war ein doppelter Reiz: Einerseits lernte ich etwas, das es nicht in der Schule gab. Es war eine Welt, die neu zu entdecken war. Andererseits zeigte die Wohngemeinschaft eine für mich ganz neue, abenteuerliche Art zu leben. Alles war

> anders: Statt wuchtiger Betten lagen auf dem Boden einfach Matratzen herum. Zum Schulungskurs gehörten alberne Übungen, die man sich selbst auferlegte – wie viele Stunden habe ich gelernt für diese Schulungskurse. Einmal saßen zwei ältere Dozenten, Studenten, vorn, die auf uns bedeutend wirkten, weil sie angeblich alles gelesen hatten. Sie sagten, dass ihnen zu Ohren gekommen sei, dass in diesem Kurs die Grundlage der Diktatur des Proletariats noch nicht verinnerlicht sei, und da müsse man was tun. Es gab formalisierte »Kapital«-Übungen mit anschließenden Tests. Als Schülerin, die sich befreien will, geht man freiwillig zu Orten, wo Tests geschrieben werden. Es war völlig kurios. Ich erinnere mich an eine Szene: Wir sollten einen Test schreiben, und ich wusste nichts. Ich war falsch vorbereitet. Plötzlich kam jemand herein und verlangte, dass der Test sofort abgebrochen werden müsse, weil wir zu einem Teach-in müssten. Ich war erleichtert wie auf der Schule, nach dem Motto »Glück gehabt«.

Eine junge Frau fühlt sich so wie andere auch vom Marxismus-Leninismus angezogen, weil der neu und fremdartig ist und in einem Milieu gelehrt wird, wo es keine Spitzendeckchen und Barockmöbel gibt, so wie sie es vom Elternhaus kennt. Aufhorchen lässt aber, dass Tissy Bruns sich, anders als zum Beispiel Krista Sager, innerhalb kurzer Zeit für das DKP-Umfeld entschied. In Hamburg gab es viel maoistische Konkurrenz. Die DKP hatte erkennbar enge Verbindungen zur DDR, dem Land also, wo der Spitzendeckchen- und Gardinen-Biedermeier gerade nicht abgeschafft wurde; auch schliefen die Kommunisten in der DDR klassisch in Betten und nicht auf Matratzen auf dem Boden – so wie die eigenen Eltern in der Bundesrepublik. Warum also die DKP?

> Es wurde Mode, Mao Tse-tung als vulgärmarxistisch zu bezeichnen. Die DKP hatte einen speziellen Reiz, weil es in ihren Reihen Leute gab, die im KZ gesessen hatten und in der Adenauer-Republik wegen des Verbots der alten KPD ausgegrenzt waren. Die bewiesen einem, dass man mit Widerspruchsgeist und Rückgrat

durchs Leben gehen kann. Ich war damals außerdem mit einem Mann zusammen, der schon Student und drei Jahre älter war und zum DKP-Lager gehörte. Die Männer haben untereinander Hahnenkämpfe geführt, da ging es weniger ums inhaltliche Rechthaben, sondern um männliche Führerschaft. Nicht zuletzt wegen meines Freundes gehörte ich irgendwann zur Gruppe, die den Maoismus fragwürdig fand.

Die Entscheidung für die DKP-Variante des Kommunismus war auch bei Tissy Bruns nicht das Ergebnis eines gründlichen, analytischen Vergleichs der konkurrierenden Gruppen und der hinter ihnen stehenden Theorien, sondern hatte mit der sozialen Gruppe zu tun, in die Tissy Bruns hineingeraten war. In ideologischer Nähe zur DKP befanden sich marxistische Konkurrenz-Gruppen: der Sozialistische Hochschulbund (SHB) und der sogenannte Stamokap-Flügel der Jusos. Die DKP hatte für Tissy Bruns einen entscheidenden Vorzug.

Je größer der gesellschaftliche Widerstand ist, desto größer ist das subjektive Moment des Heroismus: Das traut sich nicht jeder, manche werden weich, ich aber nicht. Für jeden hat dies einen Reiz, für jüngere sowieso. ... Der Außenseiterstatus hatte was Attraktives. Ich erinnere mich an Jusos im eigenen Bekanntenkreis, bei denen man genau spürte, dass sie dachten: Hätte ich doch auch den Mut, so konsequent zu sein.

Die gesellschaftliche Liberalisierung der frühen 70er Jahre hat paradoxerweise die Radikalisierung begünstigt.

Die Wandlung damals hat es möglich gemacht, dieses Sektenhafte in voller Blüte auszuleben. Es war ein revolutionärer Heroismus in einer wohlwollenden Gesellschaft. Dieser Heroismus war möglich, eben weil er nicht ernsthaft auf die Probe gestellt wurde. Wir mussten keine wirklichen Entbehrungen leisten ... Es war eine sicherere Gesellschaft als heute. Ich hatte mir nie berechnend gesagt, wenn das hier schiefgeht, finde ich immer noch einen Job, aber es war so.

Die zentrale Attraktion für den Marxismus lag auch für Tissy Bruns in der Faszination der schlüssigen Welterklärung.

> Wenn das Leben einem höheren Ziel verpflichtet ist, erübrigt das viele Fragen: Man stellte keine Sinnfrage mehr, die man in dem Alter ziemlich häufig hat. Sie ist erledigt durch die Endvision Sozialismus. Und man ist nicht mehr ein Normalo, man ist was Besonderes. Aber es hatte zwei Seiten: Einerseits gab es den revolutionären Heroismus, anderseits war die Bereitschaft zur Selbstgeißelung höher. Es war eine Unterordnungsbereitschaft dabei. Wenn man behauptet, dass sich die Sinnfrage erledigt hat, dann ist das natürlich auch eine absolut kleinmütige Haltung, weil man gar nicht den Versuch macht, selbst diesen Sinn des Lebens zu entschlüsseln. Es ist größenwahnsinnig und zugleich klein.

Fanni Mülot, geboren 1950 in Frankfurt am Main, ist einen ähnlichen politischen Weg gegangen wie Tissy Bruns. Als Studentin schloss sie sich dem Marxistischen Studentenbund Spartakus (MSB Spartakus) an, später der DKP. Nach einem Germanistik- und Religionsstudium wurde sie Lehrerin. Heute leitet sie eine Gesamtschule in Offenbach. Die Schule ist eine der wenigen in Hessen, die sich während der Regierungszeit des CDU-Ministerpräsidenten Roland Koch in eine Gesamtschule umwandeln konnten. Fanni Mülot stammt aus einer bürgerlichen Familie. Das Elternhaus war stark protestantisch geprägt; die Eltern gehörten einer reformierten Kirche an. Die Tochter besuchte ein humanistisches Gymnasium mit Griechisch- und Lateinunterricht.

> Ich war damals noch nicht richtig politisch. Geärgert habe ich mich mehr über die Lehrer. Einmal haben sie alle Türen verschlossen, damit wir nicht auf eine Demonstration gehen konnten. Wir sind dann durch die Fenster im Erdgeschoss gesprungen. ... Mich haben stark Sinnfragen interessiert, deswegen habe ich später auch zunächst Theologie studiert. Das Gymnasium, auf das ich ging, war sehr konservativ, andererseits konnten wir im Unterricht über die Theologie der Revolution, über Camilo Torres und Che Guevara diskutieren. Das war für mich als Protestantin interessant. Ich war, denke ich, eine kritische junge Frau, die die Dinge infrage gestellt hat: Es kann doch auch anders sein; so, wie

> es vorgegeben ist, muss es doch nicht sein. In einem bürgerlich-liberalen Elternhaus war natürlich alles auch sehr normiert: Man sollte studieren, man sollte einen ordentlichen Beruf ergreifen, es sollte alles seinen Weg gehen. Ich bin dann weggegangen nach Marburg zum Studieren. Das war damals nicht üblich als junge Frau. Meine Klassenkameradinnen sind in Frankfurt geblieben.

Der Wegzug nach Marburg ist auf der einen Seite ein rebellischer, in ihrem Milieu und als junge Frau noch ungewöhnlicher Akt gewesen. Andererseits hing ihr Interesse für Sinnfragen und linke theologische Fragen unmittelbar mit den Werten zusammen, die ihre Eltern ihr vermittelten.

> Soziale Fragen waren bei uns stark verankert. Meine Eltern sind stark pazifistisch geprägt.

Die Prägungen haben viel mit den drastischen Kriegserfahrungen der Eltern zu tun. Fanni Mülots Vater, der aus Schlesien stammte, wurde an der Ostfront schwer verwundet. Eine Gewehrkugel blieb im Kopf stecken und musste herausoperiert werden. Nur mit Glück überlebte er. Durch die Verletzung blieb zeitlebens ein Arm gelähmt, außerdem musste er den größten Teil seines Lebens im Rollstuhl verbringen.[270] In einem Kriegsversehrtenheim lernte er seine spätere Frau kennen, die in Berlin ausgebombt worden war, ihre beiden Eltern verloren hatte und nun als Krankenschwester von Lazarett zu Lazarett zog.[271]

> Durch die Behinderung meines Vaters waren soziale Fragen bei uns in der Familie verankert. Er hat selbst gesagt, der Krieg hat mich als Krüppel übriggelassen. Er wurde aber dadurch zu keinem verbitterten, zurückgezogenen Menschen, sondern er hat seine Erfahrungen umgesetzt in soziales Engagement. Das hat mich sehr geprägt. Sein Leben als Behinderter hat zu einem sozialen Denken geführt.

Der Vater war neben seiner Arbeit als selbständiger Baubetreuer jahrzehntelang in einem Verband für Hirnverletzte aktiv. In den 70er Jahren gründete er in seiner Kirchengemeinde den ersten Kindergarten Hessens, in den behinderte und nichtbehinderte Kinder zusammen gehen.

Ab 1970 studierte Fanni Mülot in Marburg Theologie. Die Stadt war eine linke Hochburg mit einer starken DKP.

> Wir haben uns mit Religionskritik beschäftigt, auch mit der Frage, was Religiosität ist. Diese Fragen wurden damals in der Theologie diskutiert. Wir haben uns damals stark mit Ulrike Meinhof identifiziert. Zwischen ihr und dem Protestantismus gibt es Verbindungen: Diese klare Art, wie sie sehr grundsätzlich und geradlinig ihren Standpunkt vertreten hat. Diese Geradlinigkeit hat mich beschäftigt. Gleichzeitig haben wir über die Studieninhalte diskutiert: Was studiere ich eigentlich, was will ich damit erreichen, wofür tut man etwas. ... Nach zwei Jahren Studium war mir klar, dass ich nicht Theologin werden wollte. Ich wollte auf keiner Kanzel vermeintliche Wahrheiten verkündigen. Ich entschied dann, Lehrerin zu werden, obwohl ich die Schule gehasst hatte. Aber die Landesregierung fing gerade mit der Lehrerreform an. Lehrer sollten ohne Unterschied der Schulart gleich ausgebildet werden; Lehrer sollten ganzheitlich unterrichten; Gesamtschulen wurden gegründet. Das hat mich interessiert, das wollte ich machen.

Ein wichtiger Punkt: Die um 1950 Geborenen waren die erste Studentengeneration, die in reformierte Strukturen hineinwuchs. In Hessen regierte damals eine reformorientierte linke SPD-Regierung. Wie bei Tissy Bruns war es ein gesamtpolitisch eher wohlwollendes Klima, in dem die Basis für grundsätzliche Gesellschaftskritik gelegt wurde.

Auf Fanni Mülot bezogen: Ohne die bildungspolitischen Reformen hätte sie in den Universitätsseminaren weder über Befreiungstheologie und Religionskritik diskutieren können, noch wäre sie von Marburg nach Gießen gegangen, um Lehrerin zu werden. Die Universität war eine wiederbegründete Hochschule mit moderner Fakultätsstruktur, neuen Lehransätzen und jungen Professoren.

> Ich habe in Gießen Germanistik und Religion studiert. Ich wollte Lehrerin an einer Gesamtschule werden. Ich wollte eine andere Lehrerin sein. Das hatte vielleicht auch etwas Verkündigungshaftes ...

Ihre Annäherung an den MSB Spartakus hatte viel mit Zufallsfaktoren zu tun, damit, dass der MSB in Gießen gut organisiert war und den Zeitgeist einer Reformuniversität traf.

> Ich komme neu an die Universität, sehe den Büchertisch des Spartakusbundes, der die interessanten Bücher hat, die Bücher, die mich reizen. Man kommt ins Gespräch miteinander. Der Spartakusbund war am Fachbereich Germanistik sehr präsent, der hat die Diskussion geprägt. Er war für mich ein fachliches Forum. Wir haben über didaktische Fragen diskutiert, über kritische Literaturtheorie, auch über Literatur in der DDR. Es war eine intellektuelle Gruppe, die durchaus DKP-kritisch eingestellt war. ... Der MSB hat Günter Wallraff zu einer Lesung eingeladen, das hat den ganzen Fachbereich bewegt. Erich Fried ist auch einmal gekommen. Das haben die Jusos nicht gemacht. ... Der MSB war die einzige Gruppe neben den Jusos, die gewerkschaftlich orientiert war. Das war mir wichtig. Ich bin damals in die Lehrergewerkschaft GEW eingetreten. Die Analyse der Arbeiterschicht war damals im Studium ein großes Thema: Wie lernen Schüler, die nicht die bürgerlichen Voraussetzungen haben? Der MSB bot für diese Fragen ein intellektuelles Forum. Dann wurde damals der Werkkreis Literatur der Arbeitswelt gegründet.[272] Wir diskutierten, ob es wert ist, über Arbeiterliteratur zu forschen in der Literaturwissenschaft. Über die Literatur der Arbeitswelt und die didaktische Analyse habe ich auch meine Magisterarbeit geschrieben.

Für Fanni Mülot kamen möglicherweise als entscheidende Beweggründe, sich dem MSB anzuschließen, noch ihre theologische Vorprägung und ihr zweites Studienfach hinzu.

> Ich hatte aus Marburg die marxistische Religionskritik im Gepäck. Religionskritische Fragen spielten bei den Jusos keine Rolle. Die Religionspädagogik in Gießen war damals sehr religionskritisch orientiert. Es wurde dort kritisch-marxistisch argumentiert.

Ideologisch waren die Unterschiede zwischen Jusos und MSB Spartakus, den beiden größten Studentengruppen bei den Geisteswissenschaften in Gießen, nicht besonders groß. Der Einstieg von Fanni Mülot in den MSB war mehr eine instinktive

Hinwendung: Der MSB war gut organisiert; er stellte spektakuläre Veranstaltungen auf die Beine, was die Jusos nicht taten; und er bot ein Forum für die Fragen, die Fanni Mülot interessierten. Der MSB war noch durchaus offen und keineswegs bloß ein verlängerter Arm der DKP. Marxistische Kernfragen wie Klassenkampf und Produktionsverhältnisse spielten für Fanni Mülot noch keine Rolle.

Später wurde sie auch Mitglied der DKP, was mit dem innenpolitischen Klima zu tun hat. In der DKP, gegenüber der sie anfangs viele Vorbehalte hatte, traf sie Mitglieder, die für sie eine besondere Bedeutung hatten.

> Ich traf alte Menschen in der DKP in Gießen, die den Faschismus erlebt haben, die im KZ saßen und die in der DKP waren, weil sie als Kommunisten verfolgt waren unter Hitler. Die Menschen hatten für mich eine Weisheit und eine Lebenserfahrung, vor der ich eine hohe Achtung hatte. ... Meine Eltern haben nichts verherrlicht, was den Nationalsozialismus anging. Doch mein Vater ist in den Krieg gegangen, ihm ist nicht eingefallen, zu sagen, ich desertiere. Für meine Eltern gab es keinen Widerstand. Aber es hat diesen Widerstand gegeben.

Die kommunistischen Veteranen in der DKP waren Fanni Mülot ein Vorbild, doch vollständig teilte sie die DKP-Welt nicht.

> Man beginnt zu verstehen: Ich muss nicht alles mitmachen, ich kann auch gegen den Strom schwimmen, ich kann auch davon überzeugt sein, etwas richtig zu analysieren, ich kann auch für eine andere Welt sein. ... Nach den Sitzungen standen alle auf, dann wurde gesungen – das war schlimmer als in jeder pietistischen Gemeinde. Die Internationale habe ich nie gesungen. Aber gleichzeitig erlebte man Menschen, die überlebt haben, weil sie nicht Faschisten waren. Die haben aus tiefer Überzeugung gesagt: Ich bin Kommunist. Diese Haltung habe ich bewundert. Deshalb musste ich noch lange nicht die DDR gut finden, wie es die alten Leute taten.

V. Früher Ausstieg
Zurück zur Familie

Die Verlockung: wenn du zu uns kommst, wirst du Wärme finden, entpuppte sich als ein leeres Versprechen.
Jochen Schimmang, *Der schöne Vogel Phönix*[273]

Nicht jeder, der einstieg, machte bis zum Ende mit. Eine Sonderrolle nahmen ohnehin die Spontis ein. Obwohl der Einstieg etwa in den Frankfurter »Revolutionären Kampf« nach strengen Aufnahmekriterien vollzogen wurde[274], funktionierte der Ausstieg ungleich einfacher, sieht man von den Zwängen ab, die durch gewachsene private Verbindungen entstanden waren. Ab 1975 setzte beim RK ein langsamer Auflösungsprozess ein, der aber dem spontaneistischen, flexiblen Selbstverständnis entsprechend eben nicht als Niederlage, sondern als nötige Neuverortung verstanden wurde. Die Betriebsgruppe bei Opel löste sich 1975 auf, nachdem die Mobilisierung der Arbeiterklasse nicht den erhofften Erfolg brachte. Zeitgleich war der »Häuserkampf« an sein Ende gelangt. Aus dem RK und seinem Umfeld entstanden zahlreiche neue Zusammenschlüsse: Frauengruppen, Stadtteilgruppen, Theatergruppen, Kneipen, Zeitschriften. Bekannteste Beispiele sind Daniel Cohn-Bendits Zeitschrift *Pflasterstrand* und das Frankfurter Fronttheater des später fernsehbekannten Kabarettisten Matthias Beltz. Die ehemaligen Genossen vom RK verstanden sich weiter als links, radikal und auch marxistisch, nur die Organisationsformen änderten sich.

Schwerer hatten es die Mitglieder der K-Gruppen. Aus der hermetischen Struktur einer Kaderpartei oder -organisation auszubrechen war schwieriger. Genauso wenig, wie man einfach so und aus eigenem Antrieb Kader im Sinne der Leninschen Parteikonzeption werden konnte, war ein schlichter Austritt vorgesehen. Bei einem Austritt waren der Druck aus der Gruppe und möglicherweise bohrende »Kadergespräche« zu überwinden. Hinderlich für frühe Austrittswillige war auch der Umstand, dass die Mitgliederzahlen der K-Gruppen bis Mitte der 70er Jahre wuchsen. Aus einer wachsenden Organisation auszusteigen ist psychologisch gesehen natürlich schwerer als aus einer schrumpfenden.

Jochen Staadt fühlte sich als Vorsitzender der Liga gegen den Imperialismus der KPD zunehmend unwohl.

> Plötzlich wurde in der Partei Stalin als Klassiker reaktiviert, außerdem die Sozialfaschismus-Theorie. Dann sollte eine rote Gewerkschaftsopposition [als Alternative zu den etablierten Gewerkschaften, d. A.] gegründet werden. Ich fing an zu opponieren. Die Weltlagenanalyse der KPD passte mir nicht.

Die Abwendung hat nicht nur politische Gründe.

> Ich hatte angefangen mit einer Promotion. Mein Betreuer hatte mich ermutigt, meine Arbeit gleich zu einer Doktorarbeit auszubauen. Ich galt damit in der Partei als bürgerlicher Abweichler. Nach der Revolution brauchst du keine Promotion, hieß es. Zum Glück war ich nur Kandidat, nicht Mitglied. Ich musste das [die Kaderregeln, d. A.] zum Glück nicht beschwören. Ich verließ meinen Posten Ende 1973.

Jochen Staadt hat die Verbindung zu seinen Eltern nie abbrechen lassen. Auch das spielte eine Rolle bei seinem Entschluss, das Studium abzuschließen – damals konnte man ohne Abschlussarbeit gleich promovieren.

> Ich fühlte mich meiner Familie verpflichtet. Ich wollte das Studium abschließen, die hatten schließlich mein Studium finanziert. Das war wahrscheinlich Teil der Erziehung. Ich wäre mir auch selbst blöd vorgekommen.

Jochen Staadts literaturwissenschaftliche Promotion *Konfliktbewußtsein und sozialistischer Anspruch in der DDR-Literatur* ist noch auf maoistischer Grundlage geschrieben. Die DDR wird als staatskapitalistisch eingeordnet. Es existierten, so der Autor, in der DDR weiter gesellschaftliche Widersprüche und soziale Klassen. In der DDR-Literatur könne man diese Widersprüche erkennen. Sie ergreife in Wahrheit nicht Partei für die Arbeiter der DDR.

Problemlos vollzog sich der Ausstieg aus der KPD-Welt aber nicht. Wegen Staadt tagte eine »Kaderkonferenz«. Auf Flugblättern, so Jochen Staadt, wurde er als bürgerlicher Abweichler dargestellt, der nur Karriere machen wolle. Diese Erfahrungen dürften ihn darin bestärkt haben, auf das Angebot des damaligen Lektors beim Rotbuch Verlag, Niels Kadritzke, einzugehen, Eindrücke von jungen Leuten zu sammeln, die Mitglied in maoistischen Studentenorganisationen waren und sich dann abwandten. Daraus entstand schließlich 1977 das offiziell von einem »Autorenkollektiv«, tatsächlich aber von Kadritzke und Staadt herausgegebene Buch *Wir warn die stärkste der Partein – Erfahrungsberichte aus der Welt der K-Gruppen*, das für viel Aufsehen sorgte und sich in fünfstelliger Zahl verkaufte.

Der Reiz für die Außenstehenden und die Provokation für die K-Grüppler lag darin, dass erstmals authentische Insider-Berichte zu lesen waren jenseits der Polit-Sprechblasen in der Parteipresse. Die Aussteiger berichten, dass sie eben nicht nur wegen der ganz großen Themen »Vietnamkrieg« und »Befreiung der Arbeiterklasse« eingetreten waren, sondern mindestens ebenso aus privaten Gründen. Die K-Gruppen boten ihnen eine politische und soziale Heimat. Geschützt durch die Anonymität, erzählen sie von Karrieristen in den Führungsetagen, vom grassierenden Denunziantentum, davon, dass sie nur benutzt wurden und keinerlei menschliches Interesse an ihnen bestand, von den giftigen Ritualen leninistischer Selbstkritik, vom Verfassen absurder Lageberichte, von der Angst vor dem Parteiausschluss und dem Verlust der politischen Heimat, und schließlich von dem Schwund privater Beziehungen. Kurzum: Das Buch ist ein Bericht aus der Alltagspraxis einer marxistisch-leninistischen Organisation.

Die Provokation für die gesamte Linke indes lag darin, dass ausgerechnet in einer Phase der verstärkten Frontstellung zum Staat – 1977! – linke Organisierte in einem linken Buchverlag nicht über den gemeinsamen Feind, den Staat, schrieben, sondern über das eigene Milieu, und das äußerst kritisch. So etwas war bis dahin tabu gewesen. Selbst wenn es innerhalb der Linken starke Differenzen und Konflikte gab, sah man sich doch als Genossen. In der Szene war bekannt, dass Jochen Staadt das Buch verfasst hat:

> Für die K-Grüppler war man ein Verräter, die Spontis fanden die Veröffentlichung gut.

Weitere negative Konsequenzen hatte das Buch für ihn nicht. Jochen Staadt verstand sich weiterhin als Linker, links von der SPD. In den späten 70er Jahren gehörte er zum Vorstand der alternativen »Mehringhöfe«, einem Kreuzberger Selbstverwaltungsprojekt. Als sich die bundesdeutsche Öffentlichkeit 1977 spaltete wegen des »Buback-Nachrufs« des »Göttinger Mescaleros«, zählte Staadt zu denen, die sich mit ihm solidarisch erklärt hätten, wenn es darauf angekommen wäre.

> Der Nachruf gefiel allein schon von der Sprache her nicht. Aber wenn ich in die Situation gekommen wäre, dass mich ein Beamter ausgefragt hätte nach ihm – ich hätte ihn geschützt, ich hätte seinen Namen nicht gesagt, wenn ich ihn gekannt hätte. Ich fand den Nachruf nicht gut, aber ich hätte nicht Partei ergriffen für die staatliche Seite. Ich war kein Parteigänger des Staates und der Institutionen seinerzeit.

Seine Abwendung vom Marxismus erfolgte nicht als Bruch, sondern, so Staadt, »das lief so aus«.

Krista Sager ist im Jahr 1976 aus dem KBW ausgestiegen. 1976 hatte der KBW das Maximum seiner Organisationskraft erreicht. Der weiterhin hohe Zulauf an neuen Mitgliedern und die ideologische Konfrontation in der Bundesrepublik – es war das Jahr, in dem sich Ulrike Meinhof in Stammheim umbrachte – verdeckten erste Erosionsprozesse in der Organisation. Plötzlich tauchte mit den Massenprotesten gegen den Bau neuer Atomkraftwerke eine großes Thema auf, das sich nicht ohne weiteres mit dem Raster des Marxismus-Leninismus einfangen ließ. Weil der KBW aber nicht abseits stehen wollte und die Proteste eine Gelegenheit waren, in einer direkten Konfrontation die Fratze des Staates hinter dessen demokratischer Maske freizulegen, machte er bei den Protesten in Brokdorf und Grohnde mit. Krista Sager störte sich am instrumentellen Verhältnis des KBW zur Anti-Akw-Bewegung.

> Der KBW hatte unrealistische Vorstellungen davon, zu welcher revolutionären Großtat man die Anti-Atomkraft-Bewegung benutzen sollte. Die militante Auseinandersetzung mit dem Staat sollte darüber laufen. Die ersten großen Anti-Atom-Demos habe ich noch als Mitglied des KBW gemacht. Ich war aber von der neuen Bewegung schon sehr eingenommen. Über die neue Bewegung bin ich aus dem KBW ausgetreten. Die letzten Demos in Brokdorf 1976 habe ich schon außerhalb des KBW gemacht. ... Wenn sie ständig die Welt erklären wollen und neue Phänomene aufkommen und die eigene Truppe das nicht mehr intellektuell integrieren kann, entsteht eine Dissonanz. Ich hatte zunehmend das Gefühl, dass die reale Welt und die Welt des KBW nicht mehr zusammenpassten. Das lag auch am instrumentellen Verhältnis des KBW zu den eigenen Leuten, und daran, wie diese behandelt wurden, wenn sie eine eigene Meinung hatten. Kader spielten sich auf und lebten ihre Machtbedürfnisse aus. Leute wurden wegen »Rechtsabweichlertums« gedemütigt.

Der Umgang mit einigen Genossen empörte sie.

> Manche Verrücktheiten im KBW lagen daran, dass man an der Welt litt. Ich habe viele innere Kämpfe gehabt aufgrund dieses Leidens an der Welt. Das bedeutete aber auch, dass man sich die Fähigkeit zur Empathie erhielt. Was mit bestimmten Leuten gemacht wurde, das ist nicht an mir vorbeigerauscht. Ich habe mitgelitten mit den Leuten, die so schlecht behandelt wurden.

Ein weiterer, wichtiger Grund für den Ausstieg war, dass Krista Sager nie die Verbindung zu den Eltern abbrechen ließ und sich mit ihren Eltern gut verstand.

Ich habe über viele Jahre nicht ordentlich studiert, habe aber meine nötigen Scheine schon gemacht. Mir war klar, wenn Papa irgendwann sagt, jetzt ist das mit dem Geld langsam mal zu Ende, dann überlegt man sich, dass man irgendwann doch sein Examen machen muss. Und ich wollte vor mir selbst nicht als Versagerin dastehen. ... Meine politische Aktivität fanden meine Eltern natürlich furchtbar. Schlimm war es, als ich noch zu Hause wohnte. Da gab es Streit und Schreiereien und immer wieder politische Diskussionen mit meinem Vater. Aber es gab auf beiden Seiten immer den Wunsch, die menschliche Beziehung nicht abbrechen zu lassen. Das kommt sehr stark aus meiner dänischen Familie. Eine dänische Familie, die es schafft, einen deutschen Soldaten zu integrieren, die hat auf der menschlichen Ebene ein sehr tolerantes Herz. Der Bruder meiner Mutter war in der dänischen Kommunistischen Partei, der Mann ihrer Schwester war in der SS-Division Wiking[275], meine Großmutter war Sozialdemokratin, mein Vater bei der Wehrmacht. Unter politischen Gesichtspunkten war alles da. Dennoch hat man sich auf das Menschliche verständigen können. Ohne meine Mutter und ihre Mentalität hätte das nicht funktioniert. Mein Vater hat das sehr an der dänischen Familie geschätzt, dass die Leute es nett miteinander hatten bei gutem Essen und gutem Trinken und Quatsch zusammen machen konnten. Da hat man das Politische ausgeblendet. Das ging bei uns zu Hause nicht immer, weil wir oft mit meinem Vater in politischen Streit gerieten, der von sich aus oft zu politisieren anfing. Aber es gab das Grundverständnis, dass die Eltern nicht ihre Kinder verlieren wollten und wir unsere Eltern nicht verlieren wollten. Wir haben immer die Erfahrung miteinander gemacht, wenn es hart auf hart kommt, können wir uns aufeinander verlassen, dann zählt nicht die Politik. Als ich 18 Jahre alt war, war meine Mutter schwer krank, und wir standen unserem Vater bei. Als mein Vater krank war, standen wir meiner Mutter bei, und auch mein verrückter kommunistischer Freund war dabei.

Der Ausstieg Krista Sagers wurde erleichtert durch ihren dänischen Hintergrund. Man hatte es in Dänemark gern gemütlich – *hyggelig*. Rituale wie die gemeinsame Pause bei Kaffee und Kuchen werden in Dänemark auch nach '68 nicht belächelt, sondern sind selbstverständlicher Teil der Alltagskultur.

Der binationale Hintergrund Krista Sagers hat sowohl den Einstieg als auch den Ausstieg aus dem KBW befördert. Als Tochter eines deutschen Wehrmachtssoldaten und einer Dänin war sie direkt mit den Auswirkungen des Zweiten Weltkriegs, der »unerklärten Katastrophe«, konfrontiert. Als Mädchen hatte sie Angst, dass es wieder zum Krieg zwischen Dänemark und Deutschland kommen könnte. Sie stellte sich früh existenzielle Fragen und suchte nach schlüssigen Antworten und Lehren. Das skandinavische Element ihrer Herkunft war es aber auch, das sie davon abhielt, wegen der politischen Überzeugung radikal mit der Familie zu brechen und komplett im KBW aufzugehen. Die Familienbande war stärker. Auch die Beziehung zu ihrem Mann war ihr wichtiger als der KBW.

> Ich bin aus der WG ausgezogen, und wir sind zusammengezogen. Wir haben uns mehr aufeinander konzentriert als auf die politische Arbeit.

Der Ausstieg bedeutete einen Bruch mit dem alten KBW-Umfeld.

> Man wurde nicht mehr gegrüßt auf der Straße. Ich wurde nicht unter Druck gesetzt, aber ich glaube, viele standen schlichtweg unter Schock, dass ausgerechnet ich da rausgehe. Ich galt als vorbildlicher Kader, ich zeigte viel Einsatz.

Krista Sager verstand sich danach »noch lange als Sozialistin«, ohne sich politischen Organisationen anzuschließen. Nachdem sie 1979 ihr Studium beendet hatte, zog sie zunächst in ihre zweite Heimat Dänemark. Als sie zurückkehrte, schloss sie sich 1982 der Grün-Alternativen Liste (GAL), den Hamburger Grünen, an. An eine politische Karriere dachte sie da noch nicht. In den 80er Jahren arbeitete sie mehrere Jahre als Lehrerin in der Erwachsenenbildung. 1989 schließlich wird sie über die GAL in das Hamburger Landesparlament gewählt.

VI. Macht und Machtmissbrauch
Unterdrückung, selbst geschaffen

> Ihr wißt nicht, im Namen von was ihr kämpft, oder ihr wißt es, aber ihr habt es nicht drin. Weil ihr nicht für euer eignes Glück kämpft, verteidigt ihr auch nicht das Glück anderer Leute. Ihr seid nicht angreifbar – weil ihr nichts zu verteidigen habt – sondern nur Angreifer. Man kann euch totschlagen, aber ihr seid nicht verwundbar.
>
> **Peter Schneider, *Lenz*[276]**

In Berliner APO-Archiv finden sich regalmeterweise die papiernen Hinterlassenschaften des KBW und natürlich auch ihres langjährigen Vorsitzenden Joscha Schmierer. Der Menge nach zu urteilen, muss er Tag um Tag unermüdlich Anweisungen verfasst, Vorlagen geschrieben und Manuskripte und Protokolle der Mitarbeiter der Zentrale in Mannheim (ab 1977 in Frankfurt am Main) korrigiert haben. Änderungswünsche versah er akribisch wie ein leitender Beamter mit kleiner roter oder grüner Filzstift-Schrift, kurze Anweisungen, Kritik oder Korrekturen pflegte er ebenso abzuzeichnen, in seinem Falle war es ein »gez. ges« und ein »gez. gs«. Das »g« deshalb, weil Schmierer in der KBW-Zeit wieder seinen Taufnamen Hans-Gerhart bevorzugte, mit dem er die Nähe zum Proletariat wohl auch namenstechnisch untermauern wollte. Joscha, der Name, den die ihm zugeneigte und Dostojewski lesende Jugendfreundin ihm gab, war für einen »Ersten Sekretär des Zentralen Komitees« vermutlich zu possierlich. Wichtige Briefe, die an die Kader gingen, wurden neben Schmierers Unterschrift tatsächlich mit einem runden Dienststempel (»Kommunistischer Bund

Westdeutschland – Zentrales Komitee«) versehen, wie ihn Behörden für Urkunden oder Beglaubigungen nutzen. Eingehende Briefe bekamen einen ordentlichen Eingangsstempel. Zweifellos hat der Beamtensohn Hans-Gerhart »Joscha« Schmierer seine bürokratische Tätigkeit als Berufsrevolutionär nicht ungern ausgeübt.

Zwangsläufig fallen einem selbst beim Anblick des KBW-Erbes die naheliegenden Assoziationen ein: die deutsche Bürokratie und Gründlichkeit, die sich auch hier austobt, Lenins Bonmot über den deutschen Revolutionär, der sich erst einmal eine Bahnsteigkarte kauft usw. Die Rituale und Insignien der KBW-Leitung waren indes nicht nur eine Marotte verhinderter Oberamtsräte, sondern drückten reale Macht aus. Diese Macht wirkte nach innen. Kader konnten ausgeschlossen, zu neuen Aufgaben herangezogen, in entlegene Regionen der Bundesrepublik geschickt werden, um neue Zellen aufzubauen. Solche Schritte konnten existenzielle Folgen für den Betroffenen haben. Das muss man der KBW-Führung um Schmierer lassen: Machtverhältnisse spiegelten sich in Akten, Anweisungen, Dienststempeln und Briefköpfen wider, während bei spontaneistisch organisierten Gruppen wie dem »Revolutionären Kampf« oder der Bewegung 2. Juni, die keine formalen Hierarchien kannten, eben deshalb Machtverhältnisse viel verborgener auftraten und dadurch unberechenbarer sein konnten.

Joscha Schmierer selbst meint heute, dass sich der KBW im Laufe der 70er Jahre zunehmend »vermachtet« habe. Er unterteilt die Geschichte des KBW in zwei Phasen: In der ersten Phase, die bis 1975/76 andauerte, habe der KBW seine relative Stärke aus seiner Dezentralität und seinen unterschiedlichen regionalen Wurzeln gezogen. Die Grundlagen dieser Stärke habe der KBW selbst abgeschafft.

> Der Fehler war, dass wir uns als nationale, übergreifende Organisation begriffen und die dezentralen Wurzeln zunehmend gekappt haben. Wir hatten davor eine gute Ortskenntnis, dann macht man bestimmte Sachen nicht. Wenn eine Zentrale Vorga-

> ben macht, wir machen das jetzt überall so, hat es die Tendenz zur Isolierung. Wenn es nicht gemacht wird, hat es die Tendenz zur Spaltung: Die einen machen es, die anderen nicht.

Für Schmierer markiert die Mitte der 70er Jahre eine Wende. Innere Entwicklungen im KBW hätten die Radikalisierung beschleunigt. Bezeichnend ist, dass er den Wendepunkt auf die Jahre 1975 und 1976 setzt. Demnach durchlebte der KBW gerade mal zwei bis drei »gute« Jahre und ganze acht bis neun weniger gute – der KBW existierte bis 1984.

> 1975 waren zehn Leute aus der Leitung für sieben Monate bis zu einem Jahr im Gefängnis. Das war der Heidelberger Kern. In der Zeit passierte viel. Als wir aus dem Knast kamen, war eine Entfremdung offensichtlich geworden. Dann ist versucht worden, diese Entfremdung durch eine allgemeine Radikalisierung aufzuheben.

1975 musste die ehemalige Heidelberger SDS-Führungsgruppe um Schmierer wegen der Ausschreitungen während der Weltbanktagung 1970 schließlich doch ihre Haftstrafen antreten. Diese Gruppe spielte in der Gründungsphase des KBW eine wichtige Rolle. Während der Haftzeit führte Schmierers Stellvertreter Martin Fochler die Geschäfte, der schon vorher als besonders radikaler Führungskader bekannt war und während Schmierers achtmonatigem Aufenthalt in der Justizvollzugsanstalt Waldshut eine Kampagne gegen »rechte Strömungen« initiierte.[277]

Tiefpunkt dieser Kampagne Fochlers war die Auseinandersetzung mit dem Führungskader Benno Ennker. Über Ennker wurde unter dem Vorwand, eine Demonstration nicht ausreichend in die Eskalation getrieben zu haben, unter Führung Fochlers ein wahres Scherbengericht abgehalten, inklusive demütigender Rituale der Selbstgeißelung, die an archaische Bestrafungspraktiken der Mafia erinnern – freilich ohne blutiges Finale. In einer Art Anklageschrift wurde Ennker eine »Linie des Zurückweichens und des Abstumpfens der Widersprüche« vorgehalten, die an seiner »durch und durch verlumpten Existenz« liege.[278] Er sei ein »lumpenproletarisches Element« (also nach Marx ein Proletarier ohne Klassenbewusstsein), das sich in die KBW-Spitze eingeschlichen habe.[279] Die Anklage musste Ennker als eine Art Geständnis, als »Lebensbeichte«[280] eigenhändig unterschreiben, nachdem jedes einzelne ZK-Mitglied seiner Entbindung von allen Führungsaufgaben zugestimmt hatte. Ennker wurde »strafversetzt«[281], um ihn von seiner Frau zu trennen, damit er auf eigenen Beinen leben müsse. Er wurde zur Arbeit in einem Betrieb und zur Basisarbeit im KBW verpflichtet.[282]

Fochler ist heute Mitglied der Linkspartei in München und dort in der »Arbeitsgemeinschaft Direkte Demokratie – Soziale Befreiung« aktiv.

Schmierer meint, dass die Fraktionierungen weniger ideologische Gründe hatten, sondern in den unterschiedlichen Prägungen und politischen Sozialisationen begründet waren. Fochler, vier Jahre jünger als Schmierer, stammt nicht aus der Studentenbewegung, sondern hatte vor der KBW-Zeit einen normalen, nichtakademischen Beruf ausgeübt. Joscha Schmierer:

> Eine Spaltung entsteht nicht einfach so. Eine Spaltung, die sich hinter einer allgemeinen Radikalisierung verbirgt und nicht sichtbar ist, kann sich abzeichnen. Man kann auf eine Situation, in der Teile den Eindruck haben, das etwas schiefläuft, so reagieren, dass man nochmals draufsattelt. Wir hatten 1977 eine große Austrittswelle. ... In so einer Organisation, die zentralisiert ist und unter einem gehörigen Druck steht, kommen dann Elemente von Selbstrechtfertigung hinzu, etwas zu machen, damit der Laden in Schwung gehalten wird, damit er sein erreichtes Niveau hält.

Joscha Schmierer benennt damit eine Entwicklung, die aufgrund ihrer Binnenlogik zwangsläufig wohl jede dogmatisch-kommunistische Organisation durchmacht, egal ob es sich um die KP Chinas zu Zeiten Maos, die KPdSU zu Zeiten Lenins und Stalins oder eben den KBW handelt: Ein radikales Programm wird aufgelegt; Gemäßigte laufen ständig Gefahr, als »Abweichler« abgestempelt zu werden; Nachwuchs drängt nach, der noch radikaler ist und die Doktrin der Parteisenioren zu übertrumpfen versucht, worauf wiederum mit einem Radikalisierungsschub von oben reagiert wird. Schmierers Selbstauskunft ähnelnd, schreibt Gerd Koenen: »In diesem Sommer 1976 kam J. S. [Joscha Schmierer] aus dem Gefängnis zurück und setzte sich selbst an die Spitze des Kampfs gegen den »Wind von rechts«, vielleicht weil ihm die von M. F. [Martin Fochler] umgekrempelte Organisation sonst entglitten wäre.«[283]

So einfach lässt sich die Entwicklung Schmierers allerdings nicht erklären. Mit Sicherheit verfolgt Schmierer mit seiner heutigen Deutung nicht ganz uneigennützige Motive. Demnach ist er der Veteran mit authentischer 68er-Aura, dem zusehends die Kontrolle über seine Organisation entglitt, während jüngere, entfesselte Kader Oberwasser bekamen. Schon in den vermeintlich guten Jahren bis 1975 hat Schmierer, der bis dahin unumstrittener Lenker gewesen war, den KBW von sich aus stramm und, wenn nötig, mit Härte geführt. Das eindrückliche Beispiel des Osnabrücker KBW-Mitglieds Wolfgang Motzkau weist darauf hin. Wolfgang Motzkau, Germanist und Wissenschaftlicher Assistent an der örtlichen Universität, hatte regelmäßig Artikel für die KBW-Zeitschrift *Kommunismus und Klassenkampf* (KuK) verfasst. 1974 sollte Motzkau nach einem Beschluss des ZK fest angestellter Redakteur der KuK in Mannheim werden. Motzkau lehnte – für ein Mitglied einer leninistischen Organisation unerhört – ab und begründete dies in einem Brief an das ZK damit, dass er unbedingt seine Dissertation abschließen wolle, weil er sonst auf dem Arbeitsmarkt keine Chance habe. Seine berufliche Zukunft an der Universität war zu dem Zeitpunkt unklar. Er wollte, so berichtet er heute, auf keinen Fall »Berufsrevolutionär« und damit auf die politische Arbeit angewiesen sein.[284]

Wolfgang Motzkau bekam die Antwort von Joscha Schmierer höchstselbst, der das für den Adressaten unangenehme Schriftstück stilsicher wenige Tage vor Weihnachten 1974 verschickte. Schmierer bedient sich in dem Brief der breiten Palette leninistischer Herrschaftstechniken: Manipulationsversuche, der Hinweis darauf, dass ein einfacher Kader nicht über sein Leben frei bestimmen könne, weil das ja das ZK besorgte, der Aufbau moralischen Drucks, die Belehrung über das »richtige« Verhalten und am Ende ein scheinbar großzügiges Angebot, das in Wahrheit ein klare Weisung eines kommunistischen Parteifunktionärs an seinen Untergebenen ist.

»Lieber Genosse Motzkau,
im ZK haben wir Deinen Brief ausführlich diskutiert und der Genosse J[örg] D[etjen][285] wird sich auch mündlich mit Dir auseinandersetzen können. Wir meinen, dass in Deinem Brief einige schwere politische Fehler enthalten sind:

1. In dem Brief kommt überhaupt nicht zum Ausdruck, dass dem Plan der Arbeit in der Redaktion ein ZK-Beschluss zu Grunde liegt und dass dementsprechend die ganze Angelegenheit auch nur durch einen ZK-Beschluss rückgängig gemacht werden kann. Stattdessen erweckt Dein Brief den Eindruck als wäre die Sache für Dich bereits entschieden und zwar weil Du Dich entschieden hast. Das ist natürlich nicht richtig und im Grunde ein liberales und individualistisches Herangehen. Richtig wäre es gewesen, Du hättest an das ZK geschrieben, dass einige neue Gesichtspunkte aufgetaucht sind und dass das ZK unter diesen neuen Gesichtspunkten Deine feste Anstellung hier in Mannheim bei der Redaktion noch einmal überprüfen müsste.

2. ... Der für Dich entscheidende Grund ist, dass Du mit Deiner Dissertation nicht zum Zeitpunkt der Anstellung wirst fertig sein. Du schriebst:

›Ich bin auf die Dissertation insofern unbedingt angewiesen, als ich ein Examen habe, mit dem ich nichts anfangen kann (Deutsch+Religion, aber aus der Kirche ausgetreten), und die Dissertation brauche, wenn ich im Anschluss an die Redaktionsarbeit einen anderen Job in der Erwachsenenbildung oder an Unis suche. Wir können kein Interesse daran haben, Redakteure zu bekommen, die beruflich auf Gedeih und Verderb auf die Redaktion angewiesen sind – und das wäre ich.‹ Das ist ziemlich starker Tobak und ich werde Dir nur kurz und nicht ausführlich schreiben können, was man dazu sagen muss und was auch im ZK gesagt worden ist. Es ist nämlich schlichtweg ein durch und durch falsches Herangehen. Was kann Dir passieren ohne die Dissertation? Dass Du als Redakteur abgesetzt wirst, weil Du Fehler gemacht hast oder weil das ZK einen besseren Redakteur findet oder weil sich die Mehrheiten innerhalb der Organisation ändern und dass Du dann eine andere Aufgabe in der Organisation wirst wahrnehmen müssen und gleichzeitig Dein Geld wirst verdienen müssen und zwar unter Umständen als Hilfsarbeiter. Ich kann Dir im Namen des ZK versichern, dass wir niemals der Auffassung gewesen sind oder zu der Auffassung kommen werden, dass ein Akademiker ohne spätere Berufsaussichten als Akademiker, deshalb ›beruflich auf Gedeih und Verderb auf die Redaktionsarbeit angewiesen‹ ist – und zwar beruflich. Funktionärsaufgaben sind überhaupt keine berufliche Arbeit und die Organisation ist auf Funktionäre angewiesen, niemals darf sie aber einen Geist in der Organisation aufkommen lassen, dass die Funktionäre meinen, sie wären auf ihre Funktion beruflich angewiesen. Und warum, weil sie ohne Dissertation keine akademische Arbeit übernehmen können! Überleg Dir mal, was Du sagst! Überleg Dir mal, was das bedeuten würde, wenn z. B. Burkhart B. oder Hans Jörg oder ich so denken würden. Schleunigst müsste man uns abwählen. Selbstverständlich sind wir uns darüber im klaren, dass bei Abwahl keine akademische Berufslaufbahn auf uns wartet, sondern ganz hundsgewöhnliche Arbeit, für die wir zudem keinerlei besondere Qualifikation haben. Daran ist noch keiner gestorben, wie du anzunehmen scheinst. z. B. ist der Genosse H… D… daran nicht gestorben, der einstweilen Prospekte austrägt und Sekretär der Ortsaufbaugruppe Stuttgart ist. Deine genaue Voraussetzung ist jedoch falsch: Du scheinst völlig zu übersehen, dass es mit der akademischen Laufbahn nicht so weit her sein wird, nicht weil Du vielleicht keine Dissertation hast, sondern weil Du Kommunist bist.

Haben wir nicht bereits Lehrer, die aus der Schule geflogen sind und sich inzwischen als Arbeiter oder Arbeiterinnen, ja sogar als Putzfrauen durchschlagen? Doch, die haben wir. Was würden wir sagen, wenn uns diese Genossen gesagt hätten, sie könnten nicht mehr als Kommunist arbeiten, denn sie seien auf Gedeih und Verderb auf ihren Lehrerberuf angewiesen. Hast Du den Rechenschaftsbericht des ZK vergessen, der mit Deiner Stimme auf der DK verabschiedet worden ist und der sich zu diesen Fragen des längeren auslässt? Meinst Du der Genosse Maier wird, wenn er je abgewählt werden sollte, obwohl er einen Doktor hat, nochmal als Professor oder sowas ähnliches arbeiten können? Doch nur, wenn er Renegat würde![286]

Also, Genosse, was Du schreibst ist durch und durch bürgerliches Zeug und geht davon aus, dass es für einen Kommunisten völlig unmöglich sein könnte als Hilfsarbeiter arbeiten zu müssen. Viele Kommunisten sind aber von vornherein nichts anderes als Hilfsarbeiter! Aber Genosse, wir treiben niemand ins Elend und liefern niemand auf Gedeih und Verderb der Redaktionsarbeit aus.

Das ZK hat folgendes beschlossen: Deine Anstellung als Redakteur wird rückgängig gemacht, weil einige Deiner Auffassungen vorläufig gegen eine solche Anstellung sprechen. Du wirst verpflichtet, Deine Dissertation möglichst rasch abzuschliessen. Du wirst verpflichtet unter Anleitung der Ortsleitung Osnabrück und in einer Grundeinheit der Organisation am Ort eine gute Arbeit als Kommunist zu leisten. Weiterhin sollst Du für die Redaktion Beiträge in der bisherigen Weise erstellen. Wir gehen davon aus, daß Du Deine falschen Ansichten korrigieren wirst und insbesondere lernen wirst, dass es für einen Kommunisten kein tödlicher Unfall ist, wenn er eines schönen Tages aus den akademischen Hallen vertrieben wird.

Mit kommunistischen Grüssen
Joscha Schmierer
Sekretär des ZK«[287]

Der Brief ist ein Beispiel dafür, wie autoritär Herrschaftsverhältnisse in einer Nachfolgeorganisation der antiautoritären Revolte durchgesetzt wurden, und das keineswegs in der späten Phase der Selbstzerfleischung und Selbstmarginalisierung, sondern in den vermeintlich guten Jahren, als der KBW zu einer ernstzunehmenden Organisation innerhalb der radikalen Linken wuchs und in Betriebsräten, in Lehrlingsvertretungen und Studentenparlamenten eine beachtliche Rolle spielte. Der ZK-Beschluss entsprach letztlich genau dem, was Wolfgang Motzkau wollte. Aber entscheidend war für Schmierer, die Machtordnung wiederherzustellen. Motzkaus Anliegen, das für ihn einen Verstoß gegen die Disziplin der Organisation bedeutet hat, goss er prompt in einen ZK-Beschluss und einen Kaderauftrag. Hätte Motzkau es von sich aus durchsetzen können, hätte dies die Herrschaftsverhältnisse im KBW sabotiert.

In dem Brief wird der instrumentelle Umgang mit dem Leben der Mitglieder deutlich. Schmierer hatte die existenzielle Entscheidung getroffen, dass es für ihn kein bürgerliches berufliches Leben außerhalb der Organisation mehr geben wird. Er wusste aber auch, anders als er im Brief behauptet, dass er als Spiritus Rector und unumstrittene Führungsfigur des KBW niemals eine Abwahl zu befürchten hatte. Die Mehrzahl der Mitglieder aber schwankte zwischen einem Leben für die Organisation und einem Berufsleben. Indem auf sie Druck ausgeübt wurde, sich ganz dem KBW zu verschreiben, riskierten sie, im Fall eines Ausschlusses mit schwerwiegenden Problemen konfrontiert zu sein. Weil für Joscha Schmierer die bürgerliche Welt eine feindliche war, die es zu »zerschlagen« galt, interessierten ihn etwaige bürgerliche Alternativkarrieren nicht. Deutlich wird diese Haltung auch darin, dass von berufstätigen Mitgliedern erwartet wurde, »offen aufzutreten«, sich also als KBW-Mitglied zu erkennen zu geben, was zu Berufsverbotsverfahren und Entlassungen aus dem Öffentlichen Dienst führte.[288] Die Betroffenen waren dadurch noch enger an die Organisation gekettet, und ihre berufliche Perspektive war einstweilen zerstört.

Wolfang Motzkau verließ den KBW zwei Jahre später. Vorausgegangen war ein KBW-weiter Kampf gegen die »rechte Linie«. In seinen auf Tagebucheinträgen basierenden *Autobiographischen Notizen* schreibt er:

> »In der Organisation beginnt der Stunk einzureißen. ... Eine ›rechte‹ Linie wird ausfindig gemacht. Gestern wird von Jörg Detjen auf der außerordentlichen Mitgliederversammlung locker und meist ohne Begründung die Mitgliedschaft in ›Rechte‹ und ›Linke‹ eingeteilt. Eine doppelzüngige Selbstkritik der alten Ortsleitung wird vorgelegt. Es handelt sich um fröhlich-sektiererische Etikettierungen, unernsthafte, selbstgefällige und geschwätzige Manöver.«[289]

In der Autobiografie wird der Osnabrücker Funktionär als »der in den Osnabrücker Organisationen gefürchtete Detjen«[290] bezeichnet. Motzkau wurde später von seiner Zelle vorgeworfen, er lebe mit der bürgerlichen Wissenschaft im Frieden und enthülle nicht den »Unterdrückungscharakter« der Universität. Motzkau kam dem förmlichen Ausschluss durch Austritt zuvor, was seine Zelle zum Verfassen eines Abrechnungsschreibens an den Abtrünnigen veranlasste – Motzkau hatte die Machtordnung nicht befolgt. Der Text ist ein Dokument darüber, wie eilfertig eine Zelle, also die unterste Ebene einer K-Gruppe, Dogmen der höhergeordneten Ebenen zu erfüllen und sie gar zu übertrumpfen suchte. Die »Basis« war nicht per se gut und die Führung böse. Unter anderem heißt es in dem Schreiben:

> »... Nicht nur weigert sich w. m. hartnäckig, seine Weltanschauung umzugestalten und entzieht sich dem Kampf zweier Linien in der Organisation, er versucht darüberhinaus mit windigen Tricks und Ausflüchten die Organisation auf diese rechte Linie zu zerren. W. M. hat mit seiner Stellungnahme unter Beweis gestellt, daß er noch nie die Sache des Kommunismus und das Programm des KBW ernsthaft zur Richtlinie seines Denkens gemacht hat. Vielmehr ist es ihm wichtiger,

an der Universität Karriere zu machen und er will die Versöhnung mit der bürgerlichen Klasse. Deshalb hat er auch die Rebellion der Studenten gegen den bürgerlichen Staat und seine Handlanger an der Universität sabotiert. ... Die Zelle ist der Meinung, daß die Organisation auf Verdienste dieser Art verzichten kann. Die Duldung solcher Positionen würde die Organisation unweigerlich auf die bürgerliche Linie ziehen. Die Zelle begrüßt deshalb den Beschluß der Bezirksleitung als vollständig richtig und fordert alle Einheiten der Organisation auf, wachsam zu sein und der rechten Linie keinen Fußbreit Boden zu lassen. Im Rechenschaftsbericht des ZK heißt es: ›Der Kampf zweier Linien ist genauso unvermeidlich wie der Klassenkampf. In jeder Wendung des Klassenkampfes nimmt er heftige Formen an, weil die konservativen Kräfte diese Wendung nicht mitmachen und die neuen Aufgaben nicht lösen wollen. Werfen sie ihren Konservatismus nicht ab, gehen sie nicht daran, ihre Weltanschauung und ihre Auffassungen im notwendigen Umfang umzuwälzen, sondern verteidigen hartnäckig ihre zurückgebliebenen Auffassungen, dann verwandeln sie sich unweigerlich in Kräfte der Bourgeoisie in der Organisation. Deshalb muß man den Kampf gegen die rechte Strömung unbedingt führen und durch Kritik und Selbstkritik eine neue Einheit anstreben. Wer diese neue Einheit auf der revolutionären Linie unverbesserlich verhindern und untergraben will, von dem muß man sich trennen. Mag er in den Sumpf gehen, wir werden uns nicht in dem Glauben, ihn *halten* zu können, in Wirklichkeit in den Sumpf führen lassen.‹
Zelle Eversburg/Kämmerer[291]
Einstimmig von Mitgliedern und Kandidaten angenommen«[292]

In dem Brief zeigt sich das bereits erwähnte Merkmal einer kommunistischen oder totalitären Organisation. Die Basis übertrumpft sich gegenseitig im Befolgen der »Linie« der Führung, um möglichst in deren Gunst zu stehen. Daraus folgt ein selbstzerstörerischer Wettbewerb um das Aufspüren und Ausstoßen von Abweichlern. In eilfertigen Erklärungen werden die gerade aktuellen Beschlüsse des ZK zitiert als Beweis dafür, dass man jeglicher Abweichung unverdächtig ist. In den archivierten Hinterlassenschaften der SED-Kreisleitungen findet sich, nebenbei bemerkt, exakt der gleiche Typus Schriftstücke, in der der Ausschluss oder die Rüge von einzelnen Mitgliedern verkündet und als Unterwerfungsbeweis aus ZK-Beschlüssen und Honecker-Reden zitiert wird. Sollte es in der Organisation jemals so etwas wie praktizierte Solidarität gegeben haben, ist sie spätestens jetzt ersetzt durch Selbstzerfleischung, Misstrauen und Denunziantentum. Auf den KBW übersetzt: Die Reste an Solidarität und antiautoritären Umgangs miteinander, die aus der Herkunft aus der Studentenbewegung herrührten, wurden schon vor der vermeintlichen Wende 1975/76 zerstört und in das Gegenteil verkehrt.

Wolfgang Motzkau schloss seine Promotion 1977 ab und blieb an der Universität. Sein Urteil über den Umgang mit ihm im KBW ist heute bitter und eindeutig: »Es war eine Art Hölle.«[293]

In der von Joscha Schmierer definierten zweiten Phase des KBW hatten die von ihm erwähnten unterschiedlichen Binnenkulturen (hier die Veteranen aus der Studentenbewegung, dort der nachströmende Nachwuchs) keinen Einfluss mehr auf den Umgang miteinander. Nun waren auch alte Gefährten vor dem Bannstrahl des Ersten Sekretärs und des Ständigen Ausschusses nicht sicher. 1976 wurden drei Redakteure des KBW-Zentralorgans *Kommunistische Volkszeitung*, Willfried Maier, Burkhart Braunbehrens und ein Dritter, per Beschluss des ZK ihrer Posten enthoben. Willfried Maier, Jahrgang 1942, und Braunbehrens, Jahrgang 1941, stammten wie Schmierer aus der Studentenbewegung. Maier war formell Chefredakteur, Braunbehrens war es de facto. Der Absetzungsbeschluss wurde im typischen neoleninistischen Duktus in der KVZ veröffentlicht: »Richtige Maßnahme zur rechten Zeit / Die rechte Linie in der Redaktionsarbeit liquidieren«[294]. Der Anlass war, so der Vorwurf des Ständigen Ausschusses – also Schmierers und Fochlers –, dass Braunbehrens einen Artikel von »mf« – Martin Fochler – sinnentstellend verkürzt habe, was nicht weniger als »einen direkten Anschlag gegen die Anwendung dieser Taktik [der Demaskierung der Bourgeoisie, d. A.]« bedeute. Der besagte Artikel war zu stark gekürzt worden, so dass an einer Stelle des Artikels der Anschluss fehlte[295] – ein Fehler, wie er in Zeitungsredaktionen täglich passiert. Zur Begründung der Absetzung wurde die große Keule hervorgeholt, verpackt in den Schachtelsätzen des KBW:

> »Wie die bürgerliche Linie insgesamt besteht diese bürgerliche Linie in der Redaktionsarbeit darin, in der gegenwärtigen Situation des Klassenkampfes, in der sich der Klassengegensatz verschärft und der Klassenkampf zu Zusammenstößen zwischen dem Proletariat und der Bourgeoisie, zwischen der demokratischen Bewegung und der Reaktion führt, den Klassengegensatz abzustumpfen und den Zusammenstoß zwischen Proletariat und Bourgeoisie, zwischen demokratischer Bewegung und Reaktion abzumildern. ... Für die Redaktion bedeutet das, daß die Korrektur der Fehler in der Hauptsache nicht in der Unterdrückung der Erscheinungsformen des Opportunismus bestehen kann, sondern in seiner gründlichen Liquidierung bestehen muß.«[296]

Intern war Braunbehrens vorgeworfen worden, er habe Maier, einen nachdenklichen Intellektuellen, der führender theoretischer Kopf der norddeutschen KBW-Gründungsgruppen war, nicht auf Linie gebracht.[297] Das Trio wurde zur Strafe »in Grundeinheiten der Bezirke, in denen sie jetzt wohnen, organisiert«[298] – also in eine andere KBW-Zelle verpflanzt – und in die Produktion geschickt, um wieder auf den richtigen Weg zu gelangen, was zumindest Braunbehrens mit Überzeugung tat. Er sei damals ein gläubiger Kommunist gewesen und habe den Schritt als logisch empfunden.[299] Er fand eine Anstellung in einer Mannheimer Wellpappenfabrik. Für ihn sei das Arbeiterdasein eine »Erholung« gewesen, verglichen mit der aufreibenden Arbeit der Zeitungsproduktion.[300] Maier absolvierte eine Ausbildung zum Werkzeugmacher.

Mit Braunbehrens verbanden Schmierer eigentlich gemeinsame, prägende Erfahrungen. Beide kannten sich aus dem Heidelberger SDS. Braunbehrens hatte mit Schmierer zusammen an der gewaltsamen Heidelberger Weltbank-Demonstration von 1970 teilgenommen. Auch er war damals verurteilt worden und musste seine Haftstrafe 1975 absitzen.[301] Der gemeinsame Kampf und die parallele Haftzeit, Erfahrungen, die normalerweise im Zusammenspiel von Menschen enge Loyalitäten erzeugen, schützten Braunbehrens nicht.

Druck und Disziplin gingen indes keineswegs nur von der Führung aus, sie konnten an der Basis auch selbst erzeugt werden. Das Beispiel Peter Berndts, des wegen des »Buback-Nachrufs« zu einer Haftstrafe verurteilten Göttinger KBW-Mitglieds, zeigt, wie sich Mitglieder freiwillig in die Kaderdisziplin begaben und existenzielle Entscheidungen trafen. Peter Berndt verschrieb sich komplett der Organisation und brach alle Brücken zur bürgerlichen Vergangenheit ab.

> Der Gedanke bei uns in der Gruppe war, wenn die Bourgeoisie straff organisiert ist, muss man sich dagegen eben auch straff organisieren; mit Basisdemokratie geht das nicht mehr, sonst hat man keine Chance. Ich empfand den Demokratischen Zentralismus als sehr gutes Mittel, aber im Nachhinein betrachtet war das ziemlich krank: Die Mitgliederversammlungen waren ein Zerfleischen mit Kritik und Selbstkritik. Menschlich was das ziemlich übel. Ich glaubte, dass das nötig und gut sei, gelebte Demokratie eben, bei der man sich bis aufs Hemd ausziehen muss, Rechenschaft ablegen muss, und bei der gleichzeitig gesagt wird, wo es langgeht. ... Ich hatte immer noch den Wunsch, Medizin zu studieren, aber die Politik holte mich wieder ein. Ich schrieb mich dann für Germanistik, Politik und Soziologie ein. Die Realität und die Veränderungen in der Gesellschaft haben mich zu dem Zeitpunkt schon nicht mehr erreicht. Es waren nicht nur Gruppenprozesse, sondern es waren wohl auch Schwächen meiner Person. Ich mache mir heute zum Vorwurf, dass ich nicht mehr reflektiert habe: Stimmt das jetzt noch mit der Realität überein? Oder muss ich den Systemgedanken überprüfen, ist daran etwas faul? Ab 1977 verlor unser Hochschulbund bei den AStA-Wahlen, während der Kommunistische Bund und der Sozialistische Hochschulbund hinzugewannen. Spätestens zu dem Zeitpunkt fand bei mir ein erheblicher Realitätsverlust statt. Es kostet viel Kraft, aus einer solchen Organisation auszutreten. ... Man hätte sich fragen müssen: Wie steht die eigene Linie zur Realität? Man hat aber eher gesagt, dass das eigene Denken stimmt, die Realität sich aber nur anders entwickelt hat. Ich kam nicht mehr vom Systemgedanken los, in dem der einzelne Mensch keine Rolle spielt.

Die Überzeugung, dass der einzelne Mensch keine Rolle spielt, hatte Auswirkungen auf Berndts privates Leben.

> Damals starb meine Mutter. Ich fuhr nicht zur ihrer Beerdigung. Ich schob irgendwelche politischen Termine vor. Darunter leide ich noch heute, dass ich nicht hingefahren bin. Die Organisation hatte sich zu einer Sekte entwickelt, und ich war Teil der Sekte. Die Organisation war die neue Familie. Die eigentliche, die bürgerliche Familie, hatte man abgetrennt. ... Ich bin in der KBW-Zeit so gut wie nicht nach Hause gefahren und habe meinen Vater nach dem Tod meiner Mutter nur ein paarmal besucht, damit man nicht wieder in die bürgerlichen Fänge gerät. Es war eine rigide Ablösung und ein Vorwurf an die Eltern, dass sie bürgerlich leben. Als ich im Gefängnis saß, hatte ich Streit mit meinem Vater. Er wollte mir ein Paket schicken. Ich sagte ihm, dass ich das Paket nicht haben will, weil ich lieber das Paket vom KBW empfangen wollte. Man konnte nur ein Paket in einem bestimmten Zeitraum bekommen. Im Nachhinein betrachtet, ist es ein fürchterliches Denken gewesen.

Das Abbrechen aller Brücken zur eigenen Familie und bürgerlichen Existenz hatte sich aus dem Sektencharakter und der leninistischen Ideologie des KBW ergeben, war aber auch Resultat der Unbekümmertheit durch ebenjene bürgerliche Herkunft.

> Ich bin als Jugendlicher sorglos aufgewachsen. Ich habe mir während der KBW-Zeit überhaupt keine Gedanken über die Zukunft gemacht. Das war kein Thema. Ich hatte auch weder die Zeit noch das Bedürfnis, Geld auszugeben. Ich habe 600 DM monatlich von meinem Vater bekommen, das hat gereicht.

Ein Sohn bricht hart mit den eigenen Eltern, diese finanzieren ihm aber weiterhin das Studium – das ist eine erstaunliche Situation.

> Über das Finanzielle hatte ich mir keine Gedanken gemacht. Da war ich völlig unbekümmert. Man konnte es ja sogar ideologisch rechtfertigen: Man muss eben der Bourgeoisie schaden, wo es geht. Lenin und Trotzki hatten, so argumentierten wir, auch ihre familiären Bande gekappt, deswegen müsse man es auch machen, um die wahren Interessen des Proletariats vertreten zu

> können. Meine damalige Freundin hatte ebenfalls mit ihrer Familie gebrochen. Ihr Vater war der Chef eines größeren Chemieunternehmens. Man kann nicht sagen, dass das ZK es verlangt hat, es hätte es ohnehin nicht durchsetzen können. Meine Eltern waren über den Abbruch des Kontakts sehr traurig. ...

Die Selbstradikalisierungen erklärt Joscha Schmierer mit dem Selbstverständnis der Organisation.

> Wir waren eine kämpfende Truppe. So hat sich der KBW verstanden. Je mehr man die Konfrontation zum prägenden Element macht, prägt einen auch die Konfrontation. Das [die Abnabelung von der eigenen Familie, d. A.] ist nie verlangt worden, das hängt vom Alter ab und von der Prägung, davon, ob es eine Tendenz gibt, noch einen Schritt weiter zu gehen. ... In so einem Verein entwickeln sich Verrücktheiten über das hinaus, was der Verein verlangt. Das hängt mit der angespannten Situation zusammen, mit der Übermobilisierung der Individuen, mit der Auseinandersetzung darüber, was der konsequenteste Weg ist. Und es hängt mit dem Alter zusammen: Ich bin 1942 geboren, das ist etwas anderes, als wenn man Jahrgang 1950 ist. Wenn die politische Sozialisierung die Organisation selber ist und man vorher gar nichts Eigenes hatte, ist das ein Unterschied.

Ob der idealistische Überschuss von jüngeren Kadern ausgenutzt wurde und diese angetrieben wurden, immer radikaler zu handeln?

> Das hat es sicher gegeben, dass im Rahmen von Auseinandersetzungen versucht wurde, die Jüngeren anzusprechen.

Die Strukturen von Macht und Beispiele von Machtmissbrauch innerhalb des KBW sind besonders gut dokumentiert. Als einzige Organisation hat der KBW seine Akten und Papiere einem Archiv übergeben. Joscha Schmierer selbst sorgte für die Überlassung. Außerdem wurden die Ergebnisse des Kampfes diverser »Linien« offen in ihren Organen publiziert. Weder das eine noch das andere taten sämtliche andere Gruppen. Bei ihnen fanden mit Sicherheit ähnliche scharfe Kämpfe statt, nur können sie heute nur über die Auskünfte ehemaliger Führungskader nachgezeichnet werden, weil sie schriftlich fast nicht überliefert sind.

Was bis heute wirkende Eigen-PR angeht, ist der in Norddeutschland stark gewesene Kommunistische Bund (KB) zweifellos die erfolgreichste K-Gruppe. Noch jetzt gilt der KB als bodenständige, lokal verankerte, irgendwie sympathische, undogmatische Truppe, wozu auch seine Gründungsgeschichte beigetragen haben mag. Mehr als die anderen K-Gruppen hatte der KB durch seine Wurzeln in der Lehrlingsbewegung eine gewisse proletarische Basis. Zum positiven Bild haben auch bekannte Führungsfiguren wie Thomas Ebermann, Jürgen Reents und Rainer Trampert mit ihrem nöligen Küsten-Dialekt und ihrem Hafenvorarbeiter-Charme beigetragen. Das Trio ging nach 1979 zu den Grünen.

Doch hinter dieser sympathischen, volkstümlichen Fassade war der KB streng marxistisch-leninistisch ausgerichtet und zweifellos am konspirativsten organisiert. An der Spitze stand ein ominöses »Leitungsgremium«. Mitglieder kannten von höherrangigen Kadern oder Mitgliedern benachbarter Zellen nur die Vornamen. Während mancher ehemalige KBW- und KPD-Kader heute, mit 35 Jahren Abstand, fast mit masochistischer Gründlichkeit seine Vergangenheit durchzuarbeiten bereit ist, verschanzen sich die wenigen bekannten Ex-KBler hinter Allgemeinplätzen und Floskeln. Fragen wie jene, welchen – im KB üblichen – *nom de guerre* man denn in der Organisation getragen habe, werden mit entsetzter Miene abgewehrt.

Der ehemalige Kader J. H., Funktionär des KB-Schülerbundes, berichtet vom enormen Leistungsdruck, der im KB herrschte. Das aus autoritären sozialen Systemen bekannte Prinzip, Druck von oben nach unten weiterzugeben, galt auch im KB.

> Ich war im Schülerbund für einen bestimmten Bezirk zuständig. Ich war der Anleiter für die dortigen Zellen. Es ging in der praktischen Arbeit zum Bespiel darum, den *Arbeiterkampf* zu verkaufen. Die einfachen Mitglieder hatten Vorgaben, wie viele Exemplare sie verkaufen sollten. In der Zelle wurde anschließend ge-

fragt: Wie viel hast du verkauft? Was hast du geleistet? Die bekamen natürlich Druck, wenn die Ergebnisse unbefriedigend waren. Manche hatten eine solche Angst, dass sie heimlich *Arbeiterkampf*-Ausgaben entsorgt und die Scheinverkäufe von ihrem eigenen Geld bezahlt haben, damit es nicht auffliegt. Wir mittleren Kader haben Druck nach unten ausgeübt, den wir wiederum vom LG [»Leitungsgremium«, d. A.] bekamen, denn wir waren der höheren Ebene Rechenschaft schuldig. ... Es kam vor, dass manche keine Lehre machten oder ihre Lehre abbrachen, weil sie sich komplett dem KB verpflichtet fühlten. Andere haben der Organisation Erbschaften überlassen.[302]

J. H. verließ den KB 1979. Er war gerade mal 21 Jahre alt. Trotz – oder gerade wegen – seines jugendlichen Alters erlebte er den Ausstieg als »sozialen Tod«. Er habe über keine anderen sozialen Kontakte verfügt. Noch heute träume er von der Zeit im KB, die für ihn früh vorbei war, und diese Träume seien meistens schlechte Träume.

Alexander von Plato, das Politbüro-Mitglied der KPD, meint über die Entwicklung in leninistische Strukturen in der KPD:

Es gab einen Bruch, den ich nicht genau begreife. Ich hatte viel Sympathie mit den Spontis, aber ich glaubte, dass nur mit einer neuen Organisierung sozialistische Ziele durchsetzbar wären. Fehler wurden von mir entschuldigt mit »jetzt ist erst einmal der Parteiaufbau dran«. Da kann man vieles nicht gleichzeitig schaffen. ... Es gab bei uns in der Frühphase einmal eine Diskussion. In Berlin wurde ein parteieigener Buchladen am Savignyplatz aufgebaut mit einem engen politischen Sortiment. Das fand ich fragwürdig, aber ich machte mich nicht dagegen stark. ... Für die Kritik der Spontis an unserer Ästhetik [der strammen Parteiästhetik à la Thälmann-KPD, d. A.] hatte ich eigentlich etwas übrig. Warum habe ich so was mitgemacht? Ich komme von einer eher ironischen Literaturschule her. Ich liebte den französischen Roman des 19. Jahrhunderts, das ist doch etwas anders als das, was wir betrieben haben. Man dachte, die Sprache der Arbeiterklasse müsse gefunden werden.

Was das Durchsetzen der richtigen Linie angeht, hat von Plato eine Erinnerung, die ihm nicht angenehm ist:

> Ich mache mir zum Vorwurf, dass ich als Gewerkschaftsreferent einige Jugendliche in der Gewerkschaftsarbeit, die die Schnauze voll hatten von den ständigen Gewerkschaftskämpfen, versuchte davon abzuhalten, auszusteigen und den zweiten Bildungsweg zu machen; glücklicherweise haben sich die meisten nicht daran gehalten. Ich sagte denen: Bleib hier in der gewerkschaftlichen Jugendarbeit, auch dann, wenn ich selbst rausgeschmissen werde. Einer ist gegangen, ich hatte Verständnis dafür. Aber ich habe manchmal heute noch ein schlechtes Gefühl. Die mussten ran und den Kopf hinhalten für vieles, was sie im Betrieb machten. Einer leitete bei Schering den Jugendausschuss. So ein intelligenter junger Mann, den haben wir ganz schön agitiert. Der blieb auch im Betrieb und wurde viel später Betriebsratsvorsitzender bei Schering.

Zum Prinzip des Durchhaltens in einer Kaderpartei meint von Plato:

> Ich habe in vielen Aufnahmegesprächen gesagt, dass kommunistische Politik keine Frage von heute oder morgen ist, sondern dass man auf lange Sicht denken muss. Unser Denken war, dass sich die Widersprüche langfristig verschärfen werden. Man konnte das ja auch begründen, beispielsweise durch die Ausbeutung der Dritten Welt durch die entwickelten kapitalistischen Länder. ... Wir nahmen an, dass die revolutionäre Entwicklung von der Peripherie, der Dritten Welt, schließlich auf uns durchschlagen würde. Oder dass sich die kapitalistischen Krisen verschärfen würden, was wiederum die demokratischen Rechte fundamental einschränken würde.

KPD-Mitbegründer Peter Neitzke wurde 1975 aus der Partei ausgeschlossen. Der Ausschluss einer Schlüsselperson zeigt, dass sich die Partei vollständig leninistischen Führungsprinzipien untergeordnet hat. Auch Gefährten aus gemeinsamen Berliner Kampftagen stimmten dafür. Freundschaften zählen nichts nach leninistischem Parteiverständnis.

Von Plato:
> Das Fatale ist, dass ich nicht mehr weiß, warum [Neitzke ausgeschlossen wurde, d.A.]. Er ist einstimmig ausgeschlossen worden. Das hat mir später zu denken gegeben.

Peter Neitzke schied aus, weil er sich gegen die Übernahme der neuen chinesischen Linie aussprach, wonach die Sowjetunion die gefährlichere – »sozialimperialistische« – Supermacht sei, noch vor der USA. Er hatte seine Kritik an der Linie auch außerhalb der Partei geäußert und war der Aufforderung nicht gefolgt, sich dem »Regionalkomitee« der Partei zu stellen, wo ihn eine Art Tribunal erwartet hätte.[303] Bereits 1973 hatte ihn das ZK aus seinen Reihen ausgeschlossen, weil er sich gegen die Erstürmung des Bonner Rathauses ausgesprochen hatte. Außerdem hatte er sich geweigert, die Linie des ZK in seiner Grundorganisation zu vertreten.[304]

1980, nach der Auflösung der KPD, führten die ehemaligen Kader Bernd Ziesemer, Karl Schlögel und Willi Jasper ein Interview mit dem Verleger Ulf Wolter. Das Interview wie das gesamte Buch *(Partei kaputt)* sind aufschlussreiche Zeitdokumente, weil sie in der unmittelbaren Schockphase nach der Auflösung entstanden. Die Interviewten stehen noch sichtbar unter dem Eindruck des Scheiterns, sie hatten noch nicht die Zeit, sich möglichst windschnittige Erklärungen und Rechtfertigungen zurechtzulegen; auch reden sie ohne Rücksicht auf eine mögliche bürgerliche Karriere.

Auf die Frage Wolters nach den Zwangsversetzungen und erzwungenen Aufgaben bürgerlicher Perspektiven, etwa eines Studiums, antwortete Jasper:

> »Es war nicht so, daß alle gewalttätigen Entscheidungen, wie: dort muß ein Komitee aufgebaut werden, die und die müssen das Studium abbrechen und den Wohnort wechseln, ohne Widerspruch gefällt worden wären. Es ist gefragt worden: Was ist eigentlich die Basis, über die wir verfügen? Was gibt uns das Recht, so vorzugehen? Hinter der Frage, wie können wir uns verankern, stand eine moralische und existentielle Argumentation. Wir wollten so etwas wie eine kollektive Solidarität bis hin zum proletarischen Kulturbegriff entwickeln, einen Kulturbegriff, der sich mit seiner proletarischen Klassenbasis verbinden ließe. Viele

sahen das ein und sagten: Es gibt nur individuelle Zersetzung und individuelles Glück, ein Zustand, der den Widerstand relativiert.«[305]

Das soll übersetzt wohl heißen: Wir haben es uns vorher gründlich überlegt, bevor wir jemanden dazu brachten, sein Studium aufzugeben oder an einen anderen Ort zu gehen. Aber meistens haben sie sich gebeugt, weil es ja um den »Widerstand«, also um die Partei ging. Das Geraune vom »proletarischen Kulturbegriff« klingt natürlich besser, als Farbe zu bekennen und zu sagen: Wir haben mit dem harten leninistischen Besen gekehrt, den Willen mancher Mitglieder gebrochen und sie für unsere Zwecke benutzt.

ZK-Mitglied Wolfgang Schwiedrzik, der ebenfalls an harten Voten gegen Genossen beteiligt war, fühlte sich in der zweiten Hälfte der 70er Jahre selbst zunehmend unwohl in der Partei.

> Ab 1976/77 wurde mir klar, dass wir eine bodenlose Existenz führen. Das sagte ich auch im ZK. Das, was wir taten, hatte nichts mit der Realität zu tun. Die Parteileitung war entsetzt und hat dann Schriften von mir als »schwarzes Schulungsmaterial« in die Grundorganisationen gegeben, um die Genossen daran zu schulen, welche Art von Liquidatorentum[306] in der eigenen Partei auftrete. Alle Mitglieder im ZK stimmten gegen mich. Ich wurde im Dezember 1977 aller Funktionen enthoben, weil ich ein rechtes Element sei und die Stärkung der Partei verhindere, da ich nur im Sinn hätte, die »Front«[307] zu stärken. Außerdem wurde mir vorgeworfen, dass ich die Partei in den Ruin getrieben habe. Die Parteileitung hatte permanent Geld aus den Einnahmen des Parteiverlags entnommen. Ich als Propagandabeauftragter hatte mich dagegen ausgesprochen. Ich wurde daraufhin dafür verantwortlich gemacht, dass die Partei Schulden hatte. ... Ich hätte mit Teilen der Studentenorganisation und der »Liga« eine Gegenfraktion bilden und um die Macht in der Partei kämpfen können. Leute kamen zu mir, die wollten den Spuk wegpusten. Ich war aber bereits zu desillusioniert, ich wollte mir nicht die halbe Partei an den Hals hängen. Ich wollte nur noch raus. Ich habe solche Vorschläge abgelehnt.

Schwiedrzik beschreibt ein nicht untypisches Muster einer Kaderpartei. Diejenigen, die ehedem zu den unbedingten Vollstreckern der Parteilinie gehörten, konnten ziemlich schnell selbst zur Zielscheibe werden – was bei einer Partei, die sich freiwillig die »Bolschewisierungsthesen« Stalins als Richtschnur aneignete, wenig verwundert. Über seine eigenen Texte und die Parteizeitung *Rote Fahne* denkt Wolfgang Schwiedrzik im Nachhinein so:

> Die *Rote Fahne* erschien presserechtlich unter meinem Namen.[308] Einer musste nach außen seinen Kopf hinhalten. Ich habe viele Ausgaben gar nicht gelesen, weil ich das Ganze sprachlich erbärmlich fand. Andererseits habe ich interne Direktiven geschrieben, die sind wahrscheinlich ganz schrecklich, in einem Jargon geschrieben, der immer weitergeleitet wurde. Man ist in eine Maschine eingesperrt, und man muss den Leuten klarmachen, dass jetzt diese und jene Kampagne anfangen wird.

Wolfgang Schwiedrzik sieht den Grundfehler seiner ehemaligen Organisation im leninistischen Machtverständnis.

> Es war die Verlockung, dass man teilhaben konnte an einer versprochenen künftigen Macht. Wir haben sie nie erreicht, diese Hoffnung ist ja frustriert worden. Wir haben verbrauchte, ideologische Hülsen benutzt, um uns selber einzureden, dass wir uns vorbereiten müssen auf eine künftige Aufgabe, nämlich der Macht mittels der Diktatur des Proletariats. Was hat es für Diskussionen gegeben im ZK: Ob man das mit der Diktatur des Proletariats offen ausspricht oder es verkleidet als Volksherrschaft. Infrage gestellt hat es keiner, es ging nur darum, ob man es offen ausspricht oder nicht – frisst man Kreide oder nicht? Das war der einzige Unterschied. ... Der Leninismus ist doch nur eine Selbstermächtigungstheorie für Intellektuelle. Die Stellvertreterposition der Avantgarde ist nichts anderes als eine Selbstermächtigung von intellektuellen Klüngeln, um im Namen der Interessen der Arbeiterklasse eine politische Linie zu definieren, die nach dieser Ideologie selbst zu tumb ist, um ihre Interessen zu erkennen. Wir sind die Avantgarde, wir müssen an die Macht.

> Das ist so fantastisch und jenseits aller realen Bezüge. Es wurde immer fadenscheiniger, wir hatten doch nichts zu bestellen.

Nach dem Ausschluss aus dem ZK blieb Schwiedrzik KPD-Mitglied und übte weiter Funktionen im Parteiverlag und im Künstlerverband VSK aus, die relativ eigenständig von der KPD agieren konnten. In der Partei selbst trat Schwiedrzik nicht mehr prominent in Erscheinung, an der Auflösungsphase in den Jahren 1979 und 1980 war er nicht mehr beteiligt. Die Funktionärszeit und die Amtsentbindung durch das ZK wirken bis heute nach: »Die Verletzungen aus der Zeit sind tief.«

Kinder in der KPD

Die KPD versuchte, ganz in kommunistischer Tradition, schon Kinder für die Sache zu gewinnen. Der Jugendverband KJVD organisierte Pionierlager, die den sommerlichen Jugendlagern angeschlossen waren. In Köln, dem Sitz der KPD, existierte eine eigene Kindergruppe. Die Kinder sollten »am proletarischen Klassenkampf teilnehmen, durch Agitation und Propaganda weitere Kinder für ... die KPD gewinnen«.[309] In der monatlichen KJVD-Zeitschrift *Kämpfende Jugend* (KJ) erschien eine Kinderseite mit dem kindgerechten Titel »Kinder im Kampf«. Dort wurden Anleitungen für Agitationsspiele gegeben, wie etwa für eine abgewandelte Schnitzeljagd namens »Der lange Marsch« (»Beide Trupps müssen Geld sammeln. Wenn die erste Gruppe nicht vor der zweiten den Zielpunkt erreicht hat, kann sie das nur wiedergutmachen, wenn sie mehr Geld für die Rote Hilfe als die zweite Gruppe gesammelt hat.«[310]). Man veranstaltete Kinderfeste, auf denen die großen politischen Linien nicht fehlen durften. Auf einem Kinderfest 1976 in Köln mussten die Teilnehmer in einem »Kundschafterspiel« den Sieg der kambodschanischen Volksbefreiungsarmee unter der Führung der Roten Khmer nachspielen. Die Guten, das waren natürlich die Soldaten der Roten Khmer, mussten die Kinder spielen, während ältere Genossen die Rolle der Amerikaner übernahmen.[311] Selbst das Taschengeld war vor dem Zugriff der Organisation nicht sicher, und das war kein Spiel mehr. Ein Teil wurde »freiwillig« an die »patriotischen Kinder«[312] Kambodschas, also die Kindersoldaten, die menschlichen Tötungsmaschinen der Roten Khmer gespendet, die zu dem Zeitpunkt gerade dabei waren, Volksfeinde, also alle Kambodschaner, die nicht auf der jeweils aktuellen Linie waren, aufzuspüren und zu ermorden oder den Foltergefängnissen auszuliefern. Anlass der Spende war eine Solidaritätsadresse mit den jungen Roten-Khmer-Kämpfern, die den Kindern von der Leitung in den Mund gelegt wurde.[313] Das Schicksal der »nichtpatriotischen« Kinder, der Kinder, die nicht für die Roten Khmer kämpften, war für die Anleitung gebenden KJVD-Kader weniger wichtig.

Herzstück der Kinderaktivitäten waren aber die Pionierlager. Dort ging es um Sport, Agitation und paramilitärische Spiele, eine Mischung, wie sie von den Thälmann-Pionieren der DDR bekannt ist. Die Kinder teilten sich in verschiedenen Kinderbrigaden auf mit Namen wie »Rote Faust«, »Roter Stern« und – als kleine Innovation in der sonst eher fantasielosen Namensgebung – »Rote Sommersprosse«. Ein Abenteuerspiel des Pionierlagers von 1976 bei Husum lief so ab: »Zwei Partisanengruppen sollten die einfallenden Imperialisten einkreisen und aus den befreiten Gebieten rausschmeißen. Dieser Plan wurde erfolgreich durchgeführt. Die ›Imperialisten‹ mußten geschlagen abziehen.«[314]

Auf gleich zwei politische Großkonflikte wurden die Kinder beim Pionierlager auf der Unterelbeinsel Krautsand im Sommer 1977 auf militärische Weise gesetzt. Einmal ging es, so heißt es im Programmplan, um Südafrika: »Wir machen zusammen ein Geländespiel, das den Befreiungskampf der südafrikanischen Völker zum Thema hat. Die Kinderbrigaden sind Einheiten der Volksbefreiungsarmee, die gegen die Rassisten (gespielt von älteren Genossen) kämpfen. Sie üben Angriffe und Sabotageakte, um die Rassisten zu schwächen. Dabei müssen sie nicht nur gegen die Rassisten kämpfen, sondern auch vor den Söldnern der Sowjetunion auf der Hut sein, die sich bei ihnen einschmeicheln wollen, in Wirklichkeit aber gegen den Befreiungskampf sind.«[315] Zum anderen sollte es um den Kampf gegen Atomkraftwerke gehen. Im Lager sollte ein »großes Brokdorf-Geländespiel« stattfinden, »das einen ganzen Tag dauert. Morgens erhält jeder sein Marschgepäck und dann geht es ab ins ›Feld‹. Die Polizei (einige ältere Lagerteilnehmer) versucht die Volksmassen (einige Kinderbrigaden) an der gerechten Besetzung eines Bauplatzes zu hindern. Die Kinder müssen Mut und Gewandtheit beweisen, um die gestellten Aufgaben zu erfüllen.«[316] Auch ein Erste-Hilfe-Kurs war im Angebot, »damit wir später einmal verletzten Genossen helfen können«.[317]

Schon die Kleinen sollen in der KPD auf den Klassenkampf vorbereitet werden. Ob das praktizierte Freund-Feind-Denken nachhaltige Folgen hatte für die teilnehmenden Kinder, darüber kann nur gemutmaßt werden. Anhand des Umgangs mit ihnen zeigt sich das fundamental gewandelte Bild von Kindern. Während die Studentenbewegung noch den Bedürfnissen der Kinder nachkommen wollte (Übertreibungen nicht ausgeschlossen), ging es den orthodoxen Gruppen in den 70er Jahre darum, sie auf die ideologischen Bedürfnisse der Organisation auszurichten. Die groteske Idee, im Jahr 1976 in der Bundesrepublik Kinder Partisanenkämpfe nachspielen zu lassen, hat vielleicht auch damit zu tun, dass die verantwortlichen, meist männlichen Berufskader von Kindern keine Ahnung oder keinen Draht zu ihnen hatten: Fast alle von ihnen waren damals kinderlos; erst spät, in den 80er Jahren, nach dem Ende der KPD, gründeten einige von ihnen Familien.

VII. Gewalt
Spiel mit dem Feuer

> Wir haben von unseren Anführern immer erwartet,
> dass sie uns erklären, was in uns vorgeht. Warum wir diese
> Form der Bewegung wollten, warum es uns drängte, loszugehen und Steine zu werfen, warum wir etwas machen
> wollten. Das haben sie uns nicht erklärt.
> **Ein Teilnehmer der Studentenbewegung, 1985**[318]

> ... zum Kotzen und Guten Morgen Herr Jünger!
> **Joschka Fischer zu Thomas Schmid, 1978**[319]

Berlin

Nach dem Zerfall der Studentenbewegung geriet auch wieder die Frage in den Vordergrund, wie man es mit der Gewalt hält. Dazu hatte die Studentenbewegung ein ambivalentes Verhältnis. Die Rhetorik der Studentenführer war teils martialisch, Gewaltoptionen implizierend, zugleich blieb es gemessen an dieser Rhetorik bis zum Herbst 1968 relativ friedlich. Zwei wesentliche Ausnahmen gab es: Anfang April 1968 zündeten in zwei Frankfurter Kaufhäusern vier selbst gebaute Brandsätze. Da sie nachts ausgelöst wurden, verletzten sie keine Menschen. Die Kaufhausbrände wurden allerdings nicht im SDS erdacht, sondern waren das Werk des eher frei flottierenden Quartetts Horst Söhnlein, Andreas Baader, Gudrun Ensslin und Thorwald Proll.

Während der Osterunruhen 1968, die nach dem Attentat auf Rudi Dutschke aufflammten, flogen nicht mehr nur Tomaten,

Eier und Farbbeutel, sondern erstmals auch Steine. Lieferwagen des Axel Springer Verlags wurden mittels Molotowcocktails in Brand gesetzt, Bauwagen als Straßensperren eingesetzt. Die Molotowcocktails stammten vom Verfassungsschutzagenten Peter Urbach, der der Studentenbewegung beim Betreten dieser neuen Eskalationsstufe behilflich war.

Schreckliche, unglückliche Folgen hatten die Proteste in München. Ein Stein traf den Fotografen Klaus-Jürgen Frings so hart im Gesicht, dass dieser später starb. Erstmals waren Steine (wahrscheinlich) von Demonstranten geworfen worden, und gleich mit tödlichen Folgen. Die Osterunruhen waren einerseits spontane Aktionen und Proteste gegen den Springer Verlag, den man als eigentlichen Schuldigen für die Schüsse ansah. Andererseits wurden sie, bis auf den Steinwurf, von dem sich der SDS distanzierte[320], aus den theoretischen Überlegungen der Studentenbewegung heraus gerechtfertigt. Die SDS-Vordenker Hans-Jürgen Krahl und eben Dutschke hatten ein Widerstandsrecht gegen den bürgerlichen Staat und seine Institutionen proklamiert, weil dessen Herrschaft auf Gewalt basiere. Mögliche eigene Gewaltausübung wurde als Antwort auf bereits herrschende Gewaltverhältnisse verstanden.

Man griff dabei auf Herbert Marcuse zurück. In seinem Essay »Repressive Toleranz« unterschied der Kritische Theoretiker zwischen revolutionärer und reaktionärer Gewalt. Auf diesem Ansatz fußte Dutschkes und Krahls Denken. Krahl forderte eine »permanente Revolte«[321], Dutschke meinte mit Bezug auf den marxistischen Philosophen Georg Lukács, dass »allein die ›bewußte Tat‹ des revolutionären Proletariats ... die objektive Krise des kapitalistischen Systems in die revolutionäre Transformation des Systems umsetzen« könne.[322] Dutschke setzte auf eine Art Demaskierungsstrategie. Weil die Repression in der entwickelten westlichen Welt anders als in der Dritten Welt nicht offen auftrete, müssten die staatlichen Gewaltverhältnisse freigelegt werden. In einer Manöverkritik nach einer misslungenen Demonstration schrieb er 1967, dass es darum gehe,

»durch systematische, kontrollierte und limitierte Konfrontation mit der Staatsgewalt und dem Imperialismus in Westberlin die repräsentative ›Demokratie‹ zu zwingen, offen ihren Klassencharakter, ihren Herrschaftscharakter zu zeigen, sie zu zwingen, sich als ›Diktatur der Gewalt‹ zu entlarven«.[323] Indem die Staatsgewalt durch gezielte Regelverstöße provoziert wird, soll sie dazu gebracht werden, ihre wahre Fratze zu zeigen:

> »Die Durchbrechung der Spielregeln der herrschenden kapitalistischen Ordnung führt nur dann zur manifesten Entlarvung des Systems als ›Diktatur der Gewalt‹, wenn wir zentrale Nervenpunkte des Systems in mannigfaltiger Form (von gewaltlosen offenen Demonstrationen bis zu konspirativen Aktionsformen) angreifen – so zum Beispiel das Abgeordnetenhaus, Steuerämter, Gerichtsgebäude, Manipulationszentren wie Springer-Hochhaus oder SFB, Amerika-Haus, Botschaften der Marionettenregierungen, Armeezentren, Polizeistationen etc.!«[324]

Einerseits inspirierte Dutschke die Gewaltfantasien der Anhänger, andererseits blieb er bewusst unbestimmt in der Frage, wie jene »konspirativen Aktionsformen« aussehen könnten. Im wichtigen »Organisationsreferat« zur Zukunft des SDS, das Dutschke und Hans-Jürgen Krahl im September 1967 gemeinsam verfassten, reaktivierten sie den Anarchismus und verteidigten ihn gegen die marxistische Kritik des Voluntarismus:

> »Die Agitation in der Aktion, die sinnliche Erfahrung der organisierten Einzelkämpfer in der Auseinandersetzung mit der staatlichen Exekutivgewalt bilden die mobilisierenden Faktoren in der Verbreiterung der radikalen Opposition und ermöglichen tendenziell einen Bewußtseinsprozeß für agierende Minderheiten innerhalb der passiven und leidenden Massen, denen durch sichtbar irreguläre Aktionen die abstrakte Gewalt des Systems zur sinnlichen Gewißheit werden kann. Die ›Propaganda der Schüsse‹ (Ché) in der ›Dritten Welt‹ muß durch die ›Propaganda der Tat‹ in den Metropolen vervollständigt werden, welche eine Urbanisierung ruraler Guerilla-Tätigkeit geschichtlich möglich macht. Der städtische Guerillero ist der Organisator schlechthinniger Irregularität als Destruktion des Systems der repressiven Institutionen.«[325]

Mit anderen Worten: Es müssen auch in den Städten nach dem Vorbild der Guerilla illegale Aktionen ausgeführt werden, um ein revolutionäres Bewusstsein zu schaffen. Auch dieses Beispiel zeigt die Ambivalenz des SDS in der Gewaltfrage: Die

Rhetorik war radikal, erweiterte den großen Bogen möglicher Aktivitäten, blieb andererseits aber vage. Krahl und Dutschke transformierten Che Guevaras »Propaganda der Schüsse« in die unbestimmte »Propaganda der Tat« und wussten dabei natürlich, dass dieses Schlagwort des Anarchismus des 19. Jahrhunderts symbolische Aktionen, aber auch terroristische Anschläge bedeuten konnte. Sie ließen bewusst Raum für Interpretationen.

Dutschke wusste oder ahnte wohl, dass die damals vieldiskutierte Unterscheidung zwischen Gewalt gegen Sachen und Gewalt gegen Personen eine künstliche und in der Praxis schwer zu halten war. Die Frankfurter Kaufhausbrände waren nach diesem Raster Gewalt gegen Sachen – wenn sich aber zufällig ein Wach- oder ein Reinigungsmann auf der Etage befunden hätte und die Fluchtwege durch die Flammen versperrt gewesen wären, hätte es schon anders ausgesehen (tatsächlich arbeitete in einem der Kaufhäuser zum Explosionszeitpunkt eine Malerkolonne auf einer anderen Etage).[326] Hilflos wirkte die Erklärung des SDS nach dem tödlichen Steinwurf auf den Münchner Fotografen, wonach nur Gewalt gegen Sachen, aber nicht gegen Menschen anzuwenden sei.[327] Ähnlich widersprüchlich äußerte sich Dutschke in einem Fernsehinterview 1968, kurz vor dem Attentat auf ihn: »Wir kennen nur einen Terror – das ist der Terror gegen unmenschliche Maschinerien. Die Rotationsmaschinerie von Springer in die Luft zu jagen und dabei keine Menschen zu vernichten, das scheint mir eine emanzipierende Tat.«[328] Trotz deutlicher Bemühungen um Abstrahierungen (Rotationsmaschinerie statt -maschine) konnte Dutschke das Dilemma nicht auflösen: Auch an den Rotationsmaschinen des Springer Verlags standen Menschen, und das branchenüblich Tag wie Nacht. Offen voluntaristisch argumentierte Dutschke auf dem Vietnam-Kongress im Februar 1968, dem wohl größten und meistbeachteten Podium seines Lebens, als er in die Menge fieberte:

>»Genossen! Wir haben nicht mehr viel Zeit. In Vietnam werden auch wir tagtäglich zerschlagen, und das ist nicht ein Bild und ist keine

Phrase. Wenn in Vietnam der US-Imperialismus überzeugend nachweisen kann, daß er befähigt ist, den revolutionären Volkskrieg erfolgreich zu zerschlagen, so beginnt erneut eine lange Periode autoritärer Weltherrschaft von Washington bis Wladiwostok. Wir haben eine historisch offene Möglichkeit. Es hängt primär von unserem Willen ab, wie diese Periode der Geschichte enden wird.«[329]

Die vietnamesische Revolution werde scheitern, so Dutschkes Urteil, wenn sich zum Vietcong nicht weitere »Congs« in den westlichen Ländern dazugesellten.

Dutschke hat nicht zu konkreten gewalttätigen Aktionen aufgerufen, aber er hat die Gewalt, allein schon aufgrund seines prominenten Status, mit ins Spiel gebracht. Es muss allerdings seine damalige Funktion im SDS berücksichtigt werden. Dutschke wusste um die Heterogenität der Studentenbewegung und suchte mit seiner Rhetorik radikale Zirkel einzubinden. Er handelte im Grunde wie ein integrierender Parteichef[330], der in seinen Reden und Texten die diversen Parteiflügel spiegeln muss.

Bis Herbst 1968 allerdings stand der Gewaltrhetorik von Dutschke und anderen Vorderen der Studentenbewegung nur relativ wenig tatsächlich ausgeübte Gewalt gegenüber. Die Mehrheit der linkspolitisierten Studenten lehnte 1968 offensive Gewalt ab. Schon allein die Frage, ob das besagte Werfen von Steinen gegen öffentliche Gebäude ein legitimes Mittel sei, führte zu Spaltungen von örtlichen SDS-Verbänden.[331] Hinter grundsätzlichen Debatten wie diesen gärten allerdings Ideen und Pläne, zu gewaltsamen Taten zu schreiten, die freilich nicht umgesetzt wurden. Sie zeigen aber, dass Gewaltfantasien damals wenig Grenzen kannten.

In Berlin diskutierten im Jahr 1968 Alexander von Plato, dessen damalige Frau und einige prominente Berliner SDS-Funktionäre den Plan, den Westberliner Kammergerichtspräsidenten, den formell höchsten Richter der Stadt, zu entführen.[332] Von Plato:

> Es fand aber nicht statt, alle stiegen aus. ... Die Idee wurde schnell zu Grabe getragen. Mir leuchtete damals ein, was Trotzki in seiner »permanenten Revolution« schrieb über den Nieder-

gang der russischen Revolution von 1905, dass individueller Terror eigentlich Ohnmacht bedeutet. Er beschrieb den Zusammenhang zwischen erfolgreichen Bewegungen und geringem individuellem Terror, schwacher revolutionärer Bewegung und ansteigendem Terror.

Die Idee wurde beerdigt, nicht aus moralischen Bedenken, sondern weil aus der Lektüre der aktuell gelesenen Taktrate der Schluss gefolgert wurde, dass es nicht um Angriffe auf einzelne »Charaktermasken« gehe. Die Schriftgläubigkeit eines künftigen marxistisch-leninistischen Kaders klingt hier bereits an. Bei von Plato kam die Vorstellung hinzu, dass die Gewaltansätze nichts brächten, sondern die soziale Basis erweitert werden müsste. Das erklärt seine Arbeit in der Gewerkschaft. Deutlich wird aber auch, dass zu diesem Zeitpunkt die Grenze zwischen späteren Anarchisten und Terroristen einerseits und späteren K-Grüpplern andererseits nur schwer zu ziehen war.

> Wer weiß, was passiert wäre, wenn ich in eine andere Gruppe gekommen wäre. Vielleicht hätte ich auch so etwas gemacht. ... Es lag nah beieinander. Die Entscheidungen hingen stark von Freundschaften ab, davon, wie nah jemand einem stand und was er sagte, oder von der Literatur, die man las. Die Ablehnung des individuellen Terrors war meines Erachtens ein Element der Gründung der KPD/AO.

Am 4. November 1968 schließlich stand die Studentenbewegung in Berlin vor einer Weggabelung – oder besser, die Anführer, die das Vakuum nach Dutschkes attentatsbedingtem Ausfall füllten, schufen diese Weggabelung. Als am Berliner Landgericht über das Ehrengerichtsverfahren gegen den prominenten APO-Anwalt Horst Mahler verhandelt wurde, kam es vor dem Gebäude und in den Seitenstraßen zur »Schlacht am Tegeler Weg« mit rund 800 Teilnehmern aufseiten der Studenten. Bei Gericht sollte verhandelt werden, ob Mahler seine Zulassung als Anwalt verliert wegen seiner angeblichen Rädelsführerschaft bei den Osterkrawallen am Springer-Gebäude. Das erste Mal war eine Demonstration von vornherein als gewalttätige

Angelegenheit angelegt. Die überraschten Polizisten waren den kampfbereiten Protestierern unterlegen. Sperren wurden beiseite gerissen, sofort wurden Pflastersteine geworfen.[333] Den Demonstranten gelang es sogar, einen Wasserwerfer zu okkupieren und gegen die Polizei zu richten. Als ein Lastwagen, beladen mit Bauschutt, vorbeifuhr, sprangen Demonstranten hinauf und munitionierten sich mit zusätzlichen Steinbrocken und Ziegeln.[334] Erst nach einer Stunde sind die alten, aus Pappe und Leder gefertigten Tschakos der Polizisten durch neue Kunststoffhelme ersetzt worden. Die Steine wurden teils mit solcher Wucht geworfen, dass »sogar einige der neuen Spezialschutzhelme zerbrochen« wurden.[335]

Nach insgesamt zwei Stunden Nahkampf waren 130 Polizeibeamte, aber nur 22 Demonstranten zum Teil schwer verletzt.[336] Die Demonstranten hatten sich zum ersten Mal so etwas wie eine militärische Überlegenheit auf der Straße erkämpft. Für diejenigen, die auf die gewaltsame Zuspitzung gesetzt hatten, war der Vormittag im Norden Charlottenburgs ein »Initiationserlebnis«[337]. Andere wandten sich entsetzt ab.

Einer der Hauptstrategen der Schlacht war Christian Semler. Semler äußerte später, dass sich die Schlacht spontan entwickelt habe.[338] Das ist offensichtlich eine nachträgliche Schutzbehauptung. In einer Versammlung drei Tage vor der Schlacht mit gut tausend Teilnehmern wurde die Parole ausgegeben, »den Tegeler Weg zur Kochstraße«[339] zu machen. Im *Berliner Extra-Dienst* hieß es dazu: »SDS-Genosse Christian Semler erklärte am letzten Freitag vor 1000 Versammelten in der TU den ›individuellen Terrorismus‹ zum legitimen Bestandteil einer neuen Strategie und Taktik der Außerparlamentarischen Opposition.«[340] Damit war das Tabu der offensiven Gewalt erstmals ausdrücklich gebrochen. Auf einem »Teach-in« am Vorabend hatte sich der Kern »auf Militanz eingeschworen«[341]. In einem gezeigten Film wurde erläutert, wie »man am besten einen Polizei-Tschako abreißt«[342]. Bei den Krawallen mischten erstmals Rocker aus den Randquartieren Westberlins mit, die vermutlich nicht zufällig an einem Montagmorgen am entlegenen Charlottenburger Landgericht auftauchten. Studenten hatten sich mit Bauhelmen und Regenmänteln zum Schutz vor Wasserwerfern ausgestattet. Manche hatten Holzlatten bei sich. Spontan sah das alles nicht aus.

Kurz nach der Schlacht sammelten sich die Kämpfer in der Technischen Universität zu einer Art Selbstfeier. Die meisten von ihn waren keine Studenten der TU, aber die Universität war nahe gelegen, allein das zählte. Die Universität wollte den Einmarsch verhindern, musste aber kapitulieren. Neben Jürgen Horlemann war es abermals Christian Semler, der die Linie vorgab. Semler pries, das waren in ihrer Härte neue Töne, »die Bekämpfung von Polizeiketten durch massiven Steinwurf« als wichtigsten Erfolg.[343]

Er selbst hatte es allerdings offenbar vorgezogen, sich in sicheren hinteren Reihen zu halten. Unter den 48 Festgenommenen befand er, der Spiritus Rector der Aktion, sich nicht. Wenn Tilman Fichter und Siegward Lönnendonker in ihrer *Kleinen Geschichte des SDS* schreiben, dass »ungefähr 1 000 Studenten unter Führung einiger SDS-Mitglieder zum Angriff gegen die bereitstehenden Polizeieinheiten«[344] übergingen – Assoziation: die Revolutionsführer mutig ganz vorn auf den Barrikaden mit der roten Fahne, so ähnlich wie die heldenhafte Frau in dem Revolutionsbild von Eugène Delacroix –, dann ist das romantisierende Geschichtsklitterung. Eher verhielten sich Semler und die anderen Strategen wie Generäle, die ihre Soldaten nach vorn zum Verheizen schickten. Die sogenannten Anführer hatten dem Nachwuchs die Spitze des Feldes großzügig überlassen. Diese nahmen sie allerdings gern und freiwillig ein. Auf einer SDS-Veteranenkonferenz 17 Jahre später in Berlin berichteten Teilnehmer der Steinwerferei, dass die Gewalt ein willkommenes Mittel für die Jüngeren gewesen war, sich bei der SDS-Prominenz zu empfehlen. »Dutschke, Rabehl, Krahl, Lefèvre und Semler standen so unerreichbar hoch über allen anderen, daß die jüngeren SDSler wenigstens in den Aktionen durch besondere Radikalität vorn sein wollten«[345], fasste der Reporter vom *Tagesspiegel* die Erinnerung der Teilnehmer zusammen. Es ist das gruppendynamische Prinzip, was schon auf dem Schulhof bekannt ist: Die dominierenden Figuren hecken grenzüberschreitende Aktionen aus, überlassen aber dem profilierungshungrigen Nachwuchs den Vollzug, um sich selbst nicht die Hände schmutzig machen zu müssen.

Ein weiterer Zeitzeuge erinnert sich in Heinz Budes 68er-Generationen-Buch an die anschließende Versammlung und kritisiert das gefährliche Spiel mit der Gewalt, das betrieben wurde:

> »... da war die Versammlung in der TU, und Semler stellt sich hin und erzählt, wir haben heute einen Sieg erreicht, eine Stufe der neuen Militanz [gemeint ist eine *neue Stufe der Militanz*, d. A.], hinter der wir nicht mehr zurückfallen dürfen. ... Da stellt der sich hin und erzählt so eine Scheiße. Denn das Gefährliche, das war mir sofort klar, war doch, die Leute in eine falsche Sicherheit und Überlegenheit zu reden, die es nicht gab. ... Der Staat, der Staatsapparat kann sich entsprechend höher bewaffnen, und am Ende stehen Maschinengewehrsalven vielleicht. Also mir war in den Moment klar, das ist eine unverantwortliche Agitation.«[346]

Der Teilnehmer beschreibt die alles andere als euphorische Stimmung nach der Schlacht. Dominierend sei das Gefühl der Angst vor strafrechtlicher Verfolgung gewesen. Christian Semler aber habe diese Stimmung ignoriert: »Und dann steht einer [Christian Semler, d. A.] auf und sagt, das ist eine neue Stufe der Militanz, hinter der wir nicht zurückfallen dürfen. Gefährlich. Und ich habe mich nicht getraut, nach oben zu gehen. Ich wollte es machen und habe es unterdrückt. Heute kritisiere ich mich.«[347]

»Unser Kampf auf der Straße hat eine neue Ebene der Militanz erreicht«[348], das war der entscheidende Satz Semlers an diesem Mittag in der TU vor 1500 Zuhörern. Die Militanz-Ebene, so die Parole weiter, müsse gewahrt werden, man dürfe nicht dahinter zurückfallen – angesichts der leicht auszurechnenden Tatsache, dass sich die Polizei bei einem nächsten Zusammentreffen nicht mit Steinen beregnen lassen und zurückschlagen würde, eine Parole, die leichtfertig zu nennen eine höfliche Untertreibung wäre. Auf der SDS-Delegiertenkonferenz in Hannover wenige Tage später äußerte Semler, dass »wir tatsächlich in einem viel stärkeren Maße, als wir jemals angenommen hatten, solche Aktionen und Demonstrationen planen können und dass wir auch den Einsatz der Gewalt planen können«[349] (die Machtsprache der etablierten Politik beherrschte Semler schon ziemlich gut – aus einem »ich« wird ein vereinnahmendes »wir« gemacht). Irgendwann in diesem Zeitraum dekretierte Semler, dass die »alte Unterscheidung zwischen Gewalt gegen Sachen und Gewalt gegen Personen überholt«[350] sei – starker Tobak, einfach mal so dahergesagt.

Der ehemalige APO-Aktivist Klaus Hartung, der damals zwischen dem Anarchismus- und Kaderansatz hin- und heroszillierte, analysiert den Unterschied zwischen dem Verhältnis der Studentenbewegung zur Gewalt vorher und nachher: »Immer war es darum gegangen, wieder zur Sprache zurückzufinden, Gewalttätigkeit in Politik zu verwandeln. Aber jetzt verweigerte die selbst ernannte Avantgarde der Bewegung diese Debatte. Der SDS denunzierte die Kritiker und rechtfertigte die Schlacht am Tegeler Weg als Befreiung ›aus der Lage des duldenden Opfers‹.«[351]

Semler äußerte sich 1987 rückblickend über die Krawalle. Es sei darum gegangen, »Ohnmachtsverhältnisse zu zerbrechen«. Das ist die nicht unsympathische, von der Kritischen Theorie beeinflusste APO-Sprache von 1967/68 – vor und nach der Schlacht am Tegeler Weg hatte Semler allerdings schon ganz anders, nämlich offensiver geklungen. Semler meinte 1987 weiter:

>»Was ich aber nicht gesagt habe, auch nicht sagen konnte, schon aufgrund der marxistischen Residuen in meinem Denken, war, daß die Kampfformen die Grenzlinie zwischen Refom und Revolution bestimmen würden. Ich sprach von einer neuen Ebene der Militanz. Wir haben im Gegenteil Flugblätter herausgegeben, in denen wir sagten, der Weg zu einem revolutionären Prozeß hin ist nicht definiert durch eine permanente Gewalteskalation. Daß die Aktion aber dennoch so verstanden worden ist, als ob es eine solche permanente Gewalteskalation gäbe, oder geben müßte, war auch nicht zufällig. Das heißt, bis

> zu einem Grade tragen Leute wie ich damit schon eine Verantwortung für die Vorstellungen, man könne nach den Steinen zu den Mollis, nach dem Mollis zur Knarre greifen. Und so haben ja in der Tat relativ viele Linke gedacht.«[352]

Mit anderen Worten: Semler wusste erstens, dass mit der Schlacht eine Grenze überschritten wurde, sprach es aber nicht offen aus, um Aktivisten aus dem akademischen Milieu nicht zu verschrecken. Er hat, wie die Antiautoritären es selbst genannt hätten, die Massen manipuliert. Zweitens wusste er als belesener Marxist, dass der Weg zum Kommunismus eben nicht durch ständige Gewalt, durch individuellen Terror bestimmt sein kann. Im marxistischen Denken spielt Gewalt eine Rolle; allerdings kommt es darin auf den richtigen revolutionären Moment an. Künstlich herbeigeführte Eskalationen, losgelöst von Klassenkämpfen, werden abgelehnt. Die Schlacht am Tegeler Weg war so gesehen völlig fehl am Platz, weil sie auch aus ideologie-immanenter Perspektive falsch war. Er wusste, dass die Schlacht als ein Aufruf »Zu den Waffen« verstanden werden konnte. »Leute wie er« waren verantwortlich – allerdings nicht nur für ominöse »Vorstellungen«, sondern für ganz praktische, ernste Konsequenzen. Ob Semler seine persönliche Verantwortung jemals tatsächlich auch getragen, also angenommen hat, ist eine andere Frage.

Nach der Schlacht am Tegeler Weg verengten sich die Zukunftsoptionen der Studentenbewegung auf die Scheinalternative Anarchismus oder Kaderorganisation. Sie »trieb« aber nicht, wie es in Darstellungen und Erinnerungen häufig heißt, gleichsam zwangsläufig dahin. Die Verengung ist das Ergebnis des Handelns von Teilen der SDS-Führung und anderer wichtiger Protagonisten gewesen. Christian Semler hat es geschafft, an der Zerstörung der antiautoritären Substanz der Studentenbewegung gleich von zwei verschiedenen, diametral entgegengesetzten Seiten an prominenter Stelle mitzuwirken: Ende 1968 vom Gewaltansatz her und ein Jahr später vom Kaderansatz her. Hauptsache möglichst spektakulär mitmischen, über Konsequenzen wird später nachgedacht – die Halbstarkensozialisation Semlers trat in dieser Zeit erneut hervor. Nochmals Klaus Hartung:

> »1969 war erfüllt vom Kleinkrieg an den Universitäten, die ersten marxistisch-leninistischen Gruppen verlangten Kurzhaarschnitt, Legalisierung der Liebesverhältnisse und den Verzicht auf alles Antiautoritäre. Einerseits. Anderseits begannen die Freunde der Illegalität, mit dem Untergrund und dem Terror zu liebäugeln. Beide Seiten waren sich einig: Schluß mit der antiautoritären Bewegung. Sie war bürgerlich, kleinbürgerlich und überhaupt das Letzte. Zurück blieben die vielen Verzweifelten, die nicht weiterwußten, die weder zurück in die bürgerliche Karriere wollten, noch hinein in die Kaderorganisation oder in die Illegalität.«[353]

Die Verengung nach 1968 sortierte Leute aus, kappte Motivationen, produzierte massenhaft Heimatlosigkeit. Aus Angst, ihre Heimat zu verlieren, machten nicht wenige mit bei dem, was folgen sollte.

Natürlich war es nicht nur Christian Semler, der die Verengung vorantrieb. In dieser Phase kam es binnen kurzer Zeit zu den erstaunlichsten ideologisch-strategischen Wandlungen – zum Beispiel bei Horst Mahler. Mahler nahm als umtriebiger und mit sämtlichen Wassern seines Berufsstandes gewaschener Anwalt eine wichtige Funktion in der Berliner APO ein. Sein Handwerkszeug lernte er als Wirtschaftsanwalt für wohlhabende Westdeutsche, die ihr Geld steuersparend im Bauspekulanten-Paradies Westberlin anlegen wollten. Ursprünglich gehörte er, allein schon aufgrund seines Berufs, zu den Traditionslinken im SDS, die die Antiautoritären um Rudi Dutschke und den Kabarettisten Wolfgang Neuss ablehnten. Im Laufe der Zeit entwickelte er sich zu einer Integrationsfigur – man kann auch sagen: zu einem Strippenzieher –, und unterhielt gute Kontakte zu den wesentlichen Strömungen: sowohl zum eher traditionellen Flügel, der für feste Organisationsstrukturen plädierte, die Mitarbeit in vorhandenen Institutionen befürwortete und in der DDR einen natürlichen Bündnispartner (»Hinterland«) sah, als auch zum antiautoritär-anarchischen Flügel, der jedwede Form der Organisierung ablehnte. Im Juni 1968 versuchte Mahler eine Brücke zwischen den Traditionalisten und den Antiautoritären zu bauen. In seinem Papier »Die ›Krise‹ der Außerparlamentarischen Opposition – und wie man sie überwindet«[354] kritisierte er einerseits die Traditionalisten, sie seien »unfähig, ein konstruktives Verständnis für das antiautoritäre Lager zu gewinnen«. Gleichzeitig mahnte er auch bei den Antiautoritären einen Bewusstseinswandel an, denn: »Die antiautoritäre Haltung büßt ihre progressive Bedeutung jedoch dort ein und schlägt in ihr Gegenteil um, wenn sie dazu führt, daß sie auch *innerhalb* der antikapitalistischen Bewegung zur Ideologie erhoben wird und die Bildung der notwendigen, Disziplin voraussetzenden Organisationsstrukturen verhindert.«[355] Mahler plädierte für verbindlichere Organisationsformen und verbesserte Koordination, auch mit Zirkeln innerhalb etablierter Institutionen wie der SPD, um diese von innen auszuhöhlen. Mahlers Papier ist eine Art diplomatischer Vermittlungsversuch zwischen den Lagern.

Von Diplomatie hatte Mahler dann aber schnell genug. Anfang 1969 torpedierte er die APO-Zeitung *Extra-Dienst*, deren Co-Gesellschafter er war, in der sich aber immer mehr ein gemäßigter Kurs durchsetzte.[356] Die Redaktion hatte sich gegen gewaltsame Auseinandersetzungen wie ebenjener Schlacht am Tegeler Weg gewandt und befand sich zunehmend auf parlamentarischem Kurs. Das war Mahler nicht radikal genug. Kurz danach war er an der Gründung der *Roten Presse Korrespondenz* beteiligt, dem neuen Organ der Antirevisionisten. Ein Jahr später nahm er eine weitere, folgenreiche Stufe, mit der er den gerade erst eingenommenen politischen Standpunkt wieder verließ. Im Februar 1970 suchte er Gudrun Ensslin und Andreas Baader in Rom auf. Sein Vorschlag: Man solle doch eine Stadtguerilla aufbauen.[357] Das bedeutete den Schritt zur RAF. Im Juni nahm Mahler am militärischen Ausbildungscamp der PLO für die deutschen RAF-Gründer in Jordanien teil. Im Mai 1971 erschien sein in der Haft geschriebenes Stadtguerilla-Manifest »Über den bewaffneten Kampf in Westeuropa«. Innerhalb von zwei Jahren hatte sich Mahler, der einstige Wilmersdorfer Wirtschaftsanwalt und Subventionsberater des westdeutschen Besitzbürgertums, von einer zentristischen APO-Figur zum Strategen der RAF entwickelt.

Es kann an dieser Stelle nicht das Rätsel Mahler gelöst werden. Wichtig ist die Feststellung, dass der individuelle Weg in die Gewalt weniger durch eine stringente ideologische Entwicklung bestimmt war, sondern von Zufällen, subjektiven Einschätzungen, Lektüreerfahrungen, Begegnungen und der persönlichen Bereitschaft, mit der eigenen Vergangenheit radikal zu brechen, auch um den Preis privater Dramen. Horst Mahler, der früh geheiratet hatte, lebte völlig bürgerlich mit seiner Ehefrau zusammen und hatte, wie Ulrike Meinhof und Gudrun Ensslin, bereits Kinder.

Christian Semler hatte sich derweil von der unmittelbaren Gewalt losgesagt und die KPD mitbegründet. Für alle marxistisch-leninistischen Kadergruppen galt, dass sie individuellen und spontanen Terror ablehnten. Erst wenn der revolutionäre Moment gekommen sei, ginge es darum, »die Diktatur der Bourgeoisie durch den bewaffneten Volkskrieg zu stürzen und an ihre Stelle die Diktatur des Proletariats zu setzen«[358]. Das konnte in einem Jahr so weit sein, das konnte natürlich noch ein wenig länger dauern. Alexander von Plato:

> Wir waren gegen individuellen Terror, aber natürlich sollte Gewalt in einer revolutionären Situation angewandt werden können. Die Frage war, ob man die Situation herbeibomben könne. Die meisten waren dagegen.

Die Vertagung der Gewaltfrage war im Grunde eine Domestizierung eigener Gewalterfahrungen und -vorstellungen. Fast alle vorderen maoistischen Kader hatten auf der Straße brutale Konfrontationen erlebt, manche hatten sich auch an der Kante zum Terrorismus bewegt. Die Vertagung entlastete, weil sich die heikle Gewaltfrage eben noch nicht stellte.

So richtig konnten sich die K-Gruppen nicht an die selbst auferlegte Domestizierung halten. Ein Trupp der KPD, der eigenen Studentenorganisation und der Liga gegen den Imperialismus stürmte im April 1973 in Bonn aus einer Demonstration heraus – Anlass: Protest gegen den Besuch des südvietnamesischen Präsidenten Thieu – und besetzte das Bonner Rathaus am Marktplatz. Mitarbeiter wurden in Räume eingesperrt, Eingänge verbarrikadiert, Akten, Tische und Stühle aus den Fenstern geworfen, rote Fahnen herausgehängt, Losungen wie »Thieu Mörder, Brandt Komplize« an die Wand gesprüht.[359] Als die Polizei kam, wurde diese mit Flaschen beworfen. Am Ende waren 50 Menschen auf beiden Seiten verletzt und eine halbe Million D-Mark Sachschaden entstanden. Gewohnt großspurig verkündete Semler danach gegenüber dem *Spiegel*: »Das ist nicht die erste Aktion dieser Art, und es wird auch nicht die letzte sein«, sein Co-Spitzengenosse Jürgen Horlemann, der rhetorisch häufig noch eine Spur härter war, meinte kühl: »Jeder, der heutzutage Polizist ist, muss wissen, auf wen er angesetzt wird.« Semler weiter: »Der Weg zum Sozialismus ist nur über die bewaffnete Auseinandersetzung der Volksmassen möglich.« Schon klar, aber war 1973 wirklich schon der revolutionäre Moment gekommen? Und warum wurde ein vergleichsweise läppischer Anlass gewählt? Thieu wurde damals im Westen kaum noch ernst genommen, die Bundesregierung wollte ihn erst gar nicht empfangen. Es war nach dem Abzug der amerikanischen Truppen aus Vietnam klar, dass die Nordvietnamesen den Krieg gewonnen hatten. Außerdem ging es in der Bundesrepublik der Arbeiterklasse, zumindest der deutschstämmigen (von den »Gastarbeitern« sprach damals noch kaum jemand), im Frühjahr 1973 blendend. Die Ölkrise, mit der man die Krisenhaftigkeit des Kapitalismus hätte belegen können, sollte erst ein halbes Jahr später hereinbrechen.

Hinter der Kraftmeierei türmten sich die Widersprüche förmlich auf. Vermutlich wollte ein Teil der KPD-Spitze angesichts des isolierten Funktionärsdaseins in Dortmund durch eine öffentlichkeitswirksame Aktion Aufmerksamkeit erreichen. Der Mythos Schlacht am Tegeler Weg, an dessen Konstruktion

Semler wie Horlemann entscheidend beteiligt waren, lebte fort. Alte, gewaltgeneigte Prägungen kamen zum Vorschein. Das – um es mit Daniel Cohn-Bendit zu sagen – »lustvolle Verhältnis zur Straßenmilitanz« ließ sich nicht einfach durch disziplinierende Ideologie unterdrücken. Von Plato, der an der Erstürmung des Rathauses beteiligt war, bestätigt dies heute. Die Methoden der Studentenbewegung seien weiterhin im Kopf präsent gewesen. Hinzu kam das Reizthema Vietnam. Der Vietnamkrieg war ein wesentlicher Bezugspunkt der Studentenbewegung, und Thieu symbolisierte das verhasste Südvietnam. Christian Semler und Jürgen Horlemann wurden nach langwierigen Prozessen 1979 jeweils zu einer einjährigen Haftstrafe verurteilt, die zu drei Jahren auf Bewährung ausgesetzt wurde. Außerdem mussten sie jeweils 7.200 D-Mark Geldstrafe zahlen.[360]

Andere stiegen konsequent in den Anarchismus ein. In Berlin entstand nach 1968 eine Subkultur von spontihaften, teils gewalttätigen Gruppen aus Rockern, Lehrlingen, Drogenkonsumenten und Aussteigern. Sie hatten meistens nichts mit dem SDS zu tun, sie gediehen jedoch im antiautoritären Klima der Studentenbewegung. Die Wege konnten sich aber durchaus kreuzen, so etwa bei besagter Schlacht am Tegeler Weg. Die gewaltbereitesten unter ihnen sammelten sich in Zirkeln, die mal »umherschweifende Haschrebellen«, mal »Tupamaros Westberlin« hießen. Die bekanntesten Aktiven unter ihnen: Dieter Kunzelmann, einst aus dem SDS ausgeschlossen, Thomas Weisbecker und Georg von Rauch. Als der Letztgenannte bei einem Festnahmeversuch durch die Polizei erschossen wurde, war dies der Anlass für die Gründung der Bewegung 2. Juni.

Diese terroristische Organisation ist bis heute unterbelichtet, was mehrere Gründe hat. Ihr fehlten erstens mediengerechte Identifikationsfiguren, wie sie die RAF hatte: Ulrike Meinhof etwa, die idealistische Bürgertochter, mit der sich die linksorientierte Mittelschichtsfrau heimlich identifizieren kann, auch, was praktische Probleme wie die Vereinbarkeit von Kind und

Karriere angeht. Dass die in zyklischen Abständen erscheinenden Ulrike-Meinhof-Artikel und -Filmdokumentationen immer mit den nachdenklichen Porträts der jungen, attraktiven Meinhof aus der Zeit vor ihrem Gang in den Untergrund bebildert werden, auf denen sie ein wenig aussieht wie Sophie Scholl, ist sicherlich kein Zufall, sondern soll bedeutungsschwangere Assoziationen auslösen: Sophie Scholl *und* Ulrike Meinhof, die zwei aufrechten deutschen Frauen des 20. Jahrhunderts! So sieht man das wahrscheinlich im feministischen Post-68er-Milieu.

Der »2. Juni« konnte damit nicht dienen. Darin dominierten Männer aus proletarischen Familien, die schon qua Sozialisation schnell zulangten, ohne sich um den theoretischen Überbau zu kümmern. Zweitens war die Bewegung 2. Juni fast ausschließlich auf Berlin beschränkt. Drittens versuchten die Mitglieder möglichst lange in der Legalität zu leben, weshalb ebenso wenig mediengerechte Geschichten über konspirative Wohnungen und abenteuerliche Verfolgungsjagden überliefert sind, die ein Terrorismus-Chronist wie Stefan Aust hätte ausgiebig aufbereiten können. Die Mitglieder des »2. Juni« trugen nicht den konspirativen Angestellten-Look wie die RAF-Leute, sondern ihre gewöhnliche Hippie-, Lederjacken- oder Jeanskluft. Viertens war ihre Ideologie weniger dogmatisch und größenwahnsinnig, und fünftens waren ihre Anschläge weniger darauf angelegt, blindwütig Menschen zu töten. In einer Mediengesellschaft, in der das Spektakuläre und Symbolträchtige die meiste Aufmerksamkeit erzielt und der Terrorismus eine merkwürdige Faszination ausübt, drückt alles das den Nachrichtenwert.

Dabei war die Organisation aus der Perspektive des Terrorismus »erfolgreicher« als die RAF. Im Februar 1975 wurde der Berliner CDU-Vorsitzende Peter Lorenz mit Waffengewalt entführt, um die Freilassung von sechs inhaftierten Mitgliedern der eigenen Organisation und der RAF zu erpressen. Tatsächlich gab – was heute kaum noch bekannt ist – die Bundesregierung unter Helmut Schmidt nach und ließ fünf von ihnen in den Jemen ausfliegen – Horst Mahler, der auch auf der Liste stand, hatte es vorgezogen, im Gefängnis zu bleiben. Peter Lorenz wurde nach fünf Tagen Gefangenschaft in einem Ladenkeller mitten in Kreuzberg freigelassen. Unverhohlen war in einer Mitteilung mit dem Tod Lorenz' gedroht worden, falls die Forderungen nicht erfüllt würden. Über die Vorbereitungen und das taktische »Augenmaß«[361] äußerte sich ein RAF-Mitglied später erkennbar neidisch. Auf die Liste der Freizulassenden hatte der »2. Juni« bewusst nur Verurteilte gesetzt, die nicht wegen Mordverdachts einsaßen und somit leichter freizupressen waren.

Die Mitteilung des »2. Juni« vom Tag der Entführung verrät im Vergleich zur RAF mehr Bezug zur Alltagswirklichkeit. Die Verfasser betonen nebenbei ihre proletarische Herkunft und ihre Robin-Hood-artige Verbundenheit mit den Deklassierten, was die RAF später als »populistisch« bezeichnen sollte. Das Papier hebt sich in der Realitätsnähe deutlich vom angestrengt-elitären Ton der RAF ab:

> »Wir sind nicht ein Haufen von Leuten, die nach dem Motto ›je schlimmer, desto besser‹ wahllos draufschlagen, wo immer wir für ›uns‹ eine Gelegenheit dazu sehen. Wir wissen, daß ›wir‹ den Staat nicht aus den Angeln heben, nicht kaputt machen, nicht stürzen können. Wir sind keine ausgeflippten Kleinbürger. Jeder von uns weiß, was Fabrikarbeit ist, einige haben nicht einmal Hauptschulabschluß, geschweige denn studiert. Unsere Feinde ziehen ein Gesabber ab, daß es nicht mehr auszuhalten ist, ›wir sitzen alle im gleichen Boot‹, ›wann holen die sich den Gemüsehändler um die Ecke?‹ und ›keiner kann sich mehr auf die Straße trauen‹. Jetzt plötzlich sind alle gleich. Jetzt plötzlich wohnt nicht mehr der eine in der schlechten, aber teuren Mietwohnung in Kreuzberg, Wedding oder sonstwo und der andere in der Zehlendorfer Villa. Jetzt plötzlich verdient der eine nicht mehr 1.000 Mark im Monat und der andere gibt sie an einem Tag aus, die Gleichheit, im Gesetz aufgeschrieben ist plötzlich da, obwohl es immer noch nur zehn Prozent Arbeiterkinder an den Universitäten gibt (und nicht weil wir blöder sind), obwohl Reiche mit ihrer Kohle und ihren Beziehungen weiter im Ausland abtreiben und sich ein schönes Leben machen, und die CDU weiter gegen die Abtreibung ist, und die Unternehmer stützt und der kleine Mann weiter der Angeschissene ist.«

Gleichwohl nahm der »2. Juni« Todesopfer in Kauf. 1972 kam bei einem Sprengstoffanschlag auf den Yachtclub der britischen Streitkräfte in Berlin der Bootsbauer und deutsche Zivilangestellte Erwin Beelitz ums Leben. Die als Feuerlöscher getarnte Bombe zündete nicht wie geplant, sie explodierte jedoch, nachdem Beelitz sie gefunden und daran hantiert hatte. Diese Tat demonstrierte auf bittere Weise, dass auch »gezielter« Terrorismus – es ging gegen die britischen Streitkräfte wegen ihrer Besatzungspolitik in Nordirland – blind Menschen töten konnte.

Im November 1974 wurde der Berliner Kammergerichtspräsident Günter von Drenkmann an dessen Haustür erschossen; ob ein Entführungsversuch misslang oder eine Mordabsicht dahinter stand, konnte nie geklärt werden. Die Tat war eine direkte Racheaktion auf den Tod Holger Meins', obwohl von Drenkmann weder mit den Haftbedingungen in Westdeutschland noch mit denen in Berlin zu tun hatte. Er war Zivilrichter. Die Formel »Berlins oberster Richter«, die damals als Rechtfertigung kursierte, ist obendrein irreführend, denn ein Gerichtspräsident ist kein Chefrichter. Aber er musste als Symbolfigur herhalten. Gerade aufgrund der Herkunft aus der »undogmatischen« Anarchistenszene und ihrem antiintellektuellen Habitus war der »2. Juni« anfälliger für wutgesteuerte Racheakte.[362]

Einer der Antreiber zur Gewalt beim »2. Juni« war Ralf Reinders. Reinders, geboren 1948, stammt aus Berlin-Reinickendorf. Nach der 8. Klasse war er von der Schule abgegangen und hatte eine Lehre als Drucker absolviert. Er hat so ungefähr an allen nennenswerten gewalttätigen Auseinandersetzungen in Berlin seit Mitte der 60er Jahre mitgemischt. Als nach einem enttäuschenden Rolling-Stones-Konzert 1965 das Gestühl der Berliner Waldbühne zerlegt wurde, war auch Reinders dabei. Er hatte sich vorher mit anderen auf handfeste Weise ohne Eintrittskarte den Weg ins Konzert gebahnt. An der Schlacht am Tegeler Weg vier Jahre später nahm er ebenfalls teil. Im selben Zeitraum war er an mehreren Konflikten mit der Polizei wegen Razzien in der Haschisch-Szene beteiligt, wo auch bereits Molotowcocktails im Spiel waren. Seine Karriere als Gewalttäter liest sich als furchterregende Kette von Schlägereien, Banküberfällen, Brandanschlägen und Schießereien, wogegen sich im Vergleich Andreas Baaders kriminelle Vita harmlos ausnimmt. Reinders stand auch im Verdacht, am tödlichen Überfall auf von Drenkmann beteiligt gewesen zu sein, was im Prozess nicht bewiesen werden konnte. Überlegungen wie die von der Unterscheidung von Gewalt gegen Sachen und Gewalt gegen Personen hat Reinders vermutlich von Beginn an als akademisches Geteue abgetan. Das Beispiel Ralf Reinders' illustriert einen wichtigen Strang des Terrorismus: Vom Jugendalter an handfest gegen jedwede Obrigkeit kämpfend, wurde diese Haltung nach 1968 zunehmend politisch aufgeladen, was die eigene Wertigkeit natürlich ansteigen ließ. Ralf Reinders' Erinnerungen an die Übergangsphase 1969/70 in den Terrorismus im O-Ton: »Im Nu waren alle auf die Straße [sic!]. Mit zehn, zwanzig Mollies in der Hand und auf die Bullen los. Einer stand in Flammen und sein Kollege mußte ihn löschen. ... Das war bis zu der Zeit die wildeste Schlacht, die ich mitgemacht habe.«[363] Einige Zeit später wurde dieser Anschlag verübt:

> »Und dann gab es die Sache mit dem Kammergericht. Das war der erfolgreichste Anschlag in dieser Nacht. Es wurden Benzineimer und -kanister hingestellt, mit einem an die Steckdose angeschlossenen Tauchsieder drin. Wir waren alle noch ziemlich unerfahren damals. Die waren noch gar nicht wieder richtig aus dem Kammergericht raus, da ist das Zeug schon explodiert. Benzin ist eine höllische Sache. ... Die Druckwelle hat zwei Leute vom Balkon geschleudert. Aber ein Saal ist völlig ausgebrannt.«[364]

Ja, Benzin ist ein »höllische Sache«, leichtentzündlich und mit hohem Brennwert. Ralf Reinders trat in den vergangenen Jahren ab und an in der linksautonomen Szene Kreuzbergs auf Podiumsdiskussionen und Demonstrationen in der Rolle des sympathischen ergrauten Stadtguerilla-Veteranen auf. Seine Reflexionsbereitschaft oder -fähigkeit über die eigene Vergangenheit tendiert den öffentlichen Äußerungen nach gegen null. Die damaligen Taten präsentiert er als Heldengeschichten eines

Kriegsveteranen, und natürlich ging es immer gegen die alten Nazis und die Repression.

Gerald Klöpper wurde im April 1975 wegen des Verdachts der Beteiligung an der Lorenz-Entführung verhaftet und 1980 zu elf Jahren Gefängnis verurteilt. Bis zum Urteil hat er fast komplett als Untersuchungshäftling in Einzelhaft gesessen. Gerald Klöpper, einer der jüngsten im »2. Juni«, hatte sich nach seinem Einstieg in die Gruppe schnell jenen von ihm selbst so genannten »Verlässlichkeitsstempel« erworben. Klöpper spricht nicht direkt über seine Beteiligung an der Entführung, äußert sich aber zu Fragen und Widersprüchen.

Peter Lorenz wurde morgens vor seinem Haus mit einem harten Stockschlag auf den Kopf bewusstlos geschlagen, in ein Auto gezerrt, mit einer Spritze betäubt und später in eine Kiste eingepfercht, um ihn unbehelligt in ein Kellerversteck zu transportieren. Als älterer Mann hätte Lorenz bei alledem – der Aufregung, dem Transport in der engen und luftarmen Kiste und der vermutlich nicht fachmännisch gesetzten und dosierten Betäubungsspritze – sterben können. Ihm wurde, auch wenn die Entführung oberflächlich gesehen für ihn gut ausging, zweifellos Gewalt angetan. Die Tage müssen für ihn ein traumatisches Erlebnis gewesen sein, auch wenn er nach eigenen Angaben im »Gefängnis« gut behandelt wurde. Zu welcher Entscheidung über das weitere Schicksal von Lorenz ein Desperado wie Ralf Reinders, der an der Entführung beteiligt war, gekommen wäre, wenn die Bundesregierung nicht auf die Forderungen eingegangen wäre, lässt sich mit einiger Sicherheit ausrechnen. Kurzum: Wenn Peter Lorenz gestorben wäre, hätte man einen einzelnen, politisch noch dazu eher liberalen Menschen und nicht den verachteten Staat getroffen. Gerald Klöpper:

> Die Repräsentanten galten uns nur als Vertreter des Staates. So war das Denken damals, heute weiß ich: Man darf nicht über sie richten.

Lorenz, der CDU-Oppositionsführer, hatte den Angehörigen des »2. Juni« als Politiker nichts getan. Sie konnten also keine konkrete Wut gegen ihn verspüren. Er war ein abstrakter Repräsentant des Systems, der überdies wenig Macht hatte. Das Ausüben von Gewalt gegen ihn erforderte also eine gedanklich-ideologische Vorarbeit.

> Das war das Ergebnis eines Rechtfertigungsprozesses. Man brauchte eine Konstruktion, eine Begründung für avantgardistisches Handeln. In dem Moment, in dem ich das Sendungsbewusstsein habe, habe ich die Rechtfertigung und auch die Aggressivität, das zu tun. KZ-Wächter oder DDR-Grenzer hatten eine Rechtfertigung für den übergeordneten Zweck. Bei uns war das der Avantgardismus, das Ziel einer neuen Gesellschaft. Das war unsere Rechtfertigung. Und wenn ich in der neuen Gesellschaft lebe, bin ich ja der Held, bin ich der Gewinner der Revolution. Dann wird man positiv gesehen, nicht negativ.

Ob man gehofft hatte, durch Gewalt die Verhältnisse ändern zu können?

> Ja, es war angelegt als exemplarische Aktion, um zur Nachahmung aufzufordern. Deswegen haben wir große, militärische Aktionen wie die Besetzung der Stockholmer Botschaft durch die RAF abgelehnt. Wir bauten auf Che Guevaras Fokus-Theorie: Wenn man gezielte, kleine Brandherde legt, entsteht irgendwann ein Flächenbrand. Das ist ja auch teilweise gelungen. Die Ermittler rätseln noch heute darüber, wie die Flugblätter zur Zeit der Entführungsaktion hergestellt und massenhaft in den Berliner Briefkästen verteilt wurden. Die wurden dann zu einer bestimmten Stunde verteilt.

Nach der Entführung verteilten Sympathisanten und Unterstützer massenhaft eine Zeitung mit dem Titel »Die Entführung aus unserer Sicht« in Hauseingängen und U-Bahnhöfen.

Die Freilassung der fünf Inhaftierten hatte verhängnisvolle Folgen. Vier der Freigelassenen stiegen wieder in den Terrorismus ein, und mindestens zwei von ihnen begingen Verbrechen. Gabriele Kröcher-Tiedemann zog 1977 bei einer Grenzkontrolle sofort die Waffe und verletzte zwei Schweizer Zollbeamte schwer. Wahrscheinlich war sie auch beim Anschlag auf die

Wiener OPEC-Konferenz im Jahr 1975 beteiligt. Rolf Heißler tötete 1978 in den Niederlanden zwei Zollbeamte. Verena Becker war zuletzt angeklagt, am Mord an Generalbundesanwalt Siegfried Buback im April 1977 beteiligt gewesen zu sein. Ingrid Siepmann schloss sich palästinensischen Guerilla-Gruppen an und starb vermutlich bei einem israelischen Angriff.

Die aus der Sicht der Terroristen geglückte Lorenz-Entführung setzte die Konkurrenz von der RAF unter Handlungsdruck.[365] Im April 1975 besetzte eine RAF-Gruppe die deutsche Botschaft in Stockholm; zwei Botschaftsangehörige wurden ermordet, später starben zwei Terroristen an den Folgen einer Explosion.

> Damals, als ich in dieser Gruppe war, haben wir die Folgen nicht zu Ende gedacht und auch nicht bewertet. Der Befreiungsgedanke stand im Vordergrund. Dass Horst Mahler es ablehnte, freigelassen zu werden, kann ich mir bis heute nicht erklären. Ob diese Leute weiterkämpfen und weiter den militärischen Weg bestreiten, das ist zu der Zeit gar nicht überblickt worden.

Im Gefängnis erfuhr Gerald Klöpper von dem Wiedereinstieg der Freigelassenen in den Terrorismus und von ihren Taten.

> In dem Moment war man noch in der Rolle des Avantgardisten drin, der für eine neue Gesellschaftsordnung kämpft. Und man hatte Gewalt von den Wärtern erlebt: Schlägereien, Zwangsvorführungen mit Knebeln, Zwangsgegenüberstellungen. Da war man noch drin in dem Muster, und dann ist es so, dass es einen nicht berührt.

Später dachte er darüber anders.

> Sie können es ja nicht rückgängig machen. Das ist ein Ergebnis, das man leider erkennen und akzeptieren muss. Wenn ich weiß, dass diese Beamten tot sind, dann ist das furchtbar, dann ist das für die Familien furchtbar, dann ist das aber genauso furchtbar wie der Arbeiter am Hochofen, der zu Tode kommt, weil zu schnell die Schlacke herausgeschossen ist, oder der Kumpel, der unter Tage verschüttet wird, weil Sicherheitsvorschriften nicht eingehalten worden sind. Das ist genauso schlimm. Der An-

satz ist, wie man zu besseren Ergebnissen kommt und dass man sagt, das darf nicht mehr passieren.

Die Jahre 1975 bis 1977 waren innenpolitisch extrem belastete Jahre. Während der Flugzeugentführung von Entebbe 1976 und der Entführung Hanns Martin Schleyers 1977 wurden auch die inhaftierten Mitglieder des »2. Juni« komplett isoliert. Druck von der Politik wurde an das Justizpersonal weitergereicht. Wenn man so will, befand sich Klöpper wieder in der Situation, in der er sich als Jugendlicher befunden hatte: in einem Ohnmachtsverhältnis und als Opfer von Gewalt. Einmal kam es zu einer Eskalation, als sich Klöpper auf seine Art wehrte. Noch heute bricht ihm, der ein erkennbar emotionaler Mensch ist, die Stimme beim Erzählen, weil die Geschichte einen unerwarteten Verlauf nahm.

> Ein Wärter hatte einmal mein Radio herausgeholt, als ich Hofgang hatte. Ich forderte vom Sicherheitsbeauftragten eine Erklärung, der daraufhin behauptete, dass da ein Sender drin sei. Ich bin dann leider etwas hochgegangen und habe dem so stark eine aufs Maul gegeben, dass er übers Geländer fiel und auf dem Metallnetz zwischen den Stockwerken liegen blieb. Der Schließer blies in seine Trillerpfeife, was das Alarmsignal ist, und mehrere Schließer stürzten sich auf mich und schleppten mich hinunter in den Bunker. Alle droschen auf mich ein. Man wird in so einer Situation dann entkleidet, aber danach wollten sie mich weiter verprügeln. Aber ein Beamter ... der hat sich in die Tür gestellt, so dass die anderen nicht mehr an mich rankamen. Dieses Erlebnis fand ich so gut, dass da eine Person ist, mit der man keine Berührungspunkte hat und die sich dennoch für einen einsetzt. Bei den Schließern war viel Frustration. Deren Dienst war nicht auf Rosen gebettet. Ich hätte den Schließer nach meiner Entlassung gern noch einmal getroffen.

Abgesehen von diesen Zwischenfällen nahm Gerald Klöpper seine Haftzeit, trotz der schwierigen Haftumstände mit fünf Jahren in Untersuchungshaft und drei Jahren Wartezeit bis zum Prozessbeginn, als Bildungszeit und Selbstbewusstseinsschulung wahr, wie es sich ein Theoretiker der Resozialisierungsidee nicht besser ausmalen könnte.

> Einmal ging die Zellentür auf, und herein kam der Innensenator Baumann. Er sagte: »Ich möchte mich mit Ihnen unterhalten.« Wenn solche Menschen bei Ihnen plötzlich auf der Bettkante sitzen und mit Ihnen über Isolationshaft reden wollen, dann fühlen Sie sich nicht mehr als Deklassierter, als Krimineller, als der Sie abgestempelt wurden. Er sagte zu mir, dass ich doch alles hätte, woraufhin ich antwortete, mit einem Plattenspieler kann ich mich nicht unterhalten. Auch andere Politiker besuchten mich. Plötzlich wurde man wahrgenommen. Ich wurde gewählt zum Sprecher der Langzeit-Untersuchungshaft-Station und bin dann bei der Anstaltsleitung ein- und ausgegangen. Ich habe Demokratie praktiziert und konnte Verbesserungen durchsetzen. Beim Hofgang konnte ich Flugblätter der Alternativen Liste [Vorgängerpartei der Grünen in Berlin, d. A.] verteilen. Ich lernte, mich zu entwickeln. Ich las viel und schrieb. Einmal erklärte ich, dass die Gefangenen länger Licht haben wollen als nur bis 22 Uhr. Dann haben sie uns Nachttischlampen bewilligt, das war ein riesiger Sieg. Als ich zurückkam, waren die Inhaftierten natürlich happy.

Durch diese Erfahrungen lernte Gerald Klöpper ein differenzierteres Bild vom Staat kennen.

> In dem Moment, in dem sie sich mit Menschen auseinandersetzen, die andere Meinungen vertreten, lernen sie ihre eigene zu reflektieren. Wenn ich nicht lerne, mich infrage zu stellen, dann entwickele ich mich nicht weiter. Es bringt nichts, dem anderen permanent ins Gesicht zu schlagen und dann Demokratie zu rufen, sondern es ist ein Prozess in gegenseitigem Ringen. Und Sie lernen, dass die auf der anderen Seite keine Buhmänner sind, sondern dass sie innerhalb ihrer Strukturen, ihrer Zwänge eine Rolle spielen müssen. … Jede kleine Verbesserung ist besser, als auf den großen Wurf zu hoffen. Der Druck der Straße – Häuserkampf, AKW-Bewegung – hatte ja den Staat gezwungen, zu reagieren; er musste sich dem stellen. Es war eben nicht die harte Hand, die dazu führte, sondern eine Reformbewegung.

Noch in der Haftzeit distanzierte sich Gerald Klöpper zunehmend vom harten Kern des »2. Juni« und der Ideologie der Stadtguerilla. Besonders zwei Flugzeugentführungen, Entebbe 1976 und Mogadischu 1977, hatten ein Umdenken bei ihm ausgelöst. In einer Erklärung vom August 1980, in der er sein Ersuchen um eine räumliche Trennung von den anderen Inhaftierten des »2. Juni« begründete, schrieb er:

> »Das Konzept der Stadtguerilla als Kampfform gegen Unterdrückung und Ausbeutung hat sich damit selbst diskreditiert und in die Sackgasse geführt. Auf diese Art sind keine breiten Bevölkerungsschichten davon zu überzeugen, daß der Kapitalismus im positiven Sinne verändert und überwunden werden kann. So lassen sich keine Mehrheiten schaffen, um einen grundsätzlichen Umwandlungsprozeß der Gesellschaft zu erreichen. Die sind aber nun mal notwendig, sonst läuft es auf eine Art Putschpolitik hinaus, die sicherlich keiner will.«[366]

Gerald Klöpper begann noch in der Haft mit der aufkommenden Alternativbewegung zu sympathisieren. 1981 wurde er für die Alternative Liste zum Abgeordneten des Bezirksparlaments Tiergarten gewählt; er konnte das Mandat als Verurteilter freilich nicht annehmen. 1982 wurde er schließlich nach fast sieben Jahren Haft vorzeitig entlassen.

Frankfurt

Am 13. Oktober 1977 entführte das palästinensische terroristische Kommando »Martyr Halimeh« die vollbesetzte Lufthansa-Maschine *Landshut*, die auf dem Weg von Palma de Mallorca nach Frankfurt am Main war. Die in Stammheim inhaftierten RAF-Gründungsmitglieder sollten von den palästinensischen Genossen freigepresst werden. Die dramatischen Tage in Dubai, Aden und Mogadischu sind ausreichend beschrieben und müssen an dieser Stelle nicht ausgebreitet werden. Am Ende waren die Passagiere traumatisiert und sieben Menschen tot: der von den Terroristen erschossene – besser: kaltblütig hingerichtete – Pilot, drei von der GSG 9 erschossene Terroristen und die drei in Stuttgart-Stammheim einsitzenden RAF-Terroristen, die sich kurz danach umbrachten.

Hinter »Martyr Halimeh« verbarg sich eine deutsche »Märtyrerin«. Halimeh diente einst der deutschen Terroristin Brigitte Kuhlmann als Deckname. Kuhlmann war Mitglied der terroristischen Frankfurter »Revolutionären Zellen«. Sie hatte 1976 zusammen mit ihrem Genossen und Freund Wilfried Böse und zwei Palästinensern eine Air-France-Maschine entführt, die mit 248 Passagieren von Tel Aviv nach Paris fliegen sollte und nach einem Zwischenstopp in Tripolis schließlich im ugandischen Entebbe landen musste. Böse und Kuhlmann ließen fast alle nicht israelischen Passagiere und jene, die in ihren Augen keine typisch jüdischen Namen im Reisepass führten, frei. Die jüdischen Passagiere wurden, man muss es so nennen, ausgesondert und in einen abgetrennten Raum gezwungen. Unter den Geiseln befanden sich Juden, die eine tätowierte KZ-Lagernummer trugen und schon einmal von Deutschen selektiert worden waren.[367] Tage später schließlich befreite in einer spektakulären Aktion eine israelische Spezialeinheit die Geiseln und tötete die Terroristen. Bei den Kämpfen mit der ugandischen Armee starben auf dem Flugplatz bis zu 45 afrikanische Soldaten.

Wilfried Bonifatius (»Bonnie«) Böse, geboren 1949, und Brigitte Kuhlmann, geboren 1947, lernten sich beim Frankfurter Verlag Roter Stern kennen. Dort verantwortete Böse den Vertrieb. Kuhlmann fand in dem Verlag eine Aufgabe und Gleichgesinnte. Co-Geschäftsführer neben dem Marburger Buchhändler Christian Boblenz war ein Mann, der sich später zu einer wichtigen Figur des internationalen Terrorismus entwickeln sollte: Johannes Weinrich, alias »Steve«. Weinrich diente als rechte Hand des Terroristen Sánchez (»Carlos« oder »der Schakal«). Im Januar 1975 hat er Sánchez auf dem Flughafen Paris-Orly mutmaßlich dabei unterstützt, mit einem Granatwerfer eine israelische El-Al-Passagiermaschine zu beschießen; der Anschlag schlug fehl, stattdessen wurde ein jugoslawisches Flugzeug ohne größere Schäden getroffen.

In den 80er Jahren verdingten sich Sánchez und Weinrich als Auftragsterroristen für arabische Staaten und den rumänischen Geheimdienst Securitate. Weinrich sitzt heute in Berlin-Tegel eine lebenslange Haftstrafe ab wegen eines Sprengstoffanschlags auf das *Maison de France* in Berlin. Die Verantwortung für andere Taten konnte ihm juristisch nicht nachgewiesen werden. Eine vorzeitige Entlassung nach 15 Jahren Haft hat das Gericht wegen der »besonderen Schwere« seiner Schuld ausgeschlossen.

Der Verlag Roter Stern wurde 1970 vom ehemaligen SDS-Vorsitzenden Karl Dietrich Wolff, Michael Schwarz, Böse und eben Weinrich gegründet. Kurz zuvor hatte Wolff den linken März Verlag, bei dem er als Lektor arbeitete, nach einem Streit mit Verleger Jörg Schröder verlassen müssen. »Im August 1970 war ich nach nicht einmal anderthalb Jahren im März Verlag rausgeflogen. Praktisch am selben Tag haben wir den Roten Stern gegründet. Wir, das war eine kleine Männerbande: Wilfried Böse, Hannes Weinrich, Michael Schwarz und ich. Wir hatten schon länger Vietnam-Aktionen, Demonstrationen gegen die US-Invasion Kambodschas gemeinsam organisiert«[368], schrieb Karl Dietrich Wolff im Jahr 1985 in einer Verlagschronik mit einer Unbekümmertheit über seine kleine Männerbande, die er heute wohl nicht mehr kundtun würde.

Manchmal ist es sinnvoll, Entwicklungen nicht chronologisch, sondern revers zu verfolgen, um Ursprünge von Eskalationen freizulegen. Dass sich ein enger Mitstreiter und Geschäftspartner des ehemaligen SDS-Vorsitzenden zu einem kaltblütigen Terroristen entfalten sollte und ein anderer zum Ausführer der aus deutscher Sicht moralisch schlimmsten Entführungsaktion (Entebbe), ist keine logische Konsequenz. Es ist aber auch kein Zufall. An der Person Karl Dietrich Wolffs (der sich KD Wolff oder auch Karl D. Wolff nennt, wohl, weil ihm Karl Dietrich zu altdeutsch[369] klingt) lassen sich gemeinsame Wurzeln von Terroristen und sich heute abgeklärt gebenden, linksbürgerlichen Intellektuellen studieren.

Heute ist Wolff ein anerkanntes Mitglied der Frankfurter Kulturgesellschaft. Sein Roter Stern heißt heute nach einer Wortschöpfung Friedrich Hölderlins Stroemfeld Verlag. Der Verlag hat sich mit Handschriften-Faksimiles von Hölderlin und Franz Kafka einen Namen gemacht. Die bürgerliche *Frankfurter Allgemeine* und andere große Zeitungen verfassen im Fünfjahrestakt warmherzige Geburtstags- und Jubiläumsartikel über Verlag und Verleger. Inzwischen ist Wolff Träger des Bundesverdienstkreuzes. Zweifellos ist er angekommen in der bürgerlichen Welt. Vor 40, 45 Jahren hatte Wolff viel getan, um genau dies zu verhindern.

Wolffs Satz aus der Verlagschronik, dass man viel gemeinsam unternommen hatte, gibt einen wichtigen Hinweis zum Verständnis der speziellen Frankfurter linksradikalen Szene. In Berlin kam es zu Berührungen und sich kreuzenden Wegen zwischen späteren Terroristen und reinen Verbalradikalen. Man war in der Frühphase auch gemeinsam an gewalttätigen Aktionen beteiligt. Aber man ging frühzeitig jeweils eigene Wege. In Frankfurt war das anders. In der relativ übersichtlichen Stadt waren in den frühen 70er Jahren die Grenzen zwischen späteren Terroristen, Steinewerfern und reinen Verbalradikalen praktisch nicht zu ziehen. Joschka Fischer sollte sich Jahre danach, als Minister, dafür rechtfertigen müssen, dass die RAF-Terroristin Margrit Schiller zeitweise in seiner oder in einer angrenzenden Wohngemeinschaft übernachtet haben soll. Das Gegenteil wäre eine Meldung wert gewesen: wenn Terroristen oder Terroristinnen niemals in Fischers Umfeld übernachtet hätten. Fischer kannte Wilfried Böse[370]. Weinrich erledigte dort Arbeiten für den Roten Stern, während Fischer beim Druck der Sponti-Betriebszeitung *Wir wollen alles* half oder die Produktion abholte.[371]

Man bildete ein gemeinsames Milieu; man las die gleichen Schriften, man traf sich in der anfänglich einzigen linken Buchhandlung libresso, man suchte die gleichen Szenekneipen auf; man verkehrte miteinander, mithin im doppelten Sinne. Magdalena Kopp etwa, die spätere Frau von Ilich Ramírez Sánchez, war in Frankfurt zunächst die Freundin von Roter-Stern-Mitarbeiter Michael Leiner, mit dem sie auch ein Kind hat, und dann von Johannes Weinrich.

Der Riss zwischen ihnen erfolgte erst später. Wolff verlegte sich ab Mitte der 70er Jahre auf schöngeistige Literatur und fand so rechtzeitig den Ausstieg. Womöglich retteten ihn »literarische, künstlerische Interessen«[372], vielleicht auch ein höheres Reflexionsvermögen, während seine praktischer veranlagten Gefährten mit dem bewaffneten Kampf ernst machten. Aber Wolff war es einst, der viel dazu beitrug, dass dieses gemeinsame Milieu entstehen konnte.

Karl Dietrich Wolff war in der Frankfurter Szene nach 1968 treibende Kraft und Spiritus Rector[373] von diversen extremistischen, teils militanten Gruppen wie dem Black Panther Solidaritätskomitee (einer Unterstützergruppe für die bewaffnete amerikanische Schwarzenorganisation Black Panther Party), der Roten Hilfe, der Lehrlingsgruppe Rote Panther und der Stadtteilgruppe Roter Gallus.[374] Sämtliche späteren Mitglieder der »Revolutionären Zellen«, darunter Hans-Joachim Klein und Johannes Weinrich, waren Mitglieder in diesen Organisationen.[375] Die Rote Hilfe nahm im gleichen Haus wie der Verlag Quartier[376], der 1972 eine Villa in der Holzhausenstraße bezog.[377] Das Haus ist bis heute Verlagssitz. Klein, der Jahre später als Mitglied der »Revolutionären Zellen« an dem Überfall auf die OPEC-Konferenz in Wien teilnehmen sollte, durchlief in der Roten Hilfe seine erste politische Sozialisation.[378]

Wie wichtig Karl Dietrich Wolff, Johannes Weinrich und Wilfried Böse die Beziehungspflege zu diesen Gruppen war und wie eng ihre Männerbande geknüpft war, zeigt ein Papier, mit dem sie im August 1970 an den Verlag Neue Kritik herantraten. Sich selbst noch »Kollektiv Roter Stern« nennend, ging es um Verhandlungen zur »Verschmelzung« mit dem etablierten, 1965 gegründeten Verlag. Im ultimativen Ton fordern sie unter Punkt 3:

»Es werden drei Genossen eingestellt (augenblicklich Bonifatius und Hannes Weinrich), bei Rausschmiß [aus dem März Verlag, d. A.] auch KD.«[379] Weitere der insgesamt neun Forderungen waren:

> »5. Es werden nur noch Genossen eingestellt.
> 6. Es wird ein Verlagsrat gebildet, dem alle Mitarbeiter angehören, und der Manuskriptablehnung/Annahme, Ausgaben über 3.000,– DM, Preise und Rabatte, Personalentscheidungen einstimmig fällt.
> 7. Es wird eine neue Präsentation des Verlags vereinbart.
> 8. Alle Mitarbeiter im Verlag arbeiten aktiv an SDS-Betriebsprojektgruppe, Roter Gallus, Rote Panther, Black Panther Solidaritätskomitee oder einem ihrer Ausschüsse aktiv mit.«[380]

Der Zusammenschluss klappte nicht. Das offensichtliche Agitprop-Ansinnen des Trios und wohl auch der anmaßende Ton ließen Hartmut Dabrowski und Helmut Richter vom eher intellektuell und theoretisch orientierten Verlag Neue Kritik absagen oder schlugen sie in die Flucht. Der Forderungskatalog zeigt, dass das Selbstbewusstsein von Karl Dietrich Wolff offenbar keine Grenzen kannte. Ein vor der Kündigung stehender Lektor diktiert einem anderen, erfolgreichen Verlag die Bedingungen für eine »Verschmelzung« mit sich und zwei studentischen Mitstreitern im Alter von knapp über 20 Jahren. Der letzte und heikelste Punkt zeigt zweierlei: dass es dem Trio Wolff, Böse, Weinrich darum ging, den neuen Verlag mit den besagten radikalen Organisationen personell zu verschränken; und dass sie sich selbst als verlängerter Arm dieser Organisationen verstanden. Wie eng die Verschränkungen waren, zeigt auch die Anekdote, dass Johannes Weinrich 1971 eine Scheinehe mit einer desertierten US-Soldatin einging – privat praktizierte Black-Panther-Solidarität sozusagen.

Über Böse und seine Freundin Brigitte Kuhlmann meinte Wolff im Jahr 2001: »Wir hatten einen mörderischen Hass auf sie. Auch damals schon, als sie bei uns wohnten.«[381] Das klingt stark nach nachträglicher Distanzierung mit maximal negativen Worten. Böse und Weinrich, über den er in dem Zeitungsgespräch vorsichtshalber kein Wort verliert, waren enge

Gefährten von ihm. Angesichts der beabsichtigten, engen Verflechtungen zwischen Verlag und den diversen, vom Roten Stern angepriesenen Organisationen ist es schwer vorstellbar, dass Wolff nichts von der Entwicklung Böses und Weinrichs gewusst oder geahnt haben soll. Über längere Zeit unternahmen sie gemeinsam Aktionen, während Böse und Weinrich parallel zu härteren Formen übergingen bzw. diese unterstützten.

Johannes Weinrich hatte Karl Dietrich Wolff 1968 als in Frankfurt neu angekommener Student kennengelernt. Als Weinrich 1969 zum Sprecher des Frankfurter AStA gewählt wurde, intensivierte sich seine Zusammenarbeit mit Wolff.[382] Eine Zeitgenossin meint, dass Weinrich das Bestreben gehabt habe, sich »so an KD Wolff zu hängen«[383]. Der vier Jahre ältere Wolff hatte für Weinrich die Funktion eines älteren Bruders mit einem Vorsprung an Erfahrung und politischer Lektüre. Eine der ersten Aktionen, an der Weinrich und Wolff zusammen beteiligt waren, war der Steinanschlag auf das Frankfurter US-Generalkonsulat im November 1969, bei dem mehrere Fensterscheiben zu Bruch gingen. Die Idee für die Aktion wurde auf einer Versammlung geboren, in der es um die Verbindung der Betriebsarbeit mit dem Protest gegen den Vietnamkrieg ging. Angesichts der Nachrichten über militärische Eskalationen in Vietnam wollte man spontan reagieren und einen »Riesendiskussionsprozeß«[384] auslösen. Laut Johannes Weinrich hatten Karl Dietrich Wolff und zwei Mitglieder der Betriebsgruppe bei Opel, Daniel Cohn-Bendit und Joschka Fischer, die Idee aufgebracht.[385]

Im Frühjahr 1970 brachte das spätere Gründungsquartett des Verlags Roter Stern, Johannes Weinrich, Karl Dietrich Wolff, Wilfried Böse und Michael Schwarz, gemeinsam ein Buchprojekt auf den Weg. Beim März Verlag, wo Wolff noch Lektor war, gaben sie *Das politische Grundwissen des jungen Kommunisten* der Kommunistischen Jugendinternationale, einer Sektion der Komintern, aus dem Jahr 1927 neu heraus.[386] Sie verfassten gemeinsam das Vorwort.[387]

Im November des gleichen Jahres schossen drei Mitglieder der Black Panthers auf einen Wachmann des US-Militärstützpunktes Rammstein. Sie hatten nach einem Streit bei der Kontrolle der Ausweispapiere das Feuer aus ihrem Auto heraus eröffnet. Der Wagen gehörte Johannes Weinrich.[388] Karl Dietrich Wolff ließ es sich nicht nehmen, den darauffolgenden Prozess in Zweibrücken in der Pfalz gegen die Schützen, die fast einen Menschen getötet hätten, als Agitprop-Bühne zu benutzen. Wolff ließ sich auch nicht durch die Tatsache abbringen, dass das Opfer, der zivile Wachmann Dieter Lippek, als Zeuge anwesend war. Nach Zwischenrufen durch Wolff musste der Gerichtssaal geräumt werden.[389] Der Hintergrund der Schüsse war, dass die Black Panthers auf dem Kasernengelände Flugblätter für einen Auftritt der führenden Black-Panther-Aktivistin Kathleen Cleaver in Deutschland verteilen wollten. Die Einreise wurde der Amerikanerin daraufhin von den deutschen Behörden verboten. Im darauffolgenden Sommer wurden ihr schließlich doch mit Hilfe ihrer deutschen Freunde Auftritte in Heidelberg und Frankfurt ermöglicht: Weinrich, Wolff und Böse hatten ihre nötige illegale Einreise in die Bundesrepublik organisiert.[390]

Eine andere Verbindung zwischen den Black Panthers und den späteren Mitgliedern der »Revolutionären Zellen« liegt darin, dass diese ihre Waffen von Black-Panther-Mitgliedern bezogen, die als GIs ein Kontingent an Waffen aus einer US-Kaserne beiseitegeschafft hatten.[391] Wilfried Böse benutzte dabei den Sitz des Black Panther Solidaritätskomitees als Waffenlager.[392] Die Beziehung des Trios Weinrich, Böse und Wolff zur RAF indes war von Ambivalenz geprägt. Als das RAF-Mitglied Klaus Jünschke einmal bei ihnen anklopfte, »stand ihnen«, so Jünschke, »der Schweiß im Gesicht«.[393]

In der Verlagschronik von 1985 schreibt Karl Dietrich Wolff, dass im Verlag ab Herbst 1972 wachsende politische Friktionen aufkamen:

> »Michael Leiner und ich fanden uns, nach einer intensiven Phase persönlicher und politischer Auseinandersetzungen, ziemlich allein im Verlag wieder. Damals haben wir beschlossen, nur noch die Bücher zu machen, die wir selber lesen mögen. ... Wir wollten uns nicht mehr selbst für politische Zwecke instrumentalisieren, schon gar nicht von den Grüppchen instrumentalisieren lassen. So setzte rasch eine Veränderung ein, erst einmal in unseren Köpfen. Bis sich das in unserem Programm ausgedrückt hat, dauerte lange. Zuerst einmal machten wir bestimmte Projekte nicht mehr.«[394]

Dass Wolff sich nicht mehr instrumentalisieren lassen wollte, kam etwas plötzlich. Die gegenseitige Instrumentalisierung war gerade, der Vertragsentwurf an den Verlag Neue Kritik zeigt es, ausdrückliche Geschäftsgrundlage des Verhältnisses zwischen dem Verlag Roter Stern und den diversen Satellitengruppen. Darum ging es ja: dass der Verlag die Rote Hilfe, das Black Panther Solidaritätskomitee, die Roten Panther und die Gruppe Roter Gallus für sich nutzt, und umgekehrt. Zugleich war bereits seit Ende 1970 klar, dass Böse und Weinrich es nicht beim Einschmeißen von Konsulatsschreiben belassen wollten. Wolff hätte damals bereits die Reißlinie ziehen können. Er tat das Gegenteil: Als gegen Weinrich einmal wegen einer vermuteten Hilfestellung für die RAF ermittelt wurde, erklärten er und der Rest des Verlags sich mit Weinrich in einer Erklärung solidarisch.[395]

Gegen die These vom ahnungslosen Opfer, das sich plötzlich inmitten von entfesselten Terroristen in seinem eigenen Verlag wiederfand, spricht auch, dass die Gesellschafter des Verlags Johannes Weinrich erst im Mai 1974 absetzten.[396] Nur acht Monate später, im Januar 1975, schritt Weinrich zu seiner ersten terroristischen Tat, als er »Carlos« mutmaßlich bei der Granatwerfer-Attacke auf die El-Al-Maschine in Paris-Orly half. Geplant war der Anschlag bereits für den Dezember 1974. Er mietete den Peugeot, von dem aus das Flugzeug beschossen wurde.[397] Als Weinrich im März 1975 wegen des Verdachts der Beteiligung am Anschlag in Paris festgenommen wurde, wohnte er im Dachgeschoss des Verlagshauses in der Holzhausenstraße.[398] So groß scheint der »mörderische Hass« von Wolff nicht gewesen zu sein, als dass er die Nähe zu Weinrich unter einem gemeinsamen Dach nicht hätte ertragen können.

Karl Dietrich Wolff muss das Tun seines Gefährten nicht überrascht haben, hatte er schließlich Schriften herausgegeben, die genau das forderten: dass der antiimperialistische Guerillakampf in die Städte hineingetragen werden müsse. Im Sommer 1970 hatte er, noch für den März Verlag, eine Sammlung von Artikeln und Aufsätzen aus der kubanischen Zeitschrift *Tricontinental* herausgegeben. Eingangs findet sich im Buch eine Illustration eines Gewehrs mit einem pathetischen, aber programmatischen Che-Guevara-Zitat: »Wo immer der Tod uns überraschen mag, ist er willkommen, vorausgesetzt, dass unser Schlachtruf ein offenes Ohr erreicht hat und eine Hand, die unsere Waffen ergreift.«[399] Mit dem Buch gelangte das *Minihandbuch des Stadtguerilleros* des Brasilianers Carlos Marighella auf den deutschen Markt.[400] Der Text, der in der Szene stark beachtet wurde, bot den späteren terroristischen Gruppen in Deutschland rustikale, erfahrungsgesättigte Handreichungen aus dem südamerikanischen Guerillakampf: »Schrotflinten sind nur auf kurze Entfernung und für einen Kernschuß brauchbar«[401]; »In vielen Fällen kann die Hinrichtung [eines Verräters, d. A.] von einem Scharfschützen ausgeführt werden, der geduldig, allein und unerkannt unter absoluter Geheimhaltung und kaltblütig operiert«[402]. Auch für den Straßenkampf hielt der Text Ratschläge aus der Guerillapraxis bereit:

> »Andere Taktiken bestehen darin, Barrikaden zu bauen, das Pflaster aufzureißen, und mit den Steinen auf die Polizisten zu werfen, von den Dächern der Wohn- und Bürohäuser mit Flaschen, Ziegelsteinen, Papierbeschwerern und anderen Wurfgeschossen auf die Polizei zu werfen oder für die Flucht, als Versteck oder für Überraschungsangriffe nicht fertiggestellte Neubauten zu benutzen.«[403]

Die späteren Frankfurter Straßenkämpfer vom »Revolutionären Kampf« dürften den Text mit Interesse gelesen haben.

Die Übersetzung der Texte aus der englischen Ausgabe der *Tricontinental* für den März Verlag besorgten unter anderem der spätere Frankfurter Sponti Thomas Schmid, Karl Dietrich

Wolffs Bruder Frank und der damalige Anwalt Weinrichs und spätere hessische Justizminister, Rupert von Plottnitz.[404] Auch dieses Detail zeigt die vielfachen Querverbindungen in der linksradikalen Szene in Frankfurt.

Die Berliner Bewegung 2. Juni wiederum verwendete später als ihr Erkennungszeichen das Logo der *Tricontinental*, das auf dem Cover des Buchs prangte: ein ausgestreckter Arm, der ein Gewehr hält, darüber ein Globus, der für den Internationalismus stehen soll.

Besonderes Interesse legte Karl Dietrich Wolff auf den Palästina-Konflikt und Israel. Die Palästinenser waren aus vier Gründen in der antiimperialistischen Logik die Unterdrückten und die Israelis die Unterdrücker: die Palästinenser befanden sich demnach – wie die Vietnamesen – in einem nationalen Befreiungskampf; Israel hatte nach dem Sechs-Tage-Krieg 1967 weitere Gebiete besetzt, was zum Verlust der Heimat von Zehntausenden Palästinensern führte; Israel war das weiter entwickelte Land und Palästina das unterentwickelte; und Israel war mit den USA militärisch, politisch und wirtschaftlich eng verbandelt. Hinzu kamen womöglich Idealisierungen und Mystifizierungen der arabischen Clan-Gesellschaft als Kontrastfolie zum westlichen, industrialisierten Israel mit seiner Stadt- und Kleinfamilienstruktur, wie man sie auch bei sich zu Hause in Westeuropa ablehnte. Es war nicht immer gleich ein linker Antisemitismus im Spiel, der als Antizionismus getarnt war. Und doch fällt auf, mit welcher Kraft und Aggressivität sich Karl Dietrich Wolff in die antiisraelische Agitation gestürzt hat.

Die erste Konfrontation mit einem Repräsentanten Israels wurde im Oktober 1968 in Frankfurt unter anderem von Wolff initiiert. Anlässlich der Buchmesse sollte der Friedenspreis des deutschen Buchhandels an den senegalesischen Präsidenten Léopold Senghor verliehen werden. Dagegen wollten Abgesandte des Frankfurter SDS protestieren, weil ihnen der westlich orientierte Politiker als Handlanger des Neokolonialismus galt. Es muss ein ziemlich intensiver Protest gewesen sein, immerhin kam es daraufhin zu einem Prozess gegen Wolff, Günter Amendt und Hans-Jürgen Krahl wegen Rädelsführerschaft und Landfriedensbruchs. Zur Preisverleihung geladen war auch der israelische Botschafter in der Bundesrepublik, Asher Ben-Natan, der der erste israelische Botschafter überhaupt in Bonn war. Auf dem Weg zur Paulskirche versperrten nach Ben-Natans Erinnerungen[405] Demonstranten den Weg, umringten sein Auto, stiegen auf die Stoßstangen und schaukelten den Wagen hin und her. Als jemand die Standarte Israels vom Kotflügel reißen wollte, stieg er aus und rief in die ihn umringende Menge, dass sie sich wie Nazis benähmen. Unter die Protestierer hatten sich nach seinen Erinnerungen Rechtsradikale gemischt; er konnte nicht erkennen, wer an der Fahne hantierte. Schließlich gelangte er zu Fuß in die Paulskirche.

Ein Jahr später begegnete der Botschafter den SDSlern um Wolff wieder. Im Juni 1969 wollte er auf Einladung des Jüdischen Studentenverbandes an der Universität Frankfurt einen Vortrag zu »Frieden in Nahost« halten. Schon als Ben-Natan eintraf, herrschte im Hörsaal »infernalischer Lärm«[406]. Auf den Rängen saßen neben den jüdischen Studenten SDSler und Mitglieder der Frankfurter »Al-Fatah«-Gruppe. Noch bevor der Botschafter sprechen konnte, forderte Wolff ihn auf, sich für die Bezeichnung »Nazi« im Jahr davor zu entschuldigen. Ben-Natan antwortete selbstbewusst, dass er jeden einen Nazi nenne, der die Fahne Israels in den Schmutz ziehe oder mit den Füßen trete. Dann wurde versucht, den Vortrag zu verhindern, indem die Mikrofonkabel durchgeschnitten wurden. Ben-Natan bekam von den jüdischen Studenten daraufhin ein Megafon. Es folgte die zweite Forderung von den SDSlern um Wolff: Vorher müsse Eli Lobel, der Vertreter einer extremistischen Gruppe von jüdischen, marxistischen Antizionisten, sprechen. Ben-Natan willigte ein, betonte aber vorher, dass es zwar »Juden gibt, die den Staat Israel negieren, dies aber kein Beweis gegen das Existenzrecht Israels ist«[407]. Demonstrativ umarmten sich Lobel und ein »Al-Fatah«-Vertreter. Schließlich brüllten sich die SDSler und die arabischen Studenten auf der einen und die jüdischen Studenten auf der anderen Seite gegenseitig nieder. Ben-Natan sprach durch das Megafon: »Es würde ein geschichtliches Ereignis sein, wenn Sie diese Diskussion heute unmöglich machen würden. Dies ist nämlich in Deutschland das letzte Mal vor 34 Jahren geschehen.«[408] Der Botschafter gab auf und verließ vorzeitig den Hörsaal.

Karl Dietrich Wolff war für die Eskalation nicht allein verantwortlich, hatte sie aber durch sein Auftreten und das Zusammenspiel mit der »Al-Fatah«-Gruppe und Eli Lobel bewusst entfacht. Besonders gedankenlos ist es von Wolff gewesen, ausgerechnet von einem jüdischen Repräsentanten die Rücknahme des Worts »Nazi« zu verlangen – in der Studentenbewegung ist man mit der Titulierung anderer mit »Nazi« oder »Faschist« nicht gerade sparsam umgegangen.

Der Vorfall an der Frankfurter Universität ist ein Beispiel dafür, was passiert, wenn man im Namen einer Ideologie in einem Individuum nur noch den abstrakten Repräsentanten eines Systems und keinen Menschen mehr sieht. Warum Asher Ben-Natan eigentlich fließend Deutsch mit Wiener Akzent sprach[409], darüber haben sich Wolff und seine Genossen offensichtlich keine Gedanken gemacht.

Asher Ben-Natan hieß einmal Artur Piernikarz und stammte aus Wien. Juli 1938, vier Monate nach dem »Anschluss« an Deutschland, verließ er mit 17 Jahren seine Heimatstadt in Richtung Palästina.[410] Ihn hatte der »abgrundtiefe Hass in den Augen«[411] der Wiener gegenüber Juden erschreckt. Er selbst blieb von Übergriffen wegen seines »arischen« Aussehens verschont.[412] Seine Eltern reisten kurz nach ihm aus; seine Schwester Klara folgte ein Jahr später.[413] Die ebenfalls aus Österreich stammende Frau des Botschafters, Erika, hatte ihre Mutter und ihre Schwester durch die Judenvernichtung verloren. Sie wollte zunächst nicht mit nach Deutschland und weigerte sich zu Beginn, überhaupt deutsch zu sprechen.[414] Erst allmählich gewöhnte sie sich an das Leben in Deutschland.

Ein Mann, der sein Heimatland wegen der Judenverfolgung verlassen musste, wird, zurück in Europa, bedrängt und am Reden gehindert. Ein zweites Mal wird ihm das Leben in seiner deutschsprachigen Heimat vergällt, diesmal von den Kindern einer Elterngeneration, die es angeblich besser machen wollten. War es bloße Gedankenlosigkeit oder steckte eine Art Wiederholungszwang dahinter? Zeigten sich hier verborgene Allianzen zwischen den Eltern und Kindern und ererbte Verhaltensweisen? Oder handelt es sich schlicht um eine schlechte oder nicht vorhandene Kinderstube? Oder gibt es sie doch, eine spezifisch deutsche Mentalität, die zur Gnadenlosigkeit und Konsequenz bis zum Letzten neigt?

Eine kontroverse Diskussion über die israelische Politik wäre mit Sicherheit problemlos möglich gewesen, wenn man Ben-Natan hätte ausreden lassen. Ben-Natan war ein streitbarer Botschafter, der sich auch unangenehmen Fragen stellte. Aber genau das wollten die Zuhörer nicht. Es sei ihm, so räumte Wolff viel später ein, gar nicht darum gegangen, mit dem Botschafter über Palästina zu diskutieren: »In Wahrheit wollten wir die Veranstaltung nur sprengen.«[415] Und in einem anderem Interview resümiert er: »Eine politische Aktion, an der ich teilgenommen habe, für die ich mich schäme. Ich habe mich später entschuldigt. Als ob wir die Richter hätten sein können über Israel und die Verhältnisse im Nahen Osten. Ganz schrecklich.«[416] Auch wenn Karl Dietrich Wolff die Vorgänge im Frankfurter Hörsaal heute »ganz schrecklich« findet, bezeichnet er sie selbstverständlich im vertrauten Großsprech der 68er immer noch als »politische Aktion«, und nicht als das, was sie waren: als armseliges, schlechtes Verhalten.

Für die »politische Aktion« erhielten die Frankfurter aus Berlin Beifall. In der anarchistischen Zeitschrift *Agit 883* hieß es: Ben-Natan, diese »Marionette des imperialistischen Zionismus«, habe die »Rechnung ohne den SDS und die Frankfurter ›Al Fatah‹-Gruppe gemacht. So wurde seine Excellenz doch noch so empfangen, wie sie es verdiente«[417]. Der Artikel trägt die Überschrift »Napalm und Schalom«[418]. Mit derselben Parole bekannten sich ein halbes Jahr später die Bombenleger im Jüdischen Gemeindehaus in Berlin zur Tat. Sie kamen aus der Gruppe Tupamaros Westberlin.

Im Jahr 1973 brachte der Verlag Roter Stern im Rahmen seiner Serie *Antiimperialistischer Kampf – Materialien & Diskussion* einen Band mit dem Titel *Schwarzer September* heraus. Der »Schwarze September« war eine terroristische palästinensische Organisation. Bekannt geworden ist die Gruppe durch die Geiselnahme von elf israelischen Sportlern während der Olympischen Spiele 1972 in München. Zwei Sportler wurden beim Überfall auf die Unterkunft getötet. Die elf anderen Sportler kamen beim gescheiterten Befreiungsversuch in Fürstenfeldbruck ums Leben; außerdem fünf der acht Terroristen und ein deutscher Polizist.

Formal ist die 60-seitige Broschüre als Textsammlung gehalten. Auf 35 Seiten sind Erklärungen des »Schwarzen September«, der PLO und der PFLP (Volksfront zur Befreiung Palästinas) abgedruckt, der Rest ist eher zusammenhanglos mit Texten aus anderen »antiimperialistischen« Konflikten in der Welt gefüllt.

Trotz des dokumentarischen Charakters ist klar, dass die Sympathien des Verlags aufseiten der Terroristen lagen, denn, so heißt es im kurzen Vorwort, man sei »hierzulande nur wenig und vor allem schlecht« über die Gruppe informiert. Und so kann der »Schwarze September« seine Deutung des blutigen Anschlags verbreiten, zum Beispiel, was die sofortige Erschießung von zwei Sportlern angeht:

> »Sie [die Angreifer, d. A.] hatten strenge Anweisungen, dafür zu sorgen, daß den israelischen Geiseln nichts geschieht, außer im Falle einer legitimen Notwehr. Die Fedajin hielten sich strikt an diese Anweisungen; aber als einige Mitglieder der israelischen Mannschaft versuchten, die Revolutionäre des ›Schwarzen September‹ anzugreifen und ihre Operation zum Scheitern zu bringen, waren die Fedajin gezwungen, hart zurückzuschlagen. Zwei Mitglieder der Mannschaft wurden getötet bzw. verwundet.«[419]

Diese gewundene Erklärung zeigt, dass die Rede vom Kriegszustand, in dem sich der »Schwarze September« und die anderen Organisationen wie die PFLP mit Israel und seinen Bürgern angeblich befunden haben, ein Propagandatrick war. In einem Krieg haben Angegriffene natürlich das Recht, sich zu verteidigen und sich nicht wie Schafe in fremde Gewalt zu bringen. Vor allem ist von einem durchtrainierten Ringer und einem ebenso durchtrainierten Gewichtheber, was die beiden Opfer waren, keine andere Reaktion zu erwarten. Aber Gegenwehr hätte das Ziel der »Operation« durchkreuzt, nämlich zivile Sportler zu kidnappen. Es war kein Krieg, sondern Terrorismus in Reinform.

In der Broschüre sind auch Erklärungen zu zwei »Aktionen« auf dem israelischen Flughafen Lod – heute Ben Gurion – abgedruckt. Am 8. Mai 1972 war eine belgische Passagiermaschine in der Gewalt des »Schwarzen September« in Lod gelandet. Man wollte inhaftierte Palästinenser freipressen. Der Plan misslang; eine israelische Sondereinheit stürmte die Maschine, zwei der vier Entführer wurden erschossen. Am 30. Mai wurde die gescheiterte Freipressung auf blutige Weise gerächt: Drei Terroristen der japanischen »Roten Armee«, die einer Air-France-Maschine aus Rom entstiegen waren, eröffneten in der Ankunftshalle wahllos das Feuer. 27 Menschen starben, 77 wurden verletzt. Die drei Terroristen, im Vortext des Buches selbstverständlich »Kämpfer« genannt, hatten den Massenmord im Auftrag der PFLP ausgeführt. In der Erklärung der PFLP heißt es, dass die Touristen auf dem Flughafen keine Unschuldigen seien, »da sie in unserem besetzten Land Urlaub machen wollten. Wir meinen, daß sie sich damit auf die Seite unseres Feindes und Aggressors stellen …«[420] Touristen mussten also sterben, weil sie in Israel Urlaub machen wollten. Keine Rechtfertigung war den palästinensischen Terroristen offensichtlich konstruiert genug, um sie nicht zu verwenden.

Die »Operation«, wie sie genannt wurde, war den Frankfurter Editoren um Karl Dietrich Wolff dann doch zu blindwütig.

Vorsichtig wird im Vortext kritisiert, dass »unterschiedslos auf anwesende Touristen und Zionisten«[421] geschossen wurde. Gleichzeitig aber wird sie ins Verhältnis gesetzt zur Entführung der belgischen Maschine am 8. Mai, die ihnen zu weicheihaft war: »Es ist klar, daß das Kommando des ›Schwarzen September‹ an einem Übermaß an humanitärer Rücksichtnahme gescheitert ist.«[422] Als Idealweg schwebte den Terrorismus-Theoretikern vom Roten Stern offenbar eine Art Mittelweg zwischen beiden »Operationen« vor.

Karl Dietrich Wolff zeigte seinerzeit eine Neigung, zielsicher die größtmöglichen politischen Geschmacklosigkeiten zu begehen. 1969 sprengte er zusammen mit der »Al-Fatah« eine Veranstaltung des israelischen Botschafters. Kurz nachdem 1972 das erste Mal nach 1945 in Deutschland wieder Juden getötet wurden, gab er als Verleger die Erklärungen der Mörder in einem schein-dokumentarischen, in Wirklichkeit wohlwollenden Band heraus. Das Buch wurde von ihm zügig nach dem Massaker in München auf den Weg gebracht. Die Verhandlungen mit einer Übersetzerin, die die im Original französischen Texte des »Schwarzen September« ins Deutsche bringen sollte, führte er auf der Frankfurter Buchmesse im Herbst 1972.[423] Wolff selbst stand also noch hinter dem Projekt und nicht nur Böse und Weinrich, die längst ein Doppelleben führten. Die Veränderung in »unseren Köpfen«, von der Wolff in seiner Verlagschronik kryptisch spricht, setzte, was seine Haltung zu den palästinensischen Terroristen angeht, wohl später als im Herbst 1972 ein. »Bestimmte Projekte« wie ebenjene Broschüre über den »Schwarzen September« wurden eben doch angeschoben, und es ist unwahrscheinlich, dass Böse und Weinrich ihren Freund Wolff mit gezogener Waffe zwangen, dieses Projekt zu machen. Möglicherweise existierte im Herbst 1972, ohne Wissen von Wolff, bereits eine praktische Verbindung zum »Schwarzen September«.

Hans-Joachim Klein behauptete 1978 in einem *Spiegel*-Interview, dass die Gruppe beim Anschlag in München auf das israelische Olympia-Team »logistische Hilfe« geleistet habe. Klein: »Böse hat mir selbst erzählt, daß er die Finger drin hatte bei der Quartiermache für das Palästinenser-Kommando ›Schwarzer September‹.«[424] Allerdings war Böse zu dem Zeitpunkt bereits zwei Jahre tot und konnte dazu nichts mehr sagen. Wenn die Behauptung allerdings stimmt, wäre die Veröffentlichung der Broschüren gewissermaßen nur eine publizistische Flankierung einer längst bestehenden Allianz von Teilen des Verlags mit dem »Schwarzen September«.

Merkwürdig ist, dass der Kreis um Wolff, Johannes Weinrich und Wilfried Böse und die anderen antizionistischen Teile der Neuen Linken ausgerechnet Israel und seine Repräsentanten mit viel Schärfe und Gnadenlosigkeit angingen, was mindestens zu Sympathieerklärungen mit den palästinensischen Terroristen führte. Es schwelten damals in der Welt zahlreiche bewaffnete Konflikte, die man in damaliger linker Logik unter der Imperialismus-Theorie hätte subsumieren können. Sie wählten ausgerechnet den Palästina-Konflikt.

Merkwürdig ist auch, dass der palästinenserfreundliche Flügel der deutschen Linken nie über die Rolle des eigenen Landes nachdachte, was die tieferen Ursachen des Nahostkonflikts angeht. Der Holocaust und die Gründung des Staates Israel 1948 stehen in direktem Zusammenhang zueinander. Ohne die Judenverfolgung und den Massenmord an den Juden wäre es seit 1933 nicht zu einem Exodus europäischer Juden nach Palästina gekommen, der wiederum die Interessen- und Gebietskonflikte mit den alteingesessenen Arabern verschärfte. Die große Mehrheit der osteuropäischen Juden, die vor den Pogromen flüchtete, hat vor 1933 keinesfalls nach Palästina gewollt, eher waren die USA das populärere Auswandererland. Nach dem Zensus der britischen Mandatsverwaltung lebten im Jahr 1931 in Palästina 174 000 Juden, 760 000 Araber und 88 000 Christen.[425] Juden stellten somit nur knapp 17 Prozent der Bevölkerung und hätten weder das Bedürfnis noch die Fähigkeit gehabt, den Arabern in größerem Umfang Land streitig zu machen, wie es nach 1945 passierte. Es gab bereits vor 1933 bewaffnete Gewalt zwischen Juden und Palästinensern. Die Konflikte eskalierten flächendeckend aber erst *nach* dem Zweiten Weltkrieg, als die Einwandererzahlen nach Israel exponentiell anstiegen. Dann erst kam es zu Kriegen und massenhaften Vertreibungen von Palästinensern. Das Elend in den Flüchtlingslagern wiederum war der entscheidende ideelle und personelle Nährboden für den palästinensischen Terrorismus.

Vielleicht haben Wolff und die anderen mit ihrer Variante des Antizionismus auch nur eine eigene, besonders raffinierte Form der Verdrängung konstruiert: Die Opfer werden einfach zu Tätern von heute gemacht, so dass über die Schuld des eigenen Landes nicht geredet zu werden braucht. Johannes Weinrich deutet die Flugzeugentführung von Entebbe in der Rückschau so:

>»Doch man darf nicht vergessen, daß Holocaust-Opfer in den letzten Jahrzehnten auch zu den Offizieren gehört hatten, die über die Ermordung von Palästinensern entschieden. Holocaust-Opfer waren daran beteiligt, Palästinenser zu unterdrücken, zu foltern und ihnen in Lagern Gefangenennummern auf den Arm zu tätowieren, wie es mit ihnen selbst im KZ geschehen war. Da hörte für mich das Begreifen auf. Ich denke, daß die Holocaust-Opfer unter den Geiseln in Entebbe sich während der Trennung natürlich an ihre Geschichte erinnert fühlten und Schreckliches empfunden haben müssen in diesem Moment, das ist gar nicht in Frage zu stellen. Nur kann ich nicht verstehen, daß es Juden gibt, zu deren Geschichte der Holocaust gehört, die ihn zum Teil selbst erlebt haben und überlebt haben, dann aber Palästinenser unterdrücken, ihnen unverhohlen Rassismus entgegenbringen und sie massenweise umbringen.«[426]

Gerade die Juden müssen demnach, weil sie Opfer waren, aus der Geschichte gelernt haben und es besser machen (und nicht die Täter). Sie müssen besonders vorbildlich sein. Dieses Argument ist typisch für die radikale Linke insgesamt gewesen. Ausgerechnet die Juden, die für Gutgläubigkeit und Vertrauen in die Mitmenschen einen schrecklichen Preis bezahlt haben, sollen als Lehre daraus besonders pazifistisch sein, während jeder andere bewaffnete Befreiungskampf in der Welt von der Linken mit Hilfe diverser Guerilla-Theorien gerechtfertigt wurde. In

Israel argumentierte die Spitze das Staates in den ersten Nachkriegsjahrzehnten genau andersherum: Nie mehr werden Juden ungestraft in der Welt getötet, und wir werden uns kompromisslos verteidigen. Das kann man verurteilen, es ist aber historisch nachvollziehbar. Die populäre Interpretation, dass die Linke den Antifaschismus gewissermaßen nachgeholt hätte, das Versagen der Eltern wiedergutmachen und es besser machen wollte, erweist sich als nicht richtig. Eher ähnelten sich Eltern und Kinder, was die Verdrängung anging, auch wenn die Mittel dieser Verdrängung unterschiedlich waren.

1974, spätestens 1975 trennten sich die Wege der Mitglieder des Verlags Roter Stern. Wolff ging nicht den Weg in den Terrorismus, den Johannes Weinrich, Wilfried Böse und Brigitte Kuhlmann beschreiten sollten. Das Trio hatte aus der Zeit im Verlag aber einiges im Gepäck, was sie bei den »Revolutionären Zellen« verwenden konnten. Beim Roten Stern erfuhren sie, allein schon aufgrund des eigenen Verlagsprogramms, die theoretische Schulung für den Guerillakampf und das nötige, antiimperialistische Weltbild.

Jedes soziale System braucht und verteilt unterschiedliche Rollen, so auch das linksradikale Frankfurter Milieu der frühen 70er Jahre. Daniel Cohn-Bendit ist der flippige, etwas nervtötende, aber doch liebenswerte Dandy mit Multikulti- und Savoir-Vivre-Bonus, der seine Freunde von weiteren Eskalationen abhielt, Joschka Fischer der Metzgersohn aus der schwäbischen Provinz, der hartgesottene Ex-Streetfighter und Womanizer, der spät, aber gerade noch rechtzeitig zur politischen Besinnung kam, Tom Koenigs der authentische Großbürgersohn, der sein Erbe dem Vietcong vermachte (diese Episode darf in keinem Kurzporträt in den Medien fehlen), um die Zugehörigkeit zur falschen Klasse zu negieren, Karl Dietrich Wolff ist der Geläuterte, der geachtete Frankfurter Bildungsbürger, der allerlei Jugendsünden beging, heute aber dank Hölderlin wieder in den Schoß der bürgerlichen Familie zurückgekehrt ist, während Johannes Weinrich der Paria, der Böse ist, der es mit den Sünden übertrieb und heute lebenslänglich eingesperrt ist. Er ist nicht nur der Böse, er ist *das* Böse: Auf ihn kann alles Schlechte, was in der gemeinsamen Zeit so passiert ist, projiziert und abgeladen werden, damit über die eigene Verantwortung nicht geredet zu werden braucht. Das funktioniert nicht zuletzt deshalb so gut, weil Weinrich im Gefängnis sitzt und nicht öffentlich antworten kann – auf die früher so wichtige »Solidarität mit den politischen Gefangenen in den Knästen« kann Weinrich heute nicht mehr zählen.

Die auch von der ehemaligen Szene selbst gepflegten Rollen sind natürlich eine Konstruktion, denn Menschen spielen im realen Leben keine bloßen Rollen. So eindeutig lassen sich, das ist eine banale Feststellung, Etiketten nicht verteilen. Karl Dietrich Wolff jedenfalls, der Bundesverdienstkreuzträger, hat es heute nicht nötig, über seine persönliche Mitverantwortung und seinen Beitrag zum speziellen Terrorismus made in Frankfurt, der über Wilfried Böse und Brigitte Kuhlmann nach Entebbe führte, zu reden, auch dank dieser Konstruktion.

Frankfurter Spontis und Terrorismus

Daniel Cohn-Bendit, Tom Koenigs und Joschka Fischer gehörten dem »Revolutionären Kampf« an, einer linksradikalen Gruppe, die sich aus einer »Betriebsprojektgruppe« bei Opel gebildet hatte. Der RK bildete einen eigenen Strang in der Frankfurter Szene, der aber Querverbindungen zur Gruppe um Wolff aufwies. Die älteren unter ihnen, so Wolff und der spätere RK-Theoretiker Thomas Schmid, kannten sich aus dem SDS, woraus unter anderem die Zusammenarbeit bei der Produktion des *Tricontinental*-Buchs resultierte. Man machte, wie beim Steinanschlag auf das US-Konsulat 1969, zusammen »Aktionen« und unterzeichnete gemeinsam Erklärungen zu politischen Vorgängen.[427] Ein Teil der RK-Mitglieder stammte aus der Stadtteilgruppe Roter Gallus, der wiederum mit dem Verlag

Roter Stern verbandelt war. Johannes Weinrich hatte regelmäßig Kontakt mit dem RK. So beteiligte er sich an der Verteidigung einiger besetzter Häuser.[428] Der Verlag Roter Stern und der RK nutzten die gleiche linke Druckerei in Gaiganz bei Erlangen. Joschka Fischer, der für das RK-Blatt *Wir wollen alles* verantwortlich war, kam regelmäßig nach Gaiganz und traf dort auf Weinrich.[429] Kontakt bestand ebenfalls über den Verband linker Buchhändler, in dem, so die Erinnerung von Fischers ehemaliger Frau Edeltraud (»Ede«), diskutiert wurde, »was gerade an Texten interessant, aber überall vergriffen war, und was man deswegen raubdrucken sollte«[430]. Weinrichs Befund, dass man »eben im gleichen Gegenmilieu gelebt«[431] habe, ist so lakonisch wie zutreffend. Dass Hans-Joachim Klein zunächst im Umfeld des Verlags Roter Stern aktiv war, zwischendurch beim RK mitmachte, mit Fischer befreundet war und schließlich zu den »Revolutionären Zellen« überwechselte, ist ein bezeichnendes Detail.

Der RK ging in die Betriebe, um die Arbeiter zu proletarischem Bewusstsein zu verhelfen. Das war keine Erfindung der Spontis, sondern ein maoistisches Prinzip – die Kaderarbeit soll mit »Untersuchungen« der Praxis beginnen. Gemischt wurde das Ganze mit italienischen Einflüssen, vor allem mit dem Operaismus – einem neomarxistischen Konzept, in dem nicht das Parteiinteresse im Mittelpunkt steht, sondern die subjektive Lage der Arbeiter in den Fabriken – und ideologischen Versatzstücken der Organisation »Lotta continua«, in der sich in den frühen 70er Jahren bis zu zehntausend italienische Studenten und Arbeiter sammelten.[432]

Auch die Idee, sich »spontaneistisch«, später »Spontis« zu nennen, wurde aus Italien importiert. Der *spontaneismo delle masse* war ein populäres linksradikales Schlagwort in Italien. Die Italophilie hatte mindestens genauso viel einen praktischen wie einen ideologischen Hintergrund: RK-Mitglied Thomas Schmid sprach Italienisch und konnte also die importierten Schriften verstehen und verbreiten; außerdem waren einige italienische Aktivisten vor der Justiz im eigenen Land nach Frankfurt geflüchtet.

Härte war für die Mehrheit des RK ein akzeptiertes und gepflegtes Mittel, um »Widerstand gegen die alltägliche Gewalt«[433] des Systems zu üben. Da »die Bourgeoisie ihre Macht nicht friedlich aufgeben« werde, sei »die Gewalt ein notwendiges Moment der Revolution«[434], schrieb Daniel Cohn-Bendit noch 1975. Über die diversen Straßenschlachten ist man seit Fischers Ministerzeiten ausführlich informiert. Interessant daran ist, dass die damalige Aufregung um Fischer ironischerweise auf einem Foto basierte, das eher die harmlosere Variante der Gewalt von Fischer und seinen Mitstreitern (»Putzgruppe«) zeigte. Zu sehen ist Fischer, wie er zusammen mit Kampfgefährten, darunter Klein, mit behandschuhten Fäusten auf einen Polizisten einschlägt. Die »Putzgruppe« benutzte nicht nur ihre Fäuste, und »spontan« handelte sie meistens ebenso wenig. Man traf sich zu Übungen im Taunus, »wo Fischer mit bis zu vierzig Leuten Steineschmeißen in Formation (eine Reihe tief, die nächste hoch), einen Keil bilden oder Gefangenenbefreiung in Dreiergruppen übte«[435]. So berichtet es der Autor Christian Schmidt. Im Jahr 1973 sahen die Ergebnisse der Übungen in der Praxis des Häuserkampfes laut eines Polizeiberichts so aus:

> »Die Angriffe durch Steinwürfe und Würfe mit schweren Eisenteilen wurden teilweise so heftig geführt, daß die eingesetzten Beamten erst nach mehrmaliger Aufforderung vorgingen. Die Wurfgeschosse waren von solcher Schwere und Größe, daß Lebensgefahr bestand. Außerdem waren die Besetzer mit Latten, schweren Knüppeln, durch Schlaufen am Handgelenk befestigt, Bleirohren, die teilweise auch geschleudert wurden, bewaffnet. Sie verschossen aus sog. ›Spatzenschleudern‹ Glaskugeln, die die Schutzschilde der Beamten durchschlugen.«[436]

Der Anspruch des RK war es, dass ihre Gewalt »vermittelbar«[437], »einsichtig«[438] sein und auf einer »Strategie der Massenbewegung« basieren sollte. Das tat die Gewalt der »Putzgruppe« auf diese Weise längst nicht mehr. Die Mehrheit im RK lehnte Gewalt gegen Personen ab. Besonders die Frauen befürchteten, »daß man über diese Gewalt schließlich in einer Sackgasse enden könnte«[439] – eine weise Prognose, denn so sollte es kommen. Bei einem Angriff auf das spanische Generalkonsulat im September 1975 – Anlass: mehrere Todesurteile eines spanischen Militärgerichts gegen Linksradikale, Franco herrschte noch im Land – wurden neben Steinen und Farbbeuteln auch mehrere Dutzend Molotowcocktails geworfen.[440] Ein Mannschaftswagen der Polizei fing Feuer, Beamte zogen in Panik ihre Waffen. Vorher hatte man die Polizei in andere Ecken der Stadt gelockt und den Polizeifunk gestört. Das war kein spontane Erhebung der »Massen«, sondern ein strategisch angelegter Anschlag. Fischer war am Konsulat dabei gewesen, beteuerte aber später, dass er »weder Steine noch Molotowcocktails«[441] dabeigehabt habe. Eine Kulmination der Gewaltspirale bildete im nächsten Jahr eine Demonstration, die nach dem Tod Ulrike Meinhofs initiiert wurde und an der die »Putzgruppe« beteiligt war. Schon zu Beginn des Marsches in der Nähe der Universität wurden die ersten Molotowcocktails geworfen; einem Polizisten wurden an den Beinen schwere Brandverletzungen zugefügt. In der Innenstadt dann wurden Brandflaschen kreuz und quer geworfen, bis ein Polizei-Opel getroffen wurde und lichterloh brannte. Zwei Beamte konnten sich rechtzeitig befreien, dem dritten Insassen gelang es nicht. Kollegen zerrten ihn aus dem Wagen und erstickten die Flammen am Körper des 23-jährigen Jürgen Weber. Das Opfer kämpfte in den nächsten Tagen ums Überleben; seine Haut war zu 60 Prozent verbrannt.

Der Tag löste in der Szene einen Schock aus, zumal 14 Verdächtige, darunter Joschka Fischer, kurzzeitig in Untersuchungshaft genommen wurden. Verdrängungs- und Abwehrreaktionen setzten ein. Daniel Cohn-Bendit war sich wenige Tage danach sicher, dass unter den Festgenommenen der Täter nicht zu finden sei; der in der Szene eigentlich sehr gut Vernetzte konnte oder wollte zur Aufklärung aber auch nichts beitragen. Und Fischer ebenso wenig, denn, so äußerte dieser Jahre später: »Ich habe es nicht gesehen. Ich war nicht dort.«[442] So ähnlich klingen kalabrische Mafiosi oder afghanische Dorfälteste, wenn sie von Offiziellen zu Verbrechen in ihren Kreisen befragt werden.

Fischer selbst hätte mit seiner Autorität vor der sogenannten Demonstration mäßigend auf die Gewalttätigsten einwirken können. Am Vorabend, am Tag von Meinhofs Tod, hatten sich Mitglieder der »Putzgruppe« und anderer Zirkel versammelt, um über die nächsten Schritte zu diskutieren. Fischer, der dabei war, bremste die Empörtesten und Militantesten unter ihnen nicht, die eine entfesselte Schlacht mit der Polizei unter Einsatz von Molotowcocktails forderten.[443]

Die Scham über den Tag muss in der ehemaligen Frankfurter linksradikalen Szene bis heute groß sein. Selbst Gerd Koenen, der qua Sozialisation im Frankfurter KBW den Frankfurter Spontis (und Karl Dietrich Wolffs Rotem Stern) eigentlich in herzlicher Abneigung verbunden war, handelte die Tat in seinem Buch *Das rote Jahrzehnt*, das sonst alle möglichen Details mikroskopisch genau untersucht, auf wenigen Zeilen ab[444] und verharmlost sie an anderer Stelle als »gewaltsame Straßenaktion«[445] – diese Bezeichnung passt vielleicht zum spontanen Einschmeißen von Schaufensterscheiben, aber nicht zu einen Brandanschlag, der den Tod von Menschen in Kauf nahm und tatsächlich einen Menschen lebenslänglich versehrt hat. Joschka Fischer schrieb 1977 kryptisch von »dem bewussten Montag (nach Ulrikes Tod)« und meinte nichts anderes als den Brandanschlag auf Jürgen Weber. Eine Szene, die sich sonst mit sämtlichen Opfern von Kolonialkriegen und Befreiungskämpfen in der Welt routiniert solidarisierte, duckt sich ausgerechnet dort weg, wo etwas genauere Auskünfte oder zumindest Worte des Bedauerns nottäten.

Just bei diesem Ereignis gerät, so Fischer 2001 im Bundestag, das »Gedächtnis bis an die Grenze der Erinnerungsfähigkeit«, während die 68er-Generation bis heute mühelos abrufen kann, wo man an bestimmten Tagen wie dem 2. Juni 1967, dem Tag der Schüsse auf Benno Ohnesorg, oder am Gründonnerstag 1968, dem Tag der Schüsse auf Rudi Dutschke, war und was man getan hat. Der Täter oder die Täterin vom »bewussten Montag« wurde nie ausfindig gemacht und verurteilt.

Vier Wochen danach, an Pfingsten 1976, folgte dann die mäßigende Rede Fischers, die bereits vor der Meinhof-Demonstration angebracht gewesen wäre. Vor mehreren Tausend Menschen vor dem Frankfurter Römer forderte er auf einer Veranstaltung der Neuen-Linken-Organisation »Sozialistisches Büro« »[die Genossen im Untergrund, d. A.] auf, Schluß zu machen mit diesem Todestrip, runterzukommen von ihrer ›bewaffneten Selbstisolation‹, die Bomben wegzulegen und die Steine und einen Widerstand, der ein anderes Leben meint, wiederaufzunehmen«[446]. Der isolierte Terror habe der Linken ihre politischen und sonstigen Waffen aus der Hand geschlagen, die Bomben hätten nur Mutlosigkeit und Ohnmacht produziert.

Selbst Christian Schmidt, ein Fischer-Abrechner und Autor von *Wir sind die Wahnsinnigen*, räumt ein, dass Fischer mit seiner Rede wohl einige Spontikämpfer vor dem Gang in den Terrorismus bewahrt habe. Eigentlicher Adressat der Rede waren nicht ernsthaft die Terroristen, die sich zu dem Zeitpunkt schon längst auf dem »Todestrip« befanden, sondern die eigenen Leute. Und der Anlass für den eindringlichen Appell war wohl weniger die »Eskalation des Terrors«[447], von der Fischer in der Rückschau reden sollte, sondern die jüngste Verschärfung in den eigenen Reihen. Die erste Hälfte des Jahres 1976 war unter terroristischen Maßstäben eine eher ruhige Zeit. Die letzte »Aktion« der RAF, die Geiselnahme in der Stockholmer Botschaft, lag bereits ein Jahr zurück. Erst danach fanden die Flugzeugentführung von Entebbe und die Morde an Jürgen Ponto, Siegfried Buback und Hanns Martin Schleyer statt, Taten, die Fischers Abkehr von der Gewaltstrategie nach eigenen Worten endgültig einläuteten.

Es war wohl eher die nackte Angst vor dem Gefängnis und das Erschrecken darüber, was die eigene Ideologie (und nicht die der RAF) anrichten konnte. In seinem vielzitierten Artikel

»Vorstoß in ›primitivere‹ Zeiten«[448] in Thomas Schmids Zeitschrift *Autonomie* aus dem Jahr 1977 raunte er (Versalien im Original): »Damals genau hatte uns die REPRESSION am Wickel, und es hätte nicht viel bedurft, damit wir daran endgültig kaputtgegangen wären (mit Einzelheiten kann ich hier leider nicht dienen).«[449] Auch damals, als 29-Jähriger, stieß sein Gedächtnis offensichtlich bereits an die wundersamen Grenzen der Erinnerungsfähigkeit, oder die »Einzelheiten« wären wohl zu heikel gewesen, um sie aufs Papier zu bringen und damit für den Staatsanwalt sichtbar zu machen. Die Römerberg-Rede wie der *Autonomie*-Artikel waren beides: einerseits eine Distanzierung vom Terrorismus, andererseits eine Betonung der gemeinsamen Wurzeln mit der Stadtguerilla und der gleichen apokalyptischen Denkweisen. Selbstverständlich war in der Rede auch für Fischer »Ulrike im Knast von der Reaktion in den Tod getrieben, ja im wahrsten Sinne des Wortes vernichtet« worden. Und »gerade weil unsere Solidarität den Genossen im Untergrund gehört, weil wir uns mit ihnen so eng verbunden fühlen«, sah er sich legitimiert, das Weglegen der Bomben zu fordern:

> »Unser Militantismus hat uns in eine Sackgasse geführt. Ab einem bestimmten Punkt verselbständigte sich unser direkter physischer Widerstand gegen die Bullen von den Inhalten, die diesem Widerstand zugrundelagen und in deren Praktizierung es überhaupt erst zu dieser Konfrontation gekommen ist. Die Erfahrung der Brutalität, die auf uns einschlug, verdrängte für viele von uns das Problem unserer eigenen Gewaltausübung, des Preises, den wir an die Gewalt zu entrichten hatten, wenn wir uns ihrer in unserem Widerstand bedienten. Wir Militanten in der Spontibewegung (PUTZGRÜPPLER etc.) haben dabei im wesentlichen eine ähnliche Entwicklung durchlaufen, wie die Genossen der Stadtguerilla, nur daß uns der Zusammenhang und die ›pazifistischen‹ Gegengewichte ... unserer eigenen Bewegung an einem endgültigen Umkippen gehindert haben. ... Und diese IM WESENTLICHEN gleichlaufende Entwicklung, diese gleichartige Verarbeitung von Unterdrückungserfahrungen und Ängsten bei Spontimilitanten und Stadtguerilla, hat uns dann auch in eine ähnliche Sackgasse abgleiten lassen, wobei mir, wie gesagt, die Unterschiede klar sind, am wichtigsten wohl der, daß keiner aufgrund unserer Aktionen BISHER im Knast sitzt!«[450]

So wie bei den Terroristen hatte die Gewalt der »Putzgruppe« eine bedrohliche Eigendynamik entwickelt, die sich längst von – eingebildeten oder tatsächlichen – guten Absichten entkoppelt hatte. An anderer Stelle kritisiert Fischer:

> »... die proletarische Revolution kann nur eine bewaffnete sein. Damit haben wir die bürgerliche Gesellschaft in ihrem Kern gefressen, in uns aufgenommen, nämlich ihr ZWANGSVERHÄLTNIS, das sie zwischen ihren einzelnen Mitgliedern hergestellt hat. Dieses Zwangsverhältnis schreit nach Gewalt von oben, auch wenn sie im Mantel der klassenlosen Gesellschaft einhergeht und die Menschheitsbefreiung verheißt, es schreit nach dem ›neuen‹ Staat als Organisationsform dieser Gewalt und nach seinen Funktionären, den ›sozialistischen‹ Schweinen.«[451]

Mit anderen Worten: Man wird so wie die, die man einst bekämpft hatte. Als Minister äußerte Fischer Jahrzehnte später im Bundestag, dass sein Wandel auch durch die antikommunistische Abrechnungsliteratur ehemaliger Kommunisten ausgelöst worden sei: »Als ich die Schriften etwa von Manès Sperber oder Solschenizyn Anfang der 70er Jahre zum ersten Mal in den Händen hatte, habe ich sie sofort wieder weggelegt – ab Mitte der 70er Jahre habe ich sie verschlungen.« Die Literatur scheint aber wohl zunächst keine größere Wirkung auf Fischer gehabt zu haben. Bis zum Mai 1976 hatte er mitgemacht beim Aufbau jener neuen Zwangsverhältnisse. Alexander Solschenizyns *Archipel Gulag* kam bereits Anfang 1974 auf den deutschen Markt und wurde, nicht zuletzt aufgrund eines mehrteiligen Abdrucks im *Spiegel*, stark beachtet. Zu einem Zeitpunkt, als sich das über 600 Seiten starke, nicht leicht zu lesende Buch erstaunlicherweise auf Platz 1 der deutschen Bestsellerliste befand, kanzelte Fischer noch auf einer Veranstaltung im Frankfurter Volksbildungsheim den Ruf nach Mäßigung ab und forderte, »Massenwiderstand gegen die reaktionäre Gewalt gewaltsam zu organisieren«[452]. Erst nach den eigenen Schockerfahrungen durch die Eskalation der Meinhof-Demonstration setzte Fischers Umdenken ein.

Das Verbundenheitsgefühl mit den Terroristen war bei den Frankfurter Spontis immer größer gewesen als bei anderen

Gruppen der radikalen Linken. Während die K-Gruppen den »individuellen Terror« ablehnten – wenn auch nicht aus humanitären, sondern aus taktisch-strategischen Gründen –, rechtfertigten und verharmlosten die Spontis den Terrorismus als Akt der Selbstverteidigung:

> »Die RAF hat das Recht beansprucht, sich zu verteidigen. Das ist ein legitimes Recht! Jeder hat das Recht, sie gegen tägliche Gewalt dieses Staates, gegen die Gewalt dieser gesellschaftlichen Verhältnisse zu wehren. Gegen die Fabrik, gegen die Bullen, gegen die Justiz und gegen den Knast. Dieses Recht kann von keinem bürgerlichen Gericht als kriminell verurteilt werden. Ein Revolutionär kann sich nur der Notwendigkeit der Situation unterwerfen, nicht aber dem Gesetzbuch seiner Henker.«[453]

Den Terror der RAF hielt man für untauglich, aber »nicht für unerlaubt«[454], wie Daniel Cohn-Bendit in der Rückschau äußerte. Gerade das *Anything goes* der Spontis machte sie anfällig für Grenzerkundungen und -überschreitungen.[455] Wenn man proklamiert »Wir wollen alles« – so der bezeichnende Name ihrer Zeitschrift – dann ist zugleich nichts tabu.

Die gedankliche Nähe zum Terrorismus hatte Anfang 1978 ein internes Nachspiel. Zu einem Zeitpunkt, als die alten Stadtguerilla-Fantasien längst erledigt waren und die Spontis in die aufkeimende Alternativbewegung hinüberglitten, lieferten sich Joschka Fischer und Thomas Schmid einen erbitterten Streit über die RAF, ausgetragen in den Szenezeitschriften *Pflasterstrand* und *Autonomie*. Schmid, der sich längst vom traditionellen Marxismus abgewandt hatte, entwickelte sich plötzlich zu einem Verteidiger der RAF – nach dem »Deutschen Herbst« 1977, als die RAF letzte nennenswerte Sympathien unter den Linksradikalen verspielt hatten.

Nach dem Mord an Hanns Martin Schleyer durfte der ehemalige SDSler Karl Heinz Roth, der in den frühen 70er Jahren zeitweise bewaffnet war und 1975 bei einer Schießerei mit der Polizei schwer verletzt wurde, unter dem Pseudonym Leo Kerner in Schmids Zeitschrift einen kalten und überdies historisch ungenauen Nachruf (»Terror und Unperson«) auf den Arbeitgeberpräsidenten veröffentlichen, ohne mit einem Wort auf den

Mord einzugehen. Die zentrale These des Aufsatzes ist, dass Schleyer in der Bundesrepublik mit einer Mischung aus »social engineering und gezieltem Terror«[456] das fortgeführt habe, was er als Wirtschaftsfunktionär im besetzten Böhmen und Mähren bereits begonnen hätte. Und deswegen, so die unausgesprochene Schlussfolgerung des Texts, sei der Tod der »terroristischen Unperson«[457] gerechtfertigt. In dem Artikel wird die Rolle Schleyers in der NS-Zeit stark überschätzt. Bereits der knapp über 20 Jahre alte Schleyer der Vorkriegszeit wird zu einem bedeutenden Rassentheoretiker und Ost-Siedlungsexperten gemacht, was er nicht war.

Unter dem anspielungsschweren wie anmaßenden Titel »Schwarze Milch des Terrors«[458] – einer Abwandlung eines Zitats aus Paul Celans »Todesfuge«, dem Gedicht über die Judenvernichtung – versuchte Thomas Schmid in derselben *Autonomie*-Ausgabe die RAF zu rehabilitieren und in der Sinnlosigkeit und Bösartigkeit des Terrors noch etwas Gutes zu sehen, wobei ihm die RAF nicht böse genug war:

> »… nichts hat er [der »Privatkrieg« des RAF-Terrorismus; d. A.] für sich, nichts Hohes, kein Ideal, keine Verantwortung, kein Ganzes – nur böse Partialinteressen, Familienkrach, der besser das Licht der Öffentlichkeit scheuen sollte. Anders gesagt: was die Leute an der Stadtguerilla fasziniert, ist gerade, daß es in ihrem Kampf schon erste Momente von Privatkrieg gibt; die Stadtguerilla hat gezeigt, daß man den Staat sogar dann herausfordern kann, wenn man den bösen Privatkrieg politisch drapiert, wenn man zur Begründungslosigkeit noch den Schein der Begründung anklebt. Der Privatkrieg der RAF schneidet schlecht ab, stellt man ihn neben das hehre Bild der Revolution als Ergebnis von Massenkämpfen, herkömmlichem Bürgerkrieg, Einheit und Pädagogik. Doch träumt man von dieser Revolution nicht mehr, siehts anders aus: dieser Privatkrieg, der sich in seinen Worten noch der Krücken, der Massen und der Begründungen bedient, ist noch viel zu wenig Privatkrieg: nicht böse, verstockt, schmutzig, egoistisch genug (darum ist er auch so gequält, darum ist ein wesentliches Produkt, das er auswirft, der kalte Tod).«[459]

Ausgangspunkt des Traktats war die Resignation der Spontis nach dem »Deutschen Herbst«: »… möchte nicht mehr aktiv sein, möchte alles von mir strecken, ja möchte erlöst werden – in Ruhe gelassen, aus der hämmernden Geschichte entlassen:

Weinen, Schlafen, Musik von Orgel und Laute, fast geschlechtslos sein –.« Damit ist nebenbei das Rätsel gelöst, warum Schmid im Revolutionären Kampf »der Organist«[460] genannt wurde. Schmid mochte offensichtlich Orgelmusik. Wie die meisten Linksradikalen hatte er gelitten unter dem Freund-Feind-Schema zurzeit der Terroristenfahndungen, erklärt nun aber seine Liebe zur RAF:

> »Ein Jenseits wider die Alternative Staat oder RAF – aber in Liebe für die Bastarde der RAF, die mit rostigen Waffen kämpften und dennoch traumsicher einen Nerv trafen: wider ihre eigene Ideologie. ... Am Anfang dieses Krieges standen welche, die hatten eine Ideologie und redeten und rechtfertigten und schielten weltweit nach Partnern und waren keine Terroristen: die RAF. Aber sie verweigerten auch den Diskurs, blieben hartnäckig draußen, konnten schweigen wie ein Grab. Ihre Mittel waren oft erbärmlich, ihre Boshaft trug die schlimme Maske der Moral, sie waren der Schwere, nicht der Leichte verfallen. Sie wollten die Risse zusammenfügen – aber operierten doch in ihnen. Sie haben Angriffsflächen, Angriffspunkte, Angriffsrisse freigelegt. Und darum werden sie nicht vergessen werden, darum wird man dieser aussätzigen Kreatur in Furcht, Liebe und Trauer gedenken. Es sind kleine Herzen, die ihnen heute die Anerkennung und die Trauer verweigern, die in Kälte abtreiben.«

Was Schmid an der RAF so gut findet, ist gerade deren Begründungslosigkeit:

> »Die RAF und die Stadtguerilla haben diesem Staat schwere Schläge versetzt – aber vollkommen gegen die eigene Theorie: nicht-strategisch, nicht-vermittelnd, sprachlos, sich einen Dreck ums pädagogische Objekt scherend, noch in den dürren Begründungen die Begründung verweigernd. Freilich: eine jahrtausendealte Bürde – du mußt begründen, warum du bist, erst dann hast du ein Recht, zu sein – zwang der Stadtguerilla das bekannte Doppelspiel von Theorie und Tat, von lastender Moral und schuldhafter, aber praktischer Nicht-Moral, von Priester und Schwein, Engel und Nutte auf.«

Noch vom Selbstmord der RAF-Spitze in Stuttgart-Stammheim ist Schmid merkbar beeindruckt:

> »Kalter Tod, weg und sonst nichts. Doch: die Hitze kalter Pistolen, drei sind unter der Überwachung weggetaucht, das allgegenwärtige Auge des Betons war blind vor dieser List und dieser Kraft. Dieser Tod bringt dem Beton Risse bei. Drei erlöschen nach innen – aber es strahlt nach außen. Noch ihr Tod ist ein Sprengsatz. ... Es war ihr Tod, und es war ein Sieg.«

Der Apokalyptiker Thomas Schmid war überzeugt: »Die Zeit der Privatkrieger ist erst angebrochen.« Dazu sollte es allerdings zum Glück nicht kommen.

Im Sommer 1978 plante Schmids ehemaliger Mitsponti Daniel Cohn-Bendit einen internationalen Kongress in Frankfurt, durch den offensichtlich der deprimierten Stimmung in der Szene beigekommen werden sollte. Schmid opponierte heftig gegen den Plan, denn, so schrieb er in Cohn-Bendits *Pflasterstrand*: »... die aufgeblähte Geschäftigkeit, die hämmernde Gleichgültigkeit, sie übertönen die Unsicherheit, die Fragen, den Haß, den Willen zum Kampf ...«[461] Er trommelte befreundete Spontigruppen aus Italien zusammen, um in einem gemeinsamen Pamphlet gegen Cohn-Bendits Pläne zu polemisieren. Darin tritt noch einmal die seltsame Liebe Schmids zur RAF zum Vorschein. Die Terroristen werden gegenüber den linken Kritikern, allen voran Cohn-Bendit »von der Höhe seiner Medien herab«, in Schutz genommen:

> »Denn die ewigen Wiederholungen desselben: auch das ist Gewalt. Wer uns zur Wiederholung des Immergleichen jetzt abermals aufruft, um uns von der Höhe seine Medien herab huldvoll und mit Genugtuung anzulächeln, der soll wissen: seinem ›Wahnsinn‹ ziehen wir den Wahnsinn der Toten von Stammheim vor. Kreativität ist Bruch und Überschreitung der Normen – und nicht Bruch und Überschreitung zur Norm gesetzt.«[462]

Die Selbstmord-Nacht war demnach kreativer als der *Pflasterstrand*, das ist die kreative These des Pamphlets. Auf Cohn-Bendits Kritik, dass die Stadtguerilla mit den gleichen unmenschlichen Methoden wie »der Staat« arbeite, heißt es im Text kühl (Versalien im Original):

> »Aber: die ›Landshut‹ wurde nicht! gesprengt. Die Menschlichkeit der Terroristen tötet sie selber. Die Unmenschlichkeit des Feldherrn Schmidt, der das Leben der Geiseln ohne mit der Wimper zu zucken aufs Spiel setzt, gilt als Menschlichkeit: kein Menschenleben ist geopfert worden! Die vier Untermenschen [die Terroristen, d. A.] zählen nicht. DIE LINKE IST GEISEL IHRES MENSCHLICHKEITSBEGRIFFS! ... Man muß die Mitte(l) wahren, um auf der Höhe des Menschlichkeitsbegriffs zu bleiben. Man denke nur daran, wieviel Bombenmasse es gebraucht hat, um den heute gültigen Menschlichkeitsbegriff in die

deutschen Köpfe zu bomben – ein Menschlichkeitsbegriff, der nur aus Tabus besteht: dem des Faschismus, dem des Antisemitismus und dem des Deutsch-seins selbst. Auf dieses Tabu legt die RAF den Finger.«[463]

Das soll wohl heißen: In Deutschland agieren die radikalen Linken wegen der deutschen Geschichte zu menschlich.

Joschka Fischer rechnete in der darauffolgenden Ausgabe des *Pflasterstrands* nicht nur mit Schmids seltsamer Liebe zur RAF, sondern auch mit Schmid selbst ab (»Lieber Thomas!«)[464]. Vorsorglich setzte die Redaktion eine »Vorbemerkung« vor Fischers Text: »Es hat den Anschein einer sehr persönlichen Kontroverse. ... Eine Entscheidung für oder gegen den Kongreß bedarf anderer Legitimation und Begründung als die Thesen dieser beiden Artikel.« Fischer versteht seinen alten Gefährten nicht mehr:

>»Daß Du neuerdings aber daran gehst, Karfreitag und alles was dazugehört, nämlich Leidenspassion, Tod, nachtschwarzen Tod und nochmals Tod und schließlich, irgendwann, nur nicht drei Tage danach, die Auferstehung, zu deinem politischen Wunschzustand publizistisch zu erklären, das hat mich doch einigermaßen aus den gewohnten Bahnen geworfen. Anders gesagt: Deine Schreibe regt mich auf und ich finde sie zum Kotzen. Deshalb schreibe ich Dir einen ›bösen‹ Brief, und borniert ist er hoffentlich zudem.«

Fischer kritisiert die Apodiktik Schmids und dessen Annahme, dass der Tod – tatsächlich oder symbolisch – ein logischer, bewundernswerter Schritt der Stammheimer RAF-Häftlinge sei. Schließlich existiere »ein weiter Raum des blinden Herumtappsens, dünn gewordener Utopien und Hoffnungen, ›linker kulturindustrieller Maschinerie‹ und tatsächlicher Glückserlebnisse. Und wenn überhaupt, wird unser Leben nur in diesem Raum der Deppen wachsen, das Sterben ergibt sich von selbst, so oder so ...«

Was Fischer aber am meisten »zum Kotzen«, findet, ist der Menschlichkeitsvorwurf gegenüber den Terroristen (Versalien im Original):

>»Dafür habt ihr aber die entscheidende GEISEL der Linken entdeckt: ihren MenschlichkeitsBEGRIFF (Oh ihr Meisterbegreiferdenker).

Dieses seichte Gejammere über die entführte Maschine, unschuldige Geiseln und die Todesstrafe. Das Flugzeug ist ja gar nicht gesprengt worden, ätsch! Mensch, Thomas, diese Idiotie kannst du doch im Ernst nicht denken und am Ende noch für menschliche Gesinnung der Guerilla ausgeben. Daß Bonnie [Böse, d. A.] in Entebbe sich von den Israelis hat erschießen lassen, ohne die ihm verbliebene Möglichkeit zu nutzen, wehrlose Geiseln mit seinen Handgranaten und seiner MP zu töten, erleichtert mich und trifft mich sehr tief. Ansonsten wäre er ein Schwein gewesen. Deshalb aber die ganze Aktion richtig finden, daß er – vermutlich der politischen Taktik seiner Guerilla-Führung wegen – als Deutscher Juden selektiert hat nach Reisepässen und in Idi Amin Dada seinen Verbündeten fand?«

Fischer, der dem Leser damit pennälerhaft nebenbei mitteilte, dass er seinen André Glucksmann gelesen hat, schrieb den Artikel im Stil eines vernünftigen älteren Bruders, der seinen über die Stränge schlagenden jüngeren Bruder versucht zur Räson zu bringen. Ironischerweise findet sich im Artikel jener Satz, der Fischer als Minister während der Affäre um die Prügelfotos von 1973 Probleme bereitete: »Bei den drei hohen Herren mag mir keine rechte Trauer aufkommen, das sag ich ganz offen, für mich.«[465] Gemeint waren Schleyer, Ponto und Buback. Was im Jahr 2001 von der CDU als Ausweis von Fischers Staatsfeindlichkeit galt, war für Fischer 1978 ein Mittel, um seine Zugehörigkeit zur linksradikalen Szene, die fast zehn Jahre lang seine Heimat – im linken Jargon »Lebenszusammenhang« genannt – war, zu demonstrieren. Denn noch war Fischer zwiegespalten: »Aber zur Zeit müßte ich noch zu viel von mir selbst verraten, wenn ich dies [die Distanzierung vom Terrorismus, d. A.], und sei's nur auf dem Papier, für richtig erklären würde.«

Die Ernsthaftigkeit der Auseinandersetzung zeigt, dass sich damals unter den ehemaligen Mitgliedern des »Revolutionären Kampfs« eine Bruchlinie auftat. Parallel zum publizistischen Schlagabtausch wurde es sogar handgreiflich. Auf einer Veranstaltung im Frühsommer 1978, auf der über Cohn-Bendits Kongress gesprochen werden sollte, soll Schmid Cohn-Bendit vorgeworfen haben, er trauere nicht genug um die toten RAF-Mitglieder. Der Kongress sei pietätlos, und Cohn-Bendit sei der

Kopf einer »kommerziellen Organisation«, die ihn plane.[466] Daraufhin stürzte Cohn-Bendit auf Schmid und traktierte ihn mit Faustschlägen.[467]

Über Schmids emphatische Verteidigung der RAF zu einem Zeitpunkt, als eigentlich alles schon vorbei war, kann nur gemutmaßt werden. Möglicherweise ging ihm der Gesinnungswandel von einem ehemaligen Gefährten wie Joschka Fischer vom Streetfighter, der sich mit den »Genossen im Untergrund« solidarisch fühlte, zum reflektierten Vernunftmenschen zu schnell und zu leicht. In seinem »Schwarze Milch«-Artikel macht er eine Andeutung, wenn er die »entrüsteten Kritiker der RAF«, die »Hohepriester des Sinns« und in einer Fußnote erwähnt: »Persönlicher Zusatz: die schärfsten Kritiker der Elche waren früher selber welche. Like a rolling stone.« Ein Insider: Fischer war ein großer Bob-Dylan-Fan. Die Wandlung Fischers war ihm, dem intellektuellen Grübler, wohl nicht gründlich und begründet genug. Oder Thomas Schmid solidarisierte sich deshalb demonstrativ mit der RAF, weil die radikale Linke sich nach dem »Deutschen Herbst« fast komplett von der RAF abgewandt hatte und ihm das auch wieder zu einfach war. Oder weil er tatsächlich eine tiefe Zuneigung zu den toten RAF-Kämpfern gespürt hatte.

Thomas Schmid und Cohn-Bendit haben sich später wieder einander angenähert. Ende der 80er Jahre arbeitete Schmid für Cohn-Bendit in dessen Multikulti-Dezernat der Stadt Frankfurt. Joschka Fischer und Schmid wurden hingegen nicht mehr richtig warm miteinander.

Nach dem Terroranschlag des Norwegers Anders Breivik in Utöya und Oslo im Juli 2011 mit 77 Toten kritisierte Thomas Schmid, nach seiner Zeit als Chefredakteur inzwischen Herausgeber der konservativen *Die Welt*, die unbewusste Heroisierung von Terroristen durch die Medien:

> »Terrorakte sind schrecklich – und sie faszinieren. Vielleicht weil sie schrecklich sind, vielleicht weil sie meist unerklärlich sind, weil die, die sie begehen, etwas eigentlich Unvorstellbares tun: Sie lassen alle Regeln

und Rücksichten menschlichen Zusammenlebens hinter sich. In unserer Zeit der elektronischen Medien ... ist aus dieser Faszination eine wahre Pest geworden. ... Die Kehrseite dieses Trauer nivellierenden Belagerns von Opferangehörigen ist die Verherrlichung des Täters. Bis in die letzten Windungen steigt der mediale Apparat diesen Menschen nach, erzählt ein ums andere Mal den Roman ihres Lebens und verleiht ihnen damit jene Besonderheit und Prominenz, die ihnen nicht zusteht. Der Täter weiß in der Regel, dass seine Tat keinen ›Sinn‹ und nur Tote zur Folge hat. ... Alle Geistesgrößen aus Vergangenheit und Gegenwart, alle semantischen Methoden müssen herhalten, um ihn zu entschlüsseln – und ihn so auf eine unerträgliche Weise zu adeln, in den Stand der Bedeutung zu erheben. Mission accomplished: Voller Stolz könnte sich der Täter die Wände seiner Zelle mit den Aufschlagseiten unserer Feuilletons tapezieren.«[468]

Es klang wie eine Verarbeitung der eigenen einstigen Heroisierung des Terrorismus. Als Thomas Schmid den Kommentar schrieb, hat er womöglich an seine »Schwarze Milch des Terrors« gedacht, als er in pathetischen Worten noch »Anerkennung und Trauer« für die Toten der RAF forderte und Terroristen für ihn nicht »diese Menschen« waren, sondern ganz freundschaftlich »Andreas, Gudrun, Jan und die anderen«[469].

VIII. Die Schmidt-Jahre
Eskalation in der lieblosen Republik

> Herr Lattmann, von Ihnen fehlt auch noch eine
> deutliche Distanzierung vom Terrorismus.
> **Theo Waigel (CSU) zu Dieter Lattmann (SPD), ca. 1977**[470]

> Zum erstenmal habe ich das, was ich immer so
> ein wenig abfällig die »Scene« nenne, als so etwas
> wie ein warmes Nest erlebt.
> **Christian, »Angaben zur Person oder Vermutungen**
> **über den Mescalero«,** *Kursbuch,* **1978**[471]

Am Mittag des 16. November 1977, es ist Buß- und Bettag, übergießt sich ein Mann in der Hamburger Einkaufsmeile Mönckebergstraße mit Benzin und zündet sich an. Als menschliche Fackel läuft er in Richtung der nahe gelegenen Sankt-Petri-Kirche. Der Mann stirbt fünf Tage später an seinen schweren Verbrennungen.[472]

Hartmut Gründler, beurlaubter Lehrer und Umweltschützer aus Tübingen, wollte mit seiner radikalen Tat gegen die Atompolitik des SPD-Bundeskanzlers Helmut Schmidt protestieren. In Hamburg hielt die SPD zur selben Zeit ihren mehrtägigen Parteitag ab. Die sozialliberale Regierung Schmidt hatte den Bau von Atomkraftwerken, Forschungsreaktoren und atomaren Zwischenlagern forciert. Zwei Tage vor seiner Selbstverbrennung schrieb Gründler einen Brief an den Kanzler, in dem er von drei Möglichkeiten berichtet, die ihm geblieben seien: in den Schuldienst zurückzukehren, den begonnenen Hungerstreik fortzusetzen oder ein »Feuerzeichen« zu setzen als »letzte und äußerste Form des Protestes«.[473] In einem weiteren, an die Presse gerichteten Brief warf er der Bundesregierung »grobe Irreführungen in der Atompolitik«, die Verweigerung des Dialogs und undemokratisch gefällte Entscheidungen für die Atomkraft vor.[474] Am Rednerpult des Parteitages, der einen Kilometer vom Verbrennungsort entfernt tagte, wurde Hartmut Gründler, der tagelang mit dem Leben kämpfte, mit keinem Wort erwähnt, obwohl die Atompolitik einen wesentlichen Schwerpunkt des Kongresses ausmachte.[475]

Dass sich in der Bundesrepublik ein Mensch aus Verzweiflung über staatliches Handeln selbst verbrannt hat, ist heute so gut wie vergessen. Das *Hamburger Abendblatt* und die Medien insgesamt berichteten kaum von der Tat. Auch bei den heute zyklisch wiederkehrenden Rückblicken (»Das waren die 70er«) taucht sie nie auf. Merkwürdig ist, dass die beiden bekanntesten politischen Selbstverbrenner, der ostdeutsche Pfarrer Oskar Brüsewitz und der Tscheche Jan Palach, in der Bundesrepublik als unbeugsame Helden gelten, die konsequent für ihre Gesinnung einstanden, während Hartmut Gründler ebendies unterschwellig vorgehalten wurde. Er war der ich-bezogene Wirrkopf, der Spinner.

Die Linksradikalen konnten mit dem 1930 geborenen Hartmut Gründler ebenso wenig etwas anfangen, weil er keiner der Ihren war. Gründler stand konservativen Lebensschutz-Zirkeln nahe. Und doch hat sein schrecklicher Tod viel mit dem politischen Klima der Eskalation in der zweiten Hälfte der 70er Jahre zu tun.

> »›Nicht verstanden‹, sagte er schneidend und zündete sich eine seiner Mentholzigaretten aus der Packung neben dem Coca-Cola-Glas an. Umständliche Leute wollte er nicht an diesem Tisch haben. Schnörkel, Unklarheiten erzürnten ihn ebenso wie zu dickleibige Ressortvorlagen. Er wollte das Knappste hören und eindeutige Züge vorgesetzt erhalten wie beim Schach. ›Erklären Sie das nochmal‹, forderte er, ›aber so, daß es ein normaler Mensch begreifen kann.‹ Die Minister kannten das, sie reagierten nicht sichtbar auf diesen Ton. Die meisten blätterten in ihren Mappen. Rechts neben dem Kanzler saß Genscher euleäugig, mit unbewegtem Gesicht. Auf der anderen Seite Kanzleramtschef Schüler,

er wirkte auf mich mit dem großen Kopf und dem kleinen Körper wie die Bürokratie in Person.«[476]

Diese kurze atomsphärische Skizze aus dem Kabinettssaal mit dem Mentholzigaretten rauchenden Bundeskanzler Schmidt ist eine luzide Beschreibung nicht nur des Klimas in der Regierung Schmidt/Genscher, sondern der damaligen Innenpolitik überhaupt. Sie stammt bemerkenswerterweise von einem SPD-Abgeordneten, Dieter Lattmann, der unter Ton und Klima seiner Regierung erkennbar gelitten hat und seine Erfahrungen in einem Buch verarbeitete. Als fachpolitischer Sprecher hatte er Zugang zum Kabinett.

Als Helmut Schmidt 1974 die Kanzlerschaft von Willy Brandt übernahm, kühlte sich das innenpolitische Klima deutlich ab. Natürlich war Schmidt nicht allein für diese »Tendenzwende« zum angeblich vernunftgesteuerten Pragmatismus verantwortlich. CDU und CSU hielten im Bundesrat die Mehrheit. 1976 erreichten die Schwesterparteien bei den Bundestagswahlen heute kaum vorstellbare 48,6 Prozent der Stimmen – und konnten trotzdem nicht die Regierung übernehmen. Auf eine derart starke Opposition musste Rücksicht genommen werden. Helmut Schmidt hatte von Anfang an mit dem Ende der guten Wirtschaftszahlen und dem Beginn der Massenarbeitslosigkeit zu kämpfen. Terroristische Anschläge und Hungerstreikkampagnen setzten sich Mitte der 70er Jahre fort. Und doch hat die Regierung ihren Teil zur Klimaverschlechterung beigetragen. Drei Faktoren haben das Verhältnis zwischen dem Staat und den Linksradikalen und allen, die sich nicht mit der staatlichen Politik abfinden wollten, stark verschlechtert: das sogenannte vierte Atomprogramm der Bundesregierung, der Umgang mit dem Links-Terrorismus und den damit verbundenen Anti-Terror-Gesetzen und Stammheim-Prozess, schließlich der Extremistenbeschluss, in der Szene Berufsverbot genannt. Der Extremistenbeschluss wurde schon zu Zeiten Willy Brandts verabschiedet, er wurde aber erst unter Helmut Schmidt zu einem öffentlichen diskutierten Thema. Die staatliche Politik ließ die Reihen (wieder) schließen, wirkte mobilisierend, brachte neue Sympathisanten und Kader. Alexander von Plato, damals ZK-Mitglied der KPD, erinnert sich:

> Genau in der Zeit, in der man sich dachte, man löst sich [von der Partei, d. A.], gab es diese Entwicklung.

Wenn die Welt draußen als feindlich empfunden wird, gelten Differenzen und Zweifel innerhalb der eigenen Gruppe plötzlich wieder als zweitrangig. Die schriller werdende Propaganda der KPD und die immer autoritäreren Umgangsformen in der Partei begründet von Plato auch mit den Erfahrungen mit dem Staat.

> Die Entwicklung hatte damit zu tun, dass es ernster wurde. Und es wurde einem ernster. Viele Formen hatten auch damit zu tun, dass wir Auseinandersetzungserfahrungen mit der Polizei hatten, mit Spitzeln, man schottete sich ab. Die Disziplin war ja nicht nur eine Kampfdisziplin, sondern gründete sich auf der Erfahrung mit der Polizei. Jede Demonstration musste heimlich vorbereitet werden.

Das vierte Atomprogramm der sozialliberalen Bundesregierung, das nach der Ölkrise von 1973 aufgelegt wurde, basierte, wie die Atompolitik insgesamt, auf Täuschung gerade in der Endlagerfrage, auf der Vertuschung von Risiken, auf einer engen Interessenverflechtung mit den privaten und staatlichen Energieunternehmen und auf Manipulationen von Sicherheitsprüfungen. Das schreibt sich in heutigen Zeiten, in denen selbst konservative Parteien Atomenergie plötzlich nicht mehr gut finden, leicht, damals galt man schnell als Querulant oder als »wohlmeinender Idealist«, wenn man auch nur Zweifel äußerte. Im Bundestag herrschte ein nahezu beängstigender Atom-Konsens: Union, FDP und nahezu die gesamte SPD befürworteten die Atomenergie. Politisch neutrale Verwaltungsgerichte hätten wohl, wenn ihnen damals alle relevanten Informationen zur Verfügung gestanden hätten, den Betrieb sämtlicher in den 70er Jahren errichteten Atomkraftwerke untersagt. Gerade weil die Politik ahnte, dass es unkalkulierbare Restrisiken und ungeklärte Fragen immer geben würde und die Bevölkerung der Atomtechnik sehr kritisch gegenüberstand, setzte sie auf Vertuschung. Diese zeigte sich schon in der euphemistischen Sprache: Es war immer von »Entsorgung« des Atomabfalls die Rede – allerdings lässt sich nuklear aktives Material nicht »entsorgen«, weder im mülltechnischen Sinne noch im eigentlichen Sinne des Ent-Sorgens.

Der Kommunistische Bund (KB) hatte einen grundsätzlich kritischen Blick auf die Atomenergie, was auch mit seiner relativen Offenheit zur Welt außerhalb der eigenen Gruppe und seiner Verflechtung mit der aufkeimenden Alternativbewegung zu tun hatte. Die meisten Sympathisanten konnte der KB bezeichnenderweise durch die Anti-Atom-Proteste gewinnen und nicht durch ihr Kerngeschäft, die marxistisch-leninistische Propaganda.

Die DKP, der KBW und die KPD lehnten Atomtechnik per se nicht ab. Die DKP, ganz DDR-hörig, fand die Atomkraftwerke sowjetischen Typs gut und nicht gefährlich, weil die ja in den Händen der Arbeiterklasse lagen, der KBW und die KPD waren analog dazu keine Gegner der chinesischen Atomkraft-Pläne. Umweltschutz, die Bewahrung der Erde und die Grenzen des Wachstums waren für alle drei Organisationen kleinbürgerliche Schlagworte. Aber sie erkannten, dass das Atomprogramm der Bundesregierung die neue schwache Flanke des Staates markierte. Erstmals seit den Protesten gegen die Wiederbewaffnung in den 50er Jahren mobilisierte ein Einzelthema jene »Massen« der Bundesrepublik, von denen sie immer redeten. Als sich ab 1974 Bürgerinitiativen aus Protest gegen die diversen Bauplätze von Atomanlagen gründeten, stiegen besonders die maoistischen Gruppen in das Atomthema ein. An den teils gewaltsamen Demonstrationen und Bauplatzbesetzungen von Brokdorf und Grohnde waren KBW, KPD und KB entscheidend beteiligt. Erfahren in Organisation, Disziplin und Taktik, gelang es ihnen, Einfluss auf die Anti-Atom-Bewegung zu nehmen und die eigenen Mitglieder und Sympathisanten zu mobilisieren.

Der zweite mobilisierende Faktor war der Umgang von Politik, Justiz und Medien mit den Mitgliedern der RAF, die Gesetzgebung, die eigens für die Auseinandersetzung mit der RAF geschaffen wurde, und die Sicherheitsfixierung des Staates.

Am Bundesgerichtshof (BGH) in Karlsruhe trug sich einmal eine Begebenheit zu, die mehr als eine Anekdote ist, vielmehr einem Gleichnis über eine bleierne Zeit ähnelt. Damals wurde um den BGH ein drei Meter hoher Zaun in doppelter Reihe errichtet. Der äußere Zaun war an der Spitze mit Stacheldraht bewehrt. Zwischen den beiden Zäunen lag ein Streifen, wie er auf beklemmende Weise dem Todesstreifen der Berliner Mauer ähnelte. Er war mit Bewegungsmeldern ausgestattet. Bundesgrenzschützer liefen mit MGs und scharfen Hunden Patrouille. Einmal gelangte ein kleiner Hund, angelockt vom Geruch der Diensthunde, in diesen Sicherheitsstreifen.[477] Der liebestolle Hund wurde erschossen, als er auf den Überwachungsmonitoren erschien.[478] Das Tier gehörte einer Rentnerin, die in der Umgebung wohnte.

Zwei Punkte sind an diesem Zwischenfall interessant. Im Hundeliebhaberland Deutschland, in dem normalerweise ganze Feuerwehrzüge ausrücken, um Dackel aus Abwasserkanälen zu befreien, wird ein kleiner privater Hund erschossen. Normalerweise haben staatliche Institutionen Angst vor Boulevard-Schlagzeilen wie »Polizei erschießt Dackel von Oma«, weil sie als herzlose Machtapparate gelten könnten, die dem »kleinen Mann« den engsten Gefährten nehmen. Dieser gewohnte Schutzmechanismus war damals außer Kraft gesetzt. Der zweite Punkt ist, dass die Journalisten vorauseilend Selbstzensur begangen und nicht über diesen und ähnliche Fälle berichtet haben, wie der Justizkorrespondent Ulf Stuberger 30 Jahre später einräumte.[479] Die Hunde-Begebenheit wurde wie eine geheime Staatssache behandelt, weil er als Symbol der Militarisierung der Justiz hätte gedeutet werden können und weil eine Sicherheitslücke offenbart worden wäre. Als sich die verzweifelte Frau an zwei Karlsruher Justizreporter, darunter Stuberger, wandte mit der Bitte um Berichterstattung, taten sie nichts. Fast alle Journalisten unterwarfen sich der damals von der Politik notorisch bemühten »Staatsräson«.

Ebenfalls 30 Jahre später berichtete Stuberger davon, dass Generalbundesanwalt Siegfried Buback Herausgeber und Chefredakteure zu einer geheimen, unprotokollierten Konferenz zu sich geladen habe, um an die »besondere Verantwortung« der Medien bei der Berichterstattung über die RAF zu erinnern.[480] Dabei soll Buback oder ein anderer Staatsvertreter den Gästen nahegelegt haben, nicht mehr von »Baader-Meinhof-Gruppe«, sondern von »Baader-Meinhof-Bande« zu schreiben und zu sprechen.[481] Dieser und anderen Sprachregelungen sollen die Medienvertreter heimlich zugestimmt haben. Das Resultat bekamen die Korrespondenten unmittelbar zu spüren, da ihre Texte häufig umgeschrieben worden seien.

Am 9. November 1974 starb der Untersuchungshäftling Holger Meins in der JVA Wittlich in Rheinland-Pfalz an den Folgen eines 58 Tage andauernden Hungerstreiks, den er und andere einsitzende RAF-Mitglieder aus Protest gegen die Haftbedingungen angetreten hatten. Einige Tage hatte der Anstaltsarzt die künstliche Ernährung abgesetzt und sich in einen Kurzurlaub verabschiedet, obwohl ihm der bedrohliche Zustand Meins' nicht entgangen sein dürfte.[482] Am 8. November hatte Meins um Hilfe gebeten, am Morgen darauf erschien sein Anwalt Siegfried Haag. Erst ließ man ihn rechtswidrig »aus Sicherheitsgründen« nicht in die Anstalt, woraufhin Haag telefonisch beim Haftrichter Theodor Prinzing um einen externen Arzt bat, was von diesem aber abgeschlagen wurde.[483] Schließlich bekam Haag seinen Mandaten doch zu Gesicht, der nur noch flüstern konnte. Als Haag die JVA verließ, riefen die Beamten einen Arzt herbei. Doch bei dessen Eintreffen war Holger Meins bereits tot.

Nach Meins' Tod gab Bundeskanzler Helmut Schmidt den Populisten und verlieh auf einem SPD-Regionalparteitag des Volkes vermeintlicher Stimme Ausdruck: »Und nach alledem, was die Angehörigen dieser Gruppe Bürgern unseres Landes angetan haben, ist es allerdings nicht angängig, sie, solange sie ihren Prozess erwarten, in einem Erholungsheim unterzubringen. Sie müssen schon die Unbequemlichkeiten eines Gefängnisses auf sich nehmen.«[484] Schmidts Frontsoldaten- und Kriegsgefangenenlager-Sozialisation, die typisch für seine Generation ist, klingt an. Gelobt sei, was hart macht. Forderungen nach besseren Haftbedingungen werden als Erholungsheim-Wünsche denunziert. »So zieht man neue Sympathisanten«, heißt es treffend bei Willi Winkler.[485]

Ausgelöst durch den Hungertod und das symbolträchtige Bild des toten, aufgebahrten Holger Meins, das der *Stern* abdruckte, konnte die RAF leicht neue Mitglieder rekrutieren. Auf andere, spätere Terroristen sollten die Novembertage 1974 radikalisierend wirken. »Lange Zeit habe ich dieses schreckliche Autopsiephoto von Holger mit mir herumgetragen, um meinen Haß nicht abflauen zu lassen«, äußerte Hans-Joachim Klein, als er bereits ein abgetauchtes ehemaliges Mitglied der »Revolutionären Zellen« war.[486] Der Tod Meins' und das tatenlose Zusehen der staatlichen Behörden wurden auch in jenen Gruppen als Feinderklärung wahrgenommen, die terroristische Gewalt ablehnten. Die RAF-Mitglieder, deren Sympathiewerte unter jungen linken Deutschen wegen der mörderischen »Mai-Offensive« im Jahr 1972 gelitten hatten, waren wieder deren Genossen.

Anlass für die Hungerstreikkampagnen waren die Haftbedingungen der Gefangenen. Richtig ist, dass das Thema von der RAF propagandistisch-taktisch ausgenutzt wurde und einige Gefangene, darunter Meins selbst, unter Druck gesetzt wurden, den Hungerstreik durchzuhalten, um irgendwann den einkalkulierten Märtyrer zu bekommen. In den frühen und mittleren 70er Jahren zumindest aber war die Kritik an den Haftbedingungen teilweise berechtigt. Holger Meins lebte in Wittlich nicht nur in einer Einzelzelle, auch blieben die Zellen links und rechts sowie unter und über ihm leer, damit jede Kommunikation nach außen unmöglich war.[487] Ulrike Meinhof brachte fast acht Monate ihrer ersten Haftzeit in Köln-Ossendorf ebenfalls in totaler Isolation zu. Ihre Zelle war schallisoliert, es brannte 24 Stunden am Tag Licht[488], was nach der heutigen Rechtsprechung des Europäischen Menschengerichtshofs zweifellos als Folter gilt. Erst nach langen Diskussionen erreichte die Eingeschlossene, dass die Neonröhre abends gegen eine schwächere ausgetauscht wurde.

Klaus Jünschke, verurteilter ehemaliger RAF-Terrorist, saß nach eigenen Angaben in Zweibrücken in Rheinland-Pfalz sieben Jahre lang in »strenger Einzelhaft«: »Kein Geräusch zu hören, mit niemandem ein Wort wechseln zu können, ist auf Dauer unerträglich ... Mit der Zeit verwirren sich die Sinne: Man riecht plötzlich in der Zelle etwas, das gar nicht da ist. Man schmeckt im Essen Zutaten, die gar nicht drin sind.«[489]

Für den RAF-Prozess in Stuttgart-Stammheim wurde eigens ein neuer Gerichtssaal gebaut und in den Gefängniskomplex von Stammheim integriert, was eine merkwürdige Vermischung von Rechtsprechung und Strafvollzug bedeutete. Es wurde räumlich wie personell ein Sondergericht geschaffen, was zur von staatlicher Seite damals freiheitlichen demokratischen Grundordnung des Grundgesetzes nicht passte. Der verschleiernd Mehrzweckhalle genannte Gerichtssaal war ein kahler Betonsaal, in den kaum natürliches Licht drang. Gerade die Zeugen wurden durch das ungewohnte Ambiente eingeschüchtert; ihre eigene Stimme hörten sie durch die rundum installierten Lautsprecher und den Halleffekt gleich mehrfach.

Ulf Stuberger, der als Korrespondent für eine Nachrichtenagentur als einziger Journalist allen Verhandlungstagen im Stammheim-Prozess beiwohnte und der Sympathie mit der RAF gänzlich unverdächtig ist, schildert anhand des ersten Verhandlungstages die für eine Demokratie ungewöhnlichen Prozessbedingungen:

> »Zweimal musste man seinen Ausweis abgeben, der fotokopiert wurde und in einem Hinterzimmer verschwand, bevor man ihn am ›Bankschalter‹ mit schusssicherem Glas wieder erhielt. Sämtliche Gegen-

stände waren abzugeben. Sie wurden in Schließfächern verwahrt, von denen man vermutete, sie könnten in Abwesenheit der Besucher für ›weitere Erkenntnismaßnahmen‹ von geheimen Staatsbediensteten geöffnet werden. Es kam zu lauten Protesten, nicht nur von jungen Besuchern, als jede Person in kleine Zellen befehlt wurde, wo Beamte sie wie Kriminelle abtasteten und durchsuchten. Auch ich musste meine »überzähligen« Schreibgeräte und Notizblocks abgeben, nur jeweils ein Kugelschreiber war für jeden Journalisten erlaubt und eine kleine Zahl Notizblätter. Selbst Armbanduhren wurden verboten, ebenso Schmuck, ausgenommen Eheringe.

Einige meiner ausländischen Kollegen kamen mit vor Zorn hochroten Gesichtern aus den Durchsuchungszellen. Manche machten ihrem Ärger so laut Luft, dass zusätzliche Beamte in Uniform herbeigerufen wurden. Plötzlich waren die aufmüpfigen Pressevertreter von Herren in Zivil umringt, die sie streng ansahen. Man fühlte sich wie in einem Polizeistaat. So äußerten sich selbst sehr konservative und äußerst staatstreue Kollegen. ... Ein englischer Kollege musste sogar seinen Wundverband am Bein völlig abnehmen, obwohl man ihn mit Metalldetektoren gründlich abgesucht hatte. Selbst das Pflaster, welches direkt auf einer Wunde angebracht worden war, musste er entfernen. Eine Frau hatte vor der sie durchsuchenden Beamtin ihre Monatsbinde zu entfernen. Sie schämte sich so darüber, dass sie diesen Vorgang erst viel später offenbarte.«[490]

An einem unspektakulären Verhandlungstag bat eine Zuhörerin Stuberger um ein leeres Blatt Papier. Sofort wurde die Zuhörerin von zwei Uniformierten abgeführt und in eine Art Untersuchungszelle gebracht. Dort wurde sie gründlich durchsucht, so gründlich, dass man auch ihre Körperöffnungen prüfte. Diese entwürdigende Praxis wird eigentlich nur bei begründetem Verdacht bei auf frischer Tat ertappten Drogendealern, Untersuchungshäftlingen und Strafgefangenen angewendet.

Während des Prozesses kam es zu zahlreichen Merkwürdigkeiten, kleinen und größeren Skandalen, die demonstrierten, dass die staatlicherseits gelobte Gewaltenteilung und Rechtsstaatlichkeit in Stammheim in Wirklichkeit Makulatur geworden war und dass die Angeklagten eben nicht, wie immer behauptet, als normale Kriminelle, sondern als Staatsfeinde behandelt wurden. Hier die wichtigsten staatlichen Beeinflussungsversuche und rechtsstaatswidrigen Prozessabläufe:

— Von der Bundesregierung und der Bundesanwaltschaft wurde in die Geschäftsverteilung des Oberlandesgerichts Stuttgart eingegriffen, indem der Vorsitzende Richter des zuständigen Zweiten Strafsenats in den Ersten Strafsenat überwechselte, damit seine Stelle für den auserkorenen Richter Theodor Prinzing frei würde. Der Wechsel fand kurz vor dem geplanten Prozessbeginn statt.[491]
— Ebenso vor dem Beginn des Prozesses wurde es durch den neuen Paragrafen 138a der Strafprozessordnung (StPO) möglich, einen Anwalt von einem Verfahren auszuschließen, wenn er im Verdacht stand, an der Tat beteiligt gewesen zu sein oder über den Kontakt mit dem Mandanten neue Straftaten zu begehen. Zufälligerweise wurden kurz darauf gegen Andreas Baaders Anwälte Klaus Croissant, Hans-Christian Ströbele und Kurt Groenewold Ermittlungsverfahren eingeleitet wegen des Verdachts der Unterstützung der RAF, so dass sie dem Prozess fernbleiben mussten. An den ersten drei Verhandlungstagen hatte Andreas Baader keinen Wahlverteidiger.[492]
— Die eingesetzten Pflichtverteidiger dienten nur dazu, die Formvorschriften des Strafprozesses zu erfüllen. Ein Pflichtverteidiger hatte, wie er eingestand, noch nicht einmal die Akten gelesen.[493]
— Unter den Anklagevertretern fanden sich nicht nur Bundes- und Staatsanwälte, sondern auch ein Regierungsdirektor als direkter Vertreter der Bundesregierung, was einen Verstoß gegen die Gewaltenteilung bedeutete.[494]
— Dank der Einfügung des Paragrafen 231a der StPO wurde es möglich, einen Prozess in Abwesenheit des Angeklagten zu beginnen oder fortzusetzen, wenn »sich der Angeklagte vorsätzlich und schuldhaft in einen seine Verhandlungsfähigkeit ausschließenden Zustand versetzt« hat. Das bezog sich auf den Hungerstreik der RAF. Auch hier ist der zeitliche Zusammenhang zum Stammheim-Prozess augenfällig. Der Paragraf wurde am 20. Dezember 1974 wirksam. Es handelte

sich offensichtlich um ein maßgeschneidertes[495] Sondergesetz. Als der Vorsitzende Richter das Gesetz erstmals anwandte und die Angeklagten von der Verhandlung ausschloss, kommentierte Rechtsanwalt Otto Schily: »Das ist doch unglaublich, unglaublich, da haben Sie den Rechtsstaat wirklich ruiniert.«[496]

— Ebenjener Otto Schily konnte nachweisen, dass der Justiz (und der dahinter stehenden Politik) schon zu Beginn des Prozesses klar war, dass dieser mit einem Schuldspruch zu enden habe. In der JVA Bruchsal wurde nach seinen Recherchen bereits an einem Isolationstrakt gebaut, der für »Lebenslängliche« gedacht sei, »die politisch agitieren wollen«.[497] Ein Regierungsvertreter musste einräumen, dass dort an einem »Sicherheitstrakt« gebaut werde.[498]

— Obwohl es damals noch keine Kronzeugenregelung gab, basierten die Urteile weitgehend auf den Aussagen des RAF-Aussteigers Gerhard Müller, der selbst von der Justiz geschont wurde. Obwohl Müller einen Polizistenmord begangen hatte, wurde er dafür nie zur Rechenschaft gezogen. Justizminister Hans-Jochen Vogel erklärte Müllers Aussageprotokoll zur geheimen Staatssache und entzog sie dem Zugriff der Justiz.[499]

— Das Bundesamt für Verfassungsschutz und der Bundesnachrichtendienst installierten ohne Wissen des Gerichts und rechtswidrig Wanzen in den Besucherzellen, in denen die Inhaftierten die Gespräche mit ihren Verteidigern führten. Vermutlich wurden Abhörgeräte noch in anderen Räumen installiert.[500] Kanzler Schmidt bedauerte im Bundestag im April 1977, dass die Überwachung des »mündlichen Verkehrs« ja nicht möglich sei, weil das »Parlament ... anders entschieden« hat.[501] Er selbst sei weiterhin dafür. Kurz vorher hatten Regierungsstellen in Baden-Württemberg einräumen müssen, dass Wanzen eingebaut worden waren. Schmidts eigener Staatssekretär und Geheimdienstkoordinator Manfred Schüler hatte 1975 die Abhöraktion abgesegnet.[502]

— Der Angeklagte Jan-Carl Raspe war, anders als Andreas Baader und Gudrun Ensslin, noch nicht vorbestraft. Seine Untersuchungshaft dauerte bis zum Urteil fünf Jahre – unverhältnismäßig lange nach der Europäischen Menschenrechtskonvention des Europarats. Nach dem Revisionsantrag der Anwälte im Frühjahr 1977 blieb er in Haft. Er sollte bis zu seinem Selbstmord im Herbst nicht mehr freikommen. Gerald Klöpper, das Mitglied der Bewegung 2. Juni, wurde wegen Teilnahme an der Entführung des Berliner CDU-Vorsitzenden Peter Lorenz 1975 zu elf Jahren Haft verurteilt, von denen er fast sieben Jahre absaß. Das Urteil wurde erst im Oktober 1980 gefällt. Fünf Jahre also saß Klöpper in Untersuchungshaft in Berlin-Moabit unter verschärften Haftbedingungen. Gerald Klöpper lebt bis heute nicht in Frieden mit den Umständen, wie das Urteil zustande kam. Das Gericht hatte seine individuelle Schuld nicht beweisen können.

> Ich möchte nicht den Skandal, dass Menschen im Kollektiv verurteilt worden sind, durch persönliche Einlassungen aufheben.

Die Angeklagten wurden unter anderem wegen Mitgliedschaft in einer kriminellen Vereinigung – den Terroristenparagrafen 129a gab es zum Tatzeitpunkt noch nicht – und wegen Geiselnahme »in Tateinheit« mit erpresserischem Menschenraub verurteilt. Einzig von Klöpper hatte man keine Fingerabdrücke gefunden.[503] Unschuldig fühlt Gerald Klöpper sich aber nicht.

> Dann hätte ich die Gefängniszeit nicht so überstanden. Ich habe immer gesagt, dass ich ein Täter bin und nicht ein Opfer, aber es ist die Aufgabe der Justiz und nicht meine, das zu beweisen. Wenn sie von der persönlichen Schuld ausgeht, dann muss sie das beweisen, ansonsten gilt »im Zweifel für den Angeklagten«. Aber das wollten sie politisch nicht. ... Es war Klassenjustiz. Der Richter ist von der Politik eingesetzt worden. Es wurde nach einem Richter gesucht, der passte.

Tatsächlich wurde der Richter Friedrich Geus erst kurz vor Prozessbeginn zum Vorsitzenden Richter des zuständigen Ersten Strafsenats ernannt. Der amtierende Vorsitzende war krank;

seine Stellvertreter wurden entweder für befangen erklärt oder durch Umstellungen in der Geschäftsverteilung des Gerichts vom Prozess ferngehalten.[504] Formal war das korrekt, dennoch ließ sich die Ernennung von Geus kaum mit dem rechtsstaatlichen Grundsatz in Einklang bringen, dass Richter nicht für den Einzelfall bestimmt werden dürfen.

Abseits vom Stammheim-Prozess und anderen Verfahren wie dem Berliner Lorenz-Entführer-Prozess wurden in der zweiten Hälfte der 70er Jahre mehrere Staatsschutz-Gesetze geändert, verschärft oder neu eingefügt. Der Bezug nicht nur zur RAF, sondern zu den linksradikalen Organisationen insgesamt ist offenkundig.

— 1976 hat der Bundestag den Paragrafen 129a in das Strafgesetzbuch (StGB) eingefügt, wonach die Mitgliedschaft in einer terroristischen Vereinigung strafbar ist. Problematisch ist, dass bereits die bloße Mitgliedschaft strafbar ist, ohne dass dem Angeklagten konkrete Vergehen nachgewiesen werden müssen. Bereits vor dem Ausführen von möglichen terroristischen Aktivitäten greift das Strafrecht, was damals auf einen Schlag weite Personenkreise zu Verdächtigen machte.

— Im selben Jahr wurde durch den Paragrafen 88a die »Verfassungsfeindliche Befürwortung von Straftaten« unter Strafe gestellt, womit Schriften und Reden auf Versammlungen gemeint waren. Sobald die Rhetorik der diversen verbalradikalen Gruppen über ihren üblichen Ruf nach einer »Zerschlagung« des bürgerlichen Herrschaftssystems hinausging und konkreter wurde, konnte es für sie brenzlig werden. Das Gesetz führte in den ersten drei Jahren zu 103 Ermittlungsverfahren und fünf Urteilen, darunter einer Haftstrafe, die zur Bewährung ausgesetzt wurde.[505] Auch linke Verlage und Buchhändler gerieten in das Visier der Staatsschützer. Damals wimmelte es auf dem linken Buchmarkt vor Guerilla-Schriften und Revolutionshandreichungen, die man natürlich als ebenjene »Verfassungsfeindliche Befürwortung von

Straftaten« interpretieren konnte. Selbst diejenigen Personen oder Institutionen, die solche Schriften »vorrätig« hielten, fielen unter den Paragrafen. Gegen einschlägige Verlage wie Wagenbach, Merve und Oberbaum liefen damals Ermittlungsverfahren.[506] Selbst öffentliche Bibliotheken wurden vom Gesetz berührt: »Verdächtige« Titel wurden in einem Akt der Selbstzensur gar nicht erst angeschafft.[507] Die Jahrestagung der Wissenschaftlichen Bibliothekare empfahl 1977 sogar, potenziell gefährliche Bücher auszusondern.[508]

Juristisch problematisch am Gesetz war, dass es, wie der Paragraf 129a, bereits das Vorfeld einer Straftat, in diesem Fall die mögliche geistige Vorbereitung, versuchte unter Strafe zu stellen. Die Koalition war von dem Gesetz wohl selbst nicht überzeugt. 1981 wurde es sang- und klanglos abgeschafft. Es hatte offensichtlich mehr Schaden angerichtet, als dass es einen Nutzen gebracht hätte.

— Mit dem neu gefassten Paragrafen 140 wurde die nachträgliche Billigung von schweren Straftaten strafbar. Das zielte unter anderem darauf ab, dass sich in linksradikalen Kreisen über terroristische Anschläge mit der vielzitierten Klammheimlichkeit gefreut wurde, und Politik und Justiz meinten, dass durch dieses Denken der Boden für weiteren Terrorismus bereitet würde.

— Durch den geänderten Paragrafen 148 der Strafprozessordnung konnte der Schriftverkehr zwischen den Anwälten und einem wegen des »129a« Einsitzenden überwacht werden. Das Gesetz wurde explizit nur für diesen Personenkreis verabschiedet.

— Ab 1978 wurde es durch Paragraf 103 der StPO möglich, auch die Wohnung von Unbeteiligten zu durchsuchen. Dieses Gesetz galt ausschließlich für die Fahndung nach Personen, die unter den »129a« fielen. Durch Paragraf 111 konnten mittels öffentlicher Kontrollstellen etwa an Straßen Unbeteiligte durchsucht werden. Auch diese Norm bezog sich nur auf mögliche Straftaten nach dem »129a«. Diese Gesetze firmier-

ten in der linksliberalen Presse seinerzeit unter »Razziengesetze«. Tatsächlich führte der »103« zu zahlreichen Durchsuchungen in Wohnungen und Wohngemeinschaften von linken, aber völlig unbeteiligten jungen Leuten.
— Während der Entführung Hanns Martin Schleyers wurde im Eilverfahren das Kontaktsperregesetz verabschiedet, wodurch die bereits praktizierte totale Abschottung der in Stammheim einsitzenden RAF-Häftlinge legalisiert wurde. Auch der Kontakt zu den Anwälten wurde unterbunden. Bei vier Gefangenen wurde das Gesetz rechtswidrig angewandt, wie der BGH befand. Man muss der Fairness halber anfügen, dass die Bundesregierung in jenen Tagen unter mörderischem Druck stand: Es sprach damals einiges dafür, dass die Entführung Schleyers aus Stammheim dirigiert wurde.

Natürlich ließ sich jedes einzelne Gesetz als verfassungsgemäß und verfassungsschützend interpretieren (oder zurechtbiegen), was bis zum Bundesverfassungsgericht zum Teil auch getan wurde. An diese Stelle ist aber die Wirkung von Belang, die die Gesetze und Maßnahmen hatten. Sie wurden in den linksradikalen Szenen als Feinderklärung wahrgenommen. Die maoistischen Gruppen, die in ihrer Propaganda von »Terrorgesetzen« und einer »neuen Gestapo« dröhnten, die Spontis und Gewaltbereiten, die vom »Schweinestaat« redeten, die DKP, die die Bundesrepublik immer schon als imperialistischen Staat sah, hatten den Staat nun genau da, wo sie ihn haben wollten: in der Rolle des Unterdrückungsinstruments der Mächtigen. Marx hatte also recht mit seiner Theorie des kapitalistischen Staates! Zweifel über den eigenen Weg wurden in der zweiten Hälfte der 70er Jahre erstickt, weil die Frontstellungen zum Staat zu hart waren.

Beklemmend war die Zeit auch für die Nachdenklicheren unter jenen, die von der Bundesrepublik überzeugt waren und sie durch ihre Ämter und Mandate trugen. In den Jahren 1976 bis 1978 standen die Abgeordneten der Koalition unter enormen Druck, den Vorgaben von Kanzleramt und Fraktionsführung zu folgen. Mit Verweis auf die knappe Mehrheit wurde gelockt, gedroht, getäuscht.⁵⁰⁹ »*Du* willst doch nicht für den Bruch der Koalition verantwortlich sein« – dieser Satz wurde damals in Bonn vermutlich häufiger gesagt. Vor einer wichtigen Abstimmung im Bundestag, es ging um die oben erwähnten Razziengesetze, fragte im Regierungskabinett der liberale Vizekanzler Genscher den Kanzler: »Was wird morgen stattfinden? Müssen wir uns aus Ihrer Fraktion eventuell auch noch Reden von Andersdenkenden anhören, die sich liberal geben?«⁵¹⁰

Der FDP-Politiker Gerhart Baum, der ab 1978 als Innenminister amtierte, gehört zu den wenigen Politikern von damals, die die Gesetzgebung selbstkritisch reflektieren. »Man kann von einem mentalen Ausnahmezustand sprechen, von dem ich selbst nicht frei war. Wir wussten nicht mit diesem neuen Phänomen [der RAF, d. A.] umzugehen. Das war eine Herausforderung, und die öffentliche Meinung wurde – etwa von der *Bild-Zeitung* – noch aufgeheizt. Das war eine Wechselbewegung, denn der Staat hat in bestimmten Situationen eher Öl ins Feuer gegossen als zu besänftigen.«⁵¹¹

Klaus Hülbrock, der Göttinger Sponti, erinnert sich so an die Zeit:

> Mehr Demokratie wagen – was war daraus geworden? Die Erfahrung der Repression war prägend für uns. ... Es ging uns aber auch um das Klima, das damals herrschte, wie eine bestimmte Sprache, eine öffentliche Meinung vorgegeben wurde. Es kursierten damals bestimmte politische Kampfbegriffe: »Sympathisanten«, »Gewaltverherrlichung«, »Staatsräson«. Mit diesen Begriffen wurde damals regiert.

Der dritte mobilisierende Faktor war der Radikalenerlass von Landes- und Bundesregierungen, der im Mai 1975 vom Bundesverfassungsgericht bestätigt wurde. Demnach durfte in den Öffentlichen Dienst nur eingestellt werden, wer »jederzeit für die freiheitliche demokratische Grundordnung im Sinne des Grundgesetzes« eintrat.⁵¹² Wer Mitglied in einer Organisation war, die »verfassungsfeindliche Ziele« verfolgte, sollte nicht eingestellt werden, weil es dann Zweifel geben würde, ob er »jederzeit« für diese Ordnung eintreten würde.

Das in der linken Szene populäre Schlagwort vom Berufsverbot sollte dunkle Assoziationen auslösen: Wir werden verfolgt wie die jüdischen und kommunistischen Beamten, die ab 1933 aus dem Staatsdienst ausgeschlossen wurden oder ihrem Beruf nicht mehr nachgehen konnten. Die Situation der 70er Jahre lässt sich nicht ansatzweise mit dem Schicksal der politisch und rassisch Verfolgten nach 1933 gleichsetzen. Und doch hat die Formel ihren wahren Kern. Der Staat, der sich damals unter anderem auch auf Bahn, Post und Krankenhäuser erstreckte, war für unzählige Berufe – Lehrer, Kindergärtnerinnen, Ärzte, Sozialarbeiter oder Fernmeldetechniker – der einzige mögliche Arbeitgeber. Schwierig wurde es selbst für diejenigen, die gar nicht in den Staatsdienst gehen wollten, sondern als Rechtsanwalt oder Privatschullehrer arbeiten wollten. Das nötige Referendariat, das eine staatliche Ausbildung ist, wurde Betroffenen verwehrt. Damit konnte etwa ein »verdächtiger« Jurist in bestimmten Bundesländern nicht Rechtsanwalt werden.

Der Extremistenbeschluss war gesellschaftspolitisch fatal und juristisch problematisch. Die Formel, das man »jederzeit für die freiheitlich demokratische Grundordnung«, kurz fdGO, eintreten solle, ging sogar noch über das Reichsbeamtengesetz der Weimarer Republik hinaus, das nach der Ermordung Walther Rathenaus 1922 verschärft wurde. Dort war nur davon die Rede, dass der Beamte verpflichtet sei, »in seiner amtlichen Tätigkeit für die verfassungsmäßige republikanische Staatsform einzutreten«[513]. Bedenklich war, dass die Mitgliedschaft in einer der einschlägigen Organisationen als Beweis mangelnder Verfassungstreue galt – obwohl es allesamt legale Organisationen waren.

Es ging nicht um konkrete, gegen die Verfassung gerichtete Taten, sondern um die bloße Gesinnung, um das politische Denken, das aus einer Mitgliedschaft hergeleitet wurde. Nach dieser Logik war ein DKP-Mitglied ein Verfassungsfeind, weil es in der DKP Mitglied war, und ein SPD-Mitglied ein Verfassungsfreund, weil es Mitglied in der SPD war. Ein SPD-, FDP- oder CDU-Mitglied musste sich keiner Prüfung unterziehen, weil seine Treue zur Verfassung als gegeben angenommen wurde. Wie zweifelhaft diese Logik war, erkennt man schon daran, dass etablierte Parteien immer auch reine Karrieristen anziehen und keineswegs nur aufrechte Verfassungspatrioten.

Problematisch war auch, dass über betroffene Berufseinsteiger »prognostisch« geurteilt wurde. Wer als Student in einer Roten Zelle aktiv war, von dem wurde angenommen, dass er fünf oder zehn Jahre später nicht in der Lage sein würde, auf dem vielzitierten Boden der Verfassung zu stehen. Dass Menschen sich ändern und alte Positionen revidieren können, war nicht vorgesehen.

Kernstück der Überprüfung von Bewerbern war die sogenannte Regelanfrage. Über jeden Bewerber für den Öffentlichen Dienst wurden Auskünfte beim Verfassungsschutz eingeholt, was eine rechtsstaatlich bedenkliche Praxis war. Das routinemäßige Abfragen bedeutete, dass der Verfassungsschutz massenhaft Informationen sammeln musste, um die Anfragen überhaupt beantworten zu können. Es wurden Hunderttausende Akten oder Karteien über beliebige Bürger angelegt, die sich nicht etwa strafbar gemacht hatten, sondern allein durch politische Aktivitäten links von der SPD »aufgefallen« waren. Die Schlagworte von der »Gesinnungsschnüffelei« und vom »Polizeistaat«, die damals Konjunktur hatten, sind vor diesem Hintergrund verständlich.

In der Bundesrepublik inklusive Westberlins wurden von 1973 bis 1975 insgesamt 454 000 Bewerber überprüft. Bei 5 678 gab es »Erkenntnisse«, was schließlich bei 328 Bewerbern zu politisch begründeten Ablehnungen führte.[514] In Prozentzahlen ausgedrückt, gab es bei 1,25 Prozent Bedenken, und bei 0,07 Prozent wurde die Bewerbung abgelehnt. Selbst wenn man diese 328 oder 0,07 Prozent Ablehnungen einzeln rechtfertigt, stehen sie in keinem Verhältnis zur betriebenen staatlichen Datensammelwut und zur Verunsicherung, die unter jungen Leuten erzeugt wurde. Eine Einstellung der 328 Kandidaten hätte vermutlich nicht zum Sturz der Bundesrepublik geführt, dem Land jedoch viel Polarisierung und Zwietracht erspart.

Wie sehr der Extremistenbeschluss das öffentliche Klima vergiftete und zu aberwitzigen Gesinnungsverhören führte, zeigt der Bericht des KBW-Mitglieds Wolfgang Motzkau, den er wenige Tage nach seiner Anhörung im Mai 1974 für sich verfasste. Motzkau hatte sich auf eine Stelle als Wissenschaftlicher Assistent der neu gegründeten Universität Osnabrück beworben. Das Einstellungsverfahren verzögerte sich um Monate, da laut Universität »noch Untersuchungen im Gange seien«[515]. Die Antragsunterlagen wurden »einer anderen Dienststelle zur Verfügung gestellt«.

>»Um 9.15 verließen einige uniformierte Polizisten das Gebäude und entfernten sich mit einem Dienstwagen. Um 9.45 hatte sich rund ein Dutzend Hannoveraner vor dem Gebäude eingefunden. Ich unterrichtete die Versammelten kurz über den Stand der Angelegenheit und forderte sie auf, der Anhörung beizuwohnen. Als ich mit meinem Rechtsanwalt und den Versammelten um zehn Uhr das Gebäude betreten wollte, wurde allen außen mir und dem Rechtsanwalt der Zugang verwehrt. Als Begründung wurde angeführt, daß Verwaltungsakte grundsätzlich nicht öffentlich seien. ... An Verdachtsgründen trug der Anhörungsbeamte folgendes vor: Ich hätte 1970 auf der ›SDS- und Basisgruppenliste‹ für den Studentenrat der Universität Göttingen kandidiert und als Mitgliedschaft in der Wahlnummer der ›Göttinger Nachrichten‹ das ›Aktionskomitee für sozialistischen Internationalismus‹ (AKSI) angegeben. Der SDS sei bekanntlich gewalttätig gewesen. Aus der Akte las er daraufhin eine Einschätzung des AKSI durch das Innenministerium vor. Aus öffentlichen Erklärungen, die Ausführungen darüber enthielten, dass sich das AKSI als Teil der internationalen sozialistischen und kommunistischen Bewegung verstehe, werde deutlich, dass das AKSI Tätigkeiten entfaltet habe, die mit der freiheitlich-demokratischen Grundordnung nicht vereinbar seien. Des weiteren hätte ich 1972 auf der ›Roten Liste – Block sozialistischer Studenten‹ kandidiert, einem Listenbündnis zwischen der Roten Zelle Lehramtskandidaten (Rotzlehr) Göttingen und dem Kommunistischen Studentenbund (KSB). Der KSB sei sogar ihm, dem Anhörungsbeamten, als gewalttätig bekannt. Die Rotzlehr sei im wesentlichen vom Kommunistischen Bund Göttingen und vom Kommunistischen Studenten-

bund getragen worden. In ihr seien Marxisten organisiert gewesen, ihre Organisationsstruktur sei die des demokratischen Zentralismus gewesen, bekanntlich ein Kennzeichen kommunistischer Organisationen.«[516]

Motzkau erklärte daraufhin unter anderem, dass er nicht mehr wie früher dafür eintrete, die Wissenschaft und die Berufspraxis unter marxistischen Vorzeichen zu betreiben. Jedoch sei er weiterhin von der Notwendigkeit überzeugt, dass sich die Studenten auf die Seite der Arbeiterschaft stellen müssten. Außerdem müssten Lehrer von der Bevölkerung gewählt werden und Lehrpläne unter die Kontrolle der örtlichen Selbstverwaltung gestellt werden.

> »… Daraufhin stellte er [der Anhörungsbeamte, d. A.] die Frage, ob mir klar sei, daß die Ausführungen über Öffentlichkeit, Wählbarkeit und Abwählbarkeit mit dem Grundsatz der repräsentativen Demokratie unvereinbar seien. … Meine Stellungnahme dazu sei folgende: Ich weiß, daß die Verfassung gültiges Gesetz ist. Deshalb vertrete ich und werde ich vertreten, daß anerkannt wird, daß die Verfassung gültiges Recht ist. Im übrigen vertrete ich politische Ansichten, deren Verwirklichung Änderungen der Verfassung bedeuten würden. Ich trete für die Volkssouveränität ein. Deshalb bin ich der Meinung, daß das Volk das Recht haben muß, Vertreter für Vertretungskörperschaften zu wählen und gegebenenfalls wieder abzuwählen. Des weiteren bin ich der Meinung, daß die Richter, alle höheren Beamten sowie die Lehrer vom Volk gewählt werden sollten.«[517]

Der Bericht zeigt, wie kleinkariert und intellektuell dünn im Zuge des Radikalenerlasses diskutiert wurde. Selbst das Plädieren für die Wählbarkeit von Beamten und ihre Abwählbarkeit wurde als grundgesetzwidrig betrachtet. Wer damals also Helmut Schmidts engsten Partner USA als innenpolitisches Vorbild auserkoren hätte, hätte möglicherweise wegen Zweifeln an der Treue zur »freiheitlichen demokratischen Grundordnung« Probleme bei seiner Anhörung bekommen: In vielen Bundesstaaten der USA werden wichtige Ämter wie die von Richtern und Polizeichefs durch direkte Wahlen und öffentliche Verfahren besetzt. Aber das geriet damals beim zwanghaften Verweis auf die fdGO und die repräsentative Demokratie aus dem Blickfeld.

Am Ende bekam Wolfgang Motzkau seine Stelle, allerdings nicht, ohne vorher durch ein monatelanges, nervenzehrendes Verfahren inklusive nötiger anwaltlicher Hilfe gegangen zu sein. Die Absurdität der Regelanfrage zeigt sich auch darin, dass Wolfgang Motzkau zu den nachdenklicheren und kritischeren Geistern im KBW gehörte, der zeitgleich zu seiner Auseinandersetzung mit den Behörden Probleme mit leitenden Kadern seiner Organisation hatte.

Der Radikalenerlass hat nicht nur unverhältnismäßig viel Aufregung erzeugt, sondern hat auch das Gegenteil von dem bewirken können, was er wohl bezwecken wollte. Fanni Mülot, die Gießener Studentin, die im DKP-nahen Marxistischen Studentenbund Spartakus (MSB Spartakus) engagiert war, hatte sich Mitte der 70er Jahre um eine mit 200 Mark monatlich dotierte Stelle als Studentische Hilfskraft (»HiWi«) beworben. Bekannt war sie an der Universität, weil sie einmal auf Platz eins der MSB-Liste für das Studentenparlament kandidiert hatte. Dadurch geriet sie in ein Berufsverbotsverfahren.

> Ich bekam eine Vorladung beim Amtsjuristen der Universität. Es ging darum, ob der Vertrag gemacht werden kann. Meine Professorin wollte mich als HiWi. Das Verfahren war natürlich auch ein Affront gegen sie. Es hat nur interessiert, dass ich für den MSB kandidiert hatte. Der Amtsjurist war der Meinung, dass das radikal sei. Den Unterschied zwischen DKP und MSB hat keinen interessiert, aber genau der war mir immer wichtig gewesen. ... Mein Rechtsanwalt hatte mit mir vorher über die Gewaltenteilung diskutiert, weil das eine der entscheidenden Fragen war. Ich hatte mich mit dieser Frage bis dahin gar nicht befasst. Ich war selbstverständlich für Gewaltenteilung. Es ging dann in der Sitzung nur um die Frage, ob ich mich zur DKP bekenne, und wie ich es mit der Gewaltenteilung halte. Es wurde nur formalistisch behandelt. ... Ich war überzeugt davon, dass zur Freiheit auch die Freiheit des Denkens gehört. Ich darf auch marxistisch denken, wer soll mir das verbieten, und wer soll mir verbieten, darüber nachzudenken, was richtig ist? Ich schade mit dem Denken ja niemandem. Das

> wurde unter den Professoren sehr ernst genommen, denn es ging ja auch um ihre Freiheit. Der Dekan der Germanistik hat darauf bestanden, an meinem Überprüfungsverfahren teilzunehmen. ... Meine Professorin hat sich sehr eingesetzt für mich. Es wurde auch eine große Unterschriftenliste für mich gesammelt. Ich bin der erste Fall in Gießen, bei dem ein Berufsverbotsverfahren gekippt wurde. Es kam damals, 1975/76, in Hessen durch die SPD-Regierung zu den ersten Rückzugstendenzen.

Das Berufsverbotsverfahren trieb Fanni Mülot in die DKP.

> Ich war damals nicht Mitglied der DKP. Aber nachdem ich dieses Verfahren durchgemacht hatte, war klar, dass das jetzt egal ist. Wer einmal in diese Mühlen gerät, der wird radikalisiert. Ich wurde gefragt, ob ich in der DKP bin, und ich habe ehrlicherweise die Frage verneint. Aber es hat keinen interessiert. Wenn man erst einmal als radikal angesprochen wurde, war die Aussage, ich bin da nicht drin, irrelevant. ... Ich habe mich lange dagegen gesträubt, in die DKP zu gehen, weil die Partei mich stark an Religion erinnert hat. Jetzt erst recht, war mein Gedanke, jetzt kannst du auch konsequent sein und da eintreten. Flapsig gesagt: Jetzt habt ihr mich da, wenn ihr das so wollt.

Ob sie in die DKP gegangen wäre, wenn es den Radikalenerlass und ihr Verfahren nicht gegeben hätte?

> Dann wäre ich wahrscheinlich da nicht gelandet. Druck erzeugt genau das Gegenteil. ... Ich habe mich näher mit dem Leben Ulrike Meinhofs befasst. Ich kenne Theologen, die Kontakte hatten. Diejenigen, die ihr Unterschlupf gewährt haben, waren Leute, die gedacht haben, sie ist eine Verfolgte, der geben wir Unterschlupf. Die haben nicht weiter darüber nachgedacht. Wenn die Polizei vor der Tür steht, bist du radikalisiert. Plötzlich ist man ein Radikaler, und man hat es überhaupt nicht verstanden.

Fanni Mülot bekam die Stelle, schloss ihr Studium ab und absolvierte ihr Referendariat. In den Lehrerdienst wurde sie ohne politische Probleme übernommen. Sie habe immer zu ihren Überzeugungen stehen wollen und nie daran gedacht, den MSB zu verlassen, um die Chancen auf den Lehrerberuf zu wahren.

> Ich wollte nicht korrumpierbar sein. Ich sollte immer nur das tun, was ich denke. Das ist dann vielleicht wieder protestantisch ... Ich kenne aber Leute aus dem MSB, die während ihres Verfahrens, während der Anhörung, alles niedergelegt haben und schriftlich ausgetreten sind. Einige sind später mit schlechtem Gewissen und mit Tränen zurückgekommen. Es hat alle unheimlich bewegt.

Fanni Mülot spricht eine bedeutsame Folge des Radikalenerlasses an: Er hat Lippenbekenntnisse und Anpassertum befördert. Aus Angst, ihre berufliche Existenz zu gefährden, haben viele ihre jeweilige Organisation verlassen. Die Zahl der Organisierten ist damals zurückgegangen. Damit hatte der Staat oberflächlich gesehen einen Erfolg errungen, allerdings um den Preis des Verbiegens der Betroffenen. Die inneren Überzeugungen hatten sich natürlich nicht geändert, sie hatten sich, wie bei Fanni Mülot, sogar noch verstärkt.

IX. Sympathy for the Devils
Verbrüderung mit Diktaturen

> Wir freuen uns ganz besonders über Eure Glückwunsch-Botschaft aus Anlaß des 17. Jahrestages der Gründung unserer Kommunistischen Partei Kampucheas und der offiziellen Verkündigung ihrer Existenz.
> **Pol Pot an Christian Semler, 1. November 1977**[518]

> Wir stritten uns um die Käfer, die von der Decke fielen.
> **Vann Nath, Künstler, ehemaliger Gefangener des Foltergefängnisses »S21«, Kambodscha**[519]

Der Premierminister empfing die Gäste persönlich. Man war freundlich zueinander, gab sich die Hand, tauschte Höflichkeiten aus, so wie es üblich ist bei einem Treffen einer ausländischen Delegation mit Regierungsvertretern. Ungewöhnlich hingegen war das Personal dieser Begegnung. Die Gäste waren im Durchschnitt nicht älter als 35 Jahre und gehörten der kleinen bundesdeutschen Organisation KBW an. Der Gastgeber, dessen wahre Rolle mit dem westlichen Titel Premierminister nur unzureichend beschrieben ist: Pol Pot, »Bruder Nummer eins« der Angkar (»Organisation«), der herrschenden Kommunistischen Partei in Kambodscha, in Europa unter dem Namen Khmer Rouge oder Rote Khmer bekannt.

In der ersten Dezemberhälfte 1978, wenige Wochen vor der Invasion Vietnams in Kambodscha und dem Sturz des Regimes, bereiste eine Delegation des KBW unter Führung Joscha Schmierers im Rahmen einer organisierten Rundfahrt einige Provinzen des Landes[520] und wurde vom Führungstrio der Roten Khmer empfangen; von Pol Pot, von »Bruder Nummer zwei« Nuon Chea und von »Bruder Nummer drei« Ieng Sary. Wenige Tage danach reisten weitere westeuropäische Maoisten und zwei nordamerikanische Journalisten ins Land. Einer der Maoisten, der Schotte Malcolm Caldwell, überlebte die Reise nicht. Einen Tag vor seiner geplanten Abreise lag er erschossen im Regierungsgästehaus. Die Deutschen vom KBW hatten bei ihrem Besuch mehr Glück und blieben unversehrt. Vielleicht waren sie vorsichtiger und wagten es nicht, eine Diskussion mit dem Diktator anzufangen. Christian Semler hatte als Vorsitzender der KPD ebenfalls eine Einladung nach Kambodscha, war aber »verhindert«[521], worüber er heute vermutlich froh ist.

Damals war Kambodscha für die Spitzen von KPD und KBW ein Vorbild, das einen eigenen Weg zum Kommunismus finden wollte, oder, um es mit den heutigen Worten Semlers zu formulieren: »Diese Vorstellung einer egalitären Bauerngesellschaft auf der Basis autonomer agrarischer Kollektive faszinierte die maoistische Linke, gerade weil sie so stark von der konventionellen realsozialistischen Praxis abwich.«[522]

Heute muss sogar Christian Semler zugeben, dass der unkonventionelle Weg zum autonomen Agrarkollektiv leider mit dem Tod von fast zwei Millionen Khmer verbunden war, was die Auslöschung von einem Viertel bis zu einem Drittel der Bevölkerung bedeutete. Jeder, der anders war, jeder der nicht folgsam und still auf den Reisfeldern oder Bananenplantagen arbeitete, wurde in den vier Jahren der Angkar-Herrschaft von 1975 bis 1979 getötet oder riskierte sein Leben: chinesische Händler, katholische Khmer, Buddhisten, Beamte, Intellektuelle, Muslime, Vietnamesen, Homosexuelle, ungehorsame Kinder, Künstler, Arbeiter, die zu spät zur Arbeit kamen, unverheiratete Paare, die sich in der Öffentlichkeit küssten, Brillenträger. Aus China wurde eine erprobte maoistische Praxis der Kulturrevolution übernommen. Renitente oder »faule« Landarbeiter wurden nicht etwa von Parteioffiziellen bestraft, sondern vom eigenen Kollektiv totgeschlagen.

Ein Leben außerhalb von primitiver Arbeit war nicht vorgesehen. Geld, Schulen, Universitäten, westliche Medizin und Bibliotheken wurden abgeschafft (die Nationalbibliothek diente als Schweinestall), die Städte entleert, Familien getrennt und Kinder in spezielle Arbeitskollektive gesteckt. Die Angkar unterteilte die Menschen in drei Klassen: Bauern (vollwertige Mitglieder der Volksgemeinschaft), Kandidaten (Menschen mit Chancen mit Übertritt zum Bauernstatus) und »die Verlegten« (Stadtbewohner, die aufs Land deportiert wurden und keinerlei Rechte wie etwa das Wahlrecht besaßen), auch »neue Menschen« genannt. Letztere waren praktisch Todgeweihte, weil ihnen nur eine verminderte Ration an Nahrung zustand. Kurz nach der Einnahme der Hauptstadt Phnom Penh im April 1975 wurden die Einwohner der Millionenstadt, inklusive der Alten und Kranken, binnen weniger Tage in einem Massenexodus aus der Stadt vertrieben und auf das Land verbracht. Ärzte mussten laufende Operationen von einer Minute auf die andere abbrechen. Hundertausende starben bei dieser Deportation an Erschöpfung, Hunger, Durst, Cholera, Hitze und den Gewehr- oder Spatenhieben der meist blutjungen Rote-Khmer-Soldaten. Eine gesamte Generation von Kindern und Jugendlichen wurde zum Töten erzogen. Da Munition gespart werden sollte, wurden zur Exekution Bestimmte häufig nicht erschossen, sondern mit Spatenhieben getötet und in Massengräber geworfen; wenn die Hiebe nicht tödlich waren, wurden die Opfer lebendig begraben. Es war eine Schreckensherrschaft.

Für die grauenvollen Details haben sich die deutschen Maoisten nicht interessiert oder ihnen keinen Glauben geschenkt. Aber die Sache mit dem Geld ließ sie als geschulte historische Materialisten nicht los. »Indem die Revolution an vorkapitalistische Verhältnisse anknüpfte, glaubte sie, mit einem Schlag das Geld abschaffen zu können, was in der marxistischen Theorie erst einer späten Entwicklungsphase des Sozialismus vorbehalten war«[523], schrieb Semler im Jahr 2010 in der *taz*. Da klingt einstige Bewunderung des schriftgläubigen Semler für den unkonventionellen »Bruder Nummer eins« mit: Pol Pot hat die kommunistische Reihenfolge einfach auf den Kopf gestellt und schon mal das Geld abgeschafft, obwohl Marx das erst für eine späteren Zeitpunkt voraussah!

Offensichtlich war Semler fasziniert vom Voluntarismus der Roten Khmer. Diese scherten sich nicht um komplizierte marxistische, wissenschaftlich begründete, determinierte Entwicklungsstufen, sondern fingen einfach mit einer besonders radikalen Revolution an. In den Worten der neuen Herrscher sah diese so aus: »Das alte Regime muss zerstört werden, der Feind muss in Stücke zerrissen werden. ... Was infiziert ist, muss herausgeschnitten werden. ... Was verrottet ist, muss entfernt werden. ... Es reicht nicht aus, eine schlechte Pflanze abzuschneiden, sie muss herausgerissen werden.«[524] Ferner proklamierten die Roten Khmer: »Ein oder zwei Millionen junger Leute reichen aus, um das neue Kampuchea aufzubauen.«

Während Pol Pot dabei war, das neue Kampuchea aufzubauen, hockte Semler in seiner selbst gebauten Falle einer Kaderpartei und wartete auf die Revolution. Da mag er an seine große Zeit in den Jahren 1968/69 gedacht haben, als er für einen Moment geglaubt hatte, dass in Westberlin der Umsturz kurz bevorstand und er sich schon mal als künftiger Revolutionsführer bereithalten könnte. Christian Semler rechtfertigt Solidarität mit den Roten Khmer so: »Die maoistische Linke hoffte, dass die kambodschanische Erfahrung dazu beitragen könne, die von Marx benannten drei großen Unterschiede – den zwischen Stadt und Land, den zwischen körperlicher und geistiger Arbeit und den zwischen der sozialen Stellung der Geschlechter – schneller aufzuheben. Diese Hoffnung war deshalb so stark, weil sie utopischem Denken entsprang.«[525] Aber Marx hatte sich sicherlich nicht vorgestellt, den ersten und zweiten Punkt durch mörderische Massendeportationen der Stadtbewohner aufs Land durchzusetzen. Bezeichnend ist, dass die ominösen »Hoffnungen« und »Utopien« an Menschen, die nicht gefragt wurden, ausprobiert wurden.

Für sich persönlich hat Christian Semler auf mindestens zwei der drei Unterschiede Wert gelegt. Er hat zeitlebens in Großstädten gewohnt; auch ist er in seinem Berufsleben nicht als körperlich arbeitender Mensch in Erscheinung getreten. Abgesehen von seiner Streetfighter-Phase als SDS-Rebell in Berlin war er ausschließlich entweder redend oder schreibend tätig. Unwahrscheinlich ist, dass der Bürgersohn Semler, wäre er Kambodschaner, auch nur das erste halbe Jahr der Khmer-Rouge-Herrschaft überlebt hätte. Allein das Tragen einer Brille machte Menschen für die Roten Khmer zu intellektuellen Konterrevolutionären und damit verdächtig. Semler trug dicke Brillengläser.

Selbst die Deportation der Bewohner Phnom Penhs begründet Semler heute noch mit den scheinrationalen Argumenten von damals:

> »Die Maßnahme entsetzte in ihrer Rigorosität selbst viele, die dem Sieg der Roten Khmer nahestanden. Sie wurde aber von ... den westlichen Maoisten als rational und unabwendbar verteidigt. Denn die einzige Alternative wäre eine vietnamesisch-sowjetische Luftbrücke gewesen. Die aber hätte – so die Maoisten – einen unabhängigen Weg Kambodschas zum Sozialismus unmöglich gemacht.«[526]

Die nationalrevolutionäre Ideologie stand also über Menschenleben. Semler nennt in dem Artikel die Deportation noch heute verschleiernd eine »Evakuierung«, die die Roten Khmer »[an]ordneten«, und gibt damit Einblick in sein totalitäres Denken von damals, in dem das Leben des Einzelnen nichts zählte (die Nazis nannten die Räumung der jüdischen Ghettos in Polen und die anschließende Erschießung der Bewohner ebenfalls »Evakuierung«).

Die KPD und der KBW bemühten sich, so etwas wie offizielle bilaterale Beziehungen zu den Roten Khmer aufzubauen. Dazu gehörte neben den Besuchen von 1978 förmliche Korrespondenz, also Glückwünsche und Grußbotschaften.

Im Jahr 2001 wurde eine Grußbotschaft Joscha Schmierers an Pol Pot von 1980 bekannt, der damals schon längst entmachtet war und sich mit seinen Genossen in die Berge an der

Grenze zu Thailand zurückgezogen hatte. Der Artikel sorgte für Aufsehen, weil die Öffentlichkeit damals wegen der Auseinandersetzung um die linksradikale Vergangenheit Joschka Fischers für die 70er Jahre sensibilisiert war und Schmierer damals in der Planungsabteilung des Auswärtigen Amts – Fischers Amt – beschäftigt war. Wie so oft bei solchen »Enthüllungen«, spielten persönliche Motive und alte Konkurrenzen eine Rolle. Der Verfasser des Artikels, der in der FAZ erschien, war der ehemalige KPD-Kandidat und »Liga gegen den Imperialismus«-Vorsitzende Jochen Staadt. Er hätte natürlich auch bei seinem ehemaligen leitenden Kader Christian Semler fündig werden können, aber das hätte keinen medialen Aufreger eingebracht. Semler arbeitete nicht im Öffentlichen Dienst an prominenter Stelle, sondern für die linke *taz*.

1977 schrieb Christian Semler im Namen des ZK eine Glückwunschbotschaft an den »Genossen Pol Pot« zum Anlass des 17. Jahrestages der Gründung der Kommunistischen Partei Kambodschas. Die Botschaft selbst wurde nirgends abgedruckt, aber sie dürfte im typischen einschmeichelnden Ton einer kleinen Organisation geschrieben sein, die sich an eine größere Bruderorganisation anlehnen will. Pol Pot hat sich jedenfalls gefreut über die Zeilen. Er schreibt am 1. November 1977 an den »Genossen Christian Semler« zurück:

> »... Eure Botschaft bringt eine hohe Wertschätzung unserer Kommunistischen Partei Kampucheas und unseres Volkes von Kampuchea zum Ausdruck, die fest auf der Linie der Unabhängigkeit, der Souveränität und des Vertrauens auf die eigenen Kräfte beharren. Sie ist ein Zeugnis der revolutionären brüderlichen Freundschaftsgefühle, die die KPD, die deutsche Arbeiterklasse und das deutsche Volk der KP Kampucheas und dem Volk Kampucheas gegenüber hegen. Das ist für uns eine gewaltige Ermutigung. In Namen der KP Kampucheas und des Volkes von Kampuchea sprechen wir Euch unseren tiefempfundenen Dank dafür aus. ...«[527]

Der freundliche Grußbotschaftendialog zwischen der KPD und »Bruder Nummer eins« setzte sich im nächsten Jahr fort. Zum 18. Gründungstag schreibt das ZK der KPD in einem Grußtelegramm:

»Die Kommunistische Partei Kampucheas ist in revolutionären Stürmen herangewachsen und erstarkt. In den 18 Jahren ihres Bestehens hat sie vielfach unter Beweis gestellt, daß sie eine marxistisch-leninistische Partei ist, die den revolutionären Kampf des kampucheanischen Volkes führt, die es versteht, die allgemeingültige Wahrheit des Marxismus-Leninismus mit der revolutionären Praxis im eigenen Land zu verbinden. ... Wir möchten Euch aus Anlaß des Jahrestages, den ihr jetzt feiert, versichern, daß wir den gerechten Standpunkt des demokratischen Kampuchea voll und ganz unterstützen. Wir fordern mit Euch, daß alle Interventionstruppen von kampucheanischem Territorium abziehen müssen. Wir sind davon überzeugt, daß sich die Freundschaft zwischen unseren Parteien und Völkern weiter festigen und entwickeln wird. Wir wünschen Ihnen, der Kommunistischen Partei Kampucheas und dem kampucheanischen Volk neue und große Siege in seiner revolutionären Sache.«[528]

Anfang Januar 1979, wenige Wochen nach der Einnahme Phnom Penhs durch die Vietnamesen, wirft Christian Semler wieder die KPD-Phrasendreschmaschine an und schreibt ein Solidaritätstelegramm an den »Genossen Pol Pot«:

»Im Namen des ZK unserer Partei und aller fortschrittlichen, antiimperialistischen und antihegemonistischen Kräfte sprechen wir Euch unsere uneingeschränkte und kämpferische Solidarität angesichts der brutalen, vom sowjetischen Sozialimperialismus gedeckten Aggression der vietnamesischen Kriegstreiber und Hegemonisten aus. Die Besetzung Phnom Penhs ist nicht das Ende, sondern der Anfang des Widerstandskriegs gegen die vietnamesische Aggression. Wir sind sicher, dass die vietnamesische Aggression im langandauernden Volkskrieg unter der Führung der Kommunistischen Partei Kampucheas geschlagen und die von ihnen eingesetzte Marionettenregierung hinweggefegt wird. Die Genossen und Freunde der KPD werden alles tun, um auch in Deutschland eine breite Solidaritätsbewegung für den gerechten Befreiungskampf des kampucheanischen Volkes ins Leben zu rufen.

Nieder mit den vietnamesischen Aggressoren und dem sowjetischen Sozialimperialismus! Hoch die internationale Solidarität!«[529]

Es muss kompliziert gewesen sein für einen maoistischen Funktionär, die jeweils aktuelle, richtige Linie zu erkennen. 1973 hatte Semler noch das Bonner Rathaus stürmen lassen, um sich mit den vietnamesischen Kommunisten zu solidarisieren.

Der Chefredakteur des Parteiorgans *Rote Fahne*, Willi Jasper, klagt im Januar 1979 im Leitartikel »Solidarität mit Kampuchea«

über »Borniertheit und Ignoranz« des Westens gegenüber den wahren Hintergründen des Endes der Khmer-Rouge-Herrschaft:

> »Kampucheas Revolution hatte nicht nur gegen Kriegszerstörungen zu kämpfen, sondern vor allem mit dem Ballast überkommener und feudalistischer Strukturen. Es sollte einem zu denken geben, wenn der bekannte afrikanische Marxist Samir Amin sagt, daß das kampucheanische Modell am ehesten auf Afrika zu übertragen sei. Und was die Frage der Gewalt betrifft, muß man genauso wie in den Debatten der Vietnambewegung der 60er Jahre darauf verweisen, daß revolutionäre Gewalt immer das Ergebnis imperialistischer Unterdrückung und Gewalt ist. Was jetzt vor allem zählt – ist die Solidarität gegen Aggression, Solidarität mit dem neuen Befreiungskampf!«[530]

Mao, Marcuse und Che Guevara reloaded anno 1979 – die Roten Khmer sind die Guten, weil sie die Revolutionäre sind und revolutionäre Gewalt immer nur eine Antwort auf Unterdrückung ist, und dann dürfen sie auch morden und wüten, wie es ihnen beliebt, oder, wie es Jürgen Horlemann in derselben Ausgabe formuliert: »So entwickelte sich … eine spontane Bauernrevolte, die, wie solche Revolutionen immer, ungezügelt gegen die Ausbeuter und Bedränger losschlug, Vergeltung für ihr ganzes früheres Elend übte und sich an Eigentum und Leben dieser Leute schadlos hielt.« Jasper betont das nationalrevolutionäre Element und stellt einen originellen Vergleich an: »Der Überfall auf Phnom Penh erinnert an Prag 1968. Speziell die Linke Westdeutschlands hat Schwierigkeiten, nationale Unabhängigkeit als einen hohen und zu verteidigenden Wert anzuerkennen.«

Pol Pot ist demnach also der Alexander Dubček Kambodschas. Die Haltung der KPD-Führung zu den Roten Khmer ist ein Beispiel dafür, wie hermetisches, binäres Denken blind machen kann für Völkermord und schwerste Verbrechen, wenn sie nicht in das eigene ideologische Zwangsschema passen. Die Haltung ging selbst der eigenen Basis zu weit. In einem Leserbrief meint ein Anonymus, dass man nicht übersehen könne, »daß das Pol-Pot-Regime eine äußerst linksradikale Politik im Inland betrieben hat: sei es die Entvölkerung der Städte nach der Befreiung oder sei es die Abschaffung des Geldes. ... Ich meine, als Materialist muß man die Dinge von allen Seiten sehen, zwar das Hauptsächliche betonen, aber man darf die Nebenseite – wie hier – nicht einfach beiseite schieben.«[531] Der Autor argumentiert marxistisch, ihm ist die »Nebenseite« in Kambodscha aber erkennbar nicht geheuer.

Ein weiterer Pfeiler der Beziehungen von KBW und KPD nach Kambodscha waren Spenden. Die KPD betrieb ein Spendenkonto durch ihre »Indochina-Hilfe«, die die Befreiungsbewegungen in Vietnam, Laos und Kambodscha unterstützte. Für die Roten Khmer wurden gezielte Spendenaktionen initiiert. So gab die Indochina-Hilfe 1977 ein »Kampuchea-Spendenbuch« heraus (»In dieses Buch werden neun 5 DM Spendenmarken eingeklebt, die zusammen das Nationalemblem des Demokratischen Kampuchea in Originalfarben ergeben.«[532]). Wie bereits erwähnt, wurden die Kinder der Pionier-Sommerlager der KPD dazu angehalten, einen Teil ihres Taschengeldes für die »patriotischen Kinder Kampucheas«, also für die teilweise erst elf- oder zwölfjährigen bewaffneten Rote-Khmer-Soldaten zu spenden.[533] Nach dem Sturz der Roten Khmer appellierten KPD und der KPD-Jugendverband KJVD an die Spendenbereitschaft ihrer Anhänger. Zweck der Spenden: »Kampuchea-Solidarität«[534].

Noch intensiver als die KPD unterstützte der KBW die Roten Khmer. Ihr Hausanwalt war im Oktober 1979 mit der Übermittlung von 120.000 D-Mark an das »Demokratische Kampuchea« betraut, das völkerrechtlich und in Teilen des Landes auch faktisch noch existierte.[535] Anlässlich eines Solidaritätskongresses in Frankfurt einen Monat später, der neben dem KBW von der KPD organisiert wurde, waren »im Vorfeld« 147.000 D-Mark zusammengekommen.[536] Die Zahl stammt aus einer anderen Quelle, möglicherweise ist das über den Anwalt gehende Geld hier eingerechnet. Während des Kongresses wurden weitere 13.649 D-Mark eingesammelt.[537] Ende November überbrachte ein KBW-Funktionär der Genfer Botschaft Kampucheas 25.000 D-Mark.[538] Eine weitere KBW-Spendenkampagne ließ Ende des Jahres 1980 weitere 68.052,92 D-Mark zusammenkommen.[539]

Einige Hunderttausend Mark haben KBW und KPD für die Roten Khmer somit insgesamt eingetrieben. Die großen Summen des KBW – über 200.000 Mark – wurden erst nach dem Fall des Regimes in Phnom Penh überbracht. Aus der Logik der deutschen Maoisten heraus waren diese Spenden nicht überraschend. Die Roten Khmer, die man jahrelang unterstützte, waren nun durch den Einmarsch der sowjetisch orientierten Vietnamesen bedroht. Hinzu kam, dass die Vietnamesen zunächst tatsächlich nicht als Befreier auftraten, sondern als Besetzer, und die Hungersnot kurzfristig sogar noch verschlimmerten, auch wenn das blindwütige Morden der Roten Khmer in den von ihnen kontrollierten Gebieten aufhörte. Insgesamt lässt sich jedoch zusammenfassen, dass das Geld der deutschen Maoisten dazu beigetragen hat, den blutigen Bürgerkrieg zu verlängern, und, was die nicht genau zu beziffernden Geldströme vor allem der KPD vor 1979 angeht, das Morden der Roten Khmer mit zu finanzieren. Mit den wertvollen Westdevisen konnten die Roten Khmer einiges an Waffen zusammenkaufen. KBW und KPD tragen somit zu einem Grad, der nicht genau zu bemessen ist, eine Mitverantwortung für den Terror der Roten Khmer.

Um zu verstehen, warum deutsche Maoisten überhaupt auf die Idee kamen, sich ausgerechnet an die Roten Khmer zu hängen, ist ein kurzer Blick auf den historischen Kontext nötig. Kambodscha war in der Neuzeit immer abhängig von mächtigeren Nachbarländern gewesen, mal von Thailand, mal von Vietnam. Im 19. Jahrhundert wurde Kambodscha schließlich von den Franzosen besetzt und zu ihrer Kolonie gemacht. Den Handel beherrschten Chinesen, in der Verwaltung setzten die Franzosen bevorzugt Vietnamesen ein. Die lang ersehnte Unabhängigkeit Kambodschas nach der Genfer Indochina-Konferenz von 1954 währte nicht lange. Obwohl das Land während des Vietnamkrieges neutral zu bleiben versuchte, geriet es in den Strudel des Krieges. Der Vietcong nutzte das kambodschanische Grenzgebiet als Hinterland und für Nachschublinien. Inoffiziell waren zu diesem Zeitpunkt längst US-Truppen im Osten des Landes, um den Vietcong zu bekämpfen. 1970 wurde Präsident Norodom Sihanouk, unter dessen Herrschaft Korruption und Ineffizienz gedeihen konnten, bei einem Putsch gestürzt. Sihanouk ließ sich in China nieder und bildete mit den Roten Khmer, einer maoistischen Partisanenbewegung, die Kambodschanische Befreiungsfront. Zu Sihanouks Regierungszeiten waren sie Gegner, jetzt verband sie die Gegnerschaft zum neuen Regime des General Lon Nol. Lon Nol unterstützte die USA und die Südvietnamesen, während der Vietcong immer mehr in das Land eindrang und es kontrollierte. Die US-Truppen antworteten, initiiert von Präsident Nixon und seinem Nationalen Sicherheitsberater Henry Kissinger mit jahrelangen Flächenbombardements im Osten des Landes.

Diese Konstellation war der Humus des Aufstiegs der Roten Khmer. Er wurde getragen vom Hass der Landbevölkerung auf die USA und das Regime in Phnom Penh *und* auf die Vietnamesen. Für einen kurzen Moment sahen die Roten Khmer wie nationale Befreier aus.

Gerd Koenen spricht von einem »späten Flirt« mit den Roten Khmer, von einem »Todeskuss«, der vielleicht unbewusst herbeigesehnt wurde. Das klingt stark nach einem Versuch, der Allianz mit den Roten Khmer einen nachträglichen, guten Sinn zu geben. Dafür, dass es sich um einen Todeskuss handeln soll, schürzte der KBW seine Lippen bereits ziemlich früh, nämlich 1977. Die Auflösung des KBW setzte erst 1980 ein; 1985 wurde der KBW endgültig aufgelöst.

Die Roten Khmer hatten 1975 vollständig die Macht erobert. Ende 1975, Anfang 1976 sickerten die ersten Informationen aus dem Land, dass die Roten Khmer dabei waren, einen besonders blutigen Weg zum Kommunismus einzuschlagen. Den Berichten glaubten die deutschen Maoisten nicht, man hielt sie für von den USA gesteuerte Gräuelmärchen. Die Skepsis ist durchaus nachvollziehbar, zumal sich selbst die Bundesregierung noch im Spätsommer 1976 ebenfalls sehr vorsichtig über die Berichte äußerte.[540] Ab 1977 aber waren die Informationen so umfangreich und detailliert, dass kein Zweifel mehr bestehen konnte. Zu dem Zeitpunkt jedoch waren die Kader von KBW und KPD bereits so sehr in ihrer hermetischen Organisationsstruktur und dogmatischen Ideologie gefangen, dass Berichten, die nicht ins Schema passten, nicht geglaubt wurde.

Insgeheim dürften die deutschen Kader geahnt haben, dass an den Horrornachrichten etwas dran sein muss. Selbst wenn man nur 10 Prozent der Informationsmenge aus Kambodscha für überzeugend hielt, hätte man schlussfolgern können, dass die neuen Herrscher im buchstäblichen Sinne des Worts über Leichen gehen. Einen Einblick in diese Ahnungen bietet ein Bericht des Zentralen Komitees des KBW vom 15. Dezember 1980. Gräueltaten werden als »eventuelle Fehler« bezeichnet. Für deren Interpretation empfiehlt das ZK intern folgende Linie:

> »Bei diesen Fehlern handelt es sich wohl vor allem um die prinzipielle Begründung einiger praktisch unumgänglicher Maßnahmen, daraus folgende Überspitzungen und mangelnde Flexibilität beim Übergang zu anderen Maßnahmen aufgrund der geänderten Lage. Ähnliche Erscheinungen gibt es auch z. B. in der russischen Revolution beim Übergang von ›Kriegskommunismus‹ zur Neuen Ökonomischen Politik (NÖP). Bei der Verteidigung der kampucheanischen Revolution sollen wir nicht apologetisch vorgehen, sondern polemisch gegenüber dem Feind. Dieser Feind ist in diesem Fall hauptsächlich der sowjetische Expansionismus und unter dessen Schutz der vietnamesische Expansionismus, dann aber auch die westdeutsche Bourgeoisie mit ihrer Hetze gegen das Demokratische Kampuchea. …«[541]

Maßnahmen, Überspitzungen, Erscheinungen – das Papier verrät, dass der KBW sehr wohl Bescheid wusste oder ahnte, was in Kambodscha vor sich ging. Aber die »Maßnahmen« waren eben »praktisch unumgänglich«, nur mit dem Fehler, dass sie »prinzipiell« begründet wurden. In Wahrheit haben die deutschen Maoisten, die Linksextremisten insgesamt, Gewalt und das Töten von Menschen nicht unbedingt als genuinen Bestandteil, aber als unvermeidlichen Preis der Revolution bewertet.

Das Beispiel China macht diese Tatsache noch deutlicher. 1966 trat Mao Tse-tung die »Große Proletarische Kulturrevolution« los, um revisionistische Tendenzen zu bekämpfen, die revolutionäre Idee zu erneuern und natürlich seine Macht im Parteiapparat zu sichern. Jugendliche – die Rotgardisten – wurden dazu angestiftet, Lehrer, Professoren und auch die eigenen Eltern anzuprangern und zu demütigen, wenn diese im Verdacht standen, Konterrevolutionäre zu sein – wozu schon ein in der eigenen Wohnung aufgehängtes Bild eines falschen KP-Funktionärs gehören konnte. Sie wurden in Wandzeitungen angeprangert, geprügelt, totgeschlagen oder mit aufgesetzten »Schandhüten« durch enge Spaliere durch die Straßen getrieben, eine Methode, die bei Deutschen eigentlich ungute Erinnerungen hätte auslösen müssen. Dass zum Beispiel der älteste Sohn des ehemaligen stellvertretenden Ministerpräsidenten und später wieder rehabilitierten Deng Xiaoping von den Roten Garden so lange misshandelt wurde, bis er sich aus Verzweiflung aus dem dritten Stock stürzte, so dass er eine lebenslange Querschnittslähmung davontrug, zeigt zweierlei: die Brutalität und die Tatsache, dass sich der Mob Parteiprominente und ihre Angehörigen als gezielte Opfergruppe aussuchte. Die Gewalt wirkte nach innen, in den Parteiapparat hinein.

Schulen und Universitäten wurden geschlossen, damit die Jugend ihr revolutionäres Feuer auf der Straße ausleben konnte. Einer ganzen Generation in China fehlt heute wegen der Kulturrevolution elementare Bildung. Es kursierten kaum Bücher, abgesehen von den »Worten des Vorsitzenden Mao«. Angesehene chinesische Schriftsteller wurden verfemt und mit Berufsverbot belegt. Obwohl sich die Kulturrevolution, wie es der Name andeutet, auf den Kultur- und Wissenschaftsbetrieb beschränken sollte, wurde auch der Parteiapparat »gesäubert«. Am Ende der gewalttätigsten Phase, 1968, bekämpfte Mao mit militärischen Mitteln die Resultate einer Kampagne, die er selbst angezettelt hatte. Er setzte die Armee gegen die entfesselten Rotgardisten ein. Mao hatte einen Bürgerkrieg entfacht und musste ihn gewaltsam beenden. Vermutlich sind 400 000 bis eine Million Chinesen durch die Kulturrevolution umgekommen[542], und ungleich mehr Seelen sind gebrochen worden. Bereits 1967 waren differenzierte Berichte über Massaker zu lesen. Anders als bei Kampuchea konnten und können sich die deutschen Maoisten nicht damit herausreden, dass es zu wenig Informationen gab. Schließlich war durch den »Großen Sprung nach vorn« Ende der 50er Jahre bekannt, dass Mao das Leben von Millionen seiner Landsleute zu opfern bereit war – für eine Kampagne, die nicht nur moralisch, sondern auch wirtschaftlich ein großer Fehler war.

Wolfgang Schwiedrzik war als offizieller Abgesandter der KPD und des Parteiverlags mehrmals in China zu Gast.

> Berichte über blutige Unterdrückung in China haben wir nicht ernst genommen. Wenn wir davon hörten, haben wir das eher gutgeheißen. Wir dachten, solche Kampagnen zur Ausschaltung rechter Elemente seien notwendig. Wo gehobelt wird, da fallen Späne, da soll man nicht lamentieren.

Die Maoisten zogen zur Rechtfertigung häufig Maos »Deckchensticken«-Zitat heran. Nach dem Bauernaufstand in Hunan 1927 schrieb Mao: »… Zweitens ist eine Revolution kein Gastmahl, kein Aufsatzschreiben, kein Bildermalen oder Deckchensticken; sie kann nicht so fein, so gemächlich und zartfühlend, so maßvoll, gesittet, höflich, zurückhaltend und großherzig durchgeführt werden.«

> Wir akzeptierten die Härte des Kampfes – »Sieg im Volkskrieg«. Da darf man nicht weinerlich sein und nicht jammern über Opfer, sondern man muss alles tun, um den heroischen Kampf zu unterstützen. … Ich war durch meine Begegnung mit dem Dramatiker Hartmut Lange während der Schaubühnen-Zeit auf einen harten und stalinistischen Standpunkt vorgepolt. In Langes Augen galt ich in gewisser Weise als kleinkarierter Grassroot-Sozialist mit humanistischen Positionen. Ich bin vor diesen Argumenten innerlich in die Knie gegangen, ich habe mich dabei ertappt und dafür geschämt, ein kleinbürgerlicher, weinerlicher

> Grassroot-Sozialist zu sein, der nicht mit dem Gang der Weltrevolution mithalten kann. Das hat mich tief verstört. Ich konnte das mit niemandem diskutieren. ... Ich versuchte das dann hegelianisch-strategisch zu sehen: Man darf nicht über jedes Bäuerlein oder jede Lehrerin, die in der Revolution umkommt, herumlamentieren. Es sind eben Opfer zu bringen. Das sind die notwendigen Spesen der Revolution. Ich habe mich immer gefragt: Bist du revolutionär genug? Ich hatte mich immer im Verdacht gehabt, nicht revolutionär genug zu sein.

Die China-Bewunderung in der Studentenbewegung lässt sich nicht trotz, sondern wegen der Kulturrevolution erklären. Revisionistische, bürokratische und den Kapitalismus restaurierende Tendenzen schienen durch die Kulturrevolution, durch die vermeintlich spontane Erhebung der »Volksmassen« besiegt worden zu sein. Rot-China, so die gängige Interpretation, war das Land, in dem das Banner der reinen Lehre des Marxismus-Leninismus hochgehalten wurde. Das erklärt auch, warum ausgerechnet der »antiautoritäre« Flügel der Studentenbewegung mit dem Maoismus sympathisierte. Alles, was einen selbst umtrieb oder ausmachte, schien der Maoismus zu bieten: Emanzipation des einfachen Volkes, Jugendlichkeit, Rebellion gegen Verkrustungen, gleichzeitig revolutionäre Disziplin, schließlich natürlich auch einen attraktiven Exotik-Faktor.

Wolfgang Schwiedrzik hatte bereits 1964 die *Beijing Review* und wenig später die deutschsprachige Ausgabe *Peking Rundschau* abonniert und bezog über den staatlichen Buchvertrieb Guozi Shudian chinesische Literatur.[543] Dieses biografische Detail zeigt, dass lange vor '68 und lange vor der maoistischen Phase junge Leute aus individuellen Beweggründen die Nähe zu Rot-China suchten. Schwiedrzik ging in die chinesische Botschaft in Ostberlin, um an chinesische Schriften und Literatur zu kommen. Die Botschaft wurde damals regelmäßig von Westberliner Studenten aufgesucht – was ein praktischer Grund dafür sein könnte, dass der SDS in Westberlin stark maoistisch geprägt war. In Westdeutschland gab es damals noch keine Botschaft der Volksrepublik China. Bei Schwiedrzik mischten sich Sympathie mit dem Maoismus mit einem generellen Interesse an China. 1967 führte er zusammen mit Hartmut Lange an der Schaubühne Regie bei der Aufführung eines klassischen chinesischen Theaterstücks.

Noch ein anderer Faktor hat zur kritiklosen Unterstützung Rot-Chinas beigetragen. Auch die »bürgerlichen« Medien bauten kräftig mit an der Mao-Verehrung. *Der Spiegel* zum Beispiel schrieb in den Jahren 1966 bis 1968, in dem Zeitraum also, als teils unbeschreibliche Zustände in China herrschten, durchgehend in einem anerkennenden, respektvollen Ton über den »großen Steuermann«, der den Mächten Sowjetunion und USA Paroli bot. Ausgiebig befasste sich das Magazin mit der popkulturellen Seite der Mao-Welle in Westeuropa, etwa mit dem Einfluss des »Mao-Looks« auf die Pariser Mode, während die Exzesse in China wie eine Nebensache behandelt wurden. Anfang 1967, auf dem Höhepunkt der Raserei der Rotgardisten, erklärte und begründete *Der Spiegel* in einer verständnisvollen Titelgeschichte[544] seitenlang die Kulturrevolution mittels Maos Argumenten – Subtext: Bürokraten ohne Klassenbewusstsein haben die Apparate im Griff gehabt –, und erst am Ende des Artikels kamen die Autoren zu dem matten Befund, dass man ein 700-Millionen-Volk nicht mit revolutionärer Reinheit regieren und sattmachen könne. In der Tat, die Kulturrevolution hatte die Wirtschaft ruiniert. Die anderthalb Jahre währende Schließung der Schulen und Universitäten verniedlichte *Der Spiegel* in seiner zwanghaft lockeren Sprache zu den »großen Ferien der Schüler Chinas« und faselte von »Scholarenträumen« in grotesker Kenntnislosigkeit über die wahren Zustände.[545] 1967 durfte *Spiegel*-Redakteur Fritjof Meyer China bereisen, und er tappte in die Falle, in die jeder Revolutionstourist und Teilnehmer einer organisierten Pressereise zwangsläufig treten muss: Gesteuerte Informationen und scheinobjektive Wahrnehmungen vermengten sich zu einem handzahmen, beschönigenden Artikel.[546] Hinzu kam das menschlich verständliche Geschmeicheltsein darüber, dass dem Autor als westlichem Journalisten Zutritt in das mythenumrankte Reich Maos gewährt wurde. Meyer schrieb:

> »So scheint Chinas Große Proletarische Kulturrevolution viel Ähnlichkeit zu haben mit der traditionellen Peking-Oper. Deren Akteure stürzen in tollen Tanz-Sprüngen mit wild geschwungenen Schwertern aufeinander los, aber sie verletzen sich nie, es sei denn, durch einen Regiefehler. ... Wo Maoisten die Macht haben, herrscht Ordnung in China. Straßenbahnen und Busse verkehren pünktlich, die Geschäfte sind voller Waren, die Lebensmittelversorgung ist musterhaft – an anderen kommunistischen Ländern gemessen. Niemand hungert mehr in China, auch nicht im China der Kulturrevolution. Die Siechen und Süchtigen, Bettler und Prostituierten, Obdachlosen und Verelendeten des alten China sind verschwunden. Seine Seuchen – Pocken, Typhus, Cholera – wurden ausgerottet. Krankenstationen, ärztliche Betreuung sind vorbildlich. Die Patienten haben die Wahl zwischen abendländischer Behandlung und traditionell-chinesischer Akupunktur. ... Der Sommerpalast in Peking, die Große Wildgans-Pagode in Sian sind beliebte Ausflugsziele am Sonntag. Junge Paare rudern auf dem See, Väter führen ihre Babys in selbst gebauten Kinderwagen aus, Freunde spielen Karten und trinken Tee. ... Der Kommunismus – in Mitteleuropa Hemmschuh und Rückschritt – brachte den Hunderten Millionen Pächtern der kargen Erde Chinas Segnungen, die ihre Vorfahren nie kannten: soziale Sicherheit, Schulen für ihre Kinder, Versorgung ihrer Kranken, Heime für ihre Alten.«

Der Vergleich mit der Peking-Oper ist nicht nur falsch – Gewalt geschah eben nicht nur durch »Regiefehler« –, sondern auch deplatziert. Die Peking-Oper war während der Kulturrevolution verboten. Meyer schrieb nicht, woher er die Informationen über die angeblich vorbildlichen Bedingungen für »die« Patienten und das seuchenlose Paradies hatte. Auf seiner Reise besuchte er neben Peking nur ausgewählte Großstädte, auf dem Land war er nicht, und seine Bewacher werden ihre Gründe dafür gehabt haben. Auf dem Land grassierten noch 20 Jahre nach der kommunistischen Staatsgründung Elend und Verwahrlosung. Es stimmt, dass die kommunistische Wende in China für die einfache Bevölkerung teilweise sozialen Fortschritt bedeutet hat, allerdings müssen in dem Zusammenhang auch die (blutigen) Schattenseiten genannt werden. Doch die verschweigt der zwölfseitige Artikel über das neue Paradies im

Fernen Osten mit seiner insgesamt freundlichen Berichterstattung.

Im Herbst 1974 erschien im *Spiegel* ein 23-seitiger (!) Aufmacher. Der Titel auf dem Cover kündet reißerisch und gleichzeitig ergriffen: »Mao intern – Unveröffentlichte Worte des Vorsitzenden«.[547] Das Magazin ist von der historischen Bedeutung der Worte überzeugt: »Sein Werk, die Volksrepublik China, wurde vorigen Dienstag ein Vierteljahrhundert alt. Der Bauernkrieger, der zum Staatsoberhaupt aufstieg, der Philosoph und Poet dazu – Thomas Münzer, Martin Luther, Karl V. und Hans Sachs in einer Person – hat Bilanz zu ziehen unter das, was hinter ihm liegt.« Auch in diesem Text argumentiert *Der Spiegel* innerhalb der Logik der chinesischen Machthaber: »Der Ausgang der zweiten, kleinen Kulturrevolution von 1973/74, der Kampagne gegen den alten Philosophen Konfuzius und den neuen Verräter Lin Piao, scheint Maos Voraussage zu bestätigen: Auch in China sind die Macher stärker als die Missionare.«

Die »Macher« sind die rechten Abweichler, die »Missionare« die wahren Hüter der Revolution. Dank der Titelgeschichte, die größtenteils auf einem Buch-Vorabdruck basierte, erfuhren die Bundesbürger vorzeitig, wie es dem alten Mann gelang, 1966 im Jangtse-Fluss zu schwimmen. Im Artikel wird Mao ehrfürchtig zitiert:

> »Das Wasser, das ertränkt den Menschen nicht. Das Wasser hat Furcht vor dem Menschen, nicht der Mensch vor dem Wasser, natürlich gibt es auch einige Ausnahmen, doch im allgemeinen kann man in allen Wassern auch schwimmen, das ist eine große Voraussetzung. So besteht beispielsweise der Jangtse-Fluß bei Wuhan aus Wasser, und deshalb kann man im Jangtse bei Wuhan auch schwimmen.«

Vorausgesetzt, dass die Übersetzung einigermaßen korrekt ist – so sprechen Fünfjährige, wenn sie ihre Angst vor dem Wasser überwinden wollen. Aus dem Munde Maos stellte es sich selbstverständlich als bahnbrechende philosophische Erkenntnis dar.

Ab den 90er Jahren, als der Maoismus längst nicht mehr en vogue war, war *Der Spiegel* in vorderer Linie dabei, über die Vergangenheit von Ex-Kadern wie Joscha Schmierer zu spotten.

Über die eigene Mitwirkung am europäischen Mao-Personenkult war niemals ein Wort des Bedauerns oder der kritischen Selbstreflexion zu lesen.

Die DKP und ihre Studenten- und Jugendorganisationen waren auf Ostberlin und Moskau ausgerichtet. Spiegelverkehrt zu den Maoisten waren ihre Präferenzen und Ablehnungen verteilt: Die DDR war gut, die Sowjetunion war gut, China war schlecht, der Prager Frühling schlecht und die Niederschlagung durch die Rote Armee gut, Kuba war gut, die Roten Khmer schlecht (allerdings aus ideologisch-machtpolitischen, nicht aus humanitären Gründen), das sich immer mehr Richtung Sowjetunion orientierende und von China ablösende Vietnam gut, Angolas marxistische Befreiungsbewegung MLPA gut, die Konkurrenz von der anfänglich maoistisch beeinflussten Befreiungsbewegung UNITA schlecht, der Einmarsch der Vietnamesen in Kampuchea gut, die militärische Antwort Chinas gegen Vietnam schlecht; und der Krieg der Sowjetunion in Afghanistan war gut (weil, wie der spätere Mitherausgeber der DKP-nahen *Deutschen Volkszeitung*, Norman Paech, nach einem Besuch in Afghanistan zu berichten wusste, es zu »wiederholten Hilferufen« gekommen war, denen die Sowjetunion »Folge geleistet« habe, und es aus Sicht Afghanistans »absolut notwendig war, daß die Truppen eines befreundeten Staates eingriffen«[548]).

Es bestand aber auch ein struktureller Unterschied zu den Maoisten. Diese sahen sich als gleichberechtigte Partner von »Volksbefreiungsbewegungen« und maoistischen Parteien, was ihnen eine größere Freiheit in der Bewertung von Machtverschiebungen und gesellschaftlichen Prozessen gab. So bewerteten die maoistischen Gruppen nach dem Tod Maos die darauffolgenden Machtkämpfe zwischen der Viererbande und dem gemäßigten Lager in der KP Chinas unterschiedlich. Die KPD sympathisierte offen mit der Solidarność, einer antikommunistischen (!), von der Katholischen Kirche und diversen Grassroots-Bewegungen getragenen Organisation. Der Kampf gegen die Sowjetmacht und das nationale Element in Polen imponierte der nationalrevolutionären KPD. Es ist kein Zufall, dass sich heute mehrere ehemalige Maoisten, darunter allein vier ehemalige Funktionäre – Christian Semler, Karl Schlögel, Reinhold Vetter und Alexander von Plato – sowie Gerd Koenen vom KBW professionell mit Ostmitteleuropa beschäftigen.

Die DKP hingegen war auf Staaten fixiert und auf offiziell von der KPdSU abgesegnete Bewegungen. Was die Sowjetunion und die DDR vorgaben, musste nachvollzogen werden, so auch die Haltung der DDR und der Sowjetunion zu Polen. Fassungslos berichten Werner van Haren, MSB-Spartakus-Sekretär, und Franz Sommerfeld, ebenfalls Sekretär, stellvertretender MSB-Vorsitzender und Chefredakteur der *Roten Blätter*, nach einem Besuch in Polen Ende 1980 von der Auffassung, die der Solidarność-Mitbegründer Jacek Kuroń über das System in Polen hat: »Seine Stellungnahme zum Sozialismus ist eindeutig: Er betrachtet ihn als ›totalitäres System‹, das ›Polen vor über dreißig Jahren durch die bewaffneten Streitkräfte der Sowjetunion (...) aufgezwungen (wurde)‹.«[549]

Ganz schön frech, dieser Kuroń! Diese Fähigkeit war den Funktionären Sommerfeld und van Haren offenbar abhanden gekommen: eindeutig und unter persönlichem Risiko Stellung zu beziehen, und das ohne Absicherung von oben. Das mit dem »aufgezwungen« könne, so van Haren und Sommerfeld, nicht stimmen, denn bei den Wahlen 1947 hatten die Parteien der kommunistisch dominierten provisorischen Regierung »über neun Millionen Wähler«, die ihnen damit »eine 80prozentige Unterstützung« sicherten. Unfreiwillig gaben die Autoren damit zu, dass der angebliche Sieg in Polen auf Betrug basierte. Neun Millionen Wähler waren nicht 80 Prozent der Wahlberechtigten. Die Wahlen von 1947 waren manipuliert und gefälscht, unliebsame Parteien waren vorher verboten worden. Stalin wollte Polen um jeden Preis seiner Machtsphäre einverleiben. Das alles hätte man 1981 in der Bundesrepublik mühelos in Erfahrung bringen können, wenn man es gewollt hätte.

Das Urteil des Autoren-Duos ist eindeutig: »Wer in Polen

den Kapitalismus wiederherstellen will – und Kuro [sic!] will es, ist ein Konterrevolutionär.«[550] Das sahen nicht nur Franz Sommerfeld und Werner van Haren so, sondern auch der kurz darauf ins Amt gekommene polnische KP-Chef Wojciech Jaruzelski, unter dessen Herrschaft zurzeit des Kriegsrechts nicht nur Jacek Kuroń, sondern Tausende andere Polen jahrelang eingesperrt wurden.

Nach ihrem Besuch in Polen 1980 sorgten sich Sommerfeld und van Haren um die wirtschaftliche Entwicklung des Landes wegen des Aufruhrs durch die Solidarność:

>»Durch Einzelstreiks und beinahe permanente Streikdrohungen, die in Einzelbereichen auch Anfang dieses Jahres fortgesetzt werden, durch unrealistische Forderungen wird das Land in dauernder Unruhe gehalten und wirtschaftlich und politisch destabilisiert. ... In allen entscheidenden Auseinandersetzungen der letzten Monate trug die Gewerkschaft ›Solidarität‹ durch die Politik ihrer Führung zur politischen und ökonomischen Destabilisierung bei.«[551]

Im Text steht nicht, dass die wirtschaftliche Misere, die zu einem dramatischen Mangel an Grundnahrungsmitteln und sogar zur Wiedereinführung von Bezugsscheinen für verschiedene Lebensmittel führte, bereits Mitte der 70er Jahre einsetzte, als die Solidarność noch keine Rolle spielte.

Auch die polnische Katholische Kirche wird von den beiden Autoren wegen ihrer Renitenz gerügt. »Erst 1950 war die Kirche zu einem Abkommen mit dem Staat bereit, in dem sie angesichts der realen Kräfteverhältnisse die Respektierung der Staatsmacht zusicherte.«[552] »Respektierung der Staatsmacht«, »Unruhe«, »Destabilisierung« – die Formulierungen lassen erkennen, dass jüngere leitende Mitglieder der DKP und angeschlossener Organisationen in der Praxis eher nicht glühende Revolutionäre waren, sondern Funktionäre. Sie hatten sich dem Führungsanspruch der Sowjetunion unterworfen, und die DDR war ihr Mutterland.

Die Fixierung auf die DDR hatte praktische und historische Gründe. Die Gründung der DKP 1968 war von der SED initiiert worden. Die Westberliner Variante hieß kaum verhüllt SEW –

Sozialistische Einheitspartei Westberlins. Den großen DKP-Parteiapparat finanzierte die SED. Der Parteivorstand saß in Düsseldorf in einem mächtigen mehrstöckigen Haus in, wie Makler sagen würden, attraktiver Innenstadtlage, die DKP-nahe *Deutsche Volkszeitung* hatte wenige Hundert Meter von der noblen Königsallee entfernt ihren Sitz. Natürlich sägte man nicht an dem Ast, auf dem man saß.

Während es Mao Tse-tung – fälschlicherweise – schaffte, sich als weiser Freund der Jugend zu stilisieren, stand der sowjetischen KP ein offensichtlich verknöcherter alter Mann, Leonid Breschnew, vor. 1982 wurde er vom einstigen KGB-Chef Juri Andropow, Jahrgang 1914, abgelöst. Im Politbüro der SED saßen hauptsächlich Männer, die noch von der Spätphase der Weimarer Republik politisch geprägt worden waren und die Großväter zumindest der Jüngeren aus der Studentenbewegung hätten sein können. Vorsitzender der DKP wiederum war der 1929 geborene Herbert Mies. Nur im Jugendverband SDAJ und im Studentenverband MSB Spartakus konnten die Jüngeren relativ autonom handeln.

Christian Semler hingegen durfte im Jahr 1978 als KPD-Chef in Peking wie ein Staatsgast im Sessel neben Mao-Nachfolger Hua Guofeng thronen, hinter ihnen zwei Dolmetscher und zwischen ihnen ein gedecktes Tee-Tischchen. Auf den offiziellen Fotos scheint er vor Stolz kurz vorm Platzen zu stehen. Der Vorsitzende einer 900 Mitglieder schwachen Splitterpartei und der mächtigste Mann eines 700-Millionen-Einwohner-Staates symbolisch gleichberechtigt nebeneinander – ein Bild, das heute so absurd wie eine Szene aus dem Film *Forrest Gump* wirkt. Eine Begegnung von DKP-Nachwuchskräften mit Leonid Breschnew wäre undenkbar gewesen, für sie mussten Funktionäre des kommunistischen Jugendverbands Komsomol reichen.

In der zweiten Hälfte der 70er Jahre war Tissy Bruns Vorstandsmitglied des MSB Spartakus. Wie hat sie die Fixierung auf die DDR und die Sowjetunion und deren für junge Leute wenig attraktives Personal empfunden?

> Ja, das war furchtbar. Allerdings muss man dazu sagen, dass wir uns in der DKP-Welt nicht aufgehalten haben. Der MSB war ein Studentenverband mit entsprechenden Lebensformen. Man hatte viel mit anderen Leuten zu tun. Es war eine Art ein Sektiererclub mitten im Leben.

Tissy Bruns kam Anfang der 80er Jahre als hauptamtliche Mitarbeiterin in den DKP-Parteivorstand. Dadurch änderte sich ihr Umfeld.

> Wir hatten abfällige Betrachtungen über die DKP-Funktionäre. Wir schätzten sie nicht, sie galten uns als kleinbürgerlich und beschränkt, als von Gnaden der DDR Eingesetzte. Es war ein unfassbarer Kulturschock. Ich wurde Mitarbeiterin für Schul- und Bildungsfragen. Man mochte mich, weil ich nicht so hochnäsig daherkam und als Kleine-Leute-Kind galt. Ich war allerdings schnell stark unzufrieden und empfand die Arbeit als völlig sinnlos. Einmal lud ein Schwulenverband Vertreter der Parteien zu einer Wahlveranstaltung nach Bonn ein. Ich hielt den Vortrag, dem aber endlose Sitzungen vorausgingen. Es gab in der DKP viele Verklemmtheiten und auch Vorurteile gegenüber Homosexuellen. Ich glaubte, dass meine Generation die Verknöcherungen würde auflösen können. ... Man merkte, dass ich unzufrieden war, und wollte mich wohl motivieren, indem man mich zur Leiterin einer Delegation von Lehrern nach Moskau machte. Ich habe nie wieder in meinem Leben in einem so komfortablen Hotel gewohnt. Danach forschte die Parteileitung nach, ob ich auch einen Rock getragen hätte – ich trug natürlich eine Hose.

Ein Rock galt damals in kulturkonservativen Kreisen als »angemessenes« Kleidungsstück für eine Frau, eine Hose nicht. Für die Frauen der 68er-Generation war die Hose ein Emanzipationszeichen.

> Ich passte nicht in den Parteivorstand und wurde dann zur *Deutschen Volkszeitung* versetzt. Es war als Abschiebung gemeint, aber es war gut, dass es so kam. Ich hätte es selbst nicht bewerkstelligen können; so funktionierte eine Kommunistische Partei nicht.

Mitte der 70er Jahre wurden in einer breiten Öffentlichkeit die Verbrechen im Namen des Kommunismus diskutiert, unter anderem ausgelöst durch Alexander Solschenizyns *Archipel Gulag*. Wie hat Tissy Bruns die im Grunde schon lange bekannten Tatsachen wahrgenommen?

> Es gibt diesen Schlüsselsatz von Peter Weiss in seiner *Ästhetik des Widerstands*, der uns in der Partei gehalten hat, obwohl wir schon innerlich getrennt waren. Er schrieb im dritten Band von der Gewissheit, dass es späteren Revolutionären möglich sein müsste, das ganze auf andere Art und menschlich zu bewerkstelligen. Er schildert die Schmerzen, zu denen es in der kommunistischen Vergangenheit gekommen ist, hofft aber, dass sich die Widersprüche auf einer neuen Stufe der Geschichte auflösen lassen würden. Diese Hoffnung hat mich eher bestärkt. Ich bildete mir ein, dass die Fehler der Vergangenheit der sozialistischen Geschichte nicht systemisch, sondern Kinderkrankheiten des Sozialismus seien und reifere Generationen von Sozialisten sich erlauben könnten, menschlicher und großherziger zu sein. Man hätte es natürlich erkennen können. Wir im MSB hatten einen romantisierenden Begriff davon, dass der Klassenkampf die Kämpfer menschlich entstellt, so wie es Brecht schrieb, und dass wir schon zur Generation der Kämpfer gehören, denen es gelingt, sich nicht zu entstellen und andere nicht zu entstellen.

Brechts Gedicht »An die Nachgeborenen« wurde 1968 durch den Einmarsch der Roten Armee in Prag und die gewaltsame Unterdrückung des Prager Frühlings wieder sehr aktuell.

> Wir waren keine Machtzyniker im Sinne von »Zweck heiligt Mittel« – in Wirklichkeit wohl schon –, wir sagten uns: Prag ist nicht gut, aber ehe uns der Sozialismus zusammenbricht, muss man das jetzt in Kauf nehmen ... Ich stand im August 1968 auf dem Hamburger Rathausplatz und habe noch gegen den sowjetischen Einmarsch demonstriert. Drei Jahre später war ich Mitglied der DKP, das ist keine lange Zeit. Mein Weg ins Sektierertum hat also kurz danach angefangen. Man hat viel Energie auf die Antwort verschwenden müssen, warum man auf einmal nicht

mehr gegen die Sowjets in Prag demonstriert, aber gut fand man den Einmarsch trotzdem nicht.

Die Treue zur DKP und zum Sowjetsystem erklärt Tissy Bruns auch mit der Rolle als Intellektuelle.

Ich glaubte die Abweichler in der kommunistischen Geschichte besser zu verstehen als diejenigen, die stramm durchmarschiert sind. Aber gleichzeitig wollte man auch zeigen, dass es nicht stimmt, dass wir Intellektuellen die Verräter der Arbeiterklasse sind. Die Vorwürfe stimmten ja, denn wir waren in gewisser Weise unzuverlässige Intellektuelle. Dieser Vorwurf widersprach unserer Ehre und unseren Idealen. Wir wollten interessante Intellektuelle, aber gleichzeitig auch strenge Revolutionäre sein.

Eine wichtige Bedeutung für sie hatte die Rolle der Sowjetunion im Zweiten Weltkrieg.

Hitler wurde von der Sowjetunion besiegt. Dieser Kampf gegen Hitler, der hat unendlich viel getragen. Ich habe viele Bücher dazu gelesen und Filme gesehen. Es waren grauenvolle Opfer, die da gebracht wurden. ... Als 1979 in der DDR die offizielle Thälmann-Biografie erschien, suchten wir nach Stellen, wo geschönt wurde, und wir fanden sie auch. Trotzdem hielten wir uns unverdrossen am Thälmann-Satz fest »Wer Hindenburg wählt, wählt Hitler, wer Hitler wählt, wählt Krieg«. Wir haben solche Sätze genommen als Ausweis der geistigen Größe der Kommunismus.

Dass Tissy Bruns aus der DDR stammt, ist zumindest kein bewusster Grund dafür, dass sie in den MSB Spartakus und die DKP ging.

Das war eher paradox. Ich hatte zwei Arten von Beziehungen und Einblicke: einerseits die offizielle Ebene mit Delegationen und der FDJ und die familiäre Ebene. Das waren zwei sehr unterschiedliche DDR-Bilder natürlich. Das ist eines der Kunststücke, die ich heute nicht mehr begreifen kann, wie man solche Widersprüche innerlich überbrückt. Ich finde da auch zu mir selbst keinen Anschluss, die Maoisten hatten es immer einfacher – China war weit entfernt. Die sind auch auf eine Weise unschuldiger. In die DDR hatte jeder einen Einblick.

1979 reiste Tissy Bruns' MSB-Vorstandskollege Franz Sommerfeld in die DDR und schrieb einen Reisebericht für die *Deutsche Volkszeitung*, dessen Titel keinen Zweifel an der Aussage lässt: »Ich mag die DDR«[553]. Der Bericht ist typisch für das DDR-Bild der DKP-Mitglieder, die aus der Studentenbewegung stammen. Man merkt dem Text an, dass die Begeisterung über die DDR nicht überschäumend ist. Aber das Land muss gelobt werden, einmal natürlich wegen des »Wes Brot ich ess, des Lied ich sing«-Motivs – ohne die regelmäßigen Anzeigen von SED-Tarnfirmen wie Reiseveranstalter Hansa-Tourist und SED-gestützten bundesdeutschen Verlagen wie Pahl-Rugenstein oder Plambeck wären die Zeitungen von DKP und MSB chancenlos gewesen –, aber auch, weil die DDR aufgrund ihrer Geschichte und ihres Platzes im Sowjet-Kommunismus auf der richtigen, besseren Seite stand.

Sommerfeld wagte vorsichtige Kritik und benannte Mängel, die er aber umgehend rechtfertigte und relativierte. Er schreibt von »den unfreundlichen Hochhäusern der Neubausiedlungen in Magdeburg und Berlin«, in denen er aber, natürlich, »mehr soziale Kontakte miteinander, mehr Wissen umeinander, mehr Hilfsbereitschaft gefunden [hat] als in jedem anderen architektonisch manchmal gelungeneren Betonblock unseres Landes«. Auch er »hält den Polo oder Golf für technisch entwickelter als den Wartburg oder den Trabant«. Das lag aber laut Sommerfeld daran, dass die DDR in ihren Gründerjahren ihre Mittel »in die Bildung und soziale Versorgung gesteckt [hat]. Beide sind noch heute besser als unsere.«

Abgesehen von den Autos und den Neubausiedlungen preist Sommerfeld nahezu jeden Lebensbereich der Deutschen Demokratischen Republik:

— »Ich mag die DDR, weil die Menschen dort menschlicher miteinander umgehen.«
— »Ich mag die DDR, weil in allen Teilen des Volkes der Wunsch tief verankert ist, den Frieden zu erhalten.«
— Angetan war Sommerfeld davon, dass es »kaum irgendwo so

schön erhaltene Dorfkerne mit Kirche und Brunnen, so mächtige Baumalleen wie in der DDR« gebe.

— »Ich mag die Bauern in den Landwirtschaftlichen Produktionsgenossenschaften.« Die haben Sommerfeld »den neuesten Mähdrescher genauso stolz vorgeführt wie die aktuelle Wandzeitung zur Entwicklung über Vietnam, den Kindergarten wie die LPG-Sauna«. Sommerfeld weiß auch, warum die Bauern in der DDR so glücklich sind, und um das auszudrücken, versucht er sich in einer Art Arbeiter-und-Bauern-Prosa: »... weil sie fasziniert sind von dieser Mischung aus untergehender Sonne über dem Kornacker, duftender regennasser Wiese, moderner Traktortechnik, guter Ausbildung und Massenviehhaltung, geregelter Arbeitszeit und Urlaub an der bulgarischen Küste.«

Ebenfalls überzeugt hat Sommerfeld das Geschlechtsleben der jungen DDR-Bürger, wenn auch nur aus der Beobachterperspektive: »Jugendliche in der DDR [behandeln] sexuelle Fragen sensibler«, weil es, anders als im Kapitalismus, zu keiner »Vergewaltigung unserer Gefühle kommt«. Das Geraune soll wohl heißen, dass die DDR-Jugend nicht so schnell miteinander ins Bett ging. Die DDR-Frau, das unbekannte Wesen, scheint dem 30-Jährigen allerdings den Kopf verdreht zu haben. Im selben Artikel berichtete Sommerfeld, »daß DDR-Jugendliche, zum Beispiel Studenten, früher sexuelle Erfahrungen machen als bei uns« – nicht ohne in unnachahmlichem Funktionärsdeutsch darauf hinzuweisen, dass er »nicht über statistische Ergebnisse« und auch nicht über »unmittelbare eigene Erfahrungen verfüge«. Franz Sommerfeld hätte noch mehr Gründe für den Leser parat gehabt, warum er die DDR mochte, die er allerdings in seinem Artikel nicht unterbringen konnte – aus »Platzgründen«.

Die Hauptthese des Reiseberichts ist, dass die DDR-Bürger glücklicher seien, weil sie in einem Klima lebten, das »nicht durch die Mechanismen einer Profitgesellschaft geprägt« sei: »Während bei uns die Krise die Menschen immer schwerer trifft und die sozialen Beziehungen auch untereinander stört, schafft der Sozialismus den Menschen Sicherheit, sich zu entwickeln, miteinander umgehen zu können.« Der erste Teil dieses Satzes wäre eine hellsichtige Analyse der heutigen kapitalistischen Welt, mehr als der damaligen, aber heute ist Sommerfelds Sichtweise eine etwas andere. Er ist nicht mehr für den Sozialismus, sondern arbeitet als Vorstandsmitglied des Medienunternehmens DuMont Schauberg an der Stabilisierung ebenjener »Mechanismen einer Profitgesellschaft«, nachdem er mehrere Jahre als Chefredakteur des *Kölner Stadt-Anzeiger* amtiert hatte. Während seiner DDR-Reise meinte er ein großes Selbstbewusstsein unter den DDR-Werktätigen ausgemacht zu haben: »Denn die Kollegen fürchten zum Beispiel keine Arbeitslosigkeit. Sie können ihr Leben tatsächlich planen, fürchten auch nicht die Zukunft.« Sommerfeld schrieb ferner:

> »Wenn der Direktor eines DDR-Betriebes mit den Kollegen spricht, wissen sie, daß er nicht ihre Existenz in der Rückhand hält und ihnen nicht mit Millionen Arbeitslosen droht, die vor dem Tor warten, wie in unserem Land. Was allein das schon einen Zuwachs an Menschlichkeit bringt, kann fast nur bemessen, wer erlebt hat, wie Arbeitslosigkeit oder auch nur die Angst davor, wie die Sorgen, alt zu werden und nicht mehr voll da zu sein, menschliche Beziehungen zerstören, das Klima der Familien zerstören, Haß, Wut und Resignation erzeugen können.«

Davon könnten die heutzutage von Franz Sommerfeld oder seinen Vorstandskollegen wegrationalisierten oder in den Vorruhestand abgeschobenen Drucker, Sekretärinnen und Redakteure zwar grammatikalisch und syntaktisch korrekter, aber inhaltlich nicht anders berichten.[554] Sommerfeld warnte in seinem Artikel vor Überschwang in der Liebe zur DDR, sieht aber dank des SED-gesteuerten Propagandaapparats Anlass zur Hoffnung. »Ich will nicht idealisieren: Sicher gibt es auch in der DDR Neid, falschen Ehrgeiz, kleinbürgerliche Verhaltensweisen. Sie werden übrigens in den Medien immer wieder angeprangert.« Nebenbei löst der ehemalige Theologiestudent eines der letzten Rätsel der DDR-Ökonomie: »Da sie sich nicht an der Ausbeutung der Kolonien und Länder der Dritten Welt beteiligte, waren in der Anfangszeit der DDR Bananen knapp.«

1986 war Sommerfeld, inzwischen Chefredakteur der *Deutschen Volkszeitung*, erneut in der DDR offiziell zu Gast. Über seinen Besuch in einem Wohngebiet in Berlin-Mitte schrieb er im ergriffenen Ton eines Menschen, dem der Kontakt zu einem abgeschotteten peruanischen Indianerstamm gelungen ist:

> »Wir steigen aus, gehen durch einen großen, dunklen Torbogen, gelangen auf einen restaurierten Innenhof, gelangen durch einen weiteren Bogen in einen neuen. Überall Rasen, Bänke. Kinder spielen, ohne auf den Straßenverkehr achten zu müssen. Auch hier kurze Wege, von vielen Wohnungen einzusehen. An einer Wand haben Bewohner eine Fabrik gemalt mit einem hohen Schornstein, der im tatsächlichen mündet.«[555]

Am Ende gibt Sommerfeld den Lesern einen Insidertipp für den ausgebufften Individualreisenden auf den Weg: »Touristen, die Berlin besuchen und nur bis zum Alexanderplatz kommen und dort bleiben, lernen Berlin nicht kennen.«

Als die SED-Macht im Spätsommer 1989 rapide zu erodieren beginnt, äußern die jüngeren DKP-Mitglieder erstmals offen Kritik an der SED, auch Sommerfeld. Mitte Oktober moniert er vorsichtig die Starrheit der SED-Führung, lobt die Reformbereitschaft der Blockpartei LDPD und die Montagsdemonstrationen, freilich nicht ohne die revolutionäre Unordnung in jenen Tagen zu tadeln: »… so wurde trotz des Aufrufes von Kirchenvertretern und anderen, jetzt Ruhe zu halten, demonstriert.«[556] Sommerfeld hätte, hätte er in seinem Leben jemals an einer Revolution teilgenommen und einen Bahnhof besetzt, frei nach Lenins Bonmot wohl nicht nur eine Bahnsteigkarte, sondern zur Sicherheit gleich eine Jahresnetzkarte gekauft. Wenig überraschend wandte er sich aber gegen die deutsch-deutsche Wiedervereinigung, die plötzlich zu einem tagesaktuellen Thema wurde: »Offensichtlich hat sich die deutsche Mehrstaatlichkeit als eine der Mitte Europas angemessene Ordnung erwiesen. … Im deutschen Alltagsbewußtsein gibt es eine Vorstellung davon, daß die Menschen beider deutscher Staaten, zumindest gemessen an den Verhältnissen ihrer jeweiligen Bündnispartner, von der Teilung durchaus profitieren.«[557]

Gemeint ist das relativ hohe Wohlstandsniveau. Die westdeutschen Gewerkschaften konnten mit Verweis auf die sozialistische Alternative im eigenen Land ein hohes Lohnniveau herausholen, und die DDR-Bürger blickten auf die bundesdeutschen Konsumgüter, die ihre Industrie teilweise auch nachbaute. Nach der Maueröffnung wurde das Weltbild von Franz Sommerfeld, den schon die »destabilisierenden« Tendenzen der Solidarność beunruhigt haben, vollständig verunsichert. »Nun machen sie die Revolution, die wir ihnen am wenigsten zugetraut haben. Sie definieren auf Straßen und Veranstaltungen ihr Verständnis der DDR«[558], schrieb er Mitte November '89. Die DDR-Bürger, musste Sommerfeld zur Kenntnis nehmen, waren nicht nur in sexuellen Fragen sensibler und konnten neueste Mähdrescher bauen, sie konnten auch eine Revolution machen, und das ganz ohne ZK-Beschluss. Sommerfeld ist sich aber sicher: »Die Menschen der DDR wollen nicht die Ablösung ihrer Diktatur durch ein westliches Diktat.« Die Bundesrepublik könne schon einmal »die vollständige Anerkennung [der DDR, d. A.] einleiten«. Es dürfe nicht zu einer durch den Westen dominierten Wiedervereinigung kommen, weil sich die Bundesrepublik dann aus dem »europäischen Prozeß« ausklinken würde. Sommerfeld befand zum Schluss markig: »Jeder Versuch eines deutsches Sonderweges bedarf der harten Opposition. Wann demonstrieren wir?« Eine rein rhetorische Frage – zu einer starken Anti-Wiedervereinigungs-Bewegung im Westen, die über Ablehnungsbekundungen hinausging, gab es damals keinerlei Anzeichen.

Bekanntlich war damals nicht nur die DKP, sondern ein großer Teil des bundesdeutschen linken Establishments, den damaligen stellvertretenden SPD-Vorsitzenden Oskar Lafontaine eingeschlossen, gegen die Wiedervereinigung. Sommerfeld stand mit der herablassenden Haltung gegenüber den DDR-Bürgern (»am wenigsten zugetraut«) nicht allein. Die DDR-Bürger galten in den einschlägigen Milieus als hinterwäldlerische Spießer, die überwunden geglaubte Kleinbürgerlichkeit plötzlich wieder auf die deutsche Bühne brachten: Freude am Konsum (Verblendung durch Konsumfetischismus!), einen heimwerkerhaften Autofimmel, Urlaub zu reinen Erholungszwecken, Unterstützung für einen CDU-Kanzler, Schlagermusik, Heimat- und Nationalgefühl, vermeintliche Obrigkeitsgläubigkeit, das Altdeutsche, Altmodische der plötzlich allpräsenten Pfarrer aus Thüringen und Sachsen, deftige Hausmannskost, Männerfüße in hellen Socken und Flechtsandalen, Spitzengardinen, gemusterte Tapeten, praktische Tischdecken aus Wachs. Vermutlich erkannten die älter gewordenen 68er in den DDR-Bürgern ihre eigenen Eltern wieder und reagierten deswegen so ablehnend.

Auch Tissy Bruns war im Herbst 1989 zunächst gegen eine Wiedervereinigung, erst recht unter westlichen Vorzeichen. Sie vertrat weiter die Zwei-Staaten-Theorie. In der DVZ schrieb sie Mitte Oktober:

> »Die deutsche Frage ist ein Anachronismus, der sich in schlimmer Paradoxie daran zeigt, daß innerhalb weniger Wochen Zehntausende vom zehnt- in das zweitreichste Land der Welt flüchten. Ihre in der DDR wurzelnden Gründe sind nicht zu bestreiten. Aber fest steht auch, daß die ›Wiedervereinigung in der Bundesrepublik‹ aus der Sicht beider Länder eine Sackgasse ist. ... Welches Land der Welt erklärt fast siebzehn Millionen Staatsbürger eines anderen Landes potentiell zu den eigenen?«[559]

Ich weiß nicht, ob ich es mit Überzeugung geschrieben habe. Ich saß im September vor dem Fernseher und sah die Prager Botschaft. Dieser Aufschrei der Leute, als Genscher deren Ausreise ankündigte ... Es gibt kaum ein Ereignis, das mich so beschämt hat. Die Leute freuten sich über ihre Freiheit, es war eine existenzielle Situation. Und ich hatte mir angemaßt zu behaupten, dass sie in der DDR ja auch nicht schlecht lebten. Dieser Aufschrei war ein eindeutiges menschliches Gefühl, das mich widerlegte. Ich kann bis heute diesen Ton in mir hören. Ich hatte mir eingebildet, Menschen sagen zu können, wie man gut lebt, und dass man im Interesse einer höheren Zukunft gewisse kleine Nachteile in Kauf nehmen müsse. Als später nicht mehr »wir sind das Volk«, sondern »wir sind ein Volk« gerufen wurde, sagte man sich: Na ja, das kann es nun auch nicht sein. In dieser Phase konnten wir uns wieder einbilden, dass die Entwicklung von düsteren Kräften gesteuert würde. Es war aber nicht zu verdrängen, dass die DDR am Ende war, und es war richtig so. Ich war zu 99,9 Prozent über die DDR desillusioniert. Aber die Bundesrepublik sollte deshalb nicht recht behalten. Ich fand damals nicht, dass die deutsche Einheit als Nächstes kommen sollte.

Tissy Bruns' Herkunft aus der DDR hat keine Sentimentalitäten und keine privat bedingten Wiedervereinigungswünsche erzeugt.

Zur Geschichte in der DKP gehörte, die verwandtschaftlichen Beziehungen einschlafen zu lassen. Das ist bis heute nicht wiederbelebt. Heimatliche Bedingungen gab es nicht. Die Spaltung ist zu tief, und ich war zu klein, ich war fünf, als ich das Land verließ.

Besonders drei Enthüllungen nach dem Kollaps der osteuropäischen sozialistischen Staaten schockierten Tissy Bruns.

Mich trafen niederschmetternd die elenden Bedingungen in den rumänischen Waisenhäusern; die Tatsache, dass RAF-Terroristen in der DDR Unterschlupf fanden – wir sahen uns immer auf der klaren Seite, uns wurde von denen immer eingebläut, dass Terrorismus keine Alternative ist –; und dass eine Gruppe innerhalb der DKP militärisch ausgebildet wurde. Es waren Kindereien, aber wir waren angelogen worden.

X. Sprache
Der Terror der Worte

So ist diese geniale Zeitung auch ein mieses Schweineblatt; von dummen Redakteuren, die mit einer hochentwickelten Medien-Technologie zusammengebracht werden, so furchtbar einfach zu machen.
Thomas Schmid über die *Bild-Zeitung*, 1978[560]

Kurz vor Weihnachten 1975 bekommt Horst Mahler im Gefängnis Berlin-Tegel, Haus II, Besuch von drei Genossen. Mahler sitzt seit Ende 1970 eine 14-jährigen Haftstrafe ab. Im Gefängnis hat sich Mahler von der RAF losgesagt und sich dafür der maoistischen KPD angeschlossen. Nun besuchen ihn zwei KPD-Funktionäre sowie Bernd Ziesemer aus Köln, leitender Kader des KPD-Jugendverbandes KJVD. Ziesemer zeigt sich vom 17 Jahre älteren und prominenten Genossen beeindruckt: »Die Tür wird aufgeschlossen. Horst steht vor uns. Nacheinander umarmen wir uns.« Die lange, mühsame Fahrt von Köln durch die DDR nach Westberlin hat bei Ziesemer offensichtlich ernsthafte Halluzinationen ausgelöst: »Tegel ist bis über beide Ohren völlig überbesetzt.«[561]

Der Reisebericht des 22-jährigen Nachwuchsfunktionärs in der KJVD-Zeitschrift *Kämpfende Jugend* (KJ) ist, von Stilblüten abgesehen, ein hübsches Beispiel für die Sprache einer maoistischen K-Gruppe – und für Ansätze eines Personenkults in der KPD um »Horst«. Natürlich führt »Horst unaufhörlich den ideologischen Kampf mit den anderen Gefangenen«. Ziesemer verspricht Horst Mahler, den anderen Genossen zu berichten, »daß er zwar von uns getrennt ist, aber trotzdem mit uns im ideologischen Kampf steht«. Bernd Ziesemer scheint im Besuchszimmer an Mahlers Lippen zu hängen: »Horst sagt: Kein Bild hat hier drin so einen Eindruck gemacht, wie das Bild in der KJ und der Roten Fahne von dem Block der demonstrierenden Soldaten am Kampftag gegen den Imperialistischen Krieg.« Zum Abschied in Tegel hebt man die Fäuste und ruft sich ein »Rot Front!« zu. Ziesemer schließt seinen Bericht mit der logisch und syntaktisch etwas schiefen, propagandistisch aber zünftigen Parole: »Der Kampf muß weitergehen, wir dürfen nicht nachlassen, bis Horst Mahler, bis alle politischen Gefangenen der Bundesrepublik frei sind. Und sind die Türen von Tegel noch so dick!« Die dicken Türen von Tegel öffneten sich für Mahler allerdings erst 1979, als er als Freigänger das Gefängnis verlassen konnte.

Wenn ältere Kader wie Christian Semler, Willi Jasper oder Jürgen Horlemann in die Tasten griffen, produzierten sie zwar sprachlich sicherere Texte als der Nachwuchs, jedoch im gleichen Ton. Die Sprache der KPD war noch ein bisschen überdrehter als die der anderen K-Gruppen. Urteile der bundesdeutschen Gerichte waren für sie »Terrorurteile«, das Bundeskriminalamt waltete als »neue Gestapo«, natürlich ging es immer um die »Volksmassen« und nicht einfach nur um das Volk oder die Massen, und gekämpft wurde selbstverständlich »tagtäglich« und nicht nur täglich. Bei Durchsicht der Texte der KPD drängt sich der Eindruck auf, als habe die Partei Victor Klemperers *LTI* als heimliche Inspirationsquelle benutzt. Klemperer seziert in seinem Buch über die Sprache des Dritten Reichs die Vorliebe der Nazis für Übertreibungen, Superlative und eine insgesamt sirenenhafte Sprache.

Heute lesen sich die Texte besonders der KPD unfreiwillig komisch. Sie zeigen auch, wie entleert und mechanisch die offizielle Sprache der KPD längst war. Artikel oder Transparente zu beliebigen Themen klangen wie von einem Textroboter verfasst, der sie mit Satzmodulen zusammenbaute. Selbst aggressive Ausbrüche klangen künstlich und mechanisch. Wenn

Bernd Ziesemer im Dezember 1977 in einem Leitartikel von einer »Aufwertung des zionistischen Verbrecherregimes«[562] und vom »Terrorkurs« schrieb und damit Israels Politik meinte, steht das zusammenhangs- und begründungslos im Text, ganz so, als ob der Textroboter der KPD ihm den Befehl gegeben hätte, richtig harte, provozierende Formulierungen unterzubringen. Denn ansonsten ist der Leitartikel eine wenig originelle Interpretation der jüngsten Entwicklungen im Nahen Osten aus maoistischer Sicht, formuliert mit den üblichen KPD-Satzmodulen (»Zionismus als Vorposten des Imperialismus«) und Parolen (»Die internationale Einheitsfront gegen Imperialismus, Kolonialismus und Hegemonismus wird erstarken«). Ägyptens Präsident Sadat hatte im November 1977 Israel besucht und im Parlament eine Rede gehalten, allerdings ohne vorher Bernd Ziesemer um Rat zu fragen, denn, so die sicherheitspolitische Analyse des ehemaligen Kraftfahrers und Druckereiarbeiters[563] Ziesemer, der Besuch habe zu einer »Spaltung der gerechten arabischen Sache« geführt. Im Text betet er Maos Drei-Welten-Theorie herunter und kommt zu dem Schluss: »Solange die beiden imperialistischen Supermächte im Nahen Osten noch Einfluss haben und die Völker täuschen können, wird es keinen Frieden und keine Stabilität geben.«

Der Artikel weist darauf hin, wie gedankenlos die KPD Sprache eingesetzt hat. Sie diente nicht dazu, Vorgänge, Meinungen und Objekte zu benennen, sondern transportierte leere Hülsen und Parolen. Die Formel vom »zionistischen Verbrecherregime« wäre selbst den Antizionisten vom Frankfurter Verlag Roter Stern zu platt gewesen. In der *Kämpfenden Jugend* wurde besonders gern rhetorisch geholzt, wohl, um sich der Zielgruppe der Schüler und Lehrlinge anzubiedern und sprachlich proletarisch zu wirken. Nachdem im November 1975 Spaniens Diktator Franco gestorben und der junge König Juan Carlos inthronisiert worden war, machte die KJ auf mit der feinfühligen Schlagzeile »Franco ist tot / Juan Carlos – du bist der nächste!«[564] – das war bösartig und dumm. Wenn die Redaktion genauer hingesehen hätte, hätte sie mitbekommen, dass Juan Carlos zwar ein Ziehkind von Franco war, in seiner Thronrede zwei Tage nach dem Tod des Diktators aber unmissverständlich Demokratie und Modernisierung anmahnte, womit er ein hohes persönliches Risiko einging. Der spanische Polizei- und Militärapparat war nach Jahrzehnten der Franco-Diktatur tief undemokratisch geprägt. Die Rede hielt Juan Carlos am 22. November, vier Tage später machte die KJ mit ihrer Schlagzeile auf. Bereits zu diesem Zeitpunkt hätte man die neuen, ungewohnten Töne aus Spanien erkennen können. Aber Details und Grautöne wie diese hätten das eigene geschlossene Weltbild zu sehr gestört. Spanien war demnach im Griff der amerikanischen Imperialisten, und diese Deutung wollte man sich nicht durch überraschende Nachrichten kaputtmachen lassen.

Der Bericht über den Machtwechsel in Spanien zeigt nebenbei, wie weit sich die KPD von den ursprünglichen 68er-Idealen der Gegeninformation und Aufklärung verabschiedet hatte. Damals ging es darum, Auskünfte, die sich nicht in den etablierten Medien fanden, zu veröffentlichen, Berichte und Hintergründe zum Vietnamkrieg etwa. Jetzt machte die KPD genau das, was ihre Gründer einst angeprangert hatten, nämlich Informationen zu unterdrücken und zu manipulieren.

Nachdem Generalbundesanwalt Siegfried Buback im April 1977 von der RAF erschossen worden war, schrieb Bernd Ziesemer einen Leitartikel in der KJ. Er verurteilt darin zunächst die Rolle Bubacks im Staatsapparat. Dann dröhnte er: »Buback war ein geschworener Feind des Volkes, ein Reaktionär reinsten Wassers – die Volksmassen haben keinen Grund, ihm eine Träne nachzuweinen!«[565] Über die zwei anderen Mordopfer, den Fahrer und den Leibwächter, verlor Ziesemer kein Wort. Anschließend legte er die bekannte Parteilinie dar, dass individueller Terror nichts bringe, weil er »einzig und allein dem Klassenfeind, dem Staatsapparat und der bürgerlichen Lumpenpresse [nützt], die in seinen Diensten steht.« Der Leitartikel schließt mit dem bekannten Ende aus dem Kommunistischen

Manifest: »Mögen die herrschenden Klassen vor einer kommunistischen Revolution zittern. Die Proletarier haben in ihr nichts zu verlieren als ihre Ketten. Sie haben eine Welt zu gewinnen!«

Kurz nach dem Mord an Buback wird nochmals nachgetreten mittels einer berechnenden Provokation, obwohl man »individuellen Terror« ablehnte. Ziesemer wusste natürlich, dass es eher unüblich ist, gerade Ermordete, Gestorbene überhaupt, zu beschimpfen, unabhängig davon, was man von ihnen hielt. Gleichzeitig sind die Formulierungen berechnend: Vermutlich wurde ein Ausdruck wie »Reaktionär reinsten Wassers« (reines Wasser hat nicht ausgereicht) vorher genau danach geprüft, ob er in die Nähe des Paragrafen 189 des Strafgesetzbuchs – Verunglimpfung des Andenkens Verstorbener – oder des Paragrafen 90a – Verunglimpfung des Staates und seiner Symbole – gerät oder nicht.[566] Dann wird den »Volksmassen« vorgeschrieben, wie sie zu reagieren haben, womit das Gleiche getan wird, was die radikale Linke damals nach dem Attentat auf Siegfried Buback dem Staat vorwarf, nämlich eine bestimmte Form der Reaktion vorzuschreiben. Damals wurde zu einer Art öffentlicher Trauer aufgerufen; im Öffentlichen Dienst fanden Gedenkminuten und Ähnliches statt. Schließlich werden marxistische Klassikerzitate an den Text geklebt, damit die Linie der Partei klar ist. Es ging im Frühjahr 1977 noch um die kommunistische Revolution.

Bernd Ziesemer war der Typus der übermotivierten Nachwuchskraft, der alles richtig machen, sich bei den leitenden Kadern empfehlen wollte und gerade deswegen ab und an übers Ziel hinausschoss. Ziesemer wurde am 17. August 1953 im niedersächsischen Bückeburg geboren, wo er seine Kindheit und Jugend verbrachte. Er gehört zu den Jahrgängen, die erst nach 1968 politisch sozialisiert wurden und die prägenden Momente der 68er – die Schüsse auf Benno Ohnesorg, den Aufruhr auf den Straßen, die Reden Rudi Dutschkes – nicht unmittelbar erlebt haben. Ziesemer wuchs mit der politischen Ernüchterung in der APO auf, ohne die mitreißende Stimmung in Berlin oder Frankfurt und wenig später in der Provinz selbst miterlebt zu haben. Er engagierte sich als Schüler in der Sozialistischen Basisgruppe in Bückeburg, einer Schüler- und Lehrlingsvereinigung, die sich als Opposition zu den örtlich dominierenden Jusos verstand und später in der KPD aufging. In seinen wenigen öffentlichen Äußerungen über seine Vergangenheit meint Ziesemer, dass der Gang in diese Gruppe auch ein Weg war, um dem »Kleinstadtmief« zu entkommen. Während seiner Wehrdienstzeit bei der Bundeswehr in Munster in der Lüneburger Heide wurde Ziesemer zum Vertrauensmann gewählt.[567] In dieser Zeit wurde er vom Militärischen Abschirmdienst (MAD), dem Geheimdienst der Bundeswehr, vernommen, weil in der Kaserne Agitationsmaterial zum Vietnamkrieg aufgetaucht war. Der MAD verdächtigte Ziesemer.[568] Nach dessen Vermutung war der MAD verantwortlich dafür, dass er nach der Entlassung aus dem Wehrdienst zunächst keine dauerhafte Arbeit findet. Indes, in Hamburg arbeitete er, wie bereits erwähnt, später als Kraftfahrer und Druckereiarbeiter – ob zum reinen Gelderwerb oder um die maoistische Kadervita proletarisch einzufärben, ist nicht bekannt.

Anfang 1974 trat er der KPD bei und beteiligte sich am Aufbau des KJVD in Norddeutschland.[569] 1975 wurde Ziesemer in den Ständigen Ausschuss, die Führungsetage des KJVD gewählt.[570] Bei der Bundestagswahl 1976 kandidierte er auf Platz sechs der KPD-Landesliste in Niedersachsen.[571] Im Oktober 1978 reiste Ziesemer als offizieller Abgesandter des KJVD erstmals in die Volksrepublik China. In Peking fand ein einwöchiger Kongress des Kommunistischen Jugendverbandes Chinas statt.[572] Im Jahr darauf, im März 1979, als die Auflösungserscheinungen der KPD und seiner verbundenen Gruppen bereits im Gange waren, stieg Ziesemer zum Vorsitzenden des Ständigen Ausschusses des KJVD auf.[573] In seiner kurzen Amtszeit liefen die Solidaritätskampagnen des KJVD für die Roten Khmer weiter.

Bernd Ziesemers Zeilen zum Mord an Siegfried Buback sind außerhalb des begrenzten Leserkreises der KPD-Jugend praktisch unbeachtet geblieben, ganz im Gegensatz zu einem anderen Artikel über den Generalbundesanwalt, der fast zeitgleich erschien. Am 25. April 1977 wurde in den *Göttinger Nachrichten*, der AStA-Zeitung der Göttinger Universität, der Text »Buback – Ein Nachruf« veröffentlicht. Der »Buback-Nachruf«, wie er später bündig genannt wurde, den Klaus Hülbrock unter dem Pseudonym »Göttinger Mescalero« verfasste, ist drei Seiten lang, aber in der Öffentlichkeit spielten damals nur zwei Sätze eine Rolle: »Meine unmittelbare Reaktion, meine ›Betroffenheit‹ nach dem Abschuß von Buback ist schnell geschildert: ich konnte und wollte (und will) eine klammheimliche Freude nicht verhehlen. Ich habe diesen Typ oft hetzen hören, ich weiß, daß er bei der Verfolgung, Kriminalisierung, Folterung von Linken eine herausragende Rolle spielte.« Zunächst fand der Artikel außerhalb der Universität keine Beachtung, was sich aber änderte, als der CDU-nahe Studentenverband RCDS Anzeige erstattete. Daraufhin ließ die Universität die noch vorrätigen Exemplare einziehen. Der RCDS gab eine stark verkürzte Fassung heraus, in dem nur die fragwürdigen Passagen zu finden waren. Der Affärenmechanismus setzte ein. Ende Mai durchsuchte die Polizei den Göttinger AStA und diverse Privatwohnungen, außerdem einen linken Buchladen und das Göttinger Büro des KBW. Weder der Buchladen noch der KBW hatten mit dem AStA zu tun.

Die überregionalen Medien verurteilten den Text, ohne den Lesern eine eigene Meinungsbildung zu ermöglichen. Sie druckten ihn nicht ab, auch nicht die damals linke *Frankfurter Rundschau*.[574] Das taten dafür andere, besonders Studentenvertretungen, was wiederum zahlreiche Ermittlungsverfahren zur Folge hatte. Bundesjustizminister Hans-Jochen Vogel kündigte an, gegen jede Veröffentlichung Anzeige zu erstatten. 116 Personen insgesamt wurden angeklagt. 69 Mal wurden Prozesse eröffnet, 15 Mal kam es bis Ende 1978 zu erstinstanzlichen Verurteilungen, die allerdings später höherinstanzlich teilweise wieder aufgehoben wurden. Bis zum Bundesgerichtshof und mehreren Oberlandesgerichten beschäftigte sich die Justiz mit dem Artikel und den Nachdrucken.

Erst im Jahr 1980 schloss die Justiz die letzten Verfahren ab. Den eigentlichen Verfasser machten die Ermittler nie ausfindig, dafür wurden zwei presserechtlich verantwortliche Redakteure der Göttinger AStA-Zeitung zu je 1800 Mark Geldstrafe verurteilt. Auch gegen 48 Professoren und Anwälte, die den Nachruf in einer Dokumentation veröffentlicht hatten, wurde prozessiert, was in Freisprüchen endete. Die 13 in Niedersachsen lehrenden Professoren sollten allerdings eine »Treuepflichterklärung« unterschreiben. Einzig der Germanist Peter Brückner von der Technischen Universität Hannover weigerte sich. Er wurde vom Dienst suspendiert, bekam für die gesamte Universität Hausverbot (!) und wurde anderweitig juristisch drangsaliert.

Das ist ein bisschen viel Aufwand gewesen für einen Artikel aus einem Studentenblatt einer Universität in der niedersächsischen Provinz, der, dazu später mehr, eben keine Verteidigungsschrift des Terrorismus war. In den 70er Jahren haben die linksradikalen Gruppen Flugblätter und Schriften in Mengen produziert, die wohl insgesamt Schiffscontainer füllen könnten. In vielen dieser Texte wurden der Staat und seine Repräsentanten verunglimpft. Ausgerechnet der »Mescalero«-Artikel hat eine Affäre und eine beispiellose Kette von hitzigen Auseinandersetzungen nach sich gezogen. Warum? Es hat mit dem genauen Inhalt, mit dem Anlass und mit der Sprache zu tun.

Mit dem Mord an Siegfried Buback am 7. April 1977 wurde zum ersten Mal in der Bundesrepublik ein Repräsentant des Staates von Terroristen hinterrücks und geplant erschossen. Wie die Roten Brigaden in Italien oder die ETA im Baskenland schoss die RAF auf der Straße einen Staatsvertreter ab und nahm den Tod weiterer Menschen in Kauf. Das erklärt, warum bis heute in der politischen Diskussion der Mord an Buback eine viel größere Rolle spielt als alle anderen späteren Morde der RAF, den – wie der Mord Bubacks ebenfalls bis heute ungeklärten – Mord an Hanns Martin Schleyer eingeschlossen. Die Tat löste in der Politik einen Schock aus. Klaus Hülbrock:

> Wir wollten uns der verordneten Trauer annehmen, der öffentlichen Regulierung der Trauer. Ich wollte mich gegen die Distanzierungen der Jusos und des Sozialistischen Büros wenden. Das ist etwas, was einen ankotzt. Das ist nicht mit einem schönen Artikel zu beantworten, sondern erfordert ein Aufstoßen gegen die rationale Argumentation: Es wurden Sprachregelungen angeordnet und Gefühle verordnet, die ich nicht nachvollziehen konnte, unabhängig davon, ob ich mit dem Opfer fühle.

Klaus Hülbrock schrieb den Text für eine Göttinger Spontigruppe namens »Bewegung Undogmatischer Frühling« (BUF). In der zweiten Hälfte der 70er Jahre verloren die maoistischen K-Gruppen bei den AStA-Wahlen an den Universitäten an Stimmen, während Basis- und Spontigruppen wie die Göttinger BUF hinzugewannen. Einzig der maoistische Kommunistische Bund (KB) konnte seinen Einfluss in den Studentenvertretungen ausbauen. In Göttingen bildeten zum Zeitpunkt des »Buback-Nachrufs« eine vom KB dominierte »Sozialistische Bündnisliste« und die BUF den Göttinger AStA.

Typisch für die Spontis und die »Undogmatischen« war ihre expressive, verspielte, manchmal infantile Sprache, die sich bewusst abhob vom mechanischen Jargon der Kaderparteien. Darin drückte sich eine neue jugendkulturelle Unterströmung aus, die in der zweiten Hälfte der 70er Jahre entstand. Unter den Spontis fand man ein Flugblatt »dufte«, man »flippte aus«, wenn man Drogen nahm, man schlief »unheimlich toll« oder »pennte« miteinander, man veranstaltete eine »Fete«, war durch die Repression »total kaputt« gemacht worden oder fühlte sich »gefrustet«, man war ständig auf diversen »Trips«, nicht nur auf drogenbasierten, sondern auch auf einem »Revolutionstrip« oder einem »Alternativtrip«, ein Mann war »'n Typ«, und die Polizisten waren natürlich die »Bullen«. Interessanterweise hat sich die Spontisprache der späten 70er Jahre teilweise bis heute konserviert. Manche 50-, 55-Jährigen flippen heute noch aus, sprechen über die »Alten« und meinen die eigenen Eltern und ärgern sich völlig unironisch über »die Bullen«, während es mit großer Wahrscheinlichkeit heute so gut wie keinen ehemaligen maoistischen Kader mehr gibt, der sich über Terrorapparate und Volksfeinde empört und die Volksmassen erreichen will.

Klaus Hülbrock traf mit seinem Studentenzeitungs-Text einen Ton, der näher dran war an den Studenten als der kalte Jargon der Kaderparteien. Im Jahr 1977 waren die jüngsten Studenten 1957, 1958 geboren. Sie sind in einer gänzlich anderen Jugendkultur aufgewachsen als die zehn Jahre Älteren. Die neomarxistische, abstrakte, substantivische Sprache der Studentenbewegung war ihnen fremd. Der Germanistikstudent Hülbrock, obwohl als 1947 Geborener fast noch ein richtiger 68er, eignete sich die populär gewordene Spontisprache an. Zwei Sätze aus dem »Nachruf« sind ein gutes Beispiel dafür:

> »Ich habe auch über eine Zeit hinweg (wie so viele von uns) die Aktionen der bewaffneten Kämpfer goutiert; ich, der ich als Zivilist noch nie eine Knarre in der Hand hatte, eine Bombe habe hochgehen lassen. Ich habe mich schon ein bißchen dran aufgegeilt, wenn mal wieder was hochging und die ganze kapitalistische Schickeria samt ihren Schergen in Aufruhr versetzt war.«

Auch Hülbrock schreibt ferner von »Killern«, von »Bullen« und vom »Knast«. Zum Spontiton, den Hülbrock am Ende »klobig« nennt, passt das wurstige Layout des Texts mit handgezeichneter Überschrift, unregelmäßigen Zeilenabständen und eingefügten Zeichnungen. Der Artikel ist streckenweise böse, abstoßend und gegenüber Buback und seiner Familie verletzend, aber erkennbar eilig und mit heißem Herzen geschrieben. Berechnend, auf eine erhoffte Wirkung abzielend, ist er nicht. Da war jemand beim Schreiben erkennbar bei sich. Womöglich empfanden die staatlichen Behörden und die Medien den Text deshalb als Bedrohung, weil sie merkten, dass der Text echt war und nicht kalt aus Satzbausteinen zusammengesetzt. Dazu passen die Umstände, unter denen Klaus Hülbrock zu Hause in seinem Wohnort, dem Dorf Roringen bei Göttingen, den Nachruf verfasste:

> Es war der Samstag nach dem Attentat. Morgens bin ich mit dem Hund raus, mittags habe ich Erbsensuppe gekocht. Dazwischen habe ich den Artikel geschrieben. Um 14 Uhr war Redaktionsschluss. Um ein Uhr holte mich ein Freund[575] von der BUF ab und fuhr mit mir in die Stadt. Er bezeugte den Artikel bei der Übergabe, sonst wäre er gar nicht angenommen worden.

Die Redaktion der AStA-Zeitung war vom KB dominiert. Ironischerweise war der Nachruf, der später als Ausweis eines gewaltverherrlichenden linken Sumpfes an den Universitäten galt, nicht nur in Opposition zur offiziellen »Trauerregulierung«, sondern auch in Opposition zum KB und zu den K-Gruppen insgesamt entstanden.

> Der eigentliche Gegner waren die K-Gruppen. Das waren die Meister der sauber artikulierten Rhetorik. Wir haben Apolitik gemacht, haben »Leck mich am Arsch« gedacht. ... Die Trennlinie verlief nicht zwischen uns und »denen da« [dem Staat, d.A.], sondern zwischen den K-Gruppen und ihrem »die Massen gewinnen« und einer subversiven Idee, die sich von dem Überzeugen wollen verabschiedet. Es war bei uns eine Subversion gegen bestimmte Redewendungen, die uns zu konventionell waren, um revolutionär zu sein. Wenn der KB nach Brokdorf gefahren ist, um zu demonstrieren, haben wir in der Kneipe Skat gespielt. Die haben uns als Chaoten beschimpft, die gar nicht richtig Politik machen können. Interessant, dass wir für die die Chaoten waren. Da wusste man schon: Wenn sie die Chance bekommen hätten, hätten die uns ins Abseits oder ins Lager gesteckt.

Über die Sprache der K-Gruppen denkt Klaus Hülbrock so:

> Die hatten furchtbare Krawatten getragen und furchtbare Texte geschrieben. Gegen diese Sprache haben wir angestunken, mit unseren Mitteln, die dieser kalten Sprache in jeder Hinsicht überlegen waren, aber immer belächelt wurden.

Aber auch sein Text war roh. Kurz nach dem Mord an einem Menschen ist vom »Abschuss« die Rede, vom »Typ«, von »Killervisagen wie die Bubacks«, während ausgiebig über die Ungerechtigkeit eines aktuellen Prozesses gegen zwei Linksradikale lamentiert wird.[576] Mitleid existiert nur für die eigenen Genossen und nicht für die Gegner.

> Empathie kam erst mit der »Verweichlichung« der Gesellschaft auf. Gewalt und Tote gehörten zum Schema des Kalküls. Das Unempfindsame hängt mit der Zeit zusammen. Damals war eine Gewöhnung an Gewalt verbreitet, nicht nur politisch. An die Opfer zu denken, empfand man als eine künstliche Heuchelei der Nomenklatura. Heute ist Empathie selbstverständlich. Das war in den 70er Jahren nicht verbreitet. Glauben Sie nicht, dass die Jusos damals mit den Opfern von lateinamerikanischen Guerillas Mitgefühl hatten.

Der »Buback-Nachruf« erregte die Öffentlichkeit natürlich nicht monatelang allein wegen seiner Sprache. Auch inhaltlich repräsentierte er eine damals weit verbreite Meinungs- und Gefühlslage. Erstmals artikulierte ein bundesdeutscher Linksradikaler offen seine Zerrissenheit im Umgang mit der terroristischen Gewalt. Einerseits lehnte der »Mescalero« die Bundesrepublik und ihre Repräsentanten ab und offenbarte Gewaltfantasien – er hat sich »ein bisschen daran aufgegeilt«, wenn die RAF und andere Organisationen wieder zuschlugen:

> »Ich habe mir auch jetzt wieder vorgestellt, ich wäre bei den bewaffneten Kämpfern, werde gesucht, gejagt, lebe irgendwo in einem konspirativen Zusammenhang von einigen Leuten, muß aufpassen, daß meine alltäglichen Verrichtungen (einkaufen gehen, Papierkörbe leeren, einen Film ansehen) mir nicht schon den Garaus machen. ... Ich frage mich, wie ich – abgeschnitten von alltäglichen persönlichen und politischen Zusammenhängen – mit meinen Leuten die Entscheidung über solch eine Aktion fällen könnte. ... Wie ich mir sicher sein kann, daß dieser und kein anderer sterben muß, wie ich in Kauf nehme, daß auch ein anderer dabei draufgeht, ein dritter vielleicht querschnittsgelähmt sein wird etc. etc.«

Bereits an dieser Stelle des Nachrufs, die später als Beleg für das angebliche Sympathisantentum des »Mescaleros« dienen sollte, tauchen die ersten Zweifel auf: Das mögliche Schicksal von Dritten, Fahrern und Polizeibeamten etwa, wird benannt, was in damaligen linksradikalen Traktaten selten vorkam. Dann stellt er die neben der moralischen Grundfrage zur Gewalt entscheidende Frage, die sich jeder stellen muss, der Gewalt gegen Menschen als legitimes Mittel befürwortet, die aber unter den Linksradikalen nicht laut gestellt worden war:

> »Wie soll ich mich entscheiden, daß Buback wichtig ist, nicht für mich und meine Leute, sondern auch für die anderen Leute. Daß er wichtiger ist, als der Richter X am Gefängnis Y oder einer seiner Wärter. Oder daß der Verkäufer an der Ecke, der dauernd ›Kopf ab‹ brüllt eine geringere ›Schuld‹ trägt als Buback. Nur, weil er weniger ›Verantwortung‹ hat? Warum diese Politik der Persönlichkeiten? ...
>
> Wenn in Argentinien oder gar in Spanien einer dieser staatlich legitimierten Killer umgelegt wird, habe ich diese Probleme nicht. Ich glaube zu spüren, daß der Haß des Volkes gegen diese Figuren wirklich ein Volkshaß ist. Aber wer und wie viele Leute haben Buback (tödlich) gehaßt. Woher könnte ich, gehörte ich den bewaffneten Kämpfern an, meine Kompetenz beziehen, über Leben und Tod zu entscheiden? Wir alle müssen davon runterkommen, die Unterdrücker des Volkes stellvertretend für das Volk zu hassen, so wie wir allmählich schon davon runter sind, stellvertretend für andere zu handeln oder eine Partei aufzubauen. ... Was wir auch tun: es wirft immer ein Licht auf das, was wir anstreben. Wir werden unsere Feinde nicht liquidieren. Nicht in Gefängnisse und nicht in Arbeitslager sperren und deswegen gehen wir doch nicht sanft mit ihnen um. Unser Zweck, eine Gesellschaft ohne Terror und Gewalt (wenn auch nicht ohne Aggression und Militanz), eine Gesellschaft ohne Zwangsarbeit (wenn auch nicht ohne Plackerei), eine Gesellschaft ohne Justiz, Knast und Anstalten (wenn auch nicht ohne Regeln und Vorschriften oder besser: Empfehlungen) – dieser Zweck heiligt eben nicht jedes Mittel, sondern nur manches. Unser Weg zum Sozialismus (wegen mir: Anarchie) kann nicht mit Leichen gepflastert werden.«

Das ist die Passage, die von der Politik und den etablierten Medien übergangen wurde. Klaus Hülbrock, für den die Terroristen weiter Genossen, »bewaffnete Kämpfer« sind, kritisierte die selbst erklärte Avantgarde-Rolle der RAF und die Mittel, die nicht zu den Idealen passten. Zu den Missverständnissen trug Hülbrock allerdings selbst bei, weil er auch in dieser Passage nicht eindeutig der Gewalt abschwor.

Aber es ist gerade die Kombination vermeintlich widersprüchlicher Gedanken, die erklärt, warum sich viele mit dem »Nachruf« identifizieren konnten. Es gab damals wohl kaum linke Wohngemeinschaften, die in echte Trauer verfielen, als sie von der Ermordung Bubacks hörten, gleichzeitig wuchsen das Unbehagen und das schlechte Gewissen angesichts des Wahnsinns der RAF, stellvertretend für »das Volk« über Leben und Tod einzelner Staatsvertreter zu entscheiden.

Auch in der »klammheimlichen Freude«, die zu einem geflügelten Wort wurde, drückt sich die Zerrissenheit aus. Die Freude ist eben nur klammheimlich, also verschämt, ambivalent und nicht offen. Der »Nachruf« zeigt menschliche Regungen und Zweifel, was man von den anderen Traktaten und Kommentaren nach Bubacks Ermordung nicht behaupten kann. Diese interpretierten den Mord kalt im Sinne ihrer jeweiligen Linie.

Der DKP-nahe Studentenverband MSB Spartakus, der sonst peinlich genau darum bemüht war, offiziell keinen Verdacht der Sympathie mit der RAF aufkommen zu lassen, versuchte durch das Aufbauen einer Verschwörungstheorie von der Frage nach der eigenen Haltung zum Mord an Buback abzulenken. Der Chefredakteur der MSB-Zeitung *Rote Blätter*, Franz Hutzfeldt, der kurz danach durch Heirat Franz Sommerfeld heißen sollte, vermutete in seinem Kommentar nach dem Mord an Buback, dass der Geheimdienst seine Hände im Spiel gehabt habe. Der Verfassungsschutz habe bereits Ende der 60er Jahre in Westberlin in Gestalt von Peter Urbach zur Eskalation beigetragen:

> »Wir haben keinerlei Beweise dafür, daß Geheimpolizisten des ›Verfassungsschutzes‹ von der Ermordung Bubacks wußten oder sie gar geplant haben. Nur eins wissen wir: Wer Bomben basteln läßt und sie zum Einsatz bringt, schreckt auch vor der Ermordung des Generalbundesanwalts nicht zurück. Gleichgültig, ob sie den Mord organisiert haben oder nicht, die Ermordung des Generalbundesanwalts der Bundesrepublik Deutschland kam den Herrschenden wie bestellt! Denn in den letzten Wochen war die Öffentlichkeit unseres Landes immer kritischer geworden gegenüber dem Abbau demokratischer Rechte.«[577]

Das ist ziemlich durchtriebener Agitprop. Egal ob eine einfach mal in die Welt gesetzte Behauptung stimmt – der Mord kam der Regierung ja sowieso gelegen, weil sich damit die eigene

Politik besser rechtfertigen ließ. Diese Methode der Meinungsbildung hat den Vorteil, dass man sich nicht die Mühe machen muss, Tatsachen oder Indizien für die Behauptung zu benennen.

Hutzfeldt/Sommerfeld weiter: »Auch wenn Kommunisten und Sozialisten in unserem Lande das Attentat auf Buback aufs schärfste verurteilen, so darf es dennoch keinen Platz geben für die scheinheilige Heroisierung dieses Anarchistenopfers, die unsere Presse von *Welt* bis *Frankfurter Rundschau* durchzog.« Denn Buback habe wie Franz Josef Strauß und Alfred Dregger zum Abbau »demokratischer Rechte« beigetragen. Aber damit keine Zweifel aufkommen, stellt er die Linie des MSB Spartakus klar: »Dieser Terroranschlag hat eine alte Erfahrung der Arbeiterbewegung aufs neue bestätigt. Akte individuellen Terrors nutzen der Reaktion. Sie haben nichts gemein mit dem Kampf um Demokratie, für Fortschritt und Sozialismus in unserem Lande.«

Hutzfeldt kritisierte die »scheinheilige« Heroisierung Bubacks, sein eigener Kommentar ist aber selbst voll von Scheinheiligkeit. Natürlich wird der Anschlag »aufs schärfste« verurteilt, wobei der Mord an den beiden Begleitern mit keiner Silbe erwähnt wird. Aber noch im selben Satz wird die Linie vorgegeben, dass man nichts Gutes über Buback scheiben oder denken darf.

Die Verurteilung des Mordes geschieht nicht durch das Gewissen, sondern wird ideologisch begründet. Selbst ein Mord, den man ablehnt, wird noch politisch instrumentalisiert für die aktuelle politische Auseinandersetzung.

Der KBW lehnte den Terrorismus aus ähnlichen Gründen wie die DKP ab, legte aber, was den zynischen Umgang damit anging, noch einige Schippen drauf. In einem Interview mit der Konkurrenz von Daniel Cohn-Bendits *Pflasterstrand* meinte KBW-Vorsitzender Joscha Schmierer unmittelbar nach dem Mord an Schleyer: »… wir haben uns zwar immer von der Taktik der RAF distanziert, aber wir haben bei den Aktionen bei Buback und Schleyer z. B. immer gesagt: wir haben zwar keine klammheimliche Freude, aber wer wird schon um sie weinen?«[578]

In der von Schmierer redaktionell verantworteten KBW-Theoriezeitschrift *Kommunismus und Klassenkampf* hieß es im Leitartikel direkt nach dem Mord an Buback:
> »Froh wäre die Bourgeoisie auch, wenn wir hinter der RAF stecken würden, dann hätt sie nicht mehr Probleme mit uns als einen erschossenen Buback. Von solchen Leuten hat sie aber mehr als genug. Wiederum können wir nicht dienen. Tut uns leid, es ist nicht unsere Taktik, auf eure Unfähigkeit zu setzen, solche wie Buback ein paar Tausend hervorbringen zu können. Viel mehr allerdings nicht, weshalb die siegreiche Arbeiterklasse dies Problem im allgemeinen leicht durch Überführung an körperlicher Arbeit wird lösen können.«[579]

Im Artikel steckt der typische Sound von KBW-Verlautbarungen der zweiten Hälfte der 70er Jahre. Zynismus und verbale Brutalitäten werden en passant mitgegeben, in verschachtelte Nebensätze eingebaut. Die eigene Ideologie, dass einzelne Morde nichts bringen, wird durch einem Dreh zum Vorwurf gegen den Gegner, den Staat, umgemünzt (»eure Unfähigkeit, solche wie Buback ... hervorbringen zu können«). Am Ende steht eine unverhüllte Drohung mit Arbeitslager und Tod. Physischen Terrorismus hat die KBW-Spitze abgelehnt, aber sie hat den Terror der Worte praktiziert. Joscha Schmierer erklärt die Aggressivität der KBW-Sprache heute mit den Radikalisierungstendenzen in der Organisation, die Spannungen, Generationenkonflikte und Fraktionierungen überlagern sollten: »Da gab es die Tendenz, noch einmal eins draufzusetzen. Mescalero war relativ harmlos. Die Form der Distanzierung lag in der Form der Übertrumpfung.«[580]

Der eigentliche »Nachruf« des KBW auf Siegfried Buback wurde noch vor dem Pamphlet des »Göttinger Mescaleros« im April 1977 in der Parteizeitung KVZ veröffentlicht.[581] Unter dem Titel »Buback erschossen – Gründe gibt's genug, aber was nützt das schon?« gab die Zentrale Leitung des KBW die Linie vor. So heißt es: »Gründe, einen Staatsanwalt, einen Richter, einen Regierungspräsidenten oder Polizeipräsidenten zu erschießen, ach herrje, Gründe gäbs genug und auch gute. ... Wird einer davon mal abgeschossen, man wundert sich nicht. Eher, warum nicht mehr und öfter welche erschossen werden.« Das alles nütze aber nichts, denn:

> »... die Brüder wachsen nach. Das weiß jeder. Diejenigen, die sich die Mühe gemacht haben, den Buback zu erschießen, sie hätten geradsogut auf eine Papierscheibe schießen können. Die wird auch immer neu wieder aufgezogen. Der Mist, auf dem diese Volksunterdrücker nachwachsen, ist der Mehrwert, den die Kapitalisten aus den Arbeitern herauspressen. Von diesem Mehrwert kann die Kapitalistenklasse immer Existenzen einkaufen, die den staatlichen Unterdrückungsapparat bilden. ... Scheibenschießen auf einzelne Bourgeois-Personen ist verglichen mit dem bewaffneten Aufstand eine kraftlose Maßnahme.«

Der Artikel wurde Anfang Mai 1977 vom Göttinger KBW-Studentenverband nachgedruckt und an der Universität verteilt. Offensichtlich geschah der Nachdruck unter dem Eindruck der großen Resonanz, den der »Mescalero«-Text nach sich zog. Presserechtlich verantwortlich war Peter Berndt.

> Es ging darum, den Gegner, die Spontis und die Baader-Meinhof-Gruppe, anzugreifen, ohne mit dem Staat zu kollaborieren. Wir haben uns überlegt, die Sprache der Baader-Meinhof-Gruppe zu verwenden, um mit dieser Sprache diesen Fehler anzugreifen, Buback zu erschießen. Wir sprachen von »abgeschossen« – die Staatsvertreter waren aus Sicht der RAF Schweine. Wir waren überzeugt, dass es [die Revolution, d. A.] nur über die Volksmassen geht. Wir wollten mit dem Flugblatt diejenigen erreichen, die die RAF unterstützen.

Peter Berndts Begründung für das Flugblatt ähnelt Joscha Schmierers Übertrumpfungstheorie. Demnach wurde die terroristische Sprache nur funktional eingesetzt, für die Auseinandersetzung mit der linksextremen Konkurrenz. Richtig überzeugend ist das nicht. Der KBW hat in dieser Zeit Texte in terroristischer Sprache in großem Umfang in Umlauf gebracht. Der »Buback-Nachruf« des KPD-Funktionärs Bernd Ziesemer wirkt funktional, wie auswendig gelernt, die genaue Wirkung einkalkulierend. Die terroristische Sprache des KBW zu Buback hingegen klingt in ihrer Bedrohlichkeit und kalten Perfektion mit Überzeugung geschrieben. Peter Berndt gibt selbst Hinweise darauf, dass hinter der Sprache mehr steckte als ein reines Mittel der Auseinandersetzung.

> Die Sprache war zum Teil nicht menschlich. Im Nachhinein habe ich manchmal gedacht, Gott sei Dank waren wir nicht auf der gleichen Entwicklungsstufe wie in Kambodscha. Wenn alles nur eine Systemfrage ist, spielt der Mensch keine Rolle. So spielt die Liebe keine Rolle, die Beziehungen spielen keine Rolle, die Persönlichkeit spielt keine Rolle, das Elternhaus spielt keine Rolle. Ich habe mir gedacht: Du hast »die deutsche Ideologie« doch nicht richtig gelesen, denn irgendwo steht dort, dass der Mensch ein natürliches Sozialwesen ist, und wir haben das »natürlich« gestrichen. ... Die Sprache sollte wehtun, sollte überzogen sein. Unsere Sprache war die Waffe. Weil man keine richtige Waffe hatte, hat man die Sprache als Waffe benutzt. Auch ich habe Texte geschrieben, die schmerzen sollten. Es musste schmerzen, das war das Ziel. Ich wollte den anderen verletzen.

Ob er bei den tödlichen Anschlägen der RAF im Jahr 1977 unterhalb der ideologischen Ebene Mitleid mit den Opfern und den Angehörigen empfand?

> Zu dem Zeitpunkt nicht mehr. Die Gefühlsregungen gab es noch zur Zeit des Vietnamkrieges. Sobald aber alles als systembedingt interpretiert wurde, haben diese Gefühlsregungen nachgelassen. Das Menschliche, was man eigentlich mal wollte, wurde entmenschlicht. Es ist schrecklich, aber es war so. ... Ich weiß nicht, ob ich es mir zu einfach mache, ich erkläre es mir als persönliche Schwäche. Alles auf den Systemgedanken zu reduzieren, ist natürlich einfach und führt zu einer Erleichterung. Es macht die Welt einfacher, durchschaubarer und zeigt vermeidlich den Weg der Änderung.

Peter Berndt wurde wegen Volksverhetzung und Verächtlichmachung Verstorbener zu sechs Monaten Haft ohne Bewährung verurteilt. Es war ein verhältnismäßig hartes Urteil, denn Berndt war nicht der Urheber, sondern nur presserechtlich verantwortlich für einen Nachdruck.

> Was der Nachdruck für Folgen haben könnte, war uns völlig unklar. Die Anklage kam für mich überraschend. Ich hätte es aber trotzdem gemacht, auch wenn mir das Risiko klar gewesen wäre. ... Mit der Verurteilung konnte man sich noch mal heldenhaft gegen den Staatsapparat wehren.

Während des Prozesses in Göttingen stand er ausdrücklich zum Text. Der Staatsapparat müsse zerschlagen werden, äußerte er im Prozess. Es sei unsinnig, dem Polypen nur einen Arm abzuschlagen. Buback habe sich aber der Unterdrückung des Volkes schuldig gemacht. Der KBW kämpfe gegen die Unterdrückung und gegen die Unterdrücker. Bald nach dem Urteil musste er seine Haftstrafe in Lingen antreten.

> Dort kam ich zum ersten Mal in Kontakt zur Realität. Normale Kriminelle saßen im Gefängnis ein.

Bereits nach vier Wochen kam Peter Berndt in den offenen Vollzug.

> Morgens wurden wir mit dem Bus zur Fahrradfabrik Kynast gebracht und haben Gabeln gebogen. Das war gut, weil man in der Zelle natürlich mürbe wird. So konnte man arbeiten. Ich durfte in der Haft die KVZ lesen, das war kein Problem. Am Wochenende konnte ich tagsüber ganz raus und musste nur abends zurück. Es gab in Lingen eine KBW-Zelle, und so habe ich am Samstagmittag auf dem Marktplatz zusammen mit den Mitgliedern die KVZ verkauft. Die Gefängniszeit war nicht wild.

Nach vier Monaten wurde Peter Berndt zur Bewährung freigelassen. Urheber des Textes war die Frankfurter KBW-Leitung mit Joscha Schmierer an der Spitze. Während Peter Berndt und eine weitere KBW-Funktionärin wegen eines ähnlichen Nachdrucks ins Gefängnis mussten, blieben Schmierer und die anderen Mitglieder der Leitung unbehelligt. Joscha Schmierer:

> Da muss man den Staat dafür verantwortlich machen, wenn er die Spitze nicht gegriffen hat. Persönlich ist es deshalb ganz gut, dass ich damals die sieben Monate [wegen der Krawalle 1970 in Heidelberg, d. A.] gesessen habe, weil mich als Person der Vorwurf nicht trifft, dass ich immer von oben was gemacht und

keine Verantwortung getragen habe. Jedenfalls ist mein Leben hinreichend außergewöhnlich und derangiert, wenn man es unter den Maßstäben der bürgerlichen Karriere betrachtet.

Nach dem Urteil gegen die KBW-Funktionärin im Oktober 1977 konnte es Schmierer nicht lassen und musste noch mal nachlegen. Durch das Urteil sei »die Richtigkeit der Aussagen der Kommunisten« über die Staatsvertreter »durch die bürgerliche Justiz bestätigt worden«, heißt es in einer Erklärung des ZK, die Schmierer mit seinem Namen zeichnete und die in der Parteizeitung abgedruckt wurde. Denn: »… die Beseitigung eines Bubacks bringt es nicht. Nur die umfassende, gründliche Aktion des Proletariats kann diesem Unterdrückerpack durch Beseitigung des kapitalistischen Privateigentums den Sumpfboden trockenlegen, auf dem es blüht.«[582]

Klaus Hülbrock kann Schadenfreude nicht verhehlen, wenn er an Peter Berndts Verurteilung denkt. Die Haftstrafe habe er sich verdient, meint er heute. Obwohl Hülbrock juristisch nie belangt wurde, hat er einen viel höheren Preis bezahlt als der Kommilitone. Nachdem der Nachruf bundesweit bekannt wurde, baute sich in den Medien eine beispiellose Polemik-Front auf.

Die *Frankfurter Rundschau* schrieb unter der Überschrift »Blanker Faschismus«: »… Wenn sich in kranken Gehirnen die Karlsruher Bluttat als freudiges Ereignis darstellt, dann ist das eine persönliche Angelegenheit. Ein öffentliches Ereignis wird es aber, wenn ein derartiges Musterbeispiel für blanken Faschismus im Publikationsorgan einer Einrichtung studentischer Zwangsmitgliedschaft verbreitet wird …«[583] Die Missbilligungen und die Ankündigungen von Konsequenzen der Landesregierung, so der Kommentator, reichten nicht aus. Das Prinzip der verfassten Studentenschaft, des AStA, müsse generell zur Disposition gestellt werden – ein ziemlich schneller und radikaler Vorschlag gemessen daran, dass die *Frankfurter Rundschau* nur marginal und eher verschämt über den »Nachruf« berichtet hatte.

Auch Theo Sommer stellte in der Hamburger *Zeit* in einem Leitartikel namens »Wie im ›Stürmer‹«[584] eine hobbyneurologische Ferndiagnose und urteilte, dass es sich um »Ausgeburten kranker Hirne« handeln müsse. Er verglich den Göttinger Text mit Judenwitzen, die auf Schulhöfen erzählt werden. Weiter schrieb er vom »unsäglichen Mescalero-Schreiber« und vom »unverzeihlichen, pubertären Anarcho-Gestammel eines AStA-Anonymus«. Mag sein, dass hier der Dünkel der elitär-hanseatischen *Zeit* hervortrat, der die reflexhafte Distanzierung von ungehobelter Sprache verlangte. Abgesehen davon richtete Sommer gleich über die ganze Person, ohne sich auch nur ernsthaft mit deren Text auseinanderzusetzen. Mehr noch, er interpretierte den Text falsch, wenn er dem »Mescalero« rein taktische Distanzierungen vom Terrorismus unterstellte.

Die FAZ arbeitete sich über Monate am »Buback-Nachruf« ab. Nach dem Mord an dem Bankier Jürgen Ponto durch die RAF schrieb ihr Leitartikler Friedrich Karl Fromme, dass Professoren und Schriftsteller, die den Nachruf nachdruckten oder sich hinter ihn stellten, gefährlicher seien als praktische Unterstützer der RAF:

> »Diese Sympathisanten, die nie einem Terroristen Nachtlager oder Reisegeld gegeben haben, sind die wirklich gefährlichen. Sie haben zwar ›nichts getan‹, sie haben nur ihre Meinung gesagt, sie haben nur nachgedacht. Daß das Schreiben eine bestimmte Richtung begünstigt: was kann der Denker, was kann der Schreiber dafür: Er kann dafür.«[585]

Sie sind demnach nicht nur »Sympathisanten«, sondern auch geistige Wegbereiter des Terrorismus. Der ehemalige stammelnde, unsägliche Schreiber und blanke Faschist mit dem kranken Gehirn, also Klaus Hülbrock, ist bis heute empört, wenn er über die Reaktion der Medien spricht.

> Gefährlich war nicht der Staatsapparat, sondern die Hetze der Medien. Deren Publikum ist mobilisiert worden durch die Rede vom Nährboden und den Sympathisanten, die die Attentate möglich gemacht hätten. Man hätte mich wahrscheinlich totgeschlagen, wenn ich kein Pseudonym gehabt hätte. ... Die Medien waren übelwollend, das würde ich der Justiz nicht unterstellen.

> Die Presse hat völlig versagt. Es gab nie eine Selbstreflexion darüber, was sie angerichtet haben. Diese Totschlagsmentalität des Kampagnenjournalismus kann sich immer wiederholen; wie mit der Mobilisierung von Affekten und Emotionen gegen vorhandenes besseres Wissen gearbeitet wird – das Übelwollen als gezielte Strategie. Das fing mit der Lokalpresse an. ... Die Presse ist das erste Organ, das hinfällig wird, wenn es in einen Ausnahmezustand geht.

Eher moderat waren die Erfahrungen Klaus Hülbrocks mit den Staatsorganen. Trotz Einsatzes des Bundeskriminalamtes stieß man nicht auf ihn, obwohl er als zeitweiliges AStA-Mitglied zum Kreis der »Verdächtigen« gehörte. Auch die Schreibmaschine, nach der gesucht wurde, fand man nicht.

> Der Zugriff [im AStA-Gebäude, d. A.] wurde uns mitgeteilt von einer befreundeten Staatsanwältin, so dass wir alles in Sicherheit bringen konnten.

Ein bezeichnendes Detail: Die nominell freie und staatsferne Presse bildete einen geschlossenen Meinungsblock, während es ausgerechnet ein Teil der Staatsmacht lockerer sah und mit einem erklärten Gegner kooperierte.

Auch der Spontialltag der Gruppe um den »Mescalero« änderte sich wenig, selbst nachdem nach einem halben Jahr der AStA abgesetzt und durch einen Staatskommissar ersetzt wurde. Sie hatten danach immer noch Zugang zum Gebäude.

> Wir haben die Leute nach Strich und Faden beschissen, das gehörte zu unserer Strategie, selbst als der Staatskommissar bei uns war. Wir schafften AStA-Geld beiseite und druckten heimlich Flugblätter. Wir saßen im AStA-Haus und tranken Rotwein, den wir Bauern aus dem Languedoc in Plastikkanistern mit dem Geld abgekauft hatten. Den schütteten wir uns in die Birne. Man darf die Seriosität der Gruppe nicht überschätzen.

Heute denkt Klaus Hülbrock über den »Nachruf« und seine Sprache so:

> Die auf Buback persönlichen gemünzten Worte tun mir heute weh. Auch, dass ich ein Lagerdenken und »Wir«-Gefühle fin-

gierte. Ich kann ihn heute kaum lesen, es schüttelt mich. Aber die Performanz [Wirkung auf die Umwelt, d. A.] werde ich nicht zurücknehmen. Es war in Bezug auf die glatten Texte die einzige Möglichkeit, diesen verordneten Diskurs zu stören.

Ob es Klaus Hülbrock als ungerecht empfindet, dass er als Prügelknabe herhalten und sich jahrelang wegducken musste, während Mitglieder der K-Gruppen und der DKP teils kälter und noch unmenschlicher zu Siegfried Buback geschrieben haben?

Nein, es Spaß gemacht, es war sehr lehrreich, anderthalb Jahre der Abschaum der Gesellschaft zu sein mit der vorherrschenden Totschlagsmentalität. Das habe ich nicht als ungerecht empfunden. Deren Texte haben den laufenden Diskurs nicht durchbrochen oder gestört. Der Nachruf hat seine Funktion erfüllt. Er hat in seiner Unbedarftheit mehr erreicht als die anderen. Das haben die Linken »Mescalero« sehr übel genommen, besonders die Spontis um Cohn-Bendit in Frankfurt und das Sozialistische Büro. Das hat denen missfallen. Wir waren die Störenfriede. Die waren ein Jahr lang in den Schatten gestellt. Es war der Neid der Popularität.

XI. 30 Jahre danach
Untergetaucht, gescheitert, angepasst

Natürlich ist der Konvertit eine problematische Figur.
Nicht selten übertreibt er das spät Gelernte und macht
den Musterschüler.
Wolfgang Büscher, Schriftsteller, 2001[586]

Grüner Strohhalm

Der Berliner Villenort Grunewald scheint vormittags in einen vorgezogenen Mittagsschlaf verfallen zu sein. Manchmal huscht ein Eichhörnchen über die ruhigen Straßen. Bei den wenigen Autos, die unterwegs sind, handelt es sich trotz der ausgezeichneten Straßenverhältnisse fast immer um wuchtige dunkelblaue Geländewagen aus süddeutscher Automobilfabrikation, die von blondierten mittelalten Frauen gesteuert werden. Manchmal sieht man entspannte ältere Herren hinter Jäger- oder Metallzäunen in ihrem Garten stehen, den Pullover locker über die Schulter geworfen und die Ärmel vor der Brust verknotet.

Mitten in Berlin-Grunewald, an einer Seitenstraße gelegen, steht ein dreistöckiges Haus, das sich durch seine schlichte Klinkerfassade und die Kletterpflanzen angenehm von den benachbarten Villen mit Säuleneingängen und eierschalengelben Fassaden unterscheidet. Vor dem Haus steht zwar kein Geländewagen, aber eine stattliche Limousine, ebenfalls aus süddeutscher Produktion. Das Initial im Kennzeichen: JF. Es gehört dem ehemaligen Mitarbeiter der Frankfurter Sponti-Betriebszeitung *Wir wollen alles*, heute besser bekannt als der ehemalige deutsche Außenminister Joschka Fischer. Es wäre albern,

Fischer vorzuhalten, dass er nicht mehr, wie zu linksradikalen Zeiten, in einer WG in einem Mietshaus lebt. Doch gibt es in Berlin viele gediegene, zentrumsnähere Quartiere, in denen sich ein offensichtlich statusbewusster älterer Mann niederlassen kann.

Kein Berliner Wohnort könnte einen größeren Kontrast zur früheren Lebenswelt herstellen als Grunewald. Heute wohnt hier Geld, nicht Geist. Früher einmal lebten hier Geld und Geist; unter anderem Walther Rathenau, Samuel Fischer, Hans Ullstein, Lion Feuchtwanger, Max Reinhardt, die Kinder von Moses Mendelssohn, Gerhart Hauptmann, Ferdinand Sauerbruch und Vicki Baum; Hans und Dietrich Bonhoeffer sind hier aufgewachsen.[587] Die Vielfalt hörte 1933 auf; ein großer Teil der Bevölkerung war jüdischer Abstammung. Dafür zogen die neuen Herren in den Ort. Keine 300 Meter von Fischers Haus entfernt wohnte Heinrich Himmler, Reichsführer SS, Polizeichef und die informelle Nummer zwei im Nazi-Staat, oder, wie Fischer es als Sponti wohl formuliert hätte, das faschistische Ober-Schwein. Der Münchner hatte sich eine protzige Villa im süddeutschen Landhausstil, man muss es so formulieren, unter den Nagel gerissen.

Wenn man Joschka Fischer im Jahr 1974 vorausgesagt hätte, dass er ab seinem 60. Lebensjahr ziemlich genau dort wohnen würde, wo sich Heinrich Himmler einst von den Besuchen seiner Konzentrationslager und Einsatzgruppen erholte, hätte er wohl erst entgeistert geblickt und wäre dann handgreiflich geworden.

Die Frage, wie man wohnt, war den Spontis immer eine wichtige gewesen. Man wollte nicht nur die richtigen Theorien beherrschen und auf der Straße die faschistische Fratze des Staates freilegen, sondern auch durch die richtige Lebensform zum Sozialismus gelangen. Man wollte gemeinschaftlich und solidarisch miteinander leben (heftige Streitereien natürlich nicht ausgeschlossen); persönlicher Besitz war nachrangig, bürgerliche Statussymbole verpönt. Man wollte keinesfalls, wie die eigenen Eltern, hinter Gartenzäunen in Vororten oder Kleinstädten leben.

Nichts von diesen Überzeugungen ist, so weit einsehbar, in Fischers heutiger Wohnform übrig geblieben. Es liegt nahe, den Wohnsitz des früheren Frankfurter Spontiwortführers bezeichnend zu sehen: Vom Frankfurter Westend nach Grunewald – was ist von der Zeit übrig geblieben? Ist es nur die Negation vergangener Ideale und Ideen? Und wenn es so ist, wie erklärt sich der Weg? Fragen, die an die Teilnehmer der linksradikalen 70er Jahre insgesamt zu richten sind.

Es gibt drei Bruchdaten, die für den weiteren Weg entscheidend waren: die Jahre 1977, 1980 und 1989. Nach dem »Deutschen Herbst« von 1977 war das »Konzept Stadtguerilla« erledigt. Die klammheimlichen Sympathien für die RAF, die es durchaus in der Breite der linksradikalen Szene gab, erstarben angesichts des Wahnsinns der *Landshut*-Entführung und der Toten bei der Entführung Hanns Martin Schleyers. Ebenso war spätestens 1977 der Gewaltkult gerade der Frankfurter Spontis an sein Ende gelangt. Ein Jahr später fand in Berlin der »Tunix-Kongress« statt, der das Ende der Sponti- und den Beginn der Alternativbewegung markierte. Von da an ging es nicht mehr um eine neue Gesellschaftsordnung, sondern um das kleine Glück in der Nische. Die Szene verteilte sich auf Zeitungsprojekte (die *taz* ist das prominenteste Beispiel), alternative Wohnformen, Aussteiger-Bauernhöfe, Anti-Atom-Bündnisse, feministische und schwul-lesbische Gruppen. Das Jahr 1980 hatte für die Maoisten einschneidende Bedeutung. In China war Maos Nachfolger Hua Guofeng in mehreren Schritten entmachtet worden, während sein alter Konkurrent Deng Xiaoping endgültig zur wichtigsten politischen Figur aufstieg. Mit Deng wurde der Maoismus in China als politische Handlungsanleitung faktisch abgeschafft. Anfang der 80er Jahre begann Chinas Ära als kapitalistische Supermacht in einer kommunistischen Hülle. Den K-Gruppen, namentlich dem KBW und der KPD, kam der Bezugspunkt abhanden. Sollte man jetzt plötzlich

Deng-Reden abdrucken und der neuen Linie Chinas folgen, wonach die wirtschaftliche Entwicklung uneingeschränkten Vorrang genieße? Genau diese Haltung hatte man jahrelang als ökonomistisch, opportunistisch und natürlich revisionistisch gebrandmarkt.

In Polen wurde eine antikommunistische Gewerkschaft, die Solidarność, von der kommunistischen Staatspartei anerkannt. Die KPD sympathisierte mit der Solidarność wegen ihres nationalen und antisowjetischen Charakters, unterstützte sie sogar mit der Lieferung einer Vervielfältigungsmaschine, aber zugleich merkten die Kader wohl, dass durch die Ereignisse in Polen kommunistische Grundüberzeugungen ins Rutschen kamen. Eine »konterrevolutionäre« Basisbewegung sammelte jene Volksmassen um sich, über die kommunistische Parteien immer zu verfügen glaubten. Besonders stark muss es sie verstört haben, dass es Fabrik- und Werftarbeiter aus echtem Schrot und Korn waren und nicht nur die ohnehin als unzuverlässig eingeschätzten Kleinbürger oder Intellektuellen, die sich der Solidarność anschlossen.

Im selben Jahr gründete sich die Grüne Partei. Bereits 1978 war einer Vorläuferorganisation der Einzug in das Bremer Landesparlament gelungen, in Berlin erreichte die Alternative Liste im selben Jahr immerhin 3,7 Prozent. Den Aufstieg müssen die K-Gruppen als Menetekel empfunden haben. Jahrelang hatten sie sich als radikale Alternative abgekämpft, und plötzlich tauchte neben ihnen eine erfolgreiche Bewegung auf, deren Personal man obendrein von den Auseinandersetzungen an den AKW-Bauplätzen kannte. Die KPD löste sich 1980 auf, der KBW spaltete sich im selben Jahr. Bis zum endgültigen Ende vergingen fast fünf weitere Jahre, allerdings war die politische Aktivität bereits 1982 faktisch zu Ende. Andere maoistische Organisationen wie der KABD und der Kommunistische Bund (KB) sackten in den 80er Jahren zu bedeutungslosen Splittergruppen ab.

Die friedliche Revolution in der DDR im Herbst 1989 war der

letzte Schlag, der diesmal die DKP, die Stamokap-Jusos und die Reste des KB traf. Letzterer hatte, anders als die übrigen maoistischen Gruppen, kein feindseliges Verhältnis zur DDR, sondern betrachtete sie als Garanten dafür, dass nicht ein neues »Großdeutschland« wiederauferstehe. Für die DKP bedeutete die Umwälzung im Osten nicht nur einen ideologischen, sondern auch einen handfesten Niedergang. Wie ein letztes Zeichen der totalen Abhängigkeit von der SED brach das DKP-System nicht mit dem Ende der DDR im Herbst 1990, sondern bereits ein Jahr vorher, mit dem Ende der alten SED, zusammen. Als sich die SED im Dezember 1989 in SED-PDS umbenannte, wurden fast alle direkten und indirekten Geldzahlungen an die DKP und die verbündeten Organisationen eingestellt. Die DKP musste ihren über 550 hauptamtliche Mitarbeiter zählenden Apparat drastisch verkleinern, die *Deutsche Volkszeitung* wurde Ende 1989 eingestellt; die *Roten Blätter* existierten bereits seit Oktober nicht mehr. Das Zentralorgan *Unsere Zeit* wurde von wochentäglicher auf wöchentliche Erscheinungsweise umgestellt. In atemberaubender Geschwindigkeit hatten sich die materiellen und organisatorischen Ressourcen der DKP in Luft aufgelöst.

Die Maoisten und die Spontis konnten im Gegensatz zur DKP den Zeitpunkt ihrer Abwicklung immerhin selbst bestimmen. Den Frankfurter Spontis half, dass sie nie abgeschottete Organisationsformen bildeten. Sie mussten das Alte nicht erst mühselig abbauen, um den Übergang in die Alternativbewegung zu schaffen. Gerade weil sie »wir wollen alles« proklamierten und keine strengen Marxisten-Leninisten waren, war ihnen der fließende Übergang möglich. Allerdings fehlte ihnen damit auch die reinigende, möglicherweise auch kritische Selbstreflexion auslösende Erfahrung des Scheiterns.[588] Dies gilt gleichermaßen für den KB und die Trotzkisten. Die Trotzkisten hat es nie als einheitliche Organisation gegeben; wichtiger bei ihnen war die Gruppierung um diverse Zirkel und Fraktionen. Ihr »Entrismus« erlaubte es ihnen, parallel in staatstragenden Organisationen zu arbeiten, was das ideologische Scheitern später abfedern half. Der KB hatte ebenfalls schon früh versucht, als »U-Boot« in die entstehenden Bürgerinitiativen und Anti-AKW-Gruppen einzudringen. Mehr als den anderen Maoisten ging es ihnen darum, die Schwächen des Systems anhand von realen, massenwirksamen Konflikten aufzuzeigen. Bereits 1978 waren ihre Frontfiguren Jürgen Reents, Thomas Ebermann und Rainer Trampert an der Gründung der Hamburger »Bunten Liste« beteiligt, die binnen kurzer Zeit von KB-Leuten majorisiert und für ihre Zwecke benutzt wurde. Die offiziell neutrale »Selbstorganisation der Zivildienstleistenden« war Ende der 70er Jahre de facto in der Hand von KB-Kadern. Eva Hubert, Mitglied im »Leitungsgremium« des KB, war an der Gründung der Hamburger GAL beteiligt, in die wiederum die »Bunte Liste« aufgehen sollte.

Die KB-Kader sind auf eher schonende, bruchlose Art in die 80er Jahre hinübergeglitten. Am Beispiel des ehemaligen Mitglieds Jürgen Trittin sind bis heute die Prägungen durch diese Erfahrungen zu betrachten. Trittin betreibt seit der zweiten Hälfte der 70er Jahre ohne Unterbrechung Politik; seit 1979, als er für den KB besoldeter AStA-Referent in Göttingen wurde, auf professioneller Basis. Der Übergang vom KB zu den Grünen vollzog sich fließend. Als die meisten ehemaligen Maoisten noch ihre Wunden leckten, war Trittin 1985, mit 31 Jahren, als Fraktionsvorsitzender der niedersächsischen Grünen schon wieder obenauf. Es gab in seinem politischen Leben keine Pausen, keine Brüche, kein Innehalten, keine anderen Erfahrungen. Diese reine Polit-Vita dürfte zu Trittins speziellem politischen Auftreten beigetragen haben, bei dem man sich nie sicher ist, ob es sich noch um Selbstbewusstsein oder schon um Selbstgerechtigkeit handelt. Wäre der Mensch nicht endlich, würde Trittin vermutlich noch in 50 Jahren an ewig gleichen Strippen ziehen, Hinterzimmerbündnisse schmieden, bluffen, taktieren, sich wichtig machen, nach Bedarf den nachdenklichen Intellektuellen oder den emphatischen Grünen-Kämpfer geben und gegen den politischen Gegner holzen, um ebenso auf Knopfdruck auf kühles Taktieren umzuschalten. Und immer neue Generationen von grünen Nachwuchskräften und jungen Journalisten und Journalistinnen werden ergriffen äußern, was »der Jürgen« doch für ein Profi ist.

Weil der KB mehr als die anderen K-Gruppen die Strategie verfolgte, einen Fuß in linke und alternative Organisationen zu bekommen, indem man Bündnisse mit ihnen schmiedete oder verdeckt in ihnen agierte, konnte man sich als Kader im KB ein Handwerkszeug aneignen, das für eine Existenz im politischen Betrieb offensichtlich von Nutzen ist. Wenn der Politiker Trittin heutzutage ohne mit der Wimper zu zucken verschiedene Rollen spielt, dann ist das Schauspielkunst made in KB. Der KB war in der Theorie weniger radikal als KBW und KPD, in der Praxis aber wahrscheinlich ausgebuffter.

Die Grünen übten auf viele, deren Organisationen um 1980 oder vorher erodierten, eine Sogwirkung aus. Zu den bekannten Personen, die in die neue Partei einstiegen, gehörten ehemalige Trotzkisten (Kerstin Müller, Volker Ratzmann, Andrea Fischer), ehemalige KBler (Eva Hubert, Angelika Beer, Rainer Trampert, Thomas Ebermann, Jürgen Reents), ehemalige KBW-Mitglieder und Mitglieder seiner Satellitenorganisationen (Krista Sager, Günter Schabram, Willfried Maier, Winfried Nachtwei, Ralf Fücks, Winfried Kretschmann, Reinhard Bütikofer), fast der gesamte Führungszirkel des »Revolutionären Kampfes« (Tom Koenigs, Daniel Cohn-Bendit, Joschka Fischer, Thomas Schmid – Letzterer trat der Partei wohl nie bei, sondern arbeitete in ihrem Umfeld), schließlich Antje Vollmer von der KPD-nahen Liga gegen den Imperialismus. Ein großer Teil der frühen Führungsriege der Westberliner Alternativen Liste kam aus der KPD.

Warum waren die Grünen so attraktiv für ehemalige Marxisten und Leninisten, abgesehen natürlich von der günstigen Gelegenheit, dass parallel zum Niedergang der jeweils eigenen Organisation eine neue Bewegung aufstieg? Erstens war die

Heterogenität der Grünen interessant für diejenigen, die gerade ein politisches Scheitern hinter sich hatten. Bei den Grünen fanden sich Radikalökologen, Feministinnen, konservative Lebensschützer, Vegetarier, Aktionskünstler, Buddhisten, Aussteiger, Sozialisten, Pazifistinnen. Es war keine geschlossene Welt, die feste Glaubensbekenntnisse verlangte oder fest gefügte Rituale vorgab. Die Grünen boten, gerade weil sie nicht etabliert waren, einen Anknüpfungspunkt für die Heimatlosen.

Maoisten mag zweitens der Bewegungscharakter der Partei angesprochen haben: Den frühen Grünen ging es um mehr als um irgendeine Liste von politischen Forderungen, die abzuhaken wären, vielmehr um eine langfristige Umgestaltung der Gesellschaft. Das kannte man von Mao und seiner wiederum von Trotzki übernommenen Idee der permanenten Revolution. Ab Ende 1976, als die großen Anti-AKW-Demonstrationen in Brokdorf begannen, dürften die Maoisten gemerkt haben, dass da eine ernstzunehmende Massenbewegung heranreifte. Dass diese nicht auf marxistischer Basis stand, lief heimlichen Sympathien nicht entgegen: Es war der Massencharakter als solcher, der gerade Maoisten faszinierte.

Zweitens waren sich die Ur-Grünen und die ehemaligen Linksradikalen der 70er Jahre von den Prägungen her gar nicht so unähnlich. Beide Gruppen waren damals gleich alt, zwischen 30 und 40 Jahren. Man erkannte einander wieder: Man nutzte die gleichen Protestformen (Demonstrationen und Besetzungen), man hatte früher ähnlich gewohnt oder tat es immer noch (in Wohngemeinschaften), man hatte zur selben Zeit studiert. Beide Gruppen waren geprägt von der antibürgerlichen Einstellung der Studentenbewegung.

Drittens sprach Maoisten und Trotzkisten die grüne Kritik sowohl an der westlichen als auch der sowjetischen Rüstungs- und Kriegspolitik an, oder wie sie es formuliert hätten, deren antihegemoniale Politik. Zwischen Pershings und SS-20 machten beide politischen Blöcke keinen Unterschied. Das passte gut zur maoistischen Drei-Welten-Theorie, wonach die USA und die Sowjetunion auf Kosten Europas und der Dritten Welt die gleichen Interessen verfolgten.

Viertens boten die Grünen eine zeitgemäße Form der Kapitalismuskritik.[589] Sie leiteten diese Kritik nicht aus verstaubten Theorien ab, sondern aus der Lebensrealität der Bevölkerung. In den frühen 80er Jahren gehörten Smog-Warnungen, Angst vor Umweltgiften und nuklearer Strahlung und alarmierende Nachrichten über das Waldsterben zum Alltag. Es war die Zeit, als jene pathetische Weissagung der Cree-Indianer, dass man Geld nicht essen könne, wenn der letzte Baum erst einmal gerodet sei, den Status eines modernen Vaterunsers hatte, von Oberschülern und Dritte-Welt-orientierten evangelischen Vikaren heruntergebetet wurde und als Aufkleber auf vielen Autos pappte.

Diese Art der Kapitalismuskritik war aber mehr: Sie rechnete ebenso mit dem marxistischen Fabrik- und Arbeitsfetisch und der realsozialistischen Umweltzerstörung ab. Im Ostblock und in China wurde die Umwelt hemmungslos als reines Objekt, als beliebige Verfügungsmasse der Menschen behandelt. In dieser Kombination aus Kapitalismus- und Kommunismuskritik spiegelte sich wohl ziemlich genau der Gefühls- und Gedankenhaushalt der gescheiterten Linksradikalen wider. Man war dabei, die eigenen Glaubenssätze zu revidieren, was aber nicht automatisch bedeutete, dass man zum Kapitalismus wechselte. Das grüne Denken bot beides: Bruch und Kontinuität und somit einen recht versöhnlichen Umgang mit der eigenen Vergangenheit.

Fünftens ermöglichten die Grünen eine Rückkehr zu den eigenen Wurzeln. Plötzlich vertrat eine ernstzunehmende Anzahl von Aktivisten wieder genau die Überzeugungen, von denen man sich einst verabschiedet und die man als kleinbürgerlich abgestempelt hatte. Das gesamte Arsenal der Kritischen Theorie erlebte seine Wiedergeburt: die Betonung der Subjektivität, die Kritik der Entfremdung in der modernen Welt, des Konsumfetischismus und der Trennung von Arbeit und Freizeit. Durch die grüne Basisdemokratie schien auch das alte Ideal der Rätedemokratie wiederbelebt worden zu sein. Diese Rückkehr zu den Wurzeln reichte sogar noch weiter. Die Älteren, aufgewachsen in der Nachkriegszeit, schienen in den Werten der Grünen die Werte ihrer Kindheit wiederzuerkennen. Joscha Schmierer urteilte 1988 streng über seine Generation:

> »Die Welt ist kleiner geworden, und ihre Ressourcen erweisen sich als begrenzt. Internationalismus, und das heißt heute einfach Humanismus, fängt schon bei der eigenen Lebensweise an. Unsere politische Generation aber war nicht nur internationalistisch in großem Stil, sie war und ist auch immer noch die erste wirkliche Verschwendergeneration, die sich angewöhnt hat, auf zu großem Fuß zu leben. Vietcongfahne *und* Plastiktüte – manchmal mit Steinen gefüllt, immer an Stelle eines Einkaufkorbes – waren lange Zeit beide das Panier dieser Generation.«[590]

Da sprechen drei Schmierers: der sparsame Schwabe, der ehemalige KBW-Führungsmann, der mit seinem Kaderansatz auch den Hedonismus und Individualismus der 68er bekämpfen wollte, und das deutsche Nachkriegskind, das wie Millionen andere mit Einweckgläsern und gestopften Socken aufwuchs. Im Jahr 2001, nach der sogenannten BSE-Krise, beschreibt er den Zusammenhang zwischen grünen Werten und Nachkriegszeitprägung:

> »›Ökologen‹ sind die klassischen Achtundsechziger wohl nicht. Als Kriegs- und Nachkriegskinder hatten sie mit der Ökonomie im Umgang mit Mitteln und Ressourcen nebenher auch Ökologie gepaukt. Man solle ›wie früher‹ die Sachen aus dem Garten essen, meinte Joschka Fischer unlängst. Klassische Achtundsechziger können ziemlich altväterlich sein. Wahrscheinlich greifen bei der Beurteilung der Gentechnik die meisten von ihnen gefühlsmäßig auf ihre christliche Erziehung zurück.«[591]

Unnötig zu erwähnen, dass Schmierer die »altväterlichen« Gartentipps des sechs Jahre jüngeren Fischer offensichtlich sympathisch fand.

Häufig ist der Vorwurf zu hören, dass die einstigen Linksradikalen, die in den frühen 80er Jahren zu den Grünen gingen, nur auf eine Karriere fixiert waren. Sie hätten darin eine letzte Chance gesehen, doch noch politisch etwas zu werden. Der

Vorwurf ist zu vereinfachend. Die Grünen waren damals keine Lieblinge der Öffentlichkeit. Die Bezeichnung »Chaoten« war selbst in gemäßigt-konservativen Kreisen lange ein übliches Synonym für die Partei.

Auf glatte Karrieristen muss die Partei eher abschreckend gewirkt haben. Und auf die ehemaligen K-Grüppler trifft der Karrieristen-Vorwurf am wenigsten zu. Bis auf Jürgen Trittin und Eva Hubert sind alle ehemaligen führenden Mitglieder des Kommunistischen Bundes längst aus der Partei ausgetreten. Sie haben den sogenannten realpolitischen Kurs nicht mitvollzogen. Grüne Politiker, die aus dem KBW und der KPD stammten, waren dort tendenziell sogenannte Rechtsabweichler, die harte Attacken über sich ergehen lassen mussten. Ralf Fücks und noch mehr Willfried Maier, der später Senator in Hamburg wurde, sind Beispiele dafür. Maier erlebte im KBW einen harten Fall, weil er zu seinen gemäßigten Positionen stand. Erst sehr viel später machte Maier bei den Grünen Karriere, aber geplant war sie gewiss nicht. Krista Sager und Winfried Kretschmann lösten sich bereits Mitte der 70er Jahre vom KBW und riskierten Anfeindungen und andere soziale Folgen. Auf sie warteten Jahre ohne klare politische Perspektive. Eine Lehre aus seiner KBW-Zeit sei gewesen, dass er sich »Machtfantasien abgewöhnt« habe, sagte Kretschmann viel später. Ideologien ertrügen keinen Widerspruch und zerstörten deshalb jede Form von Meinungsfreiheit. Über ehemalige KBW-Mitglieder sagte er an anderer Stelle: »Die haben wirklich das Scheitern ihres Modells akzeptiert, das war das Entscheidende.« Alle taten es nicht, jedoch die KBWler, die zu den Grünen gingen – so wie Kretschmann. Glatte, fliegende Wechsel vollzogen sie in der Regel nicht.

Das trifft schon eher auf diejenigen Grünen-Politiker zu, die Anfang der 80er Jahre erst Anfang 20 waren, direkt aus ihren alten Organisationen zu den Grünen wechselten und schnell Karriere machten, ohne an den Flügelkämpfen der ersten Jahre beteiligt gewesen zu sein. Kerstin Müller und Andrea Fischer geben Beispiele dafür. Sie waren in der trotzkistischen »Gruppe Internationale Marxisten« organisiert und erlebten bald darauf deren Niedergang. Sie waren zu jung, um durch die trotzkistische Phase richtig geprägt worden zu sein. In der Bundesregierung von SPD und Grünen gehörten sie nicht zufällig zu den Kräften, die sich völlig widerstandslos der Machtpolitik Joschka Fischers unterwarfen.

Am meisten trifft der Karrieristen-Vorwurf auf Fischer selbst zu. Wie er und seine alten Kumpanen vom »Revolutionären Kampf« die südhessischen Grünen kaperten, ist schon häufig beschrieben worden. Fischer bekundete 1978 im *Pflasterstrand*, dass ihn ökologische Fragen nicht interessierten: »Seien wir doch einmal ehrlich: Wer von uns interessiert sich denn für die Wassernotstände im Vogelsberg, für Stadtautobahnen in Frankfurt, für Atomkraftwerke irgendwo, weil er sich persönlich betroffen fühlt?«[592] Es ginge mehr, so Fischer weiter in schöner Offenheit, um »unser altes Metier«, die Macht, weil die grünen Listen bei regionalen Wahlen erfolgreich seien.

Fischers Lage war um die Jahrzehntwende herum eindeutig trostlos. Er arbeitete, inzwischen über 30-jährig, als Antiquar und Taxifahrer. Auch von privater Seite aus dürfte es zunehmenden Druck gegeben haben, endlich »aus seinem Leben etwas zu machen«: Für einen katholischen Macho muss es eine unerträgliche Vorstellung gewesen zu sein, als frischgebackener Vater – um das Kind kümmerte sich wie selbstverständlich die Mutter[593] – nichts richtig zuwege zu bringen. In besagtem Artikel jammerte er: »Die Perspektivlosigkeit, das Rumhängen, das Nicht-wissen-was-Tun wird immer unerträglicher. Die Luft im Ghetto ist zum Ersticken.«[594] Auch führte Fischer darin nebenbei erstmals seine spezielle Auslegung des Worts »Realpolitik« ein, aus dem sich später die Rede von den grünen »Realos« entwickeln sollte. Realpolitik hieß für Fischer schlicht, Machtoptionen der Machtoptionen wegen zu nutzen: »... der Massenwiderstand und Unwille ist da, das Machtvakuum ist da, außerparlamentarische Alternative gibt's keine, also warum nicht? Eben. Warum nicht, wo doch eigentlich nichts schiefgehen kann. Gewinnt die Grüne Liste, wird man weitersehen, und verliert sie, so hat es wenigstens nichts geschadet.«[595]

Die Grünen waren tatsächlich seine letzte politische Chance. Die von den Spontis als »Öko-Spießer« Titulierten boten den rettenden Strohhalm. 1981 begann seine zunächst eher lustlose Annäherung an die Grünen, nachdem diese bei den hessischen Kommunalwahlen in das Frankfurter Stadtparlament eingezogen waren. Treibende Kraft war sein alter Freund Daniel Cohn-Bendit. Vermutlich in der zweiten Jahreshälfte 1981 schließlich folgte Fischers Parteieintritt. Ernsthaftes Interesse erwachte aber erst, als die Grünen bei den Landtagswahlen im September 1982 sensationelle acht Prozent erhielten. Fortan kämpfte er in der Partei – nicht um inhaltliche Positionen, sondern um Macht in Form eines Bundestagsmandats. Vorgezogene Bundestagswahlen rückten näher, weil die sozialliberale Koalition gerade am Zerbröckeln und Helmut Kohl am 1. Oktober zum neuen Bundeskanzler gewählt worden war. Fischer ist kein »grünes Urgestein«, wie es in den Medien häufig heißt, sondern ein klassischer Märzgefallener.

Die bittere Ironie ist, dass Fischer und seine Truppe jene offenen, basisdemokratischen Strukturen der Partei für ihren persönlichen Aufstieg nutzten, die sie später als Ausweis mangelnder »Regierungsfähigkeit« verlachen sollten. 1985 überzogen die Spontis um Cohn-Bendit die Partei mit einer Eintrittswelle, so dass sich die Machtverhältnisse verschoben.[596] Die Koalition mit der SPD, durch die Fischer Minister wurde, konnte so durchgesetzt werden. Die Grünen verfügten noch nicht über die *firewalls* (und wollten sie auch gar nicht), mit denen sich etablierte Parteien vor gezielten Machtübernahmen schützen: Prüfung der Mitgliedsanträge, Prüfung, ob Unvereinbarkeiten vorliegen, Abstimmung im Ortsverband über den Kandidaten.

Waren sie erst einmal drin, bewegten sich die Spontis in der Partei wie die Fische im Wasser. Weil es bei den Grünen offiziell keine Hierarchien und Machtkonzentrationen gab und die Mitglieder direkte Einflussmöglichkeiten besaßen, konnten sie ihre informellen, autoritären Machtstrukturen aufbauen. Das hatte die Gruppe um Fischer und Cohn-Bendit beim »Revolutionären Kampf« gelernt: Wie man in einer vermeintlich antiautoritären Organisation, die keine Vorsitzenden und kein Präsidium kannte, durch informelle Bündnisse, Taktieren, Lockmittel und Einschüchterungen Macht durchsetzt. Bei einer Partei wie der SPD mit ihren erprobten, jahrzehntealten Regularien wäre die Kaperung nie möglich gewesen, selbst wenn sie genauso klein gewesen wäre wie die Grünen. »Eine erfahrene Schlägertruppe mit alternativem Gehabe und ohne Skrupel traf auf eine basisdemokratische Partei mit offenen Strukturen«[597], schreibt Jutta Ditfurth. Da klingt viel Verbitterung mit, aber der Satz trifft es.

Im Jahr 1994 gewährte Fischer der Publizistin Herlinde Koelbl einen Einblick in seine persönliche Politikmethode:

»Es geht darum zu überzeugen. Eine Form der Überzeugung ist die Überredung. Eine andere Form ist die, jemanden bei seinen Interessen zu packen. Eine dritte, ihn in der Hand zu haben, und eine vierte, ihm etwas zugute kommen zu lassen, allerdings nicht im Sinne der strafrechtlich sanktionierten Bestechung. Mit den letzten drei Methoden erzwingt man sozusagen notfalls die Zustimmung.«[598]

Fischer nannte bezeichnenderweise keinen einzigen inhaltlichen, sachlichen Ansatz, wie man Mehrheiten gewinnen kann, offensichtlich kannte er keinen oder er interessierte sich nicht für sie. Er nannte ausschließlich unpolitische Zwangshebel aus dem zwischenmenschlichen Bereich. Selbst beim ersten Punkt fiel ihm nicht anderes als »Überredung« ein. Da äußert sich ein Politiker, für den Macht und Machterhalt nackter Selbstzweck sind. Drei Jahre zuvor hatte er Herlinde Koelbl gesagt: »Die Statussymbole der Macht sind mir egal.«[599] Falls er es ehrlich gemeint hat, hat er seine Meinung spätestens beim Einzug ins Auswärtige Amt 1998 geändert, als er die Statussymbole seines Amtes sichtlich genoss und ein 60 Quadratmeter großes Büro bezog, in dem, wie es ein Biograf notierte, der Schreibtisch

»Ehrfurcht gebietende zehn Meter von der Tür entfernt«[600] stand.

Ein genialer, aber perfider Schachzug von Fischer und seinen Vertrauten aus der Spontiszene war es, Anfang der 80er Jahre den Gegensatz zwischen »Fundis« und »Realos« zu konstruieren, der bis heute als innerparteiliches Abgrenzungsinstrument dient und von den Medien immer wieder benutzt wird. Die Fundis oder Fundamentalisten waren die innerparteilichen Gegner Fischers, die das politische und wirtschaftliche System grundsätzlich ändern und sich nicht durch Beteiligung an der Macht verbiegen lassen wollten. Nach der Lesart Fischers waren sie die verrückten Sektierer, während er seine Gruppe – die Realos – als die Vernünftigen herausstellte, die eine Regierungsbeteiligung nicht ausschlossen. Fundis versus Realos: Wenn man vor die Alternative gestellt wäre – wer würde nicht doch lieber die zweite Option ziehen? Den Begriff Fundamentalist auf innerparteiliche Gegner anzuwenden, ist wohl eine Erfindung Fischers. Das Wort war damals eine populäre Bezeichnung für die religiösen Eiferer in Iran. Was Fundi in der innerparteilichen Auseinandersetzung und in der Öffentlichkeit für Assoziationen auslösen sollte, ist selbstredend. Aberwitzigerweise empfand Fischer selbst anfänglich Sympathien für die iranische Revolution.[601]

Der Gegensatz Fundis versus Realos war immer eine Scheinalternative, die zum Vorteil der Realos konstruiert wurde. Er unterstellt, dass sich in der Partei zwei ähnlich starke Fraktionen gegenüberstanden, so wie einst revolutionäre Marxisten und Revisionisten in der SPD des späten 19. Jahrhunderts. Die Konstellation bei den Grünen war eine komplett andere. Die Grünen waren per se »fundamentalisch«. Bevor die Gruppe um Fischer einstieg, war es in der Partei Konsens, dass man sich nicht als weiteres Glied im parlamentarischen System verstand. Parlamentarische Arbeit wurde lediglich als Ergänzung zu den außerparlamentarischen Aktivitäten angesehen. In der Präambel zum Parteiprogramm von 1980 heißt es klipp und klar: »Wir werden uns nicht an einer Regierung beteiligen, die den zerstörerischen Kurs fortführt.« Auch ist von »Veränderungen gegen die bestehenden Herrschaftsverhältnisse« die Rede. Präambel und Programm wurden nicht von einer durchgeknallten Minderheit durchgesetzt, sondern mehrheitlich und ordentlich auf einem Parteitag verabschiedet. Absurd war folglich der Vorwurf, die Fundis seien nicht »regierungsfähig« – sie wollten ja gar nicht an die Regierung, solange alles beim Alten bliebe. Auch diese Formel war ein reiner, auf die öffentliche Wirkung abzielender Kampfbegriff.

Vier Wege

Nach den linksradikalen Jahren lassen sich vier unterschiedliche Lebenswege herausfiltern. Erstens findet sich die Gruppe der Desillusionierten, die sich in ihre private oder berufliche Nische zurückgezogen haben. Viele von ihnen empfinden sich durchaus noch als links oder auch als linksradikal, meiden aber Organisationen und politische Zusammenschlüsse. Manche versuchen, die alten Ideale mit heutigen Mitteln zu erreichen, etwa indem sie im linken Szene-Journalismus arbeiten, in der Sozialarbeit, in der Gefangenenbetreuung oder in Dritte-Welt-Projekten. Oft ist es ihnen nicht gelungen, Anschluss an die heutige Zeit zu finden, oder sie verweigern bewusst diesen Anschluss. Nach dem Zusammenbruch ihrer Organisationen sind sie in ein Loch gefallen, mit teils existenziellen Folgen bis hin zu Armut und Einsamkeit. Gerade über diesen Kreis wird bislang zu wenig gesprochen.

Zweitens gibt es die Gruppe derjenigen, die sich in die bürgerliche Gesellschaft relativ harmonisch integriert haben. Sie würden ihre politische Einstellung wohl weiterhin vorsichtig als »links« bezeichnen. Viele bewegen sich unauffällig in den linksliberalen, »rot-grünen« Gewässern des Kultur- und Medienbetriebs. Drittens gibt es diejenigen, die ihre Vergangenheit komplett abgestoßen haben oder sie heute leugnen. Unter ihnen finden sich häufig solche, die in der bürgerlichen Gesellschaft, speziell in der sogenannten freien Wirtschaft, Karriere gemacht haben. Die Vergangenheit wird als ein Störfaktor betrachtet; teilweise wird sie auch als Bedrohung für ihre bürgerliche Karriere angesehen. Viertens findet sich das schmale, aber prominente Segment der Konvertiten, die heute offen völlig andere, teils konträre Überzeugungen vertreten. Gerade weil das so ist, setzen sie sich exzessiv mit ihrer Vergangenheit auseinander. Sie arbeiten sich permanent an »ihren« 70er Jahren ab. Das geschieht nicht zwangsläufig direkt, sondern auch auf indirekte, verschlüsselte Weise. Für manche unter ihnen bedeutet das Konvertitentum mehr als einen Bruch mit der Vergangenheit, sondern vielmehr den Versuch einer Rückkehr zu den eigenen Wurzeln. Sie wollen in den Schoß der bürgerlichen Familie wiederaufgenommen werden.

Aber zunächst Joscha Schmierer und Christian Semler: Die beiden wesentlichen Verantwortlichen für die autoritäre Wende nach 1968 waren zu exponiert, als dass man sie einem der vier Typen zuordnen könnte. Sie sind Spezialfälle. Schmierer, der gegen Ende der KBW-Zeit vom streng-deutschen Taufnamen Hans-Gerhart wieder auf den possierlichen Joscha umschwenkte, war bis Mitte der 80er Jahre damit beschäftigt, seine Organisation ordentlich, wie es sich für den KBW gehörte, abzuwickeln, was erst Anfang 1985 juristisch vollständig erledigt war. Auch am Ende kann man noch den unterschiedlichen Charakter von KPD und KBW erkennen. Die KPD löste sich sang- und klanglos auf, die Kader schmissen entnervt die Brocken hin. Der KBW-Auflösungsprozess hingegen zog sich jahrelang hin. Die Bürokraten vom KBW wollten rechtlich alles richtig machen, und vor allem wollten sie das beträchtliche Vermögen der Organisation retten. Als organisatorische Hülle wurde der Verein »Assoziation« (ein symbolisches *back to the roots*: wir kehren zum frühen Marx zurück!) gegründet. Der Verein ist neben den Mitarbeitern Eigentümer der Kühl KG, die schon zu KBW-

Zeiten existierte. Die Kühl KG wiederum ist Eigentümerin der Caro Druck.[602] Der Druckerei-Betrieb stammt ebenfalls aus KBW-Zeiten; die *Kommunistische Volkszeitung* (KVZ) wurde dort produziert. Die Kühl KG gibt die *Kommune* heraus, die als Nachfolgeblatt der KVZ und der KBW-Theoriezeitschrift gegründet wurde. Es ist eine feuilletonistisch aufgemachte, hochwertig gedruckte, aber praktisch anzeigenfreie Zeitschrift in kleiner Auflage, die ohne den Kapitalhintergrund der KBW-Geschichte nicht in der Form überleben könnte.

Das Vermögen des KBW und die stattliche Immobilie in Frankfurt an der Mainzer Landstraße 147 mit dem sinnigen Kürzel »ML 147« wurden der Kühl KG übertragen. Eine enormen Gewinn machte der Ex-KBW, als er seine Frankfurter Immobilie im Wert von drei Millionen mit der Commerzbank gegen ein von der Bank neu zu bauendes »Öko-Haus« im Wert von mindestens 20 Millionen Euro tauschte.[603] Das große moderne Haus im Stadtteil Bockenheim dient heute unter anderem als Tagungszentrum und Sitz diverser Firmen. Die bundesweit bekannte Zeitschrift *Öko-Test*, deren Anteile mehrheitlich von der SPD gehalten werden, ist Mieter in dem Haus – »zu durchaus stattlichen Mieten«, wie die *taz*, die ebenfalls Mieter ist und ihre Frankfurter Ausgabe bei Caro drucken lässt, einmal anmerkte.[604] Ein SPD-Unternehmen steuert also zur Erhaltung der Kapitalkraft ehemaliger Leninisten bei – eine schöne historische Pointe. Die Buchvertrieb Hager GmbH hingegen, eine weitere KBW-Firma, gibt es nicht mehr. Sie wurde einst nach dem KBW-Funktionär Hans-Jörg Hager benannt, der später eine zweite Karriere im Transportgewerbe starten sollte, die ihn bis hinauf in die Position des Vorstandsvorsitzenden der Bahn-Tochter Schenker führen sollte.

Die Überführung des enormen Vermögens in eine Nachfolgegesellschaft ist rechtlich korrekt und strategisch gewieft, moralisch aber fragwürdig gewesen. Das Vermögen kam durch die hohen Mitgliedsbeiträge von teilweise mehreren Hundert D-Mark pro Monat und durch Überlassungen von Erbschaften zustande. Bürgerliche KBW-Mitglieder wie Wolfgang Motzkau und Peter Berndt waren es, die zum Vermögen beigetragen haben. Die insgesamt mehreren Tausend KBW-Mitglieder haben nach ihrem Austritt oder nach der Auflösung des KBW nichts von ihrem Geld gesehen. Der Auflösungsbeschluss wurde nur von den Überbleibseln des KBW gefasst. Einige wenige ehemalige KBW-Kader profitierten von dem Kapitalstock, indem sie sich Redakteursposten in der *Kommune* schufen oder Gesellschafter des Hauses wurden. Chefredakteur der *Kommune* wurde Joscha Schmierer. 1999 gab er diese Position auf, weil er vom neuen Außenminister Fischer zum Mitarbeiter des Planungsstabes des Auswärtigen Amtes gemacht wurde. Eine seltsame Verbindung: Die Frankfurter Spontis und der KBW waren einander in herzlicher Abneigung verbunden.

Joscha Schmierer veröffentlicht bis heute politische Texte. Innenpolitische Themen meidet er. Er schreibt vorzugsweise über Weltpolitik und die großen Linien. Darin liegt eine Kontinuität zu seiner Kaderzeit. Als KBW-Anführer hatte er sich und seine Organisation auf Augenhöhe mit diversen maoistischen und kommunistischen Befreiungsbewegungen und maoistisch geführten Staaten gesehen. Schmierer ist heute ein Anhänger der Europäischen Union, außerdem schreibt er recht freundlich über die Vereinigten Staaten und noch ein bisschen freundlicher über China. Auch dies ist eine Kontinuität, entspricht sie doch ziemlich genau Maos Drei-Welten-Theorie: Die USA waren für die chinesische KP zeitweise weniger schlimm als die Sowjetunion, während entwickelte, kleinere Nationen wie die europäischen Staaten als eigenständiger Machtfaktoren wahrgenommen wurden.

Als Schmierer für das Auswärtige Amt arbeitete, befürwortete er das militärische Einrücken westlicher Staaten im Irak, im ehemaligen Jugoslawien und in Afghanistan. Der Bundestag habe es durch seinen Beschluss ermöglicht, »mit einer beschränkten Anzahl von Soldaten die Zerschlagung von Basen des internationalen Terrorismus in Afghanistan zu flankieren, logistisch und medizinisch abzusichern«,[605] schrieb er 2001 in einem staatstreuen Ton, wie es ein deutscher Regierungssprecher nicht anders formuliert hätte. Auch hier liegt mehr Kontinuität als Bruch. Pazifisten waren die Maoisten nie. Das Einmischen in fremde Staatspolitik war für Maoisten ein legitimes Mittel, wenn es einem höheren Zweck diente. Bei Jugoslawien kommt das Element der »nationalen Befreiung« hinzu, was auch typisch maoistisch ist. Völker sollen sich befreien, indem sie nationale Unabhängigkeit erlangen, selbst wenn sie in der Geschichte nie selbständig waren oder kaum von den Nachbarn zu unterscheiden sind.[606] Über den Islamismus schrieb Schmierer 2007, scheinbar nebensächlich in einer Fußnote versteckt: »... der Islamismus aber muss als gegen die Staatenwelt und die Wertegrundlage der UN gerichtetes, imperiales Projekt politisch und ideologiekritisch bekämpft werden.«[607]

Den Kaderhintergrund Schmierers berücksichtigend, ist man als Leser angesichts dieser und anderer Zeilen froh, dass Schmierer aufgrund seines Alters nur noch an seinem heimischen Schreibtisch über »Bekämpfungen« und »Zerschlagungen« fantasiert. Der geostrategische Jargon und das Denken in den ganz großen Linien erinnern ebenfalls an seine KBW-Zeit. Es geht ihm beständig um globale Konflikte, Achsen, Mächte, Imperien, Allianzen, Strategien. Individuen und die Konsequenzen von Kriegen und »Bekämpfungen« auf Individuen spielen in seinen Aufsätzen kaum eine Rolle. Was Afghanistan angeht, hat sich Globalstratege Joscha Schmierer allerdings geirrt. Aus einem harmlosen »Flankieren« und »Absichern« ist ein zehn Jahre andauernder Krieg geworden.

Geändert hat sich indes, dass er toleranter geworden ist gegenüber anderen Überzeugungen; um nicht zu sagen, mit dem Ende des KBW hat er politische Toleranz überhaupt erst gebildet. Er will anderen nicht mehr seine Meinung aufzwingen. Gegenteilige akademische und politische Meinungen behandelt er in seinen Aufsätzen sachlich. Er schreibt seriös. Wenn man so will, hat er in diesem Punkt Anschluss gefunden an seinen biografischen Bruch vor über 40 Jahren, als er ein hoffnungsvoller Doktorand war, dann alles hinschmiss und hauptamtlicher Revolutionär wurde.

Auch im Auftreten wirkt Joscha Schmierer heute wie ein klassischer 68er. Seine Kleidung ist leger; er ist schlagfertig und kann selbstironisch sein. Den ehemaligen langjährigen »Sekretär des Ständigen Ausschusses des Zentralen Komitees des KBW« und Verfasser und Mitinitiator von Hunderten von Anweisungen, parteiinternen Bestrafungen, Traktaten und Tiraden stellt man sich strenger und schmallippiger vor. Nur wenn das Gesprächsthema auf den KBW zurückkommt, ist Joscha Schmierer angespannt. Während er für sämtliche Kriege, Krisen und bilaterale Spannungen auf der Welt seine Patentrezepte zur Hand hat, ist er mit seiner eigenen Geschichte offensichtlich nicht fertig.

Christian Semler, der ehemalige Vorsitzende des ZK der KPD, hat sich ebenfalls zurückverwandelt in den netten »Christian« aus SDS-Tagen. Er kehrte 1989 nach Berlin zurück und stieg bei der *taz* ein. Semler vertritt eine linkere Sicht auf politische Ereignisse als Schmierer. Wäre Semler Politiker, wäre er heute wohl ein linker Grüner oder Sozialdemokrat. Er unterstützt direkte Demokratie, Bürgerbewegungen, Globalisierungs- und Kapitalismuskritiker, Gewerkschaften; er lehnt die offensive amerikanische Außenpolitik, Hartz IV und natürlich die FDP ab. In einem bedeutenden Punkt wich er aber von diesem klassisch linken Meinungsspektrum ab. Er warb in den 90er Jahren, ganz ehemaliger Maoist, für ein militärisches Eingreifen in den diversen Konfliktherden im ehemaligen Jugoslawien.

1987 antwortete er auf die Frage von Daniel Cohn-Bendit nach seinem politischen Standort matt: »Nach dem Zeitalter der Glaubenskriege ist die Frage nicht sehr en vogue. Aber ich würde mich noch immer als Sozialisten definieren. Das impliziert, daß links in meiner Vorstellung immer noch ein sinnvoller Begriff ist, aber bitte, frage mich nicht allzu genau, was ich unter Sozialist verstehe.«[608]

In einem Aufsatz von 1998 benennt er einen »schroffen Antiutopismus« als »direktes Produkt der Ent-Täuschung«[609]. Man »mißverstand«[610] die Kulturrevolution als Garten der Utopie. Dieser Anti-Utopismus habe aber einen Preis:

> »... er wurde und wird bezahlt mit der Weigerung, das ganz Andere der kapitalistischen Produktionsweise auch nur zu denken. Gerechtigkeit und Solidarität erscheinen nur noch als regulative Ideen. Gegen diesen Realitätsgewinn, der auf der genauen Benennung der Kosten jeder Reform besteht, wäre überhaupt nichts einzuwenden – wenn, ja wenn die ökonomische Wirklichkeit nicht nach Alternativen riefe.«[611]

Schlechtes Gewissen klingt da an: Die Wirklichkeit ruft nach Alternativen, aber das Denken in Alternativen haben wir leider diskreditiert. Er stellt weiter eine Unlust unter Maoisten fest, sich mit der eigenen Vergangenheit auseinanderzusetzen: »Schließlich und wichtigstens verstehen die Funktionäre von einst kaum mehr ihre damaligen Motive und Handlungen. Der Riß ist zu tief.«

Seine eigene Vergangenheit streut Christian Semler in seinen Artikeln in der *taz* hin und wieder in lockerem Ton ein, meidet aber die Stellen, die sich vermutlich nicht so locker benennen lassen.

So weit die »Sonderfälle« Christian Semler und Joscha Schmierer und zurück zu den vier typischen Lebenswegen nach den linksradikalen Jahren. Wolfgang Schwiedrzik, um mit der ersten Gruppe zu beginnen, war nach dem Bruch mit der KPD ein Desillusionierter.

> Am Ende lag ein totales Scheitern. Ich hatte mich vom bürgerlichen Leben losgesagt, dann war ich in einer Sekte, dann stieß mich die Sekte aus. Ich war völlig isoliert und entwurzelt. Ich bin in ein großes schwarzes Loch gefallen, genau so, wie es Manès Sperber in *Wie eine Träne im Ozean* beschreibt. Ich wusste mir nicht zu helfen. An die frühen Jahre konnte ich nicht mehr anknüpfen. Ich fuhr zu Claus Peymann nach Bochum, fragte an, ob ich bei ihm arbeiten könne. Ich arbeitete dann bei Hansgünther Heyme am Staatstheater in Stuttgart, dann bei Frank-Patrick Steckel am Schauspielhaus in Bochum als Dramaturg.

> Mit dem Scheitern meines Maoismus hatte ich die Fähigkeit vollständig verloren, an die linken Wahrheiten zu glauben. Ich war so auf den Beton geknallt mit meiner extremen Position, dass ich das Geschwätz der linken Theateraffen nicht mehr ertragen konnte. Mir ging dieser linke Jargon auf den Wecker. Heyme zum Beispiel inszenierte in Stuttgart Heiner Müllers *Der Auftrag*. In dem Stück versuchen drei französische Emissäre, die Französische Revolution nach Jamaika zu tragen. Die drei scheitern aber. Das Ganze ist meiner Meinung nach eine Parabel für das Scheitern des Sozialismus in der DDR, wo die Emissäre des Sozialismus aus Moskau gekommen waren. Ich roch, dass es in dem Stück gar nicht um Jamaika ging. Heyme aber meinte, es sei ein Stück über die Revolution auf Jamaika und die Notwendigkeit der Revolution in der Dritten Welt. Ich versuchte Heyme klarzumachen, dass es ein Stück mit einer verschlüsselten Botschaft sei. Ich traf Heiner Müller, und wir redeten über unsere Desillusionierungen. Er bestärkte mich mit in meiner Position. ...
> Ich sehe als gescheiterter Linker die Sache anders als die Leute, die nie ins Extrem gegangen sind. Die schwammen immer in diesem linken Quaddelwasser, ohne sich jemals zu exponieren. Diese linke Mischpoke war mir zutiefst zuwider geworden.

Schwiedrzik spricht mit wohlartikulierter Stimme druckreif und in pointierten, teils scharfen und radikalen Sätzen über seine maoistische Zeit. Man merkt ihm bis heute die Ausbildung an einer Schauspielschule und die Schulung an einem handwerklich erstklassigen und gleichzeitig politisch orientierten Sprechtheater, wie es die Schaubühne in den 60er Jahren gewesen war, an. Man kann sich gut vorstellen, wie Schwiedrzik als Kader in ebenso pointierten, scharfen und radikalen Sätzen Anleitungen und Direktiven verfasste und die Mitglieder in der VSK, dem KPD-Künstlerverband, zu immer neuen Aktionen antrieb. Für ihn gibt es bis auf eine Ausnahme nichts Erhaltenswertes aus der KPD-Zeit.

> Diese Texte, die wir produziert haben, sind alles Müll, gedanklicher Müll. Davon kann man nichts bewahren. Wir hatten uns

selbst als Intellektuelle abgeschafft. Das Einzige, wovon wir profitiert haben, ist die Drei-Welten-Theorie. Dadurch ist so etwas wie Realismus bei uns eingedrungen. Mit dem Aufwerfen der nationalen Frage kamen wir raus aus dem ideologischen Schematismus. Wir dachten neu über Deutschland und über Europa nach. Wir lernten zu differenzieren innerhalb der imperialistischen Länder. Staaten wie Deutschland konnten auch Objekt der Unterdrückung sein. Deutschland hatte den Zweiten Weltkrieg ausgelöst, hatte große Verbrechen begangen und war geschlagen worden. Aber die Spaltung Deutschlands, der Status quo war nicht normal. Auch wir Deutschen hatten ein Recht, für die Einheit der Nation zu kämpfen.

Schwiedrzik hatte in seiner KPD- und VSK-Zeit gute Kontakte zur Düsseldorfer Kunstszene. Mit den damals noch unbekannten Künstlern Jörg Immendorff und Felix Droese, die in der VSK organisiert waren bzw. ihr nahestanden, sprach er über Deutschland und über Patriotismus. Noch zu KPD-Zeiten begann Immendorff seinen Bilderzyklus »Café Deutschland«, mit dem er berühmt werden sollte. Die Einflüsse der nationalrevolutionären Partei haben Immendorffs künstlerische Auseinandersetzung mit der deutschen Teilung zweifellos befördert. Deutschland war damals in den linken Milieus ein Antithema.

Die KPD hatte nicht nur Schwiedrziks Ablösung von seiner (klein-)bürgerlichen Herkunft angetrieben, sondern paradoxerweise auch die Rückkehr zu ihr. Als Vertriebenenkind war er mehr als andere im SDS an der deutschen Frage interessiert, womit er in der KPD gut aufgehoben war. In seinem Arbeitszimmer hängen Bilder und liegen Erinnerungsstücke aus der schlesischen Heimat seiner Eltern. Die eigenen Wurzeln spielen heute eine große Rolle für ihn.

Wolfgang Schwiedrziks Leben hat sich noch zu KPD-Zeiten am einschneidensten durch eine private Begegnung geändert. 1977 lernte er eine junge Frau kennen, die gerade aus China zurückgekehrt war. Sie hatte als eine der ersten deutschen Austauschstudenten in der Volksrepublik studiert.

> Sie war mit großen Hoffnungen nach China gegangen, hatte die Kulturrevolution und den politischen Umbruch danach hautnah erlebt und kehrte einigermaßen desillusioniert zurück.

Sie verliebten sich, zogen zusammen, heirateten und bekamen drei Söhne. Die Sinologiestudentin von einst ist heute eine anerkannte Sinologie-Professorin an der Universität Wien.

> Ich machte den Hausmann und zog die Kinder auf. Es war abzusehen, dass meine Frau Karriere machen würde. Wir wollten aber auch Kinder – da muss jemand im Hintergrund sein, der das ermöglicht. Wenn beide Karriere machen wollen, bleibt kein Platz für Kinder. Da wurde ich lieber der Spießer. Ich habe die Babywäsche gewaschen, und so weiter. Ich hatte damit kein Problem. Gleichzeitig konnte ich als Intellektueller weiterexistieren.

Schwiedrzik arbeitete als freischaffender Publizist, hauptsächlich für den Deutschlandfunk, veröffentlichte mehrere Bücher und gründete 1999 einen eigenen kleinen Hörbuchverlag.

> Ich wollte mich in der Kinderfrage auch absetzen von meiner Umgebung. Die meisten meiner Freunde, auch meine zwei Brüder, haben keine Kinder. Ich wollte das nicht. Ich brach an dieser Front mit meiner linken Vergangenheit. Ich wollte nicht diese Form der Emanzipation des Einzelnen.

Noch ein anderes Motiv trieb ihn um, in dem seine Familiengeschichte zum Vorschein kommt.

> Ich wollte diese Familie neu gründen. Das erschien mir umso notwendiger, als meine Familie im Krieg völlig zerstört worden ist. Bis auf eine Ausnahme sind alle Männer gefallen. Es ist eine absolute Katastrophengeschichte. Ich habe versucht, das Überleben der Sippe möglich zu machen. Früher [in der Studentenbewegung, d. A.] hieß es, man muss der Sache dienen, Kinder stören da nur. Jetzt diene ich vor allem dieser Sache, der Kindersache.

Eine andere »Sache« versuchte Schwiedrzik durch den Beruf zu verarbeiten – die rückhaltlose Unterstützung der Kulturrevolution durch die KPD. 1980 veröffentlichte er einen Gesprächsband mit Interviews mit chinesischen Schriftstellern, die während der Kulturrevolution verfemt oder verbannt waren.[612] Die

Interviews entstanden 1978 während einer Chinareise, die er noch für den Parteiverlag unternahm.

Für seinen Hörbuchverlag und den Deutschlandfunk produzierte er 2009 ein Feature, das das Schicksal von Bian Zhongyun, der Vizedirektorin eines bekannten Pekinger Mädchen-Gymnasiums, penibel nachzeichnet. Bian Zhongyun wurde 1966 von ihren halbwüchsigen Schülerinnen wochenlang traktiert und schließlich totgeschlagen.[613] Der schreckliche Tod ist bis heute brisant, weil die Schülerinnen Kinder von hochrangigen Parteikadern waren und inzwischen selbst an der Spitze von Partei und Wirtschaft stehen.

Wolfgang Schwiedrziks ehemaliger ZK-Kollege Alexander von Plato hat ebenfalls eine viel jüngere Frau geheiratet, mit der er zwei Kinder bekam, die heute um die 20 Jahre alt sind. Nach dem Ende der KPD bewarb er sich beim Historiker Lutz Niethammer an der Universität Essen und nutzte dabei alte APO-Methoden, um hineinzukommen:

> Ich bewarb mich als Historiker, obwohl ich keiner war, sondern studierter Philosoph. Das wusste Niethammer. Später, nach meiner Habilitation, wurde ich offiziell Historiker, niemand fragte mich, ob ich Geschichte studiert hatte, und ich habe es von mir aus auch niemandem verraten.

Das Berufsverbot bereitete ihm noch in den 80er Jahren Probleme. Jahrelang arbeitete er auf Projektbasis; erst 1989 bekam er eine Stelle am neuen Biographie-Institut der Fern-Universität Hagen, dessen Gründungsdirektor er wurde. Von Plato widmete sich – wie sein Mentor Niethammer – der »Oral History«, die unter anderem auf den Erzählungen gerade derjenigen Bevölkerungsschichten basiert, die normalerweise keine gedruckten Quellen hinterlassen. Anfangs nutzte von Plato seinen neuen Beruf, um jenes »historische Subjekt« besser zu verstehen, das er und seine KPD-Genossen zu führen meinten: die Arbeiterklasse.

> Wir hatten uns total getäuscht in der Entwicklung der Verfasstheit der Arbeiterschaft. Das war ein Grund, warum ich 1980 bei

Niethammer in einem lebensgeschichtlichen Projekt über Sozialdemokratie und Betriebsräte und die Attraktion des Reformismus arbeitete. 1980 stand ich Marx noch sehr nahe. Ich hatte mir Anfang der 80er Jahre noch eine sozialistische Massenorganisation vorgestellt. ... Ich habe verschiedene Eisschollen im Kopf, auf denen ich hin und her springen kann. Wenn mir jemand zu blöde antimarxistisch daherkommt, verteidige oder erkläre ich Marx. Es ärgert mich, wenn Marx auf einem niedrigen Niveau kritisiert wird. Da werde ich zum Verteidiger von Dingen, die ich eigentlich nicht mehr vertrete. Wenn aber jemand Marx für das Nonplusultra hält, kann ich gegenteilig argumentieren. ... Ich weiß, dass mit unserem und mit dem Scheitern des realen Sozialismus der Sozialismus total desavouiert ist und dass die Erfüllung der großen sozialistischen Grundziele – Gerechtigkeit, Solidarität, Gleichheit und Demokratie – nicht gelungen ist. Aber die Ziele bleiben und werden mit großer Wahrscheinlichkeit immer wieder unterschiedliche Bewegungen hervorrufen. ... Bedarf es der Enteignung bestimmter Teile des Kapitals, bedarf es verstärkter Zügelung des Marktes, müssen planwirtschaftliche Elemente verstärkt werden? Das sind alles Fragen, die nicht beantwortet sind. Aber die Alternativen sind uns abhandengekommen. Ich bin vorsichtig geworden, was Fundamentalkritik angeht. ... Wir sind gebrannte Kinder. Wir haben dazu beigetragen, dass die Alternativen nicht besonders attraktiv wurden. Alles was in der Studentenbewegung vielfältig, selbstironisch und witzig war, gab es dann nicht mehr. Es ist schon eine tiefe Enttäuschung gewesen, wenn sich die eigene Geschichte danach als sektenhafte Kurzgeschichte erwies.

Von Platos Haltung zur heutigen Gesellschaftsordnung ist ambivalent.

Die Welt ist ja nicht besser geworden. Dein ganzes Leben warst du gegen die antisozialen Kräfte im Kapitalismus, und jetzt treten die Schwächen des Systems verschärft zutage. Das Grundproblem existiert bis heute: Wie kann man demokratische Rechte behaupten und gleichzeitig eine größere Kontrolle der Kapitalbewegungen und des Eigentums erreichen? Die parlamentarische Demokratie garantiert demokratische Rechte, aber sie bändigt den Markt wenig.

Über seine Funktionärszeit in der KPD denkt Alexander von Plato heute zwiegespalten.

> Vieles ist mir extrem unangenehm und peinlich, anderes nicht, zum Beispiel die Anti-Breschnew-Demonstrationen, die Wiedervereinigungspolitik oder die Unterstützung mancher Befreiungsbewegungen in der Dritten Welt.[614] Auch auf die Unterstützung für Rudolf Bahro, auf die Kampagnen für demokratische Rechte in der DDR schaue ich mit Sympathie – dass das Eintreten für demokratische Rechte im Sozialismus zur Vorstellung einer Diktatur des Proletariats der KPD im Widerspruch stand, ist mir klar.

Mit seinem Vater, dem Gutsbesitzer, versöhnte er sich am Ende noch, wenn auch nicht politisch. Der Vater starb 1999 mit 93 Jahren.

> Meine Frau wollte eine Annäherung, weil sie wusste, dass er einen stärkeren Rochus auf mich hatte als ich auf ihn. Gleichzeitig litt er mehr als ich unter unserer Funkstille. Er hatte so ein Blutsbandegefühl.

Auch die Enterbung – im Adelsmilieu eine hochsymbolische Angelegenheit – machte der Vater teilweise rückgängig.

> Er hat mir Boden vermacht, den ich jetzt verpachte. Es ist eine Geste gewesen immerhin. Zu seinem 90. Geburtstag hielt ich eine Rede. Nein, feindselige Gefühle hatte ich ihm gegenüber erstaunlicherweise nie.

Für Klaus Hülbrock normalisierte sich das Leben Ende der 70er Jahre – oberflächlich betrachtet. Der »Göttinger Mescalero« machte seinen Magisterabschluss und unterrichtete in Göttingen Deutsch als Fremdsprache. Allerdings fand er keinen Anschluss an den neuen politischen Zeitgeist Anfang der 80er Jahre.

> Irgendwas ist da gebrochen. Mit der Gründung der Grünen und der *taz* ist eine Geschichte zu Ende gegangen. Es kamen neue politische Konstellationen und Fragestellungen auf. Die Grünen

haben wir als Rückwärtsentwicklung angesehen, als Partei, die wie der KB oder die CDU die Massen überzeugen will. Vielleicht ist es ein Altersphänomen. Wenn man 30, 35 Jahre alt ist, ist die Jugendrevolte vorbei. Ich weiß es nicht, aber ein Bruch ist da geschehen.

Was den »Mescalero« angeht, hadert er damit, dass er sich nicht dazu bekennen konnte, weil er befürchtete, weiter als Staatsfeind abgestempelt zu werden. Erst Ende der 90er Jahre offenbarte er sich gegenüber der ehemaligen *Pflasterstrand*-Redakteurin Edith Kohn, die damals für den *Stern* arbeitete.

Damit bin ich nicht mit mir im Reinen. Ich habe jede Möglichkeit versäumt, aus dieser Geschichte etwas zu machen, das mich heute in meiner Existenz sicherstellen würde. Ich lebe am Rande. Ich habe existenziell bezahlt mit einer Existenz am Rande des Minimums. Marcuses »große Verweigerung« hat mich nie verlassen. Statussymbole haben mir nie etwas bedeutet, ich war nie verheiratet, ich habe keine Kinder, ich habe nie eine eigene Wohnung gehabt, kein eigenes Auto, keine eigenen Möbel, ich habe immer nur meine Bücher gehabt. Man fängt im Alter eher an zu jammern. Die Altersarmut kommt rapide auf mich zu. Das hängt nicht unmittelbar mit »Mescalero« zusammen, aber so ganz ohne Zusammenhang ist das nicht. Die Geschichten lassen mich nicht in Ruhe. Der größte Teil hat es verstanden, der existenziellen Bedrohung zu entkommen und den Hebel umzulegen, ihre Schäfchen ins Trockene zu bringen. Das habe ich offensichtlich versäumt.

Ende der 80er, Anfang der 90er Jahre arbeitete Klaus Hülbrock als Deutschlehrer in China, eine Tätigkeit, die er an der Universität Wittenberg in Sachsen-Anhalt fortsetzte. Nach einer weiteren Station in Russland lebt er heute in Weimar. Das Leben in Weimar nutzt er, der Germanist, um seinem Interesse für die deutschen Klassiker nachzukommen. Heimat ist ihm die Stadt jedoch nicht geworden.

Ich wäre am liebsten in China geblieben. ... Ich gucke voller Neid auf Frankreich und Italien. Bei uns herrscht ein »Bitte beutet uns aus«. Ich habe eine Abneigung gegen Deutschland. Ich bin nicht von seiner demokratischen Verfasstheit überzeugt, ich halte nichts von der Öffentlichkeit; das hängt sicherlich mit den Erfahrungen von damals zusammen. Mein Unbehaustsein in Deutschland, auch, dass ich immer Ausländer unterrichtet habe, hängt mit 1977/78 zusammen. Damit bin ich nicht fertig, damit werde ich nicht fertig werden, das wird mich bis ans Ende umtreiben, aber fruchtbar umtreiben, weil ich bis ans Ende meiner Tage in Unfrieden mit dieser Gesellschaft leben werde. Man müsste heute noch radikaler als damals sein. Die Schwächen und Fehlleistungen dieses Systems treten deutlicher zutage als damals.

Die ehemaligen Linksradikalen der zweiten Gruppe, die sich in das bestehende gesellschaftliche System eingefügt haben, würden sich selbst noch vage als links bezeichnen. Es sind einerseits diejenigen, die die Grünen als Trittbrett in die neue Zeit genutzt haben. Selbst jene, die keine politische Karriere machten oder schon längst wieder ausgetreten sind, profitierten von der Partei: entweder weil sie ihnen, je staatstragender sie wurde, hilfreiche Kontakte oder öffentlich-rechtliche Planstellen vermittelte oder weil sie den Schock des plötzlichen Endes der hochtourigen Politzeit abfedern half (einer von ihnen bezeichnete seine Zeit bei den Grünen gegenüber dem Autor treffend als sein »Methadonprogramm«). Andererseits finden sich in dieser Gruppe viele aus der ehemaligen DKP. Sie sind gehäuft im Öffentlichen Dienst und bei den Gewerkschaften zu finden. Warum? Anders als die Maoisten und Spontis verfolgten die DKP-Kommunisten den Ansatz, ganz offiziell im Staatsapparat mitzuarbeiten. Der Staat per se wurde nicht als feindlich angesehen. Er sollte weder zerschlagen noch konspirativ unterhöhlt werden, sondern man wollte erreichen, dass er langfristig von »fortschrittlichen Kräften« gelenkt würde – und man war auf einen sicheren Arbeitsplatz erpicht, weshalb die Maoisten sich über diesen halbherzigen revolutionären Geist der DKP lustig zu machen pflegten. Ebenfalls betrachtete man die Gewerkschaften nicht als revisionistische, bürokratische Apparate, wie es die Maoisten taten, sondern als Bündnispartner. Gerade in traditionell linken Gewerkschaften wie der IG Druck und Papier, die heute ein Teil der Gewerkschaft Verdi ist, war eine Mitgliedschaft in der DKP oder im MSB Spartakus kein Hindernis, um eine Stelle zu bekommen. In den späten 70ern und frühen 80ern wurde darüber hinaus der Radikalenerlass in den SPD-regierten Bundesländern gelockert. Angehenden Lehrern oder Verwaltungsbeamten, die aus der DKP-Ecke kamen, wurden dort in der Regel keine Steine mehr in den Weg gelegt. Das DKP-Mitglied Fanni Mülot, die angehende Lehrerin aus Gießen, bekam nach Ende ihres Studiums keine politischen Probleme in ihrem Beruf. Sie machte ihr Referendariat und wurde Lehrerin im hessischen Schuldienst. In den 80er Jahren trat die DKP für sie in den Hintergrund. Sie konzentrierte sich auf ihre Arbeit. Sie arbeitete zunächst in Frankfurt an einer Förderschule für Sprachbehinderte. Heute ist sie Schulleiterin einer Gesamtschule in Offenbach.

> Ich bin nie als Missionarin aufgetreten. Wer wo organisiert war, wurde im Kollegium nie offen diskutiert. Es war Privatsache.

Fanni Mülot sah sich nicht als Kader, sondern als Lehrerin mit fortschrittlichen Zielen, wie man in der DKP damals gesagt hätte.

> Ich wollte eine andere Schule machen, so wie ich mir das vorstellt hatte. Ich wollte die Schule verändern und beleben. Ich wollte den Beruf ergreifen, weil ich nach einem sozialen Sinn suchte, den ich begründen konnte. Von der Partei wurde ich nicht geschickt. Ich sah mich als Lehrerin mit sozialer Verantwortung. Deswegen machte ich auch eine Gesamtschulausbildung. Mir ging es um eine Schulform, die möglichst breite Entwicklungsmöglichkeiten für alle Schüler bietet. ... Ich hatte eine Vorstellung von kritischen jungen Menschen.

Die DKP produzierte ihre Dogmen und Glaubenssätze. Ernst Thälmann zum Beispiel war für die DKP, wie für die SED, ein Idol. Wenn aber ein wacher Schüler im Unterricht von Fanni Mülot Ernst Thälmann kritisiert und als Kommunisten von

Stalins Gnaden bezeichnet hätte, der in den späten 20er Jahren »rechte« Abweichler ausschließen ließ und eine verfehlte Abgrenzungspolitik zur SPD betrieb – was hätte die Lehrerin Fanni Mülot dazu gesagt?

> Ich hätte dem Schüler zugestimmt, dennoch hätte ich angefügt, dass Thälmann ein Gefangener Hitlers war und im KZ saß. Man muss beide Seiten sehen. Es gibt nicht die eine Wahrheit. Das zu erkennen, ist ein wichtiges Ziel für Schüler. Man muss im Unterricht zwischen dem persönlichen Weltbild und dem sachlichen Kriterium unterscheiden. Da war ich vielleicht mehr durch den MSB als durch die DKP geprägt. Im MSB herrschte ein offeneres Klima.

Ideologische Grundlage der DKP war das Parteiprogramm. Wenn man das Programm beim Wort nimmt, stößt man auf Passagen, die bei jüngeren Mitgliedern, die aus der Studentenbewegung kamen, eher Stirnrunzeln als Begeisterung hätten auslösen müssen. Das Mannheimer Programm von 1978 besteht aus drei Ebenen. Auf der ersten Ebene wird die große sozialistische Utopie vor dem Hintergrund der sich angeblich ständig verschärfenden Krise in der westlichen Welt ausgemalt (»unsere Epoche ist die Epoche des Übergangs vom Sozialismus im Weltmaßstab«). Die zweite Ebene ist die tagespolitische Ebene: Hier stellt die DKP, als Zugeständnis an die realpolitischen Erfordernisse, alle möglichen Programmpunkte auf (»günstigeres Agrarpreissystem«; »aktive Lohnpolitik«). Die dritte Ebene aber ist die verräterische Ebene. Liest man genau und deutet man den Subtext richtig, wird deutlich, dass der DKP keineswegs die Marxsche freie Assoziation der Produzenten und die Befreiung von Herrschaftsverhältnissen vorschwebte, sondern dass im Fall eines Sieges die dann von ihnen kontrollierten Apparate die Macht erringen sollten. Über die Gewerkschaften heißt es:

> »Sie werden direkt an der Planung und Leitung von Wirtschaft und Gesellschaft teilnehmen. Auf allen Ebenen werden sie unmittelbar und ständig die Interessen und den Einfluß der Arbeiterklasse zur Geltung

bringen. ... Die DKP kämpft für eine wirksame Mitbestimmung der Arbeiterklasse und ihrer Gewerkschaften. ... Sie fordert eine breite öffentliche Diskussion aller wichtigen Gesetzentwürfe sowie eine Verpflichtung der Parlamente und Regierungen, Vorschläge der Gewerkschaften und anderer demokratischer Organisationen zu berücksichtigen.«

Mit »Gewerkschaft« ist der Führungsapparat der Gewerkschaft gemeint. Das bedeutet mit anderen Worten: Die alte Macht der Kapitalisten wäre lediglich ausgetauscht worden durch die Macht kommunistischer Partei- und Gewerkschaftsfunktionäre, und die einfachen Arbeiter hätten wenig zu melden gehabt. Es gibt keinen Hinweis darauf, dass diese Form der Funktionärsherrschaft nur für einen Übergangszustand gelten sollte. Das Programm klingt stark nach realem Sozialismus à la DDR und Sowjetunion, mehr nach Harry Tisch und Erich Honecker und weniger nach dem – frühen – Karl Marx. Von direkter Demokratie ist die DKP auch nicht richtig überzeugt: Die Interessen der Bevölkerung könnten »auch in Volksabstimmungen ... zur Geltung kommen«, heißt es mehr pflichtschuldig als überzeugt.

Das Programm der DKP hatte für Fanni Mülot indes keine reale Bedeutung.

> Für die Frage, wie der Sozialismus aussehen würde, war nicht das Programm die Grundlage. Ich sah das so: Da sind grundsätzliche Fragen verankert, die sind genauso vage wie ein Programm einer anderen Partei. Es war keine Handlungsschnur für mich. Ich hatte mir vorstellt: wenn es eine kommunistische Gesellschaft gebe, würde man sie gestalten müssen. Meine Vorstellung war, man müsste sie humanistisch gestalten. Eine Frage wie die, ob Schlüsselindustrien verstaatlicht werden sollen, war für mich keine Tagesfrage. ... Ich habe auf das DKP-Programm keinen Eid geschworen. Ich habe einen Eid auf die hessische Verfassung und das Grundgesetz geschworen, und das nehme ich sehr ernst – und das lässt viel Spielraum. In der hessischen Verfassung ist das Gemeineigentum übrigens verankert, nur, es wird nicht umgesetzt.

1989 trat Fanni Mülot unter dem Eindruck der politischen Wende in der DDR und der Perestroika in der Sowjetunion aus der DKP aus.

> Es hatte sich bewahrheitet. Die Sowjetunion war ein militärisches Regime. Unter Gorbatschow erschien damals eine neue Stalin-Biografie.[615] Ich habe jede Zeile gelesen. Darin wurde der Stalinismus anders dargestellt. Man hatte sich vorher den Tatsachen verschlossen.

Ob sie sich heute noch als links bezeichnen würde?

> Ja. Aber ich würde auch fragen: Was ist links? Ich würde sagen, in meinem Herzen schon, aber ich stelle mir bei jeder Wahl neu die Frage. Ich weiß nicht mehr, was die richtige Partei sein könnte. Wie ein normaler Bürger überlege ich bei der Stimmabgabe taktisch. ... Ich würde heute in keine Partei mehr eintreten, nie mehr. Ich genieße eher heute die Souveränität, dass ich mich unbefangen wissenschaftlichen Debatten und Diskussionen mit Kollegen stellen kann.

Ob sie sich noch als Marxistin sehen bezeichnen würde?

> Wenn man Marxismus als Philosophie betrachtet, als dialektisches Denken, dann bin ich das. Aber ich bin vorsichtig geworden zu sagen, ich weiß, wie die Analyse aussehen muss. Wir hatten damals ein Gefühl, als wüssten wir es, aber wir haben es nicht gewusst.

Heute, im Zeitalter von Staaten, die selbst verursachte Krisen von Großunternehmen und Banken ausbügeln müssen, der langjährigen Finanzkrisen, der Kapitalkonzentrationen und des Marktdogmas scheinen die marxistischen und neomarxistischen Analysen zuzutreffen – mehr als in den 70er Jahren.

> Wir haben heute den staatsmonopolitischen Kapitalismus par excellence. Der Kapitalismus ist viel staatsmonopolistischer geworden, als es jemals einer geahnt hätte. Da kann man natürlich daran verzweifeln, aber man auch sagen: Meine Hoffnung früher war ein Fehler, aber ich muss deswegen nicht aufgeben. Ich muss aber auch nicht an Dogmen glauben. ... Die Frage ist doch, warum wir so viel hinnehmen. Ich habe nur eine vage Vorstellung

davon, wie eine Alternative funktionieren könnte. Der Sozialismus ist kriminell geendet, das war erschütternd. Das will ich nicht. ... Ich weiß nicht, wie ein sozial verantwortliches System wirklich aussehen könnte. Ich weiß es nicht, und das macht mich still.

Gleichzeitig lebt sie keineswegs in völligem Frieden mit dem heutigen System.

Ich bin nicht versöhnt. Versöhnt bin ich insofern nicht, weil ich viel zu tun finde. Ich habe es mit meinem Beruf leichter. Er ermöglicht mir eine soziale Versöhnung auf meinem Gebiet. Natürlich kann man sagen, das reicht nicht.

Ihren Beruf sieht sie als Mittel, um das Beste aus dem Status quo zu machen.

Als Lehrerin bin ich in einer privilegierten Situation. Andere von früher arbeiten heute in industriellen Berufen, die haben es schwerer, zu ihrer Arbeit zu stehen. Ich arbeite in einem System, das zwar abhängig vom Kultusministerium, vom Staatshaushalt und von politischen Entscheidungen ist, aber ich habe ein Pfund in der Hand. Das, was ich tue, tue ich um der Menschen willen, mit denen ich zu tun habe. Das macht mich stärker als Kommilitonen, die in industriellen Systemen sitzen und arbeiten, die viel direkter, sagen wir, am Kapitalismus beteiligt sind als ich.

Wenn aber das hessische Kultusministerium verlangen würde: Wir brauchen für unseren Finanzplatz Frankfurt mehr künftige Bankkaufleute im Investmentgeschäft und mehr künftige Börsen- und Derivatehändler, die die Schulen heranziehen müssen? Dann ist ein Lehrer direkt mit den Anforderungen des »Systems« konfrontiert.

Schule ist ein Raum, in dem quergedacht werden kann. Es ist kein Schaden, wenn es gut ausgebildete Banker gibt, die aber gleichzeitig gelernt haben, sozial kritisch zu denken. Ich muss dem nicht sagen, du musst Marxist sein. Gut ausgebildete Menschen finden ihre eigenen individuellen Wege, mit Systemen zurechtzukommen. Viel gefährlicher ist es, nicht ausgebildete Menschen zu haben, die zu Opfern der Verhältnisse werden und nur funktionieren. Ich habe nicht das Ziel vorzugeben, wie man zu handeln hat. Das überlasse ich den Schülern selbst.

Fanni Mülot profitiert aus ihrer Sicht praktisch von einem typischen Merkmal im Studentenverband MSB.

> Ich kann Netzwerke knüpfen und Bündnisse schließen, das habe ich im MSB gelernt. Bündnispolitik, das ist alte Spartakus-Eigenschaft: Wo liegt der gemeinsame Nenner? Es ist befruchtend zu sehen, welche Möglichkeiten und Netzwerke es gibt, ohne sich dabei zu verraten. Ich frage nicht, woher kommst du, sondern was kannst du beitragen. Der große Rahmen ist ein Bemühen um soziale Gerechtigkeit, egal aus welcher Ecke es kommt. Und wenn es keinen Konsens gibt, gehen wir eben nicht weiter.

Fanni Mülots ehemalige MSB- und DKP-Genossin Tissy Bruns ist am 1. Juni 1989 aus der DKP ausgetreten, blieb aber noch DVZ-Redakteurin. Es war der vorläufige Endpunkt eines langandauernden Ablösungsprozesses und fand auf dem Höhepunkt eines parteiinternen Konfliktes zwischen Traditionalisten und jüngeren Reformern statt. Dass die DDR gerade begann zu erodieren, hat diesen Prozess erleichtert. Tissy Bruns hatte sich da bereits in der inneren Emigration befunden.

> In den 80er Jahren habe ich keine Minute mehr die Vorstellung gehabt, dass es um den Sozialismus in der Bundesrepublik geht. Aber das war schon die Zeit der inneren Trennung. Wir waren mehr der Überzeugung, dass es ganz andere Arten von Transformationen geben wird, die anderen Bildern folgen, als die bisherigen Revolutionen uns vorgelegt hatten. Zumal wir alle belesen genug waren, um zu wissen, dass der Ostblock nicht das Ergebnis von Revolutionen war, sondern einer bestimmten Machtaufteilung.

Es gab auch einen privaten Grund, der die Ablösung beförderte. Sie bekam ein Kind.

> Unser Sohn spielte in der Ablösung von der DKP eine große Rolle. Er ist 1987 geboren; ich wollte schon lange ein Kind haben. Mein Mann – er war auch Funktionär im MSB und später wie ich im Parteivorstand beschäftigt – und ich sollten kurz darauf auf die

Parteihochschule in Ostberlin delegiert werden.[616] Wir hatten das bis dahin erfolgreich vermeiden können. Es war mir klar, dass ich da nicht hin will, weil ich da kaputtgegangen wäre mit dem kleinen Kind. Mein Sohn war wenige Wochen nach der Geburt eine längere Zeit krank. Es war mir unmöglich, das allgemeine Menschheitsglück über einen konkreten Menschen zu stellen, nämlich das eigene Kind. Das mit der Parteihochschule ging nicht. Wir haben es auf Biegen und Brechen verhindert. Ich weiß nicht, wenn wir das Kind nicht gehabt hätten, hätten wir uns vielleicht doch auf diese Parteihochschule schicken lassen. Wir fassten einen Beschluss: Wenn dieses Kind drei Jahre alt ist, wird keiner mehr von uns abhängig von diesem Apparat sein. Ich sollte eine Strecke noch durchhalten, und wenn das Kind drei ist, sollte ich auch aus dem Laden heraus. Mein Mann machte sich dann als freier Journalist selbständig.

Nachdem die DVZ liquidiert worden war, fand Tissy Bruns Arbeit bei der *taz* und ging später zur *Wochenpost*, einer aus der DDR stammenden angesehenen Zeitung, die 1997 eingestellt wurde. Seitdem arbeitet sie, mit einer Unterbrechung, beim Berliner *Tagesspiegel*. Sie gehört zu den etablierten Hauptstadt-Journalisten und ist regelmäßig Gast in Talkshows und auf Podiumsdiskussionen. Hauptsächlich schreibt sie über die SPD. Diese Tatsache hat auch mit ihrer Vergangenheit zu tun. 2008 schreibt sie im *Tagesspiegel*:

> »Ich muss bekennen, dass ich zur frühen SPD ein durch und durch romantisches Verhältnis habe. Meine Lieblingsgeschichte aus der Zeit der Arbeiterbildungsvereine ist die von den zehn Zigarettenarbeitern, die sich ihre Arbeit so aufteilen, dass neun das gesamte Pensum wegarbeiten, damit der Zehnte ihnen gleichzeitig vorlesen kann. Das Pathos der Arbeiterbewegung von Freiheit, Selbstgestaltung und Kampf hat meine Kindheit beflügelt. Und weil ich ihn als junge Erwachsene für viele Jahre an den kommunistischen Irrweg verraten habe, bin ich nicht frei von Schuldgefühlen gegenüber den Sozialdemokraten, die immer die Freiheit wollten.«[617]

Sie hätte den Artikel nicht schreiben können, wenn sie nicht früher Kommunistin gewesen wäre, sagt sie:

> Das romantische Bild habe ich eine Zeit lang bei den Kommunisten besser aufgehoben gesehen als bei der SPD. Der Text hat natürlich was von Schuldbewusstsein. Die SPD wird doch immer belächelt – von den Bürgern wegen ihrer Piefigkeit, von der Linken, weil sie zu kleinteilig handelt. Die SPD ist die Inkarnation der demokratischen Demut. Wenn man mal was anderes für heroisch gehalten hat, kann man den Heroismus dieser Haltung erst richtig erkennen. ... Ich bin in der Redaktion die größte Bannerträgerin für Kompromisse und die kleinen Schritte, erkannte aber, dass es nicht attraktiv ist, schon gar nicht für jüngere Leute.

Nicht als ebenjene »Linke«, sondern als »Bürger« schreibt sie weiter:

> »Unser Blick auf die frühe Sozialdemokratie hat oft etwas Abschätziges. Wir sind Leute, die von der Warte der Freiheit und selbstbestimmter Lebenswege, der guten Einkommen und Sicherheiten auf Menschen zurückblicken, die in Enge, Not, Bedrückung lebten. Wir sehen in ihnen die kleinen Leute, die wir selbst nicht sein möchten. Wir sind Solitäre, Individualisten, die auf die Solidarität der Hinterhöfe nicht angewiesen sind.«

Damit beschreibt sie die privilegierte Lebenslage der Hauptstadtjournalisten, zu denen sie gehört, ziemlich treffend. In ihrer Berichterstattung und in ihren Kommentaren äußert sie Verständnis für die jeweilige SPD-Führungsspitze, auch zu Zeiten der Bundesregierung von SPD und Grünen. Sie gehörte zu den Meinungsmachern, die die Agenda 2010 im Prinzip guthießen. Sie bezeichnete sie als Reformen, die nötig seien.[618] Über Gerhard Schröder urteilt sie 2003:

> »Wie kein Kanzler vor ihm ist er persönlich zum Reformkurs verdammt, weil das sein einziger Weg zum Machterhalt ist. Und er hat den Zwang der Tatsachen auf seiner Seite. Noch nie zuvor wurde Deutschland so nachdrücklich, so beängstigend mit der Wahrheit über sich selbst konfrontiert. Die Meldungen der letzten zehn Tage – steigende Sozialbeiträge, groteske Steuerausfälle, ausbleibendes Wachstum – untermalen dabei nur bekannte Wahrheiten. Dass wir über unsere Verhältnisse leben, wurde schon bei den zurückliegenden Reformansätzen immer wieder diskutiert und kritisiert.«[619]

Im selben Jahr lobt Tissy Bruns: »Die Entschlossenheit, mit der Gerhard Schröder an seinem Kurs festhält, ist beachtlich. Sein

Reformzug fährt, stockend zwar und manchmal in argen Kurven, aber immerhin: Er fährt in die richtige Richtung.«[620] Als der damalige SPD-Generalsekretär Olaf Scholz die Formel vom »demokratischen Sozialismus« aus dem Parteiprogramm streichen wollte, pflichtet Bruns bei: »Wie soll die SPD jemals in der neuen Zeit schwimmen lernen, solange sie sich von Gewissheiten getragen fühlt, die der Wirklichkeit nicht mehr standhalten?«[621]

Nachdem die Finanzkrise hereinbrach, änderte Tissy Bruns sukzessive ihre Meinung. Seitdem ist sie nicht mehr davon überzeugt, dass man in der »neuen Zeit schwimmen lernen«, sich also anpassen müsse an Regeln, die ja immer interessengeleitete Regeln sind. 2011 schreibt sie in einem Essay:

> »Sie [die Finanzwirtschaft, d. A.] ist ein originäres Kind der demokratischen, westlichen Nationen, die am Ende des letzten Jahrhunderts den ökonomisch Mächtigen die Fesseln ersparen wollten, die der Wohlstandskapitalismus ihnen auferlegt hatte. Verständlich. Neue Konkurrenzverhältnisse zeichneten sich ab. Jeder Staat meinte, ›seine‹ Wirtschaft optimal in Stellung bringen zu müssen, indem Kosten gesenkt, Verpflichtungen gelöst und außerdem sagenhaft viel Geld verdient werden konnte. ... Diese Bürger sind fertig mit ihren Parteien, beinah fertig aber auch mit einer Demokratie, die sie als Veranstaltung wahrnehmen, die nur noch von und für die Besserverdienenden gemacht wird.«[622]

Diejenigen, die in der bürgerlichen Gesellschaft im Allgemeinen und in der Privatwirtschaft im Besonderen ein Auskommen gefunden haben und gleichzeitig ihre linksradikale Phase verdrängen, haben erkennbar die meisten Probleme mit ihrer Vergangenheit, was zwei Gründe haben dürfte. Ein Offenlegen der linksradikalen Vita wird als Bedrohung der eigenen beruflichen Existenz betrachtet – private Arbeitgeber haben heutzutage offensichtlich mehr Probleme damit als der Staat. Die harten Brucherfahrungen nach dem Ende der linksradikalen Phase haben prägend gewirkt. Das Eigenheim ist womöglich noch nicht abbezahlt, sie haben Kinder bekommen, und sie wissen noch zu gut, wie es sich anfühlte, als sie nach dem Scheitern ihrer politischen Sekte mit existenziellen Ängsten konfrontiert waren, in düsteren Hinterhofwohnungen lebten, auf einer Matratze auf dem Boden schliefen und ihre Siebensachen in Apfelkisten und Bananenkartons aufbewahrten. Gleichzeitig besaßen sie im Laufe des allmählichen beruflichen Aufstiegs nicht die Zeit oder die Fähigkeit, die Vergangenheit zu reflektieren und sie in die Lebensgeschichte zu integrieren. Sie sind nicht »fertig« mit dieser Episode, was allein schon an den Reaktionen auf eine Anfrage abzulesen ist: Sie reagieren häufig aggressiv oder gereizt, sie ignorieren sie schlicht, oder sie marginalisieren ihre ehemalige Funktion.

Damit bestätigen sie exakt den Prozess, den die Vordenker der Studentenbewegung nicht ganz zu Unrecht der bürgerlich-kapitalistischen Gesellschaft vorgeworfen haben. Der Zwang, sich über Statussymbole zu definieren (Eigenheim, Auto, Urlaub in möglichst exotischen Ländern, Konsum von Markenartikeln), führt zur Notwendigkeit, eine ausreichend salarierte Arbeitsstelle zu finden, die wiederum neue Zwänge schafft. Sie dürfen ihren Arbeitsplatz keinesfalls aufs Spiel setzen, weil dann ihre bürgerliche Existenz auf dem Spiel stünde. Die Angst, bei einem Scheitern alles zu verlieren, ist durchaus real. Also funktionieren sie und äußern bestimmte Meinungen oder Tatsachen über ihren Arbeitgeber oder den politischen Zustand im Land nicht, von denen sie ausgehen müssen, dass sie dann schnell »draußen« wären. Jedenfalls finden sich unter den Lebenswegen von ehemaligen Linksradikalen unzählige Beispiele dafür. Offensichtlich bietet die kapitalistische Wirtschaftsordnung nicht die Freiheit, die ihre Ideologen immer versprechen. Sie schafft im Gegenteil immer neue Abhängigkeiten.

Richtig Karriere gemacht hat ein besonderer Typus unter den ehemaligen Linksradikalen. Es ist der Typus fleißiger Funktionär, der im Apparat seiner Organisation oder Partei in der zweiten Reihe saß und administrierte. Das Muster kennt man aus der Geschichte wie beim Ende des Dritten Reichs, der DDR oder der Sowjetunion. Beim Wechsel von einem politischen System in ein anderes sind es weniger die komplexen Denker, die karrieretechnisch problemlos überleben, sondern eher die begabten Organisatoren, die mit Apparaten umgehen können und wissen, wie man sie ölt, damit sie laufen. Es sind die Techniker der Macht. Der Denker will erst einmal alles genau verstehen, bevor er handelt, oder er verfällt zunächst in depressive Stimmungslagen, während der Typus Amtsleiter bereits kühl dabei ist, heikle Akten zu vernichten, das alte ideologische Kleid abzustreifen, nützliche Kontakte zu aktivieren, sich mit den neuen Mächtigen gutzustellen und vor allem die Sprache und die Codes des neuen Systems zu lernen. Er ist gut darin, seine eigene Machtposition abzusichern.

Bernd Ziesemer ist als Vorsitzender des KPD-Jugendverbandes KJVD zumindest für Insider zu bekannt gewesen, um diese Episode gänzlich leugnen zu können. Er passt aber in das Muster. Die Geschwindigkeit, mit der sich Ziesemer von seinem alten Leben löste, ist atemberaubend. Nur eine Äußerlichkeit erinnert bis heute an vergangenen Zeiten: Er trägt, immun gegen jede Modetrends, wie früher einen Schnurrbart. Einen Schnurrbart trug fast jeder männliche Führungskader in der KPD, weil das als proletarisch galt. Bernd Ziesemer profitierte bei seinem Ablösungsprozess von der Gnade seiner späten Geburt. Als sich die KPD 1980 auflöste, war er erst 27 Jahre alt – noch jung genug, um die Vergangenheit in großzügiger Auslegung der biologischen Uhr als »Jugendsünde« einzuordnen und noch einmal von vorn anzufangen. Die Führungsgarde der KPD war im Schnitt zehn Jahre älter; mit Ende 30 ist das umstandslose Drücken des *reset*-Knopfes nicht mehr so leicht möglich.

Eine vorsichtige Abgrenzung von alten KPD-Dogmen leitete Ziesemer noch 1979 ein, als er zum Vorsitzenden des KJVD gewählt wurde. In einem Grundsatzbericht zu seiner Wahl im März mahnte er Korrekturen an. Der Verband habe »die realen Entwicklungen unter der Jugend nicht zur Kenntnis genommen«. Die »vielen Veränderungen der ökonomischen und politischen Lage« müssten genau untersucht werden, heißt es vage.

Man habe, so Ziesemer weiter, lange so getan, als stünde die Revolution vor der Tür. Die Arbeit innerhalb des KJVD müsse demokratischer werden. Außerdem mahnte er eine Aktionseinheit mit anderen linken Jugendorganisationen an. Damit aber kein falscher Verdacht aufkommt, betont er die »Waffe des Marxismus-Leninismus« als Grundlage des Verbands. Der Bericht schließt mit der Behauptung: »Die Perspektive der Jugend liegt im Kommunismus!«[623]

Ein Jahr später bereits gehört Ziesemer zu den Verfassern des Buchs *Partei kaputt. Das Scheitern der KPD und die Krise der Linken*, in dem sich die ehemaligen KPD-Funktionäre Willi Jasper, Karl Schlögel und eben Ziesemer mit der Auflösung der KPD auseinandersetzen.[624] Plötzlich ist alles falsch, woran er kurz vorher noch geglaubt hat: Die KPD sei in autoritäre Muster verfallen und habe die Fehler der alten KPD wiederholt. Man habe am Anfang den Marxismus-Leninismus fatalerweise als Ausweg aus der sozialen Beschränkung auf die Studenten gesehen und genau dadurch diese soziale Beschränkung verstärkt. Nötig sei ein Bruch mit dem Materialismus; stattdessen müssten die »subjektiven Faktoren« des Lebens berücksichtigt werden. Es sei weiter eine marxistische Gesellschaftskritik nötig, die aber alte Fehler nicht wiederhole. So sei der »Fabrikfetisch« bei Marx ein Irrtum gewesen. Ziel müsse die Emanzipation der Menschen im Kapitalismus sein. Man habe die konkreten, subjektiven Lebensrealitäten zu wenig berücksichtigt und stattdessen die Welt durch den verengten Blick des Marxismus betrachtet. Ziesemer formuliert wie ein typischer Grüner seinerzeit.

Der Aufsatz wirkt eher leise und lässt Raum für Zweifel und selbstkritische Töne. Man merkt dem Autor die Verunsicherung angesichts der kläglichen Auflösung der KPD an. Gleichzeitig denkt Ziesemer im Buch bereits an seine Zukunft und marginalisiert seine Vergangenheit, die ihm offenbar bereits peinlich ist. Während die anderen Autoren offen zu ihren Funktionen stehen, degradiert sich Ziesemer, der ehemalige Vorsitzende und Mitglied des bestimmenden Ständigen Ausschusses, vorsorglich zum bloßen »Mitglied des ›Zentralkomitees‹« des Jugendverbands – das Wort Zentralkomitee distanzierend in Anführungszeichen gesetzt.

Den angedeuteten systemkritischen, grünen Weg verfolgte Ziesemer aber nicht weiter. Er vollzog eine weitere Wendung. Unmittelbar nach dem Ende der KPD begann er einen Lehrgang an der Henri-Nannen-Journalistenschule in Hamburg. Dort fand Ziesemer zu gewohnter Selbstgewissheit zurück. 1984 war er Co-Autor eines Sammelbandes von Jahrgangsabsolventen, der unter dem trompetenhaften Titel *Unsere tägliche Desinformation: Wie die Massenmedien uns in die Irre führen* erschien. Der Titel ist nicht ohne Komik, gab Ziesemers KPD-Jugendverband doch wenige Jahre zuvor mit der *Kämpfenden Jugend* ein Propagandaorgan heraus, das sich nicht gerade den Nachrichtenstandards der britischen BBC verpflichtet fühlte. Gerade einer marxistisch-leninistischen Kaderorganisation entsprungen, fühlte sich Ziesemer berufen, den »Massenmedien« die Leviten zu lesen. Nach einer Station bei einer kleinen Nachrichtenagentur wurde er 1985 Redakteur des Magazins *Wirtschaftswoche*. Er brachte das Kunststück fertig, seine moralisch zweifelhaften Ländererfahrungen aus seiner Zeit als maoistischer Funktionär in einem Wirtschaftsmagazin karrieretechnisch umzumünzen: Er war zuständig für China und Südostasien. Die Volksrepublik China hatte er als Funktionär bereist; sein KPD-Jugendverband unterstützte Vietnam und später das von den Roten Khmer beherrschte Kambodscha. 1990 ging er für das Magazin als Korrespondent ausgerechnet nach Moskau, dem ehemaligen Zentrum des Sozialimperialismus, wie die Maoisten das Sowjetreich nannten.

2001 schließlich wurde Ziesemer Chefredakteur des *Handelsblatts*, einer überregionalen Wirtschaftszeitung, oder, wie die KPD es wohl formuliert hätte, einem Lügenblatt der verfaulten Kapitalistenklasse. Seit einigen Jahren arbeitet er im Management einer Tochterfirma des Verlags Hoffmann und Campe, die sogenannte Publikumszeitschriften für Unternehmen herausgibt. Dies sind nobel aufgemachte, kostenlose Zeitschriften, die der Kundenbindung dienen sollen. Zu den Kunden gehören die Deutsche Vermögensberatung (DVAG), BMW, Adidas und der Stahl- und Rüstungskonzern ThyssenKrupp.[625] Es ist unwahrscheinlich, dass Bernd Ziesemer als kommunistischer Funktionär nur eines dieser Unternehmen nicht attackiert hätte. Die DVAG arbeitet mit den umstrittenen Methoden eines Strukturvertriebs; die Aktien der BMW AG werden mehrheitlich von der Familie Quandt gehalten; Adidas produziert in der Dritten Welt, um die Gewinnspannen aus seinen für die Wohlstandsjugend produzierten Lifestyle-Sportschuhen zu maximieren, bestehende oder ehemalige Unternehmenstöchter von ThyssenKrupp exportieren Kriegsschiffe für das Ausland und Luxus-Yachten für internationale Milliardäre, deren Quellen ihres Reichtums nicht immer ganz klar sind.

Bernd Ziesemer hat zweifellos den *reset*-Knopf gefunden und schnell im ehemaligen Feindsystem Karriere gemacht. Trotz (oder gerade wegen) des schnellen Bruchs finden sich bei genauerem Hinsehen Kontinuitäten zu seiner maoistischen Funktionärsvergangenheit. So wie er früher als Funktionär das Trio Marx, Lenin und Mao bewunderte, hat er heute eine Faible für »Lichtgestalten«[626], wie er die Spitzenleute der Politik nennt. In einem Artikel von 2010 beklagt Ziesemer, dass es in den deutschen Bundesländern keine »politischen Riesen« wie Franz Josef Strauß oder Johannes Rau mehr gebe.[627] Es sind Macher wie Strauß oder auch Großbritanniens ehemalige Premierministerin Margaret Thatcher, für die Ziesemer bewundernde Worte findet:

> »Vor genau 20 Jahren endete eines der interessantesten politischen Experimente der gesamten Nachkriegsära. Nach elf Jahren als Premierministerin kündigte Margaret Hilda Thatcher im November 1990 ihren Abschied an – zum Rücktritt gedrängt von ihren eigenen konservativen Parteifreunden. Ihre Amtszeit war in vieler Hinsicht einzigartig: Sie regierte über Jahre in vielen Schlüsselfragen gegen den Willen der Bevölkerungsmehrheit, schaffte aber trotzdem zweimal die Wiederwahl. Kein Politiker vor und nach ihr veränderte die Wirtschaft des Inselreichs so nachhaltig wie sie.«[628]

Zwischen Ziesemers Urteil über Thatcher und der einstmaligen Mao-Bewunderung fallen Ähnlichkeiten auf. Auch Mao führte gern »politische Experimente« durch, die die KPD mindestens ebenso interessant fand. Mao regierte ebenfalls gegen den Willen der Bevölkerungsmehrheit; auch war seine Regentschaft gewiss einzigartig. Die möglichen Kontinuitäten in Ziesemers politischer Biografie liegen nicht nur in seiner Faszination für Politiker mit Vorliebe für Experimente, sondern auch in einem offensichtlichen Anlehnungsbedürfnis an väterliche (oder großväterliche) Autoritäten. Bis 1979/80 waren es Marx, Mao und Lenin, danach Ludwig Erhard und Otto Graf Lambsdorff, wie er in Artikeln und Büchern mehrfach darlegte. 2006 gab er das Buch *Pioniere der deutschen Wirtschaft – Was wir von den großen Unternehmerpersönlichkeiten lernen können* heraus, einer Verbeugung in Buchform vor den Gründern bekannter bundesdeutscher Firmen wie Otto, Deichmann, Sixt, SAP oder Würth. Auf dem Buchdeckel prangt ein flächendeckendes Porträt Ludwig Erhards mit dessen charakteristischer Zigarre.[629] Ziesemer schmeichelt:

> »Deutschland wird die wirtschaftlichen Herausforderungen nur dann meistern und seinen Spitzenplatz unter den Industrieländern verteidigen (oder wiedererlangen, wo es ihn bereits verloren hat), wenn unser Land wieder mehr von seinen erfolgreichen Unternehmern lernt. Ihre Würdigung fehlt in unseren Lehrbüchern an den Schulen. Dabei sollten uns die Pioniere der deutschen Wirtschaft mindestens genauso Vorbild sein wie die großen Staatsmänner, denen wir Deutschlands Weg in die westliche Demokratie und zur Wiedervereinigung verdanken.«[630]

Über Unternehmer schrieben maoistische Funktionäre einst etwas anders, ungefähr so, wie Bernd Ziesemer Generalbundesanwalt Siegfried Buback nach dessen Ermordung beschimpfte, und vor diesem Hintergrund sind Bücher wie diese als Teil eines persönlichen Wiedereingliederungsprojektes in die bürgerliche Gesellschaft zu verstehen.

Gerald Klöpper ist da freier. Er muss heute niemandem politisch gefallen. Das ehemalige Mitglied der Bewegung 2. Juni hat sich nach der Haftentlassung selbständig gemacht. Er hatte sich noch in der Haft von seiner alten Gruppe distanziert. Auch ihm half bei der Ablösung das junge Alter. Er war 28 Jahre alt, als er das Gefängnis Berlin-Moabit verließ.

> Ich fing an einer Fachschule eine Ausbildung zum Bürokaufmann an. Da ich keine Zeit verlieren wollte und motiviert war, konnte ich nach zwei Jahren abschließen statt nach drei. Ich wurde vom Direktor geprüft und bestand mit Bravour. 1988 tat ich mich mit einem Freund zusammen. Wir kauften einen alten Betrieb in Neukölln auf, gründeten unsere Firma und fingen mit drei Gesellen an. Es war die Zeit, als die besetzten Häuser in Westberlin legalisiert und saniert wurden. Wir bauten Bäder ein, Heizungen, Sanitäranlagen. Nach der Maueröffnung gab es dann Arbeit ohne Ende. Es gab in Ostberlin und im Umland einen riesigen Bedarf. Die Firma wuchs. Ich musste mich qualifizieren und belegte dann an einer Abendschule einen Studiengang für Handwerker. Ich machte einen Abschluss als Betriebswirt im Handwerk. Ich lernte Rentabilitätsberechnungen von Maschinen und solche Sachen.

In Spitzenzeiten hat Klöpper 35 Leute beschäftigt. Der Verkaufsraum seines Geschäftes in der Remise eines Kreuzberger Mietshauses sieht wie aus dem Ei gepellt aus. Selbst wenn man aktuell keinen Bedarf an Whirlpools oder Gasthermen hat, ist man nahe dran, sich für sie zu interessieren.

Nur Klöppers lockerer Ton am Telefon, er meldet sich mit »Tachchen«, und seine legere Kleidung, er trägt Jeans und Jeanshemd, geben Hinweise auf seine Vergangenheit, die ihn von gewöhnlichen Handwerkern und Sanitärunternehmern unterscheidet. Er ist für sein Alter außerdem auffallend athletisch und kräftig. Die Mitglieder des »2. Juni« waren keine Theoretiker, sondern ursprünglich Straßenkämpfer. Klöpper war vor seiner Zeit im »2. Juni« praktischerweise Hobby-Boxer. Eine weiterer Hinweis auf seine Vergangenheit: Jedes Mal, wenn sich die Eingangstür der Gaststätte, in der man sitzt, öffnet, blickt Klöpper reflexartig zur Tür. Das machen sehr viele von jenen, die in den 70er Jahren aus politischen Gründen von Polizei-

Hundertschaften gesucht wurden und schon einmal in Haft saßen. Ansonsten führt er ein bürgerliches Leben. Er lebt in einem Einfamilienhaus im Süden Berlins, ist zum zweiten Mal verheiratet und hat drei Kinder. Das jüngste Kind geht in die Grundschule. Gerald Klöpper ist merklich stolz auf seinen beruflichen Erfolg.

> Ich bin zehn Jahre Porsche Turbo gefahren, weil ich das toll fand. Es symbolisiert den Erfolg. Ich wohne auch sehr vernünftig. Ich habe mir eine gute persönliche Lebensqualität erarbeitet.

Gerald Klöpper sympathisiert mit der FDP, weil er sich von ihr Steuerentlastungen und ein mittelstandsfreundlicheres Klima verspricht. Mit seinem Betrieb ist er zu seinen beruflichen Wurzeln zurückgekehrt. Schon vor dem »2. Juni« hatte er handwerklich gearbeitet. Gleichzeitig ist sein enormer Ehrgeiz Resultat seiner Zeit im »2. Juni« und im Gefängnis.

> Die gesellschaftliche Stigmatisierung sagte einem: Diesen Pappnasen zeige ich's. So gut wie die sind, bin ich schon lange. Man entwickelt ein Durchhaltevermögen. Ich muss mich zum Beispiel ständig in neue EDV-Programme einarbeiten, ich muss kalkulieren können, ich muss die Umwelttechnik im Auge behalten, ich muss neue Geschäftsideen entwickeln und sehen, wohin sich die Nachfrage entwickelt.

Mittlerweile hat Klöpper die Geschäftsführung in seiner alten Firma abgegeben und ein neues Unternehmen gegründet, das den Vertrieb von ausländischen Heizungssystemen übernimmt. Seinen Beruf sieht er auch als Mittel, um mit seiner Vergangenheit umzugehen.

> Es ist schwierig, das zu formulieren, weil es weit weg ist. Für mich hat es persönlich keine Bedeutung mehr im täglichen Leben. Vielleicht ist es so: In dem Moment, wo man ein solches Leben gelebt hat, hat man auch eine andere Stärke erfahren. Diese Stärke führt dazu, dass man gelernt hat, Verantwortung zu übernehmen, auch für andere Menschen. Ich ernähre meine eigene Familie und indirekt die Familien meiner Mitarbeiter. Ich konnte dadurch beweisen, dass ich in dieser Gesellschaft wieder positiv

besetzt bin. Das eine geht nicht durch das andere. ... Wenn ich meine Geschichte nicht gehabt hätte, wäre meine Zukunft anders gelaufen. Es ist für mich ein positiver Prozess, dass ich sozusagen gesellschaftlich wertvoll geworden bin. Ich bewege Steuern und Löhne, ohne dabei zum Schwein zu werden oder die alte Geschichte vor mir her zu schieben.

Probleme hat er mit der Frage nach der persönlichen Verantwortung.

Die Umstände des Prozesses gingen nicht schmerzlos an einem vorbei, auch wenn man selbstverständlich zur Situation beigetragen hat. Ich hätte kein Problem damit zu sagen, dass ich für das Geschehen des »2. Juni«, unter der Voraussetzung, daran teilgenommen zu haben, Verantwortung übernehme. Es entbindet mich aber nicht von Fragen: Wohin willst du, was machst du mit deinen Ängsten, wohin willst du dich entwickeln, was ist politisch heute wichtig für dich. Der Ausgangspunkt war: Es geht nicht um die individuelle Verantwortung, so wie es nicht um die individuelle Verantwortung von Hanns Martin Schleyer und Peter Lorenz ging. Sondern man nimmt sich persönlich zurück, man war Teil der Geschichte, aber wenn ich nicht dabei gewesen wäre, wäre es ein anderer gewesen. ... Ich als Einzelner hätte gar nichts bewirken können. Nur durch das zufällige Zusammentreffen von Menschen ist es möglich gewesen, zu diesen Formen zu kommen. Die individuelle Verantwortung war sekundär.

Die anderen Mitglieder des »2. Juni« leben entweder ihr normales Privatleben oder bewegen sich, wenngleich im Hintergrund, in der linken Szene Kreuzbergs. Kein anderer ehemaliger Genosse hat sich so konsequent vom ehemaligen Stadtguerilla-Leben losgesagt wie Gerald Klöpper. Das hat natürlich Folgen für das Verhältnis untereinander.

Einige sind distanziert, es gibt keine Einladungen zu Partys oder zu Podiumsdiskussionen. Das empfinde ich aber auch nicht als Verlust. Jeder geht seines Weges. Aber man hilft sich. Bei Roland Fritzsch habe ich die Therme reparieren lassen. Das ist für mich selbstverständlich, da verliere ich kein Wort darüber.

Am Ende muss ein wesentliches, schreckliches Ereignis angesprochen werden. Es gibt noch ein ungelöstes Verbrechen des »2. Juni« – die Erschießung des Berliner Kammergerichtspräsidenten Günter von Drenkmann. Der Täter muss den damaligen Gruppenmitgliedern bekannt sein. Warum ist es bis heute ein Geheimnis?

> Weil es schrecklich ist und jeder weiß, dass es falsch war.

Oder auch, weil es aus Sicht des »2. Juni« egal war, wer es letztlich getan hat, weil es kollektive Taten waren? Klöpper stimmt dieser Annahme zu. Ob die Tat irgendwann geklärt wird?

> Wenn ich ganz fantasievoll sein darf, könnte ich mir das vorstellen. Es kann aber nur der Betreffende sagen. Vielleicht wird es durch ein Testament geklärt werden. Aber was bringt eigentlich die Wahrheit? Damit ist allen nicht gedient.

Peter Berndt, der KBW-Mann aus Göttingen, kehrte nach seiner Haftzeit zunächst zurück in den Schoß seiner Organisation. Mit dem Ende seines Studiums änderte sich das.

> Ich fing in einer Dosenfabrik an zu arbeiten, und meine Freundin fing beim Arbeitsamt an. Ich bin dadurch aus der Sektiererei herausgekommen. Vorher war man immer unter seinesgleichen. Kontakt zu anderen gab es nur über den KVZ-Verkauf. Der Kontakt zur Realität durch die Arbeit hatte einen ziemlich großen Einfluss auf mich. Ich bekam dann 1980 eine erste Stelle in Braunschweig als Lehrer in einem Förderprogramm für türkische Jugendliche. Zunächst ging ich noch zur Braunschweiger KBW-Zelle. Die Ablösung beschleunigte sich dann. ... Der Austritt aus dem KBW ging am Ende schnell, die Verarbeitung nicht. Ich habe lange gebraucht, die KBW-Zeit zu verarbeiten. Warum ich mich nicht frühzeitiger vom KBW trennen konnte, das werfe ich mir heute als Schwäche vor. Warum bin ich nicht schon 1977 oder 1978 ausgetreten? Das war ein falscher Weg, wenn man ihn mit der Realität abglich.

Peter Berndt arbeitet fortan als Privatschullehrer.

> Ich hatte ab dem Zeitpunkt Angst, dass meine Vergangenheit irgendwo bekannt wird. Da hatte ich große Befürchtungen, das hat mich lange verfolgt. Vor fünf Jahren hing bei uns am Schwarzen

> Brett des Betriebsrats ein alter Zeitungsartikel über mich. Damit muss man rechnen. Vielleicht hatte ich jemandem wehgetan, der sich rächen wollte. Mir fiel aber keiner ein. Solche Geschichten könnten der Schule schaden. ... Politik war danach kein Thema mehr für mich. Ich hatte viel Spaß am Unterrichten. Nebenbei studierte ich später Wirtschaft.

Ironischerweise war es eine Privatschule, eine Schulform, die der KBW natürlich abgelehnt hatte, die Peter Berndt eine Brücke zurück in die bürgerliche Welt gebaut hat. Für Privatschulen galt nicht der Radikalenerlass. Er lebt heute bürgerlich in einem Einfamilienhaus in der Vorstadt, ist verheiratet und hat zwei Kinder. Seine KBW-Zeit wirkt heute wie ein Virus, das über ihn gekommen ist, ihn in den Griff gekriegt hat, und das ihn irgendwann wieder losgelassen hat. Auch habituell hat die KBW-Zeit auf den ersten Blick keine Spuren bei ihm hinterlassen. Und doch gibt es eine besondere Art, an der man die KBW-Herkunft ablesen kann: Peter Berndt redet mit großer Ernsthaftigkeit und Offenheit über seine Vergangenheit. Er schont sich dabei nicht. Von den ehemaligen K-Gruppen-Mitgliedern, mit denen man heute spricht, sind die ehemaligen KBWler *immer* die ernsthaftesten, die gründlich ihre Vergangenheit und mögliche Fehler analysieren und sich dabei nicht ausnehmen. Es überrascht nicht: Der KBW war die ernsthafteste, textorientierteste, asketischste, und, der Herkunft ihres langjährigen Vorsitzenden Joscha Schmierer entsprechend, »pietistischste« K-Gruppe. Selbstgeißelungen, leninistisch als Selbstkritik bezeichnet, wurden im KBW mit fast masochistischer Lust betrieben. Im KB wurde ein spontihafter Habitus gepflegt (was die Kader, wenn es darauf ankam, keineswegs weniger hart machte), und bei der KPD und dessen überdrehter Sprache und dem Hang zur Theatralik ist man sich aus heutiger Sicht manchmal nicht sicher, ob alles ernst gemeint war oder nicht.

Aus der KBW-Zeit habe er nichts Produktives bewahren können, sagt Peter Berndt. Nur von der handwerklichen Schulung profitiere er noch heute: Arbeitsdisziplin, Analysefähigkeit, unter Zeitdruck Aufgaben erledigen können. Politisch hat er die KBW-Zeit heute bewältigt. Eine emotionale Baustelle gibt es allerdings noch in seinem Leben: dass er sich in der KBW-Zeit komplett von seinen Eltern losgesagt hatte und nicht zur Beerdigung seiner Mutter erschien, weil die politische Arbeit auch an diesem Tag für ihn Vorrang hatte.

Schließlich findet sich das Segment derjenigen Konvertiten, die ihren heutigen Beruf oder andere Möglichkeiten dazu nutzen, um sich an ihrer Vergangenheit abzuarbeiten. In nahezu jeder öffentlichen Äußerung von ihnen liegt ein Subtext: Meine Vergangenheit war ein Fehler, sie war verlorene Lebenszeit, und indem ich das immer wieder betone, markiere ich meine Zugehörigkeit zur bürgerlich-liberalen oder konservativen Welt.

Wenn der Publizist und ehemalige Maoist Götz Aly auf Podiumsdiskussionen und dergleichen auftritt, trägt er meist elegante Anzüge mit Krawatte, manchmal sogar einen Dreiteiler. Der Aufzug ist für einen Sozialwissenschaftler ungewöhnlich förmlich. Zweifellos will der Anzugträger ein Zeichen setzen. Nur die Haare, die manchmal widerspenstig nach oben ragen, geben einen Kontrast zur seriösen Aura. Aber wenn Götz Aly öffentlich spricht, wird schnell klar, dass er nicht dem etabliert bürgerlichen Akademiker-Milieu entstammt. Er liebt die Provokation und die zugespitzte These, Eigenschaften, die in diesem Milieu eher unüblich sind. Hier bilden Beständigkeit, Fußnotenfleiß, das Anhäufen von Gremienpositionen und die freiwillige Einordnung in bestimmte akademische »Schulen« das kulturelle und soziale Kapital. Stattdessen produziert der freischaffende Wissenschaftler in den vergangenen Jahren thesenstarke Bücher.

In *Hitlers Volksstaat* versuchte Aly herzuleiten, dass die Machtbasis der Nazis nicht auf Zwang, Ideologie und Terror basierte, sondern auf Sozialpolitik und materiellen Wohltaten für die Bevölkerung. In *Unser Kampf* stellte er eine Linie zwischen den Jungnazis von 1933 und den 68ern her; und in *War-*

um die Deutschen? Warum die Juden? erklärte er den Mord an den Juden mit der Anfälligkeit der Deutschen für Neidgefühle und illiberale Kollektivsehnsüchte, durch die die liberalen, erfolgreichen Juden zum Feindbild wurden. Die beiden letztgenannten Bücher lesen sich streckenweise wie Polemiken. Hier liegt die Verbindungslinie zur linksradikalen Vergangenheit des Autors. Mit einer solchen Lebenserfahrung hat man die Fähigkeit zur Polemik und Zuspitzung gleichsam automatisch mitbekommen, mitunter auch die Verengung darauf. Im Prinzip arbeitet Aly in seinen Polemiken mit den gleichen Methoden und Denkmustern der APO, nur dass die Methoden jetzt andere Zielobjekte haben. Nicht mehr »die Eltern« oder andere Autoritäten geraten unter NS-Verdacht, sondern die eigene Kohorte – die 68er. Historische Phänomene erklärt er wie einst als Marxist streng materialistisch – es war der Neid, der den Judenhass antrieb, es waren die Verlockungen des Wohlfahrtsstaats, die die NS-Herrschaft stabilisierten.

Von diesen Kontinuitäten abgesehen, nutzt er seinen Beruf als persönliches Rehabilitationsprojekt. Die Ideen und Werte, die er früher unbedingt verdammte, verteidigt er heute ebenso unbedingt: Liberalismus, Individualismus, Pluralismus, Unternehmergeist, soziale Differenz, Eigeninitiative. Man merkt seinen emphatischen Bekundungen den Nachholbedarf auf diesem Gebiet an. In seinem Buch *Warum die Deutschen? Warum die Juden?* schreibt er über die SPD im Kaiserreich:

> »Sozialisten verstanden sich als antibürgerliche Kraft. Sie pflegten die grundsätzliche Gegnerschaft zum Liberalismus. Sozialisten verherrlichten die Stärke der Massen (›Alle Räder …!‹) und lehrten, dass nur die Masse im Sinne gleichgerichteter, gut organisierter Individuen genügend Stoßkraft gewinnen werde, um die Macht zu erobern. Der starke proletarische Staat sollte dem Volkswohl dienen. Weil sozialistische Parteien vorrangig für Gleichheit und soziale Gerechtigkeit eintraten, relativierten sie notwendigerweise die Werte der individuellen Freiheit. Mit den kollektivistischen Begriffen Klasse, Klassenkampf, Klassenhass und Klassenfeind gewöhnten sie ihre Anhänger an ein politisches Denken und Handeln, das die Eindeutigkeit der Freund-Feind-Optik bevorzugt.«[631]

In diesem Denken, so Aly weiter, habe es »keinen stufenweisen Fortschritt, keinen sinnvollen Ausgleich, keinen Kompromiss geben« können. Genauso hätte der heutige Aly über den jungen Aly schreiben können.

Spät Bekehrte, das Motto dieses Kapitels weist darauf hin, neigen dazu, es mit ihren neuen Glaubenssätzen zu übertreiben und im Abstoßungsprozess ihrer alten Glaubenssätze unfair und ungenau zu urteilen. Die SPD der Kaiserzeit war eine politisch verfolgte Partei der sozial Deklassierten. In einer solchen Konstellation ist die Betonung des Kollektiv- und Gleichheitsgedankens eine Überlebensstrategie. Mit der Betonung des Individualismus hätten Fabrikarbeiter und ihre Vordenker in der SPD unter damaligen Bedingungen keinen einzigen Fortschritt erzielen können. Liberale Wähler der Kaiserzeit wie Kaufleute oder Rechtsanwälte waren nicht liberal, weil sie die besseren Menschen waren, sondern weil der Liberalismus ihren Status- und Besitzinteressen am nächsten kam. Und anders als Aly in seinen radikalen Tagen hat die SPD selbst nach ihrem marxistischen Erfurter Programm nie an die proletarische Revolution, an den einen großen Wurf geglaubt, sondern an sukzessive Prozesse über die parlamentarische Arbeit.

Damit der Sozialismus in einem möglichst unguten Licht steht, bedient sich Aly eines Kniffs, indem er ideologische Verwandtschaften zwischen Sozialisten und Nationalsozialisten behauptet. Und die Sozialdemokraten trügen Mitverantwortung am Antisemitismus, weil sie mit ihrer Umverteilungspolitik den Neid auf die erfolgreichen Juden im Deutschen Reich angestachelt hätten. Er beklagt einen deutschen Volkscharakter, der sich durch »Gleichheitssucht und Freiheitsangst« auszeichne. Es gebe eine »alte deutsche Angst vor den Unwägbarkeiten der Freiheit«[632]. Es sind mehr schnell formulierte Schlagworte, als dass es sich um eine historische Analyse handelt.

Götz Aly, Jahrgang 1947, kam Ende 1968 nach Westberlin, um am Otto-Suhr-Institut (OSI) der Freien Universität Politikwissenschaft zu studieren, und wurde schnell vom dort herrschenden linksradikalen Klima eingenommen. Wie bei vielen anderen war das Studium damals zweitrangig, denn die Studentenbewegung war, so Aly, »unser eigentliches Studium«[633]. Er schloss das Studium bereits nach sieben Semestern ab.[634] Aly arbeitet heute zwar als Historiker, ist aber von der Ausbildung her keiner. Er ist Diplom-Politologe. Das Fach Geschichte hat er nicht studiert; als Nebenfach belegte er – zeittypisch – Soziologie.[635] 1978 promovierte er am OSI über seine Zeit als Jugendpfleger in Berlin-Spandau, eine Arbeit, die er 1973 aufgenommen hatte. Ebenfalls am OSI habilitierte er in den 90er Jahren. Die Doktorarbeit ähnelt mehr einem Erfahrungsbericht mit marginalem theoretischem Rahmen und flott geschriebenem Fazit. Er verfasste sie zusammen mit dem letzten SDS-Vorsitzenden Udo Knapp, der mit ihm in Spandau arbeitete. Jeder steuerte 150 Seiten bei. Die Unterkapitel von Aly und Knapp tragen vielversprechende Überschriften wie »Der Bau des Kletternetzes«, »Die Aktion gegen das Bauamt« oder »Die Radtour in Bayern«. Aly kommt mit insgesamt 73 Fußnoten aus, und so verzichtet er der Einfachheit halber auf ihre Nummerierung. Als gemeinsamer Doktorvater und damit als einer der Prüfer diente praktischerweise ein ehemaliger Genosse: Reinhart Wolff, Bruder von Karl Dietrich Wolff, war in den frühen 70ern Mitglied der PL/PI, einer studentischen Kadergruppe, die in proletarischer Mission »in die Betriebe« ging. Udo Knapp war selbst in der PL/PI organisiert, Aly hatte einmal ein Aufnahmegespräch bei Wolff.[636]

Aus 300 teils launig verfassten Seiten resultieren zwei Doktortitel – dieses günstige Aufwand-Nutzen-Verhältnis dürfte bei heutigen ernsthaften Doktoranden der Sozialwissenschaften entweder Erstaunen oder Sinnfragen auslösen. Die Ironie ist, dass Aly, der scharfe Kritiker der Studentenbewegung, den Doktortitel auf der Basis einer aus heutiger Sicht unglaublichen Laxheit der wissenschaftlichen Standards erwarb, die unmittelbares Produkt ebenjener Studentenbewegung in Westberlin war.

1976 war Aly vom Bezirksamt Spandau gekündigt worden.

Das geschah nicht wegen seines linken Engagements an sich. Aly hatte, wie er in einer seiner 73 Fußnoten selbst schreibt, seinem Arbeitgeber bei der Einstellung ein laufendes Strafverfahren gegen ihn verschwiegen,[637] das schließlich in eine Geldstrafe wegen Hausfriedensbruchs, Nötigung, Sachbeschädigung und Freiheitsberaubung mündete.[638] 1971 hatte er zusammen mit rund 40 Genossen einen Hörsaal des OSI besetzt und zugesperrt, in dem sich eine Seminargruppe von Studenten und Professoren zum unerhört unmarxistischen Thema »Theorie des Pluralismus« befand. Einige der Eingeschlossenen, darunter der Politikwissenschaftler Alexander Schwan, wurden auf ihren Stühlen hin und her getragen, dazu wurden Parolen an die Wände gemalt. Das Ganze endete in einer Schlägerei.[639]

Nach seinem Diplom schloss sich Aly der »Roten Hilfe Westberlin« (RH) an, einer extremistischen Gruppe, die offiziell, wie einst die Rote Hilfe der Weimarer KPD, eine Art Gefangenenhilfe war, faktisch aber zum Umfeld von terroristischen Gruppen gehörte. Die RH und ihr Blatt finanzierten sich offiziell über ein Spendenkonto der Mitbegründerin Renate Fink (die heute in Hamburg-Altona einen Buchladen mit ihrem Lebensgefährten Thorwald Proll betreibt). Aber Aly deutet selbst an, dass es auch andere Einnahmequellen gab: In der Roten Hilfe oder ihrem Umfeld wurde Geld aus Banküberfällen von Terroristen gewaschen.[640] Das Organ der RH druckte Bekennerschreiben der RAF ab.[641] Die RH rechtfertigte die Taten der RAF als »revolutionäre Ideen, die nach Praxis drängen«[642]. Die blutige »Maioffensive« der RAF von 1972 mit vier Toten verherrlichte sie als Versuch, »der zunehmenden Dogmatisierung und Praxislosigkeit der Partei-Aufbauorganisation [gemeint ist die KPD, d. A.] die Alternative des Kampfes entgegenzusetzen«.[643] Im selben Jahr druckte die RH einen strengen Brief Brigitte Mohnhaupts aus dem Gefängnis ab. In diesem wird die RH selbst kritisiert. Mohnhaupt geißelt darin »opportunistisches Verhalten, liberales Verhalten, unsolidarisches Verhalten« der Genossen. In ihrer Tirade zählt sie auf, was sie alles »beschissen« findet, wer die »Schnauze« halten soll und wer »Opfer typisch kleinbürgerlich-intellektueller Arroganz« ist.[644]

Sprachlich kopierte die Rote Hilfe die RAF, um ihre Loyalität zu untermauern. Sie verlegte sich auf vulgäre Ausdrucksformen. Die Verhältnisse im Staat waren für sie nicht nur repressiv oder faschistisch, sondern auch »säuisch«. In praktisch jeder Ausgabe ihrer Zeitung finden sich Karikaturen von Richtern oder Polizisten, die entweder einen Schweinekopf tragen, miteinander Geschlechtsverkehr haben oder Gegenstände wie Dynamitstangen oder Polizeiknüppel im After haben. In einer Ausgabe wird Justitia von einer Figur, die einen Genossen darstellen soll, vergewaltigt. Ein anderes Mal ist einem realen Politiker ein Fadenkreuz aufgemalt. Vermutlich liegt in dieser pornografischen Hass-Ästhetik eine Quelle für Alys heutige, zwanghafte NS-Vergleiche. Gemessen an den vulgären Stilmitteln gehörte das Blatt der Roten Hilfe zweifellos zu jenen Organen der radikalen Linken, die dem *Stürmer* am nächsten kamen. Die Parallelen sind verblüffend und erschreckend. Der *Stürmer* karikierte Juden als Tiere; auch wurde ständig mit pornografischen Motiven gearbeitet. Wenn Aly heute die »68er« als Wiedergänger der »33er« deutet und Sozialisten und Nationalsozialisten als zwei Seiten derselben Medaille namens »Volkskollektivismus« beschreibt, dann liegt darin wohl in erster Linie eine Verarbeitung der eigenen Scham darüber, in welcher Gruppe er sich bewegte. Da die Fähigkeit oder der Wille zur offenen Auseinandersetzung mit der eigenen Vita offenbar begrenzt ist, läuft die Verarbeitung mittels Projektion über »die« 68er.

Alys Konvertitentum bedeutet auch eine Rückkehr zu seiner bürgerlichen Herkunft. Indem er sich ostentativ zu – angeblich – bürgerlichen Werten wie Freiheit, Individualismus und Eigeninitiative bekennt und gleichzeitig die Sozialisten insgesamt in die Nähe von Nationalsozialisten rückt, grenzt er sich mit wirkungsvollen Mitteln von der eigenen Vergangenheit ab. Aly schrieb in seiner Doktorarbeit, dass ihn »die Auseinandersetzung mit der Nazivergangenheit seiner Eltern und Verwandten ... zu Hause weggetrieben«[645] habe. Jetzt, bei seiner Rückkehr, sendet er ein Signal an die bürgerliche Welt: Ich habe mich geirrt, nicht ihr seid die Nazis, so wie meine Genossen und ich es behauptet hatten, meine ehemaligen Genossen sind die Nazis. Was seine eigene kleine Gruppe, die Rote Hilfe, und deren Methoden angeht, stimmt das wahrscheinlich sogar. Insgesamt aber »die« 68er unter Nazi-Verdacht zu stellen, ist ein ziemlich durchschaubares Ablenkungsmanöver von der eigenen Person.

Das Beispiel Thomas Schmids ist ähnlich gelagert, was die Verarbeitungsmuster angeht. Seit den 90er Jahren verfügt der *Welt*-Herausgeber über die Möglichkeit, sich journalistisch permanent direkt oder indirekt an seiner Vergangenheit abzuarbeiten. Seine heutige Haltung zu sämtlichen Themen und Grundfragen bedeutet eine ziemlich verlässliche Umkehrung früherer Positionen. Je größer in den 70er Jahren die Verachtung für einen bestimmten Wert war, desto größer ist heute die Bewunderung. Und je stärker damals die Unterstützung für einen bestimmten Wert war, desto stärker ist heute die Ablehnung. Bei Themen, auf die Schmid schon in den 70er Jahren eine eher differenzierte Sicht hatte – Ökologie und Heimat etwa –, hat Schmid heute ebenfalls eine eher differenzierte Sicht. Man kann, um das Maß dieser Wandlungen auf eine Formel zu bringen, von einem Schmidschen Gesetz sprechen. Wenn Schmid heute die USA, die parlamentarische Demokratie, die Marktwirtschaft, die Deutsche Einheit und die *Bild-Zeitung* lobt, dann kann man sich sicher sein, dass er früher genau das Gegenteil getan hat – und so war es auch.

Schmid grenzt sich darüber hinaus reflexartig von nahezu allem ab, was auch nur im Verdacht steht, zu den Überzeugungen des bundesdeutschen, »politisch korrekten«, linksliberalen, rot-grünen Milieus zu gehören. Als George W. Bush als US-Präsident abtritt und ungefähr 70 Prozent der Deutschen darüber froh sind, legt Schmid sich für Bush ins Zeug (»Er war kein Spalter, sondern ein Versöhner«[646]); als Nachfolger Barack Obama das Amt antritt, bedenkt der Arztsohn Schmid diesen mit dünkelhafter Herablassung (»Es ist so etwas wie das Dilemma der Aufsteiger: Sie müssen ganz besonders zeigen, dass sie in ihrem Job die richtige Wahl sind«[647]); als die Finanzkrise Ende 2008 weiter eskaliert, gibt der ehemalige Germanistikstudent Schmid den durchblickenden Volkswirt und verteidigt unter der Überschrift »Warum die Bankiers zu Unrecht verhöhnt werden« die »Unübersichtlichkeit des Geldverkehrs«, denn, so dekretiert Schmid, »es gibt keine Alternative«[648]; als die in linksliberalen und feministischen Kreisen beliebte Bischöfin Margot Käßmann betrunken am Steuer erwischt wird, ist Schmid mit einem schnellen Grundsatzurteil über die Frau zur Stelle (»Sie sagt gerne, zu gerne ›ich‹«[649]) und kann Schadenfreude nur mühsam verbergen; als der SPD-Politiker Thilo Sarrazin seine Islam-Thesen das erste Mal verbreitet, findet Schmid diese gut (»Er spricht eine offenkundige Wahrheit aus«[650]); als es Ende September 2010 zu schweren Übergriffen der Polizei gegen die Demonstranten am Stuttgarter Bahnhof kommt, bei denen ein Demonstrant durch einen Wasserwerferstrahl teils erblindet, weiß es Thomas Schmid besser oder interessiert sich nicht für die Tatsachen (»Noch da, wo die Polizei bewusst provoziert wird und nur reagiert, erzählen die davon verbreiteten Bilder die rührend-schaurige Geschichte vom Brutalostaat«[651]); die Demonstranten praktizieren überhaupt »reine Demagogie«, weil sie »ordnungsgemäße Verfahren«[652] infrage stellten; als zur selben Zeit Formen direkter Demokratie immer populärer werden und sogar bürgerliche Milieus ansprechen, gibt Schmid den konservativen Staatsrechtler und belehrt seine Leser über das Gegenteil (»Erst der Umstand, dass sie nicht direkt, sondern repräsentativ ist, macht unsere Demokratie zu einem Juwel«[653]); als Bundeskanzlerin Angela Merkel im Frühjahr 2011 den endgültigen Atomausstieg einleitet, sieht Schmid nichts Geringeres als die Demokratie in Gefahr (Überschrift: »So wird die Demokratie ruiniert«[654]).

Manchmal kommen in seinen publizistischen Beiträgen Kontinuitäten zum Vorschein. Thomas Schmid trat für den Irakkrieg von 2003 ein, und kritisierte die Massendemonstrationen gegen diesen. Wie er den Irakkrieg in einem Kommentar namens »Mehr Imperialismus« begründet, ist aufschlussreich:

> »Für Amerika gäbe es nach dem Fall Saddams keinen Grund, nun bescheiden ins Glied der internationalen Verflechtungen zurückzutreten. Die Vereinigten Staaten haben mit diesem Krieg einen Gestaltungswillen an den Tag gelegt, den sie nicht an der Nachkriegsgarderobe abgeben werden. Die Bundesregierung und die Antikriegskoalition insgesamt würden sich klug verhalten, wenn sie es unterließen, den imperialen Charakter der Aktion im Nachhinein rückgängig zu machen. Eine halbwegs stabile Neuordnung des Landes kann nicht vom Prinzip der Selbstbestimmung geleitet sein. Darüber, wie diese Ordnung aussehen könnte, wird nur mitbestimmen können, wer diese Einsicht nicht torpediert. Der neue Irak wird vorerst ein Protektorat sein, und was in ihm politisch geschieht, wird die Bevölkerung des Landes am ehesten überzeugen, wenn ein kraftvoller Wille der Akteure zu erkennen ist – und nicht zu früh auf Zivilgesellschaft, Selbstverwaltung und ein nur moderierendes Verhalten der neuen Schutzmächte gesetzt wird.«[655]

In der Härte der Sätze klingt der frühere Guerilla-Versteher an, für den Sieg und Kampf offensichtlich die entscheidenden Kategorien waren und nicht sogenannte Gutmenschen-Faktoren wie Menschenleben und Menschenrechte. Thomas Schmid schreibt weiter: »Die Alliierten setzen auf eine vielgliedrige Taktik, die darauf zielt, den Gegner zu zersplittern, seine Glieder zu isolieren.« Aber auch innerhalb dieser militärischen Logik liegt Schmid daneben. Er schreibt, es sei ein »erstaunlich kurzer und vielleicht sogar schonender Krieg«. Bekanntlich folgte dem offiziellen Krieg ein jahrelanger zweiter, grausamer. Das US-Verteidigungsministerium kommt auf insgesamt getötete 122 000 Zivilisten.[656] Schmid scheint die traurige Lehre des späten 20. Jahrhunderts nicht zu kennen, wonach ein Krieg einer hochgerüsteten Großmacht, der das Ziel hat, in einem kulturell differenten Land die eigenen Werte herbeizubomben, *nie* schonend und *nie* kurz ist – die Sowjetunion in Afghanistan und die USA in Vietnam geben zwei Beispiele. Dieses Ignorieren ist umso grotesker, als für Thomas Schmid wie für nahezu jeden Teilnehmer der Studentenbewegung der Protest gegen den Vietnamkrieg prägend war. Vermutlich greift hier, parallel zu den Kontinuitäten, wieder das Schmidsche Gesetz. Früher war Schmid gegen die USA und gegen ihre Kriege und für Volksbefreiungsbewegungen, jetzt ist er für die USA und deren »imperiale« Kriege und gegen nationale Selbstbestimmung, jedenfalls dann, wenn sie den Interessen der USA schadet. Schmids heutige Äußerungen und Meinungen belegen abermals, dass es Konvertiten mit der Abstoßung des Alten und der Annahme des Neuen übertreiben. Die zwanghafte Negation früheren Denkens engt heutiges Denken ein. Das wäre nicht weiter bedauerlich, wenn es sich um Privatleute handelte. Thomas Schmid besetzt aber eine wichtige meinungsbildende Position.

Auffallend bei Thomas Schmid ist ein allwissender Ton, der angesichts seiner Biografie erstaunlich ist. Politisch lag er ziemlich oft daneben. Erst glaubte er an die Revolution und die Zerschlagung des »Systems«, dann glaubte er als Student den Arbeitern bei Opel zu revolutionärem Bewusstsein zu verhelfen, nach dem »Deutschen Herbst« fand er die RAF verteidigenswert. 1990 veröffentlichte er einen Aufsatz mit dem alarmistischen Titel »Zwei deutsche Anschläge auf die zivile Gesellschaft«, in dem er die schnelle Vereinigung von DDR und Bundesrepublik als Fehler einschätzt, weil die DDR-Bürger nicht konflikterprobt seien und die »zivile« politische Verfasstheit der Bundesrepublik gefährdeten. Schmid war damals über die Perspektive, mit den Hinterwäldlern aus dem Osten in einem Land leben zu müssen, wenig erfreut: »Es wird keine neuen 50er Jahre geben, dazu waren wir schon zu weit. In vielem wird sich die Opposition in Deutschland aber wieder mit älteren Fragen herumschlagen müssen.«[657] Die Bundesrepublik ist bekanntlich zu keinem vormodernen Obrigkeitsstaat geworden. Ein Jahr später schrieb er das Buch *Berlin: Der kapitale Irrtum*, in dem er vor einer neuen Hauptstadt Berlin warnte. Berlin stünde für ungute Traditionen wie preußischen Größenwahn, Subventionsmentalität und Zentralismus. Bonn stünde dem föderalen Charakter Deutschlands besser. Keine von

Schmids Befürchtungen ist eingetreten. Das Buch selbst wurde zum kapitalen Irrtum. Heute sieht Schmid Mauerfall und Wiedervereinigung in anderem Licht. 2010 schreibt er:

> »Vielleicht ist der 9. November 1989 der einzige Tag, der einzige Moment in der Geschichte des vergangenen Jahrhunderts, über den (nahezu) alle Deutschen sich von Herzen freuen können. Es war ein großes, unverhofftes und fast grenzenloses Glück für alle. Die Magie des Moments war so groß, dass selbst die von ihr erfasst wurden, denen zuvor das Unrecht der Teilung, das zwei Klassen von Deutschen geschaffen hatte, ziemlich egal gewesen war.«[658]

Aber eine Person kann er nicht gemeint haben, weil diese von der »Magie des Moments« offensichtlich nicht erfasst wurde: sich selbst. Sein Text von 1990 drückt angesichts der raschen Wiedervereinigung ziemlich schlechte Laune aus.

Die Konvertiten und die Epoche des Marktradikalismus

Gut 20 Jahre lang dominierte in Deutschland in Politik und Publizistik ein Denken, das fälschlicherweise häufig als neoliberal bezeichnet wird. Die Begriffe »marktradikal« oder »marktfundamentalistisch« treffen es besser. Demnach ist das freie Spiel der Marktkräfte ein Naturzustand, der Wohlstand und Freiheit erzeugt, und jeglicher staatliche Eingriff widernatürlich. Den Unternehmen und Banken dürften keine Schranken gesetzt werden, weil sie nur so Arbeitsplätze schaffen könnten. Gewerkschaften und linke Parteien bedrohten das freie Spiel der Marktkräfte und damit Wohlstand und Freiheit.

Es wäre erstaunlich, wenn Konvertiten der 70er Jahre nicht am Aufbau und am Erhalt dieser Ideologie beteiligt gewesen wären. Zwei Beispiele geben Franz Sommerfeld und Bernd Ziesemer. Sommerfeld war fast zehn Jahre lang Chefredakteur des *Kölner Stadt-Anzeiger*. Chefredakteure von Regionalzeitungen prägen die Linie ihres Blatts und nicht zuletzt auch das Meinungsbild in ihrer Region. Ziesemer amtierte fast ebenso lang

Stimmabgabe an der Wahlurne. Wo dies nicht mehr gilt, ist die Demokratie in Gefahr.«[666]

Es ist erfreulich, dass dem ehemaligen Kommunisten Franz Sommerfeld der Schwenk von den Prinzipien des »demokratischen Zentralismus« zur parlamentarischen Demokratie gelungen ist. Allerdings würde man von ihm gern lesen, viel eher als Maßregelungen gegenüber der SPD, wie *sein* Schwenk zustande kam. War es Überzeugung oder schlicht ein Anpassungsprozess, weil heutzutage leninistische Kaderprinzipien wenig Konjunktur haben? Noch 1986, mitten im Niedergang der DDR und nach dem Amtsantritt Michael Gorbatschows, schrieb er unter der pathetischen wie schlichten Überschrift »Die Kommunisten« ziemlich Gegensätzliches: »Gerade in der Bundesrepublik mit ihrer undemokratischen und aggressiven Tradition des deutschen Imperialismus gerät die parlamentarische Demokratie dann in Gefahr, wenn Kommunisten nicht wirken können.«[667]

Die Texte von Franz Sommerfeld erzählen von einem neurotischen Verhältnis zur SPD. Früher war sie ihm zu rechts, zu angepasst und zu sehr verbunden mit dem westlichen Imperialismus und Kapitalismus, heute ist sie angeblich zu sehr linken Heilsversprechen verfallen. Ein Satz gibt Sommerfelds heutige politische Haltung recht gut wieder. »In Zeiten eines offenen Weltmarktes schwinden die Möglichkeiten nationaler Regierungen, gesellschaftliche Probleme zu regeln oder gar wirtschaftliche Prozesse zu steuern.«[668] Der Satz bedeutet die Aufgabe menschlichen Gestaltungsanspruchs: Es lässt sich ja sowieso nichts ändern. Der Satz kommt einer vollständigen Kapitulation gleich für jemanden, der einmal die Welt verändern wollte, und das viel gründlicher als Sozialdemokraten.

Bernd Ziesemer hat sich als langjähriger Chefredakteur des *Handelsblatts* den Jargon der Volkswirte und Börsenprofis ziemlich gut angeeignet. Er beherrscht deren Grundregel Nummer eins, stets »ökonomisch« statt »wirtschaftlich« zu schreiben, damit man kompetenter und irgendwie vom Fach wirkt.

2003 ist Bernd Ziesemer ziemlich ungeduldig, weil sich Politiker aus seiner Sicht blöd anstellen:

> »Wenn es (frühestens) im nächsten Jahr auch im überregulierten Deutschland wieder aufwärts gehen sollte, werden wir erst recht Wachstum ohne neue Jobs erleben. In einer unsicheren Konjunkturphase bauen Unternehmen nur dann schnell neue Arbeitsplätze auf, wenn sie die neuen Beschäftigten im Zweifel schnell wieder loswerden können. Eine einfache Rechnung, die viele Politiker offenbar nur schwer verstehen.«[669]

Früher hätte Bernd Ziesemer als Lösung dieses Problems vermutlich empfohlen, die Terrorherrschaft der Volksfeinde reinsten Wassers in den Konzernzentralen zu beenden. Oder so ähnlich. Auch Gewerkschaftsfunktionäre können, es ist fast überflüssig anzumerken, nicht mit Ziesemers Durchblick mithalten, wie er 2007 beklagt: »Der Aktienkurs [der Telekom, d. A.] aber, der seit Jahren wie ein Stein am Boden liegt, signalisiert die traurige Zukunft des Unternehmens. Die Finanzmärkte lügen nicht. Sie bilden rationale Erwartungen an ein Unternehmen ab. Diesen Zusammenhang können oder wollen die Verdi-Funktionäre nicht begreifen.«[670] Woher Ziesemer die Information hat, dass Aktienkurse rational sind, schreibt er nicht.

Zu den Fördermaßnahmen für Arbeitslose während der Diskussion um die Hartz-Gesetze schreibt er markig, die *Handelsblatt*-Zielgruppe der jungen, männlichen, zupackenden, nichtgutmenschenhaften Betriebswirte im Blick: »Auch das werden unsere Gutmenschen allerdings nicht gern hören: Es geht bei all diesen Maßnahmen fast immer mehr ums Fordern als ums Fördern. Arbeitslose dürfen sich, das zeigt auch die erfolgreiche Praxis der britischen Job-Center, niemals in ihrem Schicksal einrichten.«[671]

Vermutlich würde Ziesemer, wenn er 1980 kein Glück gehabt hätte und nach seiner Kaderzeit – wie so viele seiner Genossen – in ein existenzielles Loch gefallen wäre, nicht herablassend vom »einrichten« in ein Schicksal sprechen. Und würde er den britischen Arbeitsmarkt aus der Perspektive von unten kennen, würde er diesen wohl nicht als Musterbeispiel preisen. Anders als Franz Sommerfeld, der sich als Chefredakteur einer Regionalzeitung um Mäßigung bemühen muss, kann Ziesemer bei einer Wirtschaftszeitung in die Vollen gehen, wie er im selben Kommentar zeigt:

> »Dabei müsste nach Hartz IV eigentlich Hartz V kommen: die deutliche Einschränkung des Kündigungsschutzes, eine Verkürzung der Bezugszeiten beim Arbeitslosengeld, die Flexibilisierung der Tarifverträge. So sind die Bezugszeiten für Arbeitslosengeld in Deutschland mit zwölf bis achtzehn Monaten im Vergleich zu vielen anderen Staaten immer noch lang. So hart es sich für Betroffene anhört: je höher der Druck schon am Anfang der Arbeitslosigkeit, umso höher die Chancen auf einen Job. Eine schnelle Verbilligung des Faktors Arbeit, die ein wirkliches Jobwunder auslösen würde, werden beide Komponenten von Hartz IV nicht erreichen. In Wahrheit hätte unter unseren Bedingungen nur eine Lösung eine schnelle Wirkung: eine wesentlich radikalere Senkung der Lohnnebenkosten als bisher geplant.«

Ein schönes Beispiel dafür, wie ein Konvertit sich eine neue Denkungsart gründlich und radikal aneignet. Arbeit ist ein lästiger Kostenfaktor, und dieser Kostenfaktor muss möglichst niedrig gehalten werden, weil dann ein »Jobwunder« passiert. Wenn man viel Energie in das Abstreifen der alten, offensichtlich Scham bereitenden Biografie investiert, kann es vorkommen, dass durchaus richtige Bestandteile der alten Denkungsart gleich mit entsorgt werden. Für Marx war Arbeit kein Kostenfaktor, sondern er nannte Arbeit zutreffend »variables Kapital«, weil sie zur Wertschöpfung entscheidend beiträgt und ohne sie Wertschöpfung nicht möglich ist. Ohne Arbeitskräfte könnte ein Unternehmer keine Produkte auf dem Markt anbieten und keinen Mehrwert erzielen. Aber auch für Ziesemer gilt der Satz, dass die zwanghafte Negation alten Denkens heutiges Denken einengt.

Die Finanzkrise, die 2007 ausbrach, irritiert nicht Ziesemers Weltbild, sondern bestärkt es: »Vielleicht werden wir die jetzige Finanzkrise in ein paar Jahren ja doch als weitere Innovationskrise in der langen Kette von kreativen Zerstörungen begreifen, die unser Wirtschaftssystem am Ende gestärkt und nicht geschwächt haben.«[672] Ziesemer interpretiert den Ökonomen Joseph Schumpeter allerdings irreführend. Schumpeter bezog sich mit seiner Formel vom »Prozess der schöpferischen Zerstörung« auf die Warenproduktion und nicht auf das Finanzsystem (und Ziesemer unterschlägt sicherheitshalber, dass Schumpeter im selben Buch, in dem er den Begriff entwickelt, vom Niedergang des Kapitalismus ausgeht und eine Perspektive des Sozialismus entwirft[673]).

Als sich die Krise im Jahr 2009 zuspitzt, ist Ziesemer merkbar erleichtert, dass Fundamentalkritik am Kapitalismus in Deutschland bis dahin eher marginal geblieben ist:

> »Bei uns fielen die verbalradikalen Forderungen der Lafontainisten glatt durch. Und auch Bewegungen wie Attac genießen in der Krise nicht mehr Zulauf als vor der Krise. ... Trotz aller Erschütterungen durch die kapitalistische Finanz- und Wirtschaftskrise glaubt in Deutschland offenbar nur ein sehr geringer Prozentsatz der Bevölkerung an die generelle Segnung staatlicher Eingriffe. ... Wenn selbst die schlimmste kapitalistische Krise der Nachkriegszeit nicht ausreicht, um den Sozialismus als Gesellschaftsentwurf wiederzubeleben, dann muss diese Ideologie im Jahre 126 nach Karl Marx wirklich mausetot sein.«[674]

Glück gehabt! Mit anderen Worten: Ich habe nach 1980 aufs richtige Pferd gesetzt, die Mehrheitsmeinung steht hinter mir. Einen flammenden Appell für die Rettung des Kapitalismus an anderer Stelle lässt er so enden: »Und retten sollte man den Kapitalismus nur vor einem: seinen plattesten Kritikern in Deutschland.«[675] Zieht man seine eigenen Texte aus den 70er Jahren heran, muss er in erster Linie sich selbst gemeint haben.

Offensichtlich ist bei Bernd Ziesemer und Franz Sommerfeld der Bruch zur eigenen Ideologie der 70er (und 80er) Jahre. Auch sie bestätigen durch ihre heutigen Äußerungen eine zentrale Annahme ihrer früheren Ideologie, des Marxismus, wonach die Kapital- und Besitzverhältnisse das Denken prägen, dass das Sein das Bewusstsein bestimmt. Wären ihre Lebenswege zufälligerweise anders verlaufen und würden sie nicht lange in großen, privatwirtschaftlich organisierten Verlagshäusern mit wirtschaftsliberaler Ausrichtung und kapitalistischem

Eigeninteresse arbeiten, wären ihre Standpunkte mit einiger Wahrscheinlichkeit andere, zumindest weniger radikal.

Noch interessanter, als die Unterschiede zum früheren Denken zu benennen, ist, nach Kontinuitäten zu fragen. Vergleicht man die Parolen von früher mit den Parolen von heute, sind Parallelen erkennbar. In beiden Fällen zeigt sich, erstens, eine bedenkliche Begründungslosigkeit der Argumente. Sowohl der Marxismus-Leninismus als auch der Marktradikalismus behaupten von sich, determinierte und naturgesetzliche Prozesse abzubilden. Die geschichtliche Entwicklung ist demnach durch klare Gesetzmäßigkeiten vorbestimmt, der Weg zu einem klar definierten Endzustand alternativlos. Die Ideologie muss folglich nicht begründet, hergeleitet oder gerechtfertigt werden, weil sie aus sich heraus wahr ist. Dass die Zukunft unbestimmt ist und von unzähligen Variablen und Faktoren beeinflusst wird, hat in diesem Denken keinen Platz.

Daraus ergibt sich eine intellektuelle Armut, die sowohl aus den Parolen der 70er Jahre als auch aus den marktradikalen Parolen abzulesen ist. Wer allen Ernstes mit Margaret Thatchers TINA-Prinzip argumentiert – *There Is No Alternative* –, der stellt sich als Intellektueller oder wenigstens als denkender Mensch selbst infrage. Erkennbar ist diese Armut am Ton, der in beiden ideologischen Phasen angeschlagen wurde. Sobald sich irgendwo Widerstand oder Kritik äußerte, reagierten die Fürsprecher unsachlich, höhnisch oder mit persönlichen Angriffen. Die Vertreter anderer Positionen behandelten sie als Idioten, die den Schlüssel zum Weltenglück nicht begriffen haben. In den 70er Jahren gab es natürlich noch extremere Reaktionen – die Leitung des KBW drohte hin und wieder den Feinden nach erfolgter Revolution mit der Zwangsverpflichtung zur Fabrikarbeit oder gar mit physischer Vernichtung –, aber das Muster ist das gleiche. Gerade wer auf Einwände höhnisch reagiert und – sprichwörtlich oder tatsächlich – auf den Tisch haut, ahnt womöglich, dass die Begründung für sein Denken dünn oder gar nicht vorhanden ist. Der autoritäre, zumindest hermetische Charakter, der beiden Ideologien inhärent ist, tritt hier hervor. Sie können nur funktionieren, wenn sich die Gesellschaft oder die soziale Gemeinschaft den Annahmen ihrer Ideologie unterwirft.

Eine weitere Parallele liegt im quasi-religiösen Charakter sowohl des Marxismus-Leninismus als auch des Marktradikalismus. Sie tragen eine Art Heils- und Erlösungsversprechen in sich, das angeblich eingelöst wird, folgt man der reinen Lehre. Obwohl beide Ideologien scheinbar ökonomistisch und rational argumentieren, sind sie vollgepackt mit Moral, Gut-Böse-Antagonismen, Neuer-Mensch-Fantasien und fernen Utopien.[676] Der quasireligöse Charakter trägt ebenfalls zur Intoleranz der Ideologen gegen abweichende Meinungen bei, denn diese sind es, die die reine Lehre bedrohen. Früher waren es die Renegaten, Revisionisten, Opportunisten und so weiter, heute sind es die unverbesserlichen Gutmenschen, Gewerkschafter und Sozialstaatsonkel. Die denunziatorische Verwendung des Wortes »Gutmensch« verrät nebenbei die Vermessenheit der eigenen Ideologie – es wird mit dem moralischen Begriffspaar »gut und böse« argumentiert, wobei »gut« in dem Fall »böse« sein soll.

Eine dritte und wenig überraschende Parallele liegt im Primat der Ökonomie. Im Marxismus formt die Ökonomie allein die Gesellschaft. Kulturelle Eigenheiten, Traditionen und individuelles menschliches Verhalten spielen keine Rolle. Folglich nimmt der Marxismus an, dass bei einer Umwälzung der Besitzverhältnisse auch die Gesellschaft insgesamt umgewälzt wird. Die zu Marktradikalen gewendeten ehemaligen Marxisten propagieren heute eine ganz ähnliche Denkfigur. Demnach hängt das Heil einer Gesellschaft von der Ökonomie und vom Grad der Durchdringung durch das Ökonomische ab, womit natürlich die private, kapitalistische Ökonomie gemeint ist. Je mehr Areale der Gesellschaft demnach unter Kontrolle privater Märkte sind, desto besser ist es für die Gesellschaft. Sie haben keinen Begriff davon, dass moderne Gesellschaften über erprobte und offensichtlich notwendige Formen verfügen, die nicht nach dem Prinzip der Profiterwirtschaftung funktionieren: den Staat, also das Gemeinwesen, das zentrale Güter wie Bildung und Verkehrsinfrastruktur zur Verfügung stellt, Freiwilligen-Netzwerke, Non-Profit-Organisationen, öffentlich-rechtliche Sozialversicherungen, Vereine, Genossenschaften.

Eine vierte und auf den ersten Blick womöglich wiederum überraschende Parallele liegt im Ressentiment der Konvertiten gegenüber dem Sozialstaat und dem Staat insgesamt. Früher war der Sozialstaat für sie ein Instrument der herrschenden Klasse, um die schärfsten Formen der Unterdrückung zu dämpfen, Widersprüche zu verschleiern und den Klassenkampf zu unterbinden. Die Maoisten unter ihnen stuften die klassische bundesdeutsche Kleine-Leute-Partei, die SPD, gar als gefährlicher ein als die anderen Parteien, weil sie aus ihrer Sicht in erster Linie für diese Verschleierung verantwortlich waren. Neben dieser ideologischen Ebene findet sich noch eine alltagspraktische. Wenn die Konvertiten nicht gerade aus der DKP kamen, wollten sie mit dem Sozialstaat persönlich nichts zu tun haben: zum einen aus Prinzip – man wollte sich nicht vom System einseifen lassen –, zum anderen spielte Geld für sie keine Rolle. Man lebte auf bescheidenem Niveau. Die Bürgerkinder unter ihnen hatten oftmals die materielle Sicherheit durch die Herkunft im Hintergrund. Selbst wenn sie von der eigenen Familie nicht alimentiert wurden, war für sie die Perspektive, irgendwann tatsächlich Arbeitslosengeld oder gar Sozialhilfe beantragen zu müssen, unrealistisch und abstrakt. Aufgrund ihrer Biografie war ihnen die Tatsache fremd, dass der Sozialstaat für die Schichten, die kein ökonomisches Kapital der Familie in der Hinterhand haben, helfend und schützend sein kann.

Der herablassende Ton über den Sozialstaat und diejenigen, die ihn brauchen, der von Konvertiten zu hören ist, wurde interessanterweise schon in der linksradikalen Phase angeschlagen. »Klassenkampf statt Volksgemeinschaft« war eine der Losungen der APO in Berlin am Tag der Arbeit am 1. Mai 1968. Die denunzierende Formel von der »Volksgemeinschaft« wurde von maoistischen Gruppen in den 70er Jahren weiter benutzt. Selbst die KPD, die ansonsten keine Probleme mit dem Begriff Volk hatte, verwandte ihn denunzierend.[677] Einerseits sollte das natürlich eine Anspielung auf die Nazi-Zeit sein. Andererseits sollte es offensichtlich die Vorstellung einer spießigen, kleinbürgerlichen Kuschelstube bezeichnen, mit der man natürlich nichts zu tun haben wollte. Eine elitäre Haltung wurde hier deutlich. Götz Aly hatte also keine neue Provokationsformel eingeführt, als er im Zuge seines Buchs *Hitlers Volksstaat* von der »Volksgemeinschaft« schrieb. 2004 meinte er: »Hitler regierte nach dem Prinzip ›Ich bin das Volk‹, und er zeichnete damit die politisch-mentalen Konturen des späteren Sozialstaats Bundesrepublik vor. Die Regierung Schröder/Fischer steht vor der historischen Aufgabe des langen Abschieds von der Volksgemeinschaft.«[678] Diese zwei Sätze, mal eben so dahingeschrieben und offensichtlich auf die provozierende Wirkung abzielend, sind irreführend. Falschbehauptungen werden zu Scheinkausalitäten geformt. Hitler hat demnach den Sozialstaat ausgebaut, und dieser Sozialstaat hat die »politisch-mentalen Konturen« der Bundesrepublik vorgegeben. Sollte Hitler den Sozialstaat tatsächlich ausgebaut haben, so baute dieser eben nicht auf rechtlicher Gleichheit und dem damit verbundenen Freiheitsversprechen für den Einzelnen. Sondern er war ein Mittel, um sich die Gefolgschaft der Deutschen zu sichern und eine rassisch homogene – hier ist der Begriff passend – Volksgemeinschaft zu bilden. Minderheiten wie Juden, Sinti und Roma, politisch Verfolgte, Schwule und so weiter waren von dieser Volksgemeinschaft ausgeschlossen.

Der Historiker Michael Wildt schrieb damals über Aly:

> »Die Ächtung des Sozialstaates wird von einer Generation mit Applaus bedacht, die vormals das Großkapital als Urheber des Faschismus betrachtete und nun – desillusioniert, aber ohne auf den Ökonomismus zu verzichten – die Massen und deren materielle Interessen für den Nationalsozialismus und den Holocaust verantwortlich macht.«[679]

Wildt sah das »Ressentiment bestätigt, dass der Bauch den Geist regiert und die plebejischen Massen, mit Wohltaten gefüttert, über Leichen gehen. In *Hitlers Volksstaat*, so steht zu befürchten, spiegelt sich das Elend jenes Teils einer Generation, der sich nie mit seiner eigenen totalitären Versuchung auseinander gesetzt hat und dem darum heute als Begriff von Freiheit nur noch die Entfesselung des Marktes einfällt.« Der Unterschied zwischen dem elitären Dünkel des ehemaligen Maoisten Aly und dem elitären Dünkel des bürgerlichen Heimkehrers Aly ist gar nicht mal so groß. Damals wie heute sind demnach die Plebejer verführbare, dumpfe Massen, die angeleitet und auf den richtigen Weg gebracht werden müssen.

Der Publizist und Alt-68er Klaus Hartung argumentierte einige Jahre später ähnlich wie Aly:

»Dabei schwant auch der SPD, dass die Transferleistungen fragwürdige gesellschaftliche Folgen haben. Sozialmissbrauch wird auch auf Parteitagen beklagt – und schnell mit dem Ruf nach mehr Kontrollen abgewehrt. Dennoch weiß jeder um die Existenz einer Unterschichtkultur – die so zu nennen tabu ist –, in der es Eltern gibt, die sich gar nicht mehr anstrengen, damit es ihren Kindern einmal besser geht. Die Anzahl der Familien wächst, die in dritter Generation vom Transfer leben. Wenn viele von ihnen ihre Energie und ihr Erfahrungswissen darauf verwenden, so viel Staatsknete wie möglich abzugreifen, handelt es sich nicht um Missbrauch, sondern um systemkonformes Verhalten.«[680]

Früher, als Marxist, hätte Hartung argumentiert, dass der Begriff Transferleistungen falsch sei, weil den Lohnabhängigen und Arbeitslosen nur das Geld – und auch nur teilweise – zurückgegeben wird, was ihnen sowieso gehört, da es die Unternehmer sind, die sich die Resultate gesellschaftlicher Produktion privat aneignen. Hartungs Zeilen weisen auf eine recht abfällige Haltung gegenüber den »Unterschichten«. Faulpelze richten sich nach dieser Lesart im Nichtstun ein und leben auf anderer Leute Kosten. Woher Hartung den Beweis für die Behauptung hat, dass »viele von ihnen … ihr Erfahrungswissen darauf verwenden«, erläuterte er nicht. Das unbestimmte »viele« verrät, dass sich Hartung wohl nicht die Mühe gegeben hat, genauere Fakten einzuholen oder sich selbst ein Bild zu machen. Seine Behauptung provoziert die Überlegung, wie seine persönliche Bilanz im Gemeinwesen eigentlich aussieht: Hat er in seinem Leben mehr genommen oder mehr gegeben, und wie viel hat er eigentlich in den 60er und 70er Jahren, zu seinen linken Zeiten, in die Sozialkassen eingezahlt? Der Begriff »Staatsknete«, der von den Spontis stammt (es wurde ab den späten 70er Jahren Mode, öffentliches Geld für diverse linke »Projekte« einzuholen), wird auf die sogenannten Unterschichten angewandt. Eigene Marotten werden auf Menschen, die sich mangels Selbstbewusstseins oder Zugänge zu den Medien nicht wehren können, projiziert. Aber auch Hartungs Biografie zeigt mehr Kontinuität als Bruch. Als Co-Autor des berüchtigten Thesenpapiers »Die erste Etappe des Aufbaus der Kommunistischen Partei des Proletariats« von 1969, aus dem die KPD/AO hervorgehen sollte, waren ihm die »Massen« schon damals nicht geheuer. Diese brauchten, so sahen das jedenfalls Hartung und seine Genossen, die Führung einer akademischen Elite mittels einer leninistisch-stalinistischen Kaderpartei.

Als Winfried Kretschmann zum Ministerpräsidenten von Baden-Württemberg gewählt wurde, führte Thomas Schmid mit ihm ein Interview. Unter anderem stellte Schmid die Zustimmung heischende Frage: »Wilhelm von Humboldt, ein großer deutscher Liberaler, hat in seiner Schrift über die Grenzen des Staates gesagt, der Staat solle sich auf seine elementaren Aufgaben beschränken, damit die Bürger, die Einzelnen das Sagen haben, möglichst große Entfaltungsmöglichkeiten haben und ihr Schicksal selbst bestimmen können. Teilst du diesen Gedanken?«[681] Winfried Kretschmann sprang über das hingehaltene Stöckchen und antwortete: »Das sehe ich auch so. Wir brauchen einen klaren Ordnungsrahmen, in dem die Wirtschaft, die Gruppen und die Einzelnen sich entfalten können. Der Staat muss nur stark sein in der Durchsetzung des Ordnungsrahmens, der Regeln.«

Zwar lässt Kretschmann eine etwas andere Nuance anklingen als Schmid, einig sind sich das ehemalige KBW-Mitglied und der ehemalige revolutionäre Kämpfer aus Frankfurt jedoch in der Meinung, dass dem Staat im Gemeinwesen eine möglichst kleine Funktion zukommen soll. Auch diese Haltung weist auf eine Kontinuität hin. Die Linksradikalen hatten eine ablehnende Haltung dem Staat insgesamt gegenüber. Der Staat war für sie ein Unterdrückungsinstrument der herrschenden Klasse. Marx prognostizierte das Absterben des Staates; im Kommunismus sah er keine Funktion mehr dafür. Damals wie heute war der Staat für die extremen Linken – Ausnahme: die DKP-Mitglieder – eine überflüssige, im Grunde parasitäre Instanz. Der Staat ist nach dieser dualistischen Denkungsart etwas Fremdes, das nichts mit der Gesellschaft zu hat und nicht von ihr geformt und kontrolliert werden kann. Dass der Staat nicht nur unterdrücken, sondern die Freiheit für jene ermöglichen kann, die nicht die Stärke und die Ressourcen besitzen, sich selbst zu behaupten, ist demnach nicht denkbar. Ist der Staat nicht vorhanden oder nur marginal, würde sich immer das Recht des Stärkeren durchsetzen. Auch in diesem Punkt zeigt sich ein elitärer Blick auf die Gesellschaft.

Altmarxisten in der Regierung

Die Bundesregierung von SPD und Grünen, die von 1998 bis 2005 im Amt war, hat durch diverse Gesetze das marktradikale Denken in die Praxis umgesetzt. Dazu gehören unter anderem der Verkauf von Anteilen ehemaliger Staatsunternehmen, Gesetze zur Deregulierung der Finanzmärkte, Lockerung des Arbeitsrechts, Liberalisierung des Gesundheitswesens, schließlich die Hartz-Gesetze. Es fällt auf, dass eine Regierung, die die Grundlagen der Sozial- und Wirtschaftspolitik am stärksten in Richtung des Marktprinzips verschoben hat, diejenige in der Geschichte der Bundesrepublik ist, in der der Anteil ehemaliger dogmatischer Marxisten am höchsten war. Weder vorher noch nachher waren ehemalige Marxisten, Marxisten-Leninisten, Maoisten und linksradikale Straßenschläger auf höchster Ebene nennenswert an einer Bundesregierung oder an der sie stützenden Parlamentsmehrheit beteiligt. Zu nennen wären Gesundheitsministerin Ulla Schmidt (KBW), Arbeitsminister und SPD-Generalsekretär Olaf Scholz (Stamokap-Juso), Staatssekretär und SPD-Funktionär Matthias Machnig (Mitglied im SHB und Stamokap-Juso), SPD-Funktionär Klaus Uwe Benneter (Stamokap-Juso), Grünen-Co-Fraktionschefin Krista Sager (KBW), Joschka Fischer (»Revolutionärer Kampf«), Tom Koenigs (RK), Grünen-Fraktionschefin Kerstin Müller (Trotzkistin), Gesundheitsministerin Andrea Fischer (Trotzkistin), der grüne Außenpolitiker Winfried Nachtwei (KBW), Umweltminister Jürgen Trittin (KB), die beiden Grünen-Vorsitzenden Reinhard Bütikofer (KBW) und Angelika Beer (KB); geistige Schützenhilfe bekam der grüne Teil der Regierung von der parteinahen Heinrich-Böll-Stiftung, die vom ehemaligen KBW-Mitglied Ralf Fücks geleitet wurde.

Nicht nur die Publizistik, auch die Bundesregierung griff auf das TINA-Prinzip *(There Is No Alternative)* zurück. Ihre Sozial- und Wirtschaftspolitik war konsequent begründungsarm. Die sogenannten Reformen gingen von Schröder und seinem Zirkel aus, aber auffallend ist, dass besonders die grünen Regierungsvertreter die Politik häufig als »notwendig« und »alternativlos« bezeichneten.

Parteichef Reinhard Bütikofer wartete im Jahr 2003 mit einer Kausal-Behauptung aus der marktradikalen Ideologie, aber nicht mit einer Begründung auf: »Wir kommen um Reformen nicht herum, denn unser Sozialsystem heute hat auch eine ziemlich unsoziale Wirkung: Es verursacht immer höhere Lohnnebenkosten, und trägt damit zur Arbeitslosigkeit bei.«[682] Schon die Grundannahme ist eine bloße Behauptung. Nicht das Sozialsystem als solches verursacht höhere »Lohnnebenkosten«, sondern die hohe Arbeitslosigkeit, die wiederum die Arbeitslosenkasse und damit die Versicherungsbeiträge strapaziert.

Die »Lohnnebenkosten« sind nach dieser Denkungsart immer noch relativ hoch, aber über sie redet heute keiner mehr, weil die Arbeitslosigkeit relativ niedrig ist. Offensichtlich sind andere Faktoren für eine gute Beschäftigungslage entscheidend.

Krista Sager dekretierte ein Jahr später streng: »Die Wählerinnen und Wähler von Bündnis 90/Die Grünen akzeptieren unseren Kurs. Denn sie haben verstanden, dass es um zukunftsfähige Sozialsysteme geht und zugleich darum, die Chancen der jungen Generation auf gerechte Teilhabe zu verbessern und nicht einfach nur ihre langfristige Ausgrenzung zu alimentieren.«[683] Von »gerechter Teilhabe« zu sprechen, zeugte von großer Chuzpe oder taktisch bedingter Rhetorik. Durch ebenjenen »Kurs« der Regierung uferten »McJobs«, befristete Verträge und unbezahlte Praktika aus und wurden oftmals zur einzigen Perspektive für junge Leute. Bezeichnend ist, dass Sager das herablassende und irreführende Wort »alimentieren« – Assoziation: soziale Hängematte – dagegengestellt. Ein wenig Mitleid hat sie mit dem Koalitionspartner: »Die SPD hat auch viele Wähler, die für alle Parteien schwer zu erreichen sind, zum Beispiel weil sie sich wenig informieren.« Der Satz klingt wie ein erleichtertes Aufatmen: Zum Glück haben wir bei den Grünen nicht diese Plebs am Hals.

Co-Parteichefin Angelika Beer machte sich in der Zwischenzeit Sorgen, dass die Demokratie in ihrer Partei wieder eingeführt wird. Die Basis hatte einen Sonderparteitag zum Thema gefordert, den der Parteivorstand für »politisch falsch« hielt, also mit anderen Worten als Bedrohung der Beteiligung an der Macht ansah. Beer deutete das Ansinnen so: »Es gibt ganz offensichtlich ein Informationsdefizit zur Basis, um die Reformen nachvollziehbar zu machen.«[684] Das sagen Politiker immer, wenn sie vom Wahl- oder Parteivolk Gegenwind bekommen: Die da unten haben es nicht kapiert. Allerdings lag das Problem nicht darin, dass es zu wenig Informationen gab – gerade Grünen-Mitglieder konnten sicherlich schon damals mit dem Internet umgehen –, sondern dass die Behauptungen und Implikationen, die den sogenannten Hartz-Reformen zugrunde lagen, niemals ernsthaft und breit diskutiert wurden. Stattdessen unterwarfen sich die Grünen dem Scheinzwang Zeitdruck, der von Gerhard Schröder aufgeworfen wurde. Dazu Angelika Beer im selben Interview: »Wir haben Handlungsdruck, noch vor der Sommerpause Nägel mit Köpfen zu machen.« Für die Begründung des größten sozialpolitischen Paradigmenwechsels der Nachkriegszeit ist das Argument Zeitdruck allerdings etwas dürftig.

Die zentrale Behauptung der sogenannten Reformen war, dass die Arbeitslosigkeit deswegen so hoch sei, weil Unternehmer gern Arbeitskräfte einstellen würden, wenn sie denn könnten, und Arbeitslose einen neuen Arbeitsplatz annehmen könnten, wenn sie denn wollten. Die Unternehmer würden, so weiter, allerdings durch die Fesseln und die Kosten des Sozialstaats gehindert, und die Arbeitslosen hätten es nicht nötig, da es in der sozialen Hängematte bequem sei. Unternehmer hätten also Gutes im Sinn, würden aber an der Umsetzung des Guten gehindert, und Arbeitslose hätten nur Schlechtes im Sinn und würden in der Ausübung des Schlechten gefördert. Andere mögliche Gründe des Mangels an Arbeitsplätzen wie die damals schwierige Lage der Weltkonjunktur oder die Unfähigkeit des Wirtschaftssystems, offensichtlichen Bedarf an Arbeit, zum Beispiel in der Altenpflege oder in der Kinderbetreuung, angemessen oder überhaupt zu bezahlen und damit attraktiv zu machen, wurden gar nicht erst diskutiert. Die ehemaligen Marxisten in der Bundesregierung haben in ihrem früheren Leben genau andersherum gedacht: Unternehmer waren damals für sie die Unterdrücker, während die Lohnabhängigen (und damit auch die Arbeitslosen) die Ausgebeuteten waren.

Ebenso wenig diskutiert wurde der paradoxe Effekt, dass die Republik in einer Zeit, in der angeblich die Zukunftsfähigkeit des »Standorts Deutschland« auf dem Spiel stand, offensichtlich ausreichend Ressourcen besaß, um monatelang über die Anrechnung von Sparbüchern und Kleingärten, über Wohnungsgrößen und die Frage, wie groß ein Auto sein darf, zu diskutieren. Am Ende hat das gesamte Hartz-Paket nicht Kosten eingespart, sondern im Gegenteil die Kosten nach oben schnellen lassen, von den sozialen Kosten ganz zu schweigen: Die sogenannte Reform hat zu Verbitterungen und Abwendungen breiter Bevölkerungsschichten vom politischen System geführt.

In den Aussagen besonders von grünen Regierungsmitgliedern klang immer die Angst mit, die Macht zu verlieren. Wenn die Parteibasis nicht mitgemacht hätte, so die berechtigte Annahme, hätte Gerhard Schröder umstandslos die Koalition aufgekündigt und wäre eine andere Koalition eingegangen. Der Subtext fast aller Äußerungen von grünen Politikern ist ein einziges Flehen: Bitte lasst uns an der Macht! Das ist ein Wunsch, der in der etablierten Politik nicht unüblich ist; dass es ausgerechnet die Grünen waren, die dieses Flehen so deutlich ausstießen, ist erstaunlich. Macht hatte ihnen anfangs nichts bedeutet, später war Macht für sie nie nur Selbstzweck.

Ähnlich sah die Situation vor den Entscheidungen für die Kriege in Serbien und in Afghanistan aus. Hinter den vorgebrachten Argumenten schimmerte immer die nackte Angst durch, aus der Regierung zu fliegen. Joschka Fischer schreibt in seinen Memoiren über seine strategischen Überlegungen vor den Bundestagswahlen 1998:

> »Es war für mich damals ebenfalls völlig klar, sollte es zu einem vorzeitigen Bruch der Koalition in der Außenpolitik kommen ..., dann gäbe es Neuwahlen und anschließend eine Große Koalition – von uns Grünen erzwungen! Schröder verfügte immer über eine zweite Mehrheitsoption, wir nicht. Vorzeitige Neuwahlen würden das definitive Aus für Rot-Grün bedeuten, weil wir uns nicht als regierungstüchtig genug und deshalb auch nicht als regierungsfähig erwiesen hätten. Und bei vorzeitigen Neuwahlen unter diesen Bedingungen wäre es keineswegs sicher, dass wir Grüne die Fünfprozenthürde nochmals schaffen würden. Damit würde uns als bundespolitische Partei aber die nackte Existenzfrage aufgeworfen.«[685]

Allerdings war es gerade der Kurs der Grünen in der Kriegsfrage, die der Partei schwere Niederlagen bei Landtagswahlen bereiten sollte. Die bundesdeutsche Geschichte kennt ein prominentes Gegenbeispiel für Fischers Behauptung. 1966 hatte die FDP ihre Minister aus der Bundesregierung mit der CDU konsequent abgezogen, weil sie mit dem finanzpolitischen Kurs Ludwig Erhards nicht einverstanden gewesen war. Sie verlor die Macht, konnte sich aber genau deshalb regenerieren und neu positionieren. Die 70er Jahre waren für die FDP ziemlich erfolgreich. Die FDP war damals »in«. Standhaftigkeit kann sich also lohnen.

Über die Zeit kurz nach dem Beginn des Kosovokrieges und die Lage in der Koalition schreibt Fischer:

> »Aber wir durften uns nach außen keinerlei Anzeichen von Schwäche erlauben, denn sonst würde alles wegrutschen. Mir war klar: Wenn nunmehr auch die SPD anfinge zu wackeln, gäbe es in meiner Fraktion kein Halten mehr, und in der Folge davon würde die Regierung zusammenbrechen. In dieser bedrohlichen Situation stand der Bundeskanzler wie ein Fels in der Brandung.«[686]

Man merkt Passagen wie diesen an, dass die Perspektive, das Ministeramt zu verlieren, für Fischer tatsächlich »bedrohlich« gewesen sein muss.

Die Weichen zum Krieg wurden im Oktober 1998 gestellt, als die alte Regierung Kohl abgewählt, aber noch im Amt war und die neue Regierung Schröder/Fischer gewählt, aber noch nicht im Amt war. Gegenüber dem Biografen Michael Schwelien berichtet Fischer über die damalige Konstellation wie folgt: »Die Amis gaben uns null Möglichkeiten, noch irgendetwas zu beeinflussen. Wir hatten nun diesen Mühlstein um den Hals. Wir standen vor der Frage, ob das Experiment Rot-Grün an internationalen Konditionen scheitern sollte, bevor es überhaupt gestartet war.«[687]

Schwelien widerlegt Fischer in seinem Buch präzise und zeigt auf, dass die designierte Regierung und damit Fischer eben doch die Möglichkeit besaßen, den Lauf der Ereignisse zu beeinflussen. Es gab nicht den einen, angeblich zwangsläufigen Weg. Es gab Alternativen. Fischer habe, so Schwelien, schlicht nicht erkannt, dass das erratische, in sich widersprüchliche Verhalten der US-Regierung eine Chance geboten hätte, den Krieg zu verhindern und einen anderen Weg zu finden.[688] Anders ausgedrückt: Fischer, der sich in den Jahren zuvor schon als Staats- und neuer Stresemann dargestellt hatte, verhielt sich wie ein politischer Anfänger. Schweliens Urteil über Fischers Handeln ist entsprechend vernichtend:

> »Gerade weil die Amerikaner so viel Wert auf ihre [der Deutschen, d. A.] Beteiligung legten, hatten sie mehr Einfluss, als sie glaubten. Aber es scheint, dass Fischer solche Gedanken in diesem kritischen Moment nicht kamen. Er beugte sich dem Marschbefehl aus Washington und der Direktive Schröders. Er war offensichtlich viel zu versessen auf den Ministersessel im Auswärtigen Amt, um den Druck zu widerstehen, sei dieser nun ein Druck ›der Fakten‹ gewesen oder vom designierten Kanzler ausgeübt worden.«[689]

Zwei Jahre später, kurz nach der Entscheidung für eine deutsche Beteiligung am Krieg in Afghanistan, wiederholte sich das Szenario. Auf einem Parteitag im November 2001 gab Joschka Fischer ultimativ die Linie vor: »Diese Mehrheit muss stehen, das ist die entscheidende Frage.«[690] Und sprach zu den Delegierten diesen entlarvenden Satz: »Wir als Partei können schon anders, aber nicht in dieser Koalition.« Mit anderen Worten: Die Beteiligung am »Einsatz« in Afghanistan hat wenig bis nichts mit unseren Überzeugungen zu tun, aber wir wollen nicht die Macht verlieren, und wenn ich »wir« sage, meine ich natürlich in erster Linie »ich«.

Als die SPD- und Grünen-Regierung 1998 ins Amt kam, war in der wohlmeinenden Presse häufig vom erfolgreichen »Marsch durch die Institutionen« die Rede. Nicht zufällig waren es Journalisten der Generation Gerhard Schröders und Joschka Fischers, die davon schrieben – man sah sich gemeinsam im weiteren Sinne als 68er, und gemeinsam war man nun am Ziel angelangt. Entsprechend euphorisch war die Berichterstattung zunächst. Die Formel vom »Marsch durch die Institutionen« zu benutzen zeugte allerdings von einem Missverständnis. Rudi Dutschke – von dem sie stammte – verstand darunter kein Karriere- und Pensionssicherungsprogramm. Vielmehr meinte er, dass man als »Permanenzrevolutionär« in die Staatsapparate und in die Betriebe gehen, diese von innen stören und von innen subversiv handeln sollte. Man kann von seinem Gedanken halten was man will – er bedeutet aber das ziemliche Gegenteil von dem, was Schröder und Fischer taten. In der Übernahme einer berühmten, verwegen klingenden Parole zeigte sich die Dreistigkeit und Selbstgerechtigkeit der damaligen Bundesregierung und der ihr wohlgesinnten Presse. Persönliche Karriereerfolge wurden zu einer historischen Mission veredelt. Es gibt Fotos von der ersten Kabinettssitzung im alten Bonner Kanzleramt, auf denen zu sehen ist, wie Fischer sich in den Ministersessel fallen lässt und für die Kameras einen ostentativ ungläubigen Gesichtsausdruck hat, sich aber gleichzeitig wie ein kleines Kind freut. Der vielsagende Blick hätte der Öffentlichkeit bereits damals eine Warnung sein können: Sie hatte jemanden gewählt, für den das prestigeträchtige Amt offensichtlich einen rein persönlichen Zweck erfüllte.

Sich selbst verschluckt

Fasst man die Kontinuitäten und die tatsächlichen Motive zusammen, ist der Schluss zwingend, dass sich die federführenden Linksradikalen für das angeblich historische Subjekt, die Arbeiter, in Wirklichkeit nie ernsthaft interessiert haben. Vielleicht haben sie die Arbeiter und deren Probleme und Bedürfnisse insgeheim sogar verachtet. Sie waren Bürgerkinder, aber eben keine »behüteten Bürgerkinder«, sondern »gebrochene Bürgerkinder«. Sie waren Suchende. Der Marxismus und der Rückgriff auf die Arbeiterklasse war für sie ein geeignetes Vehikel, um ganz anderen, persönlichen Bedürfnissen nachzukommen. Über den Marxismus und die von ihnen gegründeten Organisationen konnten sie Macht- oder Gewaltfantasien ausleben, ihre eigene Orientierungslosigkeit kompensieren, das Bedürfnis nach Anerkennung oder nach Gruppenzugehörigkeit befriedigen oder mit den eigenen Eltern entweder abrechnen oder – auf verschlüsselte Weise – mit ihnen in Kontakt treten. Hätte der Marxismus in den 70er Jahren weltpolitisch zufälligerweise keine Rolle gespielt, hätte es keinen Vietnamkrieg gegeben und keinen Mao Tse-tung und wäre stattdessen gerade die Scientology-Sekte en vogue gewesen, hätten sie sich womöglich massenhaft Scientology angeschlossen – oder ähnliche Sekten gegründet.

Es hat unter den Teilnehmern des »roten Jahrzehnts« ernsthaften Idealismus, Empathie und Vorstellungen von einer besseren Welt gegeben. Einige, auf die das zutrifft, kamen in diesem Buch zu Wort. Die guten Absichten allerdings wurden im Laufe des Jahrzehnts von den Organisationen, denen sie sich anschlossen, beiseitegelegt. In ihnen ging es zunehmend um die Organisation an sich, um Machtkämpfe, um das Unterdrücken abweichender Meinungen. Am Ende fanden sie sich in abgeschotteten Gruppen wieder, in denen die Realität, wenn sie denn wahrgenommen wurde, nur noch als störend empfunden wurde.

Das Scheitern hat Folgen für die Gesellschaft insgesamt gehabt. Alles, was links von der SPD lag, war über Jahrzehnte diskreditiert. Im kollektiven bundesdeutschen Gedächtnis war dies das Milieu der DDR-Fans, der Rechthaber und Selbstgerechten, der Verniedlicher maoistischer Diktaturen, der Gewalttätigen. Zweifellos hat das Scheitern des realen Sozialismus global gesehen einen viel größeren Einschnitt bedeutet. Eine ebenso wichtige Rolle spielte jedoch die spezielle bundesdeutsche Geschichte. In jeder Kreisstadt, oft sogar darunter, hat es lokale Zellen, Zirkel und Komitees gegeben. Unzählige der einstigen Mitglieder tragen ihre persönliche Desillusionierungs- und Enttäuschungsgeschichte mit sich. In jedem größeren Betrieb, in jedem größeren Amt, an fast jeder Schule und definitiv an jeder Universität haben jahrzehntelang Menschen mit einer linksradikalen 70er-Jahre-Vita gearbeitet. Sie haben ihr normales Leben gelebt und die Finger von der Politik gelassen. Und wenn sie Kinder bekommen haben, werden sie ihnen wahrscheinlich auf direkte oder indirekte Weise bedeutet haben, es mit der Politik und erst recht mit dem Versuch, an die Probleme und Fragen der Welt etwas grundsätzlicher heranzugehen, zu lassen. Wenn sie sich in den 90er Jahren noch als links betrachteten, waren Witze über Helmut Kohl und ein irgendwie »linker« Lebensstil (ein Citroën oder ein Volvo vor der Tür, abgebeizte Bauernmöbel in der Wohnung, umbrische Weine im Keller) oftmals die einzigen Zeichen dieses angeblichen Linksseins, während sie das politische Feld widerstandslos geräumt hatten. Dass sich um die Jahrtausendwende das Primat des Marktes derart konsequent durchsetzen konnte, hat auch mit diesem linken Scheitern zu tun.

Anführer wie Christian Semler, Karl Dietrich Wolff, Joschka Fischer und andere, die in den 70er Jahren das große Wort führten, haben in dieser Zeit keine einzige bleibende politische Idee produziert. Es gibt kein Konzept, keine Schrift und schon gar kein Buch von ihnen, das heute mit Gewinn zu lesen wäre, was einerseits Ausdruck des Halbstarkenhaften dieser Generation, andererseits Ausdruck der zunehmenden intellektuellen Verarmung im Laufe der 70er Jahre ist. Das ist umso tragischer, als es in dieser Generation viel Bildung, Witz, Eloquenz, Intelligenz und Charisma gab.

Deutschland erlebt seit einigen Jahren, wie andere Staaten auch, einen Paradigmenwechsel. Heute sind grundsätzliche Fragen wieder aktuell: Wie kann man den gesellschaftlichen Desintegrationen durch den globalen Kapitalismus beikommen? Wie kann privates Kapital durch die Öffentlichkeit besser kontrolliert werden? Ist politische Demokratie ohne gleichzeitige Wirtschaftsdemokratie womöglich eine Farce? Wie kann man die Unfreiheiten, die der Kapitalismus schafft, verhindern, ohne neue Unfreiheiten zu produzieren? Wie kann das Problem der Machtkonzentration gelöst werden? Denn auch das ist eine Lehre der 70er Jahre – damals hatte der Staat, also die öffentliche Hand, viel Einfluss. Die Staatsapparate waren relativ gesehen größer als heute, und es existierte eine ganze Anzahl von

Staats- und gemeinwirtschaftlichen Unternehmen. Die Kette der Fälle von Verschwendung, Misswirtschaft und Günstlingswirtschaft in diesen Bereichen ist allerdings ziemlich lang. Es bedarf offensichtlich der konsequenten demokratischen Kontrolle jeder Institution, unabhängig von der Besitzform. Wie kann die Idee der Selbstorganisation entwickelt werden? Und schließlich: Wie kann man Freiheit und Gleichheit und Solidarität unter heutigen Bedingungen zusammen denken? Die Linksradikalen der 70er Jahre, ihre einstigen Anführer zuvörderst, werden nichts zur Beantwortung dieser Fragen beitragen können. Sie sind die gebrannten Kinder. In einem Punkt werden sie aber hilfreich sein: Sie haben gezeigt, wie man es nicht machen kann.

Nachbemerkung

Die Protokollpassagen basieren auf Interviews, die ich zwischen Herbst 2008 und Sommer 2011 geführt habe. Die Protokolle habe ich den Gesprächspartnern vor der Veröffentlichung jeweils vorgelegt. Es wurden an ihnen, wenn überhaupt, nur stilistische Nachbesserungen vorgenommen; oder Fakten wurden ergänzt. In einzelnen Fällen wurden Sätze oder Satzteile gestrichen, die jedoch nur nebensächliche Aspekte betrafen. Die Hauptaussagen und -punkte blieben ausnahmslos unberührt.

Die Gesprächspartner kannte ich vorher nicht persönlich. Ich stand oder stehe zu ihnen weder in einem familiären, privaten noch geschäftlichen Verhältnis. Sie wurden von mir allein nach den Kriterien der Repräsentativität und Relevanz ausgewählt. Biografische Details waren mir vorher nicht bekannt.

Ich habe auf Wunsch den Namen eines Gesprächspartners geändert. Peter Berndt ist keine bekannte, zeitgeschichtliche Person; auch hätte er möglicherweise berufliche oder anderweitige Nachteile zu erwarten.

Gunnar Hinck, im März 2012

Dank

Dieses Buchs wäre nicht möglich gewesen ohne die Gespräche mit Teilnehmern des »roten Jahrzehnts«. Ihnen danke ich für ihre Bereitschaft und ihre Offenheit. Besonders bedanken möchte ich mich bei Gerald Klöpper, Klaus Hülbrock und Fanni Mülot. Für sie ist das Licht der Öffentlichkeit nicht alltäglich.

Bedanken möchte ich mich bei meinem kleinen Sohn Jan, der mit seinem Charme so manche Tür öffnen half, und bei Julia Latka für die geschickt dosierte Mischung aus Geduld und Ungeduld und dafür, dass sie die jahrelangen Zumutungen einer Buchproduktion ertragen hat.

Dank geht außerdem an: Gerd Held für die instruktiven Gespräche, Steffen Reichert aus Halle für die hilfreichen Tipps zum Umgang mit Akten der DDR-Staatssicherheit, Hans Land für seine weisen Ratschläge, seinen ansteckenden amerikanischen Optimismus und seine Ermutigungen, den Mitarbeiterinnen und Mitarbeitern der unerschöpflichen Berliner Bibliotheken und Archive für ihre Hilfsbereitschaft; und außerdem den Mitarbeiterinnen der Schöneberger PFH-Kita für ihre unermüdliche Kinderbetreuungsarbeit, ohne die das Buch nicht möglich gewesen wäre.

Anmerkungen

1. Illies, Florian: *Generation Golf*. Berlin 2000; Dannenberg, Sophie: *Das bleiche Herz der Revolution*. München 2004; Fleischhauer, Jan: *Unter Linken*. Reinbek 2009.
2. Hartung, Klaus: »Selbstkritische Überlegungen und Überlegungen zur Selbstkritik nach 40 Jahren«. In: *Ästhetik und Kommunikation* 140/141 2008, S. 95–112.
3. Die KPD ließ ihren Zusatz AO 1971 fallen. Im Folgenden wird die Partei »KPD« genannt, es sei denn, eine Abgrenzung zur alten KPD der 50er Jahre und der Weimarer Republik ist notwendig. Die anderen K-Parteien werden mit ihrem jeweiligen Zusatz versehen.
4. Frei, Norbert: *1968. Jugendrevolte und globaler Protest*. München 1968, S. 148.
5. Koenen, Gerd: *Das rote Jahrzehnt. Unsere kleine deutsche Kulturrevolution 1967–1977*. 2. Aufl. Frankfurt a. M. 2004, S. 18.
6. BStU MfS ZKG128/AES 21497/09 Z, Bl. 68 [Information über eine Veranstaltung der Westberliner APO in der Hasenheide].
7. Der Reporter arbeitete für die englische Untergrundzeitung »International Times«. Reimann, Aribert: *Dieter Kunzelmann. Avantgardist, Protestler, Radikaler*. Göttingen 2009, S. 176.
8. Ebd.
9. Dem Kunzelmann-Biografen Aribert Reimann zufolge legte der Fotograf vom *Spiegel* Wert darauf, dass die Gruppe den Rücken zur Kamera kehrt.
10. Schmierer, Joscha: »Der Zauber des großen Augenblicks. 1968 und der internationale Traum«. In: Baier, Lothar u. a.: *Die Früchte der Revolte. Über die Veränderung der politischen Kultur durch die Studentenbewegung*. Berlin 1988, S. 107–126, hier: S. 113. Zu diesem Befund auch Kleßmann, Christoph: »1968 – Studentenrevolte oder Kulturrevolution?«. In: Hettling, Manfred (Hrsg.): *Revolution in Deutschland? 1789–1989*. Göttingen 1991, S. 90–105, hier: S. 98 ff.
11. So in jüngerer Zeit Winkler, Willi: *Die Geschichte der RAF*. Reinbek 2008, S. 60; exemplarisch für diese Auffassung in der Publizistik: Schmale, Holger: »Und jetzt der Marsch durch die Institutionen«. In: *Berliner Zeitung*, 29.12.2008, S. 1.
12. Niedenthal, Clemens: »Eine Geschichte mit offenem Ende«. In: *Drehscheibe* 13/2007, S. 34.
13. Ebd., auch S. 12.

14 The Rolling Stones, »Let's spend the night together«.
15 The Doors, »Light my fire«.
16 *Der Spiegel* 40/1969, S. 107.
17 Ebd.
18 *Der Spiegel* 20/1972, S. 66.
19 Schneider, Peter: *Rebellion und Wahn. Mein '68, Eine autobiographische Erzählung.* Bonn 2008, S. 38.
20 Vgl. Frei, Norbert: *Vergangenheitspolitik. Die Anfänge der Bundesrepublik und die NS-Vergangenheit.* München 1999, S. 69–100.
21 Winkler: *RAF*, S. 14.
22 Harry Ristock und Erwin Beck wurden aus der Partei ausgeschlossen, jedoch kurze Zeit später wieder aufgenommen.
23 Berliner Abgeordnetenhaus, 1. U 4, S. 19 f. [Protokoll des 1. Untersuchungsausschusses der 5. Wahlperiode »Studentische Unruhen und Verhalten der Demonstranten und der Polizei am 2. Juni 1967«].
24 Ebd., S. 31.
25 Soukup, Uwe: *Wie starb Benno Ohnesorg? Der 2. Juni 1967.* Berlin 2007, S. 225, S. 246–249.
26 *Der Spiegel* 9/1968, S. 27.
27 BStU MfS ZAIG 29278 Bl. 79 [Bericht der Untersuchungskommission zur Teilnahme von Parteimitgliedern an der Internationalen Vietnam-Konferenz – Vertraulich. Im Bericht des SPD-Vorstands finden sich Protokollauszüge des Parteitags].
28 Ebd. Der innerparteiliche Grund für die scharfe Rhetorik des eigentlich moderaten Schütz lag darin, dass dieser den starken rechten Parteiflügel für sich zu gewinnen suchte. Der Vertraute Willy Brandts war erst im Herbst aus Bonn zurückgekehrt und musste sich innerparteilichen Rückhalt erarbeiten.
29 Schmid, Thomas: »Die Wirklichkeit eines Traums«. In: Baier (Hrsg.): *Früchte der Revolte*, S. 7–33, hier: S. 28. Hervorhebungen im Original.
30 Im Gespräch mit dem Autor. Gerd Held sieht seine Zeit im KBW heute sehr kritisch: »Aber wenn wir uns nur etwas mehr umgeschaut hätten, hätten wir den Wert dieser Gesellschaft entdecken können.«
31 Schlögel, Karl / Jasper, Willi / Ziesemer, Bernd: *Partei kaputt. Das Scheitern der KPD und die Krise der Linken.* Berlin 1981, S. 87.
32 Seibt, Gustav: »Ciao Peppone!«. Auf: www.sueddeutsche.de/kultur/abgesang-auf-den-italienischen-kommunismus-ciao-peppone-1.218441, 17.4.2008.
33 Koenen: *Das rote Jahrzehnt*, S. 422.
34 Umfang und Auftraggeber der Umfrage sind nicht näher erläutert. In: Koenen, a. a. O., S. 272
35 *Der Spiegel* 41/1977, S. 54.
36 *Der Spiegel* 43/1977, S. 203 f.
37 Koenen: *Das rote Jahrzehnt*, S. 423.
38 Der ehemalige Kader legt Wert auf die Feststellung, dass er seine Zeit im KB heute äußerst kritisch sieht und bereits 1979 ausgeschieden ist.

39 Knuf, Thorsten / Loke, Matthias: »Harte Kampfansage«. Interview mit Michael Sommer. Auf: www.berliner-zeitung.de/archiv/10810590, 9997762.html, 23.5.2002. Huber hat »aus Zeitgründen« einen Interviewwunsch abgelehnt, eine einstige Mitgliedschaft im KABD gegenüber dem Autor jedoch nicht bestritten.

40 Beispielhaft für diese Position ist die Rede des Bundestagspräsidenten Dr. Norbert Lammert zum 30. Jahrestag des Deutschen Herbstes: »Rede zum Gedenken an die Opfer des Terrors der RAF«, 24.10.2007. Auf: www.bundestag.de/bundestag/praesidium/reden/2007/015.html.

41 Treffender Buchtitel von Lattmann, Dieter: *Die lieblose Republik. Aufzeichnungen aus Bonn am Rhein*. München 1981.

42 Die Formel von den Kindern Hitlers ist durch Jillian Beckers RAF-Buch *Hitler's Children: The Story of the Baader-Meinhof Gang* (London 1977) inspiriert und zu einer Art Mode mit verlässlicher Provokationswirkung geworden. Götz Alys Behauptung der Parallelen zwischen »68ern« und »33ern« geht in diese Richtung. Allerdings ist Beckers Buchtitel missverständlich: Im Buch wird diese These eben *nicht* ausgebreitet. Der Titel hat nur insofern mit dem Inhalt zu tun, als die Gründer der RAF – natürlich – jahrgangsmäßig Kinder des Dritten Reichs sind.

43 Im Gespräch mit dem Autor, ebenso folgende Zitate.

44 Widmann, Arno: »Wenn die unten nicht mehr wollen«. In: *Berliner Zeitung*, Wochenendmagazin, 20./21.8.2011, S. 2.

45 Herking, Ursula: *Danke für die Blumen. Damals – Gestern – Heute*. München u. a. 1973, S. 151.

46 Schmierer, Joscha: »Zauber des großen Augenblicks«. In: Baier: *Die Früchte der Revolte*, S. 111.

47 *Der Spiegel* 19/1977, S. 26.

48 Cohn-Bendit, Daniel: *Wir haben sie so geliebt, die Revolution*. Frankfurt a. M. 1987, S. 108.

49 *Der Spiegel* 53/1979, S. 39.

50 Schneider, Peter: *Rebellion und Wahn*. Bonn 2008, S. 28 ff.

51 Ebd., S. 15–24.

52 Die Gruppe nannte sich »Bewegung« in ironischer Anspielung auf die Berliner Bewegung 2. Juni.

53 Griechenland war damals Nato-Mitglied; die putschenden Obristen stammten somit aus einer Armee, die Teil des westlichen Militärbündnisses war.

54 Name geändert.

55 So etwa bei Winkler: *RAF*, S. 146.

56 »Junge Leute aus vornehmlich bürgerlichen Familien« heißt es im Vortext zu Bergmann, Uwe u. a.: *Rebellion der Studenten oder Die neue Opposition*. Reinbek 1968; vom »aufgeklärten, liberalen Mittelstand« spricht Willi Winkler in Bezug auf die RAF in seinem RAF-Buch (S. 16), im Klappentext desselben ist von den unvermeidlichen »Bürgerkindern« die Rede; Michael Sontheimer schreibt in seinem Buch *Natürlich*

kann geschossen werden. Eine kurze Geschichte der RAF (München 2010) über »Töchter und Söhne von Akademikern aus der Mitte der Gesellschaft; in Wohlstand aufgewachsen« (S. 16); Klaus von Schilling schreibt sogar von »gut versorgten Bürgerkindern« (von Schilling, Klaus: *Scheitern an der Vergangenheit. Das deutsche Selbstverständnis zwischen Re-Education und Berliner Republik.* Berlin 2002, S. 138).

57 Reimann: *Kunzelmann*, S. 39.
58 Ebd.
59 Ebd., S. 25, Fußnote Nr. 13.
60 Kunzelmann, Dieter: *Leisten Sie keinen Widerstand. Bilder aus meinem Leben.* Berlin 1999, S. 17, zitiert nach: Reimann: *Kunzelmann*, S. 40.
61 *Der Spiegel* 24/1997, S. 72.
62 Interview von Günter Gaus, Erstausstrahlung im ORB-Fernsehen am 12.12.2001, abrufbar auf: www.youtube.com/watch?v=E2aXgZn7k8E, 29.12.2011.
63 Interview mit Amzoll, Stefan: »Ich bin nicht bereit, die RAF als Kriminalfall zu besprechen«. Auf: www.freitag.de/2007/51/07511801.php, 21.12.2007.
64 Andres Veiel: *Black Box BRD: Alfred Herrhausen, die Deutsche Bank, die RAF und Wolfgang Grams.* Frankfurt a. M. 2004, S. 168.
65 Ebd.
66 Richter, Horst-Eberhard: »Die Väter als Komplizen ihrer mörderischen Kinder«. Auf: www.fr-online.de/politik/doku-debatte/die-vaeter-als-komplizen-ihrer-moerderischen-kinder,1472608,2874320.html, 30.3.2007.
67 Tse-tung, Mao; Steinhaus, Fritz Carl (Hrsg.): *Das Mao Tse-tung Brevier. Der Katechismus der 700 Millionen.* Würzburg 1967 [Gesamtherstellung: Curt Mohnhaupt, Bruchal (Baden)].
68 Jesse, Eckhard / Backes, Uwe: *Politischer Extremismus in der Bundesrepublik Deutschland.* 3. Aufl. Bonn 1993, S. 310.
69 Siemens, Anne: *Durch die Institutionen oder in den Terrorismus. Die Wege von Joschka Fischer, Daniel Cohn-Bendit, Hans-Joachim Klein und Johannes Weinrich.* München 2005, S. 72.
70 Ebd., S. 75.
71 So Johannes Weinrichs Mutter Ursel, nach Siemens: *Durch die Institutionen*, S. 73.
72 Ebd., S. 74.
73 Ebd.
74 Ebd., S. 120.
75 Ebd., S. 122.
76 Ebd., S. 127.
77 Ebd., S. 133.
78 Eigene Recherchen, ebenso folgende Informationen zu Klaus Trittin.
79 Interview mit *Bunte*, 16.7.2009, nachzulesen auf: www.trittin.de/presse/interviews/20090716BUNTE.shtml?navanchor=1110005.

80 E-Mail-Auskunft Peter Neitzkes vom 30.11.2011. Neitzke übermittelte dem Autor diese Auskunft über seine Familie: »Der Vater Anfang der 30er Jahre militanter Sozialdemokrat, der als Mitglied des Reichsbanners Schwarz-Rot-Gold ... den Straßenterror der SA bekämpfte, die Mutter in der Haus- und Hofpropaganda der KPD aktive Kommunistin. Als sich der Vater als »jüdisch Versippter«, so die Formulierung der 1935 erlassenen »Nürnberger Gesetze«, 1940 weigert, sich von seiner Frau zu trennen, wird er »unehrenhaft« aus der Wehrmacht entlassen. Als Regimegegner denunziert, ist er 1944/45 sechs Monate in einem Arbeitslager inhaftiert. In dieser Zeit lebt die Familie im Verborgenen. 1946 sucht der Denunziant den Vater auf: ob er ihn im Zuge der Entnazifizierung entlasten könne ...«
81 *Der Spiegel* 37/2001, S. 203.
82 Ebd., S. 204.
83 *Frankfurter Allgemeine Sonntagszeitung* 17/2007, S. 8.
84 Winkler: *RAF*, S. 242.
85 Schiller, Margrit: *Es war ein harter Kampf um meine Erinnerung. Ein Lebensbericht aus der RAF*. München 2001, S. 33.
86 Ebd.
87 Siemens: *Durch die Institutionen*, S. 66.
88 *Der Spiegel* 43/1978, S. 80, zitiert nach Siemens: *Durch die Institutionen*, S. 68.
89 Klein, Hans-Joachim: *Rückkehr in die Menschlichkeit. Appell eines ausgestiegenen Terroristen*. Reinbek 1979, S. 35.
90 Siemens: *Durch die Institutionen*, S. 69.
91 Fleischmann, Christoph: »Fanatische Söhne«. Auf: www.netzeitung.de/voiceofgermany/331875.html, 31.3.2005. Alle folgenden Informationen und Zitate zu Heer sind dem Artikel entnommen.
92 Monsees, Horst: »Agitation, Arbeit und Aufrichtigkeit«. In: *trendonlinezeitung 12/2000*. Auf: www.trend.infopartisan.net/trd1200/t301200.html.
93 Eike Hemmer, Redebeitrag zur Eröffnung der Ausstellung »In Polen 1942« in der Arbeitnehmerkammer Bremen, 11.1.2011, nachzulesen auf: www.galerie-voegtle.de/45.html
94 Frank, Niklas: *Der Vater. Eine Abrechnung*. München 1987.
95 Stern, Klaus / Herrmann, Jörg: *Andreas Baader. Das Leben eines Staatsfeindes*. München 2007, S. 26 ff.
96 Ebd.
97 Block, Martin / Schulz, Birgit: *Die Anwälte. Ströbele, Mahler, Schily. Eine deutsche Geschichte*. Köln 2010, S. 24.
98 Ebd., S. 29.
99 Autobiografische Angaben unter: www.peterschneider-author.com/category/bio-bibliographie/?lang=de_de, 22.12.2011. Bezeichnenderweise schreibt Schneider von »Aufenthalten« in Königsberg und Sachsen, was die abstrakte Beziehung zur eigenen Herkunft – oder die empfundene Heimatlosigkeit? – auszudrücken scheint.

100 Autobiografische Angaben unter: rainerlanghans.de/?page_id=14, 22.12.2011.
101 Siemens: *Durch die Institutionen*, S. 58.
102 Fichter, A. / Hagelüken, A.: »Ich bin wie Obelix in Zaubertrank gefallen«. Interview mit Cohn-Bendit. Auf: www.sueddeutsche.de/geld/reden-wir-ueber-geld-daniel-cohn-bendit-ich-bin-wie-obelix-in-zaubertrank-gefallen-1.1012181, 15.10.2010.
103 Fichter, Tilman: »Meine Uni war der SDS«. In: *Ästhetik & Kommunikation* 39, 140–141/2008. Auf: www.aesthetikundkommunikation.de/?artikel=352.
104 Lesko, Christopher: »Gut, lange Haare hatte ich und auch einen Parka«. Interview mit Thomas Schmid. In: *Welt Online*. Auf: www.welt.de/debatte/article10112056/Gut-lange-Haare-hatte-ich-und-auch-einen-Parka.html, 6.10.2010.
105 Plogstedt, Sibylle: *Niemandstochter. Auf der Suche nach dem Vater*. 2. Aufl. München 1992, S. 13, S. 46 f., S. 57 f.
106 Autobiografische Angaben unter: rabehl.wordpress.com/leben.
107 Diese und folgende biografischen Angaben zu Raspe aus: Aust, Stefan: *Der Baader-Meinhof-Komplex*. Hamburg 1985, S. 150.
108 Wunschik, Tobias: »Till Meyer – ein biographisches Porträt«. In: *Jahrbuch Extremismus und Demokratie* 10/1998. Auf: www.extremismus.com/texte/bewegung2juni.htm.
109 Bozic, Ivo. »Die Sechziger waren eine Kudamm-Kultur«. In: *Jungle World* 45/2009. Auf: jungle-world.com/artikel/2009/45/39720.html.
110 Baumann, Bommi: *Wie alles anfing*. Gießen 1977, S. 11 [Nachdruck der verbotenen Ausgabe des Trikont-Verlags von 1975].
111 Heubner, Thomas: »Sein langer Marsch. Der Beton- und Bombenbauer Bommi Baumann.« Auf: www.friedrichshainer-chronik.de/spip.php?article299, April 2008.
112 Baumann: *Wie alles anfing*, S. 7.
113 Heubner: »Sein langer Marsch«.
114 Block/Schulz: *Die Anwälte*, S. 39.
115 Auf: www.krahl-seiten.de, Link »Lebenslauf«, 22.12.2011. Dort wird aus einem selbst verfassten und faksimilierten Lebenslauf Krahls zitiert.
116 Auskunft von Norbert Saßmannshausen, dem Krahl-Experten und Betreiber der »Krahl-Seiten«, 1.6.2011.
117 Wolff, Karl Dietrich (Hrsg.): *15 Jahre. Almanach aufs Jahr 1986. Briefe – Entwürfe – Bericht – Bibliographie*. Frankfurt a. M. 1985, S. 13.
118 E-Mail-Auskunft von Karl Dietrich Wolff, 1. Juni 2011.
119 Biografische Angaben auf: www.matthiasbeltz.de/biografie.html, 22.12.2011.
120 E-Mail-Auskunft MdB-Büro Tom Koenigs, 7.6.2011.
121 Ebd.
122 Heine, Werner: Nachruf auf Günter Amendt. Auf: guenteramendt.de/nachrufe/heine.html, 5.4.2011.
123 Ebd.

124 *Der Spiegel* 40/1973, S. 104.
125 Der Todestag von Paula Meins ist der 25. August 1966 laut dem Grabstein am Familiengrab auf dem Friedhof Hamburg-Stellingen.
126 »Holger Meins' Gespräche mit seinem Vater und Biographisches«. Ausschnitte auf: www.youtube.com, 22.12.2011.
127 Der Autor ist Ulrich Preuß als Kind in einer denkwürdigen Szene begegnet: 1981 oder 1982 kauften die Großeltern ein Ferienapartment in einer 70er-Jahre-Wohnanlage bei Lübeck an der Ostseeküste. Sie machten sich fein: Ein leibhaftiger Professor – eben Preuß – war der Verkäufer! Preuß allerdings erschien anders, als sie sich Professoren vorstellten; sie hatten noch nichts vom Typus 68er-Professor von der Uni Bremen gehört. Preuß trug Cordhosen und einen unförmigen bordeauxroten Wollpulli. Ich erinnere mich an einen mäßig gelaunten Mann, der offenbar froh war, diesen kleinbürgerlichen Restbestand aus der Erbmasse seiner Eltern möglichst schnell loszuwerden. Der Autor möchte sich an dieser Stelle über Preuß' Eile beim Verkauf des Apartments beschweren, hat sie doch dazu geführt, dass er die Sommer seiner Kindheit in ebenjener betonierten Urlaubereinöde verbracht hat. Dass Preuß' Eltern sich einst das Apartment kauften, das der Sohn schnell loswerden wollte, ergibt einen bitteren Sinn, berücksichtigt man den früheren Wohnort der Familie: Sie wollten offenbar auf das Meer ihrer früheren Heimat blicken, die Ostsee.
128 *Der Spiegel* 14/1970, S. 106.
129 FAZ, 25.2.1997, S. 5.
130 Schuster, Jacques / Seibel, Andreas: »Was die Freie Universität Berlin so besonders macht«. Interview u. a. mit Udo Knapp. In: *Morgenpost Online*. Auf: www.morgenpost.de/berlin/article991928.html, 4.12.2008.
131 Amend, Christoph: »Der Streit«. Porträt G. Aly. In: *Zeit Online*. Auf: www.zeit.de/2005/21/Titel_2fAly_21/seite-4, 19.5.2005.
132 Die Re-Inszenierung der Thälmann-KPD durch die KPD/AO ging so weit, dass selbst die Namen der Parteibezirke übernommen wurden: Der Nordbezirk der alten KPD hieß Wasserkante.
133 Bombeck, Nataly: »›Kanzleramt‹ – er hat die Serie produziert«. In: *Hamburger Abendblatt*, 21.4.2005.
134 Siegfried, Detlef: *Time is on my side. Konsum und Politik in der westdeutschen Jugendkultur der 60er Jahre*. Göttingen 2006, S. 422.
135 *Rote Presse Korrespondenz* 43/44/45 1969, S. 2.
136 Klaus Hartung: *Neunzehnhundertachtzig. Ortsbesichtigungen nach einer Epochenwende*. Frankfurt a. M. 1990, Kurzlebenslauf im Anhang.
137 Plath, Jörg: »Luxuriöser wildern«. In: *Frankfurter Rundschau*, 15.3.2011.
138 Fuhrig, Dirk: »Gemischtes Doppel«. Interview mit Gudrun Fröba und Rainer Nitsche. In: Deutschlandradio Kultur. Transkript unter www.dradio.de/dkultur/sendungen/profil/1413279/, 17.3.2011.
139 Interview mit S. Fronius, SFB Radio Kultur, 1. April 2003, Kulturtermin. Transkript unter www.erica-fischer.de/audio/manuskripte/Sigri%20Fronius_SFB.pdf.

140 Aust: *Der Baader-Meinhof-Komplex*, S. 182.
141 (Lesenswertes) Interview für das Donauschwäbische Zentralmuseum Ulm auf: www.dzm-museum.de/deutsche-ungarn/download/joschka_fischer.pdf, 27.12.2011.
142 Ebd.
143 Veiel, Andres: *Black Box BRD: Alfred Herrhausen, die Deutsche Bank, die RAF und Wolfgang Grams*. 2. Aufl. Frankfurt a. M. 2005, S. 30.
144 Ebd., S. 28.
145 Ebd.
146 Ebd.
147 Bude, Heinz: *Das Altern einer Generation. Die Jahrgänge 1938–1948*. Frankfurt a. M. 1995.
148 Radebold, Hartmut: »Kriegsbeschädigte Kindheiten (1928–29 bis 1945–48), Kenntnis- und Forschungsstand«. In: Radebold, Hartmut (Hrsg.): *Kindheiten im 2. Weltkrieg und ihre Folgen*. Gießen 2004, S. 22.
149 Die Bevölkerungszahl der Bundesrepublik lag 1961, kurz vor dem Mauerbau, bei 56 Millionen. Davon waren 3 Millionen aus der DDR Übergesiedelte und 8 Millionen Vertriebene.
150 Dank an den begnadeten Physiker und Informatiker Dr. André Grüning für die professionale Beratung bei der Rechnung.
151 Einheiten der Schutzpolizei waren an Kriegsverbrechen wie Erschießungen von Juden und politischen Gegnern beteiligt. Wolfgang Schwiedrzik betreibt bis heute Nachforschungen in Archiven über seinen Vater und seine Rolle im Zweiten Weltkrieg, hat aber bisher, wie er sagt, keine Anhaltspunkte über eine mögliche Verstrickung seines Vaters gefunden.
152 Lützinger, Saskia: *Die Sicht der Anderen. Eine qualitative Studie zu Biographien von Extremisten und Terroristen*. Köln 2010. Auf: www.bka.de/nn_196810/SharedDocs/Downloads/DE/Publikationen/Publikationsreihen/01PolizeiUndForschung/1__40__DieSichtDerAndren.html?__nnn=true, 27.12.2011.
153 Ebd., S. 21 f.
154 Ebd., S. 36.
155 Ebd., S. 22.
156 Ebd., S. 23.
157 Ebd., S. 22.
158 So etwa Lau, Mariam: »Moses aus Sigmaringen«. In: *Zeit Online*. Auf: www.zeit.de/2011/13/Kretschmann/seite-2, 25.3.2011. Ebenso Soldt, Rüdiger: »Öfter mal gegen dagegen«. Auf: www.faz.net/aktuell/politik/inland/wahl-in-baden-wuerttemberg/winfried-kretschmann-oefter-mal-gegen-dagegen-16309.html, 11.5.2011. Und in Henkel, Peter/Henkel-Waidhofer, Johanna: *Winfried Kretschmann. Das Porträt*. Freiburg 2011, S. 30.
159 Henkel/Henkel-Waidhofer: *Winfried Kretschmann*.
160 Lützinger: *Die Sicht der Anderen*. S. 41 f.
161 Ebd., S. 42.

162 Schulz, Hermann: »Leben mit den Müttern«. In: Radebold, Hartmut / Reulecke, Jürgen / Schulz, Hermann (Hrsg.): *Söhne ohne Väter. Erfahrungen der Kriegsgeneration.* Berlin 2004, S. 55–61.
163 »Andreas Baader – Gespräch mit seiner Mutter«. Quelle des Interviews unbekannt. Der Journalist spricht mit unverkennbar schwedischem Akzent. Auf: www.youtube.com, 22.12.2011.
164 Stern/Herrmann: *Andreas Baader.* S. 31.
165 Ebd., S. 30.
166 Ebd., S. 31.
167 Ebd., S. 33.
168 Koelbl, Herlinde: *Spuren der Macht. Die Verwandlung des Menschen durch das Amt – Eine Langzeitstudie.* München 1999, S. 21.
169 Ebd., S. 20.
170 Ebd., S. 21.
171 Ebd.
172 Süselbeck, Jan: »Hölderlin vom Roten Stern«. Auf: www.netzeitung.de/voiceofgermany/317412.html, 16.12.2004.
173 Wolff (Hrsg.): *Almanach*, S. 13.
174 Süselbeck: »Hölderlin vom Roten Stern«.
175 Müller, Reinhard: »Rebell aus der Waffenkammer«. Auf: www.faz.net/aktuell/politik/staat-und-recht/rechtspersonen/kd-wolff-rebell-aus-der-waffenkammer-11024803.html, 13.8.2010.
176 Im Gespräch mit dem Autor.
177 Gefragt, ob er mit seiner Haltung zum Vietnamkrieg seine persönlichen Ansichten ausdrückt, antwortete Wolff wörtlich: »I am not only expressing my own views and my own hopes. I am expressing the majority views of mankind and the majority of mankind.«. Aus: Wolff (Hrsg.): *Almanach*, S. 20.
178 Koenen: *Das rote Jahrzehnt*, S. 185.
179 Kraushaar, Wolfgang: *Achtundsechzig. Eine Bilanz.* Berlin 2008, S. 205.
180 Ebd., S. 187.
181 Elias, Norbert / Schröter, Michael (Hrsg.): *Studien über die Deutschen. Machtkämpfe und Habitusentwicklung im 19. und 20. Jahrhundert.* Frankfurt a. M. 1992, S. 265.
182 Koenen: *Das rote Jahrzehnt*, S. 186.
183 SWR-Dokumentarfilm »Was war links« von Andreas Christoph Schmidt, 2003; Transkript im Internet unter: www.waswarlinks.de/folge3/kommentar3.html.
184 Joscha Schmierer im Gespräch mit dem Autor.
185 Ebd.
186 Im März 1969 druckte der SDS-Rundbrief »info« den von einem Heidelberger SDS-Mitglied verfassten Aufsatz »Die antiautoritäre Phase unserer Bewegung liquidieren« ab: *SDS Info* 9, 20.3.1969, S. 3–10. Schmierer stellte sich in seinem Artikel in der gleichen Ausgabe ausdrücklich hinter den Aufsatz (»VDS – Die Handwerkelei des SDS, S. 10 f., hier: S. 11).

187 *Rotes Forum* 1/1970, S. 29 f.
188 Auskunft Joscha Schmierers gegenüber dem Autor. Der »kleine Held« indes bleibt in der Erzählung namenlos; »Joscha« wird an keiner Stelle erwähnt. Möglicherweise meinte die Freundin Aljoscha, den weisen der drei Söhne in Dostojewskis Roman *Die Brüder Karamasow*.
189 Kühn, Andreas: *Stalins Enkel, Maos Söhne. Die Lebenswelt der K-Gruppen in der Bundesrepublik der 70er Jahre*. Frankfurt a. M. / New York 2005. S. 31.
190 Gespäch mit dem Autor
191 Schmierer, Joscha: »Zauber des großen Augenblicks«. In: Baier: *Früchte der Revolte*, S. 108.
192 Ebd.
193 Ebd., S. 111.
194 Ebd., S. 110.
195 Ebd., S. 107.
196 Schmierer, Joscha: »Wer wir waren«. In: FAZ, 17.1.2001, S. 45.
197 Jeweils im Gespräch mit dem Autor.
198 *Der Spiegel* 3/1948, S. 4. Das Ganze basierte auf einem Verständigungsproblem, das so banal (mit weitreichenden Folgen) erscheint, dass es wie erfunden klingt: Von den Amerikanern gefragt, was am dringendsten benötigt werde, antworteten die deutschen Offiziellen mit »Korn«. Die Amerikaner dachten sich »corn« – also Mais – und lieferten diesen in großen Mengen. Hinzu kommt der kulturelle Unterschied: Mais wurde und wird in Deutschland vorwiegend als Tierfutter genutzt und als minderwertiges Produkt angesehen, während Mais auf dem amerikanischen Kontinent ein normales und beliebtes Grundnahrungsmittel ist.
199 Herking: *Danke für die Blumen*, S. 85 f.
200 Diese und folgende Informationen sind den Memoiren der Mutter entnommen: Herking: *Danke für die Blumen*, S. 78 ff.
201 Ebd., S. 84.
202 Ebd., S. 99.
203 Ebd., S. 129.
204 *Der Spiegel* 3/1948, S. 4.
205 Cohn-Bendit: *Wir haben sie so geliebt, die Revolution*, S. 108.
206 Schmierer: »Wer wir waren«.
207 BStU MfS ZAIG 29278, Bl. 52. Mitschrift der SDR-Sendung »Abendschau« vom 25.2.1968, Staatliches Komitee für Rundfunk der DDR, Abt. Information.
208 Ausnahmen: Fischer-Kowalski, Marina: »Halbstarke 1958, Studenten 1968. Eine Generation und zwei Rebellionen«. In: Preuss-Lausitz, Ulf u. a. (Hrsg.): *Kriegskinder, Konsumkinder, Krisenkinder: zur Sozialisationsgeschichte seit dem Zweiten Weltkrieg*. Weinheim 1989, S. 53–70; mehr fragmentarisch: Walter, Franz: »Abschied von den Halbstarken«. In: *Spiegel Online*. Auf: www.spiegel.de/politik/debatte/0,1518,428330,00.html, 30.7.2006.

209 Koenen: *Das rote Jahrzehnt*, S. 79.
210 Ebd., S. 471.
211 Buselmeier, Michael: »Wer wir wirklich waren. Meine Antwort auf Joscha Schmierer«. In: FAZ, 23.1.2001, S. 45.
212 Cohn-Bendit: *Wir haben sie so geliebt, die Revolution*, S. 107.
213 Kraushaar: *Achtundsechzig*, S. 89.
214 Leserbrief Johann Braun. In: FAZ, 25.1.2001, S. 12.
215 *Der Spiegel* 4/1969, S. 64 f.
216 Auskunft von Jochen Noth, einem der Angeklagten, gegenüber dem Autor. Noth wurde später führender Funktionär des KBW und Korrespondent der *Kommunistischen Volkszeitung* in der VR China. Noth entzog sich in den 70er Jahren durch den Weggang nach China anderen Gerichtsverfahren. Er kehrte erst Mitte der 80er Jahre in die Bundesrepublik zurück.
217 *Rote Presse Korrespondenz* (RPK) 31/1969, nachzulesen auf: www.infopartisan.net/archive/1967/2667122.html, 27.12.2011.
218 Leserbrief Udo Schaefer. In: FAZ, 1.2.2011, S. 57.
219 Hinck, Gunnar: »Gammler und Genossen«. In: *Magazin Berliner Zeitung*, 15.1.2011, S. 8. Originalquelle: BStU MfS ZKG 1284, S. 127 ff.
220 Semler, Christian: »Redwashing beim Discounter«. Auf: www.taz.de/!64639/, 21.1.2011.
221 *Der Spiegel* 46/1968, S. 70; auch: Siegfried: *Time is on my side*, S. 510.
222 Winkler, Willi: »Sanft wie der Revolutionär«. Auf: www.sueddeutsche.de/politik/besuch-bei-hosea-dutschke-sanft-wie-der-revolutionaer-1.204138, 11.4.2008.
223 Schneider: *Rebellion und Wahn*, S. 207.
224 Ebd., S. 267.
225 Fichter, Tilman / Lönnendonker, Siegward: *Kleine Geschichte des SDS*. 4. Aufl. Essen 2007, S. 174 f.
226 Kaiser, Günther: *Randalierende Jugend. Eine soziologische und kriminologische Studie über die sogenannten »Halbstarken«*. Heidelberg 1959, zitiert nach: Kurme, Sebastian: *Halbstarke. Jugendprotest in den 1950er Jahren in Deutschland und den USA*. Frankfurt a.M. 2006, S. 187 f.
227 BStU MfS ZKG 1284, Blatt 119 f. [Zu einigen Vorgängen in der SDS-Gruppe Westberlin].
228 Herking: *Danke für die Blumen*, S. 126.
229 Buselmeier: »Wer wir wirklich waren«.
230 Nachgedruckt in: FAZ, 23.1.2001, S. 45.
231 Schmierer: »Wer wir waren«.
232 Akhtar, Salman: »Deskriptive Merkmale und Differenzialdiagnose der Narzisstischen Persönlichkeitsstörung«. In: Kernberg, Otto / Hartmann, Hans-Peter: *Narzissmus, Grundlagen – Störungsbilder – Therapie*. Stuttgart 2006, S. 231–370, hier: S. 243 f.
233 Bude: *Das Altern einer Generation*, S. 126.
234 Akhtar: »Narzisstische Persönlichkeitsstörung«, S. 246.
235 Ebd.

236 Ebd., S. 245.
237 *Kämpfende Jugend* (KJ) 1/1977, S. 14.
238 Cohn-Bendit: *Wir haben sie so geliebt, die Revolution*, S. 108.
239 Ebd., S. 109.
240 Ebd.
241 BStU MfS ZKG 1284, Bl. 120.
242 *Kursbuch* 14, August 1968, S. 146–174, hier: S. 165, S. 168. Das Gespräch ist vor dem Attentat auf Dutschke im Oktober 1967 geführt worden.
243 Cohn-Bendit: *Wir haben sie so geliebt, die Revolution*, S. 114.
244 RPK 43/44/45 1969, S. 8.
245 RPK 41/1969 S. 1.
246 Zitate dieses Papiers in: Scharrer, Manfred: *Auf der Suche nach der revolutionären Arbeiterpartei. Eine Momentaufnahme*, S. 28. Auf: geschichte.verdi.de/stichworte/1968/zeitzeugen/scharrer/data/1968-scharrer.pdf [Erstmals veröffentlicht in: Scharrer, Manfred: *Ästhetik und Kommunikation* Nr. 140/141/2008, S. 35–56]
247 RPK 43/44/45/1969, S. 27 f.
248 Ebd., S. 28.
249 *Der Spiegel* 51/1969, S. 44.
250 RPK 43/44/45/1969, S. 8–14.
251 Ebd., S. 2.
252 Schneider, Jürgen: »Die RPK-Arbeitskonferenz 1969. Materialien zur Analyse von Opposition gegen die Autoritäten der antiautoritären Revolte«. Auf: www.mao-projekt.de/BRD/BER/RC/RPK-Arbeitskonferenz_1969.shtml, 23.1.2011.
253 RPK 43/44/45/1969, S. 10.
254 *SDS-Info* Nr. 26/27 1969, S. 3.
255 *Der Spiegel* 51/1969, S. 44; RPK 43/44/45/1969, S. 1.
256 *SDS-Info* Nr. 26/27 1969, S. 3.
257 Cohn-Bendit: *Wir haben sie so geliebt, die Revolution*, S. 117.
258 Scharrer: *Auf der Suche nach der revolutionären Arbeiterpartei*, S. 29 f.
259 Stalin, Josef: *Werke*, Bd. 7. Berlin 1952, S. 25–28. Die Thesen formulierte Stalin in einem *Prawda*-Interview mit dem deutschen KPD-Journalisten Wilhelm Herzog, der Stalin – offenbar abgesprochen – nach Strategien einer verbesserten Politik der KPD fragte. Die Komintern übernahm die Thesen kurz darauf als Richtschnur.
260 Programmatische Erklärung der KPD, Juli 1971, o. O., S. 33 [Eigendruck].
261 Scharrer: *Auf der Suche nach der revolutionären Arbeiterpartei*, S. 31.
262 Dutschke, Rudi: *Jeder hat sein Leben ganz zu leben. Die Tagebücher 1963–1979*. München 2005, S. 125.
263 Zentrales Komitee des KBW (Hrsg.): *Programm und Statut des Kommunistischen Bundes Westdeutschland*. 5. Aufl. 1975, S. 25 und S. 27.
264 Programmatische Erklärung der KPD, S. 11.
265 KJ 1/1976, S. 22.
266 Koenen: *Das rote Jahrzehnt*, S. 283.

267 Im Gespräch mit dem Autor.
268 Im Dezember 1971 wurde ein leerstehendes Krankenschwester-Wohnheim besetzt und nach dem Links-Anarchisten Georg von Rauch benannt, der bei einem Schusswechsel mit der Polizei gestorben war.
269 Der 1968 veröffentlichte Roman *Legionärerna* von Per Olov Enquist, deutsche Ausgabe *Die Ausgelieferten*, verarbeitet die Expatriierung der Soldaten.
270 Nefzger, Andreas: »Ein Leben für den anderen«. Auf: www.faz.net/artikel/C30840/ehepartner-pflege-ein-leben-fuer-den-anderen-30003845.html, 16.11.2010.
271 Ebd.
272 Der Werkkreis Literatur der Arbeitswelt war eine Art Westpendant zum »Bitterfelder Weg« der DDR. Ziel des Verbandes war es, Arbeiter zu Schriftstellern heranzubilden. Der Werkkreis war de facto eine der DKP nahestehende Organisation. Mitglieder, die den parteilichen Ansatz kritisieren, waren zunehmend isoliert bzw. wurden ausgeschlossen.
273 Schimmang, Jochen: *Der schöne Vogel Phönix. Erinnerungen eines Dreißigjährigen*. 2. Aufl. Frankfurt a. M. 1979, S. 139.
274 Siemens: *Durch die Institutionen*, S. 195.
275 Division der Waffen-SS, in die Freiwillige aus nach NS-Duktus »germanischen« Ländern aufgenommen wurden.
276 Schneider, Peter: *Lenz*. Berlin 1973, S. 50.
277 Koenen: *Das rote Jahrzehnt*, S. 416 f., S. 441.
278 Ebd., S. 440.
279 »Innere Entwicklung des KBW, innere Lage«. Untersuchungsbericht des Zentralen Komitee vom 14.12.1980. In: *Kommunismus und Klassenkampf* (KuK) 1/1981, S. 79–87, hier: S. 81.
280 Ebd.
281 Ebd.
282 Koenen: *Das rote Jahrzehnt*, S. 440.
283 Ebd., S. 442.
284 E-Mail-Auskunft Wolfgang Motzkau-Valeton.
285 Jörg »Jockel« Detjen war Sekretär der Ortsleitung Osnabrück und ZK-Mitglied. Er ist heute Fraktionsvorsitzender der Linken im Kölner Stadtrat.
286 Gemeint ist Willfried Maier, führender Kopf des KBW in Norddeutschland. Hier zeigt sich schon die Gegnerschaft zwischen Maier und Schmierer, die zwei Jahre später in eine Degradierung Maiers münden sollte.
287 Originalbrief Privatbesitz Wolfgang Motzkau-Valeton. Schmierer zeichnete in der Anfangszeit des KBW noch mit »Joscha«.
288 Koenen: *Das rote Jahrzehnt*, S. 437.
289 Motzkau-Valeton, Wolfgang: *Die Brücke des Gelächters. Autobiographische Notizen*. Binnen 2003, S. 36.
290 Ebd.

291 Eversburg ist ein Stadtteil von Osnabrück, Kämmerer war der Name einer Papierfabrik, in der sich KBW-Mitglieder organisierten.
292 Schreiben Privatbesitz Motzkau-Valeton.
293 E-Mail-Auskunft Motzkau-Valeton.
294 *Kommunistische Volkszeitung* (KVZ) 38/1976, S. 15.
295 Ausschluss des GEW-Landesverbandes von Westberlin: Eine windige Behördenintrige, KVZ 35/1976, S. 4.
296 KVZ 38/1976, S. 15.
297 Telefongespräch mit Burkhart Braunbehrens, 14.7.2011.
298 KVZ 38/1976, S. 15.
299 Ebd.
300 Ebd.
301 Untersuchungsbericht, KuK, S. 81.
302 Im Gespräch mit dem Autor.
303 E-Mail-Auskunft Peter Neitzke, 30.11.2011.
304 Ebd. – Neitzke schreibt des Weiteren, dass ihm die Praxis vertraut gewesen sei, weil Jahre zuvor »ein des ›Rechtsopportunismus‹ Verdächtiger [auch] mit seinem Votum aus den Reihen des ZK verbannt« wurde.
305 Schlögel/Jasper/Ziesemer: *Partei kaputt*, S. 97.
306 Begriff von Lenin aus der Schrift »Sozialismus und Krieg« über die oppositionellen, gemäßigten Menschewiki, die die Revolution gefährden (von russisch Liquidator = Beseitiger).
307 Im ZK gab es damals zwei Linien – die »Stärkung der Partei« als Hauptaufgabe oder die »Stärkung der Front«. Bei Ersterer ging es um den Parteiaufbau, bei Letzterer um die Verankerung unter den »Volksmassen«, also um Bündnisse. Setzte man zu sehr auf die »Stärkung der Front«, setzte man sich dem Vorwurf aus, den Parteiaufbau zu vernachlässigen.
308 Der eigentliche Leiter des Redaktionskollektivs war Willi Jasper.
309 *Kämpfende Jugend* (KJ) 5/1976, S. 35.
310 KJ 2/1976, S. 35.
311 KJ 7/8/1976, S. 51.
312 KJ 5/1976, S. 35.
313 Ebd.
314 KJ 9/1976, S. 35.
315 KJ 7/8/1977, S. 51.
316 Ebd.
317 Ebd.
318 FAZ, 29.6.1985, S. 3.
319 *Pflasterstrand* 28/1978, S. 16.
320 *Der Spiegel* 17/1968, S. 30.
321 Kailitz, Susanne: *Von den Worten zu den Waffen? Frankfurter Schule, Studentenbewegung, RAF und die Gewaltfrage*. Wiesbaden 2007, S. 124.
322 Bergmann: *Rebellion der Studenten*, S. 44.
323 Ebd., S. 82.

324 Ebd., S. 84. Der SFB war der öffentlich-rechtliche »Sender Freies Berlin«.
325 Kraushaar, Wolfgang: *Frankfurter Schule und Studentenbewegung. Von der Flaschenpost zum Molotowcocktail 1946–1995.* Bd. 2. Frankfurt a. M. 1998, S. 287–290.
326 Aust: *Baader-Meinhof-Komplex*, S. 66.
327 *Der Spiegel* 17/1968, S. 30.
328 Porträt Rudi Dutschke, Fernsehfilm von Wolfgang Venohr, WDR, 19.4.1968, zitiert nach Grezlikowski, Marc: *Der Einfluss der Studentenbewegung Ende der 60er Jahre in der Bundesrepublik Deutschland auf die Entstehung linksrevolutionärer Terrororganisationen.* München 2009, S. 11 f.
329 SDS Westberlin / Internationales Nachrichten- und Forschungs-Institut (Hrsg.): *Der Kampf des vietnamesischen Volkes und die Globalstrategie des Imperialismus. Internationaler Vietnam-Kongreß, 17./18. Februar 1968, Westberlin.* Berlin 1968, S. 122.
330 Zum integrierenden Charakter auch Block/Schulz: *Die Anwälte*, S. 98.
331 So beim Freiburger SDS. Vgl. Interview mit Klaus Theweleit, o. D. Auf: www.taz.de/digitaz/.dutschkestrasse/guerilla, 29.12.2011.
332 Zu dem Zeitpunkt war Günter von Drenkmann Kammergerichtspräsident, der ein Jahr zuvor ins Amt gekommen war. 1974 wurde er von der Bewegung 2. Juni erschossen.
333 *Der Spiegel* 46/1968, S. 67.
334 [SPD-Zeitung] *Telegraph*, 5.11.1968, S. 5.
335 *Die Welt*, 5.11.1968, S. 3.
336 Aust: *Baader-Meinhof-Komplex*, S. 81.
337 Winkler: *RAF*, S. 130.
338 Koenen: *Das rote Jahrzehnt*, S. 139.
339 *Telegraph*, 3.11.1968, S. 10.
340 *Berliner Extra-Dienst*, 6. November 1968, Nr. 89, S. 2. Der *Extra-Dienst* war eher traditionalistisch ausgerichtet und stand der Fraktion um Semler kritisch gegenüber. Der Artikel ist indes sachlich gehalten. Die Aussage, zumal das Originalzitat vom »individuellen Terrorismus«, dürfte Semlers Ausführungen korrekt wiedergeben.
341 Hartung, Klaus: »Der Tag, an dem die Bewegung siegte«. Auf: www.tagesspiegel.de/kultur/der-tag-an-dem-die-bewegung-siegte/1362640.html, 4.11.2008.
342 Ebd.
343 *Die Welt*, 5.11.1968, S. 3.
344 Fichter/Lönnendonker: *Kleine Geschichte des SDS*, S. 198.
345 *Der Tagesspiegel* Nr. 12087/1985, S. 18.
346 Bude: *Das Altern einer Generation*, S. 134.
347 Ebd.
348 *Der Spiegel* 46/1968, S. 67.
349 Koenen: *Das rote Jahrzehnt*, S. 139.
350 *Der Spiegel* 46/1968, S. 70.

351 Hartung: »Der Tag, an dem die Bewegung siegte«.
352 Cohn-Bendit: *Wir haben sie so geliebt, die Revolution*, S. 113.
353 Ebd.
354 Kopie des Originalmanuskripts: BStU MfS ZKG 1284, Bl. 100–110.
355 BStU MfS ZKG 1284 Bl. 102.
356 *Der Spiegel* 8/1969, S. 151.
357 Aust: *Baader-Meinhof-Komplex*, S. 99.
358 So die Formulierung der KPD: »Die erste Etappe des Aufbaus der Kommunistischen Partei des Proletariats – Thesen«, in: RPK 43/44/46 1969, S. 11.
359 *Der Spiegel* 16/1973, S. 33.
360 *Rote Fahne* 16/1979, S. 4.
361 So das wegen Mordes verurteilte ehemalige RAF-Mitglied Stefan Wisniewski: »Wir waren so unheimlich konsequent«. Auf: www.taz.de/!518, 11.10.1997.
362 Wunschik, Tobias: »Die Bewegung 2. Juni«. In: Kraushaar, Wolfgang (Hrsg.): *Die RAF und der linke Terrorismus*. Bd. 1. Hamburg 2006, S. 531–561, hier: S. 539.
363 Reinders, Ralf / Fritzsch, Ronald: *Die Bewegung 2. Juni. Gespräche über Haschrebellen, Lorenzentführung, Knast*. Berlin/Amsterdam 1995, S. 27.
364 Ebd., S. 33 f. Das Buch wird vom ID-Verlag so beworben: »*Das Buch zur neben RAF und RZ wichtigsten Stadtguerilla der alten Bundesrepublik, ironisch und mit viel Humor erzählt von Ralf Reinders und Ronald Fritzsch.*« *Auf: www.idverlag.com/buchseite.php?buchID=6, 29.12.2011.*
365 Wunschik: »Die Bewegung 2. Juni«, S. 552.
366 *taz*, 4.8.1980, S. 4.
367 *Der Tagesspiegel*, 3.7.2006, S. 3.
368 Wolff (Hrsg.): *Almanach*, S. 24.
369 Jäger, Lorenz: »Roter Stern über Frankfurt«. Auf: www.faz.net/aktuell/feuilleton/buecher/der-stroemfeld-verlag-wird-vierzig-roter-stern-ueber-frankfurt-11024691.html, 13.8.2010.
370 *Der Spiegel* 2/2001, S. 39.
371 Siemens: *Durch die Institutionen*, S. 383.
372 Börsenblatt: »Ich habe nicht mehr so viel Angst wie früher«. Interview mit KD Wolff. Auf: www.boersenblatt.net/307705, 18.2.2009.
373 Koenen:: *Das rote Jahrzehnt*, S. 337.
374 Ebd.; Kraushaar: *RAF und der linke Terrorismus*, S. 588.
375 Siemens: *Durch die Institutionen*, S. 179.
376 *Der Spiegel* 1/1976, S. 30.
377 Wolff (Hrsg.): *Almanach*, S. 33.
378 Klein: *Rückkehr in die Menschlichkeit*, S. 164.
379 Wolff (Hrsg.): *Almanach*, S. 23 f.
380 Ebd.
381 Wolff spielt darauf an, dass sich im Haus auch eine Szene-Wohngemeinschaft befand, in der Kuhlmann und Böse lebten. Jähner, Harald: »Ich habe wenige von uns gemocht«. In: *Berliner Zeitung Magazin*. Auf:

www.berlinonline.de/berliner-zeitung/archiv/.bin/dump.fcgi/2001/0203/magazin/0003/index.html, 3.2.2001.
382 Siemens: *Durch die Institutionen*, S. 182.
383 Ebd., S. 183.
384 Ebd., S. 185.
385 Ebd., S. 184.
386 *Das politische Grundwissen des Kommunisten nach der Ausgabe der Jugendinternationale von 1927*. Frankfurt a. M. 1970.
387 Ebd., S. 5–8.
388 *Der Spiegel* 34/1983, S. 66.
389 *Der Spiegel* 26/1971, S. 73.
390 Ebd.
391 *Der Spiegel* 34/1983, S. 66; Kraushaar: *RAF und der linke Terrorismus*, S. 594.
392 Kraushaar: *RAF und der linke Terrorismus*, S. 595.
393 Aust: *Baader-Meinhof-Komplex*, S. 195 f. Aust nennt keine Namen, schreibt aber von den Einladern von Kathleen Cleaver.
394 Wolff (Hrsg.): *Almanach*, S. 33.
395 Kraushaar: *RAF und der linke Terrorismus*, S. 591.
396 Schmaldienst, Fritz / Matschke, Klaus-Dieter: *Carlos-Komplize Weinrich. Die internationale Karriere eines deutschen Top-Terroristen*. Frankfurt a. M. 1995, S. 11.
397 Weinrich hat sich beim Anmieten des Autos in Paris mit einem Personalausweis ausgewiesen, der aus jenem Blanko-Pass-Kontingent stammte, das unter anderem Ulrike Meinhof 1970 im Bürgermeisteramt in Lang-Göns in Hessen gestohlen hatte. Einige dieser Pässe sowie Waffen der US-Armee, die die RAF aus einem Waffen-Depot stahl, fanden französische Ermittler 1975 später in einer Pariser Wohnung, die »Carlos« als Anlaufstelle diente. In: *Der Spiegel*, 1/1976, S. 30.
398 Siemens: *Durch die Institutionen*, S. 311; Schröm, Oliver: *Im Schatten des Schakals. Carlos und die Wegbereiter des internationalen Terrorismus*. Berlin 2002, S. 33.
399 Wolff, Karl Dietrich (Hrsg.): *Tricontinental. Eine Auswahl 1967–1970*. Frankfurt a. M. 1970, S. 7. Übersetzung d. A.
400 Verschiedentlich heißt es, dass der Text das erste Mal in deutscher Sprache in der Zeitschrift des Politikwissenschaftlichen OSI-Instituts der FU Berlin, der *Sozialistischen Politik* (SP), herausgegeben wurde. In der SP ist der Text im Juni 1970 erschienen. Die Fassung im Buch des März Verlags kam im September 1970 heraus, wurde aber noch von Wolff ediert, der bereits im August den Verlag verließ. Realistisch ist, dass die Texte in der SP und im März Verlag zeitgleich auf den Weg gebracht wurden. Unabhängig davon ist anzunehmen, dass in der Frankfurter Szene die von Wolff herausgegebene Fassung gelesen wurde und nicht der Beitrag in der Berliner Zeitschrift. Interessierte konnten den Text ohnehin bereits seit Februar 1970 in englischer Sprache lesen, als er in der englischsprachigen Ausgabe der *Tricontinental* erschien.

401 Wolff (Hrsg.): *Tricontinental*, S. 219.
402 Ebd., S. 247.
403 Ebd., S. 241.
404 Ebd., S. 4.
405 Ben-Natan, Asher: *Brücken bauen – aber nicht vergessen. Als erster Botschafter Israels in der Bundesrepublik (1965–1969)*. Düsseldorf 2005, S. 130.
406 Ebd., S. 131.
407 Ebd., S. 132.
408 Kraushaar: *RAF und der linke Terrorismus*, S. 585 [Frankfurter Rundschau, 11. Juni 1969].
409 *Der Spiegel* 46/1965, S. 173.
410 Ben-Natan, Asher: *Die Chuzpe zu leben – Stationen meines Lebens*. Düsseldorf 2003, S. 18.
411 Ebd., S. 17.
412 Ebd.
413 Ben-Natan: *Brücken bauen*, S. 16 und S. 20.
414 Ebd., S. 54.
415 *Berliner Zeitung*, 3. 2. 2001.
416 *Konkret* 5/2010, S. 36.
417 *Agit 883*, 19. Juni 1969, S. 3.
418 Israel wurde damals vorgeworfen, im Sechs-Tage-Krieg Napalmbomben eingesetzt zu haben.
419 *Antiimperialistischer Kampf, Materialien & Diskussion* 6, »Schwarzer September«, Frankfurt a. M. 1973, S. 28.
420 Ebd., S. 16.
421 Ebd.
422 Ebd. Die Autoren spielen mit »humanitärer Rücksichtnahme« darauf an, dass eine Nahrungsmittelübergabe durch das Rote Kreuz von den Israelis für die Befreiung genutzt worden war.
423 So die Auskunft der Übersetzerin gegenüber d. A.
424 *Der Spiegel* 32/1978, S. 79 f.
425 Auf: www.mideastweb.org/palpop.htm [kein Zugang erlaubt].
426 Siemens: *Durch die Institutionen*, S. 368.
427 Ebd., S. 216.
428 Ebd., S. 263.
429 Ebd., S. 218.
430 Ebd.
431 Ebd., S. 219.
432 Koenen: *Das rote Jahrzehnt*, S. 320.
433 Ebd., S. 345.
434 Siemens: *Durch die Institutionen*, S. 252.
435 Schmidt, Christian: *»Wir sind die Wahnsinnigen …« Joschka Fischer und seine Frankfurter Gang*. 2. Aufl., München 1999, S. 64.
436 Ebd., S. 72; ebenso bei Schwelien, Michael: *Joschka Fischer. Eine Karriere*. Hamburg 2000, S. 142.

437 Koenen: *Das rote Jahrzehnt*, S. 345.
438 Siemens: *Durch die Institutionen*, S. 250.
439 Ebd., S. 253.
440 Schmidt: »*Wir sind die Wahnsinnigen*«, S. 84 f.
441 *Der Spiegel* 2/2001, S. 40.
442 Ebd., S. 38.
443 Ebd., S. 33.
444 Koenen: *Das rote Jahrzehnt*, S. 330 f.
445 *Der Spiegel* 35/2001, S. 156.
446 Koenen: *Das rote Jahrzehnt*, S. 333.
447 *Der Tagesspiegel*, 30. Dezember 2007, Wochenendbeilage S. 3.
448 *Autonomie* 5, 2/1977, S. 52–64.
449 Ebd., S. 53.
450 Ebd., S. 54 f.
451 Ebd., S. 56.
452 Schmidt: »*Wir sind die Wahnsinnigen*«, S. 79.
453 Ebd., S. 86 [*Wir wollen alles* 7/8 1973, S. 10].
454 Siemens: *Durch die Institutionen*, S. 267.
455 So auch Koenen: *Das rote Jahrzehnt*, S. 356.
456 *Autonomie* 1/78, S. 11.
457 Ebd., S. 7.
458 Ebd., S. 35–43.
459 Ebd., S. 39.
460 Schmidt: »*Wir sind die Wahnsinnigen*«, S. 102.
461 *Pflasterstrand* 27/1978, S. 35.
462 Ebd., S. 36.
463 Ebd. S. 35 f.
464 *Pflasterstrand* 28/1978, S. 16 f.
465 Ebd., S. 17.
466 Schmidt: »*Wir sind die Wahnsinnigen*«, S. 118.
467 Ebd., S. 118 f. Die detailreiche Darstellung von Christian Schmidt wurde von den Genannten nie dementiert.
468 Schmid, Thomas: »Die Faszination des Terrors ist wie eine Pest«. In: *Welt Online*. Auf: www.welt.de/debatte/kommentare/article13529977.html, 6.8.2011.
469 *Autonomie* 1/78, S. 43.
470 Lattmann, Dieter: *Die lieblose Republik. Aufzeichnungen aus Bonn am Rhein*. München 1981, S. 23.
471 *Kursbuch* 51/1978, S. 166.
472 Reents, Edo: »Das schreckliche Feuerzeichen«. In: FAZ, 6.4.2011, S. 29.
473 Ebd.
474 Ebd.
475 Vorstand der SPD (Hrsg.): *Parteitag der Sozialdemokratischen Partei Deutschlands: vom 15. bis 19. November 1977, Congress-Centrum Hamburg. Protokoll der Verhandlungen, Anlagen*. Bonn 1978.
476 Lattmann: *Die lieblose Republik*, S. 69.

477 Stuberger, Ulf: *Die Tage von Stammheim. Als Augenzeuge beim RAF-Prozess*. München 2007, S. 36.
478 Ebd.
479 Ebd., S. 36–39.
480 Stuberger: *Die Tage von Stammheim*, S. 44.
481 Ebd.
482 *Der Spiegel* 47/1974, S. 34.
483 Aust: *Baader-Meinhof-Komplex*, S. 303.
484 »Helmut Schmidt zum Tode von Holger Meins«. Auf: www.myvideo.de/watch/4859414/Helmut_Schmidt_zum_Tode_von_Holger_Meins, 5.1.2012.
485 Winkler: *Die Geschichte der RAF*, S. 235.
486 Interview mit der *Libération* im Oktober 1978. In: ID-Archiv (Hrsg.): *Die Früchte des Zorns. Texte und Materialien zur Geschichte der Revolutionären Zellen und der Roten Zora*. Berlin 1993, S. 196. Ein »Autopsiephoto« ist es allerdings nicht.
487 Aust: *Baader-Meinhof-Komplex*, S. 284.
488 Oesterle, Kurt: *Stammheim. Der Vollzugsbeamte Horst Bubeck und die RAF-Häftlinge*. München 2005, S. 79.
489 »Ohne Isolationshaft kein Deutscher Herbst«. Interview, 2.7.2007. Auf: www.wdr.de/themen/archiv/sp_deutscher_herbst/juenschke_isolationshaft_raf100.html.
490 Stuberger: *Die Tage von Stammheim*, S. 61 f.
491 Dreßen, Wolfgang (Hrsg.): *Politische Prozesse ohne Verteidigung?* Berlin 1976, S. 86 ff. [Antrag zur Einstellung des Verfahrens wegen Nichtzuständigkeit des Richters].
492 Aust: *Baader-Meinhof-Komplex*, S. 338.
493 Stuberger: *Die Tage von Stammheim*, S. 68.
494 Ebd., S. 67.
495 Treffendes Attribut von Aust: *Baader-Meinhof-Komplex*, S. 37.
496 Ebd., S. 375.
497 Stuberger: *Die Tage von Stammheim*, S. 83.
498 Ebd.
499 Ebd., S. 92.
500 Aust: *Baader-Meinhof-Komplex*, S. 344; Stuberger: *Die Tage von Stammheim*, S. 134–139.
501 Bundesdrucksache 8/22, 20.4.1977, S. 1446 f.
502 Aust: *Baader-Meinhof-Komplex*, S. 342 f.
503 *taz*, 14.10.1980, S. 2.
504 *Der Spiegel* 49/1977, S. 56 f.
505 Feest-Hilgenreiner, Johannes: »§ 88a in Aktion. Über Geburt, Leben und Sterben eines Maulkorb-Paragraphen«. In: Lison, Barbara (Hrsg.): *Information und Ethik. Dritter Leipziger Kongress für Information und Bibliothek*. Wiesbaden 2007, S. 52–59, hier: S. 55.
506 Ebd.
507 Ebd., S. 56.

508 Ebd.
509 Lattmann: *Die lieblose Republik*, S. 78 f.
510 Ebd., S. 80.
511 Fischer, Karin: »Ausnahmezustand als Regel«. Im Gespräch mit Gerhart Rudolf Baum. Auf: www.freitag.de/2007/43/07431101.php, 26.10.2007.
512 »Extremistenbeschluss«, BVerfGE 39, 334.
513 §10a, Gesetz über die Pflichten zum Schutze der Republik vom 21.7.1922.
514 So die Zahlen des Bundesinnenministeriums: Braunthal, Gerard: *Political Loyalty and Public Service in West Germany, The 1972 Decree against Radicals and Its Consequences.* Amherst 1990, S. 47.
515 Beschluss des Verwaltungsgerichts Hannover, II. Kammer Hildesheim, AZ II A 234/74, vom 21.10.1974. Privatbesitz Wolfgang Motzkau-Valeton.
516 Motzkau-Valeton: *Die Brücke des Gelächters*, S. 69 f.
517 Ebd., S. 71.
518 *Rote Fahne* 48/1977, S. 9.
519 FAZ, 8.6.11, S. 7.
520 Koenen: *Das rote Jahrzehnt.* S. 464.
521 Semler, Christian: »Die Travestie der Roten Khmer«. In: *taz*, 18.9.2010. Auf: www.taz.de/1/archiv/digitaz/artikel/?ressort=hi&dig=2010/09/18/a0020&cHash=750a80343d.
522 Ebd.
523 Ebd.
524 Tan, Lek Hor: »The Khmer Rouge: beyond 1984?«. In: *Index on Censorship* 1/83, S. 4.
525 Semler: »Die Travestie der Roten Khmer«.
526 Ebd.
527 *Rote Fahne* 48/1977, S. 9.
528 *Rote Fahne* 40/1978, S. 12.
529 *Rote Fahne* 1–2/1979, S. 3.
530 *Rote Fahne* 3/1979, S. 1.
531 Ebd., S. 16. »Linksradikal« war bei KBW und KPD negativ besetzt: eine Linie, die es mit den Methoden übertreibt und die Revolution gefährdet.
532 KJ 1/1977, S. 23.
533 KJ 5/1976, S. 35.
534 *Rote Fahne* 43/1979, S. 3; KJ 9/1979, S. 20 f.
535 Kessen, Peter: »Deutschlands Rote Garde – Der KBW als Elite-Akademie«. Feature vom 12.7.2007, Südwestrundfunk. Das Feature zitiert aus einem Schreiben der KBW-Leitung an einen Mittelsmann, das Geld an den Anwalt zu übergeben, der es wiederum an die Kampucheanische Botschaft (vermutlich in Genf) übergeben sollte.
536 Kühn: *Stalins Enkel, Maos Söhne*, S. 119 [Delegation des Demokratischen Kampuchea/Einreise. Aktennotiz der KBW-Leitung, APO-Archiv 7.7, Sekretariat, Raumbeschaffung Kongress zur Unterstützung des Demokratischen Kampuchea Frankfurt, 2./3.11.79 in Frankfurt a. M.].

537 *Rote Fahne* 45/1979, S. 10.
538 Kühn: *Stalins Enkel, Maos Söhne*, S. 119 [Plümer, L.: Notiz über den Besuch in der Botschaft in G. am 7.12.1979, APO-Archiv 7.7, Kampuchea-Solidarität II].
539 Ergebnisse der ZK-Vollversammlung vom 14./15.12.1980, APO-Archiv, KBW-ZK, Beschluss- und Dokumentdienst 1979–1981, Ordner Nr. 665.
540 Man sei »bemüht, den Wahrheitsgehalt der Berichte zu überprüfen«, so Staatsminister Hans-Jürgen Wischnewski am 9. September 1976 etwas lustlos in einer Fragestunde im Bundestag. Man habe »bisher keine zuverlässigen Informationen aus erster Hand über die Vorgänge in Kambodscha ...«. In: *Bundestagsdrucksache* 7/5761, S. 3.
541 Ergebnisse der ZK-Vollversammlung 1980, ebd.
542 Courtois, Stéphane u. a.: *Das Schwarzbuch des Kommunismus. Unterdrückung, Verbrechen und Terror*. 3. Aufl. München 1998, S. 570.
543 Schwiedrzik, Wolfgang: *Literaturfrühling in China? Gespräche mit chinesischen Schriftstellern*. Köln 1980, S. 16.
544 *Der Spiegel* 5/1967, S. 71–77.
545 *Der Spiegel* 48/1967, S. 150.
546 *Der Spiegel* 38/1967 S. 130–141.
547 *Der Spiegel* 41/1974, S. 124–147.
548 *Rote Blätter* 5/1980, S. 52 f., hier S. 53. Eine Pointe ist, dass Norman Paech 2001 aus der SPD austrat wegen der Beteiligung der Bundeswehr am Krieg in Afghanistan nach dem 11. September. Auch hier gilt offensichtlich eine Rollenverteilung: Die Bomben der Sowjetunion waren gut, die Bomben der Nato schlecht.
549 *Rote Blätter* 2/3/1981, S. 37 (Klammern im Original).
550 *Rote Blätter* 1/1981, S. 42.
551 *Rote Blätter* 2/3/1981, S. 39.
552 Ebd., S. 38.
553 Sommerfeld, Franz: »Ich mag die DDR«. In: *Deutsche Volkszeitung* 39/1979, S. 9.
554 Die Mediengruppe DuMont Schauberg baut seit Jahren Personal ab, so besonders bei der *Frankfurter Rundschau*. Serrao, Marc Felix: »Frankfurter Rundschau schrumpft zur Lokalzeitung«. In: *Süddeutsche Zeitung*, 1.4.2011.
555 Sommerfeld, Franz: »Neue Souveränität«. In: *Deutsche Volkszeitung* 15/1986, S. 8.
556 Sommerfeld, Franz: »Die DDR politisiert sich«. In: *Deutsche Volkszeitung* 41/1989, S. 1.
557 Sommerfeld, Franz: »Die offene deutsche Frage«. In: *Deutsche Volkszeitung* 40/1989, S. 1.
558 Sommerfeld, Franz: »Wann demonstrieren wir?«. In: *Deutsche Volkszeitung* 47/1989, S. 1.
559 Bruns, Tissy: »Im Nebel der Einheit«. In: *Deutsche Volkszeitung* 41/1989, S. 1.
560 *Autonomie* 4/1978, S. 75.

561 KJ 1/1976, S. 26.
562 KJ 12/1977, S. 3.
563 Kurzbiografie Bernd Ziesemer, KJ 4/1979, S. 23.
564 KJ 23/1975, S. 1.
565 KJ 5/1977, S. 3.
566 Normalerweise hat die KJ über Strafverfahren gegen die eigenen Funktionäre berichtet. Über Ziesemer stand in den folgenden Ausgaben nichts, ein Indiz dafür, dass es zu keinem Verfahren kam.
567 Ziesemer, Bernd: »Meine Erfahrungen mit dem MAD«. In: *Rote Fahne* 6/1978, S. 2.
568 Ebd.
569 KJ 4/1979, S. 23.
570 Ebd.
571 *Das Parlament* 39 f. 1976, S. 18 [Landeslisten der Parteien für die Bundestagswahl 1976].
572 Ziesemer, Bernd: »Selber denken! Frei sprechen! Die Welt verändern!«. Tagungsbericht. In: KJ 1/1979, S. 22 f.
573 KJ 4/1979, S. 23.
574 Das Problem gibt es heute nicht mehr; der Text ist auf zahlreichen Websites auffindbar.
575 Der Freund, ein weiterer »Stadtindianer« und Mitglied der BUF, war bereits damals Mitglied der SPD und ist heute Lehrer und SPD-Stadtverordneter in Hessen.
576 Gemeint ist der Prozess gegen Roland Otto und Karl Heinz Roth.
577 *Rote Blätter* 5/1977, S. 39.
578 *Pflasterstrand* 17/1977, S. 34.
579 *Kommunismus und Klassenkampf* 4/1977, S. 142.
580 Im Gespräch mit dem Autor.
581 KVZ 14/1977, S. 9.
582 KVZ 40/1977, S. 4.
583 *Frankfurter Rundschau*, 6.5.1977, S. 3.
584 *Die Zeit* 21/1977, S. 1.
585 FAZ, 2.8.1977, S. 1.
586 Büscher, Wolfgang: »Was hat uns 1968 gebracht?«. In: *Welt Online*. Auf: www.welt.de/print-welt/article429804.html, 24.1.2001.
587 Diese Informationen sind der Website der Stadtführerin Petra Fritsche entnommen: www.petra-fritsche.de.
588 Auch Koenen: *Das rote Jahrzehnt*, S. 355.
589 Auch ebd., S. 491.
590 Schmierer, Joscha: »Zauber des großen Augenblicks«. In: Baier: *Früchte der Revolte*, S. 126.
591 Schmierer, Joscha: »Wer wir waren«. In: FAZ, 17.1.2001, S. 45.
592 *Pflasterstrand* 40/1978, S. 25.
593 Schwelien: *Joschka Fischer*, S. 195.
594 *Pflasterstrand*, 40/1978, S. 23.
595 Ebd.

596 Ditfurth, Jutta: *Krieg, Atom, Armut. Was sie reden, was sie tun: Die Grünen.* Berlin 2011, S. 76 ff.
597 Ebd., S. 75.
598 Koebl: *Spuren der Macht,* S. 27.
599 Ebd., S. 20.
600 Schwelien: *Joschka Fischer,* S. 234.
601 Schmidt: »*Wir sind die Wahnsinnigen*«, S. 123 f.; Schwelien: *Joschka Fischer,* S. 211.
602 *Der Spiegel* 5/2001, S. 78.
603 Website: www.ka-eins.de.
604 »Ökohaus feiert 15-Jähriges«. In: *taz,* Ausgabe Frankfurt a. M., 24.10.2007. Auf: www.taz.de/1/archiv/digitaz/artikel/?ressort=in&dig=2007%2F10%2F24%2Fa0064&cHash=7a499fb98b.
605 *taz,* 22.11.2001, S. 12.
606 Für Tibets Unabhängigkeit haben die deutschen Maoisten allerdings nie gefochten, da war die Unterstützung der chinesischen Zentralregierung wohl stärker.
607 Schmierer, Joscha / Weiss, Stefanie (Hrsg.): *Prekäre Staatlichkeit und internationale Ordnung.* Wiesbaden 2007, S. 13.
608 Cohn-Bendit: *Wir haben sie so geliebt, die Revolution,* S. 107.
609 Semler, Christian: »Wiedergänger. Versuch über das Nachleben der K-Gruppen-Motive«. In: Landgrebe, Christiane / Plath, Jörg (Hrsg.): *'68 und die Folgen. Ein unvollständiges Lexikon.* Berlin 1998, S. 133–137, hier: S. 133.
610 Ebd., S. 135.
611 Ebd.
612 Schwiedrzik, Wolfgang: *Literaturfrühling in China? Gespräche mit chinesischen Schriftstellern.* Köln 1980.
613 Schwiedrzik, Susanne / Schwiedrzik, Wolfgang: *»... nicht der Rede wert?« Der Tod der Lehrerin Bian Zhongyun am Beginn der Kulturrevolution.* Wien 2009 [Transkript abrufbar unter: www.dradio.de/download/111480].
614 Die Unterstützung der KPD für die Roten Khmer meint er damit nicht. Die diversen Solidaritätsbekundungen für die Roten Khmer hat er als ZK- und Politbüromitglied mitgetragen, hatte dabei aber nach eigener Auskunft ein schlechtes Gefühl.
615 Der Autor war Dimitri Wolkogonow. In der Bundesrepublik erschien die Biografie 1990 unter dem Titel *Stalin – Triumph und Tragödie. Ein politisches Porträt.* Düsseldorf 1989.
616 Die Parteihochschule in Berlin-Mitte war die höchste Ausbildungsstätte für Nachwuchskader der SED und befreundeter Parteien.
617 *Der Tagesspiegel,* 5.10.2008. S. 8.
618 Bruns, Tissy: »Maschinensturm, Reformdrang«. Auf: www.tagesspiegel.de/politik/603440.html, 25.4.2005.
619 Bruns, Tissy: »Das trunkene Schiff«. Auf: www.tagesspiegel.de/politik/416268.html, 20.5.2003.

620 Bruns, Tissy: »Ein Sieg, der Leiden schafft«. Auf: www.tagesspiegel.de/politik/ein-sieg-der-leiden-schafft/457540.html, 18.10.2003.

621 Bruns, Tissy: »Ruhe – im Auge des Orkans.« Auf: www.tagesspiegel.de/meinung/kommentare/442196.html, 25.8.2003.

622 Bruns, Tissy: »Die Welt ist aus den Fugen«. Auf: www.tagesspiegel.de/meinung/4523422.html, 22.8.2011.

623 Ziesemer, Bernd: »Wo geht's lang im KJVD«. In: KJ 4/1979, S. 20 ff.

624 Ziesemer, Bernd: »Fraktionsmentalität und Soziale Bewegungen. Zu einigen Aspekten des Scheiterns der KPD«. In: Schlögel/Jasper/Ziesemer: *Partei kaputt*, S. 63–84.

625 Informationen zu finden auf: www.hoffmann-und-campe-corporate-publishing.de/index.php?id=9, 9.1.2012.

626 Ziesemer, Bernd: »Die Verzwergung des deutschen Föderalismus«. Auf: www.handelsblatt.com/3631128.html, 8.11.2010.

627 Ebd.

628 »Trotz allem ein Toast auf Maggie Thatcher«, handelsblatt.com, 1.11.10. Auf: www.handelsblatt.com/meinung/kolumne-chefetage/chefetage-trotz-allem-einen-toast-auf-maggie-thatcher;2683290.

629 Ziesemer, Bernd (Hrsg.): *Pioniere der deutschen Wirtschaft. Was wir von den großen Unternehmerpersönlichkeiten lernen können.* Frankfurt a. M. 2006.

630 Ziesemer (Hrsg.): *Pioniere der deutschen Wirtschaft*, S. 34.

631 Aly, Götz: *Warum die Deutschen? Warum die Juden? Gleichheit, Neid und Rassenhass 1800–1933.* Frankfurt a. M. 2011, S. 131 f.

632 Aly, Götz: *Unser Kampf: 1968 – ein irritierter Blick zurück.* Frankfurt a. M. 2008, S. 187.

633 Aly, Götz / Knapp, Udo: *Staatliche Jugendpflege und Lebensbedürfnisse von Jugendlichen. Eine kritische Analyse der Arbeit des Amtes für Jugendpflege (Jug VI) der Abteilung Jugend und Sport des Bezirksamts Spandau von Berlin in den Jahren 1972–1977.* Berlin 1978, S. 9.

634 Selbstverfasster Lebenslauf im Anhang der Promotion.

635 Ebd.

636 Aly: *Unser Kampf*, S. 134.

637 Aly/Knapp: *Staatliche Jugendpflege*, S. 36.

638 Aly: *Unser Kampf*, S. 140.

639 Ebd.

640 Aly: *Unser Kampf*, S. 22.

641 *Rote Hilfe* 9/1972, S. 2.

642 *Rote Hilfe* 16/1972, S. 1.

643 *Rote Hilfe* Sonderinfo, 1972.

644 *Rote Hilfe* 14/1972, S. 2.

645 Aly: *Staatliche Jugendpflege*, S. 9.

646 *Welt am Sonntag*, 18.1.2009.

647 *Welt am Sonntag*, 25.1.2009.

648 *Die Welt*, 27.12.2008.

649 *Die Welt*, 24.2.2010.

650 *Die Welt*, 2.10.2009.
651 *Die Welt*, 2.10.2010.
652 *Die Welt*, 19.8.2010.
653 *Die Welt*, 7.12.2010.
654 *Die Welt*, 31.5.2011.
655 Schmid, Thomas: »Mehr Imperialismus«. In: *FAS*, 6.4.2003, S. 12. Auf: www.faz.net/aktuell/politik/kommentar-mehr-imperialismus-198816.html.
656 So die von WikiLeaks in den *Iraq War Logs* veröffentlichten Zahlen: Stickler, Angus / Slater, Emma: »15,000 new civilian deaths uncovered in leaked files«. Auf: www.iraqwarlogs.com/2010/10/23/iraqs-bloodbath, 23.10.2010.
657 Schmid, Thomas: »Zwei deutsche Anschläge auf die zivile Gesellschaft«. In: Heinrich, Arthur / Naumann, Klaus (Hrsg.): *Alles Banane. Ausblicke auf das endgültige Deutschland*. Köln 1990, S. 75–85, hier: S. 85.
658 Schmid, Thomas: »Ein deutsches Wunderwerk«. In: *Die Welt kompakt*, 26.8.10. Auf: www.welt.de/die-welt/debatte/article9203335.html.
659 *Kölner Stadt-Anzeiger*, 4.10.2003, S. 4.
660 *Kölner Stadt-Anzeiger*, 9.8.2004, S. 4.
661 *Kölner Stadt-Anzeiger*, 20.9.2004. S. 4.
662 *Kölner Stadt-Anzeiger*, 1.11.2005, S. 4.
663 *Kölner Stadt-Anzeiger*, 26.2.2008, S. 4.
664 *Kölner Stadt-Anzeiger*, 25.10.2007, S. 4.
665 *Kölner Stadt-Anzeiger*, 9.10.2007, S. 4.
666 *Kölner Stadt-Anzeiger*, 10.11.2008, S. 4.
667 Sommerfeld, Franz: »Die Kommunisten«. In: *Deutsche Volkszeitung*, 9.5.1986, S. 1.
668 *Kölner Stadt-Anzeiger*, 11.4.2006. S. 4.
669 Ziesemer, Bernd: »Kommentar: Einfache Rechnung.« Auf: www.handelsblatt.com/2257800.html, 9.7.2003.
670 Ziesemer, Bernd: »Harakiri einer Gewerkschaft«. In: *Handelsblatt*, 8.5.2007, S. 1.
671 Ziesemer, Bernd: »Wie man die Illusionsmaschine anwirft«. Auf: www.handelsblatt.com/2389334.html, 23.8.2004.
672 *Handelsblatt*, 16.10.2008, S. 1.
673 Schumpeter, Joseph A.: *Kapitalismus, Sozialismus und Demokratie*. Tübingen 2005. Zum »Prozess der schöpferischen Zerstörung« S. 134–142; zur These des Niedergangs des Kapitalismus: zweiter Teil; zur Perspektive des Sozialismus: dritter und vierter Teil.
674 Ziesemer, Bernd: »Wie viel Staat brauchen wir wirklich?« Auf: www.handelsblatt.com/3333456.html, 24.10.2009.
675 *Handelsblatt*, 22.9.08, S. 1.
676 Zur moralphilosophischen Herkunft des Marktkonzeptes vgl. Vogl, Joseph: *Das Gespenst des Kapitals*. Zürich 2010, S. 40 ff.
677 So etwa im Leitartikel in der KJ 11/1977, S. 3.

678 Aly, Götz: »Ich bin das Volk«. Auf: www.perlentaucher.de/artikel/1851.html, 3.9.2004 (zuerst erschienen: *Süddeutsche Zeitung*, 1.9.2004).
679 Wildt, Michael: »Vertrautes Ressentiment«. In: *Die Zeit*, 4.5.2005.
680 Hartung, Klaus: »Ohne Sozialstaatsreform stirbt die Partei«. In: *Zeit Online*. Auf: www.zeit.de/online/2009/36/deutschland-transfer/seite-2, 29.8.2009.
681 Schmid, Thomas: »Der Einspruch der Bürger ist eine Errungenschaft«. In: *Welt am Sonntag*, 10.4.2011. Auf: www.welt.de/politik/deutschland/article13128664.html.
682 »Das Sozialsystem hat eine unsoziale Wirkung«. Interview mit Reinhard Bütikofer. In: *Spiegel Online*. Auf: www.spiegel.de/politik/deutschland/0,1518,231280,00.html, 21.1.2003.
683 Satra, Daniel: »Zu hohe Erwartungen an den Staat«. Interview mit Krista Sager. Auf: www.tagesschau.de/inland/meldung220444.html, 27.8.2007.
684 »Basis setzt Sonderparteitag durch«. In: *Spiegel Online*. Auf: www.spiegel.de/politik/deutschland/0,1518,242846,00.html, 31.3.2003.
685 Fischer, Joschka: *Die rot-grünen Jahre. Deutsche Außenpolitik – vom Kosovo bis zum 11. September*. Köln 2007, S. 71.
686 Ebd., S. 199 f.
687 Schwelien: *Joschka Fischer*, S. 109.
688 Ebd., S. 112.
689 Ebd., S. 111.
690 »Fischer fordert Vertrauen«. Auf: www.sueddeutsche.de/politik/gruenen-parteitag-fischer-fordert-vertrauen-1.439462, 24.11.2001.

Verzeichnis der Parteien und Organisationen

Arbeiterbund für den Wiederaufbau der KPD – auf Bayern konzentrierte maoistische Kaderorganisation; besteht bis heute in Kleinstgröße

Bewegung 2. Juni – in Berlin 1972 gegründete anarchistisch-terroristische Organisation

DKP (Deutsche Kommunistische Partei) – 1968 gegründet; personelle und ideologische Schnittmengen mit der KPD der 50er Jahre; vollständige Ausrichtung auf die DDR und die Sowjetunion. Formell unabhängig, aber der DKP nahestehend (und materiell wie die DKP von der DDR abhängig), waren der Jugendverband SDAJ und der Studentenverband MSB Spartakus. Anders als die K-Gruppen strebte die DKP nicht die revolutionäre Zerschlagung des Staates an, sondern den schrittweisen Weg zum Kommunismus.

GIM (Gruppe Internationale Marxisten) – trotzkistische Organisation

KABD (Kommunistischer Arbeiterbund Deutschlands) – auf den südwestdeutschen Raum konzentrierte maoistische Kaderorganisation mit Schwerpunkt auf der Betriebsarbeit; entstand aus der Fusion einer KPD/ML-Abspaltung mit dem KAB/ML (Kommunistischer Arbeiterbund). 1982 bildete sich aus den Resten des KABD die MLPD (Marxistisch-Leninistische Partei Deutschlands), eine noch heute existierende Kaderpartei.

KB (Kommunistischer Bund) – auch KB Nord genannt; vorwiegend in Norddeutschland verwurzelte maoistische Kaderorganisation, wenngleich ohne strikte Anlehnung an die Volksrepublik China

KBW (Kommunistischer Bund Westdeutschland) – größte maoistische Kaderorganisation, 1973 gegründet als Zusammenschluss diverser regionaler maoistischer Zirkel und Basisgruppen; Satelliten- bzw. nahestehende Organisationen: KJB (Kommunistische Jugendbund, KSB (Kommunistischer Studentenbund) und KHG (Kommunistische Hochschulgruppe)

KPD (Kommunistische Partei Deutschlands) – anfangs KPD/AO (für »Aufbauorganisation«), 1970 in Westberlin gegründete maoistische Partei mit gleichzeitigem ideologischen Bezug auf die Thälmann-KPD und die sowjetische KP zu Zeiten Stalins; Satellitenorganisationen: Kommunistischer Studentenverband (KSV), Liga gegen den Imperialismus, Kommunistischer Jugendverband (KJV, später KJVD), Vereinigung Sozialistischer Kulturschaffender (VSK)

KPD/ML – 1968 gegründete Kaderpartei mit Wurzeln sowohl in der KPD der 50er Jahre als auch in der Studentenbewegung; zunächst maoistisch ausgerichtet, später an der Volksrepublik Albanien orientiert

MG (Marxistische Gruppe) – auf München und Bayern konzentrierte kommunistische Organisation mit Verwurzelung im studentischen Milieu; Schwerpunkt auf Theoriearbeit

MLer – Sammelbegriff für alle nicht sowjetisch orientierten Anhänger des marxistisch-leninistischen Kaderansatzes in der Auflösungsphase des SDS

PL/PI (Proletarische Linke/Parteiinitiative) – Berliner Gruppierung, versuchte den Spontigedanken mit dem Kadergedanken zu verbinden; inspiriert durch die norditalienische neue Linke, Fokussierung auf Betriebsarbeit und Betriebskämpfe

Rote Garde – Jugendorganisation der KPD/ML; unabhängig davon existierten weitere regionale maoistische »Rote Garden«

RAF (Rote Armee Fraktion) – bekannteste, 1970 gegründete terroristische Organisation

Rote Hilfe – Unterstützungsorganisation linker »politischer Gefangener« in Anlehnung an die Rote Hilfe der Weimarer KPD; u. a. existierten die Rote Hilfe e. V. der KPD/AO, die »rote hilfe westberlin« und die Rote Hilfe Deutschlands der KPD/ML.

Rote Zellen – zeitgleich zur Erosion des SDS gegründete fakultätsbezogene Zirkel mit meist maoistischer Ausrichtung

RZ (Revolutionäre Zellen) – terroristisches Netzwerk; eine internationale »Zelle« der RZ arbeitete mit palästinensischen Terrorgruppen zusammen.

SALZ (Sozialistisches Arbeiter- und Lehrlingszentrum) – vorwiegend in norddeutschen Städten aktive Vorläuferorganisation des KB

SDS (Sozialistischer Studentenbund) – ursprünglich der SPD nahestehender, ab 1961 unabhängiger Studentenverband; informelles Netzwerk der Studentenbewegung

SEW (Sozialistische Einheitspartei Westberlins) – Westberliner Variante der DKP; nannte sich bis 1969 SED Westberlin; aufgrund des Viermächtestatus Berlins konnte die DDR-SED in den westlichen Bezirken vor dem Mauerbau eigene Gliederungen unterhalten.

SHB (Sozialistischer Hochschulbund) – Hochschulverband der SPD nach deren Trennung vom SDS; 1971 ebenfalls Scheidung zwischen SHB und SPD; von der Stamokap-Theorie bestimmt

Sozialistisches Büro – Netzwerk der Undogmatischen Linken im Rhein-Main-Gebiet

Spontis/Undogmatische Linke – Oberbegriffe für die Gruppen, die den Partei- oder Kaderansatz ablehnten und auf die »Spontaneität der Massen« setzten; die Spannbreite reichte vom straff organisierten, gewaltbereiten »Revolutionären Kampf« in Frankfurt bis zur antiautoritären »Bewegung Unabhängiger Frühling« (BUF) in Göttingen.

Stamokap-Jusos – marxistischer Flügel der SPD-Jugendorganisation, benannt nach der These vom Staatsmonopolistischen Kapitalismus, wonach der Staat nicht per se das Unterdrückungsinstrument der Kapitalisten ist, sondern von diesen – den Monopolen der Großindustrie – zunehmend benutzt und kontrolliert wird.

Namensregister

A

Adenauer, Konrad 26, 33, 155, 165
Adler, Alfred 161
Adorno, Theodor 15, 57
Albertz, Heinrich 30
Aly, Götz 85, 394–399, 414 f.
Amendt, Günter 84, 240
Amin, Samir 296
Andropow, Juri 310
Aust, Ernst 111
Aust, Stefan 220

B

Baader, Andreas 17, 80, 90, 98 ff., 204, 216, 223, 264, 271, 275, 277
Baader, Anneliese 98 ff.
Bahro, Rudolf 371
Bakunin, Michail 133
Baum, Gerhart 53, 281
Baum, Vicki 345
Baumann, Michael 83
Becker, Verena 226
Beck, Kurt 406
Beelitz, Erwin 222
Beer, Angelika 350, 418 ff.
Beltz, Matthias 84, 172
Benigni, Roberto 35
Ben-Natan, Asher 240 ff.
Ben-Natan, Erika 241
Benneter, Klaus Uwe 51 f., 418
Berndt, Peter 64–67, 190 ff., 337–340, 362, 392 f., 428
Berry, Chuck 23
Beyer, Marte 78
Bian Zhongyun 369
Biedenkopf, Kurt 33
Biermann, Wolf 39
Bleibtreu, Monika 152
Bloch, Ernst 36
Boblenz, Christian 230
Bonhoeffer, Dietrich 345
Bonhoeffer, Hans 345
Boock, Peter-Jürgen 75
Böse, Wilfried 230–237, 245 f., 248 f., 262
Brandt, Willy 17 f., 37, 50, 104, 107, 118, 218, 267
Braunbehrens, Burkhart 185, 189 f.
Brecht, Bertolt 35, 152, 312
Breivik, Anders 263
Brentano, Margherita von 57
Breschnew, Leonid 47, 310
Brückner, Peter 328
Bruns, Tissy 58 f., 67, 91, 164–167, 169, 310–314, 319 f., 379–382
Brüsewitz, Oskar 266
Buback, Siegfried 64, 226, 254, 262, 271, 324 f., 327–330, 332–337, 339 f., 342 f., 388
Bubenzer, Wolfgang 141
Bude, Heinz 90, 212
Büscher, Wolfgang 344
Buselmeier, Michael 121, 123, 134 f.
Bush, George W. 400
Bütikofer, Reinhard 160, 350, 418

C

Caldwell, Malcolm 290
Camus, Albert 113
»Carlos« → Siehe Ramírez Sánchez
Cleaver, Kathleen 236
Cohn-Bendit, Daniel 7, 40, 81, 122, 172, 219, 235, 248 f., 251 f., 257, 260, 262 f., 335, 343, 350, 356 f., 364

Conze, Werner 134, 135
Croissant, Klaus 275

D
Dabrowski, Hartmut 234
Dahrendorf, Ralf 20
Darwin, Charles 11, 56
Dean, James 120
Delacroix, Eugène 211
Deng Xiaoping 137, 301, 346
Detjen, Jörg 184, 187
Ditfurth, Jutta 357
Dregger, Alfred 335
Drenkmann, Günter von 222 f., 392
Droese, Felix 367
Dubček, Alexander 296
Duensing, Erich 28 f., 30
Dutschke, Rudi 17, 63, 82, 104, 110 f., 128 f., 137 ff., 146, 151, 155, 204–209, 211, 215, 253, 325, 423

E
Eastwood, Clint 122
Ebermann, Thomas 194, 349 f.
Eichmann, Ricardo 78
Elias, Norbert 108
Engels, Friedrich 45, 128
Ennker, Benno 181 f.
Ensslin, Gudrun 17, 79, 204, 216 f., 264, 277
Enzensberger, Hans Magnus 139
Eppler, Erhard 107
Erhard, Ludwig 115 f., 388, 422
Ernst, Hans-Peter 86

F
Fanon, Frantz 133, 161
Feltrinelli, Giangiacomo 128
Feuchtwanger, Lion 345
Fichter, Claudia 81
Fichter, Maria 81
Fichter, Tilman 81 f., 93, 126 f., 151, 211
Fink, Renate 398
Fischer, Andrea 350, 354, 418
Fischer, Edeltraud 250

Fischer, Joschka 40, 46, 87 f., 100 f., 204, 232, 235, 248–257, 261 ff., 294, 344 ff., 350, 353, 355–358, 414, 418, 421–424, 426
Fischer, Samuel 345
Fochler, Martin 181 ff., 189
Franco, Francisco 252, 323 f.
Frank, Hans 79
Freisler, Roland 124
Freud, Sigmund 11, 57, 64, 161
Frings, Klaus-Jürgen 205
Fritzsch, Roland 391
Fromme, Friedrich Karl 341
Fronius, Sigrid 86 f.
Fücks, Ralf 160, 350, 354, 418

G
Gäng, Peter 85
Ganz, Bruno 152
Gärtner, Claus Theo 152
Gaus, Günter 69, 155
Geißler, Heiner 33
Genscher, Hans-Dietrich 266 f., 281, 319
Geus, Friedrich 277 f.
Giskes, Heinrich 126
Globke, Hans 26, 73
Glotz, Peter 33, 40
Glucksmann, André 38, 262
Goebbels, Joseph 32, 116
Gorbatschow, Michael 407
»Göttinger Mescalero«
  → Siehe Hülbrock, Klaus
Grams, Ruth 88
Grams, Werner 88
Grams, Wolfgang 88 f.
Grimm, Tilemann 71
Groenewold, Kurt 275
Gründler, Hartmut 265 f.
Gun, Nerin 71
Guevara, Ernesto »Che« 40, 159 f., 167, 207, 225, 238, 296

H
Haag, Siegfried 271
Habermas, Jürgen 20

Hager, Hans-Jörg 361
Halberstam, David 63
Hammerschmidt, Katharina 87
Haren, Werner van 308f.
Hartung, Klaus 11, 86, 143, 213, 215, 415f.
Hauptmann, Gerhart 345
Heer, Hannes 76f., 129
Heinemann, Gustav 22
Heinrich, Christian 143
Heißler, Rolf 226
Held, Gerd 32, 49
Hemmer, Eike 77f.
Herking, Ursula 50, 115–118, 147f.
Herzog, Roman 405
Heß, Wolf Rüdiger 78
Heydrich, Reinhard 78
Heyme, Hansgünther 365f.
Himmler, Heinrich 74, 345
Hindenburg, Paul von 313
Hitler, Adolf 77, 80, 171, 313, 375, 414
Ho Chi Minh 16
Hogefeld, Birgit 70
Hölderlin, Friedrich 232, 248
Honecker, Erich 39, 47, 188, 376
Horkheimer, Max 57
Horlemann, Jürgen 93f., 111, 142f., 152, 211, 218f., 296, 322
Hoxha, Enver 47
Hua Guofeng 12, 137, 310, 346
Huber, Berthold 43
Hubert, Eva 349, 350, 354
Hülbrock, Klaus 48, 61–65, 67, 281, 327, 329ff., 333, 340–343, 371f.
Humboldt, Wilhelm von 416
Hutzfeldt, Franz
→ Siehe Sommerfeld, Franz

I

Ieng Sary 290
Immendorff, Jörg 367

J

Jagger, Mick 23
Jaruzelski, Wojciech 309
Jasper, Willi 143, 197, 295f., 322, 385
Jiang Qing 136
Juan Carlos I. 323f.
Jünschke, Klaus 236, 273

K

Kadritzke, Niels 174
Kafka, Franz 232
Karl V. 306
Käßmann, Margot 401
Kästner, Erich 115
Kautsky, Karl 101
Kennedy, John F. 50
Kerner, Leo
→ Siehe Roth, Karl Heinz
Kiesinger, Kurt Georg 20, 73
Kim Il-sung 47
Kissinger, Henry 299
Klar, Christian 69f., 107
Klatten, Susanne 78
Klaußner, Burghart 152
Klein, Hans-Joachim 76, 233, 245f., 250f., 272
Klemperer, Victor 322
Klöpper, Gerald 60f., 95, 158ff., 224, 226–229, 277, 388–392
Knapp, Udo 85, 397
Koch, Roland 167
Koelbl, Herlinde 357
Koenen, Gerd 41, 109, 183, 253, 299, 308
Koenigs, Tom 84, 248ff., 418
Kohl, Helmut 108, 356, 422, 426
Kohn, Edith 372
Kopp, Magdalena 233
Krahl, Hans-Jürgen 84, 205ff., 211, 240
Kraushaar, Wolfgang 122
Kräuter, Uwe 126
Kretschmann, Winfried 87, 95f., 160, 350, 354, 416
Kröcher-Tiedemann, Gabriele 86, 225
Kuhlmann, Brigitte 230, 234, 248f.
Kunzelmann, Dieter 68, 219
Kurón, Jacek 308f.

L

Lafontaine, Oskar 318, 405f.
Lambsdorff, Otto Graf 388
Lampe, Jutta 152
Lange, Hartmut 93f., 302, 304
Langhans, Rainer 17, 22ff., 81
Lattmann, Dieter 265, 267
Lefèvre, Wolfgang 129, 211
Leiner, Michael 233, 237
Lenin, Wladimir Iljitsch Uljanow
    8, 11, 16, 41, 133, 136f., 147, 150, 156f.,
    161, 173, 180, 182, 192, 317, 387f.
Lenze, Ulrich 86
Lewis, Jerry Lee 23
Liebknecht, Karl 111, 127
Lin Piao 306
Lippek, Dieter 236
Little Richard 23
Lobel, Eli 240f.
Lönnendonker, Siegward 211
Lon Nol 299
Lorenz, Konrad 56
Lorenz, Peter 12, 220f., 224, 277, 391
Lukács, Georg 122, 125, 205
Luther, Martin 306
Luxemburg, Rosa 101, 111, 127, 159

M

Machnig, Matthias 418
Mahler, Horst 52f., 80, 85, 90, 209,
    215ff., 221, 226, 321f.
Maier, Willfried 189f., 350, 354
Maier-Witt, Silke 75
Mao Tse-tung 8, 11f., 16, 39f., 47, 71,
    90, 112, 134, 136f., 157, 163, 165, 182,
    296, 301f., 304–307, 310, 323, 346,
    351, 362, 387f., 425
Marcuse, Herbert 64, 133, 205,
    296, 372
Marighella, Carlos 238
Marx, Karl 11, 14, 57, 64f., 89, 101, 128,
    136f., 139, 182, 280, 292, 360, 370, 376,
    385, 387f., 409f., 417
McNamara, Robert 125
Meinhof, Ulrike 27, 52, 80, 160, 169,
    175, 217, 219f., 252f., 255f., 271f., 287

Meins, Holger 85, 222, 271f.
Meins, Paula 85
Mendelssohn, Moses 345
Merkel, Angela 401
Meyer, Fritjof 304f.
Meyer, Laurenz 74
Meyer, Till 83
Mies, Herbert 310
Mitscherlich, Alexander 11, 57
Mitscherlich, Margarete 57
Mohnhaupt, Brigitte 70ff., 107, 398
Mohnhaupt, Curt 71f.
Mönckeberg, Johann 115
Morrison, Jim 23
Motzkau, Wolfgang 183f., 186f., 189,
    284ff., 362
Müller, Gerhard 87, 276
Müller, Heiner 366
Müller, Kerstin 350, 354, 418
Mülot, Fanni 167–171, 286ff.,
    374–377, 379
Müntefering, Franz 405
Münzenberg, Willi 122
Münzer, Thomas 306
Mussolini, Benito 34

N

Nachtwei, Winfried 160, 350, 418
Negt, Oskar 64
Neitzke, Peter 74f., 132, 138, 143, 196f.
Neuss, Wolfgang 215
Nevermann, Knut 68
Nevermann, Paul 68
Nguyen Van Thieu 152, 218f.
Niethammer, Lutz 369f.
Nitsche, Rainer 86
Nixon, Richard 299
Nolte, Ernst 11, 57
Nuon Chea 290

O

Obama, Barack 400
Oberländer, Theodor 26
Obermaier, Uschi 17, 22–25
Oertzen, Peter von 33
Ohnesorg, Benno 28, 140, 253, 325

P

Paech, Norman 307
Palach, Jan 266
Peymann, Claus 365
Piernikarz, Artur
  → Siehe Ben-Natan, Asher
Piernikarz, Klara 241
Plato, Alexander von 54–57, 67, 101, 154f., 195ff., 208f., 217, 219, 268, 308, 369ff.
Plato, Anton Detlev von 54, 56
Plogstedt, Sibylle 82
Plottnitz, Rupert von 85, 239
Pohle, Rolf 84
Pohle, Rudolf 84
Pol Pot 8, 47, 289f., 292–296
Ponto, Jürgen 254, 262, 341
Presley, Elvis 23, 122
Preuß, Ulrich 85
Prinzing, Theodor 271, 275
Proll, Thorwald 17, 204, 398

Q

Quandt, Herbert 78, 387

R

Rabehl, Bernd 82, 111, 129, 138f., 211
Rambausek, Peter 86
Ramírez Sánchez, Ilich 72, 230f., 233, 237
Raspe, Jan-Carl 83, 264, 277
Rathenau, Walther 282, 345
Ratzmann, Volker 350
Rau, Johannes 387
Rauch, Georg von 219
Reents, Jürgen 194, 349f.
Regener, Sven 50f.
Reich, Wilhelm 161
Reinders, Ralf 222ff.
Reinhardt, Max 345
Ribbentrop, Barthold von 78
Richter, Helmut 234
Richter, Horst-Eberhard 70
Ridder, Dorothea 82
Röhrbein, Karin 126
Roth, Karl Heinz 257

S

Sachs, Hans 306
Sadat, Muhammad Anwar 323
Sager, Krista 160–165, 175–178, 350, 354, 418f.
Sander, Otto 152
Sarrazin, Thilo 401
Sartre, Jean-Paul 113
Sauerbruch, Ferdinand 345
Schabram, Günter 350
Schaefer, Udo 126
Scheel, Walter 18
Schiller, Margrit 76f., 232
Schily, Otto 276
Schimmang, Jochen 172
Schleyer, Hanns Martin 227, 254, 257f., 262, 280, 329, 335, 346, 391
Schlögel, Karl 197, 308, 385
Schmid, Thomas 31, 82, 204, 238, 249f., 255, 257–264, 321, 350, 400–404, 416
Schmidt, Christian 251, 254
Schmidt, Götz 87
Schmidt, Helmut 12, 44f., 47, 107, 221, 265ff., 271f., 276, 281, 285
Schmidt, Ulla 418
Schmierer, Hans Gerhart »Joscha« 50f., 104, 110–114, 118f., 121–126, 134–137, 148, 179–183, 186, 189f., 193, 289, 293f., 306, 335ff., 339f., 353, 360, 362–365, 393
Schneider, Peter 25, 53, 81, 141f., 179
Scholl, Sophie 220
Scholz, Olaf 382, 418
Schon, Jenny 85
Schröder, Gerhard 381, 406, 414, 420–424
Schröder, Jörg 231
Schüler, Manfred 276
Schumpeter, Joseph 410
Schütz, Klaus 30
Schwan, Alexander 398
Schwarz, Michael 231, 235
Schweichel, Eike 86
Schwelien, Michael 422f.

Schwiedrzik, Wolfgang 92 ff., 143, 150–154, 198 ff., 302 ff., 365–369
Semler, Christian 50, 52, 93, 110 ff., 115–118, 121 ff., 126–129, 131–134, 136–140, 142–148, 151 f., 154, 210–215, 217 ff., 289–295, 308, 310, 322, 360, 364 f., 426
Semler, Johannes 115 f., 118, 147 f.
Semler, Susanne 116 f.
Senghor, Léopold 239
Siepmann, Ingrid 87, 226
Sihanouk, Norodom 299
Söhnlein, Horst 204
Solschenizyn, Alexander 38, 256, 312
Sommerfeld, Franz 308 f., 314–318, 334 f., 404–407, 409 f.
Sommer, Michael 43
Sommer, Theo 341
Speer, Albert 78
Speer jr., Albert 78
Sperber, Manès 256, 365
Sperr, Martin 151
Staadt, Jochen 155–158, 173 ff., 294
Stalin, Josef 11, 47, 122, 136, 143, 145, 147, 173, 182, 199, 308, 375, 377
Steckel, Frank-Patrick 365
Stein, Peter 93, 152 f.
Stern, Klaus 100
Strauß, Franz Josef 335, 387
Strecker, Reinhard 27
Strobel, Käte 24 f.
Ströbele, Hans-Christian 83, 85, 275
Stuberger, Ulf 270 f., 273 f.
Sturm, Dieter 93

T

Teufel, Fritz 16, 68, 69
Thälmann, Ernst 11, 47, 149, 313, 374 f.
Thatcher, Margaret 387 f., 411
Tisch, Harry 376
Torres, Camilo 167
Trampert, Rainer 194, 349 f.
Treulieb, Jürgen 87
Trittin, Jürgen 73 f., 160, 349 f., 354, 418
Trittin, Klaus 73
Trotzki, Leo 11, 40, 57, 133, 192, 208, 351

U

Ulbricht, Walter 39
Ullstein, Hans 345
Urbach, Peter 205, 334

V

Vann Nath 289
Veiel, Andres 89
Vesper, Bernward 79
Vesper, Will 79
Vetter, Reinhold 308
Viett, Inge 75
Vogel, Bernhard 24
Vogel, Hans-Jochen 276, 327
Vollmer, Antje 160, 350

W

Wagner, Rolf Clemens 87
Waigel, Theo 265
Wallraff, Günter 47, 170
Waltz, Viktoria 87
Weber, Jürgen 252 f.
Wehner, Herbert 32 f., 107, 155
Weinrich, Johannes 72 f., 230–239, 245–250
Weinrich, Rainer 72
Weisbecker, Thomas 219
Weiss, Peter 152, 312
Widmann, Arno 49
Wildenmann, Rudolf 40
Wildt, Michael 414 f.
Winkler, Willi 272
Wisniewski, Stefan 75
Wolff, Frank 84, 239
Wolff, Karl Dietrich 47, 84, 102 ff., 231–242, 244–249, 253, 397, 426
Wolff, Reinhart 397
Wolter, Ulf 34, 197

Y

Ypsilanti, Andrea 406

Z

Ziesemer, Bernd 197, 321–327, 337, 384–388, 404, 407–410